Theo Tschuy

Carl Lutz und die Juden von Budapest

Taudo, 17
von der Gestapo 1944 ermordet

Theo Tschuy

Carl Lutz und die Juden von Budapest

Vorwort von Simon Wiesenthal

Verlag
Neue Zürcher Zeitung

ISBN 3 85823 551 2

Inhaltsverzeichnis

Vorwort von Simon Wiesenthal

Als wir im Jahre 1963 den «Bund Jüdischer Verfolgter des Naziregimes» in Wien gründeten, haben einige aus Ungarn stammende Mitglieder den Vorschlag gemacht, im Rahmen unseres Kulturprogramms den Schweizer Generalkonsul Carl Lutz zu einem Vortrag nach Wien einzuladen. Generalkonsul Lutz ist dieser Einladung gefolgt, er kam mit seiner Frau nach Wien, und wir konnten einen hochinteressanten Vortrag über die Situation in Ungarn nach der Besetzung durch die Deutschen im Jahre 1944 erleben. Generalkonsul Lutz sprach auch über die zum Teil geglückten Versuche, ungarische Juden vor den Deportationen nach Auschwitz zu retten. Er war bereits seit 1942 in Budapest, wo er bis 1945 blieb. Als ehemaliger Schweizer Diplomat in Palästina war er mit der Problematik der jüdischen Einwanderung nach Palästina vertraut. Solange es noch eine ungarische Regierung gab, konnten ungarische Juden Auswanderungszertifikate bekommen, und es war Generalkonsul Lutz – damals noch Vizekonsul –, der mit den ungarischen Behörden in dieser Sache zusammenarbeitete. Seine Bemühungen waren so erfolgreich, dass wöchentlich 50 bis 100 Personen von der Regierung Kallay die Ausreisepapiere erhielten. Die Fahrt ging per Bahn über Rumänien oder mit Donauschiffen zum Schwarzen Meer nach Istanbul. Laut Aufzeichnungen im Schweizer Bundesarchiv hat Vizekonsul Lutz bis zum 19.3.1944 – dem Tag der deutschen Besetzung – etwa für 10 000 Auswanderer Richtung Palästina den Weg ebnen können. Es war vor allem seiner Intervention bei der ungarischen Bürokratie zu verdanken, dass diese Transporte während zweier Jahre reibungslos abgewickelt werden konnten.

Die Situation änderte sich grundlegend, als nach der deutschen Besetzung die Regierung unter Ministerpräsident Sztojay installiert wurde und in Budapest der deutsche Reichsbevollmächtigte Veesenmayer das Sagen hatte. Sofort wurde jede Auswanderung verboten.

Dieses Verbot führte dazu, dass die Schweizer Gesandtschaft (die auch noch etwa 14 andere ausländische Regierungen, die sich mit Ungarn im Kriegszustand befanden, vertrat – vor allem die USA und England) bei der ungarischen Regierung gegen die einseitige Aufkündigung des diesbezüglichen internationalen Vertrages – der im Rahmen des Völkerbundes auch von Ungarn unterschrieben worden war – Protest erhob. Veesenmayer erkundigte sich, wieviele Auswanderer bei den Schweizern registriert seien und Vizekonsul Lutz nannte die Zahl 7000. Es gelang Lutz, zumindest für diese 7000 Menschen Schutzbriefe auszustellen, die dadurch vor Deportation oder Arbeitseinsatz geschützt waren, damit sie von ihrem Recht auf Auswanderung Gebrauch machen konnten.

Machtlos waren Vizekonsul Lutz und andere Diplomaten in Budapest aber gegen die Massnahmen der Deutschen, die vom 15.5.1944 bis 9.7.1944 die Juden aus der ungarischen Provinz in Massendeportationen nach Auschwitz bringen liessen. Über 400000 Menschen verloren als Folge dieser Aktion ihr Leben in Konzentrations- und Vernichtungslagern. Ungarn war praktisch «judenrein» – bis auf Budapest.

Die zweite Hälfte des Jahres 1944 war gekennzeichnet durch den Vormarsch sowjetischer Truppen, besonders im Südabschnitt Rumänien Richtung Ungarn. Die Nazis wussten, dass der Krieg verloren war, aber auf einem Gebiet wollten sie unbedingt Gewinner sein: sie wollten so viele Juden wie nur möglich nach Auschwitz oder andere Lager deportieren und vernichten. Die Züge mit den Deportierten hatten die Priorität vor denen mit militärischen Nachschubgütern an die Front, und als am 15.10.1944 die «Pfeilkreuzler», d.h. die ungarischen Faschisten einen erfolgreichen Putsch gegen die ungarische Regierung unternahmen, erhielten die Deutschen von den neuen Machthabern Unterstützung auf breiter Basis bei ihren Massnahmen zur Vernichtung der ungarischen Juden.

Gerade in dieser Zeit hatten die Schweizer Gesandtschaft und auch die Schwedische Gesandtschaft, wo Raoul Wallenberg so aufopfernd wirkte, ihre grösste Bedeutung bei der Rettung ungarischer Juden. Sowohl Vizekonsul Lutz als auch Wallenberg haben oft unter Einsatz ihres Lebens Menschen dadurch aus Deportationszügen oder Marschkolonnen gerettet, dass sie ihnen Schutzbriefe in die Hände drückten und sie so ihren Mördern entreissen konnten. Etwa 100000 ungarische Juden haben ihr Leben diesen beiden Männern, ihrem Mut und ihrer aufopfernden Menschenliebe zu verdanken.

Nach seiner Rückkehr in die Schweiz wurde Generalkonsul Lutz – anstatt als Held gefeiert zu werden – beschuldigt, durch die Ausgabe der Schutzbriefe eine Kompetenzüberschreitung begangen zu haben. Seine Menschlichkeit wurde als Eigenwilligkeit, die er sich keinesfalls hätte zuschulden kommen lassen dürfen, interpretiert. Wäre aber nicht eher der Schweiz der Vorwurf zu machen, dass sie zahlreiche Juden, die illegal in die Schweiz gekommen waren, ohne Gnade an Deutschland auslieferte und dass es die Idee des Chefs der Schweizer Fremdenpolizei, Rothmund, war, die Pässe deutscher und österreichischer Juden mit einem «J» zu kennzeichnen und die Inhaber damit zum Freiwild zu machen?!

Diese Einstellung der Schweizer Behörden zu seinen Hilfsaktionen in Ungarn hat Generalkonsul Lutz tief gekränkt und getroffen. Es waren später die ausländischen Zeichen der Anerkennung seiner Taten, die Ehrenbürgerschaft seiner Heimatgemeinde Walzenhausen und der Dank des Staates Israel, die diese Kränkung durch die Schweizer Behörden ein wenig kompensieren konnten.

Heute, fünfzig Jahre nach den Ereignissen, von denen das Buch berichtet, sind wir wieder Zeugen von wachsendem Rassismus und zunehmender Fremdenfeindlichkeit in vielen Ländern. Auch die Schweiz hat sich gezwungen gesehen, ein spezielles Gesetz gegen derartige Entwicklungen, die auch in diesem Lande um sich greifen, in ihre Rechtssprechung einzubauen. Hoffentlich erlangt das Gesetz gegen Fremdenhass und Rassismus in der Schweiz seine volle Wirksamkeit.

Simon Wiesenthal

Einführung

Im letzten Kriegsjahr, 1944/45, blutete Ungarn aus vielen Wunden. Über drei Jahre zuvor hatte seine verblendete politische Führung unter dem Druck des Dritten Reiches der Sowjetunion leichtfertig den Krieg erklärt. Hunderttausende junger Männer starben auf den Schlachtfeldern der Ukraine und Russlands. Jetzt aber stiess der Feind in die ungarische Tiefebene vor. Das Dritte Reich beschloss nun, Budapest, Ungarns unvergleichliche Hauptstadt an der Donau, für seine eigene Verteidigung zu opfern. Wiederum starben Menschen, und das «Paris des Ostens» fiel in Schutt und Asche.

Die sinnloseste und aberwitzigste aller Wunden aber, die sich Ungarn ins eigene Fleisch schnitt, war die Vernichtung von über einer halben Million seiner eigenen jüdischen Mitbürger im Todeslager Auschwitz und anderswo. Gewiss trägt das Dritte Reich die Hauptschuld an diesem Verbrechen, denn die Vernichtung der ungarischen Juden war «lediglich» ein Teil des satanischen Zerstörungsprogramms der Nationalsozialisten auf gesamteuropäischer Ebene. Nur wenn die politische, wirtschaftliche und religiöse Elite des Landes ihre Zustimmung verweigert hätte, wäre diesem verheerenden Unglück ein Riegel geschoben worden. Die (von den Juden) oft zitierte tausendjährige Koexistenz zwischen dem «christlichen» Ungarn und dem Judentum war jedoch schon längst zerbrochen. Ungarn lieferte seine Landsleute somit den Gaskammern aus. Tragisch war die von den gegnerischen kriegführenden Mächten an den Tag gelegte Gleichgültigkeit, denn trotz eingehender topografischer Kenntnis und technischer Möglichkeiten zerstörten sie weder Auschwitz noch die Zufahrtslinien.

In Budapest sind dennoch nicht weniger als 120 000 vor der Schoah gerettet worden. *Nirgendwo anders* im deutschbesetzten Europa ist eine Rettungsaktion in diesem Ausmass gelungen. Die in den letzten Jahren unternommenen Recherchen belegen übereinstimmend, dass die eigentliche Initiative zu dieser Tat vom schweizerischen Vizekonsul *Carl Lutz* (1895–1975) ausgegangen ist, der fast bis zur Einnahme von Budapest durch die Rote Armee in ihrem Zentrum gestanden hat. Seine Ausgangsbasis war die von ihm geleitete Abteilung für Fremde Interessen innerhalb der Schweizer Gesandtschaft. In deren Gebäude fanden nicht nur 4 000 Juden und oppositionelle Ungarn Schutz – gegen alles diplomatische Brauchtum. Lutz verteilte darüber hinaus Schutzbriefe an mehrere zehntausend Juden aufgrund der sogenannten Palästina-Einwanderungszertifikate. Auf diese Weise wurden über 60 000 Menschen vor Deportation und Tod gerettet. Bald wurde die vom Dritten Reich und von den ungarischen Nationalsozialisten stets bedrohte schweizerische Schutzaktion von anderen neutralen Gesandtschaften sowie vom Internationalen Komitee vom Roten Kreuz imitiert und verstärkt, im Zusammenwirken mit couragierten jüdischen Widerstandszellen und vereinzelten Christen. Monatelang verhandelten die auf sich selbst gestellten neutralen Diplomaten und Unterhändler, Angst und Todesgefahren überwindend, mit der schwankenden ungarischen Regierung des «Reichsverwesers» Horthy, dem deportationsbesessenen deutschen Gesandten Veesenmayer, Hitlers Prokonsul, mit dem unheilvollen Eichmann und seinen SS-Schergen und gar mit den Todesschwadronen der Pfeilkreuzler. Bis zum Tag vor der Ankunft der Roten Armee.

Nach dem Krieg wurde Carl Lutz von der Welt und auch von seinem eigenen Land fast gänzlich vergessen. Der aufkommende Kalte Krieg setzte andere Prioritäten. Dieser generöse und mit Paragraphen unzimperlich umspringende Mensch – wo es die Notlage erforderte – passte nicht recht in den Rahmen von gesichtslosem Beamtentum hinein. Noch 1949 schrieb ein Chefbeamter des Eidgenössischen Politischen Departements (heute: Eidgenössisches Departement des Äussern) an Lutz, dass die von ihm in Budapest durchgeführte Ausgabe von Kollektivpässen, auf denen die Schutzbriefe eingetragen waren, «nicht statthaft» gewesen sei. Es habe eine «Kompetenzüberschreitung Ihrerseits» vorgelegen.

Folgenden Archiven und Bibliotheken und deren Mitarbeitern und Mitarbeiterinnen sei der Dank für ihre freundliche und zuvorkommende Hilfe bei der Erforschung der Quellen ausgesprochen: Schweizerisches Bundesarchiv, Bern (Herr Prof. Dr. Ch. Graf), Archiv für Zeitgeschichte der Eidgenössischen Technischen Hochschule, Zürich (Herr Prof. Dr. Klaus Urner), Schweizerische Osteuropa-Bibliothek, Bern (Herr Prof. Dr. Peter Gosztonyi), Ungarische Akademie der Wissenschaften/Abteilung für Geschichte, Budapest (Herr Prof. Dr. László Karsai) und verschiedene andere kleinere Archive in der Schweiz und in Ungarn. Wichtige Hinweise und Impulse kamen von der Jüdischen Gemeinde und vom Jüdischen Museum in Budapest (Herr Oberrabbiner Prof. Dr. Jozsef Schweizer) und von leitenden Persönlichkeiten der ungarischen Kirchen. Ganz besonders erkenntlich bin ich für die Anteilnahme an diesem Buchprojekt durch Frau

Gertrud Lutz und Frau Agnes Hirschi, die Stieftochter von Carl Lutz, die beide ihre eigenen, persönlichen Erinnerungen, Gedanken und wichtige Papiere des Generalkonsuls mit mir teilten. Manch schicksalhaftes Ereignis konnte mit ihrer Hilfe besser begriffen werden. Dank gebührt auch Herrn Staatsanwalt Dr. Harald Feller und Herrn Generalkonsul Max Meier für ihre freundliche Bereitschaft, «jene Zeit» in Budapest für mich in Erinnerung zu rufen. Eine spezielle Anerkennung geht an Herrn Alexander (Sándor) Grossman, der mir seine hervorragende persönliche Kenntnis der ungarischen *Schoah* und der schweizerischen Rettungsaktion ohne Zögern zur Verfügung gestellt hat. Ohne sein Detailwissen wäre manch wichtiger Punkt ungeklärt geblieben. Mit zahlreichen weiteren, hier ungenannten Personen in Ungarn, in der Schweiz und in anderen Ländern bleibe ich für ihre Hilfe und ihr reges Interesse an dieser Biografie in Freundschaft verbunden. Und *last but not least* danke ich meiner Frau Ruth und unserer Familie für ihre stete Ermunterung und ihr grosses Interesse an dieser Arbeit.

Die nachstehenden Zeilen sollen ein Zeichen gegen Vergesslichkeit und Undank setzen.

Theo Tschuy

Reise in die Nacht

Vizekonsul Carl Lutz und seine Frau Gertrud sind in der Neujahrsnacht 1942 nach Budapest ausgereist. Lutz war vom Eidgenössischen Politischen Departement (Aussenministerium) beauftragt worden, in Ungarn die Interessen verschiedener Staaten in Ungarn zu übernehmen. So wurde die kleine Schweiz «Schutzmacht» – wie es im diplomatischen Jargon etwas übertrieben heisst – von mehreren Ländern, die mit Ungarn im Krieg standen, darunter die beiden grossen Kriegführenden, Grossbritannien und die Vereinigten Staaten von Amerika. Das war sicher eine interessante Arbeit, mit viel Detailkram: Pässe herstellen, erneuern, Bescheinigungen ausstellen, mit Behörden verhandeln, konfusen und zuweilen unbeholfenen Menschen zu ihrem Recht verhelfen, Finanzangelegenheiten regeln, Mischehen aller Art registrieren, über Kriegsgefangene verhandeln (es konnte sich höchstens um vereinzelte abgeschossene Flieger handeln) und gelegentlich Proteste der zu vertretenden Regierungen beim Aussenministerium einreichen und Antworten erheischen.

Für diese Arbeit brauchte es einen «gewissenhaften und erfahrenen» Beamten.

Lutz war ein solcher Beamter, seit vielen Jahren als «gewissenhaft und erfahren» eingestuft, wenn auch hie und da aufmüpfig. Bei Gelegenheit hatte er Chefbeamte, Gesandte und mindestens einmal sogar einen Bundesrat durch Eigeninitiativen und Umgehen der hierarchischen Leiter in Rage versetzt, etwa wenn sie z.B. die Lage in einem gewissen Land partout nicht begreifen wollten oder sie ihm eine Beförderung – wie er meinte – vorenthielten. Dann konnte er böse sein und «denen in Bern» seine Meinung sagen. Er war beinahe 47 und erst Vizekonsul, obgleich er jahrelang in Amerika als Konsularbeamter Konsulate eigenständig geleitet und die deutschen Interessen in Palästina und die jugoslawischen in Berlin wahrgenommen hatte. Sein Leben lang betrachtete er viele EPD-Leute als bürokratische und knauserige Spiesser. Aber gerade, weil er «gewissenhaft und erfahren» war, hatte das EPD vielleicht keine andere Wahl, als ihm immer wieder die Lösung schwieriger Aufgaben anzuvertrauen. Dafür liess es sich bei den Beförderungen von Lutz Zeit.

Punkt Mitternacht an der Jahreswende von 1941 auf 1942 setzte sich der Zug, der Carl und Gertrud Lutz nach Budapest tragen sollte, in St. Margrethen in Bewegung. Als er über die Rheinbrücke rollte, läuteten die Glocken gerade das Neue Jahr ein.[1] Wie alle Nächte während der Kriegszeit war auch diese Neujahrsnacht auf beiden Seiten der Grenze schwarz und ungreifbar, denn auf das Drängen der Reichsregierung hatte der Bundesrat die Verdunkelung der Schweiz trotz Neutralität angeordnet. Dadurch sollte den alliierten Piloten die Orientierung im deutschbesetzten Bereich Europas erschwert werden. Noch einige Monate würden vergehen, und die angelsächsischen Luftflotten würden ihre Ziele trotz schweizerischer Verdunkelung finden. Dann erhellten sich die Nächte rings um das neutrale Land gespenstisch rot.

Zweifellos hat Lutz vom verdunkelten Eisenbahnfenster aus versucht, die entschwindenden Konturen des Appenzeller Vorderlandes auszumachen. Fast sein ganzes Erwachsenenleben hatte er im Ausland zugebracht, aber jedesmal, wenn er ausreisen musste, hat es ihm das Herz schmerzhaft zusammengedrückt. Er wollte nicht weg aus der Heimat. Und trotzdem musste er, ja konnte er nicht anders. Die fernen Länder zogen ihn einfach an. Er hat sein ganzes Leben in dieser unlösbaren Spannung verbracht. Irgendwo auf der ersten steilen Anhöhe des Vorderlandes würde er den schlanken Kirchturm seines Heimatdorfes Walzenhausen sehen, wenn es Tag wäre. Vielleicht hätte er auch die Walzenhauser Kirchglocken gehört, die das Neue Jahr einläuteten, wenn der Lärm der Eisenbahnräder nicht das feinere Glockengetön überstimmt hätte. Etwas weiter links vom Kirchturm müsste sich der Weiler Lachen befinden, sein Geburtshaus an der Kurve des Strässchens, das nach St. Margrethen hinunterführt, gerade über dem Steinbruch, wo sein Vater Jahre zuvor zusammen mit einigen Arbeitern grosse Blöcke des berühmten St. Margrether Sandsteins herauszusägen pflegte. Eine rauhe und schwere Arbeit. Der Vater hatte sogar das um die Jahrhundertwende errichtete Bauwerk des Bundeshauses in Bern mit seinen Sandsteinen beliefert. Nun war er schon seit über drei Jahrzehnten tot, und der verlassene Steinbruch wurde nach und nach von Gebüsch und Wald überwachsen. Jahrelang hatte die glaubensvolle Mutter die Familie mit kargen Mitteln über Wasser gehalten. Vierzig Jahre lang hatte sie bei den Methodisten Sonntagsschule gehalten und ihre Söhne und Töchter mit Briefen, Bibelzitaten und selbstverfassten Gedichten auf den «rechten Weg» geleitet. Sie war erst vor wenigen Monaten, im August, im hohen Alter von über 90 Jahren gestorben. Die Kinder sind alles «rechte» und angesehene Leute geworden. Die Mutter würde ihrem Sohn Carl, mit dem sie sich vielleicht enger als mit ihren anderen Kindern verbunden fühlte, nicht mehr nach Budapest schreiben können.

Unweit des Weilers Lachen, etwa zehn bis fünfzehn Gehminuten zu Fuss den Berg hinauf, ist ein Aussichtspunkt mit dem Namen Meldegg, an den Lutz in diesem Augenblick des Scheidens sicher gedacht hat, denn in seinen späteren Korrespondenzen und Erinnerungen schrieb er oft davon. Fast immer, wenn er bei St. Margrethen über die Grenze kam, nahm er sich die Zeit, auf die Anhöhe hinaufzusteigen, um auf das weite Rheintal und den oberen Bodensee hinunterzuschauen. Neben Lachen war die Meldegg für ihn der Inbegriff von Heimat. Es handelte sich um einen strategischen Felssprung – von demselben St. Margrether Sandstein gemacht, den sein Vater einst abgebaut hatte. In der Nähe der Wirtschaft beim Felssprung steht die Ruine einer mittelalterlichen Burg. In diesen Kriegsjahren war die Stelle Tag und Nacht von einem Trupp Soldaten bewacht. Falls die deutsche Wehrmacht je einen Angriff auf die Ostschweiz vornehmen sollte, hätten die Soldaten auf dem Felssprung die Vorbereitungen beobachten und melden können, eben deshalb *Meldegg*: «Links gleitet der Blick hinüber über den Bodensee ans deutsche Ufer, nach Bregenz und dem Pfänder, rechts das Rheintal hinauf bis nach Graubünden … Es heisst, dies sei der einzige Punkt in der Schweiz, von wo man über 30 Dörfer und noch mehr Kirchtürme zählen könne», schrieb Lutz über die von ihm bevorzugte Anhöhe.[2] In seinen idealisierten Rückblicken auf die Jugendzeit schrieb Lutz des weiteren: «Ist doch die Meldegg der Ort, wohin meine Gedanken von Amerika aus, von dem fernen Palästina und von Budapest aus immer hinflogen. Sogar als die Bombeneinschläge den finsteren Luftschutzkeller erzittern machten, tauchte in der Fantasie die Meldegg und der Wunsch, dort zu sein, auf.»[3] An manchen Sonntagnachmittagen waren Vater und Mutter, die grosse Kinderschar an der Hand führend, zu diesem Aussichtspunkt hinaufgepilgert. Eines Tages, im Jahre 1909, hatte der Vater auf der Bank oberhalb der Gastwirtschaft gesessen. Nachdem er die Landschaft in aller Ruhe in sich aufgenommen hatte, stand er auf, ging zum Haus hinunter, um sich zum Sterben hinzulegen. Mehr als einmal taucht in Lutz' Schriften der – nie erfüllte – Wunsch nach einem Häuschen im Grünen auf. Dabei mag er an das sanft hinter der Meldegg ansteigende Hügelland gedacht haben, wo sich Appenzeller «Häämetli», die kleinen Holzhäuser der Bauern und Handwerker, über die grüne Landschaft verstreuen. War es die eigenartige Disharmonie zwischen diesem Sehnen nach wahrnehmbarer Vollkommenheit und der Auseinandersetzung mit einer harten Wirklichkeit, die diesem sensiblen Menschen die ausserordentliche Dynamik verlieh?

Später, in Budapest, führte das Interesse von Lutz an der Meldegg zu einer unerwarteten Begegnung: «Als ich dort einmal der Strasse entlang schlenderte, bemerkte ich zu meinem Erstaunen an einer Haustüre den

Namen *Baron Reichling von Meldegg*. Meine Neugierde liess mir keine Ruhe, bis ich diesen Herrn ‹von der Meldegg› gesprochen hatte. Er war über meinen Besuch nicht wenig überrascht, und meine Fragen interessierten ihn sehr. Er teilte mir mit, dass er selbst zwar noch nie in der Schweiz gewesen sei, dass aber irgendwo an der Grenze der Ostschweiz sich vor Jahrhunderten eine Burg befunden haben müsse, die den Namen Meldegg getragen habe und deren Bewohner sich Ritter von Meldegg nannten. Er selbst sei Nachkomme dieses Rittergeschlechts!»[4]

Die Eisenbahnfahrt nach Budapest dauerte die Neujahrsnacht, den ganzen übrigen Tag und die darauffolgende Nacht an, über München, Linz, Wien. Der Krieg hatte sie zu grauen, dunklen Städten gemacht. Im Erstklassbahnwagen, in dem Carl und Gertrud Lutz sassen, fuhren Offiziere und Parteikader mit. Privatpassagiere gab es wenige. Auf den Bahnhöfen standen Sicherheitsbeamte und beobachteten das Treiben; gelegentlich forderten sie die Menschen auf, sich auszuweisen. Der Zug musste unterwegs oft anhalten. Hie und da wurde er von endlosen Militärzügen überholt, mit Panzerwagen, Artillerie, Pferden und allerlei Nachschub beladen. In den Personenwagen rauchten oder schliefen Soldaten, andere blickten nachdenklich zum Fenster hinaus. Ohne Zweifel wurde im Osten ein neuer Feldzug vorbereitet. Erstmals seit Kriegsbeginn hatte die sieggewohnte deutsche Wehrmacht 1941 das von Hitler anvisierte Ziel nicht erreicht: die Zerschlagung der Sowjetunion. Moskau war nicht gefallen, obgleich die deutschen Soldaten bis in Sichtnähe der russischen Hauptstadt vorgedrungen waren. Trotz aller Propaganda und Zensur waren Berichte nach Hause gelangt, wonach viele Soldaten wegen mangelnder Kleidung erfroren waren. Im Frühjahr würde der neue Aufmarsch vollendet sein. Dann könnte ein gewaltiger neuer Feuersturm die Sowjetunion buchstäblich in Stücke zerreissen, ohne Rücksicht auf menschliche und materielle Verluste, bis der Endsieg – um Hitlers halbmystischen, oft wiederholten Ausdruck zu zitieren – errungen sein würde.

Unheimliches Geschehen bereitete sich zu Beginn des Jahres 1942 vor. Intuitiv hat Winston Churchill diesen kritischen Augenblick des Zweiten Weltkriegs als «Hinge of Fate» bezeichnet, die «Türangel des Schicksals».

Es war Ungarns Unglück, dass es sich, halb aus eigenem Willen, halb aus Zwang, in die Katastrophe hatte verwickeln lassen. Unter den Eingeweihten wurde hinter vorgehaltenem Mund über die Senilität des bald 75jährigen Staatschefs Nikolaus (Miklós) von Horthy gemunkelt, der nicht mehr genau wusste, auf welchem Kurs der von ihm über zwei Jahrzehnte zuvor im Militärputsch übernommene Staat steuerte, aber das wussten in jenem Augenblick die wenigsten Ungarn. Horthy residierte in der riesigen Königsburg auf dem Felskegel in Buda (Ofen) auf der Westseite der Donau, wo früher Kaiser Franz Josef abzusteigen pflegte, wenn er Regierungsgeschäfte in der ungarischen Hauptstadt erledigen musste. Von seinen Fenstern überblickte Horthy die Ebene von Pest jenseits des grossen Stroms bis weit in die Puszta hinaus. Er war einst Adjutant desselben Franz Josef gewesen, und im Ersten Weltkrieg hatte er die kleine österreich-ungarische Flotte in der Adria gegen die Italiener befehligt. Deshalb nannte er sich noch jetzt Admiral, obgleich Ungarn schon längst keine Küste mehr besass. Ausserdem hatte sich Horthy den Titel «Reichsverweser» zugelegt und liess sich mit «Königliche Hoheit» anreden. Dies im Auftrag eines unbekannten Königs, der einst den tausendjährigen Stefansthron besteigen und Ungarns Macht und Würde wiederherstellen sollte. Niemals sagte Horthy, wer dieser König sein sollte, in dessen Namen er das «Königreich» verwaltete. Einen Habsburger Sprössling wollte er jedenfalls nicht. Denn als der letzte Habsburger Kaiser, Karl, der 1918 abgedankt hatte, 1921 in Ungarn einen monarchistischen Coup veranstalten wollte, liess ihn Horthy umgehend festnehmen und über die Grenze zurückverfrachten. Umgeben von seinem Kronrat stand Horthy als Staatschef über den in stets schnellerem Karussell austauschbaren Ministerpräsidenten und deren Kabinette.

Als der schweizerische Gesandte, Minister Maximilian Jaeger – er war damals 41 Jahre alt, – 1925 zugleich in Wien und in Budapest akkreditiert wurde (erst 1938, nach dem Anschluss Österreichs an Deutschland, wurde er ausschliesslich für Ungarn zuständig), war er nicht wenig erstaunt über das monarchische Gebaren des Reichsverwesers: «Am Burgeingang präsentierte die Wache in voller Feldausrüstung mit Fahne», berichtete er seinem Vorgesetzten, Bundesrat Giuseppe Motta: «Im Treppenhaus der Burg bis zum Empfangsraum war die alte königliche Trabanten-Leibwache in ihren charakteristischen historischen Uniformen aufgestellt. Im Empfangsraum begrüssten uns sodann der gegenwärtige Leiter des Ministeriums des Äussern, Ludwig von Walko, und der stellvertretende Chef der Kabinettskanzlei, Stefan Uray. Minister Walko trat hierauf mit mir beim Herrn Reichsverweser ein, der mich in Admiralsuniform mit sämtlichen Orden angetan empfing. Nach Auswechslung der Ansprachen stellte ich ihm meinen Mitarbeiter vor, der gemäss Zeremoniell bisher im Vorzimmer verblieben war. Anlässlich der Konversation äusserte sich Herr von Horthy in Worten wärmster Herzlichkeit gegenüber der Schweiz.»[5] Jaeger fand Horthy sympathisch, wenn auch altmodisch, das Überbleibsel einer Epoche, die 1918 zu Ende gegangen war. Der Reichsverweser gehörte zu einer Klasse überkommener und zumeist abgewirtschafteter Grossgrundbesitzer und Generäle, die sich kaum um die Misere der riesigen Massen von Landarbeitern und des

Industrieproletariats kümmerten. Wie sich herausstellen würde, sollte sie im entscheidenden Moment unfähig sein, einem extremistischen Rechtsdrall ernsthaften Widerstand entgegenzusetzen.

Von soviel Mystik und Schein umgeben, schien der Alte den Sinn für die Realität verloren zu haben. Zwei besondere Obsessionen begleiteten Horthys Regierungszeit: die Wiederherstellung Ungarns in seinen «historischen» Grenzen von 1918 und die Bekämpfung des Bolschewismus. Er hatte ja die kommunistische Regierung Béla Kuns 1920 mittels einer Offiziersverschwörung in einem kurzen, aber heftigen Bürgerkrieg vertrieben, der unter der Bezeichnung «Weisser Terror» in die Geschichte eingegangen ist. Horthys Antisemitismus war keine persönliche Obsession, aber wie der Grossteil der «christlichen» Ungarn hatte er für die Juden nicht viel übrig. Besonders die «Ostjuden» mit ihren Bärten und Kaftanen, deren Vorfahren einst aus Galizien eingewandert waren und die jiddisch sprachen, hätte der Admiral am liebsten des Landes verwiesen. Sobald sie nämlich vom Land in die Fabrik kamen, machten sie Schwierigkeiten, führten Streiks an oder liefen zu den Bolschewisten über, wie eben jener Béla Kun, der auch Jude gewesen war. Die mittelständischen Juden sollten vielleicht auch verjagt werden, denn in den Kaufläden, unter den Bankangestellten und unter den Juristen, Journalisten und Ärzten hatten sie sich einfach zu stark verbreitet, auch an den Hochschulen. Waren sie denn so viel geschickter und klüger als alle andern? Horthy hielt es anders mit den reichen und kultivierten Juden, die sich assimiliert hatten und zum Teil gar Christen geworden waren. *Sie* hatten Ungarns Schwerindustrie aufgebaut. Sie besassen Landgüter und waren hie und da sogar mit dem Adel verschwägert. Diese Schicht war aus Ungarn nicht wegzudenken. Horthy hatte andererseits nichts gemeinsam mit den seit den dreissiger Jahren aus dem frustrierten Pöbel aufgetauchten Pfeilkreuzlern, etwa von der Couleur des gefährlichen Spinners Ferenc Szálasi, der wie die deutschen Nazis sämtliche Juden ohne Unterschied vertreiben oder gar erschiessen wollte.

Die Obsession Horthys und der ungarischen Führung zur Wiedererlangung der nach 1918 verlorenen Provinzen sollte der Ausgangspunkt zum fatalen Hineinschlittern Ungarns in den Zweiten Weltkrieg werden. Es dauerte nicht lange, bis die frustrierte Nation ihre Hoffnungen auf das ebenfalls mit tiefem Groll über den «Diktatfrieden von Versailles» besessene Deutschland richtete. Mit Hilfe dieses «Verbündeten» wollte Ungarns schwächliche Führung die an seine Nachbarn verlorenen Gebiete zurückgewinnen. Hierfür bezahlte Ungarn aber einen sehr hohen Preis: die weitgehende Aufgabe seiner Selbstbestimmung. Es musste seine leistungsfähige Industrie in den Dienst des Dritten Reiches stellen, seine Judengesetzgebung jener des nationalsozialistischen Deutschlands «anpassen» und der Wehrmacht das Durchmarschrecht für Angriffe auf Drittstaaten gewähren. Dafür gewann es zwischen 1938 und 1941 Teile seines früheren Territoriums zurück nach dem Prinzip von Zucker und Peitsche. Die grösste Rechnung musste am 26. Juni 1941 beglichen werden, als der extrem deutschhörige Ministerpräsident Bardossy fünf Tage nach dem deutschen Überfall auch seinerseits der Sowjetunion den Krieg erklärte, ohne Kriegsvorbereitung und ohne irgendwelches Kriegsziel. Im Dezember 1941 stand Ungarn auch mit Grossbritannien und den Vereinigten Staaten im Krieg, ohne dass irgendwelche Gründe vorhanden gewesen wären, nur um dem Dritten Reich einen Gefallen zu tun. Gerade weil das unglückliche Ungarn dem Diktat seiner Geschichte zu entkommen gesucht hatte, beschritt es den Weg zu einer neuen Katastrophe.

Noch vor Weihnachten 1941 baten Grossbritannien und die Vereinigten Staaten die Schweiz, ihre Interessen in Ungarn zu übernehmen. Letzteren hatte Japan soeben die Katastrophe von Pearl Harbor zugefügt, wodurch sich der europäische Krieg zum Weltkrieg ausweitete. Binnen kurzer Zeit schnellte die Zahl der durch die Schweiz in Ungarn vertretenen Staaten auf zehn. Bis Kriegsende sollten es nicht weniger als vierzehn sein. Für gewisse Länder, vor allem für die lateinamerikanischen Staaten, handelte es sich eher um eine Pro-Forma-Angelegenheit, die wenig Arbeitsaufwand benötigte. Gewichtig waren natürlich Grossbritannien, hinter dem das riesige Kolonialreich stand, und die Vereinigten Staaten, die im Lauf des Krieges zur tonangebenden Weltmacht aufsteigen würden. Dann aber galt es, die Interessen Jugoslawiens zu vertreten, das 1941 vom Dritten Reich angegriffen und in seine Bestandteile zerstückelt worden war. Und Rumänien, das seit eh und je mit Ungarn über Siebenbürgen zerstritten war. Es würde im August 1944 aus der Achsenkoalition ausscheren und gegen Ungarn Front machen. Jede dieser Interessenvertretungen barg ein Minenfeld garstiger Probleme, an denen gewöhnliche Beamte scheitern konnten. Allein die Betreuung von 300 Engländern, 600 Amerikanern, mehreren hundert Jugoslawen und weit über 1 000 Rumänen war eine Riesenaufgabe. Viele von ihnen waren Doppelbürger, oder sie waren Feindbürger, mit ungarischen Staatsangehörigen verheiratet, und hatten Kinder. Einige besassen Geschäfte oder waren nach Ungarn gekommen, um Besitzfragen oder Erbschaftsangelegenheiten zu regeln, als der Krieg ausbrach und die Ausreise verunmöglichte. Unter ihnen befanden sich die Juden in einer besonders ungemütlichen Lage. Fast immer handelte es sich um «grenzüberschreitende» Menschen, die durch den Krieg unter die Räder gekommen waren, feindseligen Bürokraten ausgeliefert. Sie benötigten Papiere, Ausweise, Bewilligungen, Pässe oder Passbescheinigungen, finanzielle Hilfe, juristischen Beistand, Nachrichten von fernen Angehörigen – zumeist aber ein freundliches Anhören ihrer Sorgen und Aufmunterung. Natürlich handelte es sich bei Interessenvertretungen um die hohe Politik, um zwischenstaatliche Diplomatie, um das Einhalten völkerrechtlicher Abmachungen auch in Kriegszeiten, um Gespräche «auf höchster Ebene», um die unvermeidlichen Empfänge und Diners, den Austausch vertraulicher Information, das Vermitteln von Geheimkontakten mit dem Feind auf dem Umweg über die Diplomaten neutraler Staaten. Aber die eigentliche Kunst lag im Handeln auf der zwischenmenschlichen Ebene, im Suchen annehmbarer Lösungen, damit die Leute an der Zwickmühle von widerstreitenden Loyalitäten bei Kriegsereignissen nicht zerbrachen. Diese Kunst besassen Carl und Gertrud Lutz in hohem Masse. *Beide* hatten sie nach Kriegsausbruch in Palästina unter Beweis gestellt, als die Bürde der deutschen Interessenvertretung auf sie geworfen worden war.

Somit wurde Carl Lutz zwischen Weihnachten und Sylvester 1941 mit dem Aufbau einer Abteilung für Fremde Interessen im Rahmen der dortigen schweizerischen Gesandtschaft betraut. Sein Vorgesetzter sollte der Gesandte Jaeger sein und der Ansprechpartner in Bern die gleichnamige Abteilung im EPD. «Beamtenrechtlich war ich als Leiter der Abteilung für Fremde Interessen Herrn Minister Jaeger unterstellt. Er hat mir weitgehend Freiheit gelassen und mir grosses Vertrauen geschenkt. Wie üblich erstattete ich vollständige Jahresberichte für die Jahre 1942 und 1943. Über die wichtigsten diplomatischen Angelegenheiten konferierte ich mit Herrn Minister Jaeger mindestens einmal wöchentlich. Ich habe mit 15 Beamten angefangen, meistens Angestellte der früheren amerikanischen Gesandtschaft, in der Hauptsache Ungarn, bewährte Kräfte. Später erweiterte sich das Personal auf 30. Zuletzt wurden noch ca. 100 Volontäre für die Auswanderungsangelegenheiten engagiert. Mein nächster Mitarbeiter war Herr Hans Steiner. Herr La Roche war Chiffrierbeamter, während Herr Karl Hofer die El Salvador-Angelegenheiten behandelte.»[6]

Als das Ehepaar Lutz jedoch Budapest am 2. Januar 1942 kurz nach Tagesanbruch erreichte, wusste es noch kaum, was es in Ungarn erwartete. Minister Jaeger und einige seiner Mitarbeiter empfingen Carl und Gertrud Lutz am Bahnhof. Der Gesandte überreichte Gertrud einen Strauss Blumen und führte die Neuankömmlinge anschliessend in ein Hotel. Jaeger war ein Gesandter der jovialen Art. Als der aus Herznach im Kanton Aargau stammende Jurist noch in Wien residierte, galt die schweizerische Gesandtschaft, der er mit Geschick und Nonchalance vorstand, als eine *der* gesellschaftlichen Adressen Österreichs. Dadurch erhielt Jaeger meist früher als die übrigen Angehörigen des diplomatischen Korps Kenntnis von kommenden politischen Entwicklungen, an denen es Österreich in den zwanziger und dreissiger Jahren nicht fehlte. Als er Lutz am Budapester Ostbahnhof abholte, war er beinahe sechzig und litt zuweilen an Zerstreutheit, wenn nicht gar Gedächtnisschwund, den die Gattin geschickt auffing, indem sie sich in stockende Gespräche mit Besuchern einschaltete und im nachhinein wichtige Punkte für ihn notierte. Nach wie vor aber zeugten seine Berichte nach Bern von genauen Lageeinschätzungen und profunder Menschenkenntnis. Ministerpräsident Bardossy, der Ungarn an der Seite Hitlers in den fatalen Krieg gegen die Sowjetunion gestürzt hatte, beschrieb er spöttisch als «einen der berufensten Vertreter der rechtsgerichteten ungarischen Politik im Geiste Julius Gömbös'».[7]

Am 21. Januar verliessen die amerikanischen Funktionäre Budapest und kehrten in ihre Heimat zurück. Lutz beschloss, seinen Amtssitz in ihrer bisherigen Gesandtschaft, einem repräsentativen mehrstöckigen Gebäude am Szabadsag-tér (Freiheitsplatz) mitten im Geschäftsviertel von Pest unweit des Parlaments, einzurichten: «Die neue Abteilung konnte zufolge der schönen, geräumigen und zentral gelegenen Lokalitäten und einem eingearbeiteten Personalstab gut organisiert werden und funktionierte auf normaler Basis unbehindert während der ersten zwei Jahre. Die Zusammenarbeit mit den Behörden war eine erfreuliche. Sämtliche feindlichen Staatsbürger lebten auf freiem Fuss und waren in ihrem Erwerb wenig gehindert.»[8] Es dauerte nicht lange, bevor Minister Jaeger gegenüber dem Aussenminister in Bern, Bundesrat Pilet-Golaz Lutz ungeteiltes Lob erteilte. Er sei mit Eifer und Sachkenntnis an die neue Aufgabe herangetreten. Innerhalb kurzer Zeit habe er die verwaltungstechnische Umstellung der früheren Gesandtschaftskanzleien auf eine zentralisierte Interessenvertretung durchgeführt und ein Registratur- und Buchhaltungssystem organisiert. Die verschiedenen Gesandtschaftsgebäude seien unter den Schutz der Schweizerischen Eidgenossenschaft gestellt worden.[9] Überall wurden Schilder mit dem weissen Kreuz im roten Feld angebracht und dadurch die Extraterritorialität dieser Gebäude trotz Kriegszustand bekräftigt. Den wichtigsten Mitarbeitern von Lutz wurden verschiedene verlassene Gesandtschaften zum Bewohnen zugewiesen, um die schweizerische «Présence» allen Leuten sichtbar vorzudemonstrieren. Vizekonsul Lutz war in der Tat «gewissenhaft und erfahren».

Lutz selber wählte die ehemalige britische Gesandtschaft zu seinem persönlichen Wohnsitz, zweifellos die vornehmste aller diplomatischen Residenzen. Sie befand sich an der Verböcsy utca an der Nordostecke des Felskegels, auf der die vornehme Altstadt des Stadtteils Buda erbaut worden war. Es handelte sich um ein Palais von fünfzig zum Teil sehr repräsentativen Räumen, wie es sich für den Abgesandten eines Weltreiches geziemt, mit Dienstpersonal und einer Polizeiwache am Eingangstor. Genau wie der Reichsverweser etwas weiter südlich auf seiner Königsburg, so genossen Carl Lutz und seine Gemahlin eine unvergleichliche Rundsicht über die Donau und das dahinterliegende Pest. Die altungarischen Fürsten hatten bei der Landnahme der Magyaren richtig geurteilt, indem sie den Felskegel von Buda und den südlich daran anschliessenden Gellértberg befestigten und ihre Hauptstadt an dieser strategisch einzigartigen Stelle errichteten. Am Fusse des Burghügels, wo grosse Brücken die Donau überspannten, waren früher die Fähren hin- und hergefahren, damals, bevor die beiden ungleichen Städte Buda und Pest zu einem einzigen Gemeinwesen zusammengefasst worden waren. Wohl kaum je zuvor hat ein schweizerischer Vizekonsul unter angenehmeren Umständen seinen Dienst leisten dürfen. Noch vortrefflicher war der Gedanke, dass der bisherige britische Gesandte in kluger Voraussicht in den Felsen unter dem Gesandtschaftspalais einen gut ausbetonierten Luftschutzkeller eingerichtet hatte. Lutz war froh über diese Planung. Es war Krieg, und er hatte bereits Luftbombardierungen auf seinen früheren Posten in Tel Aviv und Berlin erlebt. Noch einsichtsvoller war der grosse und ebenfalls tief in den Felsen hineingelassene Tank, der nicht weniger als 3 000 Liter Benzin enthielt. Auch in dieser Hinsicht war vorgesorgt. Unschwer ist die Genugtuung über die neue Situation aus den Fotos vom Frühjahr 1942 herauszulesen, die Lutz hinterlassen hat. Sie zeigen das Paar auf den Terrassen der Gesandtschaft inmitten von blühenden Kirschbäumen, oder auf der Fischerbastei mit Blick auf die Donau und das im neugothischen Stil errichtete Parlament.

In diesem Augenblick der Gelassenheit und des Glücks wussten jedoch weder Carl noch Gertrud Lutz noch sonst jemand, dass sich in den nächsten drei Jahren der aufgestaute Wahnsinn des 20. Jahrhunderts entladen würde. Noch weniger ahnten sie, dass sie ihn aus nächster Nähe miterleben sollten.

Denn es war nicht einfach Krieg. In den gutinformierten Kreisen Budapests, wo Minister Jaeger ein- und ausging, wurden ungewöhnliche Nachrichten herumgereicht. Zwei Berichte erregten die Aufmerksamkeit der Eingeweihten ganz besonders. Der erste war bereits wenige Wochen nach der Kriegserklärung an die Sowjetunion bis in die Hauptstadt durchgesickert. Ein Massenmord an Juden war dort geschehen, aber niemand schien zu wissen, wer die Verantwortung hierfür trug. Waren es die Deutschen oder die Ungarn, oder beide zusammen?

Wie dem auch sei, die ungarische *Honvéd* (Armee) hatte aufgrund einer

Vereinbarung mit der Wehrmacht jenseits der Karpathen die Verwaltung von Teilen Galiziens und der Westukraine übernommen. Die meisten der dortigen Juden waren von den Deutschen vorsorglich «evakuiert» worden. Andere waren zu ihren bereits früher nach Nordostungarn ausgewanderten Verwandten geflohen, zu jenen von den Ungarn so verachteten jiddischsprechenden «Ostjuden». Anfangs August 1941 liess Ministerpräsident Bardossy in einem Überraschungscoup 12 000 dieser Flüchtlinge und solche ungarische Juden in Nordostungarn, die gerade «keine Ausweise auf sich trugen», einfangen und nach Galizien verfrachten, um sie dort «anzusiedeln». Am 27. und 28. August wurden sie zu Bombenkratern in der Nähe des Städtchens Kamenetz-Podolsk getrieben. Man nahm ihnen die wenige Habe ab. Dann mussten sie sich nackt ausziehen. Anschliessend wurden sie von einer Einsatzgruppe unter SS-Obergruppenführer Friedrich Jeckeln mit Maschinengewehren erschossen. Ungarische Offiziere schauten der Massenexekution von besonders zu diesem Zweck errichteten Tribünen gleichgültig zu. [10]

Die zweite Begebenheit nahm ihren Anfang am 4. Januar 1942, zwei Tage nach der Ankunft des Ehepaars Lutz in Budapest. An jenem Tag wurden im Dorfe Zsablya in der ungarisch-besetzten Batschka (Wojwodina) sechs ungarische Gendarmen von serbischen Partisanen getötet. Dies führte zu einer von höchster Stelle abgesegneten Vergeltungsaktion durch das Fünfte Ungarische Armeekorps. Als «Vergeltung» wurden in Zsablya und umgebenden Dörfern 1 400 Menschen und in Csurog 1 800 Menschen umgebracht, einschliesslich Frauen und Kinder. Ganz besonders wurde dabei auf den jüdischen Bevölkerungsteil Jagd gemacht.

Am 21. Januar kam die Stadt Ujvidék/Neusatz (serb. Novi Sad) an die Reihe. Über 3 000 Menschen, in der Hauptsache Serben, aber auch viele Juden, wurden erschossen. Das Blutbad in der Batschka hörte erst am 30. Januar auf. 6 000 Serben und 4 000 Juden waren hingeopfert worden. Durchreisende und Flüchtlinge verbreiteten die Kunde von der Untat in Budapest. Einzelne Parlamentarier, darunter der mutige Endre Bajcsy-Zsilinsky, verlangten eine Untersuchung. Sie wurde von der empörten Rechten unter Hinweis auf die «Ehre der Armee» niedergeschlagen. Horthy schwieg.[11]

Ungarn hatte sich endgültig im unentrinnbaren Netz der «Endlösung» verfangen.

Lutz und dem diplomatischen Korps in Budapest blieb allerdings die Kenntnis eines markanten dritten Ereignisses verborgen, das am 20. Januar 1942 – fast zur selben Zeit wie die Tragödie in der Batschka – am Grossen Wannsee bei Berlin stattfand. SS-Obergruppenführer Reinhard Heydrich, der gefürchtete Chef des Reichssicherheitshauptamtes (RSHA), hatte Chefbeamte von Sicherheitsorganen und vom Reichsaussenministerium zu einem informellen Mittagessen und Nachmittagsgespräch über die Koordination der «Endlösung» im gesamten deutschbesetzten Gebiet Europas eingeladen.[12] Nach Heydrich galt es, alle elf Millionen Juden Europas, auch jene Grossbritanniens und der neutralen Staaten, dem «Arbeitsdienst im Osten» zuzuführen, dem Tarnwort für Vernichtung. Für Ungarn nannte Heydrich die Zahl von 742 800 Juden. Was bisher «spontan» oder «vereinzelt» geschehen war, sollte von nun an systematisch und koordiniert vorangetrieben werden, um dem «Wunsch des Führers» endlich Gehör zu verschaffen: «Im Zuge der praktischen Durchführung der Endlösung wird Europa von Westen nach Osten durchgekämmt», schrieb der protokollführende 38jährige SS-Obersturmbannführer (= Oberstleutnant) Adolf Eichmann in der Zusammenfassung, die anschliessend an dreissig Amtsstellen verschickt wurde.[13] Erstaunlich ist, wie bedenkenlos und widerspruchslos die gesamte Staatsverwaltung, die Sicherheits- und Parteiorgane – bis hinunter auf die Lokalebene – und die Wehrmacht sich an der Umsetzung dieses Mordbefehls beteiligten und dass sich andere europäische Völker mit in das Verbrechen hineinziehen liessen.

Heydrich sollte sich der Fortentwicklung seines Planes der Judenvernichtung nicht lange erfreuen, denn schon vier Monate später, am 27. Mai 1942, erfuhr er seine eigene «Endlösung». In seiner Funktion als «Stellvertretender Protektor» von Böhmen und Mähren erhielt er am Stadtrand von Prag eine Handgranate in sein fahrendes Auto und erlag den Verletzungen wenige Tage später. Als Rache für das Attentat richteten die Besetzer in Prag, Brünn und dem Dorf Lidice 1 339 Menschen hin. Lidice wurde dem Erdboden gleichgemacht. Ausserdem wurden unverzüglich über tausend Juden aus Prag und Berlin nach dem östlichen Polen verfrachtet und zu Tode gebracht.

Über die Wannsee-Konferenz bewahrte die Reichsregierung strenge Geheimhaltung. Als das Geheimnis gelüftet und das Ausmass des Verbrechens von der Welt zögerlich begriffen wurde, war es zu spät.

Dabei wiederholte Hitler am 30. Januar 1942 in einer öffentlichen Rede, was doch ein Geheimnis sein sollte: «Dieser Krieg wird mit der Vernichtung der Juden in Europa aufhören!»

Die Menschheit war auf einer Reise in die Nacht.

Amerika: «Zwei Seelen wohnen ach in meiner Brust»

Ein Familienfoto aus dem Jahre 1905 zeigt Carl Lutz – er war gerade zehn Jahre alt – als den Zweitjüngsten inmitten seiner grossen Familie: weit abstehende Ohren, ein konzentrierter, suchender Blick, der später von einer randlosen Brille noch akzentuiert werden und ihm stets einen etwas distanzierten professoralen Gesichtsausdruck verleihen sollte. Er würde nicht zu jenen gehören, die leicht auf andere zugingen und sich ohne weiteres anbiederten. Zuweilen litt er geradezu an seiner Reserviertheit. Die auf dem Bild im Sonntagsstaat abgebildete Familie hielt ihr Leben lang eng zusammen, vielleicht gerade weil Vater Johannes schon vier Jahre später starb und der Ausfall des Steinbruchs als Lebensunterhalt oft Schmalhans zum Küchenmeister machte. Im Foto sitzt Carl zwischen seinem jüngeren Bruder Walter und seiner Mutter. Gerade sie waren seine beiden wichtigsten Bezugspersonen, zusammen mit der Schwester Emma, mit denen er zeitlebens am engsten verbunden bleiben würde.

Es war ein frommer Haushalt, geprägt vom Spätpietismus der Jahrhundertwende, der auf den Hügeln und in den *Häämetli* des Appenzeller Vorderlandes starke Wurzeln geschlagen hatte. Schon mehrere Jahre vor der Jahrhundertwende hatte sich die Familie der Methodistengemeinde Rheineck angeschlossen, zu der eine Anzahl von Stubengemeinschaften und Sonntagsschulen im Vorderland gehörten, die aus dem pietistischen Umfeld hervorgegangen waren. Tägliches Bibellesen, Beten, Singen, gottesdienstliche Gemeinschaftlichkeit, gegenseitige Hilfsbereitschaft und eine durchwegs puritanische Lebenshaltung bestimmten den sozialen und geistlichen Rahmen. Das irdische Streben nach Vollkommenheit ging nahtlos in Endzeit- und Paradiesvorstellungen über, wo Christus die Seinen heimholte, die «Welt» ihrem Schicksal überlassend. Dass ein gewisses soziales Ressentiment gegen das privilegierte Bürgertum in solche theologischen Vorstellungen mit hineinspielte, war vielleicht den wenigsten der Methodisten bewusst. Gott selber würde für den Ausgleich sorgen, wenn nicht hienieden, dann im Jenseits.

In der Familie Lutz war die Mutter, Ursula, geborene Künzler, die Mitte dieser kleinen Welt. Viele Jahre lang war sie eine der Hauptstützen der methodistischen Zweiggemeinde in Walzenhausen gewesen. Sie hatte die Bibel mehrmals durchgelesen und kannte das gesamte Liedergut des Pietismus. Sie selber schrieb Verse, und mit entsprechender fachlicher Anleitung hätte sie ihr dichterisches Potential zweifellos auf ein gemessenes Niveau gebracht. Als die Kinder, vor allem Carl, von zuhause fortzogen, behielt sie die Fäden der weitläufigen Familie unentwegt in ihren Händen. «Ich zehre immer noch sehr an dem Liederschatz, den wir in unserer Jugend gelernt haben», schrieb der schon 42jährige Lutz 1937 aus Palästina an seine Mutter und erwähnte dabei Lieder wie «Ein Freund, dem keiner gleich», «O glaub nur du», «Lass nur die Wogen toben», usw. Sie seien in ihrer Schlichtheit fast mehr als eine Predigt und begleiteten ihn immer, wohin er auch gehe.[1] Der Mutter war jedoch alle überspannte Frömmelei fremd, denn sie pflegte ihren Kindern einzuschärfen, es sei besser, eine gerechte Tat zu tun, als «jeden Tag in die Kapelle zu springen». Die pietistische Subkultur vermochte auch sie nicht gänzlich einzubinden. Diese Eigenwilligkeit, sich nicht gänzlich einvernehmen zu lassen, hat sie ihrem Sohn Carl vererbt.

In Lutz' Briefe und Erinnerungen klingt auch bei ihm stets der Unterton eines Strebens nach Vollkommenheit nach, dessen religiöse Wurzeln ihm wohl kaum bewusst waren.[2] Sein Leben lang würde er versuchen, diesem Ideal nachzueifern, um das «Richtige» zu tun. Wenn er ein gestecktes Ziel nicht erreichen konnte, verfiel er zuweilen in tiefe Depressionen und zweifelte an sich selber. Das «Streben nach Vollkommenheit», eine altpuritanisch-methodistische Vorstellung, gab Lutz andererseits die Fähigkeit zu ausserordentlicher Leistung, öffnete ihn aber auch der Verletzlichkeit andern Menschen gegenüber, wenn diese aus Gleichgültigkeit oder Nichtbeachtung seine Leistungen nicht anerkannten. An diesem Zwiespalt hat er sein Leben lang gelitten. Noch als junger Mann in Amerika erinnerte er sich: «Schon als Knabe von acht Jahren, als ich einmal dort ‹Heierlis Wegli ufi› lief, da kam mir zum erstenmal der Wunsch: ‹Ich möchte etwas ‹Grosses› werden und zwar ein heller wissenschaftlicher Stern am Gelehrtenhimmel.›»[3] Als er zwölf Jahre alt war, erinnerte sich Lutz wiederum der Vollkommenheit, als er im Walde «ob Sturzeneggers im Gütli» Beeren sammelte. Dort hätte er den «heissen Wunsch» gespürt, dass sein Herz wäre «wie des zwölfjährigen Jesus».[4]

Der aufgeweckte und doch träumerisch veranlagte Junge langweilte sich in der Schule. Eine kurze Bemerkung von Lutz, Jahre später, deutet darauf hin, dass er mit dem Lehrer in einem Spannungsverhältnis gelebt hat, ohne dass er dies weiter erklärte. An eine Weiterbildung an Gymnasium und Universität war nicht zu denken. So etwas kam nur für die Kinder der gesellschaftlichen Oberschicht in Frage. Finanzielle Einschränkungen verbauten begabten jungen Leuten aus den weniger begüterten Bevölkerungskreisen den Zugang zu höheren Studien, und der Mutter war aus einsichtigen Gründen ohnehin daran gelegen, ihre Kinder sobald wie möglich selbständig zu machen. Erst in Amerika würde es Lutz gelingen, das Manko seiner akademischen Bildung wettzumachen. Auf jeden Fall begann der schulentlassene Lutz mit fünfzehn im Mai 1910 eine dreijährige kaufmännische Lehre bei der Textilfirma Heinrich Peter in St. Margrethen und besuchte Abendkurse beim Kaufmännischen Verein in Rheineck. In diesen drei Jahren legte er die Grundlage zu seinen grossen administrativen Fähigkeiten, die ihm im späteren Konsulardienst stets ungeteilte Anerkennung sicherten.

Gegen den Schluss seiner Lehrzeit, 1913, wahrscheinlich an seinem Geburtstag, der in diesem Jahr auf einen Sonntag fiel, begann der junge Lutz seine Vollkommenheitsvorstellungen auf Amerika zu projizieren. Dort konnte er vielleicht die Träume verwirklichen, die ihm in der enggewordenen Heimat verwehrt blieben: «Damals war ich ein typischer Jüngling mit allen dazugehörenden Eigenschaften. Meine Blicke waren schon in die weite Welt gerichtet. Es wurde mir zu eng im häuslichen Kreise. Ich wollte meinen Gesichtskreis erweitern. Schon hatte ich eine Ahnung, dass ich den 19. Geburtstag in Amerika, dem Land der goldenen Freiheit und der unbeschränkten Möglichkeiten, feiern würde. *So* sehe ich mich noch im Geiste dort stehen (im Michliholz), meine hoffnungsvollen Blicke nach Westen gerichtet. Die Walzenhauser Kirchuhr schlug grad halb zwei!»[5]

Amerika galt 1913, als der 18jährige Lutz dorthin auswanderte, immer noch als das «Land der unbegrenzten Möglichkeiten». Das weite Gebiet zwischen Atlantik und Pazifik fasste 1910 erst 92 Millionen Menschen, von denen 19 Millionen im Ausland geboren worden waren. Jedes Jahr entstiegen den ununterbrochen aus Europa heransegelnden Ozeanriesen mehr als eine Million neuer Zuwanderer.[6] Verdruss bereitete den Nachfahren früherer protestantischer angelsächsischer Siedler der ständig zunehmende Zuzug von Süd- und Osteuropäern. Die in ihren Augen überhand nehmenden Neubürger katholischen und jüdischen Glaubens galten als ungebetene Zaungäste, weil sie die gewohnte soziale und religiöse Struktur des grossen Landes aus den Angeln zu heben drohten. Besonders wenn sie mittellos an Land kamen. Ausgerechnet «die Müden und die Armen», die die Freiheitsstatue auf einer Insel im New Yorker Hafenbecken ausdrücklich willkommen hiess, wurden mit grösstem Unbehagen empfangen.[7]

Das traumatische Erlebnis des hochgemuten Lutz bei seiner Ankunft in New York ist aus diesem Hintergrund erklärbar. Es hat seine Einstellung gegenüber den von ihm so hoffnungsvoll betretenen Vereinigten Staaten ohne Zweifel tief beeinflusst.

Als Lutz an Bord des Dampfers «Imperator» am 6. August 1913, von Hamburg her den Atlantik überquerend, New York erreichte, freute er sich ungemein, das Land seiner Träume erreicht zu haben. Er beobachtete, wie sich die vermögenderen Passagiere der l. und 2. Klasse – die sich der Sicherheit halben zumeist mit Einreisevisen versorgt hatten – das Schiff gleich nach Ankunft verlassen durften. Die Passagiere der 3. Klasse, zu denen er gehörte, mussten die Nacht an Bord verbringen. Am folgenden Morgen wurden sie jedoch, anstatt an Land gehen zu dürfen, in kleinen, vollgepferchten Fährbooten an der mit dem schönen Gedicht von Emma Lazarus gezierten Freiheitsstatue vorbei nach Ellis Island weit draussen in der New Yorker Bucht gebracht. Von dort gab es kein Entrinnen.

Auf der Insel angekommen, «ging's hinein, in endlosen Zügen ins Gebäude, das Ähnlichkeit mit der Tonhalle in Zürich hat», schrieb Lutz in seinem ersten Bericht aus Amerika. «Im Eingang wurde die Schiffskarte abgestempelt und jedem etwas in die Augen gespritzt von einem Arzt, der dazu lustig sein Liedlein pfiff.»[8] Lutz wurde, zusammen mit vielen anderen, in von Eisengittern voneinander getrennte Gänge hineingeschoben und von weiteren, gleichgültig dreinblickenden Ärzten untersucht. Er musste zusehen, wie alte Leute von Beamten «wie Schafe» geschubst wurden, von einem Büro ins andere, durch weitere Türen in noch andere Büros, wo weitere Beamte warteten. Tagelang vertrödelte der mit hohen Erwartungen aus der Schweiz angereiste junge Mann seine Zeit in der Gesellschaft von «Juden, Slowaken, Polen, Russen, Arabern, Türken und anderem Gesindel», wie er in jugendlicher Ungeduld über Menschen schrieb, von denen er bisher nur in Büchern gelesen hatte.[9] Er durfte nicht einmal dem in der Gegend von St. Louis, Missouri, auf ihn wartenden Schweizer Ehepaar, einer Familie Gisler, die ihn eingeladen hatte, seine Ankunft telegrafisch mitteilen und dass er auf Ellis Island festgehalten sei.

Des Nachts wurden Lutz und die von ihm auf 2000 geschätzten Einwanderer in mit Eisenbetten ausgestatteten Räumen eingesperrt, wobei ihm Wanzen und die Furcht vor dem Diebstahl seiner wenigen Habe den Schlaf vertrieben, nur um das bürokratische Prozedere am folgenden Morgen von neuem über sich ergehen lassen zu müssen: «Endlich, nach fünf langen Tagen, wurde mein Name gerufen. Ich wurde wieder einmal in ein Büro gebracht. Nachdem ich geschworen hatte, die Wahrheit zu sagen, wurde ich über mancherlei ausgefragt, und das Endurteil lautete: ‹Die Herren haben beschlossen, Sie nicht landen zu lassen, denn sie fürchten, Sie würden der Öffentlichkeit zur Last fallen.›»[10] Ein evangelischer Einwandererpfarrer, dem Lutz in seiner Verzagtheit sein Leid klagte, setzte sich mit der Familie Gisler in Verbindung. Einige Tage später lag die benötigte Garantie vor und Lutz durfte Ellis Island vierzehn Tage nach seiner Ankunft dort endlich verlassen. Er hatte die letzten bangen Tage damit verbracht, sich mit gleichfalls wartenden Juden, Russen und Arabern anzufreunden, alles Menschen, die der lateinischen Schrift unkundig waren, um für sie Adressen an deren Angehörige zu schreiben. Mit Betroffenheit sann er über das Schicksal eines Schweizers und eines Deutschen nach, die versucht hatten, das Festland schwimmend zu erreichen. Sie waren erwischt und auf Behördenbefehl nach Europa zurückverfrachtet worden. Lutz schrieb von einem «herrlichen Gefühl der Befreiung», nachdem ihm die Beamten nach erneutem, längerem Verhör beschieden, er sei frei und dürfe gehen. «Dass es mein Erstes war, dem lieben Gott zu danken, ist selbstverständlich.»[11] Später, als Lutz selber Beamter geworden war und über das Schicksal von Menschen aus eigener Machtbefugnis entscheiden konnte, hat er gelegentlich an Ellis Island gedacht.

Granite City, Illinois, wo Carl Lutz nach dreissig Stunden Bahnfahrt via Cleveland und Chicago ankam, stellte den grösstmöglichen Gegensatz zu Walzenhausen dar. Diese Industriestadt von damals 10-15 000 Einwohnern am grossen Mississippi, im Herzen des weiten und flachen amerikanischen Mittelwestens, zehn Meilen (16 km) von St. Louis gelegen, war erst 20 Jahre früher gegründet worden. Die rustikalen Pioniere waren jedoch schon längst weggezogen, um Walz- und Stahlwerken, Koksfabriken und anderen Unternehmen Platz zu machen. Sie verwandelten die grüne Landschaft in eine Industriewüste. Bald würde auch die Automobilproduktion folgen. Auf unübersehbaren Güterbahnhöfen wurden die aus den Kohlerevieren im südlichen Illinois und aus entfernteren Gegenden anrollenden Güterzüge umgeschlagen. Zum täglichen Lärm und zur Luftverpestung dieser Industriestadt gesellte sich im Sommer eine unerträgliche und feuchte Hitze.[12] Klimaanlagen gab es noch nicht.

Lutz fand Arbeit bei der National Enameling and Stamping Company in Granite City, einer Zulieferfirma von grossen Unternehmen. Es war ungewohnt schwere Arbeit inmitten rauher Gesellschaft von anderen Immigranten und von Schwarzen, und gelegentlich bluteten ihm die Hände. Später durfte er bei derselben Firma in der Verwaltung arbeiten und hantierte mit Schreibmaschinen und Rechenschiebern. Von seinem täglichen Leben schrieb Lutz kaum. Hingegen offenbart sein erstes Tagebuch (Mitte 1914 bis Mitte 1916) etwas von seinen Reaktionen auf die ihm fremdartige Umwelt und seinem jeweiligen Geisteszustand, der stark hin- und herschwankte. Ein erster Tagebuchversuch war in einem Briefumschlag aufbewahrt, aber dann vernichtet worden. Lutz hinterliess lediglich den pessimistischen Titel: «Auswürfe aus einem Hexenkessel». Sein «wirkliches» Tagebuch wollte er unter einem ganz neuen Stern beginnen: «Heute – es war der 16. Juni 1914 – habe ich mich entschlossen, ein Tagebuch zu führen und werde es mit Gottes Hilfe so lange wie möglich fortsetzen... ‹Ganz für Jesum, ganz für Jesum, alles sei dem Herrn geweiht›, soll mein Motto sein. Wahrlich, es kann nicht fehlen. Gibt es etwas Herrlicheres als ein edles, gottgeweihtes Jünglingsleben? Nichts von Jesu kann mich scheiden.» Er schloss den ersten Eintrag mit der Bemerkung, dass er am 21. November 1913 während der Arbeit «nach langem, heissem Ringen den Frieden erlangt habe».[13]

Das Tagebuch zeigt jedoch auf, dass der heissersehnte innere Frieden kein dauerhafter Besitz war. Die rüde Arbeitswelt und ein inständiges Heimweh setzten ihm zu. Er litt an dieser Umgebung, soweit vom heimatlichen Walzenhausen entfernt. Lutz hat im Budapester Kriegswinter 1944/45 sicherlich grössere Gefahren ausgestanden, aber die fünf Jahre in Granite City, im Alter von 18 bis 23 Jahren, stellen wahrscheinlich den Tiefpunkt seines Lebens dar. So hatte er sich das «Land der unbegrenzten Möglichkeiten» in seinen jugendlichen Träumereien nicht vorgestellt. Wenn er aus der heimatlichen Enge fliehen wollte, so trieb ihn die verwüstete Landschaft, ein ungeliebter Job, andere Lebenssitten und die fremde Sprache in eine grosse Einsamkeit hinein, die ihn zuweilen bis an den Rand des Abgrundes brachte. Ein Ausdruck bitteren Humors überkam ihn von Zeit zu Zeit, wie sein Eintrag vom 28. Juni 1914, zehn Monate nach seiner Ankunft, aufzeigt: «Ein herrlicher Sonntagmorgen, wie direkt importiert aus der Heimat. Aber ach, die schönen Lieder, die wir so oft draussen gesungen haben, passen so gar nicht hierher. Wie z. B.: ‹Wer recht mit Freuden wandern will, der geh der Sonn entgegen, da ist der Wald so kirchenstill, kein Lüftchen mag sich regen.› Da möchte man schon eher sagen: ‹Wer recht im Staube wandern will, der geh den Autos entgegen, da ist die Welt so aufgeregt, kein Mäuschen darf sich regen!›»[14]

Seine Stimmungslagen schwankten zwischen feierlichem Optimismus und angstvollen Betrachtungen über eine verhangene Zukunft. Wie Amerika vorher, verklärte er nun umgekehrt die verlorene Heimat paradiesisch. Er verglich die Erinnerung an eine Besteigung des Hohen Kastens im Appenzeller Alpsteingebirge mit der ihn jetzt umgebenden industriellen Wüstenei in ihrer Andersartigkeit. Oder die puritanische Einfachheit des Appenzeller Vorderlandes mit der «Verworfenheit» der Bewohner von Granite City: So schrieb er am 25. Juni 1914: «Ich stand heute am Tore der Rolling Mill und betrachtete einen amerikanischen Leichenzug. Ein Saloonkeeper war's, dem sie das letzte Geleit gaben. Seit fünf Jahren soll er immer besoffen gewesen sein. Schliesslich wurde er krank, volle drei Stunden, und dann ging's hinüber in die Ewigkeit. Der metallene Sarg soll $ 1 600 gekostet haben und wird auch dementsprechend schwer gewesen sein. Ich fürchte, er hat ein grosses Loch geschlagen in der Hölle. An diese Leichenfeier hat sich abends noch ein grosses Gastmahl geknüpft, wo getanzt, gespielt und Freibier ausgeteilt wurde. Als er aber in der Hölle und in der Qual war... Ob dieser Verstorbene wohl auch einem armen Lazarus begegnet ist?»[15]

Mit ähnlich strengen Urteilen versuchte der junge Lutz, sich mit den in den amerikanischen Industriegebieten akut werdenden Rassenproblemen auseinanderzusetzen. An einem Sonntagnachmittag besuchte er zusammen mit einem deutschen Einwanderer ein schwarzes Elendsquartier von St. Louis und urteilte, kaum dass er die Realität der durch die lange Ausbeutung und die sozialen Hintergründe jetzt einsetzenden Zuwanderung der Schwarzen in die Industriegebiete richtig begriffen hatte: «Was man da nicht alles sieht, ich meine nicht kunstschöne Gebäude, etc., sondern vielmehr die Kunst des Satans. Gefallene, im Schlamm der Sünde stehende Menschen, wandelnde Leichen, bleiche Neger, Sklaven der Unzucht. Wenn man sich jeweils so in die Sache hineinvertieft, sieht man kaum mehr die Häuser vor lauter Grauenhaftigkeit. Es scheint mir, der Teufel liebt die Schwarzen mehr als die Weissen. Er kann bei ihnen in Körpergestalt auftreten, man sieht ihn nicht, er fällt einem kaum auf.»[16] Das Gewissen gab ihm jedoch keine Ruhe. Tage später noch gingen Lutz die im schwarzen Slum gewonnenen Eindrücke durch den Kopf. Er überzeugte sich, dass es solche verworfenen sittlichen Zustände auf Gottes schöner Erde nicht geben dürfe. Sollte er selber etwas für diese Schwarzen tun? Von nun an stieg in ihm immer wieder der Gedanke auf, ob er nicht Theologie studieren sollte, etwa um Pfarrer oder Missionar zu werden. Aber immer wieder verwarf er ihn, weil er in seinem immer wiederkehrenden Pessimismus nicht überzeugt war, dass er einer solch hohen Berufung würdig sei. Gott müsse ihm ein konkretes Zeichen geben...

Aus dem Tagebuch geht, kaum überraschend, hervor, dass Lutz jungen Mädchen gegenüber sehr schüchtern aufgetreten ist. Auch hier zeigte sich sowohl seine Tendenz zur Idealisierung von Menschen als auch seine anerzogene pietistisch-puritanische Furcht vor «Fleischeslust». Noch lange nachdem er in Granite City angekommen war, begriff er nicht, dass die amerikanischen Kirchen viel mehr als in Europa Zentren des gesellschaftlichen Lebens waren. In Nebenräumen wurden Feste gefeiert, Vorträge gehalten oder Musikabende durchgeführt. In den Jugendvereinigungen wurden Liebesbeziehungen angeknüpft, die oft zu Hochzeiten und Familiengründungen führten. Streng urteilte der einsame junge Lutz über dieses Treiben – es war am 23. Mai 1916: «Und während ich in dieser stillen Stunde der Musse pflege, sitzen die jungen Leute, diese eitlen Gecken und Zierpüppchen, beim Ice cream und Spiel im Vergnügungsdepartement in der Kirche und haben eine ‹gute Zeit› gehabt! Natürlich, diese hohlen Köpfe des 20. Jahrhunderts!»[17]

Und doch geschah es, dass er sich bald darauf selber verliebte. In seinem Tagebuch zitierte er aus Schillers *Glocke*: «Er flieht der Brüder wilden Reih'n, Errötend folgt er ihren Spuren ...» Anschliessend stehen die Worte: «Ich bin verliebt, in höchstem Grade!» Er fühlte sich wie befreit, vor allem von Satans Banden, teuflischen Versuchungen, fleischlichen Gelüsten, unreinen Gedanken: «Ich bin mich nicht mehr, ich bin jemand anders geworden!»[18] Der Höhenflug sollte jedoch nicht lange dauern, denn bald darauf vertraute Lutz dem Tagebuch schwere Enttäuschungen und Kummer an. Er schrieb nicht, wer die Angebetete war, die den zögernden und scheuen Einundzwanzigjährigen offenbar zurückwies, falls sie seine Verliebtheit überhaupt zur Kenntnis genommen hatte.

Trotz dieser in seinen Augen negativen Erfahrungen, spielte die Kirche nach wie vor eine zentrale Rolle. Die Mutter hatte die heranwachsende Familie ohnehin oft genug gemahnt: «Kinder, schliesst euch einer Gemeinschaft an. Das geistliche Leben kann schwerlich gedeihen in unserer Zeit ohne diese heilsame Einrichtung.»[19] Für den fernen jungen Mann in Granite City stellte sie, neben der freudlosen täglichen Arbeit, wohl die einzige Verbindung zur Aussenwelt dar. Gelegentlich schrieb Lutz über die Predigten. Im August 1914 wurde in seiner Gemeinde der in Europa ausgebrochene Krieg im Rahmen von Gottesdiensten und Gemeindeveranstaltungen kommentiert. Eines Sonntagabends während jener Wochen kehrte Lutz nach Hause zurück und wollte etwas gegen den neuen Schrecken unternehmen, etwa in dem er – wiederum – Pfarrer oder Missionar werden wollte. Er hatte die Gewissheit erlangt, dass der Krieg auf geistlicher Ebene eine «Zeit des Segens» hervorrufen würde. Andererseits zürnte der junge Mann dem Gemeindepfarrer, der in seinem Verhalten den schönen Worten keine entsprechenden Taten folgen liess. Während eines Abendgottesdienstes hatte dieser die Gemeinde aufgerufen, etwas für die Seelenrettung verlorener Menschen, besonders der Trinker, zu tun: «Nach dem Gottesdienst übten wir noch ein Lied. Es kam ein Tramp zur Türe herein, den wahrscheinlich die bekannte Melodie von ‹Lead kindly light!› angezogen hatte. Er setzte sich auf die Bank und hörte still zu. Alle starrten ihn an. Zuletzt sagte er zu mir: ‹*That's the finest song I've ever heard.*› Ich bemerkte, mit Nachdruck: ‹*Yes, it certainly is.*› Wenn nicht alle pressiert hätten und wenn ich ein wenig fliessender hätte englisch sprechen können, dann hätt' ich gewiss mehr zu ihm gesprochen. Wer aber nichts sagte, war unser Bruder Prediger. Und wer ihn nur misstrauisch anblinzelte, war unser Bruder Prediger. Und wer ihm die Türe wies und ihm mit einigen kurzen Worten zu verstehen gab, dass die Kirche zugeschlossen würde, war unser Bruder Prediger. Das Herz brannte mir, wie ich ihn nachher an einer Telefonstange lehnen sah. Hätt' ich nur ein englisches Traktat oder ein Testament bei mir gehabt. Ich aber dachte bei mir selbst: Zu was stehen denn heutzutage die Kirchen da? Für die Heuchler oder die Frommen? Wo bleibt das praktische Christentum»?[20] Und in seiner Gewohnheit, vergangene Erinnerungen zu verklären, fügte Lutz hinzu, deutsche (sic) Methodisten hätten in einem solchen Fall ganz anders als amerikanische Methodisten gehandelt. Noch schien er nicht zu begreifen, dass ein eingefleischter Alkoholiker – um den es sich wohl handelte – eine ganz andere Heiltherapie benötigte als nur gute Worte oder ein frommes Traktat. Die mitmenschliche Anteilnahme des jungen Lutz ist jedoch bereits stark ausgeprägt. Verletzlich wie er selber war, wusste er um die Verletzlichkeit anderer.

Obgleich sich die aufeinanderfolgenden Wellen von Jubel und Niedergeschlagenheit nach wie vor ablösten, schien sich in Lutz' Leben doch ein Reifeprozess durchzusetzen. Seine Tagebuchnotizen des Jahres 1917 zeigen auf, dass er – inzwischen 22 Jahre alt – zu einer Entscheidung über seinen künftigen Beruf hindrängte. Nur nicht in Granite City bei der National Enameling and Stamping Company bleiben. Nach wie vor wollte er Pfarrer oder Missionar werden, ein Gedanke, den seine Mutter zuhause zweifellos unterstützte. Jetzt aber schoben sich andere Möglichkeiten in den Vordergrund. Die Idee stieg auf, Schriftsteller oder Journalist zu werden oder gar Farmer. Hatte er sich bisher an seinen einsamen Abenden mit der deutschen Literatur beschäftigt, waren seine Englischkenntnisse inzwischen soweit fortgeschritten, dass er jetzt auch anglo-amerikanische Klassiker lesen konnte, wodurch sich sein enges Amerikabild erweiterte und er Freude an seiner neuen Heimat gewann. Die Biografien grosser Männer faszinierten ihn: Jefferson, Lincoln, der Missionsstratege John Mott. Überrascht stellte er eines Tages fest, dass ihm die bisher peinlich eingehaltenen täglichen Pflichtlesungen der Bibel abhanden gekommen waren. Ein von ihm im Tagebuch eingerahmtes Zitat zu seinem 22. Geburtstag am 30. März 1917 wies auf diesen Gesinnungswandel hin: «Lern von grossen Männern handeln, Ringe nach Unsterblichkeit, Dass einst auch dein irdisch Wallen, Spuren lässt im Sand der Zeit.»[21]

Plötzlich geriet das Leben des jungen Lutz in Bewegung. Anfang April 1917, wenige Tage nach diesem Eintrag, erklärten die Vereinigten Staaten dem Deutschen Reich den Krieg. Amerika verpflichtete sich, binnen kurzem ein riesiges Heer und frisches Kriegsgerät an die erschöpfte Westfront zu schicken, um den entscheidenden Durchbruch zu erzwingen. Vier Millionen junge Männer wurden einberufen. Sie mussten jedoch zuerst ausgebildet werden, was mit einem stehenden Heer von nur 150 000 Mann keine leichte Sache war, um dann nach Übersee transportiert zu werden.

Nun drohte auch Lutz die Rekrutierung, obgleich er kein amerikanischer Staatsbürger war. So hatte er sich die Rückkehr nach Europa nicht vorgestellt. Wenige Wochen nach dem Kriegseintritt der Vereinigten Staaten flüchtete er aus Granite City – anders kann man es nicht sagen – und unternahm eine weite «Reise» durch die Staaten Kentucky, Tennessee, Louisiana, Arkansas und Oklahoma. Es war eine ungewisse, entbehrungsvolle Zeit. Lutz musste froh sein, sich mit kurzfristigen Gelegenheitsjobs über Wasser zu halten, immer nur so lange, bis er merkte, dass sich die lokalen Behörden für ihn zu interessieren begannen. Er nagelte Fässer, er arbeitete in Schlachthäusern und Seifenfabriken. Amerika hatte einen bitteren Geschmack bekommen. Nach Hause zurück wollte er nicht, denn das wäre das Eingeständnis eines Fehlschlags gewesen. Und da war der Krieg, der eine Reise über den Atlantik ohnehin schwer oder unmöglich machte. Von dieser unsäglich schweren Zeit schrieb Lutz kaum etwas, weder in seinem Tagebuch noch in den späteren Erinnerungen. In seinem Tagebuch ist lediglich eine kurze Andeutung enthalten: «Mein so sehnlicher Wunsch, etwas aus mir zu machen, konnte ich verschiedener Umstände wegen nicht durchsetzen.»[22]

Bald aber flaute der Druck der Rekrutierung ab. Nach den ersten Monaten patriotischen Fiebers wurde sich die Regierung der Vereinigten Staaten bewusst, dass die gigantische Mobilisation eines so grossen Expeditionskorps viel mehr Zeit als erwartet benötigte. Die Aufgebote verlangsamten sich. Ausserdem konnte Lutz den Behörden zweifellos klarmachen, dass laut gültigem Vertrag die USA und die Schweiz ihre Bürger im jeweiligen anderen Land nicht für den Kriegsdienst aufbieten durften. Er kehrte an seine frühere Arbeitsstelle zurück und blieb noch ein weiteres Jahr in Granite City. Dann endlich entschloss er sich, die Frage seiner weiteren Ausbildung anzugehen.

Die Wahl von Lutz fiel auf Central Wesleyan College in Warrenton, Missouri, einer Kleinstadt 100 Meilen (160 km) westlich von St. Louis, an der Überlandstrasse nach Kansas City. Dieses College war eine der zahlreichen höheren Mittelschulen, die von den amerikanischen Kirchen im Lauf des 19. Jahrhunderts im Gefolge der nach Westen vormarschierenden Neusiedler errichtet worden waren. Sie leisteten einen hervorragenden Beitrag in der Bezähmung der rohen Sitten und in der Schaffung eines einigermassen gebildeten Mittelstandes. Wenn auch die formale Schulbildung von Lutz zu wünschen übrig liess, zeigte sich, dass er sich als Autodidakt durch seine ausgedehnte Lektüre während seiner einsamen Abende in Granite City ein umfangreiches Wissen angeeignet hatte, welches ihm das Mitmachen im neuen Schulbetrieb ohne weiteres ermöglichte. Noch immer aber wusste er nicht, in welche Richtung sich seine berufliche Laufbahn bewegen sollte. Er belegte Kurse im Bereich der *Liberal Arts*[23] und auf den Unterstufen der Theologie. Pfarrer oder Missionar zu werden schien ihn auch jetzt noch nicht loszulassen. Ganz noch der Pietist, notierte Lutz in seinem Tagebuch, «im Sommer 1918 (hätte er) draussen im Feld hinter einem Weizenschocken auf den Knien mit Tränen in den Augen Gott gelobt, dass ich in die Schule gehen werde, um mich auszubilden für irgendwelche Arbeit in seinem Reiche».[24]

1919 nahm er als Teil seiner Ausbildung an sogenannten *Gospel Teams*, evangelistischen Predigtgruppen, teil. Er und andere Mitstudenten leiteten Gottesdienste in Land- und Dorfgemeinden in der Umgebung von Warrenton. Vor seinem ersten öffentlichen Auftreten am 23. März in Pendleton, Missouri, das nur zwei Minuten dauern sollte, hatte sich Lutz nicht weniger als drei Stunden lang vorbereitet. Voller Selbstzweifel schrieb er: «Doch ging es, wenn auch mangelhaft. Die Zukunft wird zeigen, ob ich für etwas tauglich bin!»[25]

Später im selben Frühjahr nahm Lutz an einem weiteren Gospel Team im Weiler Steinhagen in der Nähe von Warrenton teil: «Feierlich und schlicht stand das Kirchlein inmitten hoher, belaubter Bäume. Drum herum standen schon eine Anzahl Gespanne, und freundliche Gesichter begrüssten uns und hiessen uns willkommen. Das Glöcklein sandte seine helle Stimme über die Felder und mahnte zum Gottesdienst. Es war eine gutbesuchte Versammlung, und jene Gesichter, die mich dort unten scheinbar anstarrten, werden zu meinen unvergesslichen Erinnerungen gehören.»[26] Ähnlich romantisch beschrieb Lutz den Abschied nach dem Abendgottesdienst: «Der Mond glänzte feierlich still über unseren Häuptern und der friedlichen Waldlandschaft, als wir uns anschickten, die Rückreise anzutreten. Das Wiehern der Pferde und das Surren von Motoren waren der einzige Lärm, der die Nachtruhe störte. Wir waren bald reisefertig, und wie der Letzte von uns seinen Platz im Auto genommen hatte, stimmte auch die Mandoline leise das Lied an: ‹*God be with you till we meet again. By his counsels guide, uphold you. God be with you till we meet again, till we meet, till we meet,*› klang es aus unsern Kehlen durch den stillen Wald in die finstere Nacht hinaus und zurück zu dem Kirchlein, das bald wieder vereinsamt dort oben stand. Nach kurzer Zeit erblickten wir die Lichter Warrentons.»[27]

Solche Höhenflüge liessen sich jedoch, wie immer bei Lutz, auf die Dauer nicht durchhalten. Im Jahr darauf – es war mittlerweile 1920 – klagte er, er habe an dieser Schule in Warrenton unnütz Zeit verschwendet, denn er sei weder gesprächiger noch gesellschaftlicher geworden. Was nütze es, eine beschwingte Fantasie zu haben, wenn das «unvollkommene, unverbesserliche Erdental» in solchem Gegensatz zur Vollkommenheit in den oberen Regionen stehe: «Zwei Seelen wohnen, ach, in meiner Brust, die eine will, die andere will nicht!»[28]

Es sollte nicht mehr als ein Ferienjob sein, diese drei Sommermonate von Juni bis Anfang September 1920 als deutsch-englischer Korrespondent in der schweizerischen Gesandtschaft zu Washington, zuerst in der Presseabteilung und dann in der Pass- und Registraturabteilung. Aber während jener Sommerwochen setzte der inzwischen 25-jährig gewordene junge Appenzeller seine Prioritäten neu, vielleicht ohne es selber zu ahnen. Von nun steht kein Wort mehr in seinen Tagebüchern oder anderswo, dass er Pfarrer oder Missionar werden wolle.

Nach sieben Jahren in der bleiernen kleinstädtischen Provinz des amerikanischen Mittelwestens war die Bundeshauptstadt am Potomac für Lutz geradezu das Spiegelbild von Anmut und weltmännischer Eleganz, geprägt vom neuen Selbstbewusstsein nach dem gewonnenen Krieg. Auch der kleine Temporärangestellte der Gesandtschaft eines unbedeutenden Landes durfte an dieser berauschenden Atmosphäre teilhaben. Er spürte sie, wenn er etwa die breitangelegte und vornehme Pennsylvania Avenue vom Weissen Haus zum Kapitol hinunterwanderte, die runde, in der heissen Sommersonne weissglitzernde Kuppel des Jefferson Memorial betrachtete oder ehrfurchtsvoll die Treppe zur mächtigen sitzenden Gestalt des Bürgerkriegspräsidenten Lincoln emporstieg. Diese junge Republik verstand es, sich selber darzustellen. Lutz notierte in seinem Tagebuch: «Hier angekommen machte ich die seltene Erfahrung, nämlich die, dass ich alles so vorfand und besser noch als ich es mir vorgestellt hatte. Zum erstenmal also hat mich meine Fantasie nicht betrogen! Meine Wünsche sind nun ... alle in Erfüllung gegangen. *Soli Deo Gloria!* Es bietet sich hier die grossartige Gelegenheit, etwas aus mir zu machen.»[29]

Nun kam nicht mehr in Frage, nach dem bescheidenen Warrenton im fernen Missouri zurückzukehren, um wiederum Gedanken über eine geistliche Berufung als nachzuhängen. Um so weniger als der schweizerische Gesandte, Marc Peter, dem fleissigen Sommerangestellten nach wenigen Wochen eine

Dauerstelle in der Pass- und Registraturabteilung anbot, die Lutz auf der Stelle akzeptierte. Dann liess er kurzentschlossen die Mutter aus der Schweiz nach Washington kommen, und sie kauften zusammen ein Haus im Nordwestteil der Stadt. Zur selben Zeit liess Lutz sich in Abendkursen an der in der Nähe des Weissen Hauses gelegenen George Washington University zum Studium von Jurisprudenz und Geschichte immatrikulieren. Er hatte Glück, denn es handelte sich um eine der ersten diplomatischen und juristischen Kaderschulen der Vereinigten Staaten. Vier Jahre später erhielt er sein College-Diplom in den Liberal Arts. Diese humanistisch-juristische Schulung bildete eine solide Grundlage für seine künftige Karriere, was Lutz' Selbstsicherheit wesentlich stärkte. Er wurde mehr als nur ein «fleissiger und pflichtbewusster Beamter». Sein Auftreten, seine diplomatische Finesse und die Kunst des juristischen Kombinierens, die sich Jahre später für Tausende von Verfolgten in Budapest als lebenswichtig herausstellen sollte, hat er sich in erster Linie an der George Washington University geholt. Vielleicht ebenso den eher informellen amerikanischen Arbeitsstil, der ihn davor bewahrte, ein fantasieloser, paragraphenreitender Beamter zu werden. Humanistisch geschult und weltmännisch angehaucht wie er nun war, streifte er jedoch sein pietistisches Denkmuster nie gänzlich ab, wie viele seiner persönlichen Briefe an und Zeugnisse von Familienangehörigen belegen. Der «Pietist» und der «Weltmensch», falls solche Kategorien überhaupt angebracht sind, lief von seiner Washingtoner Zeit an einfach auf parallelen, aber aber miteinander verzahnten Geleisen. Er hat die Spannung zwischen den beiden kaum je ausgleichen können. Aber dadurch wurde er zu ausserordentlichen Leistungen befähigt.

In vollen Zügen profitierte Lutz in Washington von Begegnungen mit tonangebenden politischen und kirchlichen Gestalten, Schriftstellern und anderen Exponenten des amerikanischen kulturellen Lebens. Diese Leute füllten die Vortragssäle, denn noch hatte das Radio und das Fernsehen die Tradition der grossen angelsächsischen Rhetorik nicht unterhöhlt. Gelegentlich beauftragte Minister Peter seinen aufgeweckten jungen Angestellten, die Gesandtschaft bei kleineren offiziellen Anlässen zu vertreten, sodass Lutz hie und da den «ganz Grossen» die Hände schütteln durfte. Wie etwa jene des Generals John Pershing, der das amerikanische Expeditionsheer in Frankreich befehligt hatte (und dessen Kommando Lutz knapp entronnen war), oder gar jene von Präsident Warren Harding und seiner Gattin. Nicht dass Lutz in das exklusive politische und diplomatische Karussell Washingtons emporgestiegen wäre, aber er durfte sich an den von den Tischen der Grossen fallenden Brosamen gütlich tun...

Nachdem sich Lutz zunächst mit dem Status eines lokal angeheuerten

Gesandtschaftsangestellten hatte begnügen müssen, wurde er am 20. Juni 1923 formell in den Dienst der Eidgenossenschaft aufgenommen. Dies gab ihm das ersehnte Recht, erstmals nach zehn langen Jahren zu einem Heimaturlaub in die Schweiz zu fahren. Denn in Bern wollte man sich den neuen Kanzleigehilfen genauer ansehen.[30] Von nun an war seine Beamtenlaufbahn definitiv vorgezeichnet. Vorerst verblieb er aber auf demselben Posten wie bisher, in der Pass- und Registraturabteilung.

Jetzt, da Lutz mit der Aufnahme in den Beamtenstatus der Eidgenossenschaft und wenige Monate hierauf mit dem Studienabschluss an der vornehmen George Washington University eine beachtliche Startposition erreicht hatte, stellte sich paradoxerweise das alte Übel depressiver Zustände wieder ein. Seinem Tagebuch anvertraute er, dass er sich von Nebel und Minderwertigkeitsgefühlen umgeben sah, ein Zustand, der in regelrechte Zukunftsangst ausmündete. Neu war jedoch, dass Lutz sich selber gegenüber eine gewisse Distanz schuf, denn er begann sich zu fragen, ob nicht seine ständigen Meditationen Grund dieser persönlichen Komplexe sein könnten. Nach wie vor suchte er nach einem ausgefüllten Leben, und der Vollkommenheitsgedanke beschäftigte ihn immer wieder. Er meinte, die auf den Washingtoner Rednertribünen so selbstsicher auftretenden Rhetoriker, Staatsmänner und Kirchenführer, die ihre Gedanken so klar und ohne augenscheinliche Selbstzweifel formulieren konnten, hätten jenen Grad der Vollkommenheit erreicht, nach der er so selbstquälend suchte. Seine letzten Tagebucheintragungen aus dem Jahre 1924 – Lutz war jetzt beinahe dreissig – lassen den Wunsch nach einer Frau erkennen. Sie sollte nicht nur körperliche Liebe schenken können, sondern auch auf intellektueller Ebene eine ansprechbare Partnerin sein.[31] Die einst, im No man's land von Granite City, so sehnlichst erwünschte und idealisierte Hausgemeinschaft mit der frommen Mutter, zuweilen in Gesellschaft des jüngeren Bruders Walter und von Emma, der Schwester, schien langsam wieder einengend zu wirken. Wie damals, bevor der 18jährige Walzenhausen verlassen hatte und über den Ozean gefahren war...

Der Gesandte in Washington, Minister Marc Peter, hatte Verständnis für die innere Unruhe seines Untergebenen. Nach sechs Jahren «fleissiger und pflichtbewusster Arbeit» setzte er beim EPD eine Versetzung durch. Als der alternde schweizerische Ehrenkonsul in Philadelphia, Pfarrer Vuillemier, dringend administrative Unterstützung brauchte, wurde ihm Lutz zu Jahresbeginn 1926 als Kanzleisekretär an die Seite gestellt. Vuillemier war mit seinem neuen Mitarbeiter bald vollauf zufrieden und schrieb in seinem nächsten Jahresbericht an Minister Peter: «Der dem Konsulat seit dem 1. Januar 1926 zuerteilte Kanzleisekretär, Herr Carl Lutz, hat sich als eine ausgezeichnete Kraft bewährt. Nicht nur besorgte er die Geschäfte des Konsulats treu und gewissenhaft, sondern er machte sich auch sonst in der Schweizerkolonie von Philadelphia auf mancherlei Weise nützlich. Besonders bei den umfassenden Vorbereitungen für den Schweizertag auf der Weltausstellung, welcher am 15. September 1926 abgehalten wurde, fungierte er als Sekretär, und seiner unermüdlichen Arbeit ist es zum grossen Teile zu verdanken, dass die Abhaltung des Schweizertags ein glänzender Erfolg war.»[32]

Im folgenden Jahr, 1927, wurde Lutz ein weiterer Heimaturlaub gewährt, den er benutzte, unterwegs weitere Länder Europas, Skandinavien und Deutschland, zu bereisen. Er musste den Gefühlsstau loswerden, der sich in den Jahren des «Eingeschlossenseins» in Amerika in ihm aufgebaut hatte. Auf dieser Reise kam seine ausserordentliche fotografische Fertigkeit zum Ausdruck, mit der er nach seiner Rückkehr den Schweizerklub von Philadelphia überraschte. Enthusiastisch berichtete die *Amerikanische Schweizer-Zeitung* über die, am 2. Dezember jenes Jahres im Schweizerklub von Lutz gezeigten «herrlichen Naturaufnahmen», die er nicht nur selber aufgenommen, sondern selber reproduziert und «mit geschickter Hand» koloriert und teilweise gar mit eigenen Gedichten ausgeschmückt hatte. Der Berichterstatter erwähnte den Männerchor des Swiss Club, der die stimmungsvollen Lichtbilder mit dem Lied «O mein Heimatland, o mein Vaterland» musikalisch untermalte: «Dann erschien das Bild des Rütli auf der Leinwand, bei dessen Anblick die ganze Gemeinde (*sic*) auf Vorschlag von Herrn Lutz ‹Von ferne sei herzlich gegrüsset› sang. Hierauf führte uns Herr Lutz in seine engere Heimat und zeigte uns sein Vaterhaus im Appenzellerlande. Es fällt mir schwer, eines der Bilder als das Beste herauszugreifen; sie waren alle sehr gut gelungen, ob es nun das Matterhorn, das Wetterhorn oder sonst eine schöne Berggruppe war, ob wir eine ganze Geissenherde wandern sahen oder nur ein schönes, stattliches Rind uns verwundert anschaute.»[33]

Acht Jahre hielt es Carl Lutz in Philadelphia aus. Mittlerweile zerbarst der grosse amerikanische Wirtschaftsboom im Börsenkrach von 1929. Die politische und soziale Umwelt veränderte sich, nicht nur in Amerika, sondern auch in Europa und dem Fernen Osten. Mehr denn je begann das feuchte Klima an der amerikanischen Ostküste dem auch körperlich sensiblen Lutz in steigendem Masse zuzusetzen, und wiederum versuchte er, den Konsulardienst des EPD zu überzeugen, ihn endlich nach Europa zu versetzen.

Im Frühjahr 1930 wollte der Konsulardienst hingegen seinen gesundheitlich labilen Beamten in New York einsetzen, in der Meinung, dass die etwas weiter nördlich gelegene Hafenstadt klimatisch besser zu ertragen sei. Ganze sechs Wochen hielt es Lutz in der Riesenstadt aus. Schon am ersten

Tag erlitt er auf der Untergrundbahn einen Schwächeanfall und musste an der nächsten Haltestelle aussteigen. Er schrieb nach Bern, der Arzt habe ihm vom Bahnfahren abgeraten, weil sonst die geschwächten Nieren noch mehr Schaden nähmen. Am schlimmsten seien jedoch seine Zustände in der vollgedrängten Untergrundbahn während der Stosszeiten, denn er müsse dreiviertel Stunden zwischen Wohnung und Arbeitsplatz hin- und herpendeln.[34]

Im Sommer desselben Jahres, als er wieder auf Heimaturlaub fahren durfte, liess er sich von einem Berner Arzt untersuchen, und dieser bescheinigte dem Konsulardienst des EPD: «(Lutz) erkrankte im Januar 1930 an einer schweren Grippe und an einer ulcerösen Angina. Die Folge dieser Erkrankung war eine akute Nierenentzündung, die den Kranken viele Wochen darniederhielt. Es trat wohl eine momentane Heilung ein, aber Herr Lutz war seither immer mehr oder weniger leidend; er blieb blutarm und schwächlich. Durch langjährigen Aufenthalt in Grosstädten, in Verbindung mit der Grippeerkrankung vom Jahre 1930, ist eine hochgradige Nervosität entstanden, die die Verdauung behindert und viel und oft die Ursache von heftigen Magenschmerzen ist. Dadurch leidet natürlich die Ernährung, so dass Herr Lutz *stark* untergewichtig ist.»[35] Er leide auch an Zuckungen im Gesicht. Der Patient solle sich lange in den Bergen aufhalten, damit sich sein Zustand bessere. Es bestehe sonst Tuberkulosegefahr.

Der Konsulardienst des EPD liess sich jedoch nicht erweichen. Lutz musste vorerst nochmals nach Philadelphia zurückkehren. 1933 wurde seine Lage noch schlimmer. Im Oktober jenes Jahres entsandte ihn der Konsulardienst ausgerechnet nach dem ungeliebten St. Louis. Böse Erinnerungen an «verlorene Jahre» zwei Jahrzehnte zuvor im nahen Granite City stiegen in ihm auf. Er fürchtete sich vor den kalten Wintern des mittleren Westens, aber noch mehr vor den subtropischen Sommern, wo die Hitze bis zu 40 bis 45 Grad Celsius ansteigen konnte und wochenlang auch nachts kaum unter 35 Grad fiel. Voller Widerwillen schrieb er aus Philadelphia, was er über seinen künftigen Arbeitsplatz, St. Louis, erfahren hatte. In diesem Sommer (1933) seien in jener Stadt 400 Menschen an Hitzeschlägen gestorben, und weitere 1 000 befänden sich in Spitalbehandlung. Der jährliche Russfall betrage 500 Tonnen pro Quadratmeile. Im Vergleich zu Philadelphia käme er vom Regen in die Traufe. Keck liess Lutz den Konsulardienst wissen, er beabsichtige keinesfalls, über den Sommer 1934 hinaus in St. Louis zu bleiben.[36] Gewissermassen zum Trost beförderte ihn das EPD zum Kanzleisekretär 1. Klasse.

Tatsächlich war Lutz nach seinem Aufenthalt in St. Louis in Amerika nicht mehr zu halten, besonders nachdem er dort seine künftige Frau, die Bernerin Gertrud Fankhauser gefunden hatte. Im Spätherbst 1934 zeitigte sein hartnäckiger Kleinkrieg mit dem EPD Erfolg. Es beschloss, Lutz an die schweizerische Gesandtschaft in London zu versetzen. Dieser Entscheid wurde jedoch knapp vor Weihnachten kurzfristig umgestossen. Bei dem für Palästina und Transjordanien zuständigen Honorarkonsulat in Jaffa war ein Notstand ausgebrochen. Anstatt nach Europa wurde Lutz in den Nahen Osten geschickt. Diese überraschende Wende sollte sich für Lutz und für seine künftige Gattin als folgenreich herausstellen.

Nie mehr kehrte er nach Amerika zurück.

Das Europa, in das Carl Lutz, wenigstens vorübergehend, nach 21 Jahren Amerikaaufenthalt zurückkehrte, war nicht mehr wie jenes, das er 1913 als 18jähriger mit dem Dampfer «Imperator» verlassen hatte. Der Weltkrieg von 1914–18, die erste grosse militärische Auseinandersetzung des Industriezeitalters, hatte Europas politische und soziale Landschaft grundlegend verändert. Die meisten Monarchien waren in den Kriegs- und Revolutionswirren untergegangen. Die einst so stolzen europäischen Kolonialreiche waren erschüttert. Das revolutionäre Russland verkam nach wenigen Jahren zusehends zu einem Polizeistaat, der mit Sozialismus wenig mehr zu tun hatte. Aus dem liberalen Italien des Risorgimento war eine faschistische Diktatur geworden. Und um das Mass vollzumachen, fegte Adolf Hitler 1933 die krisengeschüttelte Weimarer Republik aus der Geschichte hinweg und errichtete seinen nationalsozialistischen Staat. Dieser verhiess für die übrigen Völker Europas nichts Gutes. Der unruhigen, aus den Angeln gehobenen Alten Welt verhiess Hitler Schutz vor dem Bolschewismus. Er designierte den *einen* Feind, den es zu vernichten galt, das Judentum. Geschickt benützte der «Führer», wie er sich nannte, die modernen Massenmedien, das Radio, die Presse, und verkündete eine neue Zeit, eine neue europäische Ordnung, vom furchtlosen Gewaltmenschen germanischer Art beherrscht. Liberalismus, Demokratie, Parlamentarismus gehörten auf den Abfallhaufen der Geschichte. Sie hätten nichts gebracht als verlorene Kriege, nationale Entwürdigung und Massenarbeitslosigkeit.

In Deutschland und anderswo sogen die von Ereignissen des 20. Jahrhunderts verstörten Menschen die neue Botschaft gierig auf. Der «Führer» sprach sie an, er identifizierte *den* Feind und gaukelte «Lösungen» vor. Er war der neue Erlöser. «Heil Hitler!» riefen sie.

Die Vorstellung vom Juden als «Feind» wurde natürlich nicht erst von Hitler und seinesgleichen erfunden. Sie war den europäischen «christlichen» Völkern schon seit Jahrhunderten eingehämmert worden. Obgleich das Phänomen des Antisemitismus in Fachschriften und in der Literatur schon vielfach kompetent abgehandelt worden ist, sei es nachstehend erlaubt, gewisse Haupterscheinungen zu resümieren, vor allem im Blick auf die ungarische Katastrophe und das Rettungswerk von Carl Lutz.

Sicherlich trugen Deutschland und seine Vasallenstaaten nicht die alleinige Schuld am grossen Desaster. Erstaunlicherweise galt ja Deutschland lange geradezu als *die* aufgeklärte Mitte Europas, zu der sich die Juden angezogen fühlten. Die Welle neuzeitlicher Judenpogrome begann am Rande Europas, im zaristischen Russland am Ende des 19. Jahrhunderts. Von da aus breitete sich das Gift über die habsburgische Doppelmonarchie Österreich-Ungarn und Polen aus und von dort sogar bis zum weltoffenen Frankreich des Dreyfuss-Skandals. Aber erst nach dem Krieg 1914–18 wurde aus der schleichenden Krise des Antisemitismus eine tödliche Krankheit.

Oft wird vergessen, dass die «Judenfrage» schon lange vor der Moderne bei der zweiten Generation der Christen nach der Kreuzigung Jesu um das Jahr 30 nach der Zeitwende auftauchte. Unüberhörbar ist in den Briefen des Apostels Paulus und teilweise auch in den Evangelien die Enttäuschung über die fehlende «Bekehrung» des Samens Abrahams, d. h. über die Nichtanerkennung von Jesus als *dem* gekommenen Messias (= griech. Christos). Eine Misshelligkeit folgte der anderen. Als die Juden mit weiteren Begriffen von Jesus als «dem alleinigen Sohn Gottes», als «wahrer Gott vom wahren Gott» und schliesslich als der «zweiten Person der heiligen Dreifaltigkeit» nicht nur nichts anfangen konnten, sondern sie sogar als Gotteslästerung empfanden, wurden sie von den Christen zu einem «halsstarrigen, abtrünnigen» Menschenhaufen degradiert, der die Ehrenbezeichnung «auserwähltes Volk» nicht mehr verdiente. Das «neue Israel», das neue erwählte Volk war die Kirche. Aus Rom bzw. Konstantinopel wurde das zweite Jerusalem.

Inmitten dieser Atmosphäre entstand die hasserfüllte Anklage, *die Juden* hätten Jesus ans Kreuz schlagen lassen und vor Pilatus geschrien: «Sein Blut komme über uns und unsere Kinder!»[37] Dadurch war der schaurige Ruf vorbereitet, der durch die Jahrhunderte nachhallte und die Juden immer wieder in Pogromen zu Hunderten, ja zu Tausenden in den Tod trieb: «Christusmörder!» Ebenso wie die Jesus zugeschriebene Anschuldigung, die Juden stammten vom Teufel ab, woraus die immer wieder auftauchende «Beschuldigung» entstand, die Juden seien mit dem Teufel im Bunde.[38] Sobald das Christentum laut Dekret des Kaisers Theodosius im Jahre 380 Staatsreligion wurde, brannten die Synagogen. Im Namen Jesu, des Juden, selbstverständlich...

Da ist es nicht erstaunlich, dass die westeuropäischen Ritter, bevor sie im 12. und 13. Jahrhundert aufbrachen, das Grab Christi im Auftrag der Kirche von den «Ungläubigen» zu befreien, zuerst die in ihrer Umgebung lebenden Juden beraubten und auf den Scheiterhaufen verbrannten. Sie verdienten sich dabei den Himmel. Es war zugleich eine bequeme Methode, sich der Geldschulden zu entledigen, die die Christen den Juden gegenüber eingegangen waren. Oft mussten die Juden darüber hinaus noch ein zusätzliches Lösegeld zahlen, damit man sie überhaupt am Leben liess. Auch diese «Methode» sollte in Ungarn 1944 in grossem Stil neu angewandt werden.

Als die christlichen Spanier sich aufmachten, im 14. und 15. Jahrhundert die muslimischen Mauren zu vertreiben, wurden die Juden ebenfalls ausser Landes gejagt, auf dem Scheiterhaufen verbrannt, meist nachdem sich die Inquisition durch Folterungen «vergewissert» hatte, dass die Juden, in Übereinstimmung mit dem genannten «Jesuswort», wirklich mit dem Teufel im Bunde standen. Wenn die Aburteilungen glimpflich verliefen, durften sich die Juden «bekehren». Aber auch dann noch nannte der Klerus und das Volk die Konvertiten *marranes*, Schweine, und sie wurden weiterhin von der Inquisition kontrolliert und bedroht. Es handelte sich im Fall Spaniens um die grösste Judenverfolgung aus der Zeit vor dem Nationalsozialismus. Wenige Jahrzehnte später nannte der deutsche Reformator Martin Luther die Juden «durstige Bluthunde und Mörder der Christenheit.» Die tödlichen Vorurteile waren in ganz Europa tief eingegraben, ohne Rücksicht auf kirchliche Konfessionszugehörigkeit. Erst die Aufklärung im 18. Jahrhundert schien die Vorurteile einzudämmen, etwa in den angelsächsischen Ländern, Frankreich und sogar in Deutschland. Aber gerade die Befreiung der Juden aus dem Ghetto und ihre bürgerliche Gleichstellung brachten sie in direkte Konkurrenz mit dem ebenfalls aufstrebenden Bürgertum christlichen Ursprungs. Der Teufelskreis drehte sich wieder, schneller denn zuvor. Der Erste Weltkrieg öffnete den Weg in die Katastrophe.

Die Vernichtung von fünf bis sechs Millionen Juden zur Zeit des Nationalsozialismus kam somit nicht aus heiterem Himmel. Alles, was in den fatalen zwölf Jahren des Hitler-Regimes, 1933–45, geschah, war schon früher einmal aufgetreten. Diesmal aber standen einem hochentwickelten Industriestaat ganz andere technische Tötungsinstrumente zur Verfügung als etwa den mittelalterlichen Kreuzfahrern oder der Renaissance-Monarchie Spaniens.

Der im 20. Jahrhundert erfolgte Dammbruch benötigte allerdings keine theologische Legitimierung mehr. Die Aufklärung hatte dem ein Ende bereitet. Die vom Nationalismus zersetzte Neuzeit sah im Juden nicht mehr den Angehörigen eines «fremdartigen» oder «abtrünnigen» Glaubens, sondern das Glied einer «artfremden» Rasse, das *keine Existenzberechtigung* mehr besass. Der österreichische Publizist Friedrich Heer hat diesen Übergang vom kirchlichen Antisemitismus in der Endphase des alten Habsburgerreiches zum ideologisch ausgeformten nationalsozialistischen Rassismus im Denken Adolf Hitlers meisterhaft beschrieben.[39]

In dieser *Weltanschauung* spielte die Vorstellung eines jüdischen Komplotts der Weltbeherrschung eine zentrale Rolle, etwa nach dem üblen, um 1905 erschienenen Fabrikat, *Protokolle der Weisen von Zion*, das wahrscheinlich in der Küche der zaristischen Geheimpolizei hergestellt worden war, aber bald in ganz Europa Furore machte. Hitler in seinen pervertierten Gedankengängen betrachtete es denn auch als die Aufgabe des nationalsozialistischen Deutschlands, diese Absicht des Weltjudentums (und des mit diesem liierten Bolschewismus und Kapitalismus) *präventiv* zu verhindern. Deshalb war es ihm ein Leichtes, die von ihm in Szene gesetzten Angriffe auf andere Staaten als Verteidigungskriege darzustellen («der uns aufgezwungene Krieg»). Hitlers Endziel war ein rassisch «sauberes», neugeordnetes Europa, eine Art Apartheid- oder Sklavenstaat, der nach Rassenkriterien aufgebaut werden sollte, ohne Juden. Auch Zigeuner und Slawen müssten die Ostgebiete zugunsten der neuen, vor allem germanischen, «Herrenrasse» räumen. Die Juden wurden als «Ungeziefer» betrachtet, das den gesunden Volkskörper angegriffen hätte. Damit das von ihnen befallene Volk wieder gesunden konnte, mussten sie ausgemerzt werden.

Als Hitlers *Mein Kampf* 1923 erschien, wurde er vom aufgeklärten Bürgertum zunächst verlacht, wenn sein Buch überhaupt gelesen wurde. In einer zweiten Phase wurde Hitler, der als der «Führer» 1933 im ressentiment-geladenen Deutschland die Macht übernommen hatte, als möglicher Verbündeter im Kampf gegen den viel gefährlicheren Kommunismus gehandelt. Nach seiner Machtübernahme würde man schon wissen, wie er zu bändigen sei. Man jubelte ihm gar zu, weil er «Ordnung» schaffte, und übersah geflissentlich die schleichende Zerstörung des deutschen Judentums, die Bedrohung der Kirchen und die militärische Aufrüstung. Unvorbereitet schlitterten auch die liberalen Demokratien in den grossen Krieg hinein, und unvorbereitet war auch das Judentum, weil es selber nicht an die kommende Katastrophe glauben wollte.

Unbekümmert um die ideologische Entwicklung der Rassenvorstellungen krallte sich gleichzeitig der Grossteil der europäischen Kirchen und Christen am überlieferten Ballast ihres «theologischen» Antisemitismus fest. Die Grenzen waren fliessend. Als die grosse Judenverfolgung ausbrach, waren die Kirchen jedenfalls ausserstande – von Ausnahmen abgesehen –, der lebensbedrohenden Menschenverachtung eine gutdurchdachte *theologische* Kritik entgegenzustellen. Dadurch machten sie es einsichtsvollen Pfarrern und Laien schwer, wenn nicht unmöglich, rechtzeitig und mit Nachdruck

Widerstand zu leisten. Allzuleicht liessen sich die Kirchen vom «Kampf gegen den bolschewistischen Atheismus» vereinnahmen und auf ein Nebengeleise führen. Die ökumenische Bewegung war vor dem Zweiten Weltkrieg noch zu schwach, um die Kirchen wirkungsvoll vor den Gefahren des antisemitischen Rassismus warnen zu können. Kaum denkbar noch war zu jenem kritischen Zeitpunkt der vom Zweiten Vatikanischen Konzil ausgehende neue Denkansatz. Die Menschenrechtserklärung der Vereinten Nationen von 1948 wurde erst *nach* und wegen der Katastrophe verkündet.

In den von Lutz hinterlassenen Schriften deuten gelegentliche Bemerkungen an, dass auch in pietistisch gesinnten Kreisen, aus denen er stammte, behauptet wurde, die Juden hätten ihre Leiden durch die Verwerfung Jesu Christi als ihrem Erlöser selbst verschuldet. Auch er war bis zu seiner Palästinazeit nicht frei von dieser Vorstellung, wenige Jahre vor dem Ausbruch des Zweiten Weltkrieges. Seine innere Entwicklung spiegelte somit das Denken der meisten Christen wieder. Gleichzeitig aber bildete dieser selbe Pietismus oft wiederum die Voraussetzung für ein mutiges Engagement zugunsten der Verfolgten, ohne dass dabei glücklicherweise viel theologisiert wurde. Das ebenfalls aus dem an sich stark antijüdischen Johannesevangelium stammende Wort: «Das Heil kommt von den Juden!» hatte hierbei einen grossen Stellenwert.[40] Pietistischer Hintergrund, humanistische, aufklärerische Bildung und persönliche Offenheit bildeten die Kombination, die das Engagement von Lutz ermöglichte.

Der gesamteuropäischen Geisteswelt, die den Antisemitismus hervorgebracht hatte, konnte sich Ungarn so wenig wie andere Länder entziehen.

Juden hat es dort seit Urzeiten gegeben, zur Römerzeit, im Mittelalter und während der frühen Neuzeit. Einige hundert sind im 17. Jahrhundert von den abziehenden Türken zurückgelassen worden. Dann setzte eine stete Einwanderung in das als verhältnismässig liberal geltende Ungarn ein. Als Kaiser Leopold I. um 1670 die jüdische Bevölkerung Wiens durch Heiratsverbote vermindern wollte, siedelten junge Männer nach Westungarn um und gründeten dort Familien. Juden aus Böhmen und Mähren bildeten eine zweite Einwanderungswelle, weil Maria Theresia 1748 dort ein Anwachsen der jüdischen Bevölkerung über 10 000 hinaus verboten hatte. Es handelte sich hier wohl um die geistig beweglichste Gruppe, denn aus ihren Reihen entsprangen später in der Folge der Aufklärung und Emanzipation die Juristen, Künstler, Ärzte und Unternehmer. Eine dritte Welle von Juden floh nach der Teilung Polens 1772 aus Galizien und liess sich vor allem in Nordostungarn nieder. Diese jiddisch-sprechenden orthodoxen Einwanderer wurden spöttisch «Ostjuden» genannt und entsprechend verachtet. Sie stiessen zum bereits verarmten ungarischen Landproletariat. Einige führten billige Gastwirtschaften oder handelten mit Vieh. Zu Beginn der Industrialisierung verwandelte sich ein Teil ihrer Nachkommen in städtische Industriearbeiter. Aus ihren Reihen entstammten jene Sozialistenführer, die u. a. nach dem Ersten Weltkrieg die kurzlebige Räterepublik Béla Kuns errichteten.

Mit dem «Ausgleich» von 1867 innerhalb der Habsburger Monarchie begann Ungarns «goldene Ära», die bis 1914 dauern sollte. Im Rahmen dieser politischen Vereinbarung wurden die bisher auf den Juden lastenden Einschränkungen in bezug auf Wohnort, Berufsausübung und Grundbesitz aufgehoben. 1895 wurde das Judentum ausserdem den christlichen Kirchen gleichgestellt –, mit Ausnahme der römisch-katholischen Kirche, die ihre erste Rolle in Ungarn auch nach 1867 spielte.

Diese rechtliche Gleichstellung der Juden, die in ihrem Ausmass sonst nur in wenigen westeuropäischen Ländern anzutreffen war, schaffte die Voraussetzung für ihre unvergleichliche wirtschaftliche und gesellschaftliche Entwicklung. Als «Volk des Buches» waren die Juden des disziplinierten Lesens und Schreibens kundiger als die meisten ihrer Mitbürger, und in Zeiten der Not hatten sie viele Generationen lang auf den engen Zusammenhalt von Familie und Sippschaft zählen können. Rasant strebte diese kleine Minderheit nach einem Platz an der Sonne, der ihnen stets verwehrt geblieben war, in der Wirtschaft, in akademischen Berufen. In dem ohnehin schnellen Umbruch Ungarns zwischen 1867 und 1914 vom feudalen Agrarstaat zum Industrieland übernahmen die Juden einen führenden Anteil. Um 1900 – nur 33 Jahre nach dem «Ausgleich» – stellten sie rund die Hälfte aller Juristen in Ungarn, rund 48 Prozent aller Ärzte. Verhältnismässig viele Journalisten, Zeitungsbesitzer und Schauspieler waren Juden. Sie hatten den Grossteil der ungarischen Industrie und das Bankwesen aufgebaut, und einige Familien besassen gelegentlich Vermögen, die jene des Adels weit überstiegen.[41] Dieser überliess die Führung der ungarischen Entwicklung nur allzugerne den Juden, so lange diese seine politische und militärische Dominanz nicht in Frage stellten. Natürlich gehörte nur eine kleine jüdische Minderheit zu der erfolgreichen neuen Schicht. Die meisten Juden waren nach wie vor «kleine Leute», Händler, Ladenbesitzer, Viehverkäufer. Tausende von Juden auf dem Lande lebten in grosser Armut als Landarbeiter oder in den Städten als Teil des Industrieproletariats, die sich in nichts von ihren ebenfalls verarmten «christlichen» Mitmenschen unterschieden. Wenn es gelegentliche antisemitische Ausschreitungen gab, wurden sie im allgemeinen von der politischen Führung – dem Adel – unterdrückt. Dies verlieh dem Judentum die fatale Illusion, dass im «toleranten» Ungarn zwischen ihm und den «christlichen» Magyaren eine unzerreissbare «Symbiose» bestand.

Dann kam der Mord von Sarajewo und der Erste Weltkrieg (1914–18). Er endete für Ungarn in einer grossen Katastrophe. Das Habsburgerreich wurde zerstört und die Bande zu Österreich zerrissen. In einem heute noch unbegreiflichen Racheakt der Westalliierten wurde Ungarn für die Teilnahme am Krieg an der Seite der Zentralmächte schwerstens bestraft. Durch den Friedensvertrag von Trianon 1920 verlor Ungarn zwei Drittel seines Territoriums (Siebenbürgen, Karpathen-Ukraine, Slowakei, Teile des Burgenlandes, Kroatien, Dalmatien und die Batschka), drei Fünftel seiner Bevölkerung, darunter ein Drittel *aller* Ungarischsprechenden.[42] Das Vorkriegsungarn war, wie sein Partner Österreich, ein Vielvölkerstaat gewesen. Weniger als die Hälfte seiner Bürger waren ungarischer Zunge, obgleich die Magyaren das ganze Land sozusagen als Oberschicht beherrschten. Nach 1920 hingegen sprachen über 90 Prozent aller Bürger ungarisch. Die Physiognomie der Bevölkerung verschob sich in Trianon-Ungarn entsprechend.

Die Katastrophe von Trianon verursachte ein Trauma, von dem sich Ungarn bis heute noch nicht erholt hat. Ungarn war ein verwundetes Land, das von nun an direkt auf die Katastrophe des Zweiten Weltkrieges zulief, die nur zwei Jahrzehnte später neue Zornesschalen über das Land ausgiessen würde.

Palästina: «Vergesse ich deiner, Jerusalem»

Einundzwanzig Jahre hatte sich Lutz nach Europa zurückgesehnt. Nun war ihm nicht einmal der Posten an der schweizerischen Gesandtschaft in London vergönnt. «Die Wahl fiel leider auf mich!» schrieb er später, als er über den Entscheid des EPD nachdachte, ihn im allerletzten Augenblick, kurz vor Weihnachten 1934, nach Jaffa zu entsenden.[1] War es Zufall oder Vorsehung? Erst später wusste er, dass er die Judenrettungsaktion in Budapest kaum ohne die Vorbereitung hätte durchführen können, die ihm in Palästina gewährt worden war.

Die Hochzeit mit Gertrud Fankhauser, zunächst auf den vorhergehenden September geplant, wurde am 24. Januar 1935 in Bern gefeiert, und die Dienstfahrt nach dem Heiligen Land wurde zur Hochzeitsreise. Die Mutter, die ihren von neuem Zukunftspessimismus befallenen Sohn aufrichten wollte, schlug in Zürich-Seebach – sie wohnte von nun an bis an ihr Lebensende bei ihrem jüngsten Sohn Walter – die Bibel auf und las Carl das Zitat vor: «... er sei ein Vater derer, die zu Jerusalem wohnen und des Hauses Juda.»[2] Im Augenblick vermochte er mit dieser Mahnung allerdings nicht viel anzufangen.

Die Faszination des Neuen überwand jedoch seinen Unwillen, Europa schon wieder den Rücken zukehren zu müssen. Unterwegs fotografierte er in Gesellschaft seiner neu Angetrauten das «traumhaft schöne Venedig»: «Kein Wagen fährt dort, kein Rad dreht sich. Ausser einigen Bürgersteigen gibt es dort nur Wasserstrassen, über welche der Verkehr mit den malerischen, sichelförmigen Gondeln vermittelt wird. Der Gondolier steht obenhinten und bewegt das Fahrzeug mit lang ausgeholten Ruderschlägen vorwärts. Mystisch schön sind besonders die Mondscheinnächte in dieser Stadt, wie auch der dämmernde Morgen in den Strassenkanälen.»[3] Einen Augenblick lang schien die Lagunenstadt dem Bild der von Lutz stets angestrebten Vollkommenheit zu entsprechen. Nur beim Anblick der Markuskirche schimmerte sein Puritanismus wieder durch, als er den reichen, aus Gold und anderen Edelmetallen hergestellten Schmuck betrachtete. Dies sei von den Armen zusammengetragen worden, schrieb er den Seinen zuhause: « ... in der Hoffnung, dadurch einstens das ewige Leben zu verdienen.»[4]

In Triest bestiegen Carl und Gertrud Lutz den italienischen Dampfer *Gerusalemme*, der sie nach Jaffa bringen sollte. Wie im Traum segelten sie unter blauen Himmeln an den schneebedeckten Bergen der griechischen Inseln vorbei, Korfu, Kreta, Rhodos, Zypern. Die Speisen waren hervorragend zubereitet, notierte Lutz. «Lukullische Genüsse» erwarteten sie jeden Tag. Angesichts der hohen Berge Kretas gedachte Lutz des Apostels Paulus, der einst unter mühevollen Strapazen auf unsicheren Segelschiffen durch diese Gewässer gefahren sei: «Eigentlich hätte er diesen Komfort verdient, nicht wir!»[5]

Dann aber holte die Realität des Weltgeschehens Lutz ein. Er berichtete, etwa die Hälfte der 27 Passagiere der 1. Klasse seien Juden gewesen, zumeist aus Deutschland. Er blickte zu den Mitreisenden auf den anderen Decks hinunter und ahnte etwas vom kommenden jüdischen Schicksal: «Die Touristenklasse und die dritte Klasse scheinen mit jüdischen Emigranten angefüllt zu sein. Zum Teil sind es Polen und Russen, einige wenige aus Deutschland und eine Anzahl aus dem Saargebiet, welchen die französische Regierung nach der Saarabstimmung die Grenzen sperrte.[6] Von unserem Deck aus haben wir gut Gelegenheit, das Tun und Treiben dieser Emigranten zu beobachten, wie auch deren Charakter und Wesen zu studieren. Es sind meistens jüngere Leute, darunter mehr männliche als weibliche. Am Nachmittag liegen sie meistens auf dem Deck, singen ihre Lieder oder lassen sich von einem ‹Führer›, der meistens wohl Lehrer oder Jugendleiter ist, sich über das Schicksal der Juden in aller Welt und über die Aufgaben, die ihrer in Palästina, dem ‹verheissenen Land›, warten, unterrichten.[7] Es mögen etwa 400 jüdische Auswanderer an Bord sein. Eine Passagierliste, wie auf andern Dampfern üblich, wird hier nicht veröffentlicht, damit niemand weiss, wer Emigrant und wer es nicht ist. Ausser den Touristen und der 3. Klasse gibt es auch noch Zwischendeckpassagiere. Diese haben sich selbst zu verpflegen, ja, sie haben sogar ihr eigenes Nachtlager mitzubringen. Es sind dieser Armen nur wenige an Bord, aber gestern wurde für sie eine Kollekte erhoben. Im Ganzen erinnert mich dieser Schlag Auswanderer stark an die Klasse von Leuten, mit denen ich vor 22 Jahren auf Ellis Island in Kontakt kam.»[8]

Lutz konnte seine Aufregung nicht verbergen, als er in Jaffa erstmals von der ihm fremden Welt des Orients umgeben war. P. E. Schweizer, der bisherige Kanzler des Konsulats und zugleich Schwiegersohn von Honorarkonsul Jonas Kuebler, kam an Bord des auf dem Meer ankernden Dampfers und hiess die Neuankömmlinge willkommen. Lutz schrieb: «Wir steigen an der Schiffswandtreppe hinab und siehe da – unten wartete ein Motorboot ganz allein, mit einer grossen Schweizerflagge hinten! Wir steigen ein mit unserem Gepäck, der Motor surrt, nur unserer Drei – nebst drei einheimischen dunkelbraunern Seeleuten mit Turbanen und Sackhosen. Wir sind im Orient! Nach zehn Minuten Fahrt betreten wir zum erstenmal das Heilige Land. Wir werden diesen Moment nie vergessen. Wir kommen in die Quarantänehalle – eine blosse Formalität. Welch' ein Gewimmel von Menschen, meistens Juden und Einheimische. Aber die grösste Überraschung tat sich uns kund, als wir die Halle verliessen. Ein Leben und Treiben, so bunt und vielgestaltig, dass es jeder Beschreibung spottet. Rabbiner-Empfangskomitees, Türken, palästinensische Araber, Esel, kleine und grosse, Pferde, Kutschen, Autos, Kamele, alles durcheinander. Für uns ein unbeschreiblich schöner und interessanter Anblick. Mich zwickte und zwackte es zu fotografieren, doch es ist ja noch alle Zeit... Herr Schweizer fuhr uns im Automobil nach dem Konsulat, immer wieder sich durch Esel und Kamelkarawanen hindurchwindend. Wir schauen uns fast die Augen aus und sind sprachlos ob diesem, uns ganz neuen Milieu. Welch' eine Kulissenverschiebung vom glänzenden Hochzeitstisch im Schweizerhof in Bern nach dieser orientalischen Stadt.»[9]

Nach einem einmonatigen Aufenthalt in einem bescheidenen arabischen Hotel bezogen Lutz und seine junge Gemahlin eine geräumige Wohnung von vier Zimmern mit Sonnenterrasse. Von dort aus konnten sie das bunte Leben des Orients in Musse betrachten. Viel Zeit zur Beschaulichkeit würde ihnen jedoch nicht geschenkt sein.

Das Palästina, das Carl und Gertrud Lutz betraten, war 1935 alles andere als eine folkloristische Kulisse für schöne Fotos. Unter dem bunten Völkergemisch knirschte und knisterte es. Die Spannungen konnten trotz Ausgleichsversuchen durch die britische Mandatsbehörde von einem Augenblick zum andern zur Weissglut entflammen. Wohl hatten sich schon um die Mitte des 19. Jahrhunderts idealistische bibelgläubige deutsche Siedler im heruntergekommenen ottomanisch beherrschten Palästina niedergelassen, gefolgt von russischen und polnischen Juden, die den zaristischen Pogromen entronnen waren. Das eigentliche Problem entstand erst nach dem Ersten Weltkrieg, als die Türken das Land bereits verlassen hatten. Damals machte die britische Regierung opportunistisch gegensätzliche Versprechungen an Araber und Juden, ohne viel an die Konsequenzen zu denken. Den Arabern verhiess sie Unabhängigkeit als Dank für ihr Wohlverhalten im Kampf gegen das untergehende ottomanische Reich und den Juden durch die sog. Balfour-Erklärung eine «nationale Heimstätte» in Palästina, ebenfalls als Dank für den besonderen Einsatz der britischen Juden im Kampf gegen die Zentralmächte.[10] Wenn auch die Mandatsbehörde bemüht war, die jüdische Einwanderung angesichts der arabischen Nervositäten restriktiv zu handhaben, gab es erste arabische Unruhen bereits 1920. Die arabischen Palästinenser waren zudem frustriert, dass Grossbritannien keinerlei Anstalten machte, den Aufbau eines palästinensischen Staatswesens in die Hand zu nehmen. Bei einer Gesamtbevölkerung von einer Million wuchs der jüdische Anteil von 12,9 Prozent im Jahre 1920 auf 18,9 Prozent im Jahre 1929.

Die Veröffentlichung dieser Zahlen sowie das Wissen um weitere Landverkäufe an die Juden, wenn auch oft zu überhöhten Preisen, resultierte in weiteren Unruhen, die bis 1931 andauerten. Allen Beschwichtigungen zum Trotz überwand nichts die existentielle Furcht der Araber, dass die Juden eines Tages einen Staat auf dem von beiden Bevölkerungsgruppen beanspruchten Landstrich errichten könnten. In der Tat erreichte die jüdische Einwanderung 1933, im Jahre von Hitlers Machtergreifung, die bisher unerreichte Zahl von über 33 000, und 1935, als Carl und Gertrud Lutz ihren Fuss in Jaffa an Land setzten, von sogar mehr als 60 000.[11] Die Saat für die kommende gewaltsame Auseinandersetzung war bereits am Keimen.

P. E. Schweizer, der bisherige Kanzler des Honorarkonsulats, hatte dem Konsulardienst in Bern über die erstaunlich dünne britische Militärpräsenz in Palästina und Ostjordanien berichtet: «An bewaffneter Macht verfügt (der Hochkommissar) über zwei britische Infanteriebataillone, zwei britische Flugzeuggeschwader und eine britische Panzerwagenkompanie, teils in Transjordanien stationiert, ferner in Palästina über eine Polizeitruppe von 2 200 und in Transjordanien über ein Grenzschutzkorps von 300 Köpfen.» Im Vergleich zur vernachlässigten Administration des ottomanischen Reiches nähmen die Briten hingegen einen grossen Ausbau der Verkehrswege vor, um auch den Ansprüchen der jüdischen Einwanderer aus Europa gerecht zu werden. Dies belebe zugleich die kulturellen und wirtschaftlichen Energien der arabischen Bevölkerung.[12] Wie in ihren anderen Kolonialgebieten spielten die Briten nach dem Prinzip *divide et impera* eine Bevölkerungsgruppe gegen die andere aus und ersparten sich auf diese Weise grosse Besatzungskosten und andere Mühen.

Jaffa, oder Joppa, wo das Ehepaar Lutz mehrere Jahre lang seinen Wohnsitz haben sollte, zählte 1935 rund 75 000 Einwohner, davon 20 000 Juden. Es war eine alte Hafenstadt an einer mit Seehäfen wegen der flachen Ufer nicht besonders gesegneten Küste, die vor allem Jerusalempilgern als Tor zum Heiligen Land diente. Jahrhundertelang hatten Ägypter, Perser, Phönizier, Griechen, Römer und Ottomanen diesen strategisch wichtigen Punkt beherrscht. Die kostbaren Hölzer aus dem Libanon für den Tempel Salomos in Jerusalem wurden wahrscheinlich in Jaffa an Land gebracht. In Jaffa war es, wo der Apostel Petrus sein grundlegendes Traumerlebnis von reinen und unreinen Tieren hatte, um sich nachher zum römischen Hauptmann Kornelius nach Cäsarea zu begeben.[13] Während der Kreuzzüge wurde Jaffa zweimal von den «Franken» eingenommen, und zweimal ging es ihnen wieder verloren. Als Sultan Nasir ed-Din 1345 von einem möglichen neuen Kreuzzug hörte, zerstörte er die Stadt gänzlich und füllte den Hafen auf. Erst im 17. Jahrhundert blühte Jaffa wieder auf. Die Stadt wurde 1917 von den Briten unter Allenby eingenommen, die einen modernen Hafen anlegen wollten. Diese Pläne wurden jedoch infolge von Geldknappheit und des arabischen Aufstandes nie ausgeführt. Mit der Zeit wurde Haifa zum zentralen Hafen Palästinas ausgebaut. Um ihrer Sicherheit willen erbauten zionistische Siedler 1909 auf den Sanddünen nördlich Jaffas die Stadt Tel Aviv (= Frühlingshügel). Zur Zeit der Ankunft von Carl und Gertrud Lutz zählte sie bereits über 100 000 Einwohner und hatte ein durchwegs europäisches Gepräge. Jaffa blieb eine eigentliche arabische Stadt.

Lutz verlor wenig Zeit, sich in die Verhältnisse des Honorarkonsulats in Jaffa einzuarbeiten. Der Honorarkonsul und Postenchef Jonas Kuebler, dem Lutz unterstellt war, leitete eine Import- und Exportfirma. Obgleich Kuebler die Arbeit als Honorarkonsul gratis leistete, verlieh ihm der Titel Honorarkonsul einen zusätzlichen Prestigezuwachs. P. E. Schweizer, sein Angestellter und Schwiegersohn, hatte bisher Korrespondenz und Buchhaltung des Konsulats nebenamtlich geführt. Von dem durch die Einwanderung von Juden erfolgten Wirtschaftsaufschwung profitierte auch die Firma Kuebler, so dass sich weder deren Besitzer noch der Schwiegersohn viel um die konsularischen Angelegenheiten kümmern konnten. Kuebler schien sich deshalb einerseits über das Kommen des neuen Konsularbeamten zu freuen, andererseits wollte er die Privilegien des Honorarkonsulats voll und ganz für sich behalten. Seine Stimmungslage änderte sich von Tag zu Tag, berichtete Lutz, was dieser ständig zu spüren bekam, da sein Arbeitsraum direkt neben Kueblers Chefzimmer lag. Weniger als einen Monat nach seiner Ankunft in Jaffa beklagte er sich beim Konsulardienst über die «gewitterhafte Atmosphäre», für ihn eine Nervenprobe. Ausserdem habe er Haufen unbeantworteter Korrespondenzen vorgefunden. Eine Registratur existiere nicht, und die Buchhaltung sei unklar. Überdies fehlten Aktenschränke, und die Wohnungsfrage sei nach wie vor nicht gelöst. Nur mit Hilfe seiner Frau Gertrud, die ja von St. Louis her Konsulatserfahrung habe, sei es ihm gelungen, die ersten ein- bis zweihundert dringendsten Pendenzen befriedigend zu lösen. Lutz schrieb, wenigstens dreizehn andere Staaten hätten eigenständige Konsulate, wenn nicht Generalkonsulate in Palästina. Warum sollte nicht auch die Schweiz eines haben?[14]

Einige Monate später schien sich die Verärgerung von Lutz über Kuebler gelegt zu haben. Auf Umwegen war dieser über die Klagen seines Kanzleibeamten informiert worden. Anstatt zu poltern, lud er ihn zu einer Aussprache ein. Lutz berichtete am 8. Juli 1935 nach Bern, Herr Kuebler sei zur Einsicht gekommen, «dass meine Beanstandungen nicht unbegründet waren». Ausserdem seien die Konsulatsräumlichkeiten in den zweiten Stock des Geschäftshauses Kuebler verlegt worden und bestünden aus zwei Zimmern und einer Vorhalle. Des weiteren freute sich Lutz, einen neuen Aufschwung des wirtschaftlichen Austausches zwischen der Schweiz und Palästina beobachten zu können. Orangen würden nach der Schweiz exportiert, und Schweizer Vieh komme nach Palästina. Deutschsprachige Tonfilme aus St. Gallen fänden eine gute Aufnahme, und ein «Propagandafeldzug» zugunsten der schweizerischen Hotellerie werde in Verbindung mit italienischen Schiffahrtslinien vorbereitet.[15] Sein Talent des Erspürens und des Kombinierens konnte Lutz nun voll einsetzen.

So wie Carl Lutz war auch Jonas Kuebler kein gewöhnlicher Mensch. Als Lutz, beinahe 40jährig, nach Jaffa kam, war Kuebler bereits sechzig. Die Fotos zeigen das Gesicht eines energischen und entscheidungsfreudigen Mannes, der sicher zu cholerischen Ausfällen neigte, der aber im Handumdrehen zuvorkommend, wenn nicht generös sein konnte. Kueblers Vater war im vorigen Jahrhundert, nach einem Abstecher in die Vereinigten Staaten, im Zuge der frommen deutschen Heiliglandbegeisterung nach Palästina gekommen. Jonas wurde 1875 in der Altstadt von Jerusalem geboren und sprach neben deutsch auch arabisch, türkisch, englisch und sogar französisch. Letztere Sprache hatte er im Institut der französischen Christlichen Brüder gelernt. Von 1895 bis 1898 absolvierte er eine kaufmännische Lehre in Zürich und schaffte sich einen breiten Freundeskreis durch den Christlichen Verein Junger Männer (CVJM) und den Männerchor «Harmonie». Ein Pfarrer riet ihm, das Bürgerrecht im Bauerndorf Kloten zu erwerben, was ihm mit einer für die damalige Zeit beträchtlichen Summe von fünfhundert Franken auch gelang, obgleich er nie in jener Ortschaft gelebt hatte.

Nach der Rückkehr nach Palästina gründete Kuebler 1901 sein eigenes Import- und Exportgeschäft. Er übernahm Kommissionen, Versicherungen, Schiffsagenturen und exportierte als einer der ersten palästinensische Orangen nach allen Erdteilen. 1912 wurde er spanischer Honorarkonsul. Als der Erste Weltkrieg ausbrach, stellte sich sein schweizerisches Bürgerrecht als eine gute Investition heraus. Im damals noch türkisch-besetzten Palästina vertrat Kuebler bis 1917 die Interessen verschiedener alliierter Staaten. 1918 wurde er schwedischer Honorarkonsul, und der schwedische König verlieh ihm sogar den Königlichen Vasa-Orden Erster Klasse.

Bezeichnend für die Rolle Kueblers im damaligen Palästina ist eine Geschichte, die der Gemeinderat Kloten 1951 in seinem Nachruf kolportierte: «Mit seiner Leibgarde, die ihm als Konsul beigegeben wurde, war er sehr häufig unterwegs, schlichtete als Kind des Landes manchen Streit und half während diesen unruhigen Zeiten, ohne nach Stand, Herkunft und Religion der bei ihm Hilfesuchenden zu fragen. Nur ein Beispiel von vielen aus seiner Vermittlungstätigkeit sei hier erwähnt: Die Türken wollten eine Franziskanerkirche zerstören, um sie alsdann für Befestigungszwecke zu verwenden. Der Konsul wurde um Hilfe angegangen. Durch seine Intervention und persönliche Freundschaft mit Kemal Pascha, dem Begründer der modernen Türkei, konnte er die Türken von ihrem Vorhaben abhalten. Er musste ihnen jedoch alte Ruinen und Steine zum Bau einer Festung zur Verfügung stellen. Durch seine Tätigkeit in diesen Kriegsjahren wurde er von jedermann hoch geachtet und auch mit verschiedenen Orden, u. a. dem Patriarchenkreuz von Jerusalem ausgezeichnet.»[16]

Als der Bundesrat Kuebler 1927 zum ersten schweizerischen Honorarkonsul für Palästina und Transjordanien ernannte, zwang er ihn, die spanischen und schwedischen Vertretungen aufzugeben. Allein, da er den Konsulardienst um einen vollamtlichen Beamten bitten musste, weil er seinen konsularischen Verpflichtungen nicht mehr nachkommen konnte, reute es ihn, der bisher alle vielfältigen Beziehungen in seiner eigenen Hand konzentriert hatte, hiervon einige aufgeben zu müssen, wenn auch nicht alle. Dies erklärt zweifellos die ambivalente und sich ständig ändernde Haltung gegenüber Lutz. Auch wenn er ihn nötig hatte, sah er in diesem um zwanzig Jahre jüngeren Mann zweifellos einen Konkurrenten.[17]

Carl Lutz mag die Versetzung nach Palästina nicht frohen Herzens angenommen haben. Andererseits faszinierte ihn doch die Möglichkeit, das Heilige Land, mit dessen Geschichte er durch das Bibellesen seit frühester Jugend eng vertraut gewesen war, aus eigener Anschauung kennenzulernen und zu fotografieren. Er gab sogar zu, dass er Palästina eigentlich schon lange hatte sehen wollen. Kein Wunder, dass er und Gertrud schon wenige Wochen nach ihrer Ankunft Reisen nach Galiläa und ins judäische Hügelland unternahmen. Den ersten bebilderten Reisebericht, den er seinen Angehörigen in der Schweiz schickte, eröffnete er denn auch entsprechend enthusiastisch: «Der Wunsch, einmal das heilige Land zu sehen, muss wohl jedem gläubigen Menschenherzen innewohnen. Dieser, unser langjähriger

Traum, ging in Erfüllung, als es kürzlich unser Vorrecht war, die biblischen Orte in Galiläa, wo Jesus den grössten Teil seines Lebens und Wirkens verbrachte, näher kennenzulernen.»[18]

Die Bahnreise von Jaffa nach dem Norden des Landes wurde genau so lebhaft beschrieben wie die ersten Eindrücke bei der Ankunft im «bunten Orient». Lutz beobachtete den Kampf um die Sitzplätze beim Besteigen des Zuges und verglich den «wohlriechenden Duft der zurzeit in Blüte stehenden Orangenbäume» mit den «orientalischen Dünsten» im vollgepferchten Eisenbahnwagen. Dann folgt im Reisebericht eine Bemerkung, die Lutz in späteren Jahren durchgestrichen hat: «Die Reisegesellschaft besteht z. T. aus derjenigen Klasse Menschen, welche bei der jüngsten Hausreinigung in Deutschland und anderswo ihren Weg hierher gefunden hat, zuzüglich einheimischer Araber, welche bekanntlich einen Reinheitlichkeitssinn nicht kennen.»[19] Noch schien sich in seiner Einstellung andersartigen Menschen gegenüber seit seinen Besuchen in den schwarzen Elendsvierteln in St. Louis wenig geändert zu haben.

Im selben Bericht sinnierte Lutz weiter über die «Judenfrage», mit der er jetzt erstmals konfrontiert war: «Der Zug hält bei einigen jüdischen Kolonien an und allerlei Volk steigt ein und aus. Europa und Deutschland im besondern ist zu gratulieren, diesen Menschenschlag losgeworden zu sein. Hinsichtlich ihres Reinlichkeitssinns passen sie gut in das orientalische Milieu. Sie scheinen des Fluches, der auf ihnen ruht seit der Verwerfung des Messias, immer noch nicht gewahr zu sein.»[20] Auch diese Zeilen hat Lutz später durchgestrichen. In seinen Augen fiel die «Verworfenheit» des jüdischen Volkes und der auf ihm lastende «Fluch» irgendwie mit der «Unreinlichkeit» des – immerhin wasserarmen – Orients zusammen.

Höhepunkt dieser galiläischen Reise war Nazareth: «Wir waren natürlich begierig, etwas vom Dorfleben der Vaterstadt Jesu zu sehen, und so begaben wir uns (vom Hotel) auf den Weg nach dem Dorfe, liessen uns die alte Synagoge zeigen, die Jesus besucht haben soll, ferner eine katholische Kirche, welche anno 1915 über das angebliche Wohnhaus Josefs und seiner Familie gebaut wurde ... Durch Öffnungen im Fussboden kann man hinunterschauen in einen Raum, der die Werkstatt Jesu gewesen sein soll. Wir sahen uns weiter im Dorfe um und wurden bald gewahr, dass die Sitten und Gebräuche seit Jesu Zeiten unter den Einwohnern so ziemlich dieselben geblieben sind. Da begegnet man einer Familie, Mutter und Kind auf einer Eselin reitend, Vater zu Fuss, ganz wie anno dazumal, als Josef mit Maria und dem Jesuskindlein aus Ägypten zurückkehrte. Dort schöpfen Frauen – langes Kleid und weisses Kopftuch – Wasser aus dem Marienbrunnen und tragen die Krüge auf dem Kopfe nach Hause. Leider lassen sie sich nur schwer fotografieren! ... Bei all den Eindrücken, die der Besucher von Nazareth empfangen mag, ist wohl keiner so tief wie derjenige, dass hier der Erlöser der Menschheit in leiblicher Gestalt gelebt und gewirkt hat und sich hier auf seine heilige Mission vorbereitet hat.»[21]

Auf solcherlei Weise bereiste Lutz die einstige Heimat Jesu, hier nicht mehr der Konsularbeamte im modernen Palästina, sondern der wallfahrende Pilger aus frommem Hause. Zusammen mit seiner Gattin Gertrud besuchte er die biblischen Orte Kana, Tiberias, den See Genezareth, Bethsaida, Kapernaum. «Wie», fragte er sich am Seeufer, «wenn Jesus auf einmal leibhaftig daherwandeln würde, während wir da sinnieren und fotografieren? Ginge es uns vielleicht wie Petrus und Johannes, die die Netze weglegten und zu Menschenfischern wurden?»[22] Sein längst entschwundener Gedanke, Pfarrer oder Missionar zu werden, wird ihm in diesem Augenblick wieder in den Sinn gekommen sein. «Auf der Rückkehr nach Jaffa wählten wir die Route über Sichem, denn dort hat Josua das Wort gesprochen: ‹Ich aber und mein Haus wollen dem Herrn dienen,› welches Bibelwort ja vor kurzem den Bibeltext bildete, der meine liebe Lebensgefährtin und mich fürs Leben verband.»[23]

Nach und nach überwand Lutz seinen Kulturschock bei der Begegnung mit dem Nahen Osten. Je länger er im Lande war, desto sachlicher war er imstande, die verschiedenen Volksgruppen zu skizzieren, die zur Osterzeit nach Jerusalem strömten, sei es zum Passahfest der Juden, zu den Auferstehungsfeierlichkeiten der Christen oder gar zum Nebi-Musa-Fest der Muslime: «Es ist ganz unmöglich, dieses bunte Bild mit der Feder zu beschreiben», berichtete er wiederum den Familienangehörigen in Zürich-Seebach. «Die Juden aus aller Herren Länder sind in diesem Völkergemisch wohl am auffallendsten mit den fahlen Gesichtern, den Seitenlocken, den breitgeränderten Hüten oder den Mützen mit buschigen Pelzrändern. Dann die katholischen Priester in schwarzen Talaren und weissen Staubmänteln, dazu ein Tropenhelm. Ferner die Araber mit den roten umgestülpten ‹Milchkübeli› auf dem Kopf, die Fellachen (arabische Bauern) mit dem weissen Kopftuch und den zwei schwarzen Ringen. Frauen in weissen Gewändern. Wieder andere in buntester, farbenreichster Tracht, mit reichbestickten Blusen und Jupons. Eine wahre Augenweide für den farben- und schönheitsliebenden Menschen. In dieses vielgestaltige Strassenbild mischt sich die britische Polizei, dazu Panzerautos der englischen Mandatsregierung, da man besonders bei solchen Volksanhäufungen immer gewärtigen muss, dass zwischen Juden und Arabern Unruhen ausbrechen.»[24] Am ehesten komme die Spannung zwischen den beiden Bevölkerungsgruppen vor der Klagemauer zum Ausdruck: «Das muss man gesehen haben. Sie ist dicht besetzt von orthodoxen Juden, die zum Teil in vier bis fünf Reihen eine Gelegenheit abwarten, diese ‹heilige› Mauer zu berühren und zu küssen. Da stehen sie in langen Reihen, mit dem offenen Talmud in der Hand, weinend und wehklagend, sich dabei vornüber und seitwärts hin- und herbewegend, manche gelassen, andere hysterisch in lautes Weinen ausbrechend, wieder andere leise wimmernd... Sie alle beklagen die Zerstörung des Tempels und damit den Untergang des jüdischen Reiches. Keiner aber noch weint Tränen der Reue darüber, dass sie Jesus, den wahren Messias des jüdischen Volkes, verworfen haben und noch verwerfen. Jerusalem, die du tötest die Propheten ...»[25]

Die im Untergrund latenten Spannungen innerhalb dieses «Völkergemischs» sollten bald darauf einer erneuten gewalttätigen Auseinandersetzung weichen, die das Ehepaar Lutz mitansehen würde. 1936 legten Frankreich und Grossbritannien ihre Völkerbundsmandate über Syrien und Ägypten nieder. Das spornte die palästinensischen Araber an, ihre Unabhängigkeit ebenfalls zu erreichen. Im Lauf der Vorverhandlungen unterbreiteten die arabischen politischen Parteien dem britischen Hochkommissar für Palästina ein Memorandum, in welchem sie neben der Errichtung einer eigenständigen Regierung ein Verbot des weiteren Transfers arabischen Landes in jüdische Hände sowie einen vorläufigen jüdischen Einwanderungsstopp verlangten. Die britische Regierung lehnte diese Forderungen ab.

Heftiger als je zuvor brach im April 1936 ein arabischer Aufstand los, der zwei Jahre andauern sollte. Im ganzen Land bildeten sich arabische Ausschüsse. Ein Generalstreik wurde organisiert. Er hörte erst im Oktober desselben Jahres auf. Zugleich griffen Aufständische britische Militärverbände und jüdische Siedlungen an. Diese setzten sich zur Wehr. Die arabischen Machthaber in Syrien und im Irak leisteten Waffenhilfe und schickten Freischärler, bis die britische Regierung schliesslich eine Royal Commission unter der Leitung von Lord Peel entsandte, welche Möglichkeiten eines künftigen Status von Palästina erkunden sollte.[26]

Wenige Tage nach einer zweiten Osterreise nach Jerusalem, wo Carl und Gertrud Lutz in der Osternacht einen Liturgiegottesdienst in der russisch-orthodoxen Kirche verbracht hatten und nachher noch in der Dunkelheit in das Kidrontal hinuntergestiegen waren, um am jenseitigen Abhang des Ölbergs inmitten des Gräberfeldes den Sonnenaufgang zu erwarten, brach der arabische Aufstand los. Jaffa wurde besonders stark betroffen.

An einem Sonntag beobachtete das Ehepaar einen Vorfall, der ihm noch nach Jahren im Gedächtnis tief eingegraben blieb: «Wir waren von unserer Wohnung aus Zeugen schrecklicher Szenen, die uns fast Herzlähmung verursachten. Etwa um 10.30 Uhr morgens konnte man merken, dass eine Aufregung in der Bevölkerung war. Die Strassen waren stark belebt und die Leute sprachen lebhaft miteinander. Ich rief Trudy und Hanny[27] ans Fenster. Da sahen wir, wie die Araber sich mit Stöcken und Steinen bewaffneten. Nun wussten wir, dass eine Judenverfolgung im Gange war. Es war nämlich das Gerücht umhergegangen, dass in Tel Aviv zwei Araber getötet worden seien, was aber nicht wahr war. Immer grösser wurde der Volksauflauf vor unserer Wohnung, die an einen grossen Platz grenzt. Da kam ein jüdisches Lastauto dahergefahren, das sofort mit Steinen bombardiert wurde, doch konnte es entkommen. Dann erspähte die blutdürstige Masse ein anderes Opfer, einen Juden auf einem Wagen. Er wurde mit Stöcken bewusstlos geschlagen und auf der Strasse herumgeschleppt. Und nun kam das Schreckliche: Dann versetzte ihm ein gut gekleideter Araber einen Dolchstoss – und so blieb er liegen, halb tot, und niemand kümmerte sich um ihn. Zwei weiteren solchen Morden mussten wir zusehen… Wir zitterten an Leib und Seele, waren wir doch mitten in der Gefahr drin, denn wäre es einem Araber in den Sinn gekommen, unser Haus zu stürmen, so wären wir rettungslos verloren gewesen. Anderthalb Stunden dauerte diese Mörderei, während welcher weder Polizei noch Militär da waren. Wir wussten's schon, dass es wahrscheinlich an anderen Orten noch schlimmer zuging und dass das Militär dort gebraucht wurde. Erst nachdem das Volk sich schon verlaufen hatte, kam das Militär in Trucks daher und jagte die Gruppen Araber auseinander. Gestern Abend um 9 Uhr kam dann die offizielle Mitteilung übers Radio. Der Hauptherd der Unruhen war ganz in der Nähe des Konsulats, wo Juden und Araber untereinander wohnen. Es wurden im ganzen getötet sieben Juden und zwei Araber, schwer verwundet vierzehn, leicht verwundet achtundzwanzig.»[28]

In einem Schreiben an den Konsulardienst wenige Tage später berichtete Lutz, dass er und seine Frau insgesamt nicht weniger als vier Morde an Juden beobachtet hätten. Da die Angriffe auf jüdische Wohnungen trotz Anwesenheit von Militär und Polizei weitergingen, sei auch ihre eigene Lage prekär. Drei Tage hätten sie sich nicht auf die Strasse hinausgewagt, aus Furcht, die Araber würden auch sie als Juden betrachten und lynchen. Lutz betrachtete den Araberaufstand als katastrophal für die aufstrebende Wirtschaft Palästinas. Eine gross aufgezogene Levante-Messe habe am 30. April die Tore öffnen sollen. Nicht weniger als 42 Schweizer Firmen hätten ihre Teilnahme angekündigt. Jetzt aber könnten infolge des Streiks keine der 400 Tonnen Messegüter aus dem Hafen zum Ausstellungsgelände transportiert werden. Lutz beklagte sich wiederum über die fehlende Unterstützung durch Honorarkonsul Kuebler. Bei der steigenden wirtschaftlichen Bedeutung Palästinas, was einen wachsenden konsularischen Geschäftsumfang bedeute, sei das Honorarkonsulsystem ohnehin überholt.[29] Am 17. Mai berichtete Lutz nach Bern – inzwischen war ein Teil des Konsulats in das als sicherer geltende Tel Aviv verlegt worden –, es sei ihm gelungen, die schweizerischen Messegüter unter starker Polizeieskorte vom Hafen zum Messegelände transferieren zu lassen. Trotz Unruhen habe die Messe fristgemäss eröffnet werden können. Unter all den ausländischen Konsuln habe allerdings einzig Herr Kuebler gefehlt. Dieser interessiere sich je länger desto weniger für die Belange des Konsulats, so dass er, Lutz, sich in dieser schweren Lage allein zurechtfinden müsse.[30]

Begreiflicherweise begann sich der Konsulardienst wegen der sich mehrmals folgenden Klagen von Lutz über Kuebler Sorgen zu machen. Er bat diesen, das Problem aus seiner Sicht darzustellen: «Es ist wohl richtig», antwortete Kuebler am 5. August 1936, «dass zu Beginn der Tätigkeit des Herrn Lutz eine gewisse Missstimmung Platz gegriffen hatte ... welche ich aber im Interesse einer reibungslosen Zusammenarbeit mit Ruhe und Geduld zu überbrücken suchte. Ich glaube, dass es mir in der Folge gelungen ist, zwischen Herrn Lutz und mir ein Verhältnis des gegenseitigen Vertrauens herzustellen. Ich habe ihm, dem Rate des früheren Chefs des Konsulardienstes folgend, in seiner Tätigkeit freie Hand gelassen, umsomehr, wie man mir mitteilte, er auf seinem früheren Posten gewohnt war, selbständig zu arbeiten. Herr Lutz hat sich im Laufe der Zeit recht gut eingelebt und hat auch mit Lust und Liebe und Gewissenhaftigkeit seine Arbeiten auf dem Konsulat erledigt, sodass ich mir der Sorgen wegen einer geordneten Geschäftsführung enthoben war. Herr Lutz scheint sich allerdings nicht der allerbesten Gesundheit zu erfreuen, und er hat sich mir gegenüber auch schon geäussert, dass er nicht für immer hier bleiben möchte. Herr und Frau Lutz waren Zeugen von bestialischen Übergriffen der Araber gegen Juden, was die Beiden begreiflicherweise seelisch sehr ergriffen und mitgenommen hat. Dass sie in der ersten Aufregung ihre fürchterlichen Eindrücke ihren Verwandten weiterberichteten und dieselben sich darüber in Aufregung versetzten, ist menschlich und verständlich.»[31]

In der Tat hatte der Bericht von Lutz über die Lynchszene vor dem Haus vom 19. April seinen Bruder Walter in Zürich-Seebach derart genervt, dass dieser vom Konsulardienst einen besseren Schutz für Carl und Gertrud anforderte und um ihre Rückversetzung nach Europa bat.[32] Ein weiterer Privatbrief von Carl Lutz an seine Angehörigen vom 6. Mai war zudem noch weniger angetan, die Seinen zu beruhigen. Der Brief enthielt weitere Details über die andauernde allgemeine Unsicherheit, denen sie ausgesetzt seien, zusammen mit Anmerkungen über Kueblers angebliche Gleichgültigkeit. Interessant, fast prophetisch, ist folgender Satz in jenem Brief : «Da ich den Todesopfern, als die Hiebe und Messerstiche auf sie hereinfielen, gelobte, für sie eines Tages das Wort zu ergreifen, werde ich seinerzeit einen genauen Bericht an die englische Regierung senden.»[33] Ein solcher Bericht scheint allerdings nicht vorhanden zu sein. Feststellbar ist jedoch ein persönliches inneres Interesse am Schicksal der Juden von diesem Augenblick an.

Inwieweit Kueblers gelassene Ruhe («das haben wir alles schon mehrmals erlebt») tatsächlich vorhanden oder gespielt war, entzieht sich unserer Kenntnis. Eines Tages geriet auch er in eine gefährliche Lage, als er mit seinem Auto in Nägel hineinfuhr, die von Arabern ausgestreut worden waren. Er konnte sich nur mittels seiner guten Arabischkenntnisse herausreden. Schon im Mai 1936 berichtete Lutz, Kuebler bringe seine Angehörigen nach Ägypten in Sicherheit.[34] Dann, im Juli, schrieb Lutz nach Bern, die Familie Kuebler habe sich in Vevey eine Wohnung gemietet. Kuebler habe ihm sogar mitgeteilt, er wolle sich in der Schweiz ein Haus kaufen, um sich dort im kommenden Herbst in den Ruhestand zu begeben.[35] Wohl zum Leidwesen von Lutz ist dies jedoch nicht geschehen.

Im Juli 1937 berichtete die Royal Commission von Lord Peel der britischen Regierung, die arabischen und die jüdischen Standpunkte stünden in totalem Gegensatz zueinander. Die einzige Lösung sei die Teilung des Landes in einen arabischen Staat, bestehend aus dem palästinensischen Bergland und dem Ostjordanland, und in einen jüdischen Staat in der Küstenebene und in Galiläa. Jerusalem und Bethlehem sollten bis auf weiteres britisches Mandatsgebiet bleiben, mit Zugang zum Mittelmeer.

Es wäre falsch, zu behaupten, die Juden wären über diesen Teilungsplan glücklich gewesen, aber sie waren realistisch genug zu erkennen, dass dieser in ihren Augen missliche Plan besser als gar nichts war. Den sich bedroht fühlenden europäischen Juden musste ein Hort geschaffen werden, wohin sie ohne Furcht fliehen konnten. Die Araber hingegen lehnten ein geteiltes Palästina kompromisslos ab.

Bald herrschten bürgerkriegsähnliche Zustände, und 1938 versuchten die arabischen Aufständischen die jüdischen Siedlungen zu zerstören, und jüdische Selbsthilfeverbände übten sich in Gegenangriffen auf arabische Dörfer. Als nach dem Münchner Abkommen (Entmachtung der Tschechoslowakei) ein europäischer Krieg sichtbar näher gerückt war, entsandte Grossbritannien starke Militäreinheiten nach Palästina, die dem Bürgerkrieg bis Frühjahr 1939 ein Ende setzten.

Im Mai 1939 ging die britische Regierung in einem Weissbuch vom Teilungsplan ab und verhiess innerhalb von zehn Jahren die Schaffung eines gemeinsamen Staates Palästina, in dem die Sicherheit der *beiden* Bevölkerungsteile garantiert werden solle. In den dazwischenliegenden Jahren würde die britische Mandatsregierung die Kontrolle fest in der Hand behalten und die jüdische Einwanderung für die Dauer von fünf Jahren auf *insgesamt* 75 000 Personen beschränken.

In den Augen aller Beteiligten war diese Verschiebung der Lösung des Palästinaproblems ein schlechter Kompromiss. Aber angesichts der Zeitumstände hatte Grossbritannien kaum eine andere Wahl, als den gefährlichen Unruheherd Palästina, wenn nicht allzu autoritär zu unterdrücken, so doch einzudämmen, wenn es die Kontrolle über den gesamten Nahen Osten und damit über den lebenswichtigen Seeweg nach Indien nicht verlieren wollte. Die unentschärfte Zeitbombe tickte weiter. Für die bedrängten Juden war die Beschränkung auf 75 000 Einwanderer während fünf Jahren ein besonders tragischer Fehlentscheid.

Die Lynchszene und die ständige Gefahr, in der Lutz und seine junge Frau lebten, hinderte ihn nicht daran, im Sommer 1937 eine erstaunlich präzise Analyse der Lage in Palästina an das EPD zu schicken, wobei er durchaus Verständnis für die schwierige Lage der arabischen Bevölkerung aufbrachte. Er beschrieb dabei die Hoffnungen, die das Ende der ottomanischen Oberhoheit 1917 im ausgepowerten und verarmten Land geweckt hatte. Genau wie auf der arabischen Halbinsel, im Irak, in Syrien und Ägypten sollte auch in Palästina ein unabhängiger Staat entstehen. Die strukturelle Modernisierung (Strassenbau, Bewässerungsanlagen, Hygiene, Ausbildung) durch die britischen Mandatsbehörden, sei jedoch vom Mufti in Jerusalem, dem Haupt des musulmanischen Rates Palästinas, als Existenzbedrohung dargestellt worden, vor allem weil diese Verbesserungen mit der wachsenden jüdischen Einwanderung zusammenfielen. Infolge der «ungezügelten Propaganda» sei eine Terrorwelle nach der anderen über die wehrlose jüdische Bevölkerung hinweggerollt (1920, 1921, 1929, 1935 und zuletzt seit 1936). Die Bestialität der Massaker sei vielleicht nur noch von den Armeniermetzeleien durch die Türken 1915 übertroffen worden. Auslöser für den Aufruhr von 1936 sei trotz der verbesserten Lebensbedingungen das schnelle Anwachsen der Lebenskosten und der Bodenspekulationen gewesen, die die arme Volksschicht an die Wand gedrückt hätten: «In wenigen Jahren wurden jüdischerseits über fünf Millionen Pfund an arabische Grossgrundbesitzer für Grundeigentum zu stark übersetzten Preisen bezahlt. Dieser Kapitalfluss von der jüdischen zur arabischen Seite dauerte längere Jahre. Aus diesen Mitteln wurden dann zum grössten Teil die arabischen Revolten gegen die Juden finanziert. Bezeichnend ist, dass einige Parteiführer die grössten Bodenspekulanten waren.»[36]

Aber die politischen und wirtschaftlichen Aspekte des Zusammenstosses von Arabern mit Juden bzw. Arabern mit europäischer Lebensart waren nur Teil des palästinensischen Dilemmas: «Es gebührt sich», mahnte Lutz in seinem Bericht, «unsere Aufmerksamkeit auch der psychologischen Seite der Modernisierung Palästinas zu widmen... Dass die starke europäische Einwanderung viel Unruhe in das kleine Land hineingetragen hat, kann nach allen Seiten hin wahrgenommen werden. Das Tempo und der Andrang der westlichen Kultur sind zu ungestüm, um von der orientalischen Bevölkerung absorbiert werden zu können. So finden sich denn im ganzen Lande herum groteske Beispiele dieses Aufeinanderprallens der westlichen mit der morgenländischen Welt. So ist es z. B. nichts Aussergewöhnliches, dass während in Jerusalem die europäische Bevölkerung in abendländischer Toilette einem Toscanini-Konzert beiwohnt, über der Strasse die einheimischen Araber bei türkischem Kaffee und stöhnender orientalischer Musik ihre Wasserpfeife rauchen. In Nazareth beim Marienbrunnen, wo die Frauen immer noch mit Steinkrügen das Wasser schöpfen, konnte beobachtet werden, dass die Strassenjugend sich vergnügt in der Mimik Charlie Chaplins übte. Und wenn die Fischer auf dem See Genezareth von ihrem nächtlichen Fischfang zurückkehren, kann es vorkommen, dass sie unterwegs dem Flugzeug der Imperial Airways begegnen, welches *en route* nach Indien auf dem stillen See eine Zwischenlandung vornimmt, die Beduinen in ihren Zelten daran erinnernd, dass sie einem früheren Jahrtausend angehören... Es ist denn auch nicht zum Verwundern, wenn der einfache Landbewohner durch den Vorstoss der westlichen Zivilisation scheu wird und den Agitatoren leicht zum Opfer fällt, die ihm klar zu machen suchen, dass er durch die Juden bald von seiner Scholle vertrieben werden wird.»[37] Lutz hat das erst nach dem Zweiten Weltkrieg einsetzende Bewusstwerden des Zusammenpralls zwischen den Entwicklungsländern des Südens und den Industrieländern des Nordens am Beispiel des kleinen Palästina durch seine Beobachtungen lange vorher erspürt. In kurzen Worten fasste Lutz das Dilemma zusammen: (1) Die palästinensischen Araber wollten verhindern, im eigenen Land zu einer quasi-rechtlosen Unterschicht abzusinken, und (2) das Weltjudentum, das 15 Millionen Angehörige zählte, musste für die im Augenblick zwei Millionen am meisten bedrohten Glaubensbrüder und -schwestern eine «sofortige Zufluchtsstätte» finden.[38]

Aus seinem Konsularbericht über ein Jahr später wird ersichtlich, dass sich Lutz' Verständnis der jüdischen Frage beträchtlich modifiziert hat. Die neue Woodhead Commission, die die frühere Peel Commission nach dem

Tod von derem Vorsitzenden abgelöst hatte, kehrte wiederum zum Teilungsplan als dem kleineren Übel zurück. Lutz kommentierte: «Und doch ist selber für den neutralen Bewohner Palästinas die Tatsache in die Augen springend, dass diesem menschenleeren, durch 500-jährige türkische Misswirtschaft zur Halbwüste gewordenen Lande nichts Besseres widerfahren könnte, als ein starker Zustrom von Menschen von dem Willen beseelt, aus diesem in Zerfall geratenen Gebiet wieder ein kulturelles Land zu schaffen. Dies alles könnte geschehen ohne Beeinträchtigung der arabischen Bevölkerung, die übrigens auch unter der Türkenherrschaft herzlich wenig Berücksichtigung fand. Bekanntlich hatte Palästina zu biblischen Zeiten eine Einwohnerzahl von mehreren Millionen.»[39]

Diesen hervorragenden Analysen zum Trotz fühlte sich Lutz während der Zeit ihrer Niederschrift nicht wohl in seiner Haut. Besonders das Jahr 1937 schien ein persönliches Krisenjahr zu sein. Er und seine Gattin waren infolge der Unruhen definitiv vom arabischen Jaffa nach dem jüdischen Tel Aviv übergesiedelt. Nicht nur die endlosen Unruhen hatten seine Nerven strapaziert, sondern auch die immer wieder auftauchenden Spannungen mit dem Honorarkonsul. Lutz schien wirklich vom Regen in die Traufe geraten zu sein. Wiederum tauchte das Bild von den grünen Hügeln und Wäldern des Appenzeller Vorderlandes vor seinem Auge auf. Seinem Bruder Walter schrieb er: «Irgendwo ein Häuschen im Grünen am Waldesrand mit einem grossen Garten wäre halt doch schön. Man könnte sich sicher über Wasser halten. Andere machen es auch, die weniger können und die weniger Lebenserfahrung haben als wir. Wenn sie mich nur einmal verjagen würden in Bern. Aber leider klebe ich statt dessen nur immer fester im Dienst drin.»[40]

Demselben Brief legte er einen *Plan für Fotogeschäft und Bilderzentrale* bei, denn seit mehreren Jahren schon waren seine Fotos auf grosses Interesse gestossen, vor allem die ausgezeichnet komponierten Aufnahmen aus Palästina. Walter, ebenfalls ein guter Hobbyfotograf, sollte sein Partner sein. Sorgfältig budgetierte Lutz die Finanzierung: Fr. 3 500 für Ausrüstung und Fr. 600 für mutmassliche Auslagen pro Monat «für den Anfang».[41] Noch im selben Jahr darauf dachte Lutz daran, ins Fotogeschäft einzusteigen. Er schrieb Walter, der Direktor der Levante-Messe habe bei einem Besuch seine Fotoaufnahmen vom Hafen Jaffa gesehen und sei begeistert gewesen. Da er zugleich Direktor der Palestine Airways sei, bot er Lutz ein Flugzeug an, um Aufnahmen vom Hafen und von Tel Aviv zu machen. Karten- und Kalenderverleger in Palästina, Ägypten und gar in den USA wollten ihm seine Aufnahmen abkaufen, denn sie würden zweifellos «reissenden Absatz» finden. «Diese Sachen würden mir ein nettes Einkommen geben auf einige Zeit hin und mich sofort bekannt machen.»[42] Dann wurde es aber wieder still um den Plan. In der Schweiz war die Wirtschaftskrise neuen Unternehmungen nicht hold, und Walter war ohnehin im Begriff, eine Familie zu gründen.

Ohnmächtig fühlte sich Lutz in Palästina gefangen, so wie er sich einst in den Vereinigten Staaten isoliert gesehen hatte. Als er im selben Frühling (1937) auf einer Geschäftsreise das Schneller'sche Waisenhaus in Galiläa besuchte, wurden zwei jüdische Hirten gleich in nächster Nähe von Arabern umgebracht. Sein Zorn auf die Araber kannte keine Grenzen, denn am folgenden Tag ereignete sich ein ähnlicher Zwischenfall in der Nähe des Sees Genezareth. Seinen Angehörigen in Zürich-Seebach beschrieb er den Gegensatz zwischen der schönen Landschaft und der grausamen Wirklichkeit: «Das war ein Genuss, durch die herrlich grüne Landschaft zu fahren. Unterwegs hielten wir an, um zu fotografieren und von den grell farbigen Blumen zu pflücken, die überall die Wiesen bedeckten. Am Berg der Seligpreisungen und besonders an den Ufern des Sees Genezareth bildeten die Blumen einen grossen farbigen Teppich. Wie gerne hätten wir Euch ein solches Bouquet gesandt. Wie traurig, musste ich mir sagen, dass in einem solchen Lande immer soviel Blut fliesst. Während ich so die Stille und Schönheit der Gegend genoss, wo Jesus gerne wandelte, hatten Araber nicht weit von dort wieder zwei Juden auf offener Strasse erschossen, indem sie ihnen im Gebüsch auflauerten und dann in den Rücken schossen.»[43] Die Opfer seien 23 und 26 Jahre alt gewesen. Erzürnt nannte Lutz die Araber Palästinas eine Räuberbande, «zerlumpt, schmutzig, verseucht, faul und heimtückisch». Von all den vielen Morden, die sie seit 1936 begangen hätten, sei noch kein einziger von den Behörden gesühnt worden: «Es gibt nichts Traurigeres als eine Regierung im Lande zu haben, die nicht regiert. Die Leute in den Kolonien draussen sind voll heller Verzweiflung, denn die Regierung erlaubt ihnen nicht einmal Waffen oder genügend Hilfspolizei, um sich zu schützen, trotzdem sie fast regelmässig jede Nacht aus irgendeiner Richtung beschossen werden.»[44] Lutz berichtete ebenfalls, dass die in Palästina ansässigen Ausländer wenig Vertrauen in den britischen Teilungsplan hätten. Als Lord Peel, der Vorsitzende der Royal Commission for Palestine, starb, habe ein Schweizer Hotelier in Jerusalem sarkastisch bemerkt: «Es isch höchschti Zyt gsy, dass ihn de Tüfel gholt hätt!» (= «Es war höchste Zeit, dass ihn der Teufel holte!»)[45]

Während der beiden letzten Vorkriegsjahre schien sich Lutz, gefärbt durch seine Erfahrungen in Palästina, eine recht eigenwillige, wenn auch wenig kohärente politische Meinung über die Weltlage zu schaffen. Noch wirkte der an der George Washington University erworbene – allerdings elitäre – Liberalismus nach. Unbewusst wirkten sich auch seine religiösen und ästhetischen Vollkommenheitsvorstellungen auf seine politischen Auffassungen aus. Er war überzeugt, dass die an sich gute Weltordnung, die durch revolutionäre Kräfte wie etwa den Kommunismus oder arabische Aufständische bedroht war, geschützt werden musste. Lutzens ursprünglich positive Bewertung des Nationalsozialismus oder des Faschismus, für uns über ein halbes Jahrhundert später nur noch schwer nachvollziehbar, wird aus den Zusammenhängen jener Zeit und aus seiner Psychologie verständlich. So meinte er in der sich um 1937 anbahnenden Zusammenarbeit zwischen dem nationalsozialistischen Deutschland und dem faschistischen Italien nur Gutes zu sehen. In seinem Brief vom 2. Oktober jenes Jahres an die Familie richtete er einige besondere Worte an seinen Bruder: «Dir, Walter, möchte ich noch sagen, dass ich am Radio Hitlers Rede gehört habe in Berlin und auch Mussolini in deutsch, wie auch Goebbels. Ein unvergessliches Ereignis. Was wird diese Zusammenarbeit wohl für Folgen haben? Die Weltpresse versucht es abzuschwächen wo sie kann. Es sei eher ein Zeichen der Schwäche für Mussolini, der gezwungen sei, einen starken Freund zu suchen, etc. etc.»[46]

Empört beschrieb er wenige Tage später in einem neuen Brief weitere Angriffe der Araber auf Juden und jüdische Installationen in Lydda, Haifa und Bethlehem, und wiederum kritisierte er die Unfähigkeit der britischen Mandatsbehörden, die Schuldigen zu bestrafen: «Wie wäre das für einen Mann wie Hitler ein Fressen in einem Lande, das kleiner ist als Württemberg, Ordnung und Ruhe zu schaffen.»[47] Die Juden Palästinas hätten sich für Hitlers Hilfe gegen die Araber zweifellos bedankt.

Dass die «Achse Rom-Berlin» auch für seine schweizerische Heimat eine existenzbedrohende Umklammerung darstellte, schien sich Lutz in jenem Augenblick noch nicht bewusst zu sein.

Angesichts des Kommunismus stalinistischer Prägung wurde die durch die rechtsextremistischen Staaten entstehende Gefahr – nicht nur von Lutz – als *quantité négligeable* betrachtet. Eine Fehleinschätzung, die Europa binnen kurzem teuer zu stehen kommen würde.[48] Winston Churchill hat den desolaten Geisteszustand der westlichen Demokratien, die 1939 militärisch kaum vorbereitet in den Krieg zogen, eindrücklich beschrieben.[49]

Zwei Jahre später schien sich auch Lutz endlich über die heraufziehende Gefahr Rechenschaft abzulegen. Inzwischen hatte der «Anschluss» Österreichs stattgefunden, die Tschechoslowakei wurde in München zugunsten eines falschen Friedens geopfert, in Deutschland brannten die Synagogen, und die Juden wurden in die Konzentrationslager verbracht. In einem Bericht an den Konsulardienst vom 31. Juli 1939, wenige Wochen vor Kriegsausbruch, schrieb Lutz über die illegale jüdische Einwanderung nach

Palästina, wobei er über seine persönlichen Sympathien durchaus keine Zweifel mehr aufkommen liess: «Waren bis zum Jahre 1931 die Motive zur Einwanderung religiöser und ideeller Natur, so änderte sich diese Tatsache plötzlich mit dem Aufkommen des Nationalsozialismus in Deutschland und den darauffolgenden politischen Umwälzungen. Was die jüdische Bevölkerung Zentraleuropas seit Jahren befürchtet hatte, war über Nacht Wirklichkeit geworden. Hunderttausende wurden plötzlich vor die Frage gestellt, ihren Aufenthaltsstaat zu verlassen und ein anderes Asyl zu suchen. Palästina übte zwar auf die breite jüdische Öffentlichkeit noch immer keine Anziehungskraft aus, rückte jedoch mit der Einführung der Rassengesetze in Deutschland plötzlich in den Mittelpunkt als Aufnahmeland für eine jüdische Massenauswanderung. Die Balfour-Deklaration hatte über Nacht grössere Bedeutung bekommen, allerdings zum Leidwesen und Kopfzerbrechen der englischen Regierung. Für das Judentum Zentraleuropas war es die Lebensversicherungspolice, die es in guten Tagen eingegangen war. Es folgte nun die Masseneinwanderung der Jahre 1933/36. Mit der rapiden Bevölkerungszunahme wuchs naturgemäss auch die wirtschaftliche Aufnahmefähigkeit des Landes. Zusammen mit dem starken jüdischen Zustrom stieg gleichzeitig auch die arabische illegale Einwanderung aus den arabischen Nachbarländern mächtig an als Folge der Konjunktur, welche die rapide Besiedlung des Landes mit sich brachte. Eine Kontrolle über die zahlreichen Überläufer ... wurde seitens der Mandatsregierung nicht ausgeübt.»[50]

Interessant sind einige Details in diesem Bericht über die Organisation der illegalen Einwanderung. Lutz schrieb, jüdische Geheimorganisationen – wahrscheinlich in erster Linie die grosse *Jewish Agency for Palestine* – hätten Ableger in grösseren Städten wie Prag, Wien und Paris, aber auch in der Schweiz, sammelten Gruppen von jeweils 200–300 Juden und führten sie die Donau hinunter nach Konstanza in Rumänien oder auch über Athen. In diesen Hafenstädten dienten «als Unterkunft Keller und Schuppen, im Sommer oft der freie Himmel».[51] Den Weitertransport besorgten zum Teil fragwürdige «Kapitäne» auf oft seeuntüchtigen alten Küstendampfern, die den Passagieren das letzte verbliebene Geld erpressten: «Hier beginnt die wahre Tragik durch die schändliche Ausbeutung der Not und des Elends von Menschen, die meist alles verloren haben. Die Boote, meist unter 1 000 Tonnen Wasserverdrängung, werden bis zum äussersten beladen... Nicht zuletzt kommen Erpressungen vor, indem den ‹Passagieren› Uhren, Ringe und der Rest des Bargeldes abgenommen werden gegen die Drohung, sie auf einer einsamen griechischen Insel auszusetzen... Die Fahrt dauert durchschnittlich 3–8 Wochen, da unterwegs weitere ‹Passagiere› aufgenommen und Inseln angefahren werden, um den Wasservorrat zu erneuern. Bisweilen spielen sich an Bord unbeschreibliche Szenen ab, besonders wenn die Lebensmittelvorräte erschöpft sind, der Kapitän und die Mannschaft Erpressungsversuche unternehmen, eine Meuterei, Epidemie oder gar Feuer ausbricht. Hat ein Schiff dann endlich die Hoheitsgrenzen an der palästinensischen Küste erreicht, so werden die Boote an einem unbewohnten Küstenstrich ausgesetzt, und die Landung der Flüchtlinge wird vollzogen.»[52]

Seit die britische Mandatsregierung Kreuzer, Flugzeuge und bestückte Motorboote gegen diese Schiffe und die an Land flüchtenden Juden einsetzte, seien die Landungsbedingungen viel schwieriger geworden. Die Schiffe versuchten jetzt, anstatt an der mittleren Küste weiter südlich an das Ufer heranzukommen. Dort geschehe es aber oft, dass die Ankömmlinge den Arabern in die Hände fielen, die sie ermordeten. In der jüdischen Welt habe der zweifache Versuch der britischen Regierung, die Einwanderung nach Palästina aufgrund des Weissbuches drastisch zu kürzen und zugleich gegen die illegalen Ankömmlinge militärisch vorzugehen, grosse Entrüstung hervorgerufen. Der *Waad Leumi* (Jüdischer Nationaler Rat) habe den Kolonialminister beschuldigt, «mit einer Brutalität vorgegangen zu sein, wie sie den Machthabern im Dritten Reich eigen sei. Die Einwanderungssperre sei nur wegen des ‹Vergehens› verhängt worden, weil die Vertriebenen mit allen Mitteln versuchten, sich aus den Klauen der Raubtiere zu retten und ihren Weg nach Palästina, dem Land ihrer Väter, zu finden. Wird das englische Volk, so heisst es weiter, das doch so viel Verständnis für die aus der ‹Nazihölle› Geflüchteten gezeigt hat, zulassen, dass die Tore des Landes Zehntausenden Unschuldigen verschlossen bleiben?»[53] Der demnächst in Genf tagende Zionistenkongress werde unter dem symbolträchtigen Bibelwort tagen: «Vergess ich deiner, Jerusalem, so müsse meine Rechte verdorren!»[54] Die palästinensischen Juden hätten ausserdem beschlossen, die arabischen Angriffe nicht mehr stillschweigend hinzunehmen. Für jeden Anschlag auf jüdisches Leben müssten zwei Araber büssen. Die extreme Rechte unter den Juden werde «unter Anwendung aller Mittel» die Schaffung eines jüdischen Staates zu erzwingen suchen. Lutz fügte hinzu, dass sich die um ihre Existenz kämpfenden palästinensischen Araber jedoch ebenso verzweifelt wehren würden: «Damit (wäre) ein Faktor geschaffen, der auf die politische Zukunft des Landes von unberechenbarer Auswirkung sein kann.»[55]

In diesen Ausführungen drückte Lutz seine ihm seit jeher innewohnende Anteilnahme für den *underdog* aus, den durch das Schicksal an die Wand gedrückten Menschen. Jahre später bestätigte er diese grundsätzliche Haltung in seinem Dankeswort, das er an die Stadtbehörden von Haifa richtete, als dort 1959 eine Strasse nach ihm benannt wurde: «Wenn ein Mensch am

Ertrinken ist, und du springst ihm nach, um ihn zu retten, fragst du dann erst, ob er Christ oder Jude ist?»[56]

Am 1. September 1939 griff die deutsche Wehrmacht Polen an und löste damit den Zweiten Weltkrieg aus.

Als Ungarn durch den Friedensvertrag von Trianon 1920 zwei Drittel seines Territoriums und seiner Bevölkerung verlor, entwickelte sich – wie bereits erwähnt – eine Art nationalen Gefühlsstaus, der von der «alten» Rechten (Grossgrundbesitzer, Adel, Grossbürgertum) und etwas später von der «neuen» Rechten (hauptsächlich aus dem wirtschaftlich zu kurz gekommenen Kleinbürgertum rekrutiert) in ein politisches Programm umgemünzt wurde, das sich auf drei Schlagworte reduzierte: *Revisionismus* (Wiederherstellung Ungarns in seinen «historischen» Grenzen), *Antikommunismus* und *Antisemitismus*. Als Ergebnis dieser beschränkten Sicht der Realität verbaute sich Ungarn durch seine offen erklärte Absicht, die früheren Grenzen wiederherzustellen, freundschaftliche Beziehungen zu seinen Nachbarn. Das Dritte Reich mischte sich bald in die zänkische Kleinstaaterei im Donauraum ein und begann, die Regierungen zu unterwandern. Der offizielle Antikommunismus verunmöglichte nicht nur den Aufbau normaler Beziehungen zur Sowjetunion, dem anderen mächtigen Nachbarn Ungarns. Er verhinderte gleichzeitig die Bekämpfung des sozialen Elends unter dem verelendeten Land- und Industrieproletariat. An eine Landreform durfte nicht gedacht werden. Die «Juden» dienten schliesslich den Rechtsparteien als bequeme Sündenböcke für den verlorenen Krieg und die Wirtschaftskrise. Unnütz wurde kostbare Zeit vertrödelt.

Als erste «Massnahme» neuen Stils entfaltete eine vom früheren Kommandanten der österreichisch-ungarischen Marine, Horthy, angeführte Gruppe von rechtsgerichteten Offizieren den sog. *Weissen Terror* gegen «Juden» und «Kommunisten». In einer Hetzjagd ohnegleichen trieben fanatisierte Volksmassen 5 000 Menschen in den Tod. 70 000 wurden verhaftet. «An die Stelle einer realistischen Innenpolitik des sozialen Ausgleichs und einem, wenn auch mühsamen Zurechtfinden innerhalb der neuen Grenzen und im Donauraum als ganzem, trat ein verkrampftes und irreales politisches Hirngespinst und der Glaube, das ‹historische Ungarn› mit seiner überkommenen Sozialhierarchie wiederherzustellen und aufrecht erhalten zu können», schrieb der ungarische Rechtsphilosoph István Bibó über die Zeit der zwanziger und dreissiger Jahre.[57]

In diesem Geist wurde 1920 der erste antijüdische *numerus clausus* eingeführt. Er beschränkte die Zahl der Juden an den Universitäten auf 6 Prozent.

Dies führte zu einer scharfen Verminderung des Anteils der jüdischen Studenten von 34 Prozent im Jahre 1917/18 auf 8,3 Prozent im Jahre 1935/36. Die Juden, die bis anhin trotz ihres geringen Bevölkerungsanteils von nur 5 Prozent den eigentlichen akademischen und wirtschaftlichen Mittelstand gebildet hatten, sollten zu einer unbedeutenden gesellschaftlichen Randerscheinung herabgedrückt werden.

Obgleich der numerus clausus von 1920 auf Druck des Völkerbundes wieder aufgehoben wurde, blieb der Antisemitismus intakt. Die Rechtsparteien wiesen immer wieder auf die «dominierende» Stellung der Juden im ungarischen Wirtschaftsleben hin. Wie z. B. eine Statistik aus den dreissiger Jahren aufzeigte, waren 1930 40 Prozent aller Besitzer, Arbeitgeber, Angestellter und des Personals im Handel-, Finanz-, Kredit- und Versicherungswesen nichtgetaufte Juden. Was die antisemitischen Hetzer unterschlugen, war die Tatsache, dass es sich dabei nur um einen geringen Prozentsatz *aller* ungarischen Juden handelte. Die grosse Masse der Juden unterschied sich in nichts von der übrigen mittelständischen und armen «christlichen» Bevölkerung.

Die Pogrome von 1920 und der numerus clausus hätte das ungarische Judentum aufschrecken und zu Massnahmen zu seiner Verteidigung veranlassen sollen. Das tat es aber nicht, denn das «Wissen» um die tausendjährige Symbiose mit dem Magyarentum verdunkelte die Einsicht, dass die neue Krise der ungarischen Gesellschaft für das Judentum viel bedrohlicher als frühere Judenverfolgungen werden könnte. Allzu undenkbar war die Vorstellung, dass die europäische Zivilisation im Zeitalter der Aufklärung und der Moderne je wieder in die Barbarei zurückfallen würde...

In einem solchen politischen, sozialen und psychologischen Rahmen konnte sich der moderne Antisemitismus fast ungehindert verbreiten. Nach einem Jahrzehnt der wirtschaftlichen und politischen Beruhigung des Landes durch Ministerpräsident Graf István Bethlén erblühten Nationalismus und Antisemitismus unter seinem Nachfolger Julius (Gyula) Gömbös von neuem. Der populistische Rechtsextremist Ferenc Szálasi (1897–1946) gründete nach dem Vorbild und mit finanzieller Hilfe der deutschen Nationalsozialisten Adolf Hitlers die ungarische Pfeilkreuzlerpartei und verlangte die gänzliche Entfernung aller Juden. Noch mehr als bisher wurde das Gift des Antisemitismus gezielt in die mittleren und unteren Volksschichten eingespritzt. Bald träumten die pöbelhaften Pfeilkreuzler von einer Machtübernahme, was die traditionelle Rechte unter Horthy allerdings verhindern konnte.[58] Da in Ungarn demokratische Gepflogenheiten fehlten, konnte das anderswo im Rahmen eines liberalen Rechtsstaates angewandte parteipolitische Abwechslungsschema weder praktiziert noch eine gesellschaftliche

Toleranz entwickelt werden. Das Tempo des antijüdischen Vorgehens hing somit von der politischen – stets rechtslastigen – Ausrichtung der jeweiligen Regierung ab. Gemässigtere Ministerpräsidenten verlangsamten den Prozess, die radikaleren beschleunigten ihn. Revisionismus, Antikommunismus und Antisemitismus bedingten einander. Strebten die Deutschen eine ideologisch begründete «Neuordnung» des gesamten Europas an, so waren die führenden ungarischen Kreise lediglich an der Wiederherstellung der «historischen Grenzen» und an der Bewahrung des halbfeudalen Gesellschaftssystems interessiert. Der Antisemitismus konnte je nach Bedarf auf- oder abgedreht werden, um die Aufmerksamkeit des Volkes im Sinne von «Zirkus und Spielen» von den wahren Problemen abzulenken. Dem Dritten Reich war die Rolle zugedacht, Ungarn bei seinen Gebietserweiterungen zu helfen und die Sowjetunion in Schach zu halten. Die Folge war ein steter Balanceakt der ungarischen Aussen- und Innenpolitik, wobei sich das Karussell der auswechselbaren Ministerpräsidenten immer schneller drehte: Imrédy (Mai 1938 – März 1939), Teleki (März 1939 – April 1941), Bardossy (April 1941 – März 1942), Kallay (März 1942 – März 1944), Sztójay (März 1944 – August 1944), Lakatos (August 1944 – Oktober 1944) und Szálasi (Oktober 1944 – Februar 1945). Mit der Zeit handelte es sich nicht mehr darum, ob die Katastrophe verhindert werden konnte, sondern wann sie ausbrechen würde. Imrédy leitete den Vernichtungsprozess ein. Teleki, obgleich gegen die deutsche Politik eingestellt, liess sich mitziehen. Und Bardossy, der der Sowjetunion den Krieg erklärte, visierte bereits die Endlösung an, die unter Sztójay und Szálasi zur furchtbaren Realität werden sollte.

Krieg: Der Verdacht

Wenige Tage nach Kriegsausbruch 1939 bat Deutschland die Schweiz, seine Interessen in Palästina zu übernehmen. Die im EPD neugeschaffene Abteilung für Fremde Interessen forderte die schweizerische Gesandtschaft in London am 6. September auf, dies umgehend dem Konsular in Jaffa mitzuteilen.[1] Kuebler war vom Kriegsausbruch in Europa überrascht worden, und die übrigen leitenden Angestellten seiner Firma befanden sich ebenfalls anderswo.

Konkret bedeutete die Vertretung der deutschen Interessen in Palästina für den ohnehin ausgelasteten Carl Lutz «die Übernahme eines Generalkonsulats und zwei weiterer Konsulate mit zusammen dreissig Beamten. Des weiteren die Betreuung von 2 500 Deutschen in neun Interniertenlagern sowie Eigentum im Wert von 25 Millionen Pfund, bestehend aus Grundeigentum, Anstalten, Banken, Geschäften, etc. Dazu kamen 70 000 deutsche Juden mit deutschen Pässen und 700 deutsche Juden, deren von Deutschland bezogene Pension nun plötzlich aufhörte.»[2]

Das EPD schien sich kaum Rechenschaft über die enorme Mehrbelastung seines Konsularbeamten abzugeben. Lutz schrieb später, er hätte den Auftrag – in Wirklichkeit war es ein Befehl – rundweg ablehnen sollen. Weder die schweizerische Gesandtschaft in London noch die Abteilung für Fremde Interessen in Bern hätten ihm Instruktionen oder Geldmittel zur Verfügung gestellt. Doch der deutsche Beamtenstab drängte auf sofortige Abreise, und zudem habe die Internierung der Angehörigen der deutschen Kolonie schon begonnen. Es gab Szenen, die sich einige Jahre später in Budapest, wenn auch unter viel tragischeren Umständen, wiederholen sollten, mit «einem Ansturm von Gesuchen auf das Schweizerkonsulat ‹in Vertretung deutscher Interessen›».[3] Eine Anhäufung besonders schwieriger Faktoren hätten bei diesem Auftrag mitgespielt. Palästina sei ein arabisches Land mit zahlreicher jüdischer Bevölkerung unter britischer Verwaltung gewesen: «In zwei Monaten legte ich z. B. dienstlich 10 000 Kilometer per Auto zurück und empfing an die 3 500 Besucher. Anschliessend an die Interessenvertretung behandelte ich auch die zahlreichen Konterbandfälle für die Schweizer Firmen, da Haifa einer der Prisenhäfen war. Erwähnt sei noch, dass ich vom Gouverneur von Jerusalem auch zum Verwaltungsratsmitglied des umfangreichen syrischen Waisenwerkes (Schneller-Anstalten) bestimmt wurde, das einen Grundeigentumswert von ca. sechs Millionen Schweizer Franken hatte, weil dieses Werk, als einzige Erziehungsanstalt in Palästina, nun unter englischer Leitung geführt wurde. Es mussten ebenfalls die deutschen Anstalten in Jaffa und Nazareth betreut werden.»[4]

Gerade in solchen Situationen bewies Lutz von neuem nicht nur sein aussergewöhnliches Organisationstalent, sondern auch seine grosse innere Kraft zur Mitmenschlichkeit. Unter Hochdruck habe er täglich 20 Stunden mit nur einer Mahlzeit gearbeitet: «Ich schaffte mir sofort ein Automobil an, und bat Gertrud, die soeben zur Landesausstellung (in Zürich) gefahren war, telegrafisch um Rückkehr zwecks Übernahme der Frauenfürsorge in den deutschen Interniertenlagern und mietete ein Zentralbüro auf ein Jahr.»[5]

Inmitten dieser Tage totaler Inanspruchnahme wurde Lutz vom schweizerischen Aussenminister zum Vizekonsul ernannt. In Bern war das EPD immerhin zur Einsicht gelangt, dass es absurd war, wenn ein einfacher Konsularbeamter die Interessen eines grossen Staates vertrat, der bisher ein Generalkonsulat und zwei Konsulate mit einem grossen Beamtenstab unterhalten hatte. In seinem Ernennungsschreiben vom 7. September 1939 fügte Bundesrat Motta zur neuen Bezeichnung jedoch die Adjektive *«personnel et honorifique»* (= «persönlich und ehrenhalber») folgende formaljuristische Erläuterung hinzu, die auf den inzwischen 44 Jahre alt gewordenen Lutz ernüchternd gewirkt haben wird: *«Cette décision n'entraîne pas de promotion pour vous, de sorte que votre situation administrative actuelle demeure inchangée.»*[6] Unter anderem sollte es also keine Gehaltsaufbesserung geben.

Diese halbherzige Beförderung weist darauf hin, dass im EPD offenbar ein dumpfes Ressentiment gegen Lutz aufgekommen war, auch von der Notlage des Krieges nicht ausgelöscht. Zweifellos haben die periodisch auftretenden Spannungen mit Kuebler das ihre beigetragen. Die vorhandenen Unterlagen weisen auf noch zwei weitere Vorfälle hin, die das bürokratisch orientierte EPD gestört haben. So hatte Lutz Bundesrat Motta während eines Privatbesuches in Palästina 1937 kurz kennengelernt. Aufgrund dieser Begegnung wagte er es in der Folge, den Aussenminister unter Umgehung der üblichen hierarchischen Gepflogenheiten – und ohne Kueblers Gegenunterschrift – direkt anzuschreiben. Er führte aus, als de-facto-Leiter der einzigen offiziellen Vertretung der Schweiz sei er in Palästina, das sich ja in einem Quasi-Bürgerkrieg befinde, «ohne konsularischen Titel nach allen Seiten gehemmt».[7] Das direkte Anschreiben von Bundesrat Motta wurde Lutz übelgenommen.

Dann leistete sich Lutz einen weiteren *faux-pas,* indem er dem schweizerischen Gesandten in London, Paravicini, wegen falsch adressierter Umschläge – was offenbar schon mehrmals vorgekommen war – einen rüden Brief schrieb. Dieser beschwerte sich umgehend beim EPD in Bern und beklagte die «fehlende Disziplin» von Lutz, was angesichts von dessen langjähriger Diensterfahrung erstaunlich sei. Der Konsulardienst beruhigte den Gesandten und versuchte Lutz in Schutz zu nehmen. Kuebler hätte eine solch «ungehörige» Korrespondenz sicherlich nie geschrieben oder unterzeichnet. Dieser habe andererseits «für seinen Mitarbeiter nur Worte der Anerkennung und des Lobes». Allerdings sei Kuebler in letzter Zeit jährlich viele Monate lang auf Urlaub in Europa gewesen. Der Konsulardienst hätte nun in der Tat mehrmals feststellen müssen, dass Lutz' «Auffassung von dienstlicher Disziplin in wesentlichen Stücken von der unsrigen abweicht, und leider haben unsere Bemühungen, hierin Wandel zu schaffen, bisher wenig gefruchtet. Es war dies für uns eine peinliche Überraschung; denn in 15-jähriger Tätigkeit in den Vereinigten Staaten hatte er sich den Ruf eines ruhigen, fleissigen und zuverlässigen Konsularbeamten erworben. Offensichtlich hat er indessen in Palästina unter den dortigen allgemeinen und politischen Verhältnissen, den ständigen Unruhen und auch dem Klima an seiner Gesundheit Schaden genommen. Vor zwei Jahren waren seine Nerven so zerrüttet, dass wir einen Zusammenbruch befürchten mussten und ihn deshalb auf Urlaub kommen liessen. Wir bekamen einen schmächtigen blassen Mann zu sehen, dessen Züge von nervösen Zuckungen entstellt waren. Der Heimaturlaub dürfte ihm von diesem Übel keine Befreiung gebracht haben. Verschiedene Zeichen sprechen vielmehr dafür, dass seine Nervosität in letzter Zeit wieder im Wachsen ist». Der Konsulardienst führte weiter aus, dass Paravicinis Klage über Lutz gerade in jenem Augenblick in Bern eingetroffen sei, als das EPD dessen mögliche Beförderung zum Vizekonsul erwägen wollte. Hiervon könne nun keine Rede mehr sein.[8] Das EPD teilte Lutz mit, dass dieser «*nouveau fâcheux incident*» (= «ärgerlicher neuer Vorfall») seine Erhebung in den Rang eines Vizekonsuls verunmögliche. Einmal mehr sei er gebeten, wichtige Korrespondenzen dem Postenchef zu unterbreiten: «*Nous sommes, en effet, convaincus que M. le Consul Kuebler, mis au courant, vous aurait évité de commettre une semblable faute professionnelle.*»[9]

Nicht genug mit solch unmissverständlichen Worten. Wenige Monate später, im September 1938, doppelte der Konsulardienst mit einer weiteren Rüge nach. Es sei ihm zu Ohren gekommen, dass Lutz Kopien seiner offiziellen Konsularberichte in einer eigenen privaten Sammlung zusammenstelle: «Es dürfte Ihnen in der Tat bewusst sein, dass den Bundesbeamten keinerlei

Recht an Arbeiten zusteht, die sie in dienstlicher Eigenschaft abgefasst haben. Wir zweifeln nicht daran, dass Sie sich in Zukunft ...»[10]

Nun hatte sich die Lage mit dem Kriegsausbruch und der Übernahme der deutschen Interessenvertretung in Palästina grundlegend verändert. Somit sah sich Bern gezwungen, Lutz in den Rang eines Vizekonsuls zu erheben, wenn auch nur *«à titre personnel et honorifique»*. Als Kuebler kurz vor der Rückkehr von seinem Sommerurlaub in Bern vorgesprochen hatte, setzte auch er sich für diese Beförderung ein. Bezeichnenderweise wurde Minister Paravicini in London, der sich über Lutz am meisten geärgert hatte, um seine Meinung gar nicht mehr gebeten und erst im nachhinein darüber informiert: «*Nous croyons pouvoir admettre que, malgré le fâcheux incident que M. Lutz a provoqué, il y a quelque temps, à votre endroit, vous pourrez vous rallier à cette mesure ...*» Das EPD hielt dafür, dass für die grosse Verantwortung, die Lutz nun übernehmen musste, der Stand eines Kanzleibeamten vor allem nach aussen kaum mehr genüge.[11]

Der schmächtige Mann, dessen Zusammenbruch befürchtet worden war, lebte mit der riesigen neuen Aufgabe, die ihm mit der deutschen Interessenvertretung zugefallen war, richtig auf. Endlich durfte er «etwas Grosses» leisten, nach dem er sich in jungen Jahren schon gesehnt hatte. Keine Spur mehr von Schwachheit oder Unentschlossenheit. In weniger als drei Wochen sandte er alle vierzig deutschen Konsularbeamten ohne Zwischenfall auf die Heimreise. Lutz organisierte einen Konvoi für die Beamten, den er, von vier britischen Panzerwagen bewacht, selber von Jaffa nach Haifa begleitete. Dann verhandelte er mit den britischen Mandatsbehörden über die Entlassung unbescholtener deutscher Staatsbürger, einschliesslich der Juden, damit sie aus den Lagern entlassen und normal ihrem Erwerb nachgehen durften. Dann musste er sich mit den deutschen Juden beschäftigen: «Sehr zahlreich waren die mündlichen und schriftlichen Anfragen, wenn für einen in Deutschland lebenden Anverwandten oder Freund nach Ausbruch des Krieges ein Palästina-Zertifikat ausgegeben werden sollte, bzw. wie man Leute, die bereits im Besitz des Zertifikats waren und oft auch schon einen für Palästina visierten Pass hatten, aus Deutschland herausbringen könne.»[12] Erstmals begegnete Lutz dem *Palästina-Zertifikat*, das einige Jahre später in seinem Wirken in Budapest eine so grosse Rolle spielen sollte. Lutz berichtete schon am 15. September nach Bern über die Emotionen dieser 70 000 deutschen Juden in Palästina, deren Vertreter sich an ihn um Hilfe wandten.[13] Dazu kam der Einsatz zugunsten von Tausenden von Reichsdeutschen, die von den britischen Behörden in Interniertenlager – oder «umzäunte Niederlassungen», wie die britischen Kolonialbeamten sie nannten – gesperrt worden waren. Lutz musste somit die Interessen von

«Deutschen» vertreten, deren Herkunft und Schicksal sich kaum mehr auf einen gemeinsamen Nenner bringen liessen. All dies erforderte nicht nur aufwendige Korrespondenz, Gespräche, Behördenkontakte und ein grosses Mass an Einfühlungsvermögen, sondern auch gerade jene unbürokratische Wendigkeit, die Lutz' Vorgesetzte so verdross.

Die deutsche Kolonie in Palästina war Lutz bisher keineswegs fremd gewesen, besonders da ihrer ein guter Teil, wie er selbst, pietistischen Ursprungs und sozial sehr engagiert war. In einem 1956 verfassten Rückblick schrieb er von 3 500 «Seelen», mit denen er sich «gut verstanden» habe. Das Ehepaar Lutz war in der deutschsprachigen evangelischen Kirche Jaffas, die vom «altehrwürdigen Pastor von Oertzen» betraut wurde, ein- und ausgegangen. Auch unter den deutschen Juden hatten sie sich einen grossen Bekanntenkreis aufgebaut.[14]

Gertrud Lutz unterbrach ihren Heimaturlaub auf die erwähnte telegrafische Bitte ihres Gatten und kehrte umgehend nach Palästina zurück, wobei sie wegen mangelnder Schiffsplätze einen fast vierfach überhöhten Preis für die Schiffskarte bezahlen musste – vom EPD nicht zurückvergütet –, um ihm in der katastrophalen Lage beizustehen. Die damals erst 28jährige Frau sollte sich vor allem mit den internierten Frauen beschäftigen. Frauen, Alte und Kinder der Siedlungen Sarona und Wilhelma wurden dort interniert und durften in ihren eigenen Häusern bleiben.[15] Andere Frauen hatten weniger Glück: «Manchmal wurde jemand krank, oder es wurde ein Kind geboren, dann riefen die Lagerkommandanten mich an, und ich brachte die Frauen, deren Männer in Militärlagern waren, ins Krankenhaus. Dazu kamen Besuche im Frauengefängnis in Bethlehem, und ich muss sagen, es hat mich immer gestört, dass sich in einem englischen Mandatsgebiet das Frauengefängnis ausgerechnet in Bethlehem befand. Es handelte sich da meist um angesiedelte Deutsche, die mit Arabern verheiratet waren, und es gelang uns nach und nach, sie aus dem Gefängnis in die Interniertenlager zu bringen.»[16]

Ein bizarres Geschehen schnitt dieses intensive Geschehen plötzlich ab. In seinem Rückblick von 1956 schrieb Lutz, diese Interessenvertretung sei nach drei Monaten durch ein Missverständnis Spanien übergeben worden.[17] Das stimmt so nicht, denn Deutschland bat Spanien bereits am 18. September 1939, seine Interessen in Palästina zu übernehmen, also schon zwei Wochen, nachdem es die Schweiz um diesen Dienst gebeten hatte. Lutz erhielt ein entsprechendes Telegramm am 22. September. Er war erstaunt und dann empört, denn trotz Überbeanspruchung hatte er an der neuen Aufgabe Gefallen gefunden. Als das Telegramm von der schweizerischen

Gesandtschaft in London ankam, war er gerade im Begriff, die britischen Mandatsbehörden davon zu überzeugen, die Syrischen Waisenhäuser wieder zu öffnen und das Personal aus den Internierungslagern zu entlassen: «Dann plötzlich – schrieb er nach seiner Rückkehr in die Schweiz über ein Jahr später –, fünf Minuten vor meiner Audienz beim Hochkommissar in Sachen deutscher Interessen, kam wiederum ein telegrafischer Auftrag von London, die deutschen Interessen an das spanische Generalkonsulat (das zwar ein Konsulatsschild, aber kein Büro besass) abzutreten! Ich hatte eben einen Mietsvertrag für ein Zentralbüro auf ein Jahr unterzeichnet, vier Hilfskräfte engagiert auf vier Monate, und Frau Lutz war eben von ihrem unterbrochenen Urlaub in der Schweiz zurückgekehrt und hatte zufolge des grossen Andranges den vierfachen Schiffspreis bezahlt.»[18] Erbost wollte Lutz den Namen des EPD-Beamten wissen, der die Annahme der deutschen Interessenvertretung empfohlen habe, ohne sich überhaupt nach den beschränkten Handlungsmöglichkeiten des kleinen Konsulats in Jaffa zu erkundigen. Er schrieb von «Unkenntnis der Verhältnisse und eiligem Handeln der zuständigen Instanz». Geld sei keines zur Verfügung gestellt worden, und ein Teil der Ausgaben hätte er selber berappen müssen. Ausserdem habe der riesige Kraftaufwand seine Gesundheit «beinahe ruiniert».[19] Eine schriftliche Antwort auf diesen Protestbrief scheint nicht vorhanden zu sein.

Es ist tatsächlich unglaublich, mit welcher Kaltschnäuzigkeit der Konsulardienst und das EPD mit diesem bedrängten, aber äusserst einsatzfreudigen Beamten «an der Front» umgegangen sind. Abgesehen davon kann der plötzliche Transfer der Vertretung seiner Interessen in Palästina durch das Deutsche Reich an Spanien nicht nur als ein ungewöhnlicher Schritt, sondern als ein Affront gegen die Schweiz beurteilt werden. Es muss dennoch zugestanden werden, dass die ersten Septemberwochen 1939 für die meisten europäischen Kanzleien eine turbulente Zeit gewesen ist. Der Kriegsbeginn, begleitet von Durcheinander, Ungewissheit und hochgepeitschten nationalen Gefühlen, verursachte vielerlei Fehlentscheidungen, die in ruhigeren Friedenszeiten kaum geschehen wären. Auf dem Schachbrett der hohen Politik spielte das ungeliebte Palästina ohnehin nur eine Nebenrolle, und im Sturm jener Septembertage wurde die Bearbeitung seiner Belange zweifellos jüngeren und unerfahrenen Beamten überlassen. Der Eindruck ist wohl nicht falsch, dass, als das Reichsaussenministerium in Berlin Spanien am 18. September mit der deutschen Interessenvertretung beauftragte, seine Beamten die vorherige Anfrage an die Schweiz glatt vergessen hatten. Lutz berichtete jedenfalls, nicht nur der spanische Generalkonsul in Jerusalem habe gegen den Transfer der deutschen Interessenvertretung protestiert, sondern auch die britische Mandatsregierung, wie auch die deutsche und die deutsch-jüdische Einwohnerschaft.[20] Das Reichsaussenministerium wurde sich des Fehlers bald gewahr und versuchte, die Schweiz wiederum für diese Interessenvertretung zu gewinnen. Die deutsche Gesandtschaft in Bern richtete eine Anfrage an die Abteilung für Fremde Interessen des EPD, die dort am 4. Oktober 1939 eintraf, mit der Bitte um Information über die Lage der Reichsdeutschen in Palästina. Prompt antwortete das EPD, die Reichsregierung möge sich an Spanien wenden.[21] Dieses Mal war die Schweiz nicht mehr zu haben: «*Nous pouvions d'autant moins le faire que nous aurions, en donnant suite à la seconde demande de l'Allemagne, risqué d'indisposer l'Espagne.*»[22]

Im Nachhinein wurden noch weiter gerätselt, was die Deutschen bewogen haben könnte, ihre Interessenvertretung in Palästina von der Schweiz auf Spanien zu übertragen. Behauptungen wurden im Umlauf gesetzt, Kuebler sei für die Deutschen «nicht tragbar» gewesen: «Wir konnten aber einen Wechsel auf dem Konsularposten in Jaffa nicht aus dem Grunde vornehmen, nur weil die Deutschen es begrüsst hätten», schrieb die Abteilung für Fremde Interessen an Minister Paravicini in London, dem solche Gerüchte zu Ohren gekommen waren.[23]

Aber nicht nur das Reichsaussenministerium verschickte in jenen ersten Kriegswochen konfuse Signale nach dem Ausland. Auch das britische Foreign Office schien überfordert zu sein. Immer wieder musste sich Lutz bei der Mandatsregierung erkundigen, ob sie von London eine Bestätigung der Übernahme der deutschen Interessenvertretung durch die Schweiz erhalten habe. Ohne eine solche Bestätigung durfte er offiziell ja nichts unternehmen, obgleich in der Zwischenzeit die Mandatsregierung die im Land angesiedelten Deutschen internierte, Sozial- und Missionswerke schloss und das Konsularpersonal auswies. Und als zwei Wochen später die deutsche Interessenvertretung an Spanien überging, wusste der britische Hochkommissar auch wieder nichts und wollte auch nichts davon wissen. Noch am 13. Oktober, also über drei Wochen nach dem offiziellen Transfer an Spanien, informierte Lutz die schweizerische Gesandtschaft in London per Telegraf, die Mandatsregierung wünsche, dass er die deutschen Interessen weiterhin vertrete, auf jeden Fall, bis die formelle Bestätigung der Zentralregierung vorliege.[24] Hierauf verbot die Gesandtschaft Lutz jegliche weitere Tätigkeit in dieser Sache. Die Deutschen in Palästina sollen sich an das spanische Generalkonsulat wenden.[25]

So einfach wie es sich Minister Paravicini vorstellte, verlief der Transfer an Spanien jedoch nicht. Selbst Kuebler, den Lutz bei dessen Rückkehr nach Palästina Ende September von der Wende der Ereignisse informiert hatte, nahm den Vizekonsul in Schutz. Er schrieb nach Bern, dass sich die britische

Mandatsregierung rundweg weigere, den Transfer anzuerkennen. Sie habe nach wie vor keine entsprechende Information aus London bekommen. Es bleibe deshalb im Augenblick nichts anderes übrig, als diesem Verlangen nachzukommen, um eine ordnungsgemässe Übergabe nicht zu gefährden. Kuebler war des Lobes voll über die Tätigkeit von Lutz in den seit Kriegsbeginn verflossenen Wochen: «Ich möchte bei dieser Gelegenheit nicht unterlassen zu erwähnen, dass ich mit Genugtuung feststellen konnte, dass sich Herr Vizekonsul Lutz mit grosser Umsicht, ausserordentlichem Fleiss und unter erschwerten Umständen den umfangreichen deutschen Interessen im ganzen Lande angenommen hat, wofür ihm meine volle Anerkennung gebührt. Auf meiner Durchreise in Athen hatte ich Gelegenheit, mit dem heimkehrenden Personal des deutschen Generalkonsulats in Jerusalem zusammenzukommen, welches sich mir gegenüber ebenfalls in lobender Weise über die Tätigkeit des Herrn Vizekonsul Lutz geäussert hat. Dieselben Stimmen habe ich auch aus Kreisen der hiesigen deutschen Kolonie gehört.»[26]

Endlich, sechs Wochen, nachdem Lutz das deutsche Konsularpersonal unter britischem Panzerwagenschutz nach Haifa zum Schiff geleitet hatte, klappte es mit der Übergabe der deutschen Interessenvertretung an Spanien. Mit seiner üblichen Effizienz erstellte Lutz Abrechnungen und Inventarlisten zuhanden des spanischen Generalkonsuls. Er berichtete nach Bern, der über diese Entwicklung erschrockene Herr habe sich schon einen Monat später auf einen «ruhigeren Posten» versetzen lassen.[27]

Mit sichtlichem Bedauern gab Lutz diese Interessenvertretung aus der Hand, die ihn im Lauf dieses ersten Kriegsherbstes Tag und Nacht begleitet hatte. Er war mit höchstens vier Stunden Schlaf ausgekommen. Wie weggefegt schien seine latente gesundheitliche Schwäche. Auch unter enormem Druck erwies er sich wiederum nicht nur als der «fähige und effiziente» Konsularbeamte von der Art, wie sie das EPD auf fernem Posten am liebsten sah, sondern auch als der mitdenkende und sich in die Lage der anderen einfühlende Mitmensch, der sich mit dem Befolgen von offiziellen Weisungen und gleichgültigen Ablehnungen nicht zufriedengeben konnte. Darum bestand er vor den britischen Behörden auf der sofortigen Wiedereröffnung «deutscher» Waisenhäuser für arabische Kinder und eilte den durch den Krieg abgeschnittenen deutschen und deutsch-jüdischen Siedlern zu Hilfe, ohne nach Religion oder politischer Überzeugung zu fragen.

Lutz fiel nach dem Ende dieser Aufgabe in ein psychologisches und gesundheitliches Tief: «Immerhin bleibt mir die Genugtuung, diese sehr schwere und delikate Aufgabe zur vollen Zufriedenheit der englischen Mandatsverwaltung, der deutschen Regierung, wie auch der vorgesetzten Behörde durchgeführt zu haben.»[28]

Doch die seltsame Zeitspanne der kurzlebigen deutschen Interessenvertretung in Palästina[29] zog ebenso bizarre Nachwirkungen nach sich. Diese würden Lutz und seine Gattin, jede auf verschiedene Weise, aus Palästina hinaus und nach Ungarn führen.

Es gibt verschiedene Hinweise dafür, dass sich der britische Geheimdienst bald nach Kriegsausbruch für die Tätigkeiten des schweizerischen Konsulats in Jaffa bzw. Tel Aviv zu interessieren begann. Dies ist allein schon wegen der Tatsache verständlich, dass das Konsulat die Interessen der deutschen Reichsregierung in Palästina vertrat. Unter den vielen deutschen Kolonisten im Lande lebten nicht nur fromme Christen und integere Leiter von Missions- und Sozialwerken, sondern auch eine Anzahl überzeugter Nationalsozialisten. Nach britischem Kalkül waren diese Leute ohne weiteres fähig, nicht nur ein gefährliches militärisches Spionagenetz aufzubauen, sondern konnten die schon seit Jahren schwelende arabische Unzufriedenheit zu einem regelrechten Aufstand entfachen, der sich auf den gesamten Nahen Osten ausbreiten könnte. Die deutschen Nationalsozialisten hatten ja Österreich und die Tschechoslowakei politisch längst sturmreif geschlagen, bevor ihnen diese beiden Staaten wie reife Früchte kampflos in die Hände fielen. Noch befand sich der Suezkanal, dieser neuralgische Schwerpunkt des britischen Weltreiches auf dem lebenswichtigen Seeweg nach Indien, abseits des Kriegsgeschehens. Die Briten rechneten jedoch damit, dass das Dritte Reich schon jetzt seine Aufmerksamkeit auf den labilen Nahen Osten richtete.

Lutz und Kuebler wussten natürlich um dieses Interesse an ihrem Konsulat, zweifellos ein offenes Geheimnis in einem Palästina, das sich mittlerweile zu einer eigentlichen Gerüchteküche entwickelt hatte. Aber jeder der beiden legte es auf seine Weise aus. Lutz schrieb dem Konsulardienst erstmals darüber am 12. November 1940 aus Zürich-Seebach, nachdem er seinen ersten Heimaturlaub seit Kriegsbeginn angetreten hatte. Nun wollte er endlich «persönlich und ohne Zensurzwang» berichten: «Die wildesten Gerüchte zirkulieren über die Firma Kuebler und dessen – so Lutz – deutschen Geschäftsleiter im Publikum und bei den Behörden.»[30] Die ganze Verwandtschaft Kueblers, einschliesslich Bruder und Schwester, sei interniert worden: «Längere Zeit wurde z. B. die Post von Herrn Kuebler über die Geheimpolizei geleitet. Sogar die Unterbrechung des Telefondienstes in der Wohnung von Herrn K. war bereits im Amtsblatt veröffentlicht, konnte jedoch noch verhindert werden. Diese Tatsachen werfen naturgemäss einen Schatten auf das Konsulat und sind nicht ohne Konsequenzen.»[31] Bei verschiedenen Schweizern seien Hausdurchsuchungen durchgeführt worden, sogar beim Direktor des King-David-Hotels in Jerusalem, wo die Mandatsregierung ihren Sitz hatte. Ganz sonderbar sei der Fall eines jungen Mannes, H., aus Bern gewesen. Dieser sei auf seinen ziellosen Wanderungen im Nahen Osten in Palästina vom Kriegsausbruch überrascht worden, mittellos. Er habe ein Empfehlungsschreiben von der schweizerischen Gesandtschaft in Kairo mitgebracht, auf Grund dessen ihn Lutz im Rahmen der deutschen Interessenvertretung eingestellt habe. Bald erwies sich jedoch, dass H. die notwendigen Voraussetzungen für eine solche Arbeit fehlten. Er sei ein notorischer Schuldenmacher und habe im Büro einen epileptischen Anfall erlitten, so dass Lutz ihn entlassen musste. Der Vizekonsul meinte, H. habe ihn beim britischen Geheimdienst angeschwärzt.[32]

Kuebler hingegen berichtete dem Konsulardienst das Gegenteil, d. h. wenn man den vorhandenen Unterlagen Glauben schenken will. Etwa drei Monate nachdem Lutz dem EPD aus Zürich-Seebach seine Mutmassungen über Kuebler und den jungen H. mitgeteilt hatte, erschien ein Dr. Martz aus Arlesheim in Bern, der über ein Gespräch erzählte, das er unlängst auf einer Durchreise durch Palästina mit Kuebler geführt hatte. Ein Beamter des EPD fasste die überraschende Information des Dr. Martz wie folgt zusammen: «*M. Kuebler craint que les opinions national-socialistes de son vice-consul – dont le travail lui donne entière satisfaction – et son attitude très germanophile ne créent à la longue de grandes difficultés ... Il craint même que les Anglais ne le refoulent à la frontière, au moment de son retour, en dépit de son visa anglais, ce qui créerait une situation très désagréable. M. Kuebler s'en préoccupe évidemment d'autant plus que sa propre situation n'est pas très forte auprès des autorités anglaises (son frère, resté Allemand, est interné civil en Palestine, depuis le début de la guerre) ... Pour tous ces motifs, M. Kuebler désirerait vivement que M. Lutz ne retourne pas en Palestine mais serait affecté à un autre poste.*»[33]

Es war jedoch schwierig, Lutz wegen seiner angeblichen Deutschfreundlichkeit einen Strick drehen zu wollen. Er und seine Gattin hatten sich im Lauf der Jahre unter allen Bevölkerungskreisen vielfältige Beziehungen aufgebaut, an die sich Gertrud Lutz Jahrzehnte später erinnerte: «In diesem Vielvölkerland war unser Freundes- und Bekanntenkreis entsprechend vielseitig. Waren es anfangs vorwiegend Mitglieder der Schweizerkolonie, englische Beamte, Araber, sowie Deutsche, die wir durch unsere Teilnahme am evangelischen Gottesdienst in Jaffa kennenlernten, erweiterte sich dieser Kreis nach dem Umzug nach Tel Aviv beträchtlich, da es unter den aus Deutschland stammenden rassisch Verfolgten viele gab, die im Schweizer Konsulat Rat suchten.»[34]

Dies schien mittlerweile auch Kuebler zu merken, und er änderte seine Meinung wiederum. Als hätte er die dem EPD über Dr. Martz vermittelten negativen Bemerkungen über den Vizekonsul gar nie in Umlauf gesetzt, bat er den Konsulardienst schon am 10. März 1941 – nur drei Wochen nach dem Besuch des Arlesheimer Arztes in Bern –, ihn zu informieren, wann denn Lutz wieder nach Palästina an seine Arbeit zurückkehre. Kein Wort mehr darüber, dass Lutz an der Grenze umgehend wieder zurückverfrachtet werden könne ...[35]

Dieser Brief Kueblers, auf dem umständlichen Landweg über Kleinasien und den Balkan nach der Schweiz unterwegs, war jedoch nicht in Bern eingetroffen, als Lutz aus Zürich-Seebach am 16. März beim EPD erschien, um seine Rückkehr nach Palästina in die Wege zu leiten. Es ist möglich, vielleicht wahrscheinlich, dass seine Karriere anders verlaufen wäre, hätte die dringende Bitte Kueblers an jenem Tag vorgelegen. In «schonender Form» wurde der betroffene Lutz mit den durch Dr. Martz vermittelten Aussagen Kueblers konfrontiert und über den Entscheid des EPD informiert, ihn nicht mehr nach Tel Aviv zurückkehren zu lassen.

Nachdem sich Lutz gefasst hatte, meinte er, diese Art der Abberufung sei ihm «sehr unsympathisch». Trotz aller Schwierigkeiten wäre er eigentlich bereitwillig bis Kriegsende an diesem Posten verblieben. Auf jeden Fall wäre er gerne nochmals zurückgekehrt, um seine Frau abzuholen und seine persönlichen Angelegenheiten zu regeln. Gertrud Lutz war in Palästina zurückgeblieben, weil diese Urlaubsreise finanziell zu kostspielig gewesen wäre – nach der teuren Schiffspassage vom September 1939.[36]

«Nach den Gründen befragt, die seiner Meinung nach die englischen Reklamationen verursacht haben könnten» – so der ungenannte EPD-Beamte, der das Gespräch mit Lutz aufzeichnete – «äusserte sich Herr Lutz dahin, diese Gründe seien ihm unerfindlich. Bis zum Ausbruch des Krieges habe er mit den Deutschen in Palästina gar keinen Verkehr unterhalten, um so weniger, als ihm die nationalsozialistische Bewegung als ‹zu extrem› nicht sympathisch sei. Beispielsweise sei ihm der deutsche Honorarkonsul in Jaffa-Sarona, Herr Wurst, nicht einmal persönlich bekannt gewesen. Bei Ausbruch des Krieges habe er gemäss Weisung der Gesandtschaft in London die deutschen Interessen in Palästina zu übernehmen gehabt. Allerdings sei diese Übernahme nicht endgültig zustande gekommen, weil Deutschland Herrn Kuebler abgelehnt habe, und die Interessenverwahrung sei an Spanien übergegangen. Da aber die Zustimmung des Kolonialministeriums in London zu dieser Überleitung sehr lange ausgeblieben sei, habe er tatsächlich die deutsche Interessenvertretung volle drei Monate innegehabt. Herr Lutz gibt zu, Herr Kuebler habe ihn hin und wieder gewarnt, er solle sich in dieser Hinsicht vor Übereifer hüten. Er erinnert sich auch, dass ihm einmal der Besuch des unter Sequester gestellten deutschen Krankenhauses in Sarona verwehrt worden sei und dass er dies als böses Omen empfunden habe.»[37] Ein weiterer Beamter des EPD fügte dieser Notiz handschriftlich hinzu, Lutz habe mit den Spaniern noch «unter der Hand» weiter zusammengearbeitet, und die Abteilung für Fremde Interessen habe ohnehin «gewisse Einwendungen» gegen die Amtsführung von Lutz. Welcher Art diese «Einwendungen» waren, wurde nicht gesagt. Möglicherweise hatten sie mit Lutz' «Übereifer» oder – wohl eher – mit seiner Weigerung zu tun, den Befehl zur Übergabe der deutschen Interessen an Spanien *à la lettre* auszuführen.

Doch nicht genug damit. In der besagten «Notiz» wird weiter berichtet, Lutz sei während seiner Heimreise im Oktober 1940 unterwegs in der Türkei vom dortigen deutschen Gesandten, von Papen, empfangen worden. Dies sei laut Lutz folgendermassen geschehen: «Herr Lutz hatte bei seiner Ankunft in Istanbul natürlich noch ein deutsches Durchreisevisum einzuholen. Er hat daher von seinem Hotel in Pera den Pass ins deutsche Generalkonsulat hinübergeschickt zwecks Visierung. Er habe darauf die Einladung erhalten, persönlich vorzusprechen, da der deutsche Gesandte ihn zu sprechen wünsche. Er habe es – begreiflicherweise – nicht für möglich gehalten, dieser Aufforderung nicht zu folgen. Ist diese Audienz – wie zu vermuten ist – den Engländern nicht unbekannt geblieben, so wird sie sicherlich Herrn Lutz sehr geschadet haben.»[38]

Nun war der besagte Gesandte, der 1879 geborene Franz von Papen, nicht irgendein Diplomat. Als vorletztem Reichskanzler der Weimarer Republik 1932–33 wurde dem rechtsgerichteten Aristokraten die wenig schmeichelhafte Etikette eines «Steigbügelhalters Hitlers» angeheftet, als jenem, der diesem den Weg zur Macht geebnet hatte. Nach des «Führers» Machtergreifung wurde er von diesem allerdings beiseite geschoben, aber dennoch mit wichtigen Aufgaben betraut. In diesem Augenblick (1941) bestand seine Aufgabe darin, die Türkei zum Kriegseintritt auf deutscher Seite zu bewegen. Wenn von Papen diese Aufgabe erfolgreich vollzogen hätte, hätte der Krieg zweifellos einen andern Verlauf genommen. Jedenfalls wusste der britische Geheimdienst, dass die deutsche Abwehr diese Gesandtschaft zu Spionagezwecken benutzte. Er war somit sehr darauf erpicht, zu erfahren, wer den in seinen Augen gefährlichen von Papen besuchte.[39]

Der Notiz des EPD über dieses Gespräch mit Lutz war eine Note der britischen Gesandtschaft in Bern beigefügt, die aber in den Akten nicht vorhanden ist. Sie hatte offenbar etwas mit der Person von Lutz zu tun. Der Verfasser der Notiz fügte hinzu: «Der Schritt der englischen Gesandtschaft scheint etwas schroff, da üblicherweise eine offiziöse, mündliche Demarche vorgezogen wird.»[40]

Lutz berichtete weiter, er habe sich mit den Engländern in Palästina stets gut verstanden. Der britische Hochkommissar in Jerusalem habe ihm vor seiner Abreise versichert, er solle sich seiner Frau wegen keine Sorgen machen; im Falle von Komplikationen würden sich die Behörden ihrer annehmen «wie einer der Ihrigen».[41]

Es ist schwierig, diesen Intrigen auf die Spur zu kommen, besonders da sie sich auf verschiedenen Ebenen und in mehreren Ländern gleichzeitig abspielten. Gerüchte, Gegengerüchte und Wirklichkeit stimmten nicht immer miteinander überein. Im Spätwinter 1941, als das wichtige Gespräch im EPD mit Vizekonsul Lutz stattfand, war es zudem kein Geheimnis mehr, dass Hitler in Bälde in den Balkan vorstossen würde. Gleichzeitig mit einem Angriff aus Libyen Richtung Ägypten käme dadurch der vitale Suezkanal in akute Gefahr, was die Türkei verlocken könnte, den bedrängten Briten den Krieg zu erklären. Da Lutz, nach seinem eifrigen Einsatz für die deutschen Interessen in Palästina und den peniblen Verrätereien des jungen H., unterwegs auf seiner Heimreise ausgerechnet von Papen in der Türkei die Aufwartung machte – ganz egal wie diese Begegnung zustande kam –, geriet er einen Augenblick lang zweifellos in das Visier der britischen Geheimdienste.

Es muss dem EPD hoch angerechnet werden, dass er trotz der zeitweise negativen Berichterstattung aus Palästina und dem britischen Druck Lutz mit weiteren Aufgaben betraute. Wahrscheinlich erkannten die britischen Geheimdienste wohl bald auch selber – von der Mandatsregierung in Palästina aufgeklärt –, dass ihr auf Lutz angesetzter «Informant» H. wenig glaubwürdige Informationen zu liefern imstande war. Das wird schliesslich die Zentralregierung in London selber eingesehen haben. Denn als Lutz zu Beginn 1942 zum Schutze ihrer Interessen nach Ungarn entsandt wurde, machte sie keinerlei Einwände.

Wenige Tage nach dem Gespräch von Lutz mit seinen Vorgesetzten in Bern setzte der Kriegssturm wie erwartet von neuem ein. Am 25. März 1941 zwang das Dritte Reich das vom Prinzregenten Paul angeführte Königreich Jugoslawien, dem Achsenpakt Rom-Berlin beizutreten. Dies sollte den Weg für Hitlers Armeen öffnen, den an der albanisch-griechischen Grenze festgefahrenen Soldaten Mussolinis gegen das kleine Griechenland beizustehen. Die Tinte der Unterschriften auf dem Vertrag war noch nicht trocken, als eine Gruppe jugoslawischer Offiziere, darunter der noch minderjährige Thronfolger Peter II., sich diesem Verrat widersetzte und das Regiment des Prinzregenten kurzerhand vertrieb. Dies konnte der höchst erzürnte Hitler nicht hinnehmen. Schon am 6. April fielen die deutschen Armeen, aus Österreich, Ungarn, Rumänien und Bulgarien vorstossend, über den unglücklichen Vielvölkerstaat her. Die Hauptstadt Belgrad wurde gleich am ersten Kriegstag von der Luftwaffe dem Erdboden gleichgemacht. Gleichzeitig fiel die Wehrmacht über Bulgarien in Griechenland ein. Jugoslawien vermochte keinen ernsthaften Widerstand zu leisten, besonders da die Kroaten sich auf die Seite der Invasoren stellten und ihrerseits über die Serben herfielen. Slowenien wurde zwischen Deutschland und Italien aufgeteilt. Ferner «übernahm» Italien Dalmatien, Kosowo und einen Teil Mazedoniens. In Kroatien – Bosnien eingeschlossen – stellte Italien ein wenig greifbares «Königreich» auf die Füsse, nominell von einem italienischen Fürsten «regiert», und errichtete ein Protektorat über Montenegro. Bulgarien «erhielt» das noch verfügbare Stück Mazedoniens, und Ungarn bekam den westlichen Teil der Batschka «zurück», die es 1920 verloren hatte. Den östlichen Teil jenes Gebiets, obgleich er einst auch zu Ungarn gehört hatte, behielten die Deutschen für sich selber, wie auch das serbische Herzland, wo sie ein grausames Terrorregime installierten. In zynischer Weise verstanden es die Besetzer, die Teilvölker Jugoslawiens gegeneinander aufzuhetzen und Massaker zu veranstalten, die an Genozid grenzten. Im Lauf weniger Wochen wurde das zerstückelte Königreich von den Siegern als nicht mehr existent erklärt. Bald aber regte sich der Widerstand. Jugoslawiens Partisanen entwickelten mit der Zeit ein derart starkes politisches und militärisches Potential, dass sie bedeutsame Teile der Wehrmacht und der Sicherheitskräfte banden, die anderswo fehlten. Die Besetzung Griechenlands benötigte erheblich mehr Zeit. Erst im Juni 1941 fiel Kreta, die letzte Inselbastion. Damit aber hatten sich Hitlers Streitkräfte besorgniserregend nahe an Ägypten herangeschoben. Den Völkern und Regierenden Europas war das Spotten über den lange für verrückt gehaltenen «Führer» vergangen.

Angesichts dieser Entwicklung setzte das EPD den «arbeitslos» gewordenen Vizekonsul Lutz auf eine neue Aufgabe an. Gleich nach Kriegsausbruch hatte Jugoslawien die Schweiz gebeten, seine Interessen in Deutschland zu vertreten. Aber auch dieses Mal sollte die Interessenvertretung nur von kurzer Dauer sein. Das war vorauszusehen. Denn als Lutz seine Reise nach Berlin antrat, lag Jugoslawien beinahe schon am Boden. Ein solcher europäischer Posten war natürlich nicht, was sich Lutz schon seit Jahren ersehnt hatte. Aber Kriegszeiten sind nicht normale Zeiten. Müde und abgespannt sei er auf dem langen Landweg über Kleinasien und dem – damals noch unbesetzten Balkan – im November 1940 nach der Schweiz zurückgekehrt, berichtete er, «gepfercht voll von Erlebnissen und mit über hundert Aufträgen geschäftlicher und privater Natur».[42] Er wollte sich nach Erledigung dieser Besorgungen erholen, um einige Monate in der Schweiz «in geordneten Verhältnissen leben zu können». Da sei am Ostersonntag ein Telegramm aus Bern in Zürich eingetroffen, er solle sich zum Wochenanfang für Berlin bereithalten, um dort die jugoslawischen Interessen zu vertreten. Ein routinierter Beamter sei dort vonnöten.

Nach dem ersten Schock regte sich in Lutz wieder seine Wissensbegier: «Damit tat sich eine fast unbegrenzte Welt vor meinem geistigen Auge auf ... Man denke z. B. nur an die krasse Milieuverschiebung von der hundertprozentig jüdischen Stadt Tel Aviv nach dem nationalsozialistischen Berlin und dies mitten in der Kriegszeit, wo die Wogen des Nationalismus besonders hoch schlugen. Doch bin ich im Lauf der Jahrzehnte in der Schottermaschine des Konsulardienstes anpassungsfähig geworden, und mit ein wenig positiver Lebensanschauung erschien die neue Aufgabe nicht mehr halb so düster, ja sogar interessant ... Ich war auf alle Fälle entschlossen, meinen neuen Auftrag als eine ausserordentliche Gelegenheit anzusehen. Alles weitere überliess ich dem, der unser aller Leben leitet.»[43]

Unterwegs, auf der Bahn, erlebte Lutz, wie das immer noch siegesbewusste Deutschland bereits starken britischen Bombardierungen aus der Luft ausgesetzt war: «Gottlob schlief ich die ganze Nacht durch gut und war dann äusserst überrascht, als ich am Morgen vernahm, dass der Zug vor Magdeburg drei Stunden total verdunkelt auf offenem Felde gestanden hatte. Wir fuhren denn auch mit grosser Verspätung im Potsdamer Bahnhof ein und wurden dann gewahr, dass in der Nacht ein ziemlich heftiger Luftangriff auf Berlin stattgefunden hatte. Kaum war ich dem Zug entstiegen, verkündeten die Zeitungen bereits die Niederlage der jugoslawischen Armee und damit den Zusammenbruch des serbischen Staatsgebildes. So würde meine Mission wohl nicht von langer Dauer sein.»[44] Der bisherige jugoslawische Gesandte in Berlin war übrigens der bekannte Schriftsteller Ivo Andric aus Bosnien (1892–1975), der 1961 für seine beiden Romane *Wesire und Konsuln* und *Die Brücke über die Drina* den Nobelpreis für Literatur erhalten würde.

Schon am folgenden Tag wurde Lutz vom Gesandtschaftspersonal dem Protokollchef des Reichsaussenministeriums vorgestellt. Und siehe da, die Erinnerung an Lutz' kurzfristige deutsche Interessenvertretung holte ihn in Berlin wieder ein: «Als er – der Protokollchef – meinen Namen hörte, schmunzelte er und bemerkte, dass ich hier bereits bekannt sei durch die musterhafte Wahrnehmung der deutschen Interessen in Palästina. In der Tat waren ja eine ganze Anzahl der früheren deutschen Beamten in Palästina im Auswärtigen Amt tätig. Die sollte ich später treffen, und ich freute mich bereits auf das Wiedersehen nach den ereignisvollen Tagen und Wochen nach Kriegsausbruch, als sie in den Konsulaten in Jerusalem, Haifa und Jaffa von der Aussenwelt abgeschnitten waren und ich sie hernach unter polizeilichem Panzerwagenschutz nach Haifa begleitete.»[45]

Die jugoslawische Gesandtschaft, berichtete Lutz weiter, sei ein imposantes neues Gebäude am Lützowufer gewesen, mit prachtvollem Haupteingang und grossen repräsentativen Räumen, 15 Badezimmern und 35 Amtsräumen. Auf dieser Gesandtschaft seien noch vor kurzem der jugoslawische Prinzregent Paul und seine Gemahlin abgestiegen, als sie sich am 25. März, also noch vor weniger als einem Monat, zur Unterzeichnung der Beitrittsurkunde zum «Achsenpakt» Rom-Berlin in der Reichshauptstadt aufgehalten hätten. An jenem Tag habe das Dritte Reich zu Ehren des Prinzregenten eine seiner grössten Militärparaden von mehr als drei Stunden Dauer aufgezogen. Kurz nach seiner Rückkehr sei der Prinzregent wegen dieses Beitritts gestürzt worden.

Lutz machte sich in seiner riesigen, halbleeren Residenz gleich an die Arbeit. Kritisch prüfte sein ordnungsliebendes Auge das hinterlassene Chaos: «Im Kassenschrank befand sich ein Exemplar des Dreimächtepaktes in feinem Safianleder gebunden. In den zwanzig Büroräumen lagen die Akten wahllos herum, neben Aschenbechern und Zigarettenstumpen. Das Rauchen schien die Hauptbeschäftigung dieser jugoslawischen Beamten zu sein! Ein ganzer Zentner Post lag ungeöffnet auf den Tischen. Drei volle Tage waren wir unser Drei mit dem Öffnen und Sortieren derselben beschäftigt. Die meisten Briefe enthielten Pässe aus dem Ruhrgebiet zum Verlängern, aus Kärnten, aus Wien und anderen Gegenden, wo immer grössere jugoslawische Arbeitskolonien sich befanden. Das Registratursystem war ganz à la Balkan. Die Briefe wurden einfach zusammengefalzt und in taubenschlagähnliche Holzfächer gesteckt. Von Dossiers oder Aktenschränken keine Spur... Bald stellten sich auch Besucher ein, meistens in Gruppen, Männer und Frauen aus den umliegenden Industriegebieten, um Anliegen verschiedenster Art vorzubringen. Die meisten waren ohne Nachricht von ihren Angehörigen in Jugoslawien, andere benötigten polizeiliche Ausweise, andere Aufenthaltsbewilligungen, wieder andere wünschten ihre Zivilstandsangelegenheiten zu regeln (Eheschliessung, Geburteneintragung, Todesurkunden, Bewilligungen zur Überweisung von Unterstützungsgeldern an die Angehörigen in Jugoslawien, etc.). Da aber über unserer kurzfristigen Tätigkeit stets das Damoklesschwert hing, war es schwer, die Leute zu beraten oder ihnen Hilfe angedeihen zu lassen. Wir waren uns bewusst, dass vielleicht schon in wenigen Tagen die deutsche Regierung Anspruch auf das Gesandtschaftsgebäude erheben würde, da die jugoslawische Regierung bereits in Agonie lag.»[46]

Trotz drohendem Abbruch der jugoslawischen Interessenvertretung und des auch über Berlin einsetzenden Luftkrieges fand Lutz Zeit, seine romantische Ader zu pflegen. So besuchte er Stadt und Umgebung, wie etwa die

Garnisonskirche in Potsdam, wo Hitler 1933 die Macht aus den Händen des greisen Hindenburg übernommen hatte. In jener selben Kirche, «wo Johann Sebastian Bach durch seine unsterblichen Choräle seine Verehrer und Musikliebhaber in höhere Sphären wiegte. Oft setzte ich mich auf eine Bank im Kirchhof und liess das altmodische Glockenspiel zu mir sprechen, wenn jede Stunde die liebliche Melodie des Liedes ‹*Üb' immer Treu und Redlichkeit bis an dein kühles Grab*› vom alten Kirchturm her klang... Am meisten aber interessierte mich jedoch der Spreewald, von dem ich in früher Jugend schon soviel gelesen hatte. Lange Wasserarme durchziehen dort eine liebliche Wiesenlandschaft. An Stelle von Strassen durchlaufen Kanäle die stillen Wälder und verbinden Bauernhof mit Bauernhof. Die Landbevölkerung verkehrt auf diesen Wasserstrassen wie auf Landwegen, indem sie die langen Kähne mit Stangen vorwärtstreibt. So setzte ich mich denn in Lübenau auf einen dieser Kähne und liess mich durch den Fährmann durch den einsamen, unheimlich stillen Spreewald fahren. Absolut lautlos glitt der Kahn dahin. Nur das leise Plätschern des Wassers, wenn die Stange es berührte, oder der Flügelschlag eines Vogels unterbrach das Schweigen des Waldes. Es war ein unvergessliches Erlebnis. Der Fährmann, dessen Sprache schwer verständlich war, war noch nie aus dieser seiner Heimat weggewesen. Berge erschienen ihm Fantasien, die er sich in Wirklichkeit einfach nicht vorstellen konnte. Und etwa ewiger Schnee im Sommer schon gar nicht. Die Schweiz erschien ihm auf der andern Seite der Weltkugel und für ihn unerreichbar».[47]

Wie Lutz vorausgesehen hatte, war auch dieser Interessenvertretung keine lange Dauer beschieden. Schon am 30. April 1941, keine zwei Wochen nach der Ankunft von Lutz in Berlin, erklärte die Reichsregierung die Funktion des schweizerischen Interessenvertreters für Jugoslawien für beendet. In ihren Augen existierte jener Staat nicht mehr.

Diesmal nahm Lutz den Entscheid mit Genugtuung entgegen. Trotz aller romantischen Gefühle, die er für Potsdam oder den Spreewald hegen mochte, war die Reichshauptstadt für ihn ein unheimlicher Ort: «Gewitterschwanger wie ein Alpdruck lag die nächste Zukunft über dieser Millionenstadt. Das Militär beherrschte das Strassenbild. Eine sensationelle Nachricht jagte die andere. Die Luftangriffe wurden zahlreicher. Man bangte vor dem Abend und der Nacht. Ach, dass sie schon vorbei wäre! Der Gedanke, fort von hier, wurde immer stärker.»[48] Auch in Berlin dauerte es jedoch noch eine Weile, bis Lutz die Arbeit abgeschlossen hatte und nach Bern zurückkehren konnte, obgleich das EPD drängte.[49] Er kam erst am 3. Juni wieder nach Bern. Es war wie in Palästina, als die Chefbeamten in Bern glaubten, eine Interessenvertretung könne wie ein Hemd von einem Augenblick auf den andern ein- oder ausgezogen werden. Allerdings drängten diesmal auch die Deutschen. Bereits um 14 Uhr am 1. Mai, also am Tag nach dem formellen Ende der Interessenvertretung, erschien ein Vertreter des Reichsaussenministeriums. Auf dessen Befehl wurden die Aktenbündel, Möbel und die Privatbibliothek des jugoslawischen Gesandten auf zwei Pferdewagen geladen und abtransportiert. Lutz zog in ein Hotel um und erstellte Abrechnung und Schlussbericht.

Mit Hilfe des früheren deutschen Konsuls in Haifa ergatterte Lutz einen Sitzplatz im selben Diplomatenzug, der vier bedrückte jugoslawische Gesandtschaftsbeamte ihrer feindbesetzten Heimat entgegentrug: «In Lindau verabschiedete ich mich und stieg in einen Triebwagen bis Bregenz. Dort in das primitive vorarlbergische Bummelzügli, das mich wohlbehalten nach St. Margrethen brachte. Inzwischen war es Pfingstsonntag geworden und ein Abstecher nach der nahen Meldegg war gegeben. Dort, in meiner engeren Heimat, jenem unvergleichlich schönen Plätzchen am äussersten Zipfel Mutter Helvetias, hielt ich Rückschau auf meine Berliner Zeit, die genau sechs Wochen gedauert hatte. Und Abends hatte ich vollends mein Ziel erreicht, als ich an das Bett meiner kranken Mutter trat und sie freudestrahlend in meine Arme schloss.»[50]

Endlich schien es, als ob Carl Lutz in der Schweiz bleiben durfte. Nach seiner Rückkehr aus Berlin wurde er dem Rechtsbüro des EPD zugeteilt. Mit Fürsprecher Kohli[51] behandelte er die Sperre von Schweizer Guthaben in den Vereinigten Staaten. Er beriet Rückkehrer aus Deutschland über den Transfer ihrer Vermögen nach der Heimat. Er korrespondierte mit Schweizerkolonien im Ausland über deren Beitrag zum Wehropfer, und mit Konsulaten über die Unterstützung von in Not geratenen Landsleuten. Er wählte sogar geeignete Bürokräfte für Interessenvertretungen in den verschiedenen Gesandtschaften aus. Kurzum, Lutz war nun selber Teil jenes EPD-Beamtenstabes geworden, über den er aus der Ferne so oft geschimpft hatte ...

Während all dieser Zeit war Gertrud Lutz in Palästina geblieben. Nachdem sie Ende März 1941 vernommen hatte, dass ihr Mann nicht mehr an seinen Posten zurückkehren würde, begann sie, den Haushalt in Tel Aviv aufzulösen und die Rückkehr nach der Schweiz vorzubereiten. Ausgerechnet in diesem Augenblick griffen die Deutschen Jugoslawien und Griechenland an, wodurch die Reisemöglichkeiten eingeschränkt, wenn nicht unterbunden wurden.

Trotz der langen Wartezeit war die junge Frau natürlich nicht ohne Beschäftigung geblieben. Die Vizekonsulsgattin war allerdings weder an

Bridgeparties noch an Teekränzchen oder Kuchenbacken interessiert. Denn während der kurzen deutschen Interessenvertretung ihres Mannes hatte sie ein Betätigungsfeld entdeckt, das ihr Interesse und ihre Zeit vollständig in Anspruch nahm. Dabei gelang es ihr, sehr zum Schrecken von Honorarkonsul Kuebler, diplomatischen Finessen gelegentlich ein Schnippchen zu schlagen, um den durch Kriegsumstände an den Rand gedrückten Menschen Hilfe zu leisten. Von Mann und Heimat abgeschnitten, war sie ohnehin gezwungen, selbständig zu handeln.

Der in der Männerwelt des Nahen Ostens aufgewachsene Kuebler begriff eine solch unabhängig denkende und handelnde Frau nicht. Erbost berichtete er nach Bern: «Nachdem wir die deutschen Interessen an die spanische Vertretung abgegeben haben, hat Frau Lutz ihre Besuche in den Interniertenlagern der deutschen Zivilpersonen trotzdem fortgesetzt und hat diese in ihrem Privatwagen, der neben der Kontrollnummer den Vermerk C. C. (*Corps consulaire*) und das Schweizer Wappen trug, ausgeführt. Nachdem ich von spanischer Seite erfahren habe, dass Frau Lutz gelegentlich während ihrer Besuche bei den deutschen Internierten daselbst mit dem spanischen Vertreter zusammentraf, habe ich sie im allgemeinen schweizerischen Interesse und in ihrem eigenen, und besonders in ihrer Eigenschaft als Frau des schweizerischen Vizekonsuls, gebeten und verwarnt, diese Besuche zu unterlassen. Frau Lutz hat indessen meine Warnung auf die leichte Schulter genommen und hat diese Besuche, trotz meiner Bitten, fortgeführt. Sie war der Meinung, dass es ihr als freier Schweizerin wohl gestattet sein müsse, ‹Wohltaten› auszuüben. Der beste Beweis, dass sie nicht unrecht gehandelt habe, sei, dass sie die hierfür vorgeschriebene Besuchsbewilligung seitens der C. I. D (*Criminal Investigation Department*) jeweils anstandslos ausgefolgt erhalten habe. Sie führte auch eine lebhafte Korrespondenz mit den Internierten, deren Rückantworten uns seitens der Kontrollstelle des C. I. D zur Weiterleitung an Frau Lutz zugestellt wurden. Frau Lutz hat dabei nicht bedacht, dass dieser übergrosse Eifer, nachdem wir keine offizielle Mission mehr hatten, ihr selbst sowohl als auch uns von den Behörden übel vermerkt werden würde, wozu noch die umlaufenden Intrigen beitrugen. Es wurde uns, nachdem es längst schon bekannt war, dass Herr Vizekonsul Lutz nicht mehr zurückkommt, von glaubwürdiger Seite unter anderem beigebracht, dass es auffalle, dass Frau Lutz mit ihrem Wagen, der immer noch das Zeichen C. C. und das Schweizer Wappen mit Wimpel trug, so viel im Lande herumfahre und was sie wohl damit bezwecke. Daraus und aus anderem war zu schliessen, dass die Bewegungen von Frau Lutz scharf beobachtet wurden.»[52]

Ob Kuebler mit seinen Vermutungen recht hatte, entzieht sich unserer

Kenntnis. Dagegen spricht, dass Gertrud Lutz von den britischen Lagerkommandanten stets mit grösster Zuvorkommenheit empfangen wurde, die ihre Nothilfe an internierten Frauen und Kindern sehr schätzten. Sie werden ihre Vorgesetzten in Jerusalem kaum negativ beeinflusst haben.[53]

Die Wahl der Reiseroute von Palästina nach der Schweiz bereitete Gertrud Lutz unter den obwaltenden Umständen grosses Kopfzerbrechen. Sie erwog und verwarf die Möglichkeit des weiten Umwegs durch den Suezkanal und über Südafrika, denn das deutsche Afrikakorps bedrohte Ägypten und im Atlantik tobte der gnadenlose U-Bootkrieg.

Unglücklicherweise gestaltete sich in diesem Frühjahr 1941 die politische und militärische Lage im Libanon und in Syrien zu einem zusätzlichen Reisehindernis. Die französiche Mandatsverwaltung dieser beiden Länder hatte sich nach dem deutsch-französischen Waffenstillstand vom Juni 1940 auf die Seite der Vichy-Regierung des Marschalls Pétain geschlagen. Somit befand sie sich gewissermassen im Bereich der Achsenmächte und stellte eine Gefahr für den britisch-beherrschten Nahen Osten dar.

Nachdem die Vichy-Regierung im Mai 1941 deutschen Luftwaffemaschinen auf ihrem Weg nach dem Irak die Zwischenlandung erlaubt hatte, lief das Fass über, und am 8. Juni überschritt ein aus britischen und freien französischen Truppen des Generals de Gaulle bestehendes Armeekorps die libanesisch-syrischen Grenzen und rang die Streitkräfte des Vichy-Regimes binnen Monatsfrist nieder.

Ausgerechnet im spannungsgeladenen Monat Mai, als Gerüchte umliefen, dass die Nordgrenze Palästinas gegen den Libanon und Syrien abgeriegelt werden würde, fuhr Gertrud Lutz zusammen mit einem Konsularangestellten, Lang, per Auto von Jerusalem an diese Grenze, um die Heimkehr anzutreten. Die Papiere waren in Ordnung, und nichts sprach dagegen, dass die britischen Grenzbeamten den Wagen mit den blauen C. C.-Schildern und dem Wimpel mit dem Schweizerkreuz nicht ohne weiteres durchlassen würden. Unerwartet aber nahmen die Grenzer Gertrud Lutz den aus Jerusalem mitgenommenen diplomatischen Postsack ab und durchsuchten seinen Inhalt genauestens. Hierauf prüften sie ihr eigenes Gepäck und nahmen den ganzen Wagen sorgfältig auseinander. Lang wurde in einem Panzerwagen nach Akko ins Gefängnis verbracht und erst fünf Tage später freigelassen. Gertrud Lutz musste nach Jerusalem zurückkehren. Als sie vor der Rückfahrt den befehlshabenden Offizier nach den Gründen dieser schnöden Behandlung fragte, antwortete dieser lakonisch: «*We couldn't imagine the Germans giving you petrol without getting services in exchange*!» (= «Wir können uns nicht vorstellen, dass die Deutschen Ihnen Benzin ohne Gegenleistung geben würden!»). Der britische Geheimdienst hatte offenbar einen

Briefwechsel von Gertrud Lutz mit dem schweizerischen Konsul in Istanbul abgefangen, worin dieser ihr von einer Zusicherung der deutschen Gesandtschaft in der Türkei schrieb, ihr für die Durchfahrt durch den deutschbesetzten Balkan genügend Benzin zur Verfügung zu stellen.[54]

Kuebler informierte das EPD in Bern umgehend, von wo aus die Sache nach London zum britischen Aussenministerium weitergezogen wurde. Der Honorarkonsul war natürlich davon überzeugt, dass der wirkliche Grund für diesen unangenehmen Zwischenfall das in seinen Augen übereifrige Engagement von Gertrud Lutz für die in den britischen Lagern und Gefängnissen eingesperrten deutschen Frauen und Kinder gewesen sei. Der Fall drohte, sich zu einer internationalen Affäre auszuweiten. Bald aber drückten die Beamten des Foreign Office kommentarlos die üblichen «*regrets*» aus, und Gertrud Lutz durfte mit Hilfe der Mandatsregierung in Palästina die Abreise wieder einfädeln und erhielt die konfiszierte diplomatische Post mit Entschuldigungen zurück. Die Mandatsregierung händigte ihr eine neue Reiseerlaubnis aus.

Väterlich fügte Jonas Kuebler seinem Bericht an das EPD über Gertrud Lutz' Abenteuer hinzu: «Leider hat Frau Lutz zu spät eingesehen, dass wir es gut meinten und dass sie durch ihre Handlungsweise sich selbst und uns in eine unerquickliche Lage gebracht hat.»[55]

Die junge Frau scheint eher die gegenteiligen Lehren aus dieser Affäre gezogen zu haben, angesichts etwa ihrer späteren Aktionen in Ungarn, nämlich, dass mit etwas *chuzpah* (hebr. Unverfrorenheit) zugunsten der Benachteiligten meist mehr zu erreichen ist als mit geduldigem Warten auf obrigkeitliche Launen.

Da Gertrud Lutz eine Rückkehr von Palästina nach der Schweiz mit dem Auto nicht mehr riskieren wollte, musste sie bis zum Herbst 1941 im Heiligen Land warten. Erst dann waren die Bahnverbindungen wieder hergestellt.

Kuebler hat zweifellos aufgeatmet, als er am 22. Oktober 1941 nach Bern berichten durfte, Frau Lutz sei auf dem Landweg «endlich» abgereist.[56] Er fürchtete jedoch, dass sie nach ihrer Rückkehr «mit Vorwürfen» beim Konsulardienst gegen ihn hervortreten würde. Der Honorarkonsul brauchte diesbezüglich keine Angst zu haben. Wie zur Antwort kritzelte jemand beim Konsulardienst in Bern die Bemerkung «Nein!» mit dem Bleistift an den Briefrand. Im Gegenteil, sie habe in bezug auf Herrn Kuebler nur «Worte der Dankbarkeit und Anerkennung» gefunden.

Der Krieg trat um die Jahresmitte 1941 in eine neue Phase ein, wozu der deutsche Balkanfeldzug vom Frühjahr lediglich das Vorgeplänkel gewesen war. Am 22. Juni schleuderte Hitler das Kriegsbeil unerwartet gegen seinen bisherigen grossen Quasi-Verbündeten, die Sowjetunion, der er die Hälfte Polens, die Moldau und das gesamte Baltikum überlassen hatte – nur das kleine Finnland wehrte sich – und dadurch einlullte, trotz des im August 1939 feierlich abgeschlossenen Nichtangriffspakts, der dem «Führer» im Westen und auf dem Balkan freie Hand gegeben hatte. Binnen weniger Wochen überrannte die Wehrmacht im bisher grössten aller Blitzkriege die überraschte und kopflose Rote Armee auf einer 2000 km breiten Front zwischen der Ostsee und dem Schwarzen Meer, die sich hastig über Hunderte von Kilometern in die unendliche Tiefe ihres Landes zurückzog. Ungarn, Rumänien und die Slowakei zogen mit. Mehr als ein Sommerspaziergang von wenigen Wochen würde es kaum sein, glaubten sie. Bis aber die ersten Herbstregen einsetzten und den Boden in Schlamm verwandelten, der Schnee fiel und die unerbittliche arktische Kälte vom Norden her über die weiten russischen und ukrainischen Ebenen hereinbrach, war der Feldzug noch nicht zu Ende. Hatte die Sowjetunion als militärisch schwach und politisch wenig koordiniert gegolten, führte sie den ungleichen Kampf trotz Rückzügen und Riesenverlusten verbissen weiter. Gegen Jahresende 1941 wurde klar, dass sich das militärische «Genie» Hitler erstmals verrechnet hatte.

Der «Führer» stand unter Schock. Er machte neue Fehler. Als Japan die amerikanische Pazifikflotte am 7. Dezember 1941 in Pearl Harbor angriff und zerstörte, erklärte er den Vereinigten Staaten unüberlegt den Krieg. Er hatte Amerika nie besucht und verkannte dessen enorme menschlichen und materiellen Ressourcen und Organisationstalent. Ein Kriegsziel im Kampf gegen die Vereinigten Staaen war nicht auszumachen, konnte es nicht geben. Hitler bürdete sich lediglich einen neuen und mächtigen Feind auf.

Auch bei dieser sinnlosen Kriegsausweitung folgte Ungarn seinem Herrn in Berlin. Wenige Tage später stand es mit Grossbritannien und den Vereinigten Staaten und dann mit einer ganzen Reihe anderer Staaten «im Krieg».

Eines Tages – es war kurz vor dem Weihnachtsfest 1941 – liess Minister Karl Stucki, der Chef der Abteilung für Fremde Interessen,[57] Vizekonsul Lutz zu sich rufen und bot ihm die Leitung der Abteilung für Fremde Interessen bei der schweizerischen Gesandtschaft in Budapest an. Grossbritannien und die Vereinigten Staaten hatten die Schweiz gebeten, ihre Interessen in jenem Land zu vertreten, und jeden Tag erreichten weitere Anfragen das EPD.

Lutz überlegte. Das war natürlich etwas anderes als die kurzlebigen deutschen und jugoslawischen Interessenvertretungen, die er bisher gekannt hatte. Aber musste er die Heimat schon wieder verlassen? Er dachte an das

«Häuschen im Grünen», von dem er Jahrzehntelang geträumt hatte. Daraus wurde wohl nichts, jedenfalls nicht bald. An seine Frau Gertrud, erst die vor wenigen Wochen nach einem ganzen Jahr Trennung aus Palästina zurückgekehrt war. Durfte er ihr schon wieder einen neuen Auslandsaufenthalt aufbürden, und dazu noch in einem kriegführenden Land? Dann machte ihm sein Gesundheitszustand Sorgen. Aber das war nichts Neues. Durch Erfahrung hatte er gemerkt, dass er grosse Aufgaben, die seine ganze Spannkraft verlangten, gesundheitlich besser aushielt als tödliche Routine. Sollte er wirklich weitere zwanzig Jahre in den grauen Mauern des Berner Bundeshauses als einer der vielen Beamten bis hin zu einem fernen Ruhestand ausharren...?

Es folgten Tage des Gesprächs mit Familienangehörigen und Freunden und des In-Sich-Gehens. Dann gab Lutz dem EPD seine Einwilligung. Auch Gertrud war einverstanden.

Budapest würde es sein.

Als Carl und Gertrud Lutz in der Neujahrsnacht 1942 die Schweiz Richtung Ungarn verliessen, war die deutsche Vernichtungsmaschine gegen die Juden bereits in vollem Gang. Bis Kriegsbeginn war das Dritte Reich zufrieden, sie über die Grenze abschieben zu können. Das Ehepaar Lutz hatte solche Juden in Palästina kennengelernt. Vielleicht liessen sich die westlichen Demokratien finanziell im Zusammenhang mit den Juden erpressen. Bald aber merkten die Nationalsozialisten, dass diese trotz aller schönen Worte an einer massiven jüdischen Einwanderung nicht interessiert waren. Sie würden den Juden genauso wenig unter die Arme greifen, wie sie der Tschechoslowakei und Polen geholfen hatten.[58] Auch von der im britischen Weissbuch von 1939 «gestatteten» Gesamtquota von 75 000 Einwanderern für Palästina waren bis Ende 1943 erst 35 000, also 40 Prozent, mit einem Visum bedacht worden. Von der vorgesehenen Zeitspanne von fünf Jahren waren zudem vier schon abgelaufen. Die britische Behinderung der wehrlosen «illegalen» Einwanderer – von Lutz oben eindrücklich geschildert – glich einer regelrechten einseitigen Kriegführung, mit Hunderten von Opfern.

Nach dem Auswanderungsstopp bei Kriegsbeginn fasste das Dritte Reich einen Augenblick lang die Umsiedlung der Juden nach gewissen geschlossenen Bezirken in Ostpolen und, nach dem Angriff auf die Sowjetunion, nach Weissrussland oder der Ukraine ins Auge. Bald wurde dieses Projekt jedoch zugunsten der «Endlösung» fallengelassen. Das war das Thema der «Gesprächsrunde» vom 20. Januar 1942 am Grossen Wannsee. Nur das Wort «Umsiedlung» blieb, denn damit liess sich der Abtransport der Juden nach den Todeslagern bequem kaschieren.

Nach der Besetzung Polens 1939 und nach dem Angriff auf die Sowjetunion «säuberten» die Deutschen ganze Städte und Landbezirke von Juden und gelegentlich auch von der übrigen Bevölkerung. Zunächst gingen diese Menschen auf Todesmärschen oder bei Bau- und Landarbeiten zugrunde oder wurden einfach erschossen. Aber angesichts der Millionen, die es zu vernichten galt, forschten die Sicherheitsorgane zusammen mit der chemischen Industrie nach «effizienteren» Tötungsmethoden. Erste Mordversuche mittels Giftgas (Zyklon B) wurden unter grösster Geheimhaltung ausprobiert, mit Erfolg. Hitler war an den Vergasungsprozessen persönlich interessiert, denn 1917 hatte er an der Westfront selber einen Gasangriff erlebt.[59]

Im Sommer 1941 begannen sowjetische Kriegsgefangene in Birkenau, nahe dem oberschlesischen Städtchen Auschwitz, mit dem Erstellen von zwei Steinbauten, wo die ersten grösseren Gaskammern eingerichtet werden sollten. Um das Geheimnis des unvorstellbaren Schreckens zu bewahren, wurden diese Kriegsgefangenen nach getaner Arbeit gleich umgebracht. Im verkehrsmässig «günstig gelegenen» Auschwitz sollten Millionen Juden und andere sterben. Eisenbahnlinien aus Deutschland, Polen und Ungarn führten direkt an diesen Ort.

Der Vernichtungsprozess des ungarischen Judentums nahm zwischen 1938 und 1941 konkrete Gestalt an in dem Masse, als das Dritte Reich den Staat Horthys unwiderruflich an seine Politik fesselte. Im Wunsch, die «historischen» Grenzen wiederzugewinnen, nahm Ungarn 1938 an der Zerstückelung der von den Westalliierten verratenen Tschechoslowakei teil. Die «Achsenmächte», Deutschland und Italien beriefen am 8. November jenes Jahres das sog. Erste Wiener «Schiedsgericht» ein, an dem Ungarn Ruthenien (oder Karpatho-Ukraine) und Teile der südlichen Slowakei «zurückerhielt». Die übrige Slowakei, die Ungarn ebenfalls beanspruchte, wurde ihm vorenthalten. Beinahe zwei Jahre später, am 30. August 1940, wurde Rumänien, das im Osten von der Sowjetunion bedroht wurde, vom selben «Schiedsgericht» gezwungen, den nördlichen und zentralen Teil Siebenbürgens an Ungarn «zurückzugeben». Das südliche Siebenbürgen durfte Rumänien behalten. Und nachdem Ungarn im April 1941 der deutschen Wehrmacht das Durchmarschrecht zur Vorbereitung ihres Balkanfeldzugs gestattet und selber am Angriff auf Jugoslawien teilgenommen hatte, «erhielt» es – wie verzeichnet – (nur) die westliche Batschka bis zur Donau «zurück». Die «historischen» Grenzen von 1918 wurden somit in keinem Fall erreicht, weil Hitler die Zurückhaltung der übrigen Gebiete als künftiges Druckmittel auf Ungarn je nach Bedarf einzusetzen beabsichtigte. Die ungarische Führung lief blindlings in diese Falle.

Unter den Konzessionen, die das Dritte Reich jetzt von Ungarn einforderte (Kriegsteilnahme, wirtschaftliche Ausbeutung), war die Zerstörung des Judentums sittlich gesehen der verwerflichste Teil. Vor allem weil die ungarische Führung aus ihrem seit dem Weissen Terror von 1920 in ihr verwurzelten Antisemitismus keinen Hehl machte. In Nachahmung der deutschen Nürnberger Rassengesetze von 1935 wurde das ungarische Judentum zunächst juristisch und wirtschaftlich zerstört, lange bevor es physisch im Sinne der «Endlösung» ausgerottet wurde.

1938 wurde – ganz im Sinn des numerus clausus von 1920 – die jüdische Elite ausgeschaltet. In keiner Berufssparte sollte es mehr als 20 Prozent Juden geben, wobei die christlich getauften «Religionsjuden» vorderhand von den Einschränkungen noch ausgenommen wurden. Die nach früherem Kirchenrecht geltende Regel, dass Konversion vor Ausweisung oder Scheiterhaufen (mehr oder weniger) schützte, galt im ideologischen Zeitalter nicht mehr. Das Merkmal jüdischen «Andersseins» war von nun an Rassen- und nicht mehr Religionszugehörigkeit. Das zweite antijüdische Gesetz von 1939 schränkte die freie Berufswahl der Juden noch mehr ein, verbot ihnen den Zugang zum Staatsdienst und nahm ihnen Land- und Grundbesitz weg. Ausserdem wurden die Ausnahmen für die christlich-getauften «Religionsjuden» im Sinn der deutschen Rassengesetze von Nürnberg weitgehend abgeschafft, d. h. dass zum Beispiel lediglich Konversionen aus der Zeit von vor 1919 anerkannt wurden. Dadurch verloren 250 000 Menschen ihre Existenzgrundlage, davon allein in Budapest 65 000.[60] Die wirtschaftliche Grundlage der traditionellen jüdischen Mittelklasse wurde somit zerstört. Gänzlich unerträglich wurde ihre Situation durch die nochmals verschärfte Judengesetzgebung von 1941 für ungarische Staatsbürger aus Mischehen, welche sogar die deutsche Nürnberger Rassengesetzgebung an Schärfe und an Komplexität übertraf. Dabei war es gleichgültig, ob die Eltern oder gar die Grosseltern praktizierende jüdische Religionsangehörige waren. Rund 62 000 Christen wurden auf diese Weise als Juden eingestuft, mit denen sie oder ihre (teilweise jüdischen) Eltern oder Grosseltern keine Beziehung mehr hatten: 43 000 Katholiken, 15 000 Protestanten (Reformierte und Lutheraner) und 3 000 weitere Christen.[61] Wenn es zwischen den Kirchen und dem Staat eine Auseinandersetzung über die Judenvernichtung gab, dann über diese Frage, denn die Kirchen erkannten das Rassenkriterium als Definition von Zugehörigkeit zum Juden- oder Christentum nicht an. Indem sich die Kirchen lediglich zum Schutz der getauften Juden einsetzten, blieben sie jedoch der auf das eigentliche Judentum zukommenden Bedrohung gegenüber gleichgültig.

Nicht nur dies. Das erste antijüdische Gesetz von 1938 wurde von den

Vertretern der christlichen Kirchen im Oberhaus[62] uneingeschränkt begrüsst. László Ravasz, der präsidierende Bischof der Reformierten Kirche Ungarns hielt die Juden für einen Fremdkörper, auch wenn sie schon seit Jahrhunderten im Lande gelebt hätten. Ravasz war einer der einflussreichsten Intellektuellen und Redner Ungarns, auf den vor allem der Reichsverweser hörte. Der aus Kolosvar in Siebenbürgen stammende Theologe, der mit dem landbesitzenden Adel eng liiert war, war 1921 vor allem deshalb Bischof geworden, weil er sich mit den nationalistischen Aspirationen seines Landes nach der Katastrophe von Trianon identifizierte. Dies führte ihn auf den Weg des Antisemitismus. Ravasz war jedoch ein zu kultivierter Intellektueller, als dass er die grobschlächtige Judenhetze der Nationalsozialisten und ihrer ungarischen Parteigenossen, den Pfeilkreuzlern, befürwortet hätte. Sein «Rezept» für die «Lösung der Judenfrage», das er in seinen Predigten, Schriften und Voten im Oberhaus vertrat, war entweder die Auswanderung der Juden oder ihre «Einschmelzung durch geistige Faktoren». Die historische Zauberkraft des Ungartums, sagte Ravasz, die «weltüberwindenden Wahrheiten» der christlichen Lebens- und Weltanschauung mussten so stark gemacht werden, «dass ihrer Macht nichts Widerstand leisten könne.»[63]

In ähnlichem Stil argumentierten der präsidierende lutherische Bischof Raffay und der katholische Bischof von Csanad, Gyula Glattfelder und, in erster Linie, Kardinal Jusztinian Serédi, der Erzbischof von Esztergom/Gran und Fürstprimas von Ungarn. Denn auch von der materiell gutsituierten römisch-katholischen Mehrheitskirche konnten die Juden wenig Hilfe erwarten. Heiter-ironisch soll Papst Pius XI. ausgerufen haben, als er vom gemeinsamen Einzug der ungarischen Bischöfe in ein Luxushotel erfuhr, die zu einem *Ad-limina*-Besuch nach Rom gekommen waren: «*Qui vengono questi Ungaresi capitalistici!*» (= «Da kommen diese ungarischen Kapitalisten!»). Der obere Klerus führte einen Lebensstil, der sich von dem des Adels und des gehobenen Bürgertums in nichts unterschied. Der ungarische Katholizismus ähnelte in seiner Geistesstruktur, in seinem Nationalismus und in seiner marianischen Frömmigkeit, in seiner Fremdenfeindlichkeit und in seinem Antisemitismus sehr dem polnischen Katholizismus. Auch der kleinste Landpfarrer galt seinem meist analphabetischen Bauernvolk gegenüber als Respektsperson, mit der nicht diskutiert werden durfte und die Gehorsam verlangte.[64] Die Hauptsorge des oberen Klerus beschränkte sich darauf, dass glaubhaft konvertierte Juden von den antisemitischen Massnahmen ausgenommen werden sollten. Prinzipiell aber legte er der Annahme dieser ersten antijüdischen Gesetze keine Hindernisse in den Weg.

Der jüdische Historiker Randolph L. Braham sieht richtig, wenn er in diesen Voten der ranghöchsten ungarischen Kirchenoberen nicht nur einen Beitrag zur Annahme der Gesetzesvorlage im Sinne der Regierung, sondern darüber hinaus eine «christliche» Legitimierung der kommenden Judenverfolgung sieht.[65] Als diese selben Kirchenvertreter 1939 und 1941 gegen die verschärften Judengesetze stimmten, handelte es sich bei ihnen in erster Linie darum, die 62 000 konvertierten Juden zu retten, nicht aber gegen den Ausschluss der Juden insgesamt aus dem Leben Ungarns zu protestieren.[66]

Ein christlich-jüdisches Gespräch konnte unter solchen Umständen kaum zustande kommen. Weil die Kirchen unfähig waren, ihre Vorurteile gegenüber den Juden kritisch und theologisch zu hinterfragen, waren sie ausserstande – von Einzelpersonen abgesehen –, das Gewissen des christlichen Ungarn zu erwecken und eindeutig ihre Stimme gegen den sich abzeichnenden Massenmord zu erheben. Einige der bekannteren Ausnahmen, die nicht unerwähnt bleiben sollen, waren der reformierte Pfarrer und nachmalige Bischof Albert Bereczky, der lutherische Pfarrer Gábor Sztehlo und der römisch-katholische Bischof von Györ, Vilmos Apor. Aber gegen die jahrhundertealte antisemitische Tradition ihrer Kirchen konnten auch die wenigen nicht aufkommen.

1944 allerdings bereute Ravasz seinen Antisemitismus angesichts der Deportationen, als es bereits zu spät war. Er schrieb 1960: «Man darf nicht von jüdischen Fehlern sprechen, wenn der blinde und wilde Antisemitismus den Juden das Messer an die Kehle setzte. Da muss man dem Mörder das Messer aus der Hand winden. Darin habe auch ich gesündigt: *Mea culpa*!»[67]

Die Kirchen, die ihr prophetisches Wächteramt nicht (oder nicht mehr) erfüllten, teilten somit den sittlichen Verfall der ungarischen Gesellschaft. Bibó schreibt hierüber: «Diese Gesetze bedeuteten für breite Schichten des Mittel- und Kleinbürgertums eine Möglichkeit, sich ohne persönliche Anstrengung, dank des Staates und zulasten anderer Existenzen, selbst ein weit vorteilhafteres Vorankommen zu schaffen, ohne dass diese Veränderung durch irgendein umfassendes gesellschaftliches Ziel legitimiert gewesen wäre… Nicht nur für die betroffenen Juden, sondern für alle Ungarn von Anstand bedeutete dies eine unvergessliche Erschütterung.»[68]

Das zweite antijüdische Gesetz von 1939, das unter starkem deutschen Druck zustande kam, wurde von den kirchlichen Vertretern im Oberhaus, wie erwähnt, wegen der Abschaffung der Ausnahmeregeln für getaufte Juden bekämpft. Jetzt sahen sie ein, dass der Preis, den Ungarn für die Rückgewinnung verlorener Gebiete zu entrichten hatte, hoch sein würde. Als es aussah, dass die Gesetzesvorlage am Widerstand der Kirchenführer scheitern könnte, erklärte ihnen der Ministerpräsident, Graf Pál (Paul)

Teleki während einer Aussprache sein politisches Dilemma. Auch wenn das Oberhaus gegen das neue Judengesetz votierte, könnte es dennoch vom Unterhaus, das sich in der Hand der an Einfluss zunehmenden radikalen populistischen Kräfte befand, derart hoch überstimmt werden, dass auch das Veto des Reichsverwesers nicht mehr helfen würde. Die nazistische Propaganda – so Teleki – habe die ungarische Politik derart stark aufgewühlt, dass eine Machtübernahme durch die Rechtsextremisten durchaus im Bereich der Möglichkeiten liege. Das eigentliche Ziel der neuen antijüdischen Gesetzgebung bestehe darin, nicht nur von Ungarn, sondern auch von den Juden das grösste Unheil abzuwenden. Falls es zu einem Umsturz im Sinne der Nationalsozialisten käme, würde eine offene Judenverfolgung auch in Ungarn stattfinden. [69] Die Identifizierung von Kirche und Staat war derart eng, dass an einen Widerstand der Kirchen überhaupt nicht zu denken war. Indem sie das Judentum opferten, meinten sie, Ungarn retten zu können. Der Gedanke an einen Kirchenkampf lag ihnen fern.

Die führenden jüdischen Köpfe konnten lange – einige bis zum Frühjahr 1944 – die tausendjährige Verbundenheit der Juden mit dem Magyarentum beschwören und sich patriotisch gebärden. Es nützte ihnen nichts. Im Gegenteil, sie nährten lediglich die Illusion, dass die ungarischen Juden, etwa im Gegensatz zu den Juden in Deutschland, Polen, Frankreich oder den deutschbesetzten Gebieten der Sowjetunion, der Vernichtung irgendwie entgehen konnten. Eine Illusion, die auch die Widerstandskraft auch des ungarischen Judentums angesichts der sich nähernden Katastrophe gefährlich lähmte.

Und dennoch kann Bibó auch auf positive Seiten der damaligen ungarischen Gesellschaft hinweisen: «Viele Menschen, die zuvor weder besondere Gefühle gegenüber den Juden an den Tag gelegt hatten, noch Demokraten oder Antifaschisten waren, widmeten sich ab diesem Zeitpunkt der Rettung der Juden: sie regten Aktionen an, sprachen bei Behörden vor, appellierten an das Gewissen der Machthaber, schrieben Eingaben, versteckten Menschen in ausländischen Gesandtschaften, in Klöstern, Pfarrämtern, Kellern und Landhäusern, nahmen Kinder zu sich, stellten gefälschte Papiere her, führten Menschen an sichere Orte. Aus dem Verborgenen tauchte manchmal Hilfe auf, mit der niemand mehr gerechnet hatte. Mit Sicherheit verdanken Tausende Menschen solchen individuellen und organisierten Bemühungen ihr Leben.»[70]

Budapest: Gefahr zieht herauf

Die Interessenvertretung, die Vizekonsul Lutz am 2. Januar 1942 in Budapest übernahm, war unvergleichlich weitreichender als jene Ad-Hoc-Operationen zu Kriegsbeginn in Palästina oder in Berlin im Frühjahr 1941. Er vertrat die Interessen von zehn Ländern, darunter jene der Vereinigten Staaten, Grossbritanniens mit Kolonien und Dominions, Belgiens, Jugoslawiens, Ägyptens, Chiles usw. Später würden es, wie bemerkt, insgesamt vierzehn Staaten sein.[1]

Das besondere Prestige seiner neuen Rolle lag darin, dass er in Ungarn die beiden grössten kriegführenden «Feindstaaten» mit Ausnahme der Sowjetunion, deren Interessen von der schwedischen Gesandtschaft übernommen worden waren, vertrat. Somit war er dank seiner Funktion zu einer der namhaften ausländischen Persönlichkeiten der ungarischen Hauptstadt geworden. Diesen gesellschaftlichen Sprung nach oben hätte sich der Bub aus Lachen bei Walzenhausen oder der junge und frustrierte Arbeiter bei der National Enamel and Stamping Company in Granite City kaum träumen lassen. Über den an sich wenig gewichtigen Titel eines Vizekonsuls 2. Klasse, den ihm das EPD nach Kriegsbeginn 1939 verliehen hatte, war Lutz in diesem Augenblick dennoch nicht hinausgekommen.

Jeden Morgen verliess der arbeitsame Vizekonsul das ehemalige britische Gesandtschaftsgebäude im Burgviertel um Punkt sechs Uhr, um eine Viertelstunde später am Freiheitsplatz in Pest am Eingang zur bisherigen amerikanischen Gesandtschaft vorzufahren. Das Personal seiner Abteilung für Fremde Interessen wurde zunächst auf Empfehlung des scheidenden Postenchefs grösstenteils von der amerikanischen Gesandtschaft übernommen, in deren 22 Amtsräumen die gesamte Arbeit zentralisiert wurde. Nach seinen eigenen Schätzungen betrug die Zahl der schutzbefohlenen fremden Staatsbürger anfangs etwa 3 000 Personen, später, als Rumänien und andere «Feindstaaten» noch dazu kamen, wurden es an die 10 000 Menschen.

Nach seiner Ankunft in Budapest arbeitete Lutz noch drei Wochen mit dem amerikanischen Gesandtschaftspersonal zusammen, bis zu dessen Abreise am 21. Januar. Sie seien wie «Vergnügungsreisende mit Extrazug,

Schlaf- und Speisewagen» abgereist, ihre Kabinen «mit überschwenglichem Blumenflor» geschmückt, berichtete Lutz, als er diese Abreise mit seiner eigenen drei Jahre später verglich. 1945 hätten die sowjetischen Besatzungsbehörden den von ihnen vertriebenen Diplomaten lediglich klapperige und ausgediente Drittklasswagen ohne allen Komfort zur Verfügung gestellt.[2] Jedenfalls konnte Lutz' Abteilung «zufolge der schönen, geräumigen und zentral gelegenen Lokalitäten und einem eingearbeiteten Personalstab gut organisiert werden und funktionierte auf normaler Basis unbehindert während der ersten zwei Jahre. Die Zusammenarbeit mit den Behörden war eine erfreuliche. Sämtliche feindlichen Staatsbürger lebten auf freiem Fuss und waren in ihrem Erwerb wenig gehindert».[3] Es handelte sich um einen in jeder Beziehung idealen Posten. Jaffa war weit entfernt.

Ein Monat nach seiner Ankunft, am 9. Februar 1942, schrieb Lutz deshalb frohgemut an den Chef des Konsulardienstes des EPD, Karl Stucki, dass er sich trotz der vielen Arbeit gesund fühle. Die nervösen Zustände und anderen Krankheitssymptome, die ihm früher in Zeiten der Ungewissheit zugesetzt hätten, seien wie verschwunden. Es gefalle ihm in Budapest, und der Gesandte, Minister Maximilian Jaeger, habe ihn freundlich aufgenommen. Im Blick auf die unerquicklichen Erinnerungen an Palästina fügte Lutz hinzu: «Es macht mir natürlich Freude, endlich einmal einem normal arbeitenden und mit genügenden und routinierten Kräften versehenen Kanzleibetrieb vorstehen zu können ... Meine gesundheitlichen Bedenken, die ich in Bern hegte, sind ebenfalls zerstreut worden, indem die Ernährungslage in Budapest noch sehr gut ist und ich hier auch eine Gelegenheit habe, nach Anordnung des Vertrauensarztes von Herrn Minister Jaeger von den berühmten Heilwassern und Bädern Budapests Gebrauch zu machen.»[4]

In seinen Erinnerungen schrieb Lutz, dass 1942 und 1943 für ihn eine relativ ruhige Zeit gewesen sei: «Beamtenrechtlich war ich als Leiter der Abteilung für Fremde Interessen Herrn Minister Jaeger unterstellt. Er hat mir weitgehend Freiheit gelassen und mir grosses Vertrauen geschenkt. Wie üblich erstattete ich vollständige Jahresberichte für die Jahre 1942 und 1943. Über die wichtigsten diplomatischen Angelegenheiten konferierte ich mit Herrn Minister Jaeger mindestens einmal wöchentlich.»[5]

Die problemlose Zusammenarbeit mit seinem talentierten neuen Mitarbeiter trieb den Gesandten Jaeger bereits im Sommer 1942 an, Bundesrat Marcel Pilet-Golaz, der 1940 nach dem Tod seines Vorgängers Motta die Leitung des EPD übernommen hatte, Lutz zur Beförderung zum Berufskonsul vorzuschlagen. Er habe die verwaltungstechnische Umstellung der verschiedenen Gesandtschaften in eine zentralisierte Interessenvertretung «mit Eifer und Sachkenntnis» durchgeführt, ein einheitliches Registratur-

und Buchhaltungssystem aufgestellt und die Heimschaffung des Personals der verschiedenen Gesandtschaften innerhalb kürzester Frist an die Hand genommen, so dass er eine solche Beförderung sicherlich verdiente.[6]

Pilet-Golaz wurde von seinen Beamten jedoch zweifellos an Lutz' frühere «Insubordination» in Palästina erinnert und antwortete, man solle nicht «*...lui faire sauter une grade intermédiaire, celui de Vice-Consul de Ière Classe, alors que nous avons beaucoup de peine à obtenir que nombre de ses collègues, certainement aussi méritant que lui et même plus anciens en grade, soient promus au rang immédiatement supérieur.*» Er habe jedoch nichts dagegen, seine Beförderung zum Vizekonsul 1. Klasse zum 1. Januar 1943 wohlwollend in Betracht zu ziehen.[7] Der Bundesrat hielt Wort. Carl Lutz wurde zu Beginn des folgenden Jahres befördert.

Die ungarische Hauptstadt Budapest, in der Carl und Gertrud Lutz 1942 noch vor ihrer Zerstörung Wohnsitz nahmen, galt unter der Bezeichnung «Paris des Ostens» oder als «Königin der Donau» als eine der schönsten und lebhaftesten Hauptstädte Osteuropas. Mit ihren 1,5 Millionen Einwohnern war sie um ein Vielfaches umfangreicher als irgendwelche ungarische Provinzstadt, wie etwa Debrecen, Miskolc oder Szeged. Auch architektonisch erinnerte Budapest in viel geringerem Masse an das 1918 zugrunde gegangene Habsburgerreich, in dem die Zeit stillegestanden schien. Die ungarische Hauptstadt hatte ihr «modernes» Gepräge in der ein knappes halbes Jahrhundert dauernden Zeitspanne zwischen dem Ausgleich mit Österreich (1867) und dem Ausbruch des Ersten Weltkrieges (1914) erhalten, nachdem die Teilstädte Buda (Ofen), O-Buda (Alt-Ofen), Pest und Köbanya 1873 zu einem einzigen grossen Gemeinwesen unter dem Namen Budapest zusammengefasst worden waren. Eine Massenzuwanderung aus allen Landesteilen setzte ein, von Menschen, die am aufstrebenden Handel, am Gewerbe und an der industriellen Entwicklung der Hauptstadt (etwa in den neuen Industriebezirken auf der Donauinsel Csepel) teilnehmen wollten. Sechs Donaubrücken wurden errichtet, darunter die berühmte Kettenbrücke. Obgleich der Stadtteil Buda mit seinen alten Gassen, Kirchen, Schlössern und Festungsbauten auf dem Felskegel westlich der Donau viel von seiner ursprünglichen Atmosphäre bewahrte, vergrösserte sich die vereinigte Stadt sprunghaft, vor allem im flachen Pest, nach Osten. Vom alten Pester Stadtzentrum aus strebten gerade und breite Radialstrassen nach allen Richtungen den nördlichen, östlichen und südlichen Landesteilen zu. In deren Zentrum lag die Andrássy ut, eine vornehme Einkaufsstrasse, nach dem grossen Staatsmann Graf Gyula Andrássy benannt, der 1867 von Kaiser Franz Josef den Ausgleich erzwungen hatte und erster ungarischer Ministerpräsident geworden war. Diese Ausfallsstrassen waren von drei querlaufenden Ringstrassen durchkreuzt, dem Belsökörut (Innerer Ring, wo einst die Stadtmauern von Pest gestanden hatten), dem Nagykörut (Grosser Ring) und dem Külsökörut (Äusserer Ring)..

In rascher Folge wurden gegen die Jahrhundertwende jene öffentlichen Bauten errichtet, die der ungarischen Hauptstadt ihr weltmännisches Gepräge geben sollten, etwa das Opernhaus (1875–1884), das Nationaltheater (1874–75), das Lustspieltheater (1895–96) und das imposante neugothische Parlamentsgebäude direkt an der Donau auf der Pester Seite (1883–1902), neben einer Reihe von grossen Hotels mit Namen wie Bristol, Hungaria, Ritz, Royal Palace, Britannia und Astoria. Fast gleichzeitig wurden unter der Andrassy ut Europas erste Untergrundbahn eingeweiht und 1896, zur Erinnerung an die Landnahme durch die alten Magyaren unter Fürst Arpàd, am Heldenplatz am Eingang zum Stadtwäldchen die überlebensgrossen Statuen jenes Fürsten und anderer bedeutender ungarischer Herrscher aufgestellt. Auch die 1748–71 in Buda errichtete und 1849 teilweise ausgebrannte königliche Burg wurde zwischen 1894 und 1905 restauriert und erweitert. Der riesige Prunkbau zählte nun nicht weniger als 860 teilweise mit grossem Pomp ausgestattete Zimmer. Unklar war stets, wozu der gigantische Palast dienen sollte, denn Franz Josef benützte ihn als Absteigequartier nur während seiner kurzen, offiziellen Besuche, die er als König von Ungarn in Budapest absolvieren musste. Nach 1918 gab es keinen Monarchen mehr. Horthy, der «Reichsverweser», residierte in der riesigen Burg, diesem unbehaglichen Symbol des ungarischen Nationalismus. Durch diese trotzigen Prunkbauten schien sich Ungarn, in seiner Geschichte so oft besiegt, gedemütigt und unterdrückt, in einem einzigen übermässigen Sprung in das vielversprechende zwanzigste Jahrhundert hinüberkatapultieren zu wollen. Die Hauptstadt Budapest sollte zugleich Vorzeigesymbol und Motor dieses Fortschrittsglaubens der Nation sein.

Der Glanz Budapests aber verschwand in den Arbeitervierteln, etwa in Ujpest, Kispest und Erzébetfala, wo jene lebten, die den Reichtum des Landes wohl erarbeiteten, aber nicht davon profitieren durften. Sie waren die Mehrheit und wohnten in schlechtgebauten Mietskasernen oder in dunklen Innenhöfen. Ihre Zahl mehrte sich täglich, denn noch ärmer als sie waren die landlosen Bauern, die in die Stadt hineinströmten und als schlechtbezahlte Taglöhner zum riesigen Lumpenproletariat stiessen. Sie erlebten nur die dunkle Rückseite der glitzernden Fassade des «Paris des Ostens». Nach der mit Unterstützung der Westalliierten unterdrückten «kommunistischen» Revolution Béla Kuns von 1919/20 versank das ungarische Industrie- und Landproletariat auf Jahrzehnte hinaus wiederum in sein bisheriges Elend und in die Ausbeutung. Die Lage verbesserte sich vorübergehend während eines beschränkten Wirtschaftsaufschwungs im Lauf der zwanziger Jahre zur Regierungszeit von Ministerpräsident István Bethlén. Neue Arbeiterquartiere wurden aus dem Boden gestampft, und die Industrien blühten, wenn auch nicht im selben Ausmass wie vor dem Ersten Weltkrieg. 1931 aber wirkte sich die weltweite Wirtschaftskrise auch auf Ungarn aus. Ein Drittel der Industriearbeiter wurde entlassen; auch Akademiker wurden arbeitslos oder mussten «kleine» Stellen annehmen. Die sozialen Spannungen nahmen zu. Die Verantwortung für die Misere wurde bald «den Juden» in die Schuhe geschoben. Da mehrere grosse Industrieunternehmen im Besitz von jüdischen Familien waren, konnte der Antisemitismus als Klassenkampf getarnt unter den wirtschaftlich bedrängten Schichten leicht entfacht und manipuliert werden.[8]

In Budapest war der Bevölkerungsanteil der Juden noch 1942 mit 20 Prozent, d. h. 250–300 000, mehr als doppelt so hoch wie im Landesdurchschnitt. Frohgemut waren ihre Vorfahren mit der Emanzipation um die Mitte des 19. Jahrhunderts in die Hauptstadt gekommen, um am kulturellen und wirtschaftlichen Aufschwung teilzunehmen und ihn sogar selber voranzutreiben. Ohne die Intelligenz und Tatkraft der Juden, die bald eine neue Mittelschicht bildeten, hätte der grosse Fortschritt zwischen dem Ausgleich von 1867 und 1914 kaum in einem so grossen Masse stattgefunden.

Natürlich hat es auch in Budapest schon seit jeher Juden gegeben, wenn sie nicht gerade von denn jeweiligen Herrschern vertrieben worden waren. Eines der traditionellen Ghettos von Pest lag in der Erzsébetvàros (Elisabethstadt) zwischen dem Kleinen und dem Grossen Ring, wo viele Juden auch nach der Emanzipation verblieben waren. Dort besassen die Handwerker und kleinen Kaufleute ihre Arbeitsplätze, dort gab es Wechselstuben und koschere Läden. Von Ersébetvàros aus machten sie sich die Klügsten in die Moderne auf, errichteten Banken und Industrien, wurden Anwälte, Ärzte, Universitätsprofessoren, Dichter und Schriftsteller. In Erszébetvàros erbauten die jüdischen Gemeinden ihre Synagogen und Schulen. An der Dohany utca stand die eindrucksvolle Grosse Synagoge, die in den Jahren 1854 bis 1859 im romantisierenden maurischen Stil nach den Plänen des Wiener Architekten Ludwig Förster errichtet worden war. Sie wurde flankiert von zwei 32 Meter hohen Zwiebeltürmen, und im dreischiffigen Innenraum mit zweistöckigen Frauenemporen hatten 3 000 Gläubige Platz.[9] Diese Synagoge sollte das neuerwachte Selbstbewusstsein der Juden von Budapest darstellen, die sich durchaus als authentische und patriotische Ungarn betrachteten und keineswegs als Bürger zweiter Klasse. Und dies auch noch 1942, am Vorabend der Katastrophe.

Überlebende Juden des ausgelöschten Staates Polen versuchten noch 1942 in das als «sicher» geltende Ungarn zu fliehen. Dasselbe galt auch für die slowakischen Juden, deren Deportation nach Auschwitz im März jenes Jahres einsetzte. Rudolf (Rezsö) Kasztner, ein junger jüdischer Rechtsanwalt und Journalist aus dem neuerdings wieder zu Ungarn gehörenden Koloszvár in Siebenbürgen, warf sich in den Kampf, um den auf sich gestellten zionistischen Untergrundorganisationen in Polen und in der Slowakei in ihrer Not zu helfen: «Die Schwierigkeiten beim Überqueren der polnisch-ungarischen Grenze wurden aber immer grösser», berichtete er über jene Zeit. «Oft wurden beim Grenzübertritt gefangene jüdische Flüchtlinge von den ungarischen Grenzern den Deutschen übergeben. In vielen Fällen zogen sie, die Ungarn, es vor, die Gefangenen selbst zu erschiessen ... Die wenigen Juden in Polen, denen es gelang, aus dem Ghetto zu entkommen oder aus Deportationswagen zu springen, erfuhren von diesen Schwierigkeiten. Viele gaben aus diesem Grunde ihren Fluchtplan auf, andere versuchten ihr Glück an der polnisch-slowakischen Grenze. Die slowakischen Wachtposten drückten eher ein Auge zu; die slowakischen Behörden liessen polnische Flüchtlinge in der Richtung der ungarischen Grenze laufen.»[10]

Eine hervorragende Frau aus dem Pressburger Judentum, Gizi Fleischmann, spielte bei diesen Rettungsaktionen eine wichtige Rolle. Tausende von slowakischen und polnischen Juden verdankten ihr das Leben. Gizi Fleischmann wurde 1944 verhaftet und auf einem der letzten Deportationszüge nach Auschwitz verbracht. Kasztner berichtet, dass zu Beginn des Jahres 1942 zionistische Kuriere aus Ungarn auf geheimen Pfaden mündliche und schriftliche Nachrichten über das furchtbare Ausmass der jüdischen Tragödie im europäischen Osten nach Istanbul gebracht hätten. Von dort aus erreichten die Mitteilungen über den Schrecken Palästina, London und Washington: «Wir glaubten naiverweise, dass die alliierten und neutralen Länder sich wegen ihrer Unkentnnis ausschwiegen und dass es genügen werde, an das Gewissen der Welt zu appellieren, um der Fortsetzung des Massenmordens ein Ende zu bereiten.»[11] Ernüchtert mussten die bedrängten Juden auch noch 1942 feststellen, dass die Regierungen des demokratischen Westens seit der missglückten Flüchtlingskonferenz von Evian 1938 kaum weniger gleichgültig geworden waren.

Gegen Jahresende 1942 bestätigte der gutinformierte Jaeger gegenüber Bundesrat Pilet-Golaz die Judenvernichtungspläne der Deutschen für Ungarn. Er schrieb, die Regierung werde einem ständigen und zunehmenden Druck ausgesetzt, die Juden aus ganz Ungarn «restlos» zu entfernen. Die Deutschen forderten, dass die ungarische Regierung sämtliche Juden «einsammle», um sie ihnen auszuliefern. Ungarn solle sie per Bahn abtransportieren und den Deutschen darüber hinaus noch 500 Pengö pro Kopf, also eine halbe Milliarde, zur Bestreitung der «Unkosten» bezahlen. Sie gäben vor, die Arbeitsfähigen nach den Ostgebieten zu Strassenbauten, Ameliorationen, usw. zu verfrachten. Die nicht Arbeitsfähigen würden «auf irgendwelche nicht näher bezeichnete Art zum Verschwinden gebracht werden». Bislang hätten die Ungarn diesem Ansinnen Widerstand geleistet und einen eigenen Arbeitsdienst auf die Füsse gestellt. Die Juden würden dort für Aufgaben hinter der Front und zu Strassen- und Feldarbeiten eingesetzt. Jaeger mutmasste abschliessend über die weiteren Entwicklungen: «Wie weit in der Zukunft die deutschen Forderungen durchgesetzt werden können, hängt, wie letzten Endes alles, vom Ausgang des Krieges ab. Es ist unverkennbar, dass auch in Ungarn auf der ganzen Linie der Widerstand gegen den deutschen Druck sich verstärkt hat, seit die Situation in Russland und in Afrika sich entsprechend verändert hat.»[12]

Unter den weiteren Nachrichten, die zum selben Zeitpunkt nach Bern gelangten, befand sich eine Anfrage von *Agudath Israel,* einer Vereinigung orthodoxer Juden, die von Honorarkonsul Kuebler aus Palästina an den Konsulardienst des EPD weitergeleitet wurde. In dem am 21. Dezember 1942 aus Jerusalem abgesandten und in Bern am 1. Januar 1943 angekommenen Brief erzählte Kuebler von einem Besuch von zwei führenden Rabbinern dieser Organisation, die ihm präzise Informationen über Judenvernichtung und Todeslager unterbreitet hatten. Sie übermittelten den offiziell von ihrer Vollversammlung ausgedrückten Wunsch an den schweizerischen Bundesrat, gegen diese Vernichtung bei den Deutschen formellen Protest einzulegen. Dieser Brief wurde in Bern mit folgender bleistiftgeschriebener Randbemerkung abgelegt: *«Il est clair que nous ne pouvons pas faire cette démarche.»*[13] Eine Antwort an Kuebler für Agudath Israel scheint nicht vorhanden zu sein. Noch weniger wurden die Gesandtschaften und Interessenvertretungen im deutschbesetzten Europa aufgefordert, gezielt Bestätigungen über den im Gang befindlichen Holocaust einzusammeln, und noch viel weniger wurden sie dazu aufgefordert, Proteste einzulegen.

Der Bundesrat schwieg.

Kein Zweifel, zunächst blieb die Judenfrage auch in Ungarn klar ausserhalb des Kompetenzbereichs von Vizekonsul Lutz. Er war ja mit «normalen» Sachfragen der Interessenvertretungen voll ausgelastet. Doch lange sollte diese Normalität nicht andauern.

Die Initiative zur Judenrettung ging weder von Lutz und noch weniger vom EPD aus, sondern vom Jewish Council of Palestine, der höchsten Instanz der palästinensischen Juden, der die Einwanderungsbestimmungen des britischen Weissbuchs von 1939 zur Rettung ihrer noch in Europa verbliebenen Glaubensgenossen voll auszunützen gedachte. Das vom Jewish Council in Übereinstimmung mit den britischen Mandatsbehörden ausgestellte Palästina-Zertifikat galt für den Antragsteller als Einreiseerlaubnis nach Palästina. Vizekonsul Lutz hatte von den nach Tel Aviv geflohenen deutschen Juden bereits von diesem lebenswichtigen Einreisedokument gehört. Es sollte nicht lange dauern, bevor dieses Papier unerwarteterweise zu einem zentralen Brennpunkt seiner eigenen Arbeit werden sollte.

Schon am 28. März 1942 erhielt die schweizerische Gesandtschaft in London vom britischen Foreign Office eine Anfrage, ob die Gesandtschaft in Ungarn gewillt sei, 200 Kinder unter 16 zu Auswanderungszwecken zu identifizieren.[14] Es handelte sich in erster Linie um Kinder von Juden, die aus umliegenden Ländern nach Ungarn geflohen waren oder deren Eltern nicht mehr lebten. Jüdische Untergrundorganisationen hatten sie über die Grenze geschleust. Welche Gewissheit konnte ihnen aber das ungarische Judentum bieten? Die Namen dieser Kinder waren dem Jewish Council in Palästina entweder von Verwandten oder vom jüdischen Untergrund angegeben worden, wobei Chaim Barlas, der Vertreter des Jewish Councils in Istanbul eine zentrale Kommunikationsrolle spielte und eng mit den türkischen Behörden und den britischen Konsularbeamten zusammenarbeitete.

Der Vertreter des Jewish Councils in Budapest war seit 1931 Mosche Krausz, der Leiter des von ihm aufgebauten Palästina-Amtes, das sich mit der Auswanderung von Juden nach dem Heiligen Land befasste. Er sammelte die Namen der Kinder und zunehmend auch jene der besonders exponierten jungen ungarischen Zionisten und *Chalutzim* (Pioniere) und schickte sie, zumeist über Barlas, nach Palästina. Der dortige Jewish Council verhandelte mit den britischen Mandatsbehörden über die Gewährung von Palästina-Zertifikaten, die die fernen Gesuchsteller zur Einwanderung ermächtigten, natürlich nach wie vor innerhalb der von den Briten 1939 sich selbst auferlegten Beschränkung auf 75 000 Einwanderer in fünf Jahren. Wie bereits vermerkt, zwang diese engstirnige Haltung der Kolonialmacht den jüdischen Untergrund, gleichzeitig die «illegale» Einwanderung nach Palästina voranzutreiben. Die offizielle britische Methode war bürokratisch, arbeitsaufwendig und extrem zeitraubend, denn die Zustimmung der Mandatsbehörden musste ja noch von der Zentralregierung in London bestätigt werden, deren Politik auf Einwanderungsverhinderung angelegt war. Hierauf wurde das EPD auf dem Umweg über die britische Gesandtschaft in Bern verständigt, das die britische Anfrage und die Namensliste an Vizekonsul Lutz in Budapest weiterleitete, in dessen britische Interessenvertretung Palästina miteinbezogen war, womit sich der Kreis wieder schloss. Fast immer gingen viele Monate verloren, bis die Listen im kriegsumtobten Europa endlich in seine Hände gerieten. Er musste das bürokratische Prozedere hierauf wieder von neuem aufnehmen.

In Zusammenarbeit mit Krausz und dessen Palästina-Amt fiel Lutz die Aufgabe der Verifizierung der Namen und die Erlangung des ungarischen Ausreisevisums und der Durchreisesichtvermerke Rumäniens bzw. Bulgariens und der Türkei zu. Da diese zeitlich zumeist kurz befristet waren, mussten mit Hilfe des Ungarischen Roten Kreuzes und der halblegalen jüdischen Stellen innerhalb von knapp befristeten Zeitspannen Donauschiffe oder Eisenbahnwagen nach den Schwarzmeerhäfen sichergestellt werden, wo die erschöpften jungen Passagiere endlich an Bord von Dampfern von zuweilen zweifelhafter Seetüchtigkeit nach Palästina gebracht werden konnten.

Als die erste britische Anfrage Bern erreichte, meinte das EPD, dass Beihilfe beim Abtransport jüdischer Kinder oder Chalutzim aus Ungarn nach Palästina eigentlich keine Aufgabe einer Vertretung für fremde Interessen sei, denn es handle sich nicht um Bürger eines von der Schweiz «vertretenen» Staates, sondern um Angehörige anderer Staaten oder gar von Ungarn selber. Dies gehöre eher zum Aufgabenbereich des Internationalen Komitees vom Roten Kreuz (IKRK). Das IKRK jedoch betrachtete Hilfe an einheimische Staatsbürger ebenfalls als nicht zu seinem Aufgabenkreis gehörend und erklärte sich für «nicht zuständig».[15]

Die britische Regierung bestand jedoch auf der Durchführung dieses – in ihren Augen wohl einmaligen – Dienstes der Abteilung für Fremde Interessen in Budapest. Ihr Druck liess dem EPD keine Wahl, als den Briten diese «Gefälligkeit» zu erweisen, solange es sich um nicht mehr als die Identifizierung der 200 Kinder handelte. Vizekonsul Lutz wurde entsprechend angewiesen und erhielt die Liste aus Palästina. Aus diesen unscheinbaren Anfängen ergab sich eine Kette von Aktionen, deren Ausmass und Endergebnis im Jahre 1942 noch keiner der verschiedenen Partner absehen konnte.

Nachdem die ersten 200 Kinder Ungarn verlassen und Palästina sicher erreicht hatten, nahm das ungarische Palästina-Amt seinerseits Kontakt mit Lutz auf und übergab ihm – unter Umgehung Londons und Berns – eine Namensliste von 181 jüdischen Kindern aus der Slowakei, die von der britischen Regierung Palästina-Zertifikate erhalten würden. Dies sollte das lange Prozedere abkürzen helfen. Der Vizekonsul schickte trotzdem eine Kopie dieser neuen Liste nach Bern «zur Bestätigung», begann aber, ohne die Antwort abzuwarten, mit der Identifizierung dieser Kinder.[16] Er versicherte aber seine Vorgesetzten in Bern, seine Tätigkeit beschränke sich auch jetzt lediglich auf die Verifizierung von Namen und Adressen.[17]

Die persönliche Begegnung mit den gefährdeten Kindern hatte das Interesse und Mitgefühl dieses in kinderloser Ehe lebenden Mannes geweckt, und der Geist eines inneren Engagements zugunsten von Benachteiligten begann in ihm wieder hochzusteigen. Vorsichtshalber liess Lutz solche Bitten um Bestätigung der ihm direkt aus Istanbul zugesandten Kinderlisten jeweils von Minister Jaeger unterschreiben, um beim EPD den Eindruck zu vermeiden, er lasse sich wiederum «übereifrig» und gefühlsmässig für eine *cause* einspannen.

Aus der einmaligen «Gefälligkeit» den Briten gegenüber entstand schon nach mehreren Monaten *nolens volens* ein zentraler Dienstzweig von Lutz' Abteilung für Fremde Interessen der schweizerischen Gesandtschaft in Budapest. Jede Woche durften 50 und mehr Kinder und junge Erwachsene die Reise nach Palästina antreten.

Trotz seiner Vorsicht schärfte im Sommer 1943 ein Chefbeamter des EPD Lutz ein, sich nicht allzu eifrig in der Kinderemigration zu engagieren. In einem Brief aus Bern, der eine weitere Liste von Ausreisekandidaten begleitete, wurde der Vizekonsul im Namen von Bundesrat Pilet-Golaz höchstpersönlich angemahnt: *«Il est bien entendu que de telles démarches ne peuvent être faites qu'à titre humanitaire et ne rentrent pas dans le cadre de la représentation des intérêts étrangers. C'est pourquoi, le Chef du Département désire que vous agissiez avec la plus grande prudence.»*[18]

Ein solcher berechnender Gehorsam gehörte allerdings nicht zu Lutz' Charaktereigenschaften. Ohne ein Aufheben zu machen setzte er das begonnene Werk fort.

Das Ausmass der ersten Rettungsaktion geht schon daraus hervor, dass der Vizekonsul aufgrund von 21 Listen, die ihm bis Ende 1943 unterbreitet wurden, nicht weniger als 8 343 Anträge behandelte. Bis zum Datum des deutschen Einmarsches am 19. März 1944 dürften es weit über zehntausend Fälle gewesen sein.[19] Dass sich auch das EPD als Ganzes in bezug auf die jüdische Frage dennoch nicht gänzlich gleichgültig verhalten hat, wie aus dem zitierten Mahnwort von Bundesrat Pilet-Golaz hätte geschlossen werden können, zeigt ein anderer, allerdings mehrere Monate später verfasster Begleitbrief an Lutz auf, als eine Liste mit 231 Namen nach Budapest weitergeleitet wurde: *«Le Département saurait gré à la Légation de communiquer les noms figurant sur ces listes au Gouvernement hongrois, dans l'espoir que celui-ci différera la déportation des intéressés, au cas où il aurait prévu une telle mesure.»*[20] Das EPD schien zudem mit der baldigen Aufnahme der auf deutschen Druck hin erfolgten Deportationen ungarischer Juden zu rechnen und wusste, dass die Palästina-Zertifikate lebensrettend waren. Die Haltung der EPD-Chefbeamten in Bern, die ja den Bedrohten nicht ins

Auge blicken mussten, war zweifellos übervorsichtig, aber nicht unbedingt apathisch.

Ohne die aktive Zusammenarbeit der jüdischen legalen oder illegalen Stellen hätte Lutz allerdings kaum handeln können. Die jüdischen Organisationen in Ungarn hatten ihre erste Erfahrung während ihrer Hilfsaktionen zugunsten der österreichischen, polnischen und slowakischen Juden schon seit mehreren Jahren gewonnen. Sie sammelten Geld und verwalteten die aus dem Ausland auf legalem und illegalem Wege hereinkommenden Finanzhilfen. Laut Kasztner wurde im Januar 1943 in Budapest bei einer gemeinsamen Begegnung von leitenden Persönlichkeiten der verschiedenen jüdischen und teilweise unter sich zerstrittenen Stellen die möglichen Hilfsmassnahmen koordiniert. Zugegen waren Zwi Szilágyi (*Haschomer Hazair*), Eugen Fränkel (*Mizrachi*), Samuel Springmann und Otto Komoly (*KlaI*) und Kasztner selber (*Ichud*). Es wurde beschlossen, ein gemeinsames Hilfs- und Rettungskomitee (*Waadath Ezra we Hazalah*) zu gründen, dessen dreifaches Ziel sein sollte: (a) die Rettung jüdischen Lebens, (b) Hilfe für die Flüchtlinge und (c) die Vorbereitung der Selbstwehr der Juden Ungarns. Die ungarischen Juden sollten nicht wehrlos wie Schafe zur Schlachtbank geführt werden. Komoly wurde zum Präsidenten und Kasztner zum Vizepräsidenten der neuen Organisation ernannt.[21]

Die starke Persönlichkeit war und blieb jedoch Rudolf Kasztner, zusammen mit der wohlhabenden Baronin Edith Weisz von der bekannten Industriellenfamilie jenes Namens. Als ein Handicap sollten sich, nach dem Urteil von Alexander (Sandor) Grossman, einem der führenden Chalutzim, die Intrigen von Mosche Krausz, dem Sekretär des Palästina-Amtes, gegen Kasztner herausstellen. Dieser fühlte sich offenbar vom fähigen Kasztner an die Wand gedrückt und hörte auch inmitten wachsender Gefahr nicht auf, gegen ihn Ränke zu schmieden.[22]

Kasztner berichtete weiter, die Verbindungen mit den jüdischen Stellen im Ausland, die zeitweise unterbrochen worden waren, seien schon gegen Ende 1942 wiederhergestellt worden: «Durch zwei Breschen gelang es uns, aus der Isolierung herauszutreten und mit der freien Aussenwelt Verbindung zu bekommen. Ein Weg führte nach Istanbul, wo die Hilfsorganisationen der Jewish Agency unter der Leitung von Chaim Barlas ihre Tätigkeit begannen. In der Schweiz waren es Nathan Schwalb, Vertreter der *Hechalutz*, und späterhin, durch seine Vermittlung, Saly Mayer, der Vertreter des *Joint American Jewish Distribution Committee* in der Schweiz, die uns mit Hilfe von diplomatischen Kurieren die finanziellen Mittel zur Fortsetzung des Hilfs- und Rettungswerkes zur Verfügung stellten.»[23]

Wahrscheinlich ist Lutz, wenigstens in seinen beiden ersten Jahren in

Budapest, mit den komplizierten Verzweigungen dieser jüdischen Widerstandszellen und deren Auslandsverbindungen erst nach und nach bekannt geworden, und zwar in dem Masse, als er sich durch seinen Einsatz zugunsten der Auswanderung für die Kinder und die Zionisten zum jüdischen Umkreis ein Vertrauensverhältnis aufbauen konnte. Dasselbe wird mit seinen Kontakten mit den Regierungsstellen der Fall gewesen sein. Jene Beamten in den Aussen- und Innenministerien, die bereitwillig Bestätigungen und Ausreisebewilligungen unterzeichneten, werden kaum zu den nationalsozialistisch gesinnten, deutschfreundlichen Judenhassern gehört haben, deren Ziel ja nicht die Auswanderung, sondern die Vernichtung der Juden war.

Ohne es vielleicht genau zu wissen oder abschätzen zu können, wurde Lutz somit im Kreis der immerhin nicht sehr grossen Gruppe ausländischer Vertreter *die* verschwiegene «graue Eminenz», welche die bedrohten Juden um Hilfe angehen konnten. Denn als Vertreter der britischen Interessen in Ungarn, der die potentiellen Auswanderer offiziell zu verifizieren und zu bestätigen hatte, kam ihm eine Schlüsselrolle zu. Diese Situation wurde vom fernen EPD wahrscheinlich intuitiv aufgrund langer Erfahrung korrekt erfasst. Deshalb die Ermahnung an den Vizekonsul, bei seinen Hilfeleistungen Distanz walten zu lassen. Die Zielrichtung des EPD war ja eine andere, nämlich den nach wie vor gewaltigen Koloss des Dritten Reiches wie der Dompteur einen unbändigen Tiger vom Angriff auf die Alpenrepublik abzuhalten. Bei der Beurteilung der Spannung zwischen dem EPD und seinem Vizekonsul in Budapest muss die Realität dieses Dilemmas im Auge behalten werden.

Die immer schneller hintereinander erfolgenden Transporte jüdischer Kinder und Chalutzim nach Palästina schienen Lutz' innere Anteilnahme weiterhin in steigendem Masse zu entfachen. Sonderbarerweise liessen sich auch der in Judenfragen eher negativ eingestellte britische Aussenminister Anthony Eden und der übervorsichtige EPD-Chef, Bundesrat Pilet-Golaz, von der Jewish Agency in Palästina geradezu treiben, so viele Kinder wie möglich aus der Gefahrenzone Ungarn wegzubringen.[24] Ausserdem wagte die Jewish Agency schon um die Jahreswende 1942/43 auf dem Umweg über das britische Foreign Office, die Hilfe des EPD für die Auswanderung von nicht weniger als 5 000 gefährdeten Juden (4 500 Erwachsene und 500 Kinder) aus Ungarn, Rumänien und Bulgarien auf einmal anzuschreiben.[25] Die Angelegenheit zog sich in die Länge und kam schliesslich nicht zustande, obgleich die Türkei sich bereit erklärt hatte, diesen Juden die Durchreise zu erlauben, weil die beschränkten Transportmittel einem solchen Ansturm von Flüchtlingen nicht gewachsen waren. Wie dem auch sei, in diesem Augenblick waren auch die schweizerischen

Behörden bereits tiefer in jüdische Belange verwickelt, als sie es wahrhaben wollten.

Schon 1942 und 1943 war der Name von Lutz in Palästina (wiederum) bekannt geworden, wie ein unverdächtiger Zeuge, Honorarkonsul Kuebler, dem EPD bestätigte. Er entsprach einer Bitte der Jewish Agency, der Schweiz gegenüber ihre Dankbarkeit auszudrücken, eine Anerkennung, die er *verbatim* schriftlich nach Bern weitergab: «In Zusammenhang mit der kürzlichen Ankunft jüdischer Flüchtlingskinder aus Ungarn in Palästina» – zitierte Kuebler aus dem Dankesbrief – «wäre ich Ihnen dankbar, wenn Sie der schweizerischen Bundesregierung freundlicherweise die tiefste Dankbarkeit der Jewish Agency für ihre unbezahlbare Hilfe in bezug auf die Reisevorkehrungen für diese Kinder ausdrücken könnten. Die Jewish Agency würde sich ebenfalls freuen, wenn dem schweizerischen Konsul in Budapest ihr Dank vermittelt werden könnte für die aufopfernden Bemühungen, die er und sein Mitarbeiterstab in dieser Sache unternommen haben. Die Hoffnung sei ausgedrückt, dass dieses Werk der Barmherzigkeit durch die weiterhin andauernde Hilfe Ihrer Regierung und ihrer diplomatischen Vertreter im Lauf der kommenden Monate ausgedehnt werde und dass noch viele weitere jüdische Kinder auf diese Weise gerettet und nach diesem Land gebracht werden können. Ich möchte die Gelegenheit ebenfalls wahrnehmen, der schweizerischen Bundesregierung mitzuteilen, wie hoch das jüdische Volk im allgemeinen und die jüdische Gemeinschaft in Palästina im besonderen, die aus warmem Herzen von der Regierung und dem Volk der Schweiz geleistete Hilfe an den Juden einschätzt, die in Ihrem Land Schutz gefunden haben. Ihre humane Einstellung, wie sie durch die schweizerische Presse und die Geldsammlung für die Flüchtlinge in der zweiten Oktoberhälfte 1942 zum Ausdruck gekommen ist, ist eine Quelle grossen Trostes für alle Juden in der heutigen Zeit, jetzt da unser Volk in Europa durch solch unerhörtes Leid hindurchgehen muss. Ich wäre dankbar, wenn Sie die schweizerischen Bundesbehörden darauf hinweisen würden, dass die Jewish Agency keine Mühe sparen wird, ihre Ausreise nach Palästina zu ermöglichen, sobald dies die Umstände erlauben.»[26]

Im Lauf des Jahres 1943 übergab die britische Gesandtschaft in Bern die Listen von weiteren in Ungarn lebenden jüdischen Kindern aus verschiedenen Ländern, wobei in steigendem Masse ungarische Kinder auf die Listen gesetzt wurden. Immer wieder versicherten Lutz oder Jaeger dem EPD, die ungarischen Behörden behandelten die Anfragen zügig und mit Zuvorkommenheit. Ausserdem hätten sie keinerlei Einwände gegen die Ausgabe von schweizerischen Reisedokumenten an ihre eigenen Staatsbürger, solange sich diese auf das Palästina-Zertifikat stützten. Am 27. Oktober jenes Jahres lobte Minister Jaeger die ungarischen Behörden für ihre Bereitschaft, sogar Personen nach Palästina auswandern zu lassen, die sich im militärischen Arbeitsdienst befänden. Er hätte noch hinzufügen können, dass er sich diesen Arbeitsprozess von Ministerpräsident Kallay abdecken liess und, falls nötig, auch von Reichsverweser Horthy höchstpersönlich. Klug vermochte der Minister die versteckten antideutschen Gefühle der beiden Politiker auszunützen. Jaeger schrieb nach Bern, Mosche Krausz, der Leiter des Palästina-Amtes, besitze zudem gute Beziehungen zu den rumänischen und bulgarischen Gesandtschaften, so dass diese die Durchreisevisen stets bereitwilligst erteilten. Das einzige wirkliche Problem des Augenblicks sei jedoch die ambivalente Haltung der britischen Behörden, denn nachdem diese die Listen der potentiellen Auswanderer über London und Bern nach Budapest gesandt hätten, bereite der britische Vertreter in Istanbul als letzte Kontrollinstanz Schwierigkeiten bei der Bestätigung der Palästina-Zertifikate. Er wolle die Zahl der Einwanderer im letzten Augenblick durch allerlei zusätzliche Schikane so gering wie möglich halten. Dies mache auch die türkischen Behörden kopfscheu, die dann mit Durchreisesichtvermerken geizten. Die britische Haltung sei ein enormes Handicap für die Judenrettungsaktion in Ungarn.[27]

Es wird somit ersichtlich, dass Minister Jaeger als der letztlich ranghöchste schweizerische Diplomat in Ungarn das Werk von Vizekonsul Lutz nicht nur gegenüber dem stets kritischen EPD in Schutz nahm, sondern es auch bis hin zur Spitze des ungarischen Staates abdeckte. Nur wenige hundert Kilometer vom Vernichtungslager Auschwitz schien eine fast vollkommene Konspiration zwischen schweizerischer Diplomatie, dem jüdischen Untergrund und den ungarischen Behörden zu bestehen, eine humane Insel inmitten von tödlicher Bedrohung.

Die Signale der Briten und des EPD waren jedoch vielschichtig. Als im Laufe des Jahres 1943 die Gefährdung des Restbestandes des europäischen Judentums allerseits anerkannt wurde, begannen beide, auf das zögernde und bürokratische IKRK Druck auszuüben, eigene Delegierte nach Budapest und in die Balkanländer zu schicken. Zweifellos erhoffte sich das EPD, dass sich dadurch der auf seinen Vertretern lastende Druck einer zu starken Verwicklung in das «Judenproblem» etwas abschwächen würde.

Zahlreiche Genfer Komiteesitzungen und Erkundungsreisen später beschloss das IKRK im Herbst 1943, seinen ersten Delegierten, den 51jährigen Schweizer Jean de Bavier, nach Budapest zu entsenden.[28] Der aus Vevey stammende Waadtländer hatte eine der bekannten französischen Schulen, die *Ecole des Hautes Etudes commerciales* in Paris absolviert und war anschliessend in einem Handelsunternehmen seiner Familie bis zum Erdbeben von 1923 in Yokohama/Japan tätig gewesen. De Baviers Ankunft in Ungarn war eine grosse Entlastung und Unterstützung für Lutz, denn von nun an wurden die Kinder- und Erwachsenentransporte zahlreicher und schneller abgefertigt. De Bavier, der mit Lutz und Jaeger in enger Verbindung stand und von ihnen hoch geschätzt wurde, verstand es auch, sich in ungarischen Kreisen über die politische Lage zu informieren. Bald berichtete er nach Genf, dass eine deutsche Besetzung Ungarns wahrscheinlich vor der Tür stehe und dass dies für die 850 000 ungarischen Juden den Untergang bedeuten würde. Am 18. Februar 1944 sandte der Rotkreuz-Delegierte einen Hilferuf an seine Genfer Vorgesetzten, beschrieb die drohende Gefahr und wollte «von Ihnen dringend wissen, welcher Schutz diesen Leuten zu gewähren ist, um sie vor dem drohenden Unheil zu retten».[29]

Erst am 17. März geruhte das IKRK in Genf, sich mit dieser überaus dringenden Frage zu befassen. Für ungarische Juden könne man «nichts tun, höchstens für ausländische Juden», war die Antwort. Bürokratisch fragte das IKRK de Bavier, ob sein Vorschlag von einem Gesuch des ungarischen Staates ausgehe oder auf einer Eigeninitiative beruhe.[30]

Diese unwillige Fragerei war bei ihrer Ankunft in Budapest bereits Makulatur geworden, denn am 19. März wurde Ungarn seiner geringen staatlichen Unabhängigkeit durch die deutsche Besetzung fast gänzlich beraubt. Die «kühnen» Vorstösse de Baviers und weitere Vorschläge, etwa, dass das IKRK direkt bei Hitler vorstellig werde, gaben der Genfer Herrenriege den Vorwand, de Bavier im Mai 1944 aus Budapest abzuberufen, ausgerechnet in dem Augenblick, da die grossen Deportationen der ungarischen Juden nach Auschwitz begannen, die der IKRK-Delegierte vorausgesagt hatte. Er war nur sechs Monate in Ungarn gewesen.

Das Schicksal de Baviers und die Intrigen des Sekretärs des Palästina-Amtes, Krausz, erklären möglicherweise, warum Lutz sein beträchtliches Engagement für die Transporte von Kindern und Chalutzim nach Palästina in seinen späteren Erinnerungen mit Stillschweigen übergeht. Dabei lieferten gerade diese Transportlisten, die auf den Palästina-Zertifikaten aufgebaut waren, den Prototyp für seine späteren und massiveren Rettungsaktionen, die auch für die anderen ausländischen Gesandtschaften beispielhaft werden sollten, als die Grenzübergänge schon längst geschlossen waren. Aus den Listen wurden Kollektivpässe und aus den Palästina-Zertifikaten Schutzbriefe.

Der erfreuliche Fortschritt der rettenden Transporte von Kindern und Chalutzim hätte den Eindruck erwecken können, dass «alles gar nicht so schlimm» sei und dass das ungarische Judentum – und damit Ungarn als Ganzes – aus dem Kriegsgeschehen mit einem blauen Auge davonkommen könne. Aber wie in einer vielfach überhöhten griechischen Tragödie sollte sich die historische Entwicklung Schritt um Schritt auf das fatale Jahr 1944 fortbewegen, als das Feuer der Schoah den Grossteil des ungarischen Judentums blitzartig verbrannte.

Die Zeichen des kommenden Unheils mehrten sich. Gegen Ende 1943 wusste Lutz, dass das effiziente Auswanderungssystem, das er zusammen mit dem jüdischen Untergrund und mit der komplizenhaften Mitwirkung des ungarischen Beamtentums aufgebaut hatte, von der deutschen Gestapo längst durchschaut und registriert worden war. Langsam versuchten die Sicherheitsbeamten des Dritten Reiches, den Juden diesen beinahe einzigen Ausweg aus dem deutschbesetzten Europa zu verbauen. Am 15. November 1943 meldete die schweizerische Gesandtschaft in Sofia nach Bern, die Judentransporte würden oft aufgehalten und einzelne Juden nach Ungarn zurückgeschickt, obgleich ihre Papiere in Ordnung seien. Die Gestapo habe sogar die Zollposten entlang der türkischen Grenze durchsetzt.[31]

Die sich nahende Katastrophe war beinahe greifbar.

Als «Schutzmacht» fremder Interessen befand sich die Schweiz während des Zweiten Weltkrieges selber in einer äusserst prekären Lage, wovon die widersprüchlichen Signale, die Lutz aus Bern erhielt, Zeugnis ablegen. Nie zuvor in seiner langen Geschichte, abgesehen von der französischen Okkupation 1798/1813, hatte sich das Land in einer vergleichbar verzweifelten Lage gesehen wie 1939/1945. Nachdem es dem Hitlerstaat nach 1933 nicht gelungen war, die Schweiz durch aussenpolitischen Druck und innenpolitische Wühlereien sturmreif zu schlagen, befand sie sich nach der unerwarteten Niederwerfung Frankreichs im Juni 1940 jedoch dem Würgegriff des Dritten Reiches gnadenlos ausgesetzt. Irritiert über den erfolgreichen Widerstand der kleinen schweizerischen Fliegertruppe gegen einfallende Luftwaffengeschwader, befahl Hitler noch im Sommer jenes Jahres einen Überraschungsangriff gegen die Schweiz von Westen her. Dieser wurde jedoch im letzten Augenblick widerrufen, da die deutschen Streitkräfte am Kanal zur Invasion Englands konzentriert werden sollten.[32] Bis November 1942 konnte wenigstens eine Verbindung über einen schmalen Landkorridor durch Savoyen nach dem unbesetzten Südfrankreich aufrechterhalten werden. Nach der gänzlichen Besetzung des westlichen Nachbarlandes durch die Wehrmacht blieb auch dieser Verbindungsweg zur Aussenwelt bis zum Spätsommer 1944 vollständig versperrt. Niemand hätte der Schweiz im Falle eines deutschen Angriffs zu Hilfe eilen können. Auch dann nicht, wenn der «Führer» lediglich die Aushungerung oder das Vorenthalten industrieller Rohstoffe beschlossen hätte. Wenn Deutschland gesiegt hätte, wäre es um die Unabhängigkeit des Landes geschehen gewesen. Die einzig mögliche Errettung war ein alliierter Sieg. Bis dahin musste das kleine Land in seiner misslichen Lage ausharren.

An diesem grundlegenden Tatbestand muss die 1940 anhebende und bis zum Kriegsende nie versiegende Auseinandersetzung um Widerstand oder Anpassung mit dem Ziel des Überlebens beurteilt werden.

Die Interessenvertretungen dienten dieser Überlebensstrategie, denn sie errichteten ein Netzwerk internationaler Beziehungen, die von einer feindlichen Macht nicht leichtfertig durchschnitten würden. Neben militärischer Streitkraft und Wirtschaftsbeziehungen hatten sie eine nicht zu unterschätzende zusätzliche Schutzfunktion. Nicht zuletzt bildeten sie für den Vermittlerstaat eine zuweilen wichtige Informationsquelle.

Die «Judenfrage» war jedoch in diese Zusammenhänge kaum einzuordnen. Denn niemals zuvor in der Geschichte der Neuzeit, seit die Nationalstaaten ihr Zusammenleben im Sinne der Aufklärung durch geregelte diplomatische Beziehungen miteinander zu regeln suchten, hatte es eine Regierung gegeben, die eine ganze Völkerschaft als Teil ihrer politischen Ziele prinzipiell vernichten wollte und diese Politik dem ganzen übrigen Europa aufzuzwingen versuchte. Handelte es sich hierbei um eine streng interne Angelegenheit des betreffenden Staates und der von diesem beherrschten Länder? Durfte ein Drittstaat jedoch aus diesem Grunde wegblicken oder musste er gar aus ethischen, mitmenschlichen Gründen protestieren und sich «einmischen»? Und wenn es sich beim schuldigen Staat um ein bedrohlich mächtiges Gebilde handelte, wie das Deutsche Reich eines war? Und welche Rolle spielte der einheimische, auf Schweizerboden gewachsene Antisemitismus? Deckte er sich nicht schlechterdings mit den Zielen des Nationalsozialismus?

Die Schweizerische Eidgenossenschaft ist die Antwort auf diese Frage bis 1945 schuldig geblieben, und das ist der schwarze Fleck, den der Zweite Weltkrieg bei ihr hinterlassen hat. Ausgerechnet bei diesem Land, das Flüchtlingen und politisch Verfolgten jahrhundertelangen Schutz gewährt und das den liberalen Humanismus von Heinrich Pestalozzi und Henri Dunant, dem Gründer des Roten Kreuzes, auf die Fahne geheftet hatte und das durch seine eigenwillige Mehrsprachigkeit dem in engem Nationalismus versinkenden Europa unbequem tolerant erschien.

Seit der Jahrhundertwende hatte sich die Schweiz jedoch langsam aber unmerklich verändert. Die meisten Juden hatte sie bereits am Ende des Mittelalters vertrieben und sich im 19. Jahrhundert mit deren bürgerlicher Gleichstellung schwer getan. Seither war, wie anderswo in Europa, ein dumpfer, aber steter Antisemitismus im Volk und bei den Behörden verankert geblieben, zu dessen Bekämpfung die Kirchen so gut wie nichts unternahmen. Parallel mit der Entwicklung des Sozialismus der Arbeiterklasse entstand kurz vor dem Ersten Weltkrieg eine bisher unbekannte Furcht vor der «Überfremdung», von neuen und bewusst reaktionär-populistischen Rechtsgruppen gefördert. Nur stellte sich nach Hitlers Machtübernahme 1933 heraus, dass, etwa im Gegensatz zu Deutschland oder Ungarn, diese Bewegungen ausserstande waren, den liberalen, demokratischen Staat zu untergraben.

Schaden war aber dennoch entstanden, denn im Lauf der dreissiger Jahre hatte sich der Antisemitismus auch in der Schweiz durch den Impakt deutscher Propaganda und die Wühlarbeit ihrer Ableger, schweizerischer Frontisten und nationalsozialistischgesinnter deutscher Staatsangehöriger besorgniserregend vertieft. Er richtete sich nicht nur gegen die kleine jüdische Minderheit schweizerischen Ursprungs (18 000), sondern vor allem gegen Flüchtlinge aus Deutschland, die in der Schweiz Schutz suchen wollten.[33] Der im Volk und bei den Behörden latente Antisemitismus konzentrierte sich somit in erster Linie auf die Frage des Asylrechts. Schon am 20. April 1933 wies das Eidg. Justiz- und Polizeidepartement (EJPD) die Kantonsregierungen auf Befehl des Bundesrates an, dass Personen, die sich «zu Unrecht» als politische Flüchtlinge ausgäben – gemeint waren Juden –, an der Grenze zurückzuweisen seien.[34] In diesem Stil ging es weiter, wobei in behördlichen Erlassen der Ausdruck «Jude» nach Möglichkeit durch «Emigrant» oder «fremdartiges, unassimilierbares Element» kaschiert wurde.

Die alte Tradition der Asylgewährung wurde jedoch erst 1938 nach dem Anschluss Österreichs zu Grabe getragen, als die deutschen bzw. österreichischen Juden ihre Existenzgrundlage verloren und massenweise in die Konzentrationslager gesteckt wurden. Die Furcht vor einer «unkontrollierbaren» jüdischen Einwanderung nahm bei den Bundesbehörden überhand, besonders nachdem auf der Flüchtlingskonferenz von Evian (6.–15. Juli 1938) klar geworden war, dass weder die übrigen europäischen Länder, noch die U.S.A., noch andere überseeische Staaten bereit waren, ihre Tore den verfolgten Juden zu öffnen. Wieso sollte die Schweiz weitherziger als jene sein? Um den «Zustrom» jüdischer Flüchtlinge nach der Schweiz zu unterbinden, beschloss das Deutsche Reich auf Anraten von Dr. Heinrich Rothmund, dem Chef der Polizeiabteilung des EJPD, im Einvernehmen mit dem Bundesrat in deutschen Pässen für Juden nicht nur «typische» jüdische Vornamen wie Israel oder Sara einzufügen, sondern gut sichtbar ein grosses «J» für Jude hineinzustempeln. Die schweizerischen Grenzorgane wurden am 4. Oktober 1938 angewiesen, die Inhaber solcher Pässe zurückzuweisen.[35]

Die engen Gedankengänge Rothmunds und seinesgleichen werden aus einem Referat ersichtlich, das dieser im September 1938, also inmitten der Verhandlungen mit dem Deutschen Reich über den Judenstempel, hielt: «Nun bedeutet eine wirkliche Überfremdung eine Gefahr für ein Land, letzten Endes für seine Unabhängigkeit. Wenn es soweit kommt, dass das Volk nicht mehr seinen eigenen Stamm erhalten kann, wenn es ... sein Gesicht verliert, charakterologisch und ethnologisch nur noch eine Zufälligkeit ist, so hat es sich aufgegeben. Wir haben also allen Grund, das Überfremdungsproblem nicht nur nach der wirtschaftlichen, sondern auch nach der ethnischen und politischen Seite zu prüfen und unter stete Beobachtung zu stellen.»[36] Bis zur «Blut- und Boden»-Ideologie war es nur noch ein kleiner Schritt.

Bald regte sich jedoch der Widerstand gegen diesen Antisemitismus auf höchster Ebene, der sich in unbarmherzigen Rückweisungen an der Landesgrenze auswirkte, besonders als 1942 nach dem Bekanntwerden der Existenz von Vernichtungslagern weitere Juden nach unsäglichen Strapazen die Schweiz erreicht hatten, um Schutz baten und abgewiesen wurden.

Die Judenfrage wurde zum Symbol des Widerstandes gegen das Dritte Reich, trotz aller Versuche der Pressegängelung durch den Bundesrat, der den fast täglich im Bundeshaus vorsprechenden deutschen Gesandten, Minister Köcher, besänftigen musste. Die Rückweisung von Flüchtlingen an der Grenze, auf diese Weise in den Tod getrieben, wurde im Volk je länger desto mehr als unzumutbare und unwürdige Konzession an den Feind betrachtet. Seit den zwanziger und dreissiger Jahren hatte eine namhafte Gruppe von Theologen wie Leonhard Ragaz, Karl Barth, Eduard Thurneysen und Walter Lüthi das geistige Terrain des Widerstandes vorbereitet, das dieses Umdenken in weiten Kreisen herbeiführte. Flüchtlingspfarrer Paul Vogt und die couragierte Gertrud Kurz bereisten das Land kreuz und quer und riefen zu einem mitmenschlichen Verhalten den Bedrängten gegenüber auf und konfrontierten die Regierung mit ihrem Protest. Dennoch beschloss der Bundesrat im August jenes Jahres eine gänzliche Schliessung der Grenze, der mit besonderen Truppenaufgeboten Nachdruck verliehen werden sollte. Ein Geist der Fronde machte sich landesweit gegen diesen Befehl breit.

Typisch für diese Gegenbewegung war die Reaktion der *Jungen Kirche*, die ihre Landsgemeinde am 30. August 1942 in Zürich abhielt und auf der Bundesrat Eduard von Steiger, Chef des EPJD und Vorgesetzter Rothmunds, ein Referat halten sollte. Der erwähnte Professor Lüthi hielt am Vormittag eine Predigt, in der er auf den Bundesratsbeschluss zur Schliessung der Grenzen hinwies. Er sagte im Wortlaut: «Wir haben flüchtigen Fremdlingen, die bei uns Schutz suchten, den Eintritt in unser Land verweigert. Die Behörden, die diesen Beschluss gefasst haben, hatten ihre Gründe dafür und haben sich ihn sicher zehnmal überlegt. Wir kennen diese Gründe, wissen auch um innenpolitische und aussenpolitische Hintergründe. So sind wir uns zum Beispiel bewusst, dass Herr Bundesrat von Steiger, der heute nachmittag zu uns sprechen wird, diesen Beschluss nicht ohne Übereinstimmung mit dem Gesamtbundesrat getätigt hat, also zusammen mit Herrn Bundesrat Etter und seinem katholischen Hintergrund und zusammen mit Herrn Bundesrat Pilet-Golaz mit seinem westschweizerischen Hintergrund.» Mit starken Worten geisselte Lüthi den Beschluss als «lieblos», «heuchlerisch» und «undankbar», der nichts mit dem traditionellen Humanismus der Schweiz zu tun habe. Bundesrat von Steiger wollte sogleich abreisen, blieb aber dennoch und empörte die Versammlung am selben Nachmittag mit dem als Entschuldigung gemeinten unglücklichen und seither zum geflügelten Wort gewordenen «das Boot ist voll».[37]

Zu jenem Augenblick zählte die Schweiz 9 600 jüdische Flüchtlinge von insgesamt 30 000 Personen, bei einer Gesamtbevölkerung von 4,3 Millionen.[38] Bei Kriegsende im Mai 1945 würde der gesamte Flüchtlingsbestand auf 115 000 angestiegen sein.

Im fernen Ungarn durfte Vizekonsul Lutz somit wissen, dass sein eigenwilliges Land nicht nur mit der Stimme des Bundesrates sprach.

Neunzehnter März 1944: Der Tag der Schakale

Operation Margarethe, wie der Deckname der militärischen Besetzung Ungarns vom 19. März 1944 lautete, wurde an einem strahlenden Frühlingssonntag ausgeführt. Der Flugplatz fiel in aller Frühe. Andere Truppen besetzten die Donauübergänge, das städtische Rathaus und die wichtigsten Ministerien. Es gab keinen Widerstand. Die SS schlug ihr Hauptquartier im Hotel Astoria auf und richtete in dessen Kellerräumen Folterkammern ein. Zusammen mit den deutschen Truppen kehrten drei Honvéd-Offiziere zurück. Sie waren wegen der Massaker von Ujvidék, die sie 1942 an Juden und Serben verübt hatten angeklagt gewesen und nach Deutschland geflohen. Nun liessen sie sich von neuem in die den Deutschen willfährige ungarische Armee enreihen.

Als der alte Reichsverweser um 11 Uhr vormittags von Schloss Klessheim in seine Hauptstadt zurückkehrte, herrschte bereits die «neue Ordnung».

Die Juden fühlten sich wie in einem Netz gefangen, aus dem es kein Entrinnen gab. Kasztner berichtete: «Bereits am 19. März machte man auf den Bahnhöfen Razzien nach Juden, die aus der Provinz ahnungslos ankamen oder von dort entsetzt flüchten wollten. Man fing ungefähr 1 500 Menschen ein, beraubte sie und brachte sie in das Internierungslager Kistarcsa (20 km von Budapest entfernt). Diese wahllos geraubten Menschen waren die ersten ungarischen Juden, die – am 28. April – nach dem Todeslager Auschwitz deportiert wurden. Die ebenfalls ausgeraubten Synagogen und die jüdischen Schulen wurden in SS-Werkstätten und Autogaragen umgewandelt. Das grosse jüdische Spital wurde über Nacht zum SS-Spital. Juden durften von nun an nicht mehr auf öffentlichen Transportmitteln fahren, die Post wurde ihnen nicht ausgehändigt, ihre Telefonapparate stillgelegt. Man schnitt so die Juden der Hauptstadt von jenen der Provinz und die einzelnen Gemeinden voneinander ab. Sie wurden isolierte Individuen, damit sie nicht frühzeitig erfahren konnten, was ihnen bevorstand.»[1]

Am selben Abend wurden auch zweihundert jüdische Ärzte und Anwälte in Budapest verhaftet, deren Namen und Adressen wahllos aus den Telefonbüchern heraus notiert worden waren, und nach Mauthausen verfrachtet. In den folgenden Tagen fuhren Geheimpolizisten und Gendarmeriebeamte in die Provinzstädte und Dörfer hinaus, um die vermögenden Juden auszukundschaften und Hausdurchsuchungen anzustellen. Sie dürften in Ruhe und Frieden leben, versprachen die Eindringlinge, wenn sie ihr Geld und ihren Schmuck herausgäben. Auf diese Weise wurde es ihnen unmöglich gemacht, im Lande herumzureisen, um sich mit anderen Glaubensgenossen zu beraten, nachdem ihnen bereits die Post- und Telefonverbindungen abgeschnitten worden waren.

Die Juden waren gänzlich verunsichert und kaum noch fähig, sich zum Widerstand zu organisieren. Wie sehr sich Denunzianten aus dem Volk und Angehörige der Sicherheitskräfte an diesem Massendiebstahl bereicherten, lässt sich nur ahnen. Es war, wie wenn ein Rudel Schakale eine wehrlose Herde angefallen hätte. Gilbert zitiert einen Hugo Gryn, der erzählte, nach Wochen zermürbender Befragungen und Hausdurchsuchungen sei ihnen befohlen worden, sich in Ziegeleien und Sägereien zu versammeln, «und nichts wird euch geschehen». Die Juden wünschten einfach in Ruhe gelassen zu werden. Nachher war es ein Leichtes, sie einzusammeln und die sich in Sicherheit wähnenden Opfer auf einen wartenden Zug zu verladen, wo ihnen versprochen wurde, sie führen aufs Land zur Erntehilfe.[2]

Am späten Abend jenes schicksalsschweren Tages beorderte Minister Jaeger Vizekonsul Lutz zur schweizerischen Gesandtschaft an der Stefania ut. Der abgesetzte Ministerpräsident Kallay hatte dort Zuflucht gesucht. Aber nach Rücksprache mit dem EPD in Bern musste Jaeger dem bisherigen Regierungschef das Asyl zu seinem Leidwesen verweigern. Bundesrat Pilet-Golaz wollte keine Scherereien mit den Deutschen. Jaeger überredete hierauf den türkischen Gesandten, Kallay an seiner Stelle aufzunehmen. Dieser sagte zu. Als der Vizekonsul mit seinem Wagen um Mitternacht an der Stefania ut ankam, beauftragte ihn Jaeger, den Gestürzten zur türkischen Gesandtschaft zu fahren.

Der Ministerpräsident war zerfahren und begreiflicherweise undiplomatisch empört. Im Auto unterwegs liess er dem Vizekonsul gegenüber seinen bedrückten Gedanken freien Lauf: «Ich habe immer gewusst, dass die Deutschen Banditen sind. Sie waren schon vor hundert Jahren Lügner und Räuber. Heute sind sie die gefährlichsten Raubmörder der Welt. Leider ist Ungarn ein armes, kleines Land, ohne innere Einheit und voll von gewissenlosen Karrierejägern und Spionen, die von den Deutschen gut bezahlt werden. Wir versuchten, den Sturz des Hitlerregimes abzuwarten. Es gelang uns weder mit unendlichem Nachgeben noch mit zeitweiligem Widerstand, die Unabhängigkeit unseres Landes zu bewahren. Wir sind verloren.»[3]

Die Geschichte der verhängnisvollen Verquickung mit dem Dritten Reich holte Ungarn am 19. März 1944 endgültig ein. Erste Sturmzeichen waren jedoch schon früher aufgetaucht, als vor aller Augen sichtbar geworden war, dass sich das bisher für unfehlbar gehaltene «militärische Genie» Adolf Hitlers mit dem Angriff auf die Sowjetunion verrechnet hatte. Die Ostfront wurde zum Fass ohne Boden und frass Menschen und Wirtschaftskraft Deutschlands derart in sich hinein, dass keine Energien für irgendwelche weiteren Projekte übrigblieben. Der verheissene Endsieg rückte immer weiter in die Ferne.

Aber weder seine Führungsschwäche noch seine zentrale geografische Lage im Donauraum erlaubten es Ungarn, sich aus der fatalen Umstrickung zu lösen. Im Gegenteil, es wurde von den Deutschen aufgefordert, immer mehr Truppen an die Front zu werfen und den Rest seiner wirtschaftlichen Ressourcen ohne Gegenzug dem unersättlichen Deutschen Reich zu übermachen. Dennoch aber durften die jüdischen Offiziere und Mannschaften, die immerhin zehn Prozent des Gesamtbestandes der ungarischen Honvéd ausmachten, nicht an die Front ziehen, obgleich auch sie dort dringend benötigt worden wären. Panisch fürchteten sich die Deutschen vor dem Verrat, den die Juden zusammen mit den «Bolschewiken» auf der Gegenseite begehen könnten. Die Nationalsozialisten waren die Opfer ihrer eigenen Propaganda geworden.

Die Juden wurden hinter der Front in Arbeitskompanien zum Strassenbau, Holzfällen und Errichten von Bauten eingesetzt. Schon ab 1941 wurde der Genozid in Szene gesetzt. Sehr schlimm waren die Verluste unter den jüdischen Arbeitskompanien durch Feuereinwirkung während der grossen ungarischen Niederlage in der Schlacht von Woronesch im Sommer 1942. Nach und nach verlangte das Dritte Reich, dem die Arbeitskräfte in steigendem Masse fehlten, den Einsatz ungarischer jüdischer Arbeitskompanien auch in andern deutschbesetzten Gebieten, etwa in der für die deutsche Kriegswirtschaft lebenswichtigen Schiffswerft Tallin in Estland, oder im gefürchteten Kupferbergwerk Bor in Serbien, das 50 Prozent des gesamten deutschen Bedarfs lieferte.

Beim Einsatz der Arbeitskompanien handelte sich um eine bequeme, quasi-»legale» Art, die Juden loszuwerden. Mit der Zeit wussten alle jungen Juden, dass die Einberufung zum Arbeitsdienst den sicheren Tod bedeutete. Nach der deutschen Besetzung Ungarns wurden auch die Deportationen nach dem Vernichtungslager Auschwitz als Einberufungen zum Arbeitsdienst verbrämt.[4] In ihrer ideologischen Verbohrtheit begriff die Führung des Dritten Reiches kaum, dass die massive Vernichtung von dringend benötigten jüdischen Arbeitskräften wesentlich zu seiner Niederlage beitrug.[5]

Für die deutschen Nationalsozialisten war das Tempo der ungarischen Judenvernichtung jedenfalls zu langsam, um so mehr, als sich die Regierung Kallay je länger desto mehr querstellte. In der laxen ungarischen Atmosphäre gelang es vielen Juden, sich durch ihre vielfältigen Beziehungen zu hohen Regierungsbeamten, wenn nicht gar zu Reichsverweser Horthy selber, den Aufgeboten zu entziehen. Oder sie liessen sich jenen militärischen Kommandanten zuteilen, von denen sie wussten, dass sie eine humane Gesinnung an den Tag legten und in der Behandlung von Juden und Nichtjuden keinen Unterschied machten. Als Kallay im März 1942 Ministerpräsident wurde, versuchte er, die Auslieferung von Arbeitskompanien an das Deutsche Reich zu verhindern. Wenn es schon Arbeitskompanien sein mussten, wollte er sie in Ungarn selber einsetzen und human mit ihnen umgehen. Martin Luther, Unterstaatssekretär im Reichsaussenministerium, fuhr denn auch am 11. August 1942 den sonst willfährigen ungarischen Gesandten, Döme Sztójay, ungnädig an, Ungarn sei noch sehr im Verzug, obgleich der «Führer» Ungarn eine zügige Lösung der Judenfrage angeordnet habe.[6]

Bald darauf verstärkten die Deutschen ihre Drohungen. In einer weiteren Unterredung am 2. Oktober desselben Jahres mit Sztójay wollte Luther wissen, wann die Ungarn mit den Judendeportationen nach dem Osten beginnen würden. Als der Gesandte zaghaft antwortete, Ministerpräsident Kallay habe vernommen, den Deportierten würde «Schlimmes» geschehen, log Luther, die Juden würden zunächst zum Strassenbau eingesetzt, um hierauf in einem «Judenreservat» untergebracht zu werden.[7] Sehr anmassend Sztójay gegenüber verhielt sich der über Luther stehende Staatssekretär des Reichsaussenministeriums, Ernst von Weizsäcker, als dieser vor einem kurzen Routinebesuch in der ungarischen Hauptstadt stand. Weizsäcker befahl Sztójay geradezu, mit konkreten Vorschlägen seitens der ungarischen Regierung nach Berlin zurückzukehren. Bisher habe sich Ungarn den Wünschen der Reichsregierung gegenüber gänzlich verschlossen gezeigt.[8] Der Staatssekretär war im Reichsaussenministerium zu jenem Zeitpunkt für die Durchführung der «Endlösung» in den Satellitenstaaten verantwortlich.

Als sich die Regierung Kallay von Berlin nicht einschüchtern liess und im Gegenteil erste Friedensfühler zu den Westmächten auszustrecken begann, mussten die Deutschen weitere Überlegungen anstellen. Nun betrat eine der unangenehmsten und unheimlichsten Gestalten des nationalsozialistischen Regimes die Bühne, Edmund Veesenmayer. Beim Nürnberger Kriegsverbrecherprozess 1948 sagten die beiden Staatsanwälte Caming und Kempner über den aus katholischem Hause im bayerischen Allgäu stammenden Angeklagten: «Es gab nur wenige Männer im diplomatischen Dienst des Dritten Reiches, die eine so ausgefüllte, aktive und verantwortliche Laufbahn hatten wie Edmund Veesenmayer, der noch nicht 30 Jahre alt war, als Hitler zur Macht kam, und der Reichsbevollmächtigter für Ungarn und SS-Brigadeführer wurde, bevor er das 40. Lebensjahr erreicht hatte.»[9] Sein Vater war Kunstmaler gewesen. «Auch der Führer hat doch künstlerische Neigungen!» pflegte der Sohn zu prahlen. Veesenmayer lebte in kinderloser Ehe mit einer Frau, die unter den Wolgadeutschen aufgewachsen war und deren Familie 1917 vor der russischen Revolution geflohen war.

Als promovierter Nationalökonom trat Veesenmayer 1932 der Nationalsozialistischen Deutschen Arbeiterpartei (NSDAP) bei und baute seine Karriere auf einem politischen und wirtschaftlichen Beziehungsnetz auf, das ihn zu einer unentbehrlichen und einflussreichen Kontaktperson machte, ohne die das Hitlerregime nicht auskommen konnte. Er besass Aufsichts- und Verwaltungsratsmandate bei den Firmen Schenker & Co. (Reichsbahn), der amerikanischen Standard Oil in Deutschland (Rockefeller-Interessen), der Länderbank Wien, der Handels- und Kreditbank Pressburg/Bratislava, der Böhmischen Escomptobank Prag, der Handelsbank Krakau u. a. m.[10] Ein Jahr nach Hitlers Machtergreifung wurde Veesenmayer Mitglied der SS, die ihn bereits 1938 zum Obersten beförderte, und im März 1944, als er nach Budapest entsandt wurde, stieg Veesenmayer zum Brigadegeneral auf.[11] Von sich selber sagte er auch später ungeniert: «Ich war Nationalsozialist und habe diese, meine Weltanschauung leidenschaftlich bestätigt durch meinen Einsatz.»[12]

Für seinen obersten Dienstherrn, den «Führer,» pokerte Veesenmayer mehrmals sehr hoch. Durch die skrupellose Mischung von Geld, Versprechungen und Drohungen schoss er mit Hilfe von einheimischen Antisemiten, Nationalsozialisten und Verrätern aller Couleurs die Regierungen Österreichs und der Tschechoslowakei politisch sturmreif, bevor die Wehrmacht die zerrütteten Staaten militärisch widerstandslos überrumpelte. Er organisierte Zwischenfälle und Sabotageakte rund um Danzig und den polnischen Korridor und trug dadurch zum Ausbruch des Zweiten Weltkrieges bei. Zwei Jahre später, 1941, beutete er die Spannungen zwischen Kroaten und Serben derart aus, dass Gesamtjugoslawien dem deutschen Angriff keinen wirksamen Widerstand entgegensetzen konnte: «Infolge der wichtigen diplomatischen Aufgaben ... wurde er das drohende Gespenst der nationalsozialistischen Angriffe. Sein blosses Auftreten war ein Zeichen des Untergangs für das Volk, das seine neueste ‹Sonderaufgabe› war.»[13]

Im März und April 1943 erschien dieser gefährliche Agitator in Ungarn, um für Hitler Vorschläge über mögliche «Massnahmen» auszuarbeiten. Berlin hatte über seine Sicherheitsorgane vernommen, dass sich Ungarn zusammen mit Rumänien und der Slowakei über einen Kriegsaustritt beriet. Das würde für das Dritte Reich eine äusserst gefährliche Lage schaffen. In seinem Bericht beurteilte Veesenmayer die Ungarn als «arrogant», aber von «wenig Substanz». Einige Grossgrundbesitzer und reiche Juden beherrschten das Land. Ungarn wolle die Juden nur deshalb schützen, weil es glaube, dadurch den alliierten Luftangriffen zu entgehen. Horthy, der Staatschef, lebe ein isoliertes Dasein. Er sei beeinflusst vom deutschfeindlichen Grafen István Bethlén und umgeben von einer einseitigen Clique von Juden, jüdisch-versippten Aristokraten und klerikalen Politikern. Solange diese Juden am Leben seien, würden sie alles versuchen, bei der ungarischen Führung einen Kurswechsel zu betreiben. Kleinlaut musste Veesenmayer jedoch zugeben, dass Horthy einen derart grossen Respekt im Lande geniesse, dass ohne oder gegen ihn nichts unternommen werden könne.[14]

Hitler hatte jedoch keine Geduld, den Bericht Veesenmayers abzuwarten. Als dieser noch in Ungarn war, befahl er den alten Reichsverweser nach Schloss Klessheim bei Salzburg (17. April 1943), wo er ihn nach seiner Gewohnheit anschrie und ihm, zusammen mit seinem Aussenminister Ribbentrop, mangelnde Bündnistreue und die ungelöste Judenfrage vorhielt.

Nach den Handakten des Sekretärs dieser Gesprächsrunde, Paul-Otto Schmidt, bemerkte Horthy: « ...er müsse errötend eingestehen, dass er 36 000 Juden in Arbeitsbataillone an die Front geschickt habe, von denen wohl die meisten bei dem russischen Vormarsch umgekommen seien. Der Führer erwiderte, dass der Reichsverweser nicht zu erröten brauche, denn die Juden hätten ja den Krieg angezettelt, und man brauche deshalb kein Mitleid mit ihnen zu haben, wenn der Krieg nun auch für sie schwerwiegende Folgen nach sich ziehe. Er sei im übrigen davon überzeugt, dass die Juden nicht getötet worden, sondern zu den Sowjetrussen übergelaufen seien. Der RAM (Reichsaussenminister) wies in diesem Zusammenhang noch darauf hin, dass jeder ungarische Jude gewissermassen ein Agent des englischen Secret Service sei, der die ungarische Staatsangehörigkeit besitze und ausserdem noch mit reichlichen Geldmitteln ausgestattet sei. Daran erkenne man, wie gefährlich es sei, die Juden frei herumlaufen zu lassen.»[15] Genervt fragte Horthy, was er denn tun solle? Umbringen könne er sie doch nicht! Hierauf erklärte Ribbentrop, sie müssten entweder in Konzentrationslager gesperrt oder in der Tat *vernichtet* werden. Hitler bestätigte dies. Er hielt die Juden für «Parasiten», mit denen er in Polen bereits gründlich aufgeräumt habe. Sie müssten wie «Tuberkelbazillen» behandelt werden. Auch in der Natur töte man unschuldige Geschöpfe wie Hasen und Rehe, wenn sie sich zu stark vermehrten. Warum sollte man «Bestien» wie Juden mehr schonen?[16] Die Sprache war deutlich, aber nicht neu aus des «Führers» Mund...

Wie zu erwarten war, unternahmen weder Horthy noch Kallay irgendwelche zusätzlichen Schritte gegen die Juden. Im Gegenteil, nach der Schlacht von Stalingrad (September 1942 – Januar 1943) war Hitlers Stern deutlich am Sinken. Auch das berühmte Afrikakorps Rommels existierte nicht mehr. Mussolini wurde im Juli 1943 aus seinem Amt gehievt, und Italien kapitulierte im September darauf. Es schien nur noch eine Frage der Zeit, bevor die Westalliierten an der adriatischen Küste landeten und in die Donauebene vorstiessen. So jedenfalls räsonierten die Menschen in Ungarn.

Horthy liess Kallay das ungarische «Nein» zu den deutschen Forderungen dennoch so vorsichtig wie möglich formulieren. In einer Rede schien der Ministerpräsident mit den Deutschen einig zu gehen, dass die Juden aus Ungarn ausgesiedelt werden müssten. Eine Aussiedlung könne aber erst dann ins Auge gefasst werden, sagte Kallay weiter, wenn die Frage des Bestimmungsorts genauer beantwortet sei. Bis dahin könne Ungarn doch nicht vom «Weg seiner Humanität» abweichen.[17] Aber Horthy und Kallay rechneten weder mit des «Führers» selbstzerstörerischem Trieb noch mit dessen hypnotischer Fähigkeit, sein eigenes und andere Völker auf dem eingeschlagenen Pfad des Irrsinns weiter voranzutreiben.

Im Dezember 1943 entsandte dieser den «überzeugten Nationalsozialisten» Veesenmayer ein zweites Mal nach Ungarn.

Veesenmayer kehrte mit einem betont anti-ungarischen Bericht von 39 Seiten Länge nach Berlin zurück, der mehr über seine eigene persönliche Aggressivität als über die objektive Wirklichkeit des unter die Lupe genommenen «Gastlandes» aussagte. Die Zeit sei gekommen, forderte Veesenmayer, mit der unzuverlässigen ungarischen Führungsschicht abzurechnen. Eine «klare Sprache, eine harte Forderung, unterstützt durch den Hinweis auf deutsche Divisionen und Kampfgeschwader», seien vonnöten. Der Reichsverweser solle von seiner Umgebung befreit werden (wobei Veesenmayer nicht nur den Ministerpräsidenten Kallay, sondern u. a. wiederum den gemässigten Horthy-Vertrauten Bethlén meinte). Horthy sei schwach genug, dass er «jeden Ministerpräsidenten widerstandslos akzeptiert, den der Führer fordert oder auch nur wünscht». Nur so liesse sich der Verrat bekämpfen.

Und dann empfahl der «überzeugte Nationalsozialist» Veesenmayer, dass Ungarn mit der Verwirklichung der alten deutschen Forderung nach Judenvernichtung endlich ernst machen müsse. Auch dies stellt er in den Rahmen des Verratproblems. Ungarn sei eine wahre Bedrohung für das Deutsche Reich, solange die Juden im Rücken der Wehrmacht frei herumliefen. Bewusst übertrieb Veesenmayer ihre Gesamtzahl: «Der Jude ist der Feind Nr. 1. Diese 1,1 Millionen Juden sind in gleicher Zahl Saboteure am Reich und eine mindest ebenso grosse, wenn nicht doppelte Anzahl von Ungarn als Trabanten der Juden sind Hilfstruppen und äussere Tarnung, um den grossangelegten Plan der Sabotage und Spionage zu realisieren.»[18]

Es tut nichts zur Sache, ob der an sich wohl intelligente Veesenmayer an diese Übertreibungen glaubte oder nicht. Er benützte jedenfalls Formulierungen, die von Hitler selber hätten stammen können. Jahrelang hatte dieser ohne Unterlass über die «Judengefahr» getobt, so dass er und seine Umgebung schliesslich von ihrer eigenen Stimmungsmache zutiefst überzeugt waren, so absurd deren Inhalt auch sein mochte. In diesem Augenblick hatte diese Furcht zudem durch den verzweifelten jüdischen Aufstand im Warschauer Ghetto vom Sommer 1943 und den «Verrat» Italiens im darauffolgenden September noch weiteren Auftrieb erhalten. Der skrupellose Veesenmayer konnte auf diesen Ängsten der unsicher gewordenen nationalsozialistischen Führung wie auf einem Klavier spielen. Ein «Verrat» Ungarns, zusammen mit einem Grossaufstand des «Feindes Nr. 1», der vermeintlichen 1,1 Millionen ungarischen Juden, hätte die gesamte Position des Dritten Reiches in Südosteuropa zum Einsturz gebracht. Diese «Analyse», wusste Veesenmayer, würde den Angstschweiss auf der Stirne des «Führers» und seiner Getreuen ausbrechen lassen.

So lächerlich wie dieser Selbstbetrug im nachhinein scheint, gerade er bildete die Voraussetzung für die Ermordnung der ungarischen Juden. Mit dem Datum des Veesenmayer-Berichts vom 10. Dezember 1943 war das Todesurteil unterschrieben.

Es dauerte dennoch überraschend lange, bevor sich Hitler entschliessen konnte, gegen Ungarn vorzugehen. Seine Spannkraft hatte seit den ersten siegreichen Kriegsjahren nachgelassen, und die militärischen Mittel wurden knapp. Erst am 12. März 1944 erteilte er den Befehl zu Operation Margarethe, einer beschränkten und kurzfristigen Besetzung Ungarns.

Neben dem aufreizenden Bericht Veesenmayers hatte die ungarische Regierung im Spätwinter 1943 des «Führers» Zorn noch besonders dadurch herausgefordert, dass sie die für das Massaker von Ujvidék verantwortlichen drei Honvéd-Kommandanten vom Januar 1942 – endlich – gerichtlich belangte und verurteilte. Kallay und Horthy wollten sich dadurch bei den Westalliierten, mit denen sie nach wie vor über einen Waffenstillstand verhandelten, Pluspunkte schaffen. Die Angelegenheit wurde allerdings für Ungarn peinlich, als bekannt wurde, dass der als deutschfreundlich geltende Erzherzog Albrecht aus dem Hause Habsburg den drei verurteilten Offizieren zur Flucht nach Deutschland verholfen hatte. Durch Verrat waren sie dem Gefängnis entflohen und erreichten eines der grossen Landgüter des Erzherzogs, das sich über beide Seiten der ungarisch-österreichischen

Grenze erstreckte. Dadurch war es Albrecht ein Leichtes, die Verurteilten in die Freiheit zu bringen. Er musste anschliessend selber fliehen.

Operation Margarethe fiel mit einem von Hitler geschickt inszenierten Täuschungsmanöver zusammen, dem der alternde und ungelenke Horthy zum Opfer fiel. Im Februar 1944 hatte der Reichsverweser Hitler in einem Brief um Erlaubnis gebeten, die sehr angeschlagenen ungarischen Divisionen von der Ostfront zurückziehen zu dürfen. Er schrieb, er möchte sie zur Verteidigung der Karpathenübergänge gegen die anrückenden Sowjets einsetzen. Der Brief blieb wochenlang unbeantwortet, währenddem sich die Lage der ungarischen Einheiten in der Sowjetunion ständig verschlechterte, bis Hitler den Reichsverweser kurzfristig zu einer zweiten Begegnung auf den 18. März nach Schloss Klessheim beorderte. Wie zu erwarten war, stellte es sich auch dieses Mal als ein ziemlich einseitiges «Gespräch» heraus. Ungestüm beklagte sich der «Führer» über die «verräterischen» Geheimverhandlungen mit den Westalliierten, über die ihn seine Sicherheitsorgane informiert hatten, den fehlenden Kampfwillen der ungarischen Honvéd gegen den Bolschewismus und – vor allem – die nach wie vor fehlenden Massnahmen zur Ausmerzung des Judentums. Die «unannehmbare» Bitte eines Rückzuges der ungarischen Divisionen aus der Sowjetunion wurde diskussionslos vom Tisch gewischt.

Auf Androhung der sofortigen Verhaftung zwang Hitler den in die Enge getriebenen und mürbe gemachten Reichsverweser, die «verräterische» Regierung Kallay zu entlassen, den bisherigen Gesandten in Berlin, Sztójay, zum Ministerpräsidenten zu ernennen, zusammen mit einem Kabinett, das den Deutschen genehm war. Anstelle des bisherigen, seit Juli 1941 in Budapest residierenden Vertreter Hitlers, Dietrich von Jagow, musste Horthy einen neuen deutschen Gesandten akzeptieren, der zugleich den Titel eines «Reichsbevollmächtigten» trug, sowie höhere SS- und Gestapo-Offiziere im Lande stationieren lassen. Er würde die bereits vor Jahresfrist gemachten, aber seither «sabotierten Abmachungen» überwachen und, falls nötig, durchsetzen. Hitler verlor kein Wort über die Identität seines neuen Gesandten und «Reichsbevollmächtigten».

Die «Verhandlungen» wurden gelegentlich stundenlang unterbrochen, weil der «Führer» den Reichsverweser und seine Entourage – Kallay war auf ausdrückliches Verbot Hitlers nicht nach Klessheim gekommen – auf ihre Gemächer schickte und er selber Lageberichte entgegennahm und Befehle erteilte. Während all dieser Zeit waren Horthy und die Seinen von der Umwelt abgeschnitten. Keinerlei neue «Abmachung» wurde unterzeichnet.

Als sich der bis an die Grenze des Tragbaren gedemütigte ungarische Reichsverweser am späten Abend des 18. März von Hitler endlich verabschieden durfte, um seinen Zug nach Budapest zu besteigen, teilte ihm der «Führer» mit, die Wehrmacht werde die ungarischen Grenzen noch vor Mitternacht überschreiten. Die Falle, in die Hitler den alten Mann mit seiner «Einladung» nach Schloss Klessheim gelockt hatte, war zugeschnappt. Eine Weigerung, das Ultimatum anzunehmen, hätte Horthys sofortige Verhaftung nach sich gezogen.

Horthys ohnehin schwächliches Regime war «geköpft». Er sollte zwar nach deutschen Plänen formelles Staatsoberhaupt bleiben, aber alle Ernennungen, Anordnungen und Verfügungen mussten zuerst dem Gesandten und «Reichsbevollmächtigten» zur ausdrücklichen Genehmigung unterbreitet werden.

In der Nacht vom 18. auf den 19. März 1944, während derselben Stunden da Horthy im Extrazug von Salzburg nach Budapest zurück unterwegs war, wurde Ungarn von elf deutschen Divisionen unter dem Oberkommando von Feldmarschall von Weichs aus allen Himmelsrichtungen und aus der Luft überfallsmässig besetzt. Wie knapp die den Deutschen für Operation Margarethe zur Verfügung stehenden Truppenbestände waren, geht schon aus der Tatsache hervor, dass die Streitmacht teilweise aus ungarischen und rumänischen Volksdeutschen, Kroaten und muslimischen Bosniern zusammengesetzt war. Da der Reichsverweser vor seiner Abreise nach Klessheim naiverweise keine Vorsichtsmassnahmen getroffen hatte, leistete die überraschte und von Saboteuren durchsetzte ungarische Honvéd keinen Widerstand. Am 25. April, nachdem die politischen Ziele dieser Militärdemonstration längst erreicht worden waren, zogen sich die Besatzer wiederum an die Ostfront oder nach Jugoslawien zurück. Die Rote Armee stand inzwischen bereits am Dniester, knapp vor der rumänischen Grenze, und Titos Partisanen bedrängten die Besatzungsarmee und ihre lokalen Hilfsknechte immer mehr. In wenigen Wochen würden die sowjetischen Truppen den Nordfuss der Karpathen erreichen.

Zurück in Ungarn blieben die SS und die Gestapo.

Erst am Morgen des 19. März, ungefähr eine Stunde, bevor Horthys Zug die Hauptstadt erreichte, erfuhr der Reichsverweser den Namen des Prokonsuls, den ihm Hitler vor die Nase gesetzt hatte, und machte seine Bekanntschaft. Es war – kaum erstaunlich – Dr. Edmund Veesenmayer.[19] Ohne das Wissen Horthys war er am Abend zuvor in Salzburg dem Zug zugestiegen und in einem anderen Wagen mitgefahren.

Über die neue Lage berichtete Friedrich Born, der neue IKRK-Delegierte, der von der Genfer Zentrale Anfang Mai anstelle von Jean de Bavier nach Budapest entsandt worden war: «Die Methoden der Gestapo, deren berüchtigste Vertreter und Spezialisten nach Ungarn beordert waren, brachten das

Land bald so weit, es den Wünschen und Machthabern in Berlin willfährig und gefügig zu machen. Oppositionelle und unzuverlässig erscheinende Politiker und Wirtschaftsleute, Beamte der verschiedenen Behörden des Landes, sowie der wirtschaftlichen Organisationen, sie alle wurden bespitzelt und bedroht, und es mehrten sich Fälle von Verschleppungen und Deportationen von ungarischen Persönlichkeiten, die der verhängnisvollen Entwicklung entgegenzutreten versuchten.»[20] Der 41jährige, aus Langenthal im Kanton Bern stammende Born, hatte schon vor seiner Tätigkeit für das IKRK mehrere Jahre in Ungarn gelebt und war im Handel und in der Industrie tätig gewesen.

Auch der Schweizer Gesandte in Budapest, Minister Jaeger, schrieb an Bundesrat Pilet-Golaz, wie brutal das Dritte Reich mit seinem ungarischen «Verbündeten» umging. Nach seiner Rückkehr sei Horthy in der königlichen Burg von deutschen Wachmannschaften eingeschlossen worden und befinde sich dadurch de facto in Gefangenschaft. Nachdem Ministerpräsident Kallay demissioniert habe, musste er fliehen, sonst wäre er in deutsche Gefangenschaft geraten. Auch der Horthy-Berater Bethlén habe sich nur durch Flucht retten können. Andere Politiker hingegen, wie etwa Leopold Baranyai, Károly Rassay und Endre Bajcsy-Zsilinsky, seien verhaftet worden. Obgleich der Reichsverweser in Klessheim keinerlei Abmachung unterzeichnet habe, veröffentlichten die Deutschen ein gefälschtes Kommuniqué, in dem etwas von «alter Freundschaft» und von Verpflichtungen Ungarns stehe, dem Deutschen Reich seine «Hilfsmittel ... im Interesse des endgültigen Sieges der gemeinsamen Sache» zur Verfügung zu stellen. Ebenso gefälscht sei ein aus dem deutschen Hauptquartier verschickter Befehl an die Honvéd gewesen, der Okkupation keinen Widerstand entgegenzusetzen. Übrigens seien die Minister der neuen Regierung Sztójay, des bisherigen ungarischen Gesandten in Berlin, allesamt bekannte Rechtsextremisten. Und trotzdem, mutmasste Jaeger, hätte Horthys Widerstand auf Schloss Klessheim gegen Hitlers Forderungen nicht allzulange gedauert. Auch habe er der Regierung Sztójay und dessen Kabinett seine Zustimmung gegeben und sie den Amtseid auf seine Person als dem Reichsverweser schwören lassen.[21] Gleichzeitig wurden verschiedene Minister der bisherigen Regierung Kallay, darunter Innenminister Ferenc Keresztes-Fischer, sowie führende jüdische Finanziers und Grossindustrielle (Lipot Aschner, Ferenc Chorin, Léo Goldberger und Moric Kornfeld) verhaftet und ihr Besitz beschlagnahmt.[22] Was Minister Jaeger dem Aussenminister in Bern nicht schrieb, war, dass andere Oppositionspolitiker im Gebäude der ehemaligen amerikanischen Gesandtschaft am Freiheitsplatz Unterschlupf gefunden hatten, von Vizekonsul Lutz gedeckt.

Abgesehen von den kurzfristig eingesetzten Wehrmachtsdivisionen ruhte der auf Ungarn lastende deutsche Zwangsmechanismus auf zwei Pfeilern: (1) auf der Person und dem Mitarbeiterstab Veesenmayers als Gesandter und «Reichsbevollmächtigter» und (2) auf den Sicherheitskräften unter dem Kommando von SS-Obergruppenführer Otto Winkelmann. Veesenmayers hierarchische Befehlslinie lief ins Reichsaussenministerium unter Joachim von Ribbentrop, und Winkelmann war dem Reichsführer der SS, Heinrich Himmler, gegenüber verantwortlich. Ihm unterstand zudem das berüchtigte Sonderkommando Eichmanns.

Vor dem Nürnberger Kriegsverbrecherprozess 1948 fasste Rudolf Kasztner die Funktion des Gesandten wie folgt zusammen: «Veesenmayer war der De-facto-Herrscher Ungarns. Seine Hauptaufgabe bestand darin, die ungarische Regierung anzuweisen, welche Politik sie zu befolgen habe und welche Leute an die Macht zu bringen seien, die am meisten garantierten, dass diese Politik mit der grösstmöglichen Energie umgesetzt würde. Es unterliegt keinem Geheimnis, dass Jaross infolge solchen Drucks zum Innenminister ernannt wurde.»[23] Andór Jaross, ein grober und gedankenloser Rechtsextremist und Antisemit, war in der Sztójay-Regierung die zentrale Verbindungsperson zwischen den ungarischen Sicherheitsbehörden (Polizei, Gendarmerie, politischer Nachrichtendienst) und den zahlenmässig geringen deutschen Sicherheitskräften im Lande. Bei der Zerstörung des Judentums würde er somit auf ungarischer Seite *die* unabdingbare Schlüsselposition einnehmen.

Aber auch Veesenmayer hielt eine Reihe von direkten Verbindungslinien zu den ungarischen Sicherheitskräften in seinen eigenen Händen. Da waren als Gesandtschaftsbeamte zunächst die SS-Leute Adolf Hezinger und ab Juni 1944 Theodor Horst Grell, letzterer ein Kriegsbehinderter mit schweren Gesichtsverletzungen. Veesenmayers ranghöchster Stellvertreter war Legationsrat Gerhart Feine, Sohn eines bekannten Theologieprofessors und einstiger Privatsekretär von Aussenminister Stresemann. Er war für die Gesamtkoordination der «Judenfrage» zuständig, wobei die Enteignung jüdischen Besitzes zu seinen besonderen Aufgaben gehörte.[24]

Die für die Zerstörung des Judentums wichtigste Einheit war das Sonderkommando des Adolf Eichmann. Dieser sollte sich, neben Veesenmayer, als die zweite grosse deutsche Negativgestalt des ungarischen Dramas herausstellen. Viel weniger intelligent und begrenzter gebildet als Veesenmayer und von diesem gründlich verachtet, entstammte Eichmann – wie Hitler – aus dem unteren und orientierungslosen Kleinbürgertum und war von einem pathologischen Hass auf «die da oben» und «die Juden» verzehrt. Der Vater war ein kleiner, aber an sich redlicher Angestellter und Mitglied der reformierten Kirchenpflege in Linz gewesen. Wie Tausende andere liess sich Eichmann widerstandslos und gerne vom Nationalsozialismus vereinnahmen. 1906 in Solingen/Rheinland geboren, aber in Oberösterreich aufgewachsen, trat er auf Anregen Kaltenbrunners 1933 in die NSDAP ein, weniger aus innerer Überzeugung, sondern um einer erfolglosen beruflichen Karriere zu entgehen. Im darauffolgenden Jahr wurde er Mitglied des von Heydrich organisierten Sicherheitsdienstes der SS, aus dem 1939 das Reichssicherheitshauptamt entstand.

Was nun folgte, ist der bedrückende Aufstieg eines wenig begabten und gedankenlosen Menschen, der sich aufgrund seiner Spezialisierung in Judenfragen bis zum Grad des SS-Obersturmbannführers empordiente, ohne je die «ideologische Grundlage» des Nationalsozialismus, Hitlers *Mein Kampf*, gelesen zu haben. Nach dem Anschluss Österreichs 1938 organisierte er das jüdische «Auswanderungsbüro» in Wien, wodurch er Österreich binnen acht Monaten «judenrein» machte. Noch gab es keine Vernichtung, sondern nur die Austreibung.

Eichmanns Organisationstalent blieb nicht unbeachtet, denn 1941 befand er sich in der Abteilung IV-B-4 von Heydrichs Hauptsicherheitsamt, das sich mit den ominösen Judentransporten nach den neueroberten Ostgebieten befasste. Eichmann hat persönlich nie die direkte Verantwortung für die Tötung in den Konzentrationslagern getragen. Er «sammelte» lediglich das «Menschenmaterial» ein und transportierte es ab. Am 10.–12. März 1944, als Operation Margarethe praktisch bereits beschlossen war, versammelte Eichmann, wahrscheinlich auf des «Führers» persönlichen Befehl, die Angehörigen seines künftigen Sondereinsatzkommandos im Konzentrationslager Mauthausen, alles erfahrene Experten, um die kommende ungarische Judendeportation nach Auschwitz im einzelnen zu planen. Zugegen waren Hermann Alois Krumey, Otto Hunsche, Dieter Wisliceny, Theodor Dannecker, Franz Novak, Franz Abromeit, Siegfried Seidl und andere mehr. Es war eine kleine, aber verheerend schlagkräftige Truppe.[25]

Hierarchisch waren Eichmann und sein «Team» Winkelmann untergeordnet, aber dieser vermochte sich nicht durchzusetzen, obgleich er den Titel eines «Höheren SS- und Polizeiführers in Ungarn» trug. Winkelmann war schon in der Weimarer Republik Polizeioffizier gewesen und war bei der Verschmelzung von Polizei und SS von der letzteren übernommen worden. Er war nie ein fanatischer Nationalsozialist geworden, obgleich er der SS angehörte und deren Untaten bedenkenlos mitmachte. In Sachen «Endlösung» nahm Eichmann seine Befehle direkt aus dem Reichssicherheitshauptamt Himmlers entgegen und liess sich weder von Veesenmayer noch von Winkelmann dreinreden. Es gehörte zu Hitlers machiavellistischer Politik von *divide et impera*, dass er in seinem Machtapparat bewusst solch ungeklärte Kompetenzlinien beliess, die gegenseitiges Misstrauen säten und zu internen Bespitzelungen führten.

Die gesamte, unter dem Kommando Winkelmanns stehende *Einsatzgruppe* der Sicherheitsdienste bestand aus nicht mehr als 500 bis 600 Mann, wovon 150 bis 200 zum *Sonderkommando* Eichmanns gehörten. Diese kleine Zahl genügte, Ungarn in Schach zu halten *und* das riesige Deportationsprogramm durchzuführen. Die Unabhängigkeit Eichmanns wurde noch dadurch unterstrichen, dass er wenige Tage nach seinem Eintreffen in Budapest aus dem allgemeinen Hauptquartier der deutschen Sicherheitskräfte im Hotel Astoria in Pest auszog und in das Hotel Majestic am Schwabenberg westlich von Buda umzog.

Auf ungarischer Seite genoss Eichmann die ungeteilte Unterstützung des neuen Ministerpräsidenten Döme Sztójay und dessen Innenministers Andór Jaross. Seine Aufgabe wurde vor allem durch die aktive Mithilfe von zwei Staatssekretären im Innenministerium erleichtert, László Endre und László Baky, zu deren Ernennung Horthy seine widerwillige Zustimmung erteilt hatte. Endre, laut Kasztner «ein erblich belasteter Trunkenbold», war einstiger Kampfgenosse Horthys aus der Zeit des Weissen Terrors. Er wurde von Jaross mit der «Liquidation des Judenproblems» beauftragt. Baky, ein früherer Gendarmeriemajor und Rechtsaussenpolitiker, übernahm den Befehl über die Polizei und die Gendarmerie, die Eichmann von nun an vorbehaltlos zur Verfügung stand. Nach deutschem Beispiel wurde auch eine ungarische Geheimpolizei gegründet, und innerhalb weniger Tage durchsetzte ein System von rechtsradikalen Agenten das Land, unterstützt von tausenden von Denunzianten.[26] Auf diesen *ungarischen* Apparat konnte sich das Dritte Reich bedingungslos verlassen.

Eindringlich hat Grossman die psychologische Verfassung des ungarischen Judentums nach dem 19. März skizziert: «Für die Juden spielte sich die eigentliche Tragödie in den ersten Tagen des deutschen Einmarsches ab – nicht äusserlich. Die erste Niederlage war der Verlust des Selbstbewusstseins. Nur eine dünne Schicht, die Jugend der Pionierbewegungen und deren Freundeskreis, beurteilte die Lage realistisch. Diese jungen Leute begannen sofort mit der Organisierung von Rettungs- und Widerstandsaktionen. Sie arbeiteten dabei mit den Parteiführern der Sozialisten, Kommunisten und kleinen Landwirte zusammen. Die grosse Mehrheit der Juden hingegen – einschliesslich ihrer offiziellen Führer – war hilflos. Bis dahin hatten sie trotz aller alarmierenden Anzeichen, trotz der engen Freundschaft Ungarns mit Deutschland und trotz des ständig wachsenden Druckes auf die Horthy-Regierung ihre eigene Situation nicht erfassen können. Daran war nicht zuletzt der würdelose ungarische Chauvinismus, den die leitenden jüdischen Funktionäre Jahrzehnte hindurch ihren Glaubensgenossen anerzogen hatten, schuld. ‹Bei uns ist so etwas nicht möglich›, sagten daher die ungarischen Juden, als sie die Greuelnachrichten aus Deutschland, Österreich, der Tschechoslowakei, Polen usw. hörten. Als nach dem Einmarsch der Deutschen die Gefahr unübersehbar wurde, bereiteten viele ihrem Leben freiwillig ein Ende; die meisten flüchteten in stummen Schmerz, in vollkommene Passivität. Fatalismus nahm bei den Juden überhand. In der höchsten Not waren es dann ausschliesslich – wie erwähnt – die Pioniere (d. h. die Chalutzim) und ihr Kreis, die, trotz Todesgefahr, den Versuch zur Rettung ihrer verfolgten Brüder und Schwestern wagten.»[27]

Noch härter ging Kasztner mit seinen Glaubensgenossen ins Gericht. Vor allem die Budapester Juden seien mit einer «vorsichtigen Gleichgültigkeit» angesichts der in den Nachbarländern vor sich gehenden Katastrophe durchs Leben gegangen. Die Budapester Juden seien stets Individualisten gewesen mit wenig Gemeinschaftsgefühl, eine «Summe von Individuen», die sich kaum zu heroischer Auflehnung aufraffen konnten. Vor der Besetzung habe Otto Komoly, ein bekannter Ingenieur und dekorierter Hauptmann des Ersten Weltkrieges, vor dem Verein ehemaliger jüdischer Offiziere und dem Verein jüdischer Kriegsveteranen einen Vortrag über die Tragödie in Polen gehalten und die Zuhörer vor einer Wiederholung dieses Geschehens in Ungarn gewarnt. Sie wollten ihn nicht einmal anhören. Abgesehen davon hätten die wenigsten «christlichen» Ungarn irgendwelche jüdische Widerstandsaktionen unterstützt: «Es lauerten überall die Denunzianten und die *agents provocateurs*. Der gute Nachbar und der Hausmeister wachten, dass der Jude auch büsste.»[28] Ein gemeinsamer Widerstandswille, wie er etwa die Dänen beseelte und sie zu gemeinsamen Judenrettungsaktionen anspornte, fehlte in Ungarn.

Die desolate innere Verfassung des ungarischen Judentums entsprach somit in keiner Weise der von Veesenmayer hochgespielten Lüge über die «1,1 Millionen» jüdischen Verräter und Saboteure, die nur darauf warteten, im Zusammenwirken mit einer gleich grossen Zahl von «christlichen» Partisanen, der Wehrmacht in den Rücken zu fallen.

Ob Veesenmayer und der deutsche Sicherheitsapparat die ungarischen Judendeportationen so leicht hätten vorbereiten und durchführen können, wenn Horthy und der ungarische Staatsapparat, von den Kirchen gar nicht zu reden, auch nur passiven Widerstand geleistet hätten, bleibt eine offene Frage. Ein Jahr zuvor, im März 1943, hatten die Deutschen z. B. von Bulgarien – um ein weiteres Beispiel zu nennen – vergeblich die Auslieferung der

49 000 Juden bulgarischer Nationalität gefordert, nachdem allerdings vorher 12 000 Juden aus dem bulgarisch-besetzten Thrakien und aus Mazedonien mit Zustimmung der Bulgaren deportiert worden waren. Der König, Boris III., das Parlament und die Orthodoxe Kirche widersetzten sich dem Ansinnen. Die Deutschen wagten nicht, einzugreifen. Allerdings verlor der noch junge bulgarische König unter ungeklärten Umständen bald darauf das Leben.

Um jeglichen Widerstand der Juden gegen ihre Verschickung zum Arbeitsdienst nach Deutschland und die Deportation von vorneherein auszuschalten, wurde auf zwei Gleisen gegen sie vorgegangen. Der Vorstoss gegen sie auf dem ersten Gleis war die Bildung eines zentralen Judenrates durch Eichmann für ganz Ungarn. Nach dem in anderen Ländern angewandten Modell wurde dem Judenrat die Aufgabe übertragen, die von Eichmann und seinem Sonderkommando erlassenen Verfügungen an die jüdischen Gemeinden weiterzuleiten und als «rational begründete» Massnahmen zu interpretieren. Etwa dass die Juden aus Sicherheitsgründen und zu ihrem eigenen Schutz aus der Frontnähe entfernt werden müssten. Oder dass sie sich an gewissen Stellen konzentrieren sollten, um auf den Abtransport nach neuen «Arbeitsplätzen» in Ostgebieten oder in Deutschland zu warten, wo sie gut behandelt werden würden. Da der zentrale Judenrat aus hochangesehenen Bürgern und Gemeindevorstehern zusammengesetzt war, allen voran ihr Vorsitzender, der allseits respektierte Rechtsanwalt und «Hofrat» Dr. Samuel Stern, der beim Reichsverweser ein- und ausging, wurde das jüdische Fussvolk eingelullt und dachte nicht im entferntesten an Ungehorsam oder gar aktive Opposition. Die übrigen Mitglieder waren Dr. Ernö Boda, Dr. Ernö Petö, Dr. János Gábor, Dr. Karl Wilhelm und Dr. Pinchas Freudiger, alles höchstangesehene Persönlichkeiten.[29] Ähnliche Judenräte wurden in den übrigen Städten Ungarns auf die Beine gestellt.

Die Mitglieder des zentralen Judenrats wurden auf diese Weise unfreiwillig zu Komplizen und Quislingen an der Sache ihres Volkes, wobei sie sich zu ihrer Selbstrechtfertigung einredeten, dass die Lage der Juden ohne diese Zusammenarbeit mit Eichmann noch viel schlimmer werden könnte. Wie gefährlich diese Kollaboration war, zeigte sich bereits an seiner ersten Forderung, der Judenrat möge eine genaue Liste aller jüdischen Institutionen und Einzelpersonen vorbereiten und ihm übergeben. Bald darauf wurde dem zentralen Judenrat und den übrigen Judenräten befohlen, auch die Bildung von Ghettos in die Hand zu nehmen, ohne dass sie sich Rechenschaft darüber abgaben, dass diese Massnahme eine Vorstufe zur Deportation sein könnte. Durch ein ständiges Wechselbad von Zusicherungen und Drohungen verunmöglichte Eichmann die Bildung eines effektiven jüdischen Widerstandes, der z. B. in Warschau und anderswo zu Ghettoaufständen geführt hatte.

Auf dem zweiten Gleis rollten im Anschluss an die früheren ungarischen antisemitischen Gesetze von 1938 bis 1941 die Verordnungen heran, die die gänzliche wirtschaftliche Verarmung und Isolierung der Juden zum Ziele hatten. Veesenmayer und Eichmann und ihre ungarischen Komplizen wirkten hierbei in schönster Eintracht und wurden weder vom Judenrat und noch weniger von Horthy behelligt. Der Prozess lief in wenigen Wochen wie folgt ab: (1) Verhaftung jener Persönlichkeiten, die Ungarn aus der Umarmung durch das Dritte Reich hatten lösen wollen und die die Juden direkt oder indirekt vor der Zerstörung geschützt hatten (Mitglieder der Regierung Kallay, moderate Politiker). (2) Tragen des gelben Sterns durch Dekret vom 29. März. Dadurch waren die Juden auf der Strasse sofort gekennzeichnet. Sie konnten straflos belästigt oder willkürlich verhaftet werden. (3) Konfiszierung von Wohnungen, offiziell zugunsten von «Christen», die infolge der nach dem 19. März einsetzenden Luftangriffe der Westalliierten ihr Obdach verloren hatten. Tausende von Menschen wurden dadurch auf die Strasse geworfen oder mussten sich von wohlmeinenden Nachbarn und Freunden aufnehmen lassen, die auch ihrerseits bedroht wurden. (4) Verbot von Reisen, Besitz von Telefonen oder Radioapparaten. Auch der normale Briefverkehr wurde den Juden – wie schon erwähnt – nicht mehr gestattet. (5) Verlust von Grundbesitz und Liegenschaften. (6) Arbeitsverbot für Juden in Industrie, Bankwesen, Handel, Sozialwerken und in staatlichen Ämtern. (7) Konfiskation von Vermögenswerten, Bankguthaben, Schmuck, usw. (8) Weitgehendes Ausgehverbot.[30]

Als die Verordnung über das Tragen des Judensterns veröffentlicht wurde, kam es Anfang April zu einem unfreiwillig tragikomischen Protest des Fürstprimas Justin Kardinal Serédi. Da sich die antijüdische Verordnung der Sztójay-Regierung auf Rassen- und nicht Religionszugehörigkeit gründete, bedeutete dies, dass Zehntausende zum Katholizismus konvertierte Juden, einige Kleriker eingeschlossen, das gelbe Abzeichen ebenfalls tragen mussten.[31] Ganz im Stil von überliefertem kirchlichem Antisemitismus protestierte Serédi am 23. April, indem er u. a. forderte, dass «Christen nicht länger gezwungen sein sollten, den Davidsstern zu tragen», weil «das Zeigen dieses Zeichens durch Christen der Abkehr von Gott gleichkommt».[32] Natürlich ersparte sich der Kardinal gleichzeitig irgendwelche Kritik an der Regierung oder an der Besatzungsmacht über das *allen* Juden angetane Leid.

Der präsidierende Bischof der Reformierten Kirche Ungarns, László Ravasz, der 1938 im Oberhaus noch für die ersten Rassengesetze gestimmt hatte, begann seine antisemitische Einstellung nach und nach zu ändern, als er sich der destruktiven Ergebnisse des Rassenwahns bewusst wurde. Nach dem 19. März intervenierte er mehrmals persönlich und schriftlich bei Innenminister Jaross, bei Ministerpräsident Sztójay und schliesslich auch beim Reichsverweser – der selber der Reformierten Kirche angehörte –, und am 17. Mai sandte auch die Generalsynode Sztójay einen energischen Protest gegen die Deportationen. Der Erfolg war gering. Enttäuschend aber nicht unerwartet war die Haltung von Kardinal Serédi. Als Bischof Ravasz dem katholischen Primas eine gemeinsame Demarche bei den Behörden vorschlug, erhielt er keine Antwort.[33]

Während sich viele der «christlichen» Magyaren, von den späten Erkenntnissen ihrer Kirchenoberen kaum beeindruckt, am geraubten Besitz der Juden ergötzten, nahmen die Deutschen die grössten Stücke jüdischen Besitztums für sich selber in Anspruch, sehr zum Missvergnügen der Ungarn. Gemäss der «Vereinbarung» von Klessheim, das ungarische Wirtschaftspotential dem Dritten Reich auszuliefern, befahl der «Reichsführer» der SS, Himmler, die sich in jüdischem Besitz befindlichen Industrien, wie etwa die der Familie Weisz-Chorin gehörenden riesigen Rüstungsbetriebe, die «Manfred-Weisz-Werke», unter die Kontrolle der SS zu bringen. Er entsandte einen seiner «Übernahmespezialisten», SS-Obersturmbannführer (später Standartenführer) Kurt Becher, nach Budapest, um den Diebstahl unverzüglich zu bewerkstelligen. Himmler nahm dabei bewusst den Ingrimm Hermann Görings in Kauf, der ebenfalls ein begehrliches Auge auf dieses Herzstück der ungarischen Industrie geworfen hatte. Becher aber erreichte Budapest bevor Görings Leute auftauchten. Übrigens wurden weder Veesenmayer noch Feine über dieses Vorgehen Bechers informiert, obgleich der Gesandte und «Reichsbevollmächtigte» – auch er der SS zugehörend – über alle deutschen Aktionen in Ungarn hätte auf dem laufenden gehalten werden sollen. Es war ein Kampf der Schakale untereinander. Der Obersturmbannführer gestattete einer Anzahl Angehöriger der Familie Weisz-Chorin, sich mit etwas Bargeld nach Portugal in Sicherheit zu bringen. Es war ebenfalls Becher, der, zur wenig grossen Freude seines SS-Kollegen Eichmann, in der Folge den ganz grossen Fang landen wollte, eine Million Juden gegen 10 000 Lastwagen für die Ostfront und eine weitere riesige Geldsumme erpresserisch auszulösen. Eichmann, obgleich wie Becher ebenfalls von Himmler abhängig, war auch nicht immer in dessen Pläne eingeweiht, konnte sie aber im nachhinein zuweilen erfolgreich hintertreiben.

Ein schwerer amerikanischer Luftangriff auf Budapest am 2. April, der als Warnung gegen die Judenverfolgung gedacht war, gab den Vorwand zu einem weiteren vernichtenden Schritt gegen das Judentum. Ein Vorschlag

Veesenmayers, als Vergeltung für die 3–400 Todesopfer je 100 Juden zu erschiessen, wurde von Reichsaussenminister Ribbentrop als «unpraktisch» abgelehnt, denn dies hätte die öffentliche Hinrichtung von 30–40 000 Menschen bedeutet, was sich als kontraproduktiv hätte auswirken können. Aber aus 1 000 Wohnungen wurden die jüdischen Bewohner (rund 7 000) auf die Strasse geworfen; diese Wohnungen mussten sie samt Mobiliar ausgebombten «Christen» übergeben. Nach jeder Bombardierung wurde diese Ausquartierung wiederholt.[34]

Es wäre übertrieben, zu behaupten, Carl Lutz hätte am 19. März 1944 seinen Rettungsplan nur aus der Tasche zu ziehen brauchen, sozusagen als direkte Antwort auf Veesenmayers und Eichmanns Vernichtungsplan. Im Gegenteil, er musste seine Gedanken gänzlich neu fassen. Wenn er in seiner pietistischen Jugendzeit geglaubt hatte, *das Böse* habe mit persönlichen Versuchungen zu tun, vielleicht in Gestalt von Teufel und Höllenfeuer, so öffnete sich in diesem Augenblick vor ihm ein Abgrund von Frevel auf, der jegliche Vorstellungskraft von Sünde überstieg, deren die überlieferte christliche Gedankenwelt fähig war. Wenn *das Böse* derart überhand nehmen durfte, wo war dann Gott, der Schützende, der *Allmächtige*?[35] Spätestens während seiner nächtlichen Autofahrt mit dem verzweifelten Ministerpräsidenten Kallay wird er sich diese Frage gestellt haben. Jedenfalls war die relativ ruhige Arbeit, die er in Ungarn trotz Krieg und Kriegsgeschrei geleistet hatte, brutal zu Ende gekommen. In seinen späteren Berichten hat er immer wieder, ohne auf Einzelheiten einzugehen, auf dieses abrupte Ende seiner ersten Zeit in Budapest hingewiesen.

Obwohl es Sonntag war, nahmen Lutz und seine Gattin Gertrud die bedrohliche und lärmende Aufstellung der deutschen Panzerwagen und Militärs rund um die nahe königliche Burg wahr und hörten die bestürzenden Radionachrichten. Auch der Vizekonsul hatte in den vergangenen Tagen über den Zweck der Reise Horthys nachgedacht, nachdem er den ganzen Winter hindurch eine Vorahnung von kommenden Geschehnissen gespürt hatte, die wie eine dunkle Wolke über der ungarischen Hauptstadt gelagert hatte. Mehr als einmal hatte er zudem mit Jean de Bavier darüber gesprochen. Die marschierenden Soldaten und das dumpfe Dröhnen der Panzerketten zeigten auf, dass die Katastrophe begonnen hatte.

Den ganzen Sonntag über wiederholte das Radio die Verlautbarungen der neuen Machthaber und ihrer ungarischen Trabanten. Ein Kronrat sei um die Mittagszeit vom Reichsverweser einberufen worden. Ministerpräsident Kallay und das gesamte Kabinett hätten das Amt niedergelegt, und Horthy beauftrage Döme Sztójay, den bisherigen ungarischen Gesandten in Berlin, mit der Bildung einer neuen Regierung. Dann folgte eine Verlautbarung des Staatschefs, dass er sich über die Vertiefung der Waffengemeinschaft mit dem Deutschen Reich und dessen «Führer» freue und bis zum gemeinsamen «Endsieg» Schulter and Schulter mit ihm weiterkämpfen wolle. Wenn Lutz keine besonderen Kenntnisse über die ungarische Politik gehabt hätte, würden ihn diese Art eher harmloser «Nachrichten» kaum beunruhigt haben. Und so war es auch gemeint. Die Ungarn – und die Juden unter ihnen – sollten sich stille verhalten.

Als der Vizekonsul am folgenden Morgen in aller Frühe übernächtigt vor dem amerikanischen Gesandtschaftsgebäude vorfuhr – nur wenige Stunden zuvor hatte er den abgesetzten Ministerpräsidenten Kallay zur türkischen Gesandtschaft gebracht –, standen Hunderte von frierenden und verängstigten Menschen dichtgedrängt vor dem Eingang, «in Landsgemeindestärke», schrieb er später.[36] Lutz musste widerwillig die Polizei herbeirufen, so dicht standen sie vor dem Portal und flehten um Hilfe. Tausende von Juden seien gestern den ganzen Tag über und während der Nacht verhaftet und verschleppt worden, riefen sie. Niemand wisse wohin. Zwei Jahre lang hatte er Kindern und jungen Chalutzim die Ausreisepapiere nach Palästina geregelt, und es hatte sich herumgesprochen, dass er, Lutz, immer geholfen habe. Nun waren sie *alle* da und wollten nach dem rettenden Palästina, oder irgendwo anders hin, nur weg von diesem *cul de sac* Ungarn, auch jene, die bisher überhaupt nie daran gedacht hatten, ihre ungarische Heimat zu verlassen.

Lutz hat wenig über diese erste Begegnung mit der angstgetriebenen Menschenmenge vor seinem Amtssitz geschrieben, etwa im Vergleich zu seinen viel ausführlicheren Berichten über die Ereignisse ein halbes Jahr später über die von den Pfeilkreuzlern gejagten Menschen. Vielleicht rührt diese auffallende (schriftliche) Erinnerungslücke daher, dass er in diesem Augenblick einfach nicht wusste, was er überhaupt tun konnte. Für Hilfsaktionen dieser Art war er ja nicht im entferntesten zuständig – das EPD würde ihm diese Tatsache umgehend in Erinnerung rufen, falls er es vergässe –, obgleich das Ausmass der Not alles, was er bisher gesehen und erlebt hatte, um ein Vielfaches überstieg. Einzig die Palästina-Zertifikate, mit denen er sich bisher abgegeben hatte, boten eine Überlebenschance für einige wenige, bisher waren es nie mehr als 50 bis 100 pro Woche gewesen, die ausreisen durften, ganz abgesehen vom übermässigen und zeitraubenden bürokratischen Krimskram. Das war immerhin mehr als überhaupt nichts …

Die Palästina-Zertifikate!

Der Gedanke an dieses lebenswichtige Dokument liess den Vizekonsul nicht los, vor allem, als er übers Radio vernahm, dass den Juden *ohne Ausnahme* jegliches Reisen im In- *und* Ausland strikt untersagt war.

Diese Nachricht war der springende Punkt. Lutz musste seine Gedanken neu sammeln und sich etwas ausdenken.

Er fuhr zu Minister Jaeger an dessen Amtssitz an der Stefania ut.

Für die künftige Arbeit von Lutz sollte es sich als ein grundlegendes Gespräch herausstellen, obgleich er in seinen Erinnerungen nur Bruchstücke aufnotiert hat. Es ist anzunehmen, dass auch Anton Kilchmann, der Erste Sekretär der Gesandtschaft, und Legationssekretär Harald Feller zugezogen wurden.

Eine Situationsanalyse wurde erstellt, wobei das Problem der Interessenvertretungen im Vordergrund stand und damit die Frage, wie die Gesandtschaft ihre Verpflichtung für die bedrohten Juden unter den neuen Umständen wahrnehmen konnte. War Ungarn überhaupt noch ein unabhängiges Land, wenigstens juristisch? Wenn ja, musste die neue Regierung wissen, dass die Amerikaner zweifellos scharf auf jeden Versuch der Judenvernichtung reagieren würden. Präsident Roosevelt kandidierte bereits ein viertes Mal (die Wahlen würden im November 1944 stattfinden) und sorgte sich um das jüdische Stimmenpotential in den USA, das bisher unentwegt den Kandidaten der Demokratischen Partei unterstützt hatte. Wenige Wochen zuvor, am 26. Januar, hatte der Präsident, mit einem Auge auf die Abstimmung, den Erlass zur Schaffung eines Flüchtlingsamtes, des *War Refugee Board* (WRB) unterzeichnet, das ermächtigt wurde, «*to take all measures within its power to rescue the victims of enemy oppression who are in imminent danger of death and otherwise to afford such victims all possible relief and assistance consistent with the successful prosecution of the war.*»[37]

Aber würden sich die Deutschen um die Meinungen des Präsidenten Roosevelt kümmern? Und die neue ungarische Regierung, die sie eingesetzt hatten?

Jedenfalls musste die Regierung Sztójay, vor allem das Aussen- und das Innenministerium, von der Entschlossenheit der Vereinigten Staaten unterrichtet werden, dass sie die Juden nicht ungestraft verfolgen und umbringen durfte, auch wenn wenn es sich um ihre eigenen Mitbürger handelte. Auch dann nicht, wenn es ihr von aussen her aufgezwungen sein sollte.

Schon aufgrund dieser amerikanischen Entscheidung, durch das WRB dem drohenden Genozid einen Riegel zu schieben, stand es für die Abteilung für Fremde Interessen – die jene der Vereinigten Staaten in Ungarn offiziell vertrat – ausser Frage, das Verbot der Ausreise von Juden zu akzeptieren. Jaeger und Lutz würden trotz ihrer Skepsis formell protestieren und dabei nicht vergessen, zu erwähnen, dass laut Völkerrecht eine Regierung an die von ihren Vorgängerinnen eingegangenen internationalen Verpflichtungen gebunden war. Auch der neue Gesandte und «Reichsbevollmächtigte»,

Veesenmayer, musste aufgesucht und entsprechend informiert werden. Es galt zudem, mit dem IKRK-Delegierten und den anderen neutralen Gesandtschaften in enger Tuchfühlung zu bleiben.

«Wir dürfen das nicht durchgehen lassen!» fasste Minister Jaeger das Gesprächsergebnis zusammen.[38]

Die kommenden Tage und Wochen würden zeigen, ob der Vernichtung durch die Schakale Einhalt geboten werden konnte.

«Die Mühlen von Auschwitz»

Als Operation Margarethe durchgezogen wurde, waren bereits fünf Millionen Juden Europas tot.

Die ungarische Tragödie war lediglich ein Nachspiel.

Nachdem Minister Jaeger dem neuen Ministerpräsidenten Döme Sztójay einen kurzen protokollarischen Besuch abgestattet hatte, um ihn zu seiner Ernennung zu beglückwünschen, machte er dem neuen deutschen Gesandten und «Reichsbevollmächtigten» Veesenmayer ebenfalls seine Aufwartung. Er sah einen noch jungen, arroganten Mann von grosser Körperfülle in ordenbehangener SS-Uniform gekleidet, der den Schweizer Gesandten mit ausgestrecktem Arm und einem schallenden «Heil Hitler» begrüsste. Sofort biederte sich der Bayer an. Als Allgäuer sei auch er Alemanne und fühle sich deshalb mit den Schweizern völkisch verwandt, was zweifellos zum gegenseitigen Verständnis beitrage.

Es ist anzunehmen, dass Minister Jaeger eine gewisse Kenntnis von den Aktivitäten Veesenmayers besass, da er als einstiger schweizerischer Gesandter in Wien die Vorgeschichte des Anschlusses Österreichs kannte und von dessen damaliger agitatorischer Rolle erfahren hatte. Aus einer kurzen Aufzeichnung Jaegers für Bundesrat Pilet-Golaz ist zu entnehmen, dass es sich kaum um ein längeres Gespräch gehandelt haben kann. Jaeger erinnerte sich nur, dass Veesenmayer auch hier von sich gesagt hätte, er sei «überzeugter Nationalsozialist».[1]

Der Höflichkeitsbesuch Minister Jaegers auf der deutschen Gesandtschaft hat jedenfalls den Weg für ein Treffen zwischen Veesenmayer und Vizekonsul Lutz geebnet. Jaeger bat Lutz auch, sich bei den Deutschen für eine verhaftete jüdische Familie namens Steger einzusetzen, die der schweizerischen Gesandtschaft in Bicske westlich Budapests ein Haus zur Verfügung gestellt hatte, das im Fall der Zerstörung der Gesandtschaft durch Luftbombardierung als Ausweichquartier dienen sollte.

Zur Überraschung von Lutz empfing ihn der «Reichsbevollmächtigte» «freundlich». Er «teilte mir zu meiner Überraschung mit», berichtete er, «dass er vom Auswärtigen Amt in Berlin bereits ein Schreiben erhalten habe, worin er ersucht werde, mir im Rahmen des Möglichen entgegenzukommen, obwohl ich jetzt feindliche Interessen verträte; dies in Anbetracht meiner Verdienste um die Vertretung der deutschen Interessen in Palästina bei Kriegsausbruch.»

Dies ermutigte Lutz, seine Bitte vorzutragen, die Deutschen möchten ihm bei der weiteren Ausreise von jüdischen Kindern und Chalutzim nichts in den Weg stellen, vielleicht auch auf die Ungarn positiv einzuwirken, damit sie die bisherigen diesbezüglichen Vereinbarungen auch in Zukunft einhielten. Er hoffte ferner, die deutschen Behörden möchten ihre Durchreisesichtvermerke bis zu den Schwarzmeerhäfen anstandslos genehmigen. Auf Veesenmayers Frage nach der Zahl der Ausreisekandidaten, erwiderte Lutz, 1 450 jüdische Familien oder 7 000 Einzelpersonen hätten sich bis zum 19. März zur Auswanderung nach Palästina eingetragen, nebst 1 000 Kindern unter 16 Jahren, deren Eltern die Ausreise wünschten, oder die elternlos aus anderen Ländern nach Ungarn gekommen seien. Die notwendigen Einreisezertifikate nach Palästina seien vorhanden.

Der «Reichsbevollmächtigte» sah diesbezüglich überhaupt kein Problem: «Er antwortete, dass er meine Lage verstehe und mir nach Möglichkeit meine Aufgabe erleichtern wolle. Deutscherseits sei man aber der Auffassung, dass die Juden Ungarns konzentriert werden müssten, damit sie bei einem eventuell umschlagenden Kriegsglück nicht der kämpfenden Truppe in den Rücken fallen könnten.»[2] Er war dennoch einverstanden, dass die vom Herrn Vizekonsul geleitete Abteilung für Fremde Interessen den künftigen Auswanderern für die Dauer der Wartezeit bis zur Ausreise eine Bestätigung ausstellte, damit diese nicht mit Aufgeboten zu Arbeitsdienst oder Umsiedlung belästigt würden. Ganz bestimmt würden die ungarischen Behörden mit diesem Vorgehen auch einverstanden sein.

Natürlich konnte Lutz die «Empfehlungen» Veesenmayers vom 10. Dezember 1943 an den «Führer» für die Vernichtung der ungarischen Juden nicht kennen. Was er in diesem Augenblick auch nicht wissen konnte, war, dass die von ihm fast beiläufig erwähnten Zahlen von 7 000 bzw. 8 000 potentiellen Auswanderern in den kommenden Monaten in den Verhandlungen mit Veesenmayer und den ungarischen Behörden unweigerlich immer wieder auftauchen würden. Lutz hatte sie lediglich als die *gegenwärtige* Zahl der Eingeschriebenen erwähnt, ohne ihr eine besondere Bedeutung beizumessen, in der Erwartung, dass sich laufend weitere Ausreisekandidaten melden würden. Für Veesenmayer aber stellten die 7 oder 8 000 von nun an die undiskutierbare Höchstlimite aller ungarischen Juden dar, die von der Vernichtung unter gewissen Umständen ausgenommen werden durften. Diese Konzession an den Vizekonsul konnte aber nur dann gewährt werden, wenn das *gesamte* übrige ungarische Judentum nach dem «Wunsch des Führers» vernichtet werden würde. Von dieser Bedingung liess Veesenmayer natürlich kein Wort verlauten.

Es ist nicht anzunehmen, dass Lutz Veesenmayers Versprechen, seiner Abteilung zu «helfen», für bare Münze genommen hat. Er war dennoch zufrieden, dass ihm die Türen, vielleicht aufgrund seiner deutschen Interessenvertretung in Palästina 1939, nicht ganz verschlossen bleiben würden. Der deutsche Gesandte machte den Eindruck, als ob man mit ihm reden konnte. Er hatte sich «verständnisvoll» gezeigt und Lutz versprochen, seine Aufgabe zu «erleichtern» helfen. Ominös fand Lutz allerdings Veesenmayers Bemerkung, dass die Juden Ungarns «konzentriert» werden müssten, damit sie der kämpfenden Truppe nicht «in den Rücken fallen» würden. Was bedeutete das?

Freundlich schob Veesenmayer den Vizekonsul wegen dessen Frage nach dem Schicksal der Familie Steger in Bicske und weiteren technischen Einzelheiten an den in Judenfragen versierten «Fachmann» Eichmann ab. Der SS-Obersturmbannführer sei im Hotel Majestic auf dem Schwabenberg logiert, sagte er zu Lutz. Er würde ihm zweifellos gerne helfen. Veesenmayer befahl Legationssekretär Dr. Gerhart Feine, dem zweiten Mann des neuen Gesandtschaftsteams, mit Eichmann einen Termin für den Herrn Vizekonsul festzulegen.

Da Eichmanns Name nach aussen bisher noch kaum bekannt geworden war, konnte Lutz noch nicht wissen, mit wem er es zu tun hatte. Auch der SS-Mann war freundlich, beruhigend, «erklärend», vor allem, wie Herr Minister Veesenmayer dem Herrn Vizekonsul schon gesagt hätte, dass eine Konzentration der Juden notwendig sei, um den Rücken der kämpfenden Truppe zu schützen. Eine reine Vorsichtsmassnahme. In bezug auf irgendwelche Konzession sei er, Eichmann, eher dagegen, aber er halte sich, wie immer, strikt an die Befehle seiner Vorgesetzten.

Das Ergebnis des Gesprächs mit Eichmann war kaum ermutigend. Der Befehlshaber des nach ihm benannten Sonderkommandos führte sich auf wie der Vertreter einer auch jetzt noch unbesiegbaren Weltmacht. Immerhin befahl Eichmann einem Adjutanten, sich der verhafteten Familie Steger anzunehmen. Lutz beschrieb sein berüchtigtes Gegenüber wie folgt: «Eichmann machte den Eindruck eines forschen, unerschrockenen Offiziers, eines Draufgängers, der seiner Aufgabe gewiss war. Unter anderem sagte er mir: ‹Wir deutschen Soldaten fürchten uns nicht. Wo kämen wir hin, wenn wir uns vor dem Tode fürchteten. Meine Kameraden kämpfen in Russland, ich kämpfe auf diesem Posten. Sie kämpfen gegen die rote Flut, die ohne die deutsche Wehrmacht Europa überfluten würde. Roosevelt hätte besser getan, mit uns zu kämpfen als gegen uns. Die Zukunft wird lehren, wer recht hat.›» Das Gespräch hatte nur eine Viertelstunde gedauert.[3]

Auf diese Weise begegnete Vizekonsul Lutz den beiden Hauptverantwortlichen für die Exekution von einer halben Million Menschen. Ein schärferer Kontrast war unvorstellbar. Die beiden Zyniker, denen der zerstörerische Machtapparat des Dritten Reiches voll zur Verfügung stand. Bis zum Ende ihres Lebens würden sie ihre Verbrechen um keinen Deut bereuen. Und ihnen gegenüber der hagere Humanist, im Pietismus des Appenzeller Vorderlands beheimatet, dessen einzige Machtbasis das Völkerrecht und der menschliche Anstand war und der auch jetzt noch die unfassbaren Schreckensmeldungen über die Vernichtungslager für aufgebauscht hielt.

Der zweite Mann der deutschen Gesandtschaft, Legationssekretär Gerhart Feine, Rechtsanwalt und Koordinator für jüdische Fragen, der am 19. März zusammen mit Veesenmayer nach Ungarn gekommen war, schien das Missbehagen von Lutz beobachtet zu haben. Er war «ein besonders erfahrener, im Völkerrecht und im diplomatischen Verkehr geschulter Berufsbeamter», wie er nach dem Krieg in Nürnberg beurteilt wurde.[4] Feine schien nach Jahren Dienst im nationalsozialistischen Reichsaussenministerium späte Gewissensbisse bekommen zu haben. Er wartete einige Wochen zu, wohl bis Ende April oder Anfang Mai 1944, bis er sich Lutz in einem unbeachteten Augenblick näherte und ihm die Kopie jenes Telegramms zeigte, das Veesenmayer am 3. April an das Reichsaussenministerium geschickt hatte, worin mögliche Vergeltungsmassnahmen an Juden erörtert als Rache für die Opfer der intensivierten Luftangriffe der Westalliierten seit dem 19. März erörtert worden waren, die Erschiessung von je 100 Juden für jeden bei einem Luftangriff ums Leben gekommenen Ungarn gefordert, d. h. die Hinrichtung von jeweils 30–40000 Juden nach jedem Luftangriff.[5]

Vier Jahre später erwiderte Veesenmayer Richter Maguire in Nürnberg auf dessen Frage, ob es zu solchen Erschiessungen als Antwort auf Bombenangriffe gekommen sei: «Nein, Gott sei Dank nicht. Der Dank gebührt der amerikanischen Luftwaffe, weil sie mal eine Pause machte mit ihren Angriffen ... Es erfolgte keine einzige Erschiessung, ja, nicht einmal die Androhung wurde publiziert. Das Unheil ging nochmals an uns vorüber.»[6]

1944 allerdings, als der Gesandte und «Reichsbevollmächtigte» Gott noch nicht dankte, war Lutz über dessen nach Berlin gekabelten Vorschlag schockiert: «Ich las das Telegramm Veesenmayers vom 3. April 1944 mit Bestürzung; ich wollte meinen Augen nicht trauen. Auf Grund meiner persönlichen Besprechungen mit Veesenmayer hatte ich bisher angenommen, dass menschliches Empfinden in ihm vorhanden war. Jetzt sah ich, dass er nicht nur ein überzeugter Nazi, sondern ein Sadist war.»[7] Veesenmayer war normalem menschlichem Empfinden nicht zugänglich.

Die Beziehungen zwischen Lutz und Feine scheinen, wenigstens aber zu jenem Zeitpunkt, noch kaum sehr eng gewesen zu sein. Denn Feine vorenthielt Lutz die Reihe jener brutalen Aufrechnungen der Konzentrierten und Deportierten, die die Gesandtschaft nach Beginn der Deportationen regelmässig nach Berlin telegrafierte, worüber Lutz freilich in erster Linie von Dr. Samuel Stern, dem Vorsitzenden des Judenrates, und von Dr. Kasztner auf dem laufenden gehalten wurde. Feine, als Judenbeauftragter der Gesandtschaft, hat diese Berichte im Namen Veesenmayers jeweils selber verfasst und an das Reichsaussenministerium durchtelegrafiert. Von der Grössenordnung her gesehen stellten diese Aufrechnungen über die kaltblütige Ermordung von Hunderttausenden von Opfern, worüber unten noch berichtet wird, die projizierte Geiselerschiessung weit in den Schatten. Der Verrat einer «geheimen Reichssache» wie das der «Endlösung» war allerdings äusserst gefährlich und hätte Feine teuer zu stehen kommen können.

Spätestens nachdem ihm Feine Einsicht in Veesenmayers Telegramm vom 3. April gewährt hatte, wusste Lutz, dass es keine Zeit mehr zu verlieren galt, wenn wenigstens das Leben der 7–8 000 Kinder und jungen Leute gerettet werden sollte, für die er sich bei Veesenmayer eingesetzt hatte. In diese Zahl eingeschlossen waren die Chalutzim, die jungen jüdischen Pioniere, die sich ihm bei der Identifizierung der Auswanderer stets so spontan zur Verfügung gestellt hatten. Weil Lutz gleich nach dem 19. März eine – grausame – Wahl treffen musste zwischen jenen, denen er in der ehemaligen amerikanischen Gesandtschaft Asyl geben konnte, und den Unglücklichen, die draussen bleiben mussten, hatte er den Pionieren den Vorzug gegeben und einige von ihnen mit Legitimationspapieren der Gesandtschaft ausgestattet. Er war zudem auf diese jungen Menschen schlicht angewiesen, um die mehreren tausend Auswanderer wie bisher identifizieren zu können und ihnen zur Ausreise zu verhelfen, falls dies überhaupt noch möglich war, und sie irgendwie mit Nahrungsmitteln zu versorgen. Da sie risikoreiche Wege gehen mussten, stattete Lutz sie oft mit gefälschten Papieren aus; dafür stellten die Chalutzim Verbindungen zu den potentiellen Auswanderern her und lieferten prompte und zuverlässige Unterlagen. Ausserdem ergänzten sie für den Vizekonsul die vom Judenrat gelieferten Nachrichten über Konzentrationen und Deportationen. Ferner informierten sie ihn über abgeschossene britische oder amerikanische Flugpiloten, die sich irgendwo versteckt hielten oder die schwarz über die Grenze gekommen waren.

Im Gegensatz zum vorsichtig agierenden Judenrat, der Eichmann auf Gedeih und Verderb ausgeliefert war, oder der Waadah, aus den verschiedenen jüdischen Fraktionen mühevoll zusammengeklittert, engagierten sich die Chalutzim mit vorbehaltlosem Einsatz für die Rettung der ungarischen Juden. Sie stellten sich somit in scharfen Gegensatz zum tragisch-vorsichtigen Lavieren des jüdischen Establishments.

Erstaunlicherweise gab es in Budapest zu jener Zeit nie mehr als 500 Chalutzim. Ein Teil der Führungsschicht dieser Aktionsgruppe stammte ursprünglich aus Polen und der Slowakei, die 1942–1944 nach Ungarn geflohen war. Die Beteiligten kamen aus sehr diversen zionistischen Pioniergruppen: Etwa 80 von *Benej-Akiba* (religiös), 30 von *Betar* (Revisionisten), 70 von *Dror Habonim* (Sozialdemokraten), 40 von *Ichud* (Sozialdemokraten), 90 von *Makkabi Hatzair* (Sozialdemokraten), 80 von *Hanoar Hazioni* (bürgerlich) und 160 von *Haschomer Hatzair* (Sozialisten).[8] Die Not hatte sie zusammengeschweisst.

Sie waren die Erben des ausserordentlich vitalen geistigen und politischen Aufbruchs, der das osteuropäische Judentum in den zwanziger und dreissiger Jahren ergriffen hatte und der sich so positiv auf die Gesamtkultur jener Völker hätte auswirken können, wenn der Antisemitismus und der Nationalsozialismus diesen hoffnungsvollen Prozess nicht zerstört hätte. Zu ihren leitenden Köpfen gehörten Zwi Goldfarb aus Polen und Friedl Rafi (Ben Schalom) und Peretz Révész aus der Slowakei. Weitere führende Chalutzim, die monatelang den Einsatz ihres Lebens zur Rettung ihrer Glaubensgenossen wagten, waren David (Gur) Grosz, Sándor (Alexander, Ben Eretz) Grossman, Yitzchak (Mimisch) Horváth, Jozsef Mayer, Mosche (Alpan) Pil, Mosche Rosenberg und Efra (Agmon) Teichmann.[9]

Ein Teil der Pioniere wollte sich zunächst im bewaffneten Partisanenkampf versuchen. Nachdem sie sich jedoch bewusst wurden, dass sie weder im ungarischen Judentum noch unter den «Christen» genügend Unterstützung finden würden, verlegten sie sich auf die Rettung von einer grösstmöglichen Zahl von Juden durch die Fälschung von Identitätsausweisen, Mithilfe beim Entweichen aus Gefängnissen und Lagern und Fluchthilfe (*Tijul*) nach Rumänien.

«Eine der wichtigsten Aufgaben war es», schrieb Grossman, «die Kontakte mit den antifaschistischen Kräften aufrechtzuerhalten; weiter die Koordination der Pionierbewegungen der Kultusgemeinde, der jüdischen Organisationen und des Rettungskomitees *Hatzala* (Zionistische Rettungsaktion) zu pflegen, das verbunden war mit den Namen von Ing. Otto Komoly, Dr. Rezsö (Rudolf) Kasztner, Andór Biss, Sándor Offenbach, Joel Brand und seiner Frau Hansi Brand. Ferner musste man sich um ständige

Verbindung mit den im Ausland erreichbaren jüdischen Organisationen kümmern. Dann galt es, laufend Informationen über wichtige politische Ereignisse im In- und Ausland einzuholen und im Zusammenhang mit den Aktionen des Selbstschutz-Komitees (d. h. der zentralen Koordinationsstelle der Chalutzim) diese Informationen zu verwerten. Man musste die Kontakte und die Zusammenarbeit mit ungarischen Widerstandsbewegungen – mit Kommunisten, Sozialdemokraten, der Partei der Kleinen Landwirte – organisieren. Eine der gefährlichsten Aufgaben in dieser vielfältigen Aktivität war die Kontaktaufnahme und -pflege mit den aus deutschen Internierungslagern geflüchteten britischen, französischen, holländischen, dänischen und anderen Offizieren und Priestern sowie die Versorgung dieser Leute mit falschen Papieren und Lebensmitteln.» Diese gewagten Unternehmen forderten ein grosses Opfer von den Chalutzim. Nicht weniger als 100 dieser jungen Leute, also 20 Prozent des Gesamtbestandes, verloren ihr Leben.[10]

Friedl Rafi, einer der führenden Köpfe der Chalutzim, der in der Slowakei der linksorientierten Jugendorganisation Haschomer Hatzair angehört hatte und im Januar 1944 nach Ungarn geflohen war, wandte sich nach dem 19. März an Lutz um Hilfe. Noch vor seiner Flucht aus der Slowakei hatte er einem nichtjüdischen Bekannten namens János Sampias dessen Personalausweis abgekauft. Da jener Sampias in Amerika geboren war, kam Rafi auf den Gedanken, sich von Lutz einen schweizerischen Schutzpass für amerikanische Staatsbürger ausstellen zu lassen. Er zeigte dem Vizekonsul den Personalausweis und bat um eine Bestätigung seiner amerikanischen Staatsbürgerschaft.

Bereitwillig versprach ihm Lutz die notwendige Hilfe, bat Rafi jedoch, einen mehrere Seiten umfassenden Fragebogen auszufüllen, den er über Bern den amerikanischen Behörden zur Verifizierung schicken müsse. «Rafi überdachte nachträglich sein Gespräch mit Lutz und die Tatsache, dass er den Fragebogen in fast allen Punkten falsch ausgefüllt hatte», berichtete Grossman, sein Mitkämpfer aus den Reihen der Chalutzim. «Schliesslich hatte er ja keine Ahnung, wer der Vater, die Mutter, der Grossvater jenes Sampias gewesen waren, dessen Dokumente er besass ... So ging er nochmals zu Lutz und erzählte ihm kurz entschlossen die Wahrheit. Er sagte ihm, dass er in Wirklichkeit weder Sampias noch Amerikaner sei, sondern ein verfolgter slowakischer Jude – und er bat Lutz um Hilfe. Die Art, wie Lutz reagierte, blieb für Rafi ein unvergessliches Erlebnis... Zunächst beruhigte er Rafi mit dem Hinweis, dass er sich wegen des Fragebogens keine Sorgen machen solle. Der administrative Weg eines solchen Fragebogens sei so lang, dass bis zum Einlangen der Antwort› – wie Lutz sagte –

‹wir vielleicht schon alle zugrunde gegangen sind. Falls wir aber dieses Chaos überleben, bitte ich Sie, mir dann das Papier zurückzugeben, das ich Ihnen jetzt ausstelle – und von dieser Angelegenheit zu schweigen, solange ich im Amt bin.›»[11]

Es handelte sich um einen klaren Fall von Kompetenzüberschreitung, wenn nicht von Mithilfe bei «Betrug», die im fernen Bern wohl kaum Zustimmung gefunden hätte.

Friedl Rafi überlebte den Krieg und nahm den Namen Ben-Schalom an, als er 1947 nach Israel auswanderte. Er diente seiner neuen Heimat als Botschafter in Mali, Kambodscha und Rumänien. Jahre später erinnerte sich René J. Keller, der 1961 als schweizerischer Botschafter ebenfalls in Mali akkreditiert worden war und Ben-Schalom, alias Friedl Rafi, seinem israelischen Kollegen, einen protokollarischen Besuch abstattete, den er vorher schriftlich angekündigt hatte: «Ben Schaloms herzlicher Empfang erstaunte mich: ‹Als ich Ihre Zeilen erhielt, kamen mir die Tränen›. ‹Was konnte mein Text so Bewegendes enthalten haben?› ‹Es war nicht der Text, es war der Stempel darauf, der fast identisch mit jenem auf dem Schutzpass war, der mir – dem ungarischen Juden namens Friedl – das Leben rettete, da ich in Budapest helvetischen Schutz genoss.›» [12]

Ein weiterer wichtiger Schritt beim Aufbau der Judenrettungsaktion von Vizekonsul Lutz war die Neugestaltung der Verbindung mit dem Palästina-Amt, als dessen Sekretär Mosche (Miklós) Krausz bisher fungiert hatte. Die beiden waren erstmals 1942 miteinander in Verbindung getreten, als Lutz von der britischen Regierung – via EPD Bern – erstmal um Hilfe bei der Identifizierung von Inhabern der Palästina-Zertifikate gebeten wurde. Auch Krausz war Zionist, gehörte aber nicht zu den Chalutzim, von denen er wegen seiner konservativen politischen Haltung und seiner – nach ihrer Auffassung – inkompetenten Verwaltung des Palästina-Amtes angefeindet wurde.[13] Zudem hatte er persönliche Schwierigkeiten, sich beim Intellektuellen Kasztner, der vermögenden und mit dem Adel versippten Baronin Edith Weisz und dem ansonsten klugen und zugänglichen Komoly, die alle dem Aufsichtsrat des Palästina-Amtes angehörten, durchzusetzen. 1943 trug sich Krausz mit dem Gedanken, selber nach Palästina auszuwandern, und das Foreign Office erkundigte sich nach seiner Identität. Lutz informierte das EPD telegrafisch. Krausz sei der Vertreter der Jewish Agency in Budapest, dessen Akkreditierung 1939 in Jerusalem ausgestellt worden sei und die Nummer 31 trage.[14]

Als die Lage nach dem 19. März 1944 für Krausz persönlich und für das Palästina-Amt bedrohlich wurde, riet der scheidende IKRK-Delegierte de Bavier Krausz, sich wiederum mit Lutz in Verbindung zu setzen. Die Leitung der Waadah, selber bereits in den Untergrund getrieben, ging einen Schritt weiter, wie Kasztner berichtete: «Man machte Pläne, man verteilte die Rollen. Otto Komoly nahm es auf sich, mit ungarischen Politikern in Kontakt zu treten und die christlichen Kirchen um Unterstützung zu bitten. Mosche Krausz erhielt den Auftrag, sich unter den Schutz der Schweizer Gesandtschaft zu stellen und die neutralen Diplomaten um Interventionen zu bitten. Die Bearbeitung der ‹deutschen Linie› wurde an Joel Brand und an mich übertragen.»[15]

Dieser Auftrag der Waadah an Krausz geschah etwa im selben Augenblick, da die ungarische Regierung ihre Bewilligung für die Fortführung des Palästina-Amts aufhob. Dadurch war Krausz wie jeder andere Jude bedroht und wurde unverzüglich zum Arbeitsdienst aufgeboten. Er kam deshalb nicht einfach zu Lutz, weil er von der Waadah beauftragt worden war, sondern weil er um sein Leben fürchtete. Sofort sandte der Vizekonsul ein dringendes Telegramm nach Bern mit der Bitte um Ermächtigung einer Schutzgewährung für Krausz. Es handelte sich ja nicht um irgendeinen Juden, sondern um einen Aktivisten, der bisher die Auswanderung nach Palästina hauptamtlich betrieben hatte. Es war zu erwarten, dass die ungarischen und die deutschen Sicherheitskräfte nach ihm suchen würden. Der Vizekonsul hatte überdies alles Interesse, die bisher gut eingespielte Zusammenarbeit mit Krausz für die Auswanderung der 7–8 000 Juden, die er von Veesenmayer und Eichmann ertrotzen wollte, nicht aufs Spiel zu setzen. Lutz hob dabei – etwas übertrieben – die «britische» Verbindung von Krausz hervor: «Mosche Krausz, durch britische Regierung mit Auswahl Auswanderer nach Palästina beauftragt, ersucht um unseren Schutz stop Tätigkeit von Krausz in Anbetracht neuer Lage sehr wichtig stop Ist Schutz als Beauftragter britischer Regierung möglich und in welcher Form?»[16]

Natürlich wusste die britische Gesandtschaft in Bern nichts von einem solchen «Beauftragten» ihrer Regierung in Budapest. Die Rückantwort des EPD lautete entsprechend: «*Mosche Krausz n'était pas mandataire du Gouvernement britannique .... quels étaient exactement ses titres à représenter le Comité juif de Palestine?*»[17] Die Information, die der Vizekonsul über Krausz vor Jahresfrist nach Bern geschickt hatte, war in den Aktenschränken des EPD offenbar bereits begraben. Er musste für seine leichte Übertreibung geradestehen und antwortete: «Mr. Krausz ist ungarischer Staatsangehöriger. Er ist Beamter der Einwanderungsabteilung der Jewish Agency Jerusalem. Letztere hat ihn mit Leitung Budapest Palästina Auswanderung beauftragt.»[18]

Gleichzeitig mit diesem Telegrammaustausch mit dem EPD musste Lutz beim Innenministerium dreimal vorsprechen, um Krausz vom Arbeitsdienst zu befreien, der ja einer Deportation gleichkam. Diese Interventionen führten schliesslich zum gewünschten Ziel. Der Sicherheit halben gewährte der Vizekonsul Krausz Wohnsitz im früheren amerikanischen Gesandtschaftsgebäude.[19]

Die Rücksprache mit seinen Vorgesetzten in Bern zeigt auf, dass Lutz mit der Asylgewährung in den von ihm verwalteten Gesandtschaftsgebäuden nach wie vor sehr vorsichtig umging. In diesem Augenblick, da die Regierung Sztójay noch unsicher im Sattel sass und die Deutschen ihren ungarischen Satelliten nervös überwachten, wollte er ihnen keinen Vorwand geben, der ihn zur *persona non grata* gemacht hätte und der die 7–8000 gefährdeten Menschen, die Lutz noch zu retten hoffte, definitiv dem Verderben ausliefern würde.

Mit der Asylgewährung an Krausz war die Grundlage für den Transfer des gesamten Palästina-Amtes mit seinen vorerst 30 Angestellten unter den Schutz der schweizerischen Gesandtschaft gelegt. Um sich bei der ungarischen Regierung abzusichern, verlangte und erhielt Lutz die Zustimmung des Aussenministeriums. Zu seiner Überraschung hatte er auf jenem Amt viele vertraute Gesichter entdeckt, die von der Sztójay-Regierung stillschweigend auf ihren Posten belassen worden waren. Sie sahen in diesem neuen Arrangement, für das sich in der Geschichte der Diplomatie wohl kein Präzedenzfall finden lässt, kein Problem. Irgendwie musste ja Ungarn seine schon früher eingegangenen internationalen Verpflichtungen einhalten.

Durch seine Verbindung mit den stets einsatzbereiten Chalutzim und durch die Hereinnahme des Palästina-Amtes war Vizekonsul Lutz ein grosser Coup gelungen. Er konnte sich jetzt getrost an die Arbeit machen, den jungen Ausreisekandidaten wie bisher zur Reise nach Palästina zu verhelfen. Ausserdem hatte er vernommen, dass das IKRK in Bälde einen neuen Delegierten anstelle des nach Hause beorderten Jean de Bavier schicken würde. Auch dies würde eine grosse Hilfe sein.

Es war April 1944.

Doch die Zeichen standen auf Sturm, und auch der Vizekonsul wusste trotz aller Erfolge seiner stillen Diplomatie, dass jeder Tag, jede Stunde, die ungenutzt vergingen, kostbare Menschenleben bedeuten konnten. Wenn er schon von Geheimrat Feine auf die Zynik eines Veesenmayer aufmerksam geworden war, wieviel schockierender war ein Bericht, der ihm wahrscheinlich im Mai oder auch erst anfang Juni vor Augen kam, ein Dokument, das unter der Bezeichnung *Auschwitz-Protokoll* in die Geschichte eingegangen ist. Es durchbrach die «Verschwörung des Schweigens», das schwer über dem deutschbesetzten Europa gelegen hatte.[20] Die erschreckenden Zusammenhänge zwischen den ominösen Aussagen Veesenmayers und Eichmanns über die Konzentration der Juden mit dem Inhalt des Auschwitz-Protokolls wurden verheerend klar.

Das Auschwitz-Protokoll stammte von zwei jungen Juden aus der Slowakei, Walter Rosenberg und Alfred Wetzler, 19 und 26 Jahre alt, die sich später als Rudolf Vrba bzw. Josef Lanik neue Namen gaben. Sie waren bereits 1942 nach Auschwitz deportiert worden und hatten die Vernichtung nur deshalb überlebt, weil ihnen immer wieder gewisse Arbeiten übergeben wurden, was sie offenbar in den Augen der Lagerleitung unentbehrlich machte. Durch eine scharfe Beobachtungsgabe gewannen sie eine eingehende Kenntnis der Funktion des Todeslagers. Am 7. April 1944 gelang es ihnen, aus Auschwitz zu fliehen. Sie gehörten zu den wenigen unter Hunderttausenden, wenn nicht gar unter Millionen von Opfern, die diesem technisch fast vollkommen abgeriegelten Bereich der Hölle entfliehen konnten. Mehrere Tage später erreichten sie Pressburg/Bratislava und erstellten in Zusammenarbeit mit Gizi Fleischmann, Rabbi Michael Dov Weissmandel und anderen ihren furchterregenden Bericht, der umgehend ins Deutsche übertragen und auf geheimen Wegen mit Hilfe von Dr. Kasztner nach Budapest gebracht wurde, wo er am 25. April eintraf. Das dringendste Anliegen von Vrba und Lanik bestand darin, die ungarischen Juden vor der bevorstehenden Deportation zu warnen, denn sie hatten von den SS-Wachen schon im Januar vernommen, dass die Tötung von einer Million ungarischer Juden in Vorbereitung sei.[21]

Auschwitz ist seither Gegenstand vieler Augenzeugenberichte, Untersuchungen und Überlegungen geworden. Aber das Besondere an dieser allerersten Schilderung liegt nicht nur darin, dass sie von zwei kundigen Augenzeugen (Ingenieuren) verfasst wurde, die einen guten Einblick in die Administration der Tötungstechnik des Lagers besassen, sondern auch, dass sie nur wenige Wochen vor der Ankunft der ersten Transporte aus Ungarn verfasst wurde. *So*, wäre man versucht zu sagen, haben die Ankömmlinge das Todeslager in ihrer grossen Angst gesehen, bevor sie ausgelöscht wurden. Der Versuch jedoch, sich in den Geisteszustand der Opfer in jenem grauenvollen Augenblick hineinversetzen zu wollen, wäre vermessen.

Nach der Information Vrbas und Laniks funktionierte die «Endlösung» in Auschwitz folgendermassen: «Im Februar 1943 wurde das neu erbaute Krematorium und die Gaskammer in Birkenau eröffnet. Augenblicklich befinden sich in Birkenau vier Krematorien in Betrieb. Die Krematorien bestehen aus drei Teilen: (a) Verbrennungsöfen, (b) Badehalle, (c) Gaskammer. In der Mitte der Öfen ragt ein hoher Schornstein empor, um den herum 9 Öfen mit 4 Öffnungen erbaut sind. Jede Öffnung kann drei normale Leichen fassen, die in ungefähr 1 1/2 Stunden verbrannt werden. Die Kapazität der Öfen beläuft sich auf 2000 Leichen täglich. Daneben befindet sich eine grosse Vorbereitungshalle, die so gebaut ist, dass sie den Eindruck eines Baderaums erweckt. Die Halle umfasst 2000 Menschen, und angeblich befinden sich darunter ebenso grosse, ausgebaute Warteräume. Von hier führt eine Tür und einige Stufen in die tiefer liegende, sehr lange und enge Gaskammer. Auf der Mauer sind imitierte Duscheinrichtungen angebracht, sodass die Kammer den Eindruck eines riesigen Baderaums erweckt. Auf dem flachen Dach der Kammer befindet sich ein Fenster, das durch drei Ventile hermetisch geschlossen wird. Von der Gaskammer zum Ofen führt ein Geleise durch die Halle. Die Opfer werden in die Halle geführt, wo man ihnen sagt, dass sie baden gehen. Dort entkleiden sie sich, und damit sie in diesem Glauben bestärkt werden, gibt man ihnen ein Handtuch mit Seife. Dann treibt man sie in die Gaskammern. Nach Abschluss der Türen wird durch SS-Männer durch die geöffneten Ventile ein pulverförmiges Präparat aus Blechdosen in die Kammer gestreut. Auf den Blechdosen befindet sich die Aufschrift *Zyklon zur Schädlingsbekämpfung,* und sie tragen die Marke einer Hamburger Fabrik. Wahrscheinlich handelt es sich um ein Zyanpräparat, welches bei entsprechender Temperatur gasförmig wird. Nach drei Minuten ist jeder gestorben. Nachher befördert das Sonderkommando die Leichen zu Verbrennungsöfen. Die vier Krematorien vergasen und verbrennen 6000 Menschen täglich. Zur Einweihung des ersten Krematoriums im März 1943, welches durch die Vernichtung von 8 000 Juden aus Krakau geschah, kamen prominente Gäste aus Berlin. Sie waren sehr zufrieden mit der Leistung des Vernichtungsapparates, und sie schauten persönlich durch die Gucklöcher der Gaskammer.»[22]

Zur Ergänzung sei hinzugefügt, dass bis Mai 1944 die Vernichtungskapazität der Auschwitzer Gaskammern und Verbrennungsöfen bis auf 12 000 Menschen pro Tag gesteigert worden ist.

Tragischerweise dauerte es mehrere Wochen, bis die Auschwitz-Protokolle in Ungarn und in der übrigen Welt bekannt wurden, obgleich Vrba und Lanik auf rascheste Verbreitung der von ihnen zusammengestellten Information drängten. Kasztner, der zweifellos sofort informiert worden war, schreibt nur indirekt darüber, schwieg sich aber über den Zeitverlust aus.[23] Die übrigen Mitglieder der Waadah wurden erst Anfang Juni von Fülöp von Freudiger, dem Vertreter der orthodoxen Juden, über die Existenz dieses wichtigen Dokuments informiert, kurz nachdem dieser ein Exemplar direkt von Rabbi Weissmandel erhalten hatte.[24] Mosche Krausz übergab schliesslich ein weiteres Exemplar an Florian Manoliu, einem rumänischen Diplomaten, der sich auf der Durchreise nach Bern befand. Dieser gab es einem jüdischen Geschäftsmann in Genf, namens Georges Mandl (Mantello), weiter, der gleichzeitig als Mitarbeiter beim dortigen Konsulat des zentralamerikanischen Staates El Salvador fungierte. Durch diesen einen Kontakt wurden die Auschwitz-Protokolle, zusammen mit weiteren Unterlagen über die Deportationen, in der Schweiz verteilt und gelangten Ende Juni – Anfang Juli zur Kenntnis der internationalen Medien, aber erst als zwei Drittel aller ungarischen Juden bereits tot waren.[25] Das erste Exemplar wurde dem schweizerischen Bundesrat am 26. Juni von Pfarrer Alfons Koechlin, dem Präsidenten des Schweizerischen Evangelischen Kirchenbundes zugestellt. Zwei Tage später erhielt der Bundesrat eine weitere Ausfertigung von Minister Jaeger über den diplomatischen Kurier. Nicht viel besser erging es dem Exemplar, das über den Jüdischen Weltkongress in Genf in die Hände von Allen W. Dulles, dem Vertreter des amerikanischen *Office of Strategic Services* (OSS), dem Vorläufer der *Central Intelligence Agency* (CIA), in Bern gelangte. Er übermachte das äusserst wichtige Dokument seinem vor kurzem nach Bern gekommenen WRB-Kollegen Roswell S. McClelland mit der Bemerkung, «*it seems more your line*» (= «das ist eher Ihr Arbeitsbereich»). Der Bericht von Vrba und Lanik erreichte Washington erst einen Monat später, als er ohnehin über die Presse allgemein bekanntgeworden war.[26]

Das Verhalten der jüdischen Führung Ungarns, vor allem jene Rudolf Kasztners, in bezug auf die Auschwitz-Protokolle gibt in der Tat viele Rätsel auf. Nach Brahams Feststellungen war Kasztner nicht nur bereits vor Ende April 1944 im Besitz dieses Dokuments, sondern er besass *Inside*-Informationen über die geplante Judenvernichtung schon seit vor der deutschen Besetzung Ungarns am 19. März. Trotzdem hatten weder er noch die übrigen führenden Leute der Waadah das jüdische Fussvolk beizeiten gewarnt. Möglicherweise glaubten sie, da ein allgemeiner Widerstand nutzlos sei, dass sie sich eher für die Rettung einiger Tausend einsetzen sollten, als sich in einem fantastischen aber aussichtslosen Unterfangen zu engagieren. Kasztner hat auch entsprechend gehandelt. Dass er dabei in erster Linie seine eigene Familie retten wollte, ist menschlich verständlich, verursachte jedoch bitteres Blut bei denen, die ihre ganze Verwandtschaft im Holocaust verloren.[27] Dennoch blieb Kasztner der eigentliche jüdische Verhandlungspartner für die SS bis Kriegsende.

Vier Jahre später, vor dem Nürnberger Militärgerichtshof, versuchte Veesenmayer seine Hände in Unschuld zu waschen: «‹Mir war Auschwitz kein Begriff, was wirklich los war. Es war ein Name für mich, der ebenso gut anders hätte heissen können, und ich wusste auch in Ungarn nicht, wo dieses Auschwitz eigentlich lag. Auf der ungarischen Karte hiess es, glaube ich,

Ossowicce oder ähnlich.› – Staatsanwalt: ‹Es lag im sogenannten Reichsgebiet. In dem Gebiet, das zu dieser Zeit Reichsgebiet und nicht Generalgouvernement war.› – ‹Das weiss ich heute noch nicht. Ich glaube, das ist umstritten. Ich glaube, es war früher polnisch. Aber ich kann es wirklich nicht sagen.›»[28]

Als Adolf Eichmann gegen Ende März 1944 in Budapest auftauchte, suchte er alsbald seine ungarischen «Zulieferer», Endre und Baky, die beiden Staatssekretäre im Innenministerium, auf: «Bei einer zwangslosen Zusammenkunft mit einem Glas ungarischen Weins teilte ich ihnen mit, dass Himmler einen Befehl für die deutsche Polizei gegeben habe und dass er es gerne sehen würde, wenn die Juden in Ungarn vom Osten nach Westen evakuiert und nach Auschwitz verbracht würden.»[29]

Die eigentliche «Endlösung» wurde auf einer Expertenkonferenz unter Bakys Vorsitz am 4. April 1944 eingeleitet. Anwesend waren Eichmann und die übrigen Anführer seines Sonderkommandos, Krumey, Wisliceny und Hunsche, einige hochrangige Offiziere der Wehrmacht und der ungarischen Honvéd sowie Polizei-Oberstleutnant László Ferenczy und der Gendarmerie-Oberst Gyözö Tölgyesy, der den Gendarmeriebezirk VIII von Kassa/Kaschau im Karpathengebiet befehligte.[30]

Zuerst sollten die Juden in Landstrich um Landstrich in zentralen Ghettos mit Geleiseanschlüssen zusammengetrieben werden. Von da aus würde man sie per Güterwagen nach dem Vernichtungslager Auschwitz-Birkenau verfrachten. Der ungarische Ministerrat unter dem Vorsitz Sztójays gab hierzu seinen Segen. Horthy, der Reichsverweser, wurde ebenfalls informiert – und hatte keine Einwände. Alle diese Entschlüsse wurden unter grösster Geheimhaltung diskutiert und angenommen.

Die Konzentration und die Deportationen der Juden begannen in Nord-Ungarn und anschliessend in Siebenbürgen, aus dem «einleuchtenden» Grund, dass jene Provinzen in Bälde militärisches Operationsgebiet werden könnten. Dann sollten die übrigen Gendarmeriebezirke systematisch «judenrein» gemacht werden. Ungarn wurde zu diesem Zweck in sechs Zonen unterteilt, die schrittweise «auszuräumen» waren, die Provinzen zuerst und die Hauptstadt Budapest am Schluss. Der gesamte Prozess sollte allerhöchstens drei Monate dauern und nach folgendem Schema durchgeführt werden:

Gebiet		Beginn der systematischen Konzentration	Ende der Deportationen
Zone I	Karpathen	16. April	7. Juni
Zone II	Nord-Siebenbürgen	4. Mai	7. Juni
Zone III	Nördlich von Budapest zwischen Kosice und Reichsgrenze	7. Juni	17. Juni
Zone IV	Östlich der Donau ohne Budapest	17. Juni	30. Juni
Zone V	Westlich der Donau ohne Budapest	29. Juni	9. Juli
Budapest		Anfang Juli	Ende Juli [31]

Da die Lokalbehörden in die Vernichtungspläne nicht eingeweiht waren, aber in der Ausführung der Konzentrations- und Deportationsverfügungen dennoch mitspielen mussten, wurde ihnen in Erinnerung an den Weissen Terror von 1920 plausibel gemacht, das «judäo-bolschewistische Element» müsse angesichts der militärischen Ereignisse neutralisiert werden, um Spionage, Sabotage und Partisanentum zu unterbinden. Ein besonders leichtes Spiel hatten Eichmanns Sonderkommandos und seine ungarischen Komplizen im Karpathenraum und in Nord-Siebenbürgen. Die in beiden Gebieten beheimateten unassimilierten orthodoxen und jiddisch-sprechenden «Ostjuden» genossen wegen ihrer «Andersartigkeit» wenig Wertschätzung unter der lokalen «christlichen» Bevölkerung. Nicht von ungefähr wurde der Konzentrations- und Deportationsprozess zum «Ausprobieren» dort begonnen.

Am 16. April 1944, weniger als ein Monat nach Beginn der deutschen Besetzung, wurde somit der Vernichtungsfeldzug gegen die Juden unter dem Mantel der Verschwiegenheit und der Lüge begonnen: (1) Zunächst wurden die Juden auf den Dörfern und in den Kleinstädten unter Mitnahme weniger Kleidungsstücke und der notwendigsten Nahrungsmittel in den Synagogen oder in grösseren Saalbauten zusammengetrieben. (2) Nach brutalen Verhören und Durchsuchungen nach Geld und Schmuck wurden sie einige Tage später in zuvor von den Behörden abgesperrte Strassenzüge in den grösseren Städten gebracht. Dort wurden sie durch neue Verhöre und weitere Schikane noch mehr eingeschüchtert. Gelegentlich wurden Einzelpersonen vor der harrenden Menge durch Genickschüsse getötet, um die Masse noch willfähriger zu machen. (3) Letzte Station vor dem eigentlichen Abtransport waren grosse Ansammlungen in Fabriken oder Ziegeleien mit Industriegleisen oder in abgegrenzten Arealen direkt bei Bahnhöfen, aber doch isoliert von den übrigen Stadtteilen. Denn die «Endlösung» konnte nur dann anstandslos gelingen, wenn die Geheimhaltung weiterhin gewahrt wurde.[32] Laut Endre bestand zudem der «Vorteil» der temporären Einquartierung der Juden, dass sie bei alliierten «Terrorbombardierungen» als erste getroffen würden.[33] Hausner berichtet über die Vorgänge bei der Konzentrierung in Uzorod (Karpathen), wo in eine Ziegelei, die Platz für kaum mehr als 2000 Menschen bot, 14000 hineingepfercht wurden. Es gab keine Toiletten, und die improvisierten Latrinen im Freien hatten eine grauenvolle und demoralisierende Wirkung. Eichmann seinerseits besuchte die verschiedenen Ghettos in Nordungarn und war «völlig zufrieden». Er erzählte den Gefangenen, was er bereits dem Judenrat vorfabuliert hatte, sie führen nach Deutschland zum Arbeitsdiensteinsatz. Zynisch erklärte Endre, die Ghettos seien «wahre Sanatorien» für die Juden. Endlich kämen sie an die frische Luft.[34]

Oft verbrachten diese Unglücklichen in der Tat Tage und Wochen an diesen Sammelstellen an der frischen Luft, jeglichem Wetter schutzlos ausgesetzt. Sobald die Peiniger genügend Viehwagen bereitstellen konnten, wurden 80 bis 100 Menschen hineingepfercht und, wenn es gut ging, ein Kübel Wasser und etwas Brot beigegeben. Hierauf wurden die Türen abgeschlossen und plombiert. Oft standen diese Wagen dann aber tagelang herum, bis eine Zugskomposition zusammengestellt werden konnte, um einem Grenzort und von da Auschwitz zugeführt zu werden. Inzwischen wurden die Wohnungen der Opfer geplündert und verwüstet.

Ab Mitte April kabelte Veesenmayer fast täglich nach Berlin über Verhaftungen von Juden und «Bereitstellungen» von Judentransporten zum «Arbeitsdienst», wobei er Auschwitz – an das er sich 1948 in Nürnberg mit bestem Willen nicht mehr erinnern konnte – als Zielstation erwähnte. Stolz informierte er seine Vorgesetzten ferner, dass die ungarische Verwaltung von «unzuverlässigen Elementen gesäubert» worden sei und dass die Rekrutierung von deutschsprachigen Ungarn zur SS Fortschritte mache.

Am 15. Mai 1944 begannen die Abtransporte nach Auschwitz. In einem vertraulichen Bericht, den der lokale Judenrat in Satoraljaujhely an den zentralen Judenrat in Budapest schmuggelte, hiess es, Wisliceny und Ferenczy seien mit Angehörigen des Sonderkommandos und mit ungarischen Gendarmen gekommen: «Sie umzingelten das Ghetto und bewachten es mit geladenen Maschinenpistolen, bis die Züge vorfuhren. Dann trieben die

Gendarmen die Opfer mit Peitschen- und Gewehrkolbenschlägen auf den Bahnhof. Anfangs wurde das am frühen Morgen durchgeführt, um kein Aufsehen zu erregen, später aber – infolge der Verstärkung des Tempos – kümmerte man sich nicht mehr darum und trieb die Opfer am hellichten Tag quer durch die ganze Stadt. Wenn anständige Menschen christlichen Glaubens einen solchen Zug sahen und ihre Tränen und ihre Rührung nicht verbergen konnten und ein Gendarm dies bemerkte, griff er auch diese mit dem Gewehrkolben und rohen Worten an.»[35] Ein weiteres Beispiel sei erwähnt. In Nagybànya näherte sich eine Bauernfrau einem der Viehwagen, um den Eingepferchten in aller Eile einige Nahrungsmittel zuzustecken. Ein Gendarm bemerkte dies, packte die Frau und stiess sie in den Eisenbahnwagen zu den andern hinein. Auch sie wurde nach Auschwitz deportiert.[36]

Der erste Zug aus Ungarn erreichte Auschwitz am 17. Mai. Er bestand aus über 40 versiegelten Viehwagen mit je 100 Personen. Diese 4 000 Menschen wurden auf einem Sondergeleise direkt zu den Gaskammern in Birkenau gefahren. Mit Ausnahme von 17 Männern, die vorerst am Leben bleiben durften, um «Aufräumearbeiten» zu leisten, wurden sie alle sofort vergast. Am darauffolgenden Tag, dem 18. Mai, erreichte ein weiterer Deportationszug Auschwitz bzw. Birkenau, mit ebenfalls 4 000 Menschen an Bord. Dieses Mal wurden 20 Frauen am Leben gelassen und in die Baracken verbracht. Am 19. Mai kam ein dritter Zug mit 4 000 nach Auschwitz-Birkenau und am 20. ein vierter. Innerhalb von vier Tagen wurden somit 16 000 ungarische Juden vergast. Am 21. Mai fuhren gleich drei Züge mit 12 000 Juden vor, von denen lediglich elf Männer und sieben Frauen überleben durften. Die übrigen verloren ihr Leben wiederum gleich nach ihrer Ankunft. In denselben Tagen kamen auch Deportationszüge aus Holland und Belgien an. Einer davon war angefüllt mit Zigeunern, von denen das Dritte Reich mehrere hunderttausend umbrachte. Noch nie hatte das Todeslager auf solchen Hochtouren «gearbeitet».[37]

Wie wenig solche Zahlen über Einzelschicksale aussagen.

Vorstellbar ist vielleicht das Einzelschicksal einer konvertierten jüdischen Familie aus Pécs/Fünfkirchen. Da der Vater ein prominenter Akademiker (Professor der Physik) war, wurde die Familie gleich nach dem 19. März ausfindig gemacht und nach Auschwitz deportiert. Der über den reformierten Pfarrer Albert Bereczky von Vizekonsul Lutz erwirkte Schutzbrief hatte die Familie zu spät erreicht. In Auschwitz angekommen, rettete jedoch der «nützliche» Beruf des Vaters die Familie vor der Vernichtung. Als eine der wenigen Ausnahmen wurde sie nach dem Konzentrationslager Dachau umdirigiert, wo sie Krieg und Tod überlebte. Ausgenommen die Frau des Professors. Während der «Aussortierung» der Neuankömmlinge durch den berüchtigten Lagerarzt Dr. Josef Mengele sah sie ein hilflos weinendes Kind, das von seinen Eltern getrennt worden war. Sie ergriff seine Hand, um es zu trösten und – vielleicht – zu retten. Brutal kam ein SS-Soldat dazwischen. Er trieb die Frau und das Kind in die Kolonnen jener hinein, die sich auf die Gaskammern hinzubewegten. Sie waren verloren.[38]

Stolz durfte Veesenmayer weniger als einen Monat später das Ergebnis des von ihm mitverursachten Grauens «strengst geheim» nach Berlin kabeln. Aus dem Karpathenraum und Siebenbürgen (Zone I und II) seien bis zum 7. Juni 289 357 Juden in 92 Zügen zu je 45 Wagen an «Zielorte» abtransportiert und die Aktion in diesen beiden Gebieten abgeschlossen worden. Er bedauerte, dass die «Gesamtziffer» von 310 000 nicht erreicht worden sei, weil die ungarischen Behörden inzwischen eine Anzahl Juden zum militärischen Arbeitsdienst innerhalb Ungarns eingezogen hätten. Veesenmayer informierte weiter über nächstfolgende Massnahmen und fügte hinzu: «Letzte Zone (Stadtgebiet Budapest) soll danach etwa Mitte Juli schlagartig unter besonderen Sicherungsmassnahmen begonnen werden.»[39]

Am 17. Juni meldete der Gesandte und «Reichsbevollmächtigte», die bis zum 15. Juni «zum Arbeitsdienst» ins Reich deportierte Gesamtzahl liege nun bei 326 009. Zugleich beklagte er sich über Rumänien, das über die Grenze geflüchtete Juden «wie politische Flüchtlinge» betrachte und ihnen die Ausreise nach Palästina ermögliche. Die «Bilanz» würde sonst besser aussehen.[40] Am 30. Juni gab Veesenmayer die «Erfolgsrechnung» von 381 661 durch. Zonen I bis IV seien jetzt «judenrein» geworden.[41] Bis zum 9. Juli schliesslich belief sich die Gesamtvernichtungszahl auf 437 402.[42]

Wie bereits angedeutet, wich der sonst so forsche und «überzeugte Nationalsozialist» Veesenmayer einem Eingeständnis seiner Taten in Nürnberg feige aus, ohne irgendwelche Reue zu bekunden. Er sei lediglich ein *innocent bystander*, ein unbeteiligter Zuschauer, gewesen. Er schob die Verantwortung auf andere ab, wie etwa Horthy, Sztójay, Ribbentrop oder die SS-Offiziere in Ungarn. Die SS habe der Gesandtschaft die Zahlen der zum «Arbeitsdienst» nach Deutschland Verschickten geliefert, Feine habe die Telegramme aufgesetzt und er – Veesenmayer – habe nur die Unterschrift hinzugefügt, ohne genau zu wissen, worum es sich denn eigentlich handele. Horthy habe die Deportationen übrigens genehmigt, und die Ungarn hätten sie auch ausgeführt. Horthy habe doch seinen eigenen Antisemitismus seit dem Weissen Terror zur Genüge bewiesen: «Es war so, dass ich mit Horthy gesprochen habe und Horthy mir selbst sagte, er hätte nur ein Interesse daran, diese wohlhabenden Juden, die wirtschaftlich wertvollen Juden, zu schützen. An dem anderen Judentum – er hat dabei ein sehr hässliches Wort gebraucht – habe er kein Interesse, und diese könne man wohl im Reich verwenden. Er hat das genehmigt.»[43]

Das Drama konnte trotz aller Geheimhaltungsversuche nicht mehr verborgen bleiben. Beunruhigt berichtete ein durchreisender Arzt aus der Schweiz, was er in Ungarn gesehen hatte: «Vor ein paar Wochen war ich in einem kleinen ungarischen Dorf. Ich bummelte zum Bahnhof und wartete auf den Nachtzug. Auf einem Nebengeleise standen ein paar Viehwagen. Sie waren hermetisch verschlossen und wären mir nicht weiter aufgefallen, wenn nicht der Stationsvorstand immer wieder hingeschaut hätte. Mit einem Male sagte er zu mir: ‹Jetzt sind sie ruhig. Aber vorher haben sie die ganze Zeit gesungen.› ‹Wer?› fragte ich, tieferstaunt. Da legte er den Finger auf die Lippen und eilte davon. Der Mann kam mir recht sonderbar vor. Unschlüssig schlenderte ich auf den Zug hin; ich hätte gerne gewusst, was eigentlich los war. Aber ich kam nicht weit. Zwei Soldaten mit entsichertem Gewehr kamen auf mich zu. ‹Sie müssen da weg!› befahlen sie kurz. Erst jetzt sah ich, dass die Wagen rings herum von Soldaten bewacht waren. So ging ich wieder zurück. Der Stationsvorstand sah mich mit flackernden Augen an. ‹Haben Sie sie gesehen?› fragte er. ‹Nein›, antwortete ich, ‹wer ist im Wagen?› ‹Juden›, erklärte er, ‹sie wurden heute morgen zusammengetrieben, und sobald es ganz dunkel ist, fährt der Zug ab. Es hat Kinder und alte Leute darunter.› Und er ging wieder weg. Ich aber blieb sitzen und schaute wie gebannt zu den Wagen hinüber. Es waren oben an den Wänden kleine Luftklappen angebracht. Wie viele Menschen mochten drin sein? Die Luft musste schrecklich sein. – Mit einem Mal begann der Gesang. Erst im hintersten Wagen, dann setzte er sich fort durch alle Wagen hindurch. Es war ein merkwürdiger Gesang, eigentlich eher ein Schrei. Er musste wohl eine Frage enthalten, denn ein Donner von Stimmen antwortete ihm in seltsamer Melodie. Da stand schon wieder der Vorstand neben mir. ‹So ging es den ganzen Tag›, flüsterte er, und sein Gesicht war aschfahl. ‹Gleich werden sie schiessen!›, – und wirklich fingen die wachhabenden Soldaten an, mit den Fäusten auf die Türen zu schlagen, und als der Gesang nicht aufhörte, schossen sie durch die Luftklappen. Aber der Gesang hörte auch jetzt nicht auf. – Das ging wohl zwei Stunden lang, und ich stand die ganze Zeit da und schaute zu den Wagen hinüber. Die Wächter hatten sich wieder hingesetzt, der fragende Schrei hallte durch die Dunkelheit, und der Melodiendonner antwortete ihm. Als ich mich einmal umsah, sah ich auf einer etwas entfernten Wiese viele Bauern stehen. Der Vorstand war bei ihnen. Sie sagten nichts, schauten, gleich mir, zu den Wagen hinüber. Die Gewehre der Wächter waren entsichert, und in der Dunkelheit blitzten die Bajonette. – Dann, als es ganz dunkel war, kam eine alte Lokomotive herangefahren. Die

Wagen wurden rangiert, und schliesslich hängte man die alte Lokomotive an. Sie waren jetzt auf einem neuen Geleise, und ich war ganz nahe. So konnte ich auch sehen, dass einer der Wächter einen Wagen öffnete. Er stellte einen Mistkübel hinein und ein paar Brotlaibe und einen Krug Wasser. Im Wagen war es dunkel, aber im Schein der Blendlaterne des Wächters erkannte ich viele dunkle Gestalten, die so eng zusammengepfercht waren, dass sie kaum kauern konnten. Ein paar Gesichter fing der Lichtkegel ein: ein Säugling war darunter, den ein ungefähr achtjähriges Mädchen auf dem Arm hielt, ein schrecklich blasses Frauengesicht, über das blutigrote Striemen liefen, und ein Greisenantlitz mit geschlossenen Augen, das ein langer weisser Bart bedeckte. Sonst erkannte ich nichts, aber aus dem Wagen schlug mir ein schrecklicher Geruch entgegen. Auch der Wächter schauderte vor diesem Geruch, denn er schlug die Türe gleich wieder zu und ging eilig weg. – Nun war es ganz dunkel, aber sie sangen noch immer. Sie sangen auch, als sich die Lokomotive in Bewegung setzte und der ganze Zug abfuhr. Sie mussten ja wissen, wohin es ging.»[44]

Beim Eichmann-Prozess von Jerusalem 1960 erinnerte sich einer der überlebenden ungarischen Deportierten, Imre Reiner, die Gestapo habe in jeden Viehwagen zwei Kübel hineingestellt, einen mit Trinkwasser gefüllt und den anderen leer, für die menschlichen Bedürfnisse bestimmt. Sie wurden unterwegs an den Bahnstationen weder frisch aufgefüllt noch geleert. Da es im Mai und Juni bereits warm geworden war, konnten viele Kinder, Kranke und Alte die Qual der Zusammengepresstheit, die Hitze, den Luftmangel und den Gestank nicht ertragen und starben unterwegs. Da die Gestapo nicht erlaubte, die Toten herauszunehmen und zu begraben, reisten sie bis nach Auschwitz mit, meist stehend.[45]

Über die Vorgänge bei der Ankunft der ungarischen Juden in Auschwitz wurde während der Kriegsverbrecherprozesse in Nürnberg folgender Bericht vorgelesen: «Am 15. Mai begann die Ankunft der Massentransporte aus Ungarn in Birkenau. Etwa 14–15 000 Juden kamen täglich an. Das Nebengleis, das im Lager zu den Krematorien lief, wurde in grosser Eile fertiggestellt, wobei die Arbeitsgruppen Tag und Nacht arbeiteten, sodass die Transporte direkt zu den Krematorien gebracht werden konnten. Von diesen Transporten wurden nur etwa zehn Prozent in das Lager hineingelassen, die andern wurden sofort vergast und verbrannt. Seit der Errichtung von Birkenau waren noch nie so viele Juden vergast worden. Das Sonderkommando musste auf 600 Mann erhöht werden und zwei oder drei Tage später auf 800, wobei Leute unter den vorher angekommenen ungarischen Juden ‹angeworben› wurden. Das Aufräumungskommando wurde von 150 auf 700 Mann vergrössert. Drei Krematorien waren Tag und Nacht in Betrieb (das vierte wurde damals gerade repariert), und da die Aufnahmefähigkeit der Krematorien unzureichend war, wurden wieder grosse Gruben von 30 Metern Länge und 15 Metern Breite im Birkenwald gegraben – wie damals, als es noch keine Krematorien gab –, wo die Leichen Tag und Nacht verbrannt wurden. Auf diese Weise wurde die Verbrennungskapazität fast grenzenlos.»[46]

Inwieweit die stumme nächtliche Präsenz der Bauern, wie sie vom oben erwähnten Schweizer Arzt beobachtet worden war, auf späte Schuldgefühle zurückzuführen war, ist schwer zu beurteilen. Die wenigsten hatten wohl erwartet, dass ihr lebenslanger, dumpfer Antisemitismus *solche* Auswirkungen haben könnte. Aber, wie in anderen Ländern und zu anderen Zeiten, brachten nur die wenigsten Menschen die notwendige Zivilcourage auf, offen gegen das grosse Verbrechen aufzubegehren. Oder wenigstens eine tapfere Tat zu tun. Und doch hat es auch im «christlichen» Ungarn solche Leute gegeben, die zu einem etwas differenzierteren Bild Ungarns beitragen, wie am folgenden Beispiel aufgezeigt werden soll.

Alexander (Sándor) Grossman, der spätere Mitarbeiter von Vizekonsul Lutz, erzählt die Geschichte des Gendarmeriehauptmanns Kálman Horváth aus Miskolc, der ihn persönlich und viele andere mehr vor dem sicheren Tod bewahrt hat.

Als der grosse Tod im Mai 1944 das Gebiet von Miskolc (Zone III) erreichte, wurde die Judenschaft jener Stadt und der umliegenden Dörfer zunächst zwischen den Mauern des bisherigen Judenviertels (Arany János utca, Petöfi utca) in ein temporäres Ghetto zusammengedrängt und einige Tage später in das Areal einer Ziegelei überstellt. Ein anderes Ghetto wurde in Ujdiosgyör nördlich von Miskolc errichtet. Es muss sich um insgesamt etwa 18000 Menschen gehandelt haben.

Horváth, der erfahren hatte, dass Grossman sich in der Ziegelei befand, liess ihn nach dem Gemeindehaus Diosgyör holen, wo er sein Hauptquartier aufgeschlagen hatte. Der Gendarmeriehauptmann war ein Freund László Klugers, der Grossman von der jüdischen Pfadfindergruppe *Kadima* her gekannt hatte. Als Grossman 1942 wegen Nichtbeachtung eines Stellungsbefehls zum Arbeitsdienst vor ein Kriegsgericht gestellt werden sollte, hatte Horváth unter grossem persönlichem Risiko veranlasst, dass das Verfahren eingestellt wurde. «In Diosgyör teilte er mir seine Absicht mit, eine grosse Rettungsaktion durchzuführen in der Hoffnung, dass ‹Wer Zeit gewinnt, Leben gewinnt›. Er ersuchte mich, die in den Ghettos von Miskolc und Ujdiosgyör befindlichen Männer dahingehend zu informieren, dass er die Ghettos persönlich aufsuchen und die Männer im Sinne eines Erlasses des Kriegsministeriums aus der Zeit vor der deutschen Besetzung auffordern werde, dass sich die 17- bis 60jährigen zum Arbeitsdienst melden sollten. Ich sollte die Männer nachdrücklich darauf aufmerksam machen, dass sich alle, auch die 70jährigen, melden könnten, wenn ihr Gesundheitszustand dementsprechend war. Sie sollten auch die zwölfjährigen Kinder mitnehmen, falls diese gross genug seien, denn er würde keine Papiere verlangen und auch ihr Alter nicht überprüfen. – Diese Nachricht übergab ich allen Männern im Ghetto von Ujdiosgyör. Die im Ghetto von Miskolc Befindlichen liess ich durch den Präsidenten der Kultusgemeinde, Mor Feldmann, und durch Elemér Baneth, den ehemaligen Pfadfinderführer der Kadima, informieren. – Mit dieser einzigartigen Aktion gelang es Kálman Horváth, 4 500 Männer per Bahn nach Jolsva bringen zu lassen. Dort war die Kommandozentrale des Arbeitsdienstkreises Oberungarn, dem Kálman Horváth vorstand. Diese Leute blieben am Leben und überstanden die Zeit bis zum Kriegsende zu einem grossen Teil – ebenfalls mit Hilfe von Kálman Horváth – im Gebäude der schweizerischen Gesandtschaft in der Vadász utca in Budapest.»[47] Es waren unter anderem diese geretteten Arbeitsdienstpflichtigen, die Veesenmayer am 7. Juni daran hinderten, die anvisierte Zielzahl von 310 000 Deportierten nach Berlin melden zu können.

Nicht genug damit. Als Kommandant des Arbeitsdienstkreises Oberungarn liess Horváth Anfang Juni 1944 noch weitere 10 000 Arbeitsdienstpflichtige nach Jolsva transferieren. Horváth hatte beabsichtigt, diese Männer am geplanten slowakischen Aufstand teilnehmen zu lassen. Sein stellvertretender Offizier erfuhr jedoch von den Plänen und verriet sie, so dass Horváth auf die Aktion verzichten musste. Er war ausserstande, die Zehntausend zu retten.

Nun erfolgte ein Ereignis, das Alexander Grossmans Leben tragisch veränderte. Nachdem der Plan mit dem Überstellen der Zehntausend an die slowakischen Aufständischen gescheitert war, beschloss Horváth unverzüglich, mehrere hundert Familien aus dem Ghetto von Miskolc zu retten. Er berief Grossman am 6. Juni nochmals zu sich – es war der Tag, an dem die Angloamerikaner in der Normandie landeten – und bat ihn, Vizekonsul Lutz in Budapest aufzusuchen, um schweizerische Schutzbriefe (aufgrund von Palästina-Zertifikaten) zu erlangen. Zu Grossmans Schutz liess er ihn von einem zuverlässigen Wachtmeister begleiten: «Diesem Unteroffizier, dessen Name ich leider vergessen habe, gab er in meiner Gegenwart den Befehl, mich nach Budapest zu begleiten. Dabei betonte er: ‹Wenn meinem Freund auch nur ein Haar gekrümmt wird, bekommst du es mit mir zu tun. Als Beweis wird dir mein Freund nach seiner Ankunft in Budapest eine Bestätigung übergeben, wonach du deine Mission erfüllt hast.› Der Wachtmeister, gerüstet für alle Gefahren, übernahm die Durchführung dieses

Befehls seines Vorgesetzten. – Bei dieser Aktion kam es zu einem tragischen Zwischenfall. Beim Umsteigen aus dem Zug von Jolsva in den nach Budapest trafen wir während der wenigen Minuten Wartezeit mit einer Gruppe von Arbeitsdienstlern zusammen, die in Miskolc Dienst versahen. Diese teilten uns verzweifelt mit, dass in der Zwischenzeit die Ghettobewohner von Miskolc deportiert worden waren.»[48]

Für Alexander Grossman fiel die Welt zusammen. Seine Frau, sein kleiner, erst vierjähriger Sohn und seine Mutter sowie 180 weitere Verwandte waren in diesem Ghetto gewesen. In Budapest angekommen, «begab (ich) mich zu Verwandten. Sie waren bereits über die Räumung des Miskolcer Ghettos informiert. Am nächsten Morgen ging ich zum Sitz der jüdischen Kultusgemeinde an der Sip utca 12. Dort traf ich einen meiner Brüder, der ebenfalls bereits von der Tragödie der Miskolcer Juden wusste».[49]

Es war dies das erstemal, dass Grossman mit Lutz in Verbindung trat. Er kehrte mit den Palästina-Attesten der schweizerischen Gesandtschaft zu Horváth zurück. Auch wenn sie den Deportierten von Miskolc nicht mehr zugute kommen konnten, so durften wenigstens mehrere Hunderte Arbeitsdienstler befreit werden. Zu ihrer Sicherheit übersiedelten sie nach Budapest. Im Jahre 1992 erhielt Horváth an der Erinnerungsstätte *Yad Vashem* in Jerusalem eine späte Ehrung als ein «Gerechter unter den Nationen».[50]

Nachdem die Konzentrierung und die Deportierung der jüdischen Bevölkerung in den Provinzen zum grossen Teil vollzogen worden waren, begannen Eichmann und seine Komplizen ihr Augenmerk auf die Hauptstadt selber zu richten, wo noch rund 200 000 Juden lebten. Schon vor der Deportierung der Provinzjuden hatte es sich dabei um die weitaus grösste Zusammenballung von Juden in Ungarn gehandelt. Ein Ghetto wurde in Budapest nicht errichtet, da die ungarische Regierung befürchtete, die Alliierten würden sonst die übrigen Stadtteile durch Luftangriffe als Vergeltungsmassnahme zerstören. Staatssekretär Endre beschloss deshalb wiederum, die Juden in der Nähe von Fabriken, Bahnhöfen und sonstigen möglichen Zielen von «Terrorbombardierungen» einzuquartieren. Gut sichtbar wurden diese jüdischen Wohngebäude mit je einem 30 cm grossen gelben Judenstern gekennzeichnet. Ihre Insassen würden am Tag der Abführung zu den Viehwagen leicht greifbar sein. Bis dahin sollten die Juden mehr als ihren Anteil am Tod aus der Luft seitens ihrer «Freunde» bekommen.

Diese Rechnung ging zum Teil auf, denn Ende Juni 1944 wurden in zwei aufeinanderfolgenden Luftangriffen elf jüdische Wohnhäuser zerstört, wobei 116 Juden ums Leben kamen und 342 verletzt wurden.[51] Beabsichtigt war jedenfalls die Konzentrierung der Juden zur Vorbereitung der Deportationszüge, die im Juli von Budapest nach Auschwitz abfahren sollten.

Es ist nicht leicht, sich gedanklich in die Zeit jener drei Monate April, Mai und Juni 1944 zurückzuversetzen, weil die Frage beantwortet werden müsste: «Warum wurde nichts getan, den Wahnsinn der Deportationen zu stoppen?» Am Ende der Schreckensphase waren rund 450 000 ungarische Juden in Auschwitz vergast und verbrannt. Nicht dass etwa jemand wie Vizekonsul Lutz «nichts» tat. Er hatte sich, wie schon erwähnt, nach dem 19. März umgehend für den Schutz seines noch verbliebenen Auswandererkontingents von 7 000 bzw. 8 000 Juden eingesetzt. Er hatte die Tore der ehemaligen amerikanischen Gesandtschaft den Chalutzim, die es wünschten, geöffnet und ihnen extraterritorialen Schutz gewährt. Er hat einen Mosche Krausz und seine Mitarbeiter des Palästina-Amtes ebenfalls in die Gesandtschaftsgebäude hereingenommen und ihnen erlaubt, zum Schutze ihrer Glaubensgenossen weiterhin mit den Palästina-Zertifikaten und schweizerischen Schutzbriefen als *die* Auswanderungsabteilung der Gesandtschaft zu arbeiten. Er hat human denkenden Polizeioffizieren, wie jenem Kálman Horváth in Miskolc, Schutzbriefe geschickt, damit sie ihre Leute relativ gefahrlos entlassen konnten, ohne jene 10 000 Ausreisende mitzuzählen, die bereits vor dem 19. März nach Palästina in Sicherheit gebracht worden waren. Und all den damit verbundenen grossen administrativen Aufwand begleitete der Vizekonsul mit endlosen, aufreibenden und frustrierenden Verhandlungen mit den ungarischen Behörden – immer mit einem Auge auf die Deutschen –, indem er in der Staatsverwaltung jene Leute ausfindig zu machen versuchte, die zu einer Unterschrift zu bewegen waren, weil in ihnen inmitten aller Rohheit noch ein Rest von mitmenschlichem Anstandsgefühl übriggeblieben war.

Aber während Lutz seinen administrativen Apparat beaufsichtigte und von morgens früh bis abends spät verhandelte, rollten die Deportationszüge weiterhin dem Ziele zu, das Vrba und Lanik in ihrem Auschwitz-Protokoll geschildert hatten, zu dieser «technisch rationalen» Hölle des Irrsinns.

Im Gegensatz zu Polen und den anderen deutschbesetzten Ländern, wo die Judenvernichtungskampagnen geheimgehalten worden waren, geschah der ungarische Holocaust beinahe «am hellichten Tage». Die neutralen und die kriegführenden Länder wurden sich, wie oben aufgezeigt, im Frühsommer 1944 bewusst, dass tagtäglich Züge aus Ungarn – und immer noch von anderswoher – in Auschwitz eintrafen. Das Auschwitz-Protokoll hatte seine, leider verspätete, Wirkung getan. Die Medien (Presse und Radio) verbreiteten die Schreckensnachrichten. Es gab Protestversammlungen, und die Interessenvertretungen der neutralen Staaten, vor allem die der Schweiz, sprachen mehrmals jede Woche beim Aussenminister und bei Sztójay vor, um irgendjemandes Protest einzureichen.

Das neugegründete amerikanische WRB war besonders aktiv. Es übersandte Erklärungen des Präsidenten Roosevelt, des Staatssekretärs und in seinem eigenen Namen. Auf seine Vorschläge hin verabschiedeten der Senat und das Repräsentantenhaus Resolutionen. Kardinal Francis Spellman von New York appellierte an das Gewissen des katholischen Ungarn. Auch in Grossbritannien und in der Schweiz protestierten die Kirchen und veranstalteten Grosskundgebungen. Es war, als wenn die Menschen der freien Welt alle die Jahre des mitschuldigen Schweigens zu dieser späten Stunde zu übertünchen versuchten, jetzt da der Vorhang über den letzten Akt des grauenvollen Geschehens hochgezogen wurde.

Aber als am 6. Juni, inmitten des Deportationsvorgangs, die Westalliierten in Nordfrankreich landeten, wurde die nicht sehr beflissene Aufmerksamkeit der Welt wiederum von Ungarn abgelenkt. Nach der Landung in der Normandie würde der Krieg ohnehin unweigerlich bald zu Ende sein. Das war doch die beste Überlebenschance für die Juden.

Anfang Mai hatten britische Beobachtungsflugzeuge das Vernichtungslager Auschwitz über alle Zweifel lokalisiert. Nach langen internen Auseinandersetzungen beschlossen jedoch die Stäbe der westalliierten Luftflotten, weder das Lager noch die Zufahrtslinien zu bombardieren, obschon dies technisch möglich gewesen wäre. Die sowjetische Luftwaffe war ausserdem an keiner Kooperation interessiert und wollte westalliierte Flugzeuge auch nicht hinter ihrer Front landen lassen. Auch später, als alliierte Luftgeschwader das Gebiet mehrmals überflogen, griffen sie das Todeslager nicht an. Keine Kräfte durften für «zweitrangige Operationen» abgezweigt werden, die den Krieg verlängerten. Dass das Judentum bis Kriegsende ausgelöscht sein würde, kam den Verantwortlichen gar nicht in den Sinn.

Zur selben Zeit vermochte das WRB in Amerika nicht einmal das eigene Justizministerium und den Kongress zu überzeugen, in einer einzigen grosszügigen Geste die Grenzen für die noch überlebenden Juden zu öffnen und das engherzige Quotensystem wenigstens für eine kurze Dauer beiseite zu schieben. Das amerikanische Establishment hatte sich mit seiner harten Formel des *unconditional surrender* (= bedingungslose Kapitulation) derart verrannt, dass es wegen dieses einen Notfalls nicht mehr umzudenken vermochte. Zudem war es ja möglich, dass der Feind unter den vielen jüdischen Flüchtlingen Gestapoagenten und Spione ins Land hineinfiltrierte. Die britische Regierung stellte sich wegen Palästina ohnehin quer, und mögliche Einwandererländer des Empire wie Kanada, Australien oder Neuseeland zeigten die kalte Schulter. Am misslichsten war die Tatsache, dass die amerikanische Regierung die notwendigen Mittel für das ambitiöse Flüchtlingsprogramm des WRB kaum aufbringen konnte und dieses weitgehend vom American Joint Jewish Distribution Committee finanzieren lassen musste, obgleich auch Letzteres mit Geldschwierigkeiten zu kämpfen hatte.[52]

Da das WRB weder von seinen eigenen amerikanischen Behörden noch von den britischen Verbündeten ernst genommen wurde, begann es, die neutralen Staaten sowie das IKRK zu bearbeiten, indem es diese aufforderte, offizielle Erklärungen abzugeben, die Gesandtschaften zum Schutze der Juden mit mehr Personal zu bestücken und Schutzpässe auszustellen, d. h. sie zu (temporären) Staatsangehörigen dieser Länder zu erklären. Falls angezeigt, wäre das WRB bereit, diese Hilfsaktionen mitzufinanzieren. Der Erfolg dieser Interventionen war mager. Lediglich Schweden und der Vatikan waren mit dieser Zusammenarbeit einverstanden. Portugal, Spanien, die Schweiz und die Türkei zeigten kein Interesse, wobei die Schweiz immerhin auf die schon seit 1942 bestehende Hilfe von Vizekonsul Lutz zur Auswanderung von jüdischen Kindern und Chalutzim hinweisen konnte.[53]

Die internen Auseinandersetzungen unter den Westalliierten, die teilweise öffentlich geführt wurden, blieben natürlich dem Dritten Reich nicht verborgen. Es wusste nun über alle Zweifel, dass es sein Ziel, ein «judenreines» Europa zu schaffen, problemlos schaffen würde. Wohl wissend, dass auch jetzt noch, wie 1938 während der Flüchtlings-Konferenz von Evian, niemand, weder die Westalliierten noch die Neutralen, von der antisemitischen Sowjetunion gar nicht zu reden, bereit war, massenweise Flüchtlinge aufzunehmen, lancierte das Dritte Reich eine der perfidesten Aktionen seiner Geschichte, nämlich den Vorschlag eines «Verkaufs» oder eines «Umtausches» von einer Million Juden gegen zehntausend Lastwagen. Es wollte die Entrüstung seiner Feinde über den Massenmord an den Juden vor aller Welt auf die Probe stellen, richtig kalkulierend, dass diese niemals darauf eingehen würden. Des weiteren kam das Angebot zu spät, d. h. *nachdem* die Konzentration der ungarischen Provinzjuden bereits angelaufen war, so dass auch im Falle einer frühzeitigen positiven Antwort der alliierten Staaten die meisten Opfer, um deren Leben verhandelt werden sollte, bereits tot waren. Das Angebot sollte die Führung der ungarischen Juden zudem noch weiter einschläfern und sie im Glauben bestärken, dass, solange «verhandelt» würde, die Deportationen suspendiert seien. Ihre Verhandlungsbereitschaft darf den ungarischen Juden in keiner Weise angekreidet werden, denn sie hatten in ihrer Not keine andere Wahl, als sich wie ein Ertrinkender an jeden Strohhalm anzuklammern, der ihnen – vielleicht – Hilfe bot.

Das deutsche Angebot eines Austausches von einer Million Juden gegen zehntausend Lastwagen und die vergebliche Reise des Joel Brand nach Istanbul und dem Nahen Osten sind mehrmals beschrieben worden, wobei ihre Bedeutung sehr unterschiedlich bewertet wird. Die Affäre sei aus dem Grunde hier kurz zusammengefasst, weil sie auf die Judenrettungsaktion von Vizekonsul Lutz gewisse Auswirkungen hatte.[54]

Die ursprüngliche Idee eines Umtausches grossen Stils kam wahrscheinlich aus der Slowakei, wo es Gizi Fleischmann und Rabbi Weissmandel gelungen war, in Verhandlungen mit der SS (Wisliceny) mehrere tausend Juden zu Beginn des Jahres 1944 freizukaufen. Nach der Besetzung Ungarns am 19. März wurde ein ähnlicher Vorschlag auch für Ungarn gemacht, wobei Eichmann bald als Wortführer der SS in Gesprächen mit Kasztner verhandelte, der im Namen der Waadah auftrat. Ausserdem waren die Deutschen davon überzeugt, hinter Kasztner stehe die jüdische «Weltmacht». Zu gewissen Zeitpunkten waren auch die deutsche Abwehr des Admirals Canaris und Veesenmayer mit bei Gesprächen, was aufzeigt, dass verschiedene Teile und Persönlichkeiten der Reichsregierung mitwirkten, wenn sie auch zum Teil als Konkurrenten gegeneinander arbeiteten.

Zunächst handelte es sich lediglich um die Übergabe von gewissen Geldsummen an die SS zum Zweck der Befreiung einiger hundert oder tausend Juden. Dann stellte Kasztner die Frage – es war der 5. April 1944 –, unter welchen wirtschaftlichen Bedingungen das Eichmannsche Sonderkommando bereit wäre, dem *gesamten* ungarischen Judentum die Deportation zu ersparen. Nun begann seitens der SS ein übles Katz- und Mausspiel, wobei sie keineswegs mit einheitlichen Zielen auftrat. Eichmann sah im Angebot Kasztners die Möglichkeit, sein Deportationsprogramm so problemlos wie möglich zu kaschieren und durchzuführen. Solange nämlich «verhandelt» wurde, konnten die Vorbereitungen besser vertuscht werden, weil Kasztner, die Waadah, und der Judenrat im Glauben gelassen werden konnten, alles würde sich noch im letzten Augenblick arrangieren lassen. Dies würde um so leichter sein, als die Führung des ungarischen Judentums bis fast zuletzt überzeugt blieb, der Todesengel werde an Ungarns Grenzen vorüberziehen.

Die oberste SS-Führung, Himmler, und Becher, sein «Wirtschaftsvertreter» in Ungarn, sahen hingegen in Kasztners Frage die Möglichkeit, nicht nur zu harter Dollarwährung zu kommen und dringend benötigte Mangelware ins Dritte Reich einzuschleusen, sondern sich auch dem Ausland gegenüber als mögliche Alternative zu Hitler ins Gespräch bringen zu lassen. Natürlich war der «Reichsführer» der SS klug genug, diese äusserst gefährliche Dimension vor Hitler zu verbergen.

Jedenfalls kam auf diese kontradiktorische Weise das deutsche Anerbieten zustande, das Himmler vom «Führer» klugerweise höchstpersönlich absegnen liess, eine Million Juden gegen zehntausend Lastwagen und andere kriegswichtige Waren einzutauschen. Der Vorschlag sollte den Westalliierten unterbreitet werden mit der «Zusicherung», die Deportationen würden bis zum Eintreffen einer positiven Antwort aufgehalten und die Lastwagen würden nur an der Ostfront gegen die Rote Armee eingesetzt werden. Möglicherweise würde das plumpe Angebot – so Himmlers weiterer Gedanke – gar die Westalliierten von den Sowjets abspalten und die antideutsche Front aufbrechen helfen.

Der deutsche «Verhandlungspartner» war zunächst Eichmann, wie bereits erwähnt, der an diesem Deal nur soweit interessiert war, als dass er der zügigeren Liquidierung des ungarischen Judentums diente. Joel Brand, der Mitarbeiter Kasztners, der in Deutschland geboren und aufgewachsen war, wurde für die Kontaktnahme mit dem Jewish Council of Palestine und mit den Westalliierten ausersehen. Er verabschiedete sich von Eichmann ausgerechnet am 15. Mai, an dem die Deportierung der bereits konzentrierten Juden aus dem Karpathengebiet begann. Zwei Tage später, am 17. Mai, bestieg er das Flugzeug von Wien nach Istanbul, mit Eichmanns einschärfenden Worten im Ohr, in spätestens zwei Wochen müsse eine Antwort vorliegen: «Sonst lasse ich die Mühlen von Auschwitz mahlen!»[55] Am gleichen Tag wurden die ersten ungarischen Juden in jenem Vernichtungslager ermordet.

Dass die Mühlen von Auschwitz bereits mahlten, konnte Brand nicht wissen. Es war auch nicht sein Fehler, dass die führenden Gestalten des Jewish Council, wie etwa Mosche Shertock oder Chaim Weizmann, weder die britische noch die amerikanische Regierung zu überzeugen vermochten, sich unverzüglich zur Aufnahme der Million Juden bereit zu erklären, auch wenn sie als Gegenleistung etwas anderes als Lastwagen anbieten mochten. Nur so konnte der deutsche Bluff blossgestellt und eine grosse Anzahl Juden gerettet werden. Typisch für diese Gleichgültigkeit war die Reaktion des britischen Vertreters für den Nahen Osten in Kairo, Lord Walter Moyne: «Was sollte ich nur mit einer Million Juden anfangen?» Als Rache für diese Haltung wurde er von jüdischen Extremisten ermordet. Am 20. Juli gaben die britischen Medien die Ablehnung des deutschen Austauschangebots noch vor der offiziellen Stellungnahme der alliierten Regierungen bekannt. Schon Wochen vor diesem Datum waren zwei Drittel aller ungarischen Juden bereits tot.

Brand blieb bis Kriegsende in britischen Gefängnissen. Als er herauskam, war er ein gebrochener Mann.

Über Kasztners Rolle auch in diesen «Verhandlungen» ist viel gemutmasst und gestritten worden. Was hat er gewusst über die Vorbereitungen des Sonderkommandos Eichmann? Hätte er nicht die Juden Ungarns zum

Widerstand aufrufen sollen, was er vielleicht schon nach dem Erhalt der Auschwitz-Protokolle hätte tun müssen? All dies bleibt eine offene Frage. Offen bleibt auch, ob er auf Glauben gestossen wäre, wenn er sein Wissen preisgegeben und zum Widerstand aufgerufen hätte. Kasztner verhandelte jedenfalls unentwegt weiter, mit Versprechungen und Zusagen, die er nie einhalten konnte. Es gelang ihm aber, auf diese Weise immerhin um die 30000 Juden zu retten.

Bis Anfang Juli «mahlten» die Mühlen von Auschwitz.

«Der Wunsch des Führers»

Während die offizielle deutsche Propaganda, von den gleichgeschalteten ungarischen Medien getreulich wiederholt, nicht müde wurde, die langsam sich enthüllende Tragödie als feindliche «Greuelpropaganda» abzutun, erahnen wir leicht, wie alarmierend und bedrückend die täglich hereinfiltrierten Nachrichten auf Vizekonsul Lutz gewirkt haben müssen. Natürlich waren den Leuten im diplomatischen Dienst mehr unzensierte Informationen zugänglich als gewöhnlichen Bürgern. Da waren aber auch die zahllosen Einzelschicksale von erschreckten, schutzsuchenden Menschen, deren Erzählungen der Vizekonsul Tag für Tag anhören musste, oder die ihm von seinen Mitarbeitern zugetragen wurden. Es handelte sich nicht mehr um die Auswirkungen eines krankhaft übersteigerten Antisemitismus, sondern um einen bewussten und beabsichtigten Tötungsvorgang, wie ihn die Weltgeschichte in diesem Ausmass noch nie gekannt hatte. Wie penibel sich diese Erkenntnis auf den sensiblen und in der humanistischen Tradition des *fair play* geschulten Mannes ausgewirkt hat, geht schon daraus hervor, dass Lutz in seinen Schriften nur gelegentliche Hinweise eingestreut hat, dass er seine eigentliche Rettungsaktion sehr spät, zu spät, begonnen habe.

Zweifellos wurde ihm bald bewusst, dass es nicht mehr einfach darum gehen könne, die 7–8 000 Kinder und jungen Chalutzim auf den Weg nach Palästina zu schicken, wenn das gesamte, noch verbleibende ungarische Judentum bedroht war. Obschon es dokumentarisch nicht belegt ist, wird Kasztner Lutz frühzeitig von seinem Plan der finanziellen Auslösung der ungarischen Juden unterrichtet haben, noch bevor Joel Brand auf seine unglückliche Reise nach Istanbul und den Nahen Osten geschickt wurde, um die zehntausend Lastwagen oder eine riesige Geldsumme zu verlangen.

Das war die Zeit der Einsprachen und der diplomatischen Proteste.

Aber mit den wenigen in Budapest verbliebenen diplomatischen Vertretungen liess sich kein grosser Staat machen. Portugal und Spanien vertraten selber faschistische Diktaturen, auch wenn sie keine Judenverfolgungen inszenierten. Da war ferner die türkische Gesandtschaft, bei deren Regierung das Deutsche Reich eher wohlgelitten war, die sich aber nach dem Desaster des Ersten Weltkrieges kaum mehr auf ein zweites Abenteuer einlassen würde. Ausserdem standen die Türken im Ruf, mit den Armeniermassakern von 1915 nicht nur den ersten grossen Genozid dieses Jahrhunderts veranstaltet, sondern Hitler dadurch das Modell zu seinem Massenmord geliefert zu haben.

Es verblieben somit nur noch die Gesandtschaft Schwedens und die Nuntiatur des Heiligen Stuhls. Der 65jährige schwedische Gesandte Carl Ingvar Danielsson vertrat in Ungarn zugleich die Interessen der Sowjetunion, der einzigen Macht, mit der Ungarn direkt in Kriegshandlungen verwickelt war. Das kümmerte ihn wenig, und mit den sowjetischen Kriegsgefangenen hatte er sich auch kaum je abgegeben. Danielsson war ein Diplomat der alten Schule, der seinen Schliff auf dem Parkett längst untergegangener Fürsten- und Königshöfe geholt hatte. Trotz seiner fortgeschrittenen Jahre war er davon überzeugt, dass Frauen ihn unwiderstehlich fanden. Natürlich bedrückte Danielsson die Judenverfolgung; er schien aber bei den ungarischen Stellen kaum Durchsetzungsvermögen zu haben und wünschte daher die Versetzung auf einen ruhigeren Posten, als kurze Zwischenphase vor dem Ruhestand.[1]

Ein Team ganz besonderer Art hingegen waren der 72jährige Apostolische Nuntius, Angelo Rotta, der bereits seit 1930 in Budapest wirkte, und sein jüngerer Kollege Gennaro Verolino.[2] Rottas Berichte nach Rom hoben sich wohltuend von der übervorsichtigen vatikanischen Diplomatie ab, denn sie waren voller Unverständnis über die Haltung der ungarischen Regierung und die Gleichgültigkeit des ungarischen Episkopats angesichts der Judenverfolgung. Als Doyen des kleingewordenen diplomatischen Korps in Budapest rief er die übrigen neutralen Gesandten mehrmals zu Gesprächen über mögliches gemeinsames Vorgehen zusammen, so dass er gelegentlich als deren Wortführer auftreten konnte. Lutz und Rotta bzw. Verolino hielten sich während der langen Krise der Jahre 1944 und 1945 gegenseitig informiert.

Nachdem sich Rotta im Namen des gesamten neutralen diplomatischen Korps mehrmals mündlich beim Aussenministerium über die Behandlung der Juden beschwert und auch den ungarischen Episkopat, vor allem den Fürstprimas, Kardinal Jusztinian Serédi, vergeblich zum Eingreifen aufgefordert hatte,[3] richtete er am 15. Mai – ohne seine Vorgesetzten in Rom vorher zu benachrichtigen – ein geharnischtes Schreiben an das Aussenministerium: «*Jusqu'à maintenant toute démarche est restée sans effet; bien au contraire – tant qu'il résulte à cette Nonciature – on voudrait arriver jusqu'à la déportation (même si la chose est déguisée) de centaines de milliers de personnes. Tout le monde sait ce que la déportation signifie dans la pratique.*»[4]

Und wie ein biblischer Prophet fügte Rotta Worte über die sich aufbauende Schuld Ungarns hinzu, die kaum ein anderer Gesandter so hätte aussprechen können: «*Mais une grande crainte pour son avenir me tourmente en ce moment: car les injustices qu'on est en train de commettre et – Dieu ne le veuille! – du sang innocent versé sans aucune considération, ne peuvent attirer la bénédiction de Dieu sur le pays, bénédiction qui est plus que jamais nécessaire dans ce moment si plein d'inconnus et de dangers, que même les plus puissants se sentent incapables de maîtriser.*»[5]

Am selben Tag, da dieses Schreiben dem Aussenministerium übergeben wurde, begannen die ersten ungarischen Deportationszüge nach Auschwitz zu rollen. Zweifellos hatte sich der Nuntius vor dem Verfassen dieses undiplomatischen Aufschreis gut dokumentiert.

Drei Wochen später, am 5. Juni, goss der Nuntius Worte des Spottes über die «Erklärungen» des ungarischen Aussenministeriums aus, das behauptet hatte, es handle sich nicht um Deportationen, sondern um Arbeitseinsatz: «*L'on dit qu'il ne s'agit pas de déportation, mais de travail obligatoire. On peut discuter sur les mots; mais la réalité est égale. Lorsqu'on emporte des vieux de plus de 70 et même de 80 ans, des femmes agées, des enfants, des malades, l'on se demande: pour quel travail peuvent-ils servir ces êtres humains? On répond que l'on a donné aux Juifs la possibilité de porter leurs familles; mais alors le départ de celles-ci devrait se faire librement. Et quoi dire des cas où ces vieux, malades, etc. sont les seuls à être déportés, ou lorsqu'il n'y a pas de parents qu'ils devraient suivre?*»[6]

Auch auf der Seite der evangelischen Kirchen Ungarns begann sich etwas zu regen. Erstaunlich war – angesichts seiner früheren Einstellung – die vorsichtige Kehrtwendung von Bischof Ravasz. Am 3. April unterbreitete er dem Innenminister ein Memorandum, in dem er um Ausnahmen zum Tragen des gelben Sterns für getaufte Juden bat. Gleichzeitig versuchte er, mit dem Reichsverweser ins Gespräch zu kommen. Dieser aber winkte ab, denn er betrachtete sich als Gefangener der Deutschen, der keine Verantwortung für die Geschehnisse in Ungarn mehr trage. Am 6. April wiederholte der Allgemeine Konvent der Reformierten Kirche das Verlangen für eine grossmütige Ausnahmeregelung gegen das Tragen des gelben Sterns für getaufte Juden. Am 12. April gelang es Ravasz endlich, eine Audienz bei Horthy zu erlangen, wobei ihm der Reichsverweser die in der Öffentlichkeit verschwiegenen Hintergründe seiner Kapitulation auf Schloss Klessheim darstellte. Ravasz drang auf Horthy ein, sich wenigstens von den Judenverfolgungen öffentlich zu distanzieren, damit er nicht eines Tages hierfür für schuldig erklärt werden würde.[7]

Zwei Tage nach dem erstgenannten Schreiben des Nuntius, am 17. Mai, formulierte die Generalsynode der Reformierten Kirche Ungarns unter dem Vorsitz von Bischof Ravasz einen allerdings weniger scharf ausgedrückten Protest an Ministerpräsident Sztójay. Erstmals nahm sie vorsichtig bezug auf den bisherigen Antisemitismus der «christlichen Gesellschaft» – Ravasz wollte wohl nicht an seine eigene antisemitische Vergangenheit erinnert werden –, wies auf die Deportationen in den Nachbarländern hin und bat den Ministerpräsidenten, die Verantwortung der Königlichen Regierung wie auch der ganzen Nation für «solche Handlungen» zu «vermeiden». Angesichts der Vernichtung Hunderttausender konnte der Vorwurf der Mitschuld an diesem Massenmord kaum höflicher ausgedrückt werden. Sztójay lehnte jedoch jegliche Bevorzugung der getauften Juden ab, indem er behauptete, es handle sich um ein Rassen- und nicht ein Religionsproblem.[8]

Bischof Ravasz' Prestige war in Ungarn dennoch derart gross, dass sich der Vorsitzende des Oberhauses, Baron Sigmund Perényi, nach Beginn der Deportationen an ihn mit der Bitte wandte, beim Reichsverweser nochmals zu intervenieren, um einen Stopp der Transporte zu erwirken. Er wurde von Horthy schon am Tag nach dem Gespräch mit Perényi empfangen. Der Staatschef war über diesen Vorstoss nicht erbaut, erklärte aber, er sei gegen jegliche Misshandlung der Juden. Die Deutschen brauchten allerdings einige hunderttausend ungarische Arbeiter, und sie hätten versichert, es würde ihnen kein Leid geschehen. Ausserdem besässe er keine wirkliche Macht mehr.[9]

Enttäuscht von diesem Gesprächsergebnis, wandte sich Ravasz am 15. Juni schriftlich an Kardinal Serédi mit dem Vorschlag, durch eine gemeinsame Intervention aller ungarischen Kirchen die Behörden um ein Ende der Deportationen zu bitten. Serédi antwortete nicht. Der leitende Bischof der Lutherischen Kirche Ungarns, Sándor Raffay, schrieb dem Kardinal ebenfalls, und er erhielt eine Antwort. Sie war allerdings negativ. Der Kardinal wollte keine gemeinsame Stellungnahme der christlichen Kirchen. Jede Kirche solle handeln, wie sie es für gut finde.[10]

Als die reformierten und lutherischen Kirchen Ungarns im Lauf des Juni durch den provisorischen Ökumenischen Rat der Kirchen in Genf zu energischer Aktion aufgefordert wurden, entsandten sie eine gemeinsame Delegation – ohne die Katholiken – zu Sztójay und unterbreiteten ein Memorandum, das von allen evangelischen Bischöfen unterzeichnet worden war. Obgleich ihr Text immer noch von der «Lösung des Judenproblems» und von «Milde» gegenüber den Juden sprach, enthielt er diesmal einen unmissverständlichen Protest gegen die Deportationen. Sztójay erwiderte ohne Scham, er sei von Endre und Baky unterrichtet worden, dass keinerlei Grausamkeiten vorgekommen seien. Als sich die Kirchenvertreter im Gegensatz zum Nuntius von dieser Zusicherung beeindrucken liessen, boten sie dem Ministerpräsidenten für jene Kinder, deren Eltern zum «Arbeitsdienst» aufgeboten worden waren, bis zu deren Rückkehr eine zeitlich bedingte Fürsorge an. Sztójay schwieg.[11]

Hierauf beschlossen die evangelischen Kirchenführer, die Gemeinden am letzten Sonntag im Juni durch einen Hirtenbrief zu informieren, dass sie bei den Behörden erfolglos gegen die Judendeportationen protestiert hätten. In einem Land, wo die Pressezensur den Medien keinerlei Erwähnung der «Judenfrage» erlaubte, hätte ein solcher, auch in moderatem Ton gehaltener Hirtenbrief wie eine Bombe gewirkt. Denn erstmals wäre das ungarische Volk aus eigenen Quellen über die Realität der Judenvernichtung aufgeklärt worden, die man nicht mehr als «ausländische, feindliche Greuelmärchen» abtun konnte.

Kardinal Serédi liess gleichzeitig seinen eigenen Hirtenbrief vorbereiten. Er war mehrere Seiten lang und wurde in noch vorsichtigerer Sprache als jener der evangelischen Bischöfe abgefasst. Auch er sprach von der Notwendigkeit der «Lösung der Judenfrage», und wiederholte das übliche antisemitische Klischee des «subversiven Einflusses der Juden» auf die ungarische Wirtschaft. Doch auch der Kardinal sprach sich – in sehr gemessenen Worten – gegen die Deportationen aus.[12]

Der Minister für Religion und Erziehung intervenierte sofort, verbot die Lesung der Hirtenbriefe und bot weitere Gespräche an. Er drohte mit einem offenen Kampf gegen die Kirchen. Die Kirchenführer gehorchten und die ungarischen Pfarrer wurden lediglich aufgefordert, einen kurzen Rundbrief von der Kanzel zu verlesen, der die Gläubigen informierte, dass die Bischöfe mit der Regierung im Gespräch über die «Judenfrage» und die «getauften Juden» seien.[13] Peinlich wie diese wiederholten demütigenden Rückzieher der Kirchenführer vor dem Staat waren, von den Spaltungen untereinander nicht zu reden, sie verfehlten ihre Wirkung auf den Reichsverweser nicht. Infolge der strikten Presse- und Redezensur fanden diese Aktionen im Volk jedoch keinen Widerhall.

Albert Bereczky, Pfarrer der reformierten Kirche an der Pozsonyi ut Nr. 58 im Szent-István-Quartier von Budapest, handelte auf seine Weise zum Schutz der Juden: «Es gab einen kleinen Teil (der Christen), der in den mit dem gelben Stern Gezeichneten seine Brüder und Schwestern sahen und für sie einstand und den sogenannten Bundesgenossen als Feind sah. Das Gift des Antisemitismus war durch eine zähe und planmässig durchgeführte Agitation und gesetzgeberische Massnahmen in den Leib der Nation gedrungen. Das Wort, ‹hier ist weder Grieche noch Jude›, wurde nur noch in wenigen Kirchen verkündet. Und es gab noch viel weniger Orte, wo die rassisch und politisch Verfolgten auch nur vorübergehend Obdach gefunden hätten. In jenen Tagen waren der Polizist an der Strassenecke und der Hausmeister das tägliche Auge und Ohr der Behörden. Während langer Zeit stellte der Taufschein die Rettung eines Lebens dar. Es gab Tage, da gegen zweitausend Menschen vor unserem Kirchgebäude zusammenströmten, sodass die Polizei zur Aufrechterhaltung der Ordnung erschien, während ich mit meinem damaligen treuen Mitarbeiter, László Padkozdy, täglich achthundert Taufen vollzog. Das ist schwer zu vergessen. Und ich muss bekennen, dass wir unter schwersten Gewissensbissen tauften. Der schwerste Gewissenskampf besteht stets darin, dass man zwischen zwei guten Dingen wählen muss, um das Böse zu verhindern. Uns fiel damals diese Wahl zu.»[14]

In der Schweiz, und bald auch in den angelsächsischen Ländern und in Schweden, verstärkte sich die Unruhe über die Nachrichten aus Ungarn. Am 5. Juni hatte schon *Die Tat,* Zürich, als erste Zeitung über die Judendeportationen in Ungarn berichtet.[15] Am 20. desselben Monats druckten die *Basler Nachrichten* einen über den diplomatischen Kurier erhaltenen Privatbrief: «Fast täglich werden Juden aus der Provinz in Viehwagen verladen, bis zu 120 Personen in einem Wagen. Die Wagen werden plombiert und gehen nach Polen. Sie sind ca. 8 Tage unterwegs. Bei der Öffnung ist in den meisten Fällen niemand mehr am Leben.»[16]

Ganz schwer muss es der JUNA, der Pressestelle des Schweiz. Israelitischen Gemeindebundes (SIG), gefallen sein, zu schweigen, obgleich sie von allem Anbeginn über die Judenverfolgungen informiert gewesen war. Als sie noch am 28. Juni einen Bericht unter dem Titel *«Betet für uns, damit wir bald sterben». Die Ausrottung der Juden in Ungarn* (No. 44/4) versandte, wurde sie von der Zensur (Territorialkommando 6, Abteilung für Presse und Rundspruch) angewiesen, ihren Abonnenten die Veröffentlichung des Berichts zu verbieten. Verschiedene Zeitungen hielten sich nicht daran, und am 6. Juli veröffentlichte die Geschäftsleitung der JUNA eine Resolution, sich durch Schweigen über die Judenverfolgungen nicht mehr mitschuldig machen zu lassen.[17] Damit fiel die Pressezensur, die der Bundesrat 1942 unter deutschem Druck eingeführt hatte, in sich zusammen.

Der Bann war gebrochen. Die meisten Zeitungen berichteten von nun an offen über die Judenverfolgungen in Ungarn und das Vernichtungslager Auschwitz und öffneten ihre Archive über die Greuel in andern Ländern, die sie bisher unter Verschluss gehalten hatten. Fürbittegottesdienste wurden anberaumt, verschiedentlich unter der Leitung des sehr aktiven Flüchtingspfarrers Paul Vogt, und Synodaltagungen verfassten Protestnoten an die Adresse des Dritten Reiches und zuweilen auch an den ihrer Meinung nach allzu schweigsamen Bundesrat.

Die verschiedenen Interventionen und der Aufbruch der internationalen Meinung schreckten Horthy und viele seiner Landsleute aus ihrer Erstarrung auf.[18] Sie begriffen endlich, dass Ungarn bei einem kommenden Friedensvertrag äusserst schlecht davonkommen würde, wenn es der Ermordung eines Teils seiner Bevölkerung nicht nur untätig zuschaute, sondern dabei sogar aktiv mitmachte. Der Krieg konnte kaum noch lange dauern, denn die Rote Armee stand bereits an den nördlichen Abhängen der Karpathen und die Westalliierten waren in der Normandie gelandet. Horthy musste etwas unternehmen.

Die neu anhebende Auseinandersetzung um die Judendeportationen zwischen dem Reichsverweser und den Deutschen und ihren ungarischen Helfershelfern wurde zu einem Machtkampf. An diesem Symbol wollte Horthy vordemonstrieren, wie der deutsche Einfluss *insgesamt* zurückgedrängt werden konnte. Am 26. Juni 1944 berief er erstmals seit dem fatalen 19. März einen Kronrat ein, der dem von Sztójay geleiteten Ministerrat übergeordnet war. Die beiden fanatischen Staatssekretäre des Innenministeriums, Baky und Endre, wurden kurzerhand abgesetzt. Zu einem Stopp der Deportationen vermochte sich Horthy noch nicht durchzuringen.

Es war ein Zufall, dass Minister Jaeger und Vizekonsul Lutz nach der Kronratssitzung an jenem Tag auf der Burg beim Reichsverweser vorsprachen, um ihm eine Protestnote Roosevelts zu überreichen. Der amerikanische Präsident drohte mit schweren Luftangriffen, falls die Deportationen nicht sofort eingestellt würden.[19]

Ein weiterer Appell, datiert vom 25. Juni, kam von Pius XII., der Horthy allerdings ein sehr höfliches Telegramm schickte und dabei den Ausdruck «Juden» geflissentlich vermied und mit «*malheureux, à cause de leur nationalité ou de race*» (= «Unglückliche wegen ihrer Staatszugehörigkeit oder Rasse») umschrieb.[20] Und am 30. Juni forderte König Gustav V. von Schweden telegrafisch, Horthy möge die Deportationen beenden. Zugleich bot er die Aufnahme von mehreren hundert Juden in Schweden an.[21] Über seinen Sohn, Miklós, erhielt der Reichsverweser ebenfalls ein Exemplar der Auschwitz-Protokolle, deren Lektüre ihn äusserst beeindruckte.[22] Auch die türkischen, spanischen und portugiesischen Gesandtschaften übermittelten Protestnoten.

Kein Protest kam vom schweizerischen Bundesrat.

Am 27. Juni, am Tag nach dem Kronrat, wurde unter dem Vorsitz von Sztójay ein Ministerrat abgehalten, an dem Aussenminister Arnothy-Jungerth über die von Jaeger und Lutz überreichte Protestnote Roosevelts und das Schreiben des Papstes referierte. Den Anfragen von Lutz über die Erlaubnis zur Auswanderung der schon seit dem 28. April noch anhängigen Anträge zur Ausreisegenehmigung der schweizerischen Gesandtschaft von 7 000 Juden nach Palästina und vom Schwedischen Roten Kreuz zur Aufnahme von 300 bis 400 Juden in Schweden wurde entsprochen. Aber zu einem allgemeinen Stopp der Deportationen kam es auch jetzt noch nicht.[23]

Es war der Reichsverweser selber, der die Entscheidung traf. Den direkten Ausschlag gaben wahrscheinlich zwei Ereignisse, die auf Horthy stark einwirkten. Das erste war ein vom gestürzten Baky am 1. Juli mit Hilfe von Eichmann inszenierter Putsch, durch den der Reichsverweser zu Fall gebracht werden sollte. Unter dem Vorwand einer Gedenkfeier liess Baky Tausende von Gendarmen und Polizisten nach Budapest einströmen. Sie sollten Horthy und mehrere seiner Anhänger überraschend verhaften. Anschliessend planten sie, die Juden Budapests in einem weiteren Überraschungscoup von Eichmanns Sonderkommando zusammen mit den Gendarmen und Polizisten abzutransportieren. Als Gegenmassnahme verlegte Horthy einige der ihm ergebenen Regimenter der Honvéd von Esztergom nach der Hauptstadt. Die Polizeikräfte mussten die Stadt verlassen, und Bakys Putschversuch fiel zusammen. Die Budapester Juden waren vorerst gerettet.

Das zweite Ereignis war ein schwerer amerikanischer Luftangriff am Tage darauf. Horthy wurde sich dadurch bewusst, dass dies ein Teil der von Präsident Roosevelt angekündigten Vergeltungsmassnahmen war.

Dennoch zögerte Horthy eine weitere kostbare Woche, während der die restlichen Provinzjuden ungestört nach Auschwitz deportiert wurden.

Während dieser Woche des Entscheidungsprozesses unterrichtete das ungarische Aussenministerium den deutschen Gesandten und «Reichsbevollmächtigten» Veesenmayer, dass Ungarn die Deportationen einstellen möchte, was er ohnehin schon wusste. Er wies das Anliegen rundweg ab. Die «Vereinbarung» mit dem «Führer» musste eingehalten werden.

Endlich, am 8. Juli, rang sich Horthy zu einem Befehl an den Ministerpräsidenten Sztójay durch, die Deportationen seien endgültig zu beenden, ob nun die Deutschen damit einverstanden seien oder nicht. Um nicht wieder wie am 19. März von Hitler überrumpelt zu werden, hatte er noch in der Nacht zuvor, wie Grossman erzählt, «den unzuverlässigen Oberbefehlshaber von Budapest sowie jene Gendarmerieoffiziere, die die Deportierungen der Juden aus Budapest leiten sollten, von mit Maschinenpistolen bewaffneten Soldaten in die Burg bringen (lassen). Auf solche Weise wurde verhindert, dass diese Offiziere irgendwelche Schritte unternehmen konnten ...

Am 9. Juli um 9 Uhr früh liess man die Sirenen wie zum Fliegeralarm ertönen und die unzuverlässigen Gendarmerieoffiziere aus ihrer Kaserne ausheben. Die horthytreuen Offiziere brachten jene 3 000 Mann Gendarmerie, die auf Grund der Pläne Eichmanns und Endres nach Budapest kommandiert worden waren, wieder an ihre Dienststellen in der Provinz zurück. Während des drei Stunden lang dauernden Fliegeralarms gelang es, die Deportierung der Budapester Juden abzuwenden».[24]

In diesen Tagen sprach der inzwischen nervös gewordene Veesenmayer fast dauernd auf der Burg vor, denn er selber wurde von Ribbentrop unter enormen Druck gesetzt und mit Erschiessen bedroht. Nach dem Krieg, in Nürnberg, wo Horthy als Zeuge gegen Veesenmayer aussagte, erinnerte sich der einstige Reichsverweser, Veesenmayer sei einmal in Begleitung des SS-Oberkommandierenden für Ungarn, Winkelmann, auf der Burg erschienen. Die beiden behaupteten, dass laut «Vereinbarung» mit dem «Führer» auf Schloss Klessheim im März 1944 die Judendeportationen ausschliesslich in deutschen Händen lägen und dass der ungarische Reichsverweser sich in Dinge einmischte, die ihn nichts angingen. Die militärische Lage sei derart ernst, dass die «unzuverlässigen Juden» für die Sicherheit der kämpfenden Wehrmacht äusserst gefährlich geworden seien: «Ich denke gar nicht daran», entgegnete Horthy laut eigener Aussage, «die vom Reich geforderten Judenmassnahmen zu machen. Der Heilige Vater hat aus Rom geschrieben, der König von Schweden hat an mich geschrieben, der König von England hat durch jemand anders an mich geschrieben. Mir passt das nicht, diese Erpressung seitens des Reichs, dass ich an Juden, etwas gegen die Juden tun soll.»[25]

Die Reichsregierung war höchst ungehalten über den unerwarteten Widerstand des alten Mannes und instruierte Veesenmayer von neuem, Horthy den «Wunsch des Führers» zu übermitteln, dass die Massnahmen gegen die Juden von Budapest «unverzüglich» und wie «vereinbart» ausgeführt werden müssten. Der «Führer» sei andernfalls gezwungen, skrupellos einzugreifen, und das könnte eine Gefahr für Horthys persönliche Sicherheit bedeuten. Wenn Hitler die Argumente ausgingen, musste er widerspenstige Staatsmänner persönlich bedrohen.[26]

Die Gefahr für die Budapester Juden war wenigstens momentan abgewendet. Unter denen, die sichtlich aufatmeten, war Vizekonsul Lutz. In einem Brief mit dem Datum des 20. Juli drückte er Georges Mandl/Mantello vom salvadorianischen Konsulat in Genf seine volle Anerkennung aus, dass es diesem gelungen sei, die Aufmerksamkeit der internationalen Öffentlichkeit auf die Deportation der ungarischen Juden zu lenken, wenn auch spät: «Wie ich vernommen habe, stehen Sie als ‹spiritus rector› hinter der Presseaktion in der Schweiz, durch welche die gegenwärtigen Zustände, beziehungsweise die Notlage der jüdischen Bevölkerung Budapests und in der Provinz der breiten Weltöffentlichkeit zur Kenntnis gebracht wurden. Eben dieser Tage sind mir Exemplare von Schweizer Zeitungen zu Gesicht gekommen, welche ausführliche Berichte über die in Ungarn verübten Greueltaten an der jüdischen Bevölkerung enthalten. In verantwortlichen Kreisen ist man darüber naturgemäss sehr entrüstet, dass diese Nachrichten ins neutrale Ausland und von dort in die feindlichen Staaten durchgesickert sind. Man hegt den Verdacht, dass dies durch schweizerische Kuriere geschehen ist, doch scheint dies meines Wissens kaum der Fall zu sein. Immerhin ist der Vermittlungsweg nicht das Hauptsächlichste. Wichtig ist nur die Reaktion und die Auswirkung ... Beim Bekanntwerden der Tatsache, dass nun aller Augen auf die unmenschlichen Judenverfolgungen in Ungarn gerichtet sind, fragt sich jeder Regierungsbeamte, ob man ihn wohl eines Tages verantwortlich machen werde. Jeder bestreitet schon im voraus die Verantwortung mit der Folge, dass er sich, wenn auch noch im Dienste der Regierung, nicht mit diesen Greueltaten identifizieren wollte. Natürlich gab es Kurzsichtige, doch der Weitsichtigen, die sich über die Folgen ihrer antisemitischen Tätigkeiten bewusst waren, sind weit mehr. Die Auswirkung war dann auch eine fast plötzliche Einstellung der Deportationen. Ich konnte dies besonders gut beobachten, als ich, oder nachdem ich die Note des amerikanischen Staatsdepartements überreicht hatte, in welcher die Bestrafung als Kriegsverbrecher allen denjenigen angedroht wurde, die an diesen Deportationen direkt schuld sind oder daran teilhatten. Die Antwort der ungarischen Regierung war denn auch in sehr mässigem Ton gehalten, entsprach aber keineswegs den Tatsachen, sei es, dass sie es nicht wissen wollten, oder damit einverstanden waren. Es kann gesagt werden, dass durch Ihre Aktion die im Gange befindliche Katastrophe stark abgebremst wurde.»[27]

Weniger erbaut war Lutz über die Schutzpassaktion, die das umtriebige WRB über verschiedene zentralamerikanische Staaten, vor allem El Salvador, in Ungarn fast gleichzeitig startete und bei der Mandl/Mantello wieder im Zentrum stand. Selbst Lutz' Auswanderungsabteilung erhielt Tausende solcher Schutzpässe, zum Teil sogar über das ratlose EPD in Bern, das von der amerikanischen Gesandtschaft zu diesem Schritt gedrängt worden war. Andere wurden auf verschlungenen Umwegen über Istanbul nach Budapest eingeschleust. Binnen kurzem liefen zahllose «Bürger» El Salvadors in den Strassen Budapests herum, wo es früher kaum Staatsangehörige jenes Landes gegeben hatte. In ein paar Wochen war der Spuk der salvadorianischen «Schutzpässe» jedoch praktisch wirkungslos verpufft, aber er belastete von nun an die mühsam ausgehandelte Schutzbriefaktion der schweizerischen

Gesandtschaft. Bis zum Ende des Krieges musste Lutz immer wieder viel Zeit aufwenden, die Echtheit seiner Dokumente vor den Behörden zu verteidigen.

Nun erfolgte ein neuer Schachzug des Dritten Reiches gegen Ungarn. Nachdem Veesenmayer seine Regierung in Berlin über den Beschluss des ungarischen Ministerrats vom 27. Juni informiert hatte, der schweizerischen Gesandtschaft 7000 Juden zur Auswanderung nach Palästina zu «erlauben» und ungefähr 800 weiteren zu gestatten, nach Schweden auszuwandern, gewährte der «Führer» seinerseits diese Gunst höchstpersönlich. Offenbar war dieser an Lutz' Einsatz zugunsten der deutschen Interessen in Palästina erinnert worden, was ihn milde stimmte. Ein solcher Entscheid Hitlers wäre jedoch angesichts seines Fanatismus gegenüber den Juden erstaunlich gewesen, denn versah ihn gleich mit einem Pferdefuss in Gestalt einer Auflage, dass als Preis für das Überleben der 7000 die von Horthy unterbrochenen Deportationen unverzüglich wiederaufgenommen werden müssten.[28]

Unmissverständlich wurden Horthy und die ungarische Regierung gewarnt, diese Konzession des «Führers» nicht als Zeichen der Schwäche auszulegen. Noch am 12. Juli entsandte Eichmann sein Sonderkommando nach dem 20 km von Budapest entfernten Sammellager Kistarcsa, um die dort befindlichen 1 500 Juden nach Auschwitz abzutransportieren – Horthybefehl hin oder her! Der Name Kistarcsa hatte für Ungarn eine Signalbedeutung, denn von dort aus war schon am 28. April der erste Judentransport nach dem Vernichtungslager in Oberschlesien in Bewegung gesetzt worden, mehrere Wochen vor dem offiziellen Beginn der Transporte aus Ungarn.

Zum grossen Ärger der Deutschen gelang der Überraschungscoup jedoch nicht. Der Judenrat, der sich erstmals getraute, selbständig zu handeln, informierte die neutralen Gesandtschaften. Führende Kirchenleute alarmierten Horthy rechtzeitig, und dieser handelte überraschend schnell. Er liess den Zug kurz vor Erreichen der Grenze abfangen und nach Kistarcsa zurückbringen.

Horthys Intervention liess Eichmann ungerührt. Schon zwei Tage später wiederholte er den Überraschungscoup auf Kistarcsa. Dieses Mal hielt er die Mitglieder des Judenrates den ganzen Tag auf seinem Büro in Gewahrsam, damit sie nicht mit der Aussenwelt in Verbindung treten konnten. Die 1 500 Insassen von Kistarcsa waren verloren. Am selben Tag wurden auch die Juden des Lagers Sárvár abtransportiert.[29] Die Unentschlossenheit und Schwäche Horthys, der dieses Mal nicht reagierte, trat wiederum klar zutage. Schon nachdem Eichmann den verfehlten Putsch Bakys offen unterstützt hatte, wäre es höchste Zeit gewesen, ihn und sein Sonderkommando zu verhaften oder doch des Landes zu verweisen. Die beiden Lager, Kistarcsa und Sárvár, waren nicht einmal von loyalen Truppenteilen bewacht worden.

Vizekonsul Lutz wollte nun die relative Gunst der Stunde nutzen und wenigstens die 7 000 retten. Der Überfall auf Kistarcsa und Sárvár hatten bewiesen, dass noch nichts gewonnen war. Die Unterlagen bezeugen, dass in diesem Augenblick eine neue Dynamik die psychologische Lähmung der vorhergehenden Monate ablöste, wie immer, wenn eine ungewöhnliche Herausforderung auf ihn zukam und er Aktionsmöglichkeiten entdeckte.

Der Stichtag zu diesem Umschwung war wahrscheinlich der 14. Juli 1944, als Lutz von Aussenminister Arnothy-Jungerth über die erneute Zustimmung Hitlers zur Auswanderung wenigstens der 7 000 Juden informiert wurde, die seit dem 19. März auf die Ausreise warteten. Da der «Führer» seine persönliche Einwilligung gegeben hatte, durfte auch die ungarische Regierung mit ihrer formellen Anerkennung von Lutz' Auswanderungsprogramm nicht mehr zurückhalten, nachdem das Palästina-Amt am 19. März suspendiert worden war. Die Neubestätigung geschah durch dieselbe Regierung Sztójay, die bis noch vor wenigen Tagen den Deutschen fast eine halbe Million ihrer eigenen Landeskinder zum Transport nach Auschwitz ausgeliefert hatte. Vielleicht war Sztójay dem Dritten Reich gegenüber nicht mehr so willfährig wie bisher.[30]

Eine Unsicherheit bestand in der Gesamtzahl der nach Palästina zur Ausreise Bestimmten. Die Deutschen sprachen nach wie vor von einer Höchstzahl von 7000. In seiner harten Denkweise hatte Veesenmayer, wie erwähnt, diese informelle und momentane Zahl ja gleich zu einer «Vereinbarung» emporstilisiert: Die schweizerische Gesandtschaft habe ein «Anrecht» auf 7000 Auswanderer, meinte er. Andere Zahlen standen für ihn nicht nicht zur Diskussion, auch nicht die 7 800, die Ungarn Lutz neuerdings «konzediert» hatte. Gelegentlich wurde von 8 000 gesprochen, d. h. von den ursprünglichen 7000 plus 1 000 Kindern. Über diese Kinder musste noch weiter «verhandelt» werden.

Aber der definitive Schutz wenigstens der 7000 war nicht die einzige gute Nachricht des Tages. Lutz versuchte, die verunsicherten Ungarn zu weiteren Konzessionen zu bewegen. Und dies schien ihm zu gelingen, denn Ungarn war plötzlich zu ausserordentlichen neuen Zugeständnissen bereit. Noch am selben Abend des 14. Juli kabelte Lutz die grosse Nachricht dem EPD in Bern, Ungarn habe der Auswanderung *aller* Juden zugestimmt, auch jener, die nach Palästina auswandern wollten. Sogar die Deutschen hätten sich einverstanden erklärt, die Durchreise durch alle von ihnen besetzten

Gebiete zu gestatten. Als Reisedokumente seien ungarische Pässe vorgesehen. Die Auswanderungsaktion sei von seiner Interessenvertretung zusammen mit dem Palästina-Amt durchzuführen. Lutz forderte das EPD auf, die Regierungen der Vereinigten Staaten und Grossbritanniens unverzüglich zu informieren.[31]

Der Grund für diese plötzliche und unerwartete Zustimmung der Deutschen, die sehr im Widerspruch zur bisherigen kompromisslosen Haltung Veesenmayers stand, war in diesem Augenblick in den Verhandlungen Kasztners mit der SS zu suchen. Himmler wird sich Rechenschaft darüber abgelegt haben, dass die Alliierten von seinem Angebot der Auslösung der Juden kaum beeindruckt sein würden, solange das Dritte Reich seine Vernichtungspläne nicht unwiderruflich aufgegeben hatte. Diese Forderung wurde ja von Kasztner stets wiederholt. Es war somit weniger dem Verhandlungsgeschick von Lutz zuzuschreiben, dass ein unerhört grosser Durchbruch in der Deportationsfrage vor der Türe zu stehen schien, als vielmehr den Spannungen innerhalb der Reichsregierung, die diese zu einer momentanen Konzession drängten.

Wenn dem so war, so die unglaubliche Nachricht, würden binnen Tagen nicht weniger als eine Viertelmillion Juden auf einmal freigelassen. Wie die Sicherstellung und die technischen Einzelheiten einer derart riesigen Auswanderung zu bewerkstelligen wären, war eine andere Frage. Aber nach den spannungsgeladenen Monaten im Wissen um die Deportationen erschien die neue Nachricht wie ein Lichtstrahl am dunklen Himmel.

Wir wissen im nachhinein, dass es sich bei dieser ungewöhnlich guten Nachricht um eine kurzfristige Fata Morgana gehandelt hat. Problematisch war ja für einen Aussenstehenden wie Lutz – auch Kasztner wird nicht besser informiert gewesen sein –, wie die unterschiedlichen Signale aus Berlin zu deuten waren. Jedenfalls leitete das EPD die Information an die beiden angelsächsischen Regierungen weiter. Diese werden zweifellos vermutet haben, dass die Sache in Verbindung mit dem durch Kasztner und Brand vermittelten Angebot stehen musste. London und Washington reagierten nicht, denn sie hatten in diesem Augenblick in bezug auf das SS-Angebot noch keinen Grundsatzentscheid getroffen.

Schon vier Tage später, am 18. Juli, wurde Lutz wieder näher auf den Boden der Realität gebracht – inzwischen war die Tragödie von Kistarcsa geschehen –, denn im Blick auf Hitlers Unnachgiebigkeit schwächte die Regierung Sztójay ihre angebliche Bereitschaft zur Entlassung aller Juden wieder ab. Sie liess Lutz wissen, dass «eine sehr beträchtliche Anzahl von Juden nach neutralen Staaten und nach Palästina auswandern» könnten.[32] Möglich ist aber auch, dass Lutz sein optimistisches Telegramm vom 14. Juli unter voller Kenntnis der Ungewissheiten und in geheimer Übereinkunft mit dem ungarischen Aussenministerium nach Bern geschickt hat, um unter Ausnützung des noch nicht abgeflauten publizistischen Protests gegen die Deportationen die Hand der Westmächte zu forcieren, die im Begriff waren, über das via Kasztner und Brand gemachte deutsche «Angebot» eines Austausches von Juden gegen Lastwagen oder Geld nachzudenken. Wiederum muss gefragt werden, was geschehen wäre, wenn die Schweiz in diesem Augenblick als Schutzmacht der Westalliierten in Ungarn intuitiv und rasch «gespurt» und diese mit Nachdruck aufgefordert hätte, diese letzte Chance zur Rettung des ungarischen Judentums prompt zu ergreifen.

Am 21. Juli nahm Lutz in Begleitung von Minister Jaeger wiederum mit der ungarischen Regierung Kontakt auf, dieses Mal direkt mit Ministerpräsident Sztójay. Es ging nicht mehr einfach um die 7 000, sondern um die Absicherung der Auswanderungsprozedur der grösstmöglichen Zahl von Juden, vielleicht in der Tat bis zu einer Viertelmillion. Fünf Punkte mussten geklärt werden: (1) Es galt, sich zu vergewissern, dass Juden, die ein Palästina-Zertifikat besassen und die auf der Auswandererliste, d. h. auf einem schweizerischen Kollektivpass eingetragen waren (jeder enthielt ca. 1 000 Namen) und dies in einem Schutzbrief bestätigt erhielten, nicht mehr weder zum Arbeitsdienst im Ausland noch in Ungarn selber eingezogen wurden. Im Klartext: sie durften nicht mehr deportiert werden. (2) Die ungarische Regierung sollte von den Deutschen herausfinden, ob diese das Recht der Auswanderung dieser Juden nach Palästina zu respektieren gedachten oder ob sie diese Auswanderung de facto unterbinden würden. Aus der Umgebung Eichmanns und seines Sonderkommandos waren Gerüchte vernommen worden, dass die Deutschen nach wie vor keine Durchreise durch das von ihnen besetzte Gebiet gestatten würden. Man müsste den Deutschen, falls nötig, Hitlers höchstpersönliche «Konzession» zur Auswanderung der 7 000 in Erinnerung rufen. (3) Ganz spezifisch sollte die ungarische Regierung die Deutschen um die notwendigen Durchlass-Scheine bitten, damit die auswanderungsbereiten Juden definitiv in die schweizerischen Kollektivpässe eingetragen werden konnten. (4) Das Innenministerium sollte vom Ministerpräsidenten angewiesen werden, einen bisherigen Auftrag an den Judenrat, 9 000 künftige Auswanderer – darunter in der Hauptsache «Schweizer» Juden – in einem Sonderlager ausserhalb Budapests zusammenzufassen, aufzuheben. Lutz wollte kein zweites Kistarcsa riskieren. (5) Innenminister Andór Jaross sollte Lutz persönlich empfangen, um die technischen Einzelheiten des Auswanderungsplans auszuarbeiten.[33]

Zur Überraschung von Lutz und Jaeger stimmte der Ministerpräsident allen fünf Punkten zu. Er nahm sogar höchstpersönlich die Verbindung zu

Veesenmayer und Winkelmann auf, die die deutsche Zusicherung bestätigten. Allerdings nicht, bevor Veesenmayer telegrafisch seinen Vorgesetzten Ribbentrop konsultiert hatte. Die Zusage galt jedoch wie die Deutschen *ad nauseam* bestätigten, nur unter der Bedingung, dass der «Wunsch des Führers» erfüllt würde, wie Ribbentrop am 17. Juli Veesenmayer gewarnt hatte: «Der Führer erwartet, dass nunmehr ohne jedes weitere Verzögern die Massnahmen gegen die Budapester Juden von der ungarischen Regierung durchgeführt werden mit den Ausnahmen, die von der Reichsregierung auf Vorschlag des Gesandten Veesenmayer grundsätzlich der ungarischen Regierung zugestanden worden sind. Irgendeine Verzögerung in der Durchführung der allgemeinen Judenmassnahmen darf durch diese Ausnahmen aber nicht eintreten, andernfalls die Zustimmung zu diesen Ausnahmen vom Führer wieder rückgängig gemacht werden müssen.»[34] Hitlers Zorn auf den «verräterischen» Horthy, der es gewagt hatte, die in Klessheim «vereinbarten» Judendeportationen noch vor ihrem Abschluss abzubrechen, kannte keine Grenzen. Der Fall lag klar. Es gab keine deutsche Erlaubnis, weder über die Zahl 7000 hinauszugehen, noch von der «Endlösung» für die restlichen ungarischen Juden abzuweichen.

Dann erreichte Budapest die Nachricht vom Attentat auf Hitler am 20. Juli. Einen blitzartig kurzen Augenblick lang blickte die Welt auf ein von inneren Zwistigkeiten zerfressenes nationalsozialistisches Regime. Die Hoffnung keimte auf, der Krieg könnte von einem Augenblick zum andern zu Ende sein. Doch der verletzte «Führer» überlebte den Anschlag und die Agonie Europas trat von nun an in ihre zerstörerische Schlussphase ein. Sie sollte noch neun Monate dauern.

Inmitten dieser vielfältigen Spannungen traf Lutz am 23. Juli im Aussenministerium mit verschiedenen Personen zusammen, um die Details der «Ausnahmen» nochmals zu überprüfen. Seine Gesprächspartner waren Dénes Csopey, der Chef der Politischen Abteilung, Oszkar Moor, ein Ministerialbeamter, und der unangenehme, kriegsversehrte Grell, der Verbindungsmann der deutschen Gesandtschaft zu Eichmann. Csopey ermutigte den Vizekonsul, mit den technischen Vorbereitungen der Auswanderung fortzufahren. Lutz machte sich aber Sorgen über zwei Bemerkungen, die im Lauf des Gespräches fielen. Jaross, berichtete Csopey, wolle die zur Auswanderung bestimmten Juden nicht frei herumlaufen lassen, auch wenn sie – auf Befehl Sztójays – nicht ausserhalb Budapests in einem Lager zusammengefasst würden, sondern sie in eigene Gelbsternhäuser bringen, wie jene, in die alle Juden nach dem 19. März einquartiert worden waren. Die Gefahr eines plötzlichen Überfalls à la Kistarcsa blieb somit nach wie vor bestehen.

Der andere Vorbehalt, den Grell im Auftrag Veesenmayers und Winkelmanns an die Gesprächsrunde weitergab, war noch gravierender. Er wiederholte die bekannte deutsche Forderung, dieses Mal etwas verschärft, die der schweizerischen Gesandtschaft «zugestandenen» Juden dürften erst dann ausreisen, wenn die «politische Frage» zwischen Ungarn und Deutschland geregelt sei, also *nach* dem Vollzug der Deportation aller Budapester Juden.[35] Die Konzession an Lutz war Teil der Auseinandersetzung zwischen den Deutschen und den Ungarn geworden.

Obgleich Grells Drohung mit Hitlers «Wunsch» wie ein Damoklesschwert über Vizekonsul Lutz hing, machte dieser sich mit gewohntem Eifer an die Arbeit, als ob sie nicht ausgesprochen worden wäre. Es war wichtig, den Juden zu «beweisen», dass ihre Vernichtung nicht unabwendbar sei. Viele Budapester Juden waren infolge der Tragödie des Provinzjudentums dem seelischen Zusammenbruch nahe und warteten, völlig ausgelaugt, auf den Tag ihrer eigenen Deportation, wohl ahnend, dass der schwache und nachgiebige Horthy den Deutschen auf die Dauer kaum zu widerstehen vermochte.

Lutz ergriff zwei Massnahmen. Die erste galt der Auswanderungsabteilung, dem früheren Palästina-Amt, dem Lutz nach dem 19. März im ehemaligen amerikanischen Gesandtschaftsgebäude Schutz gewährt hatte. Dessen Büro am Erzébet Körut Nr. 26 war auf Befehl der Sztójay-Regierung geschlossen worden. Da die Lage am Freiheitsplatz durch die steigende Anzahl der dort dauerhaft aufgenommenen Asylsuchenden unhaltbar geworden war, verlegte der Vizekonsul die Auswanderungsabteilung am 24. Juli in das der Familie von Arthur Weisz gehörende Glashaus in der unweit entfernten Vadász utca, einer engen Gasse im alten Geschäftsviertel von Pest. Weisz war Glasgrosshändler gewesen, der an der Vadász utca nach dem Ersten Weltkrieg ein modernes dreistöckiges Bürogebäude mit Glasfassaden errichtet hatte. Durch die Judenverordnungen arbeitslos geworden, wurde Weisz einer der leitenden Angestellten der Auswanderungsabteilung und durfte mit seiner Familie in einer Wohnung im Glashaus bleiben. Lutz erhielt nicht nur die Einwilligung des ungarischen Aussenministeriums zu dieser «Übersiedlung» des Palästina-Amtes, sondern er durfte auch das Recht der Extraterritorialität auf das Glashaus ausdehnen. Auf diese Weise wurde das Gebäude an der Vadász utca Nr. 29 zu einem wichtigen Stützpunkt und Zufluchtsort für das Budapester Judentum. Laut Grossman wurde das danebenstehende unbewohnte und nach aussen wie eine Ruine aussehende Gebäude unter Nr. 31 ebenfalls benützt. Es konnte nur durch einen versteckten Eingang über das Glashaus erreicht werden.[36] Später wurde zur Entlastung des Glashauses eine weitere Zweigstelle an der Wekerle utca im selben Quartier eröffnet, von Grossman geleitet. In diesen drei bzw. vier Gebäuden (Freiheitsplatz, Vadász utca und Wekerle utca) fanden 4 500 Menschen Schutz.

Lutz' zweite Massnahme zielte auf die unvermeidliche Erfüllung des Befehls von Innenminister Jaross, die «schweizerischen» Ausreisekandidaten in besonders designierte «Schutzhäuser» übersiedeln zu lassen. Aufgrund eines Vorschlags Csopeys verfügte Jaross die Räumung und Übergabe an die Gesandtschaft von nicht weniger als 60 mehrstöckigen Häusern an der Pozsonyi ut in der Nähe der die Donau überquerende Margarethenbrücke. Später wurde die Gesamtzahl der schweizerischen Schutzhäuser auf 72 erhöht. Unter der Pfeilkreuzler-Regierung Ferenc Szálasis sollten sie den Kern des sogenannten «internationalen Ghettos» bilden.[37] Auch diese Gebäude durften unter den extraterritorialen Schutz der Eidgenossenschaft gestellt werden. Lutz liess an den Eingängen Schilder in ungarischer und deutscher Sprache anheften, die anzeigten, dass diese Gebäude Teil des extraterritorialen Bestandes der Gesandtschaft seien. Offiziell designierte Chalutzim wurden als Hauswarte eingestellt, während andere die tägliche Verbindung mit der Vadász utca und Lutz selbst aufrechterhielten und für Nachschub sorgten. Die Chalutzim besassen ungarische und schweizerische Papiere, die sie als Angestellte der Gesandtschaft auswiesen. Sie brauchten den gelben Judenstern nicht zu tragen. Ausserdem liess Lutz einige als zuverlässig erwiesene Polizeikommandanten ausfindig machen, die gebeten wurden, ein ständiges Auge auf die Schutzhäuser zu werfen. Ostentativ häufig fuhren zudem der Vizekonsul und seine Gattin Gertrud mit ihrem vom roten Schweizerfähnchen geschmückten Packard an der Pozsonyi ut vor, um durch ihre Gegenwart den «Anspruch» der Schutzmacht auf diese Judenhäuser immer wieder zu bestätigen.

Und dennnoch konnte Vizekonsul Lutz der gut strukturierten Schutzmassnahmen nicht recht froh werden. Er stand ja nicht mehr wie früher einem kleinen Betrieb von einigen Dutzend Leuten vor, sondern musste das Funktionieren von mehreren hundert Menschen überwachen, die von verschiedenen Stellen aus operierten und deren Aktivitäten er nicht mehr im einzelnen überwachen konnte. Ausserdem waren die Auseinandersetzungen zwischen den verschiedenen jüdischen Richtungen notorisch. Wie leicht wäre es für die Behörden oder die Deutschen gewesen, aus irgendeinem Vorwand einzugreifen und «für Ordnung zu sorgen».

Im Zentrum der Schwierigkeiten stand zweifellos die Person von Mosche Krausz, obgleich ihm das Verdienst zukommt, am 19. Juni 1944 durch die Auschwitz- Protokolle und eigene Berichte die westliche Welt alarmiert zu haben. Ursprünglich aus Miskolc stammend, hatte sich Krausz seit 1931 im zionistischen Palästina-Amt hochgearbeitet, den Ausreisewilligen Pässe und Visen verschafft und den Transport organisiert. Infolge von Führungsschwächen im verantwortlichen Ausschuss entwickelte er sich zur zentralen Gestalt im Palästina-Amt, die ihre Vorrechte eifersüchtig hütete und der ihre Gegner aber administrative Inkompetenz und Langsamkeit vorwarfen. Auch in Zeiten des Notstands sei Krausz nie vor zehn Uhr morgens am Arbeitsplatz aufgetaucht, wird von Augenzeugen berichtet, um sich hierauf in seinem Büro stundenlang abzukapseln und für niemanden ansprechbar zu sein. Ausserdem konnte Krausz die verschiedenen Aufgaben schlecht delegieren und wollte selbst kleine Büroarbeiten eigenhändig erledigen, so dass sich die Pendenzen massenweise anhäuften.

Gravierend war, dass Krausz Lutz vorenthielt, dass er noch nach dem 19. März 19 000 Palästina-Zertifikate auf Lager hatte. Diese Zertifikate waren alle von den britischen Behörden genehmigt gewesen. Wenn Vizekonsul Lutz diese Zahl gekannt hätte, hätte er Veesenmayer über 25 000 anstatt nur 7 oder 8 000 Ausreisekandidaten informieren können. Es ist schwer zu sagen, wieviele Menschen, vor allem Kinder und Jugendliche, allein wegen solcher Arbeitsgewohnheiten ihr Leben verlieren mussten.[38] Die Langsamkeit des leitenden Beamten der Auswanderungsabteilung erklärt auch, warum die beiden ersten schweizerischen Kollektivpässe mit rund je eintausend Namen erst gegen Ende Juli fertiggestellt wurden.

Es mag Lutz vorgeworfen werden, er hätte gegen Krausz schon schon frühzeitig energisch vorgehen müssen. Als Aussenseiter wollte aber der Vizekonsul dem ehemaligen Palästina-Amt auch unter dem Schutz der Gesandtschaft die grösstmögliche Selbständigkeit bewahren. Es war nicht die Art von Lutz, die Abhängigkeit anderer auszunützen. Vielleicht konnte er den offensichtlich problematischen Leiter seiner Auswanderungsabteilung in diesem Augenblick ohnehin kaum ersetzen. Krausz besass in der Tat wie kaum jemand anders zahlreiche und unerlässliche Kontakte in der ungarischen Regierungshierarchie, und ausserdem hätte ein Machtkampf zu diesem kritischen Zeitpunkt unter den Mitarbeitern der Auswanderungsabteilung und in den bedrohten jüdischen Gemeinden Budapests einen Wirrwarr verursacht, der zu diesem kritischen Zeitpunkt unheilvolle Folgen gezeitigt hätte. Erst kurz vor dem Ende seiner Amtszeit in Budapest hat Lutz Krausz entlassen.

Verzweifelt suchte der Vizekonsul in jenen Julitagen 1944 einen Ausweg aus der unangenehmen Situation. Es ging nicht mehr einfach darum, Krausz kompetente Leute zur Seite zu stellen, um die Registration der 7 000 oder 8 000 Ausreisekandidaten so schnell wie möglich zum Abschluss zu bringen, bevor Hitler seine Deportationsdrohung wahrmachen konnte, sondern um weitere Juden zu retten. Auch Kasztner hatte seine Hände nicht in den Schoss gelegt, nachdem klar geworden war, dass Joel Brand das Ziel seiner Mission, eine Million Juden gegen 10000 Lastwagen auszutauschen, verfehlen und aus dem Nahen Osten nicht mehr zurückkehren würde. Jedesmal, wenn ein Gendarmeriedistrikt in der Provinz «judenrein» gemacht werden sollte, hatte sich Kasztner von Eichmann und seinem Sonderkommando oder von Becher, der einen besonderen Draht zu Himmler, dem «Reichsführer» der SS, hatte, die Herausgabe von jeweils mehreren hundert, wenn nicht tausend «prominenten» Juden ausbedungen. Die Wenigsten wurden freigelassen, dafür aber wurden ihre Wagen von den fatalen Auschwitzzügen abgehängt und nach anderen, «weniger schlimmen» Konzentrationslagern umgeleitet, etwa nach Strasshof, Mauthausen, Theresienstadt oder Bergen-Belsen, und dort «auf Eis gelegt», wie Eichmann zu sagen pflegte. Es handelte sich wenigstens um einen Zeitgewinn, prekär wie er auch sein mochte. Die einzige «Drohung», die Kasztner gegen die SS aussprechen konnte, war, dass die an Deportationen und Mord beteiligten Angehörigen der SS nach dem Krieg von den Alliierten schwer bestraft würden, falls diesen vorläufig Geretteten ein Leid angetan würde. Von 30 000 durch die Verhandlungen Kasztners mit der SS Geretteten, durften 1 800 bereits vor Kriegsende in die Schweiz einreisen.

Lutz war zweifellos nicht über alle Einzelheiten der Kasztnerschen Verhandlungen unterrichtet, aber er wusste genug, um sich daran ein Beispiel nehmen zu können. Irgend etwas musste er ja unternehmen, den von Krausz verursachten Verlust wieder gutzumachen. Da ein Frontalangriff kaum Erfolgschancen gehabt hätte, versuchte er eine diplomatische List. Schon im Mai, nachdem die Deportationen nach Auschwitz in grossem Stil eingesetzt hatten, und sozusagen im Windschatten der Gespräche der SS-Führung mit Kasztner und sicher im Einvernehmen mit diesem, begann Lutz die ungarischen Behörden zu einer Erhöhung der Quote von 7000 auf 40000 zu bewegen. Warum sollte sich die Zahl der zu rettenden Juden auf die zufällige Zahl von 7000 beschränken, d. h. auf jene, die am Stichtag des 19. März zur Auswanderung eingeschrieben waren? Ausserdem wusste Lutz, dass die Gesamtzahl von 75000 Einwanderern, die laut dem britischen Weissbuch von 1939 nach Palästina auswandern durften, in diesem Augenblick erst auf 40 Prozent oder 35 000 ausgebucht war. Es wäre unverantwortlich, wenigstens diese eine Chance nicht zu nutzen. Die britische Regierung konnte durch diese Erhöhung kaum brüskiert werden, solange die Einwanderung nach Palästina die Gesamtzahl von 75000 nicht überstieg. Die Differenz zwischen den 35000 und den 75000 war 40000. Das einzige Problem bestand darin, wie Veesenmayer und die deutsche Führung von ihrer sturen Fixierung auf die «vereinbarte» Ausnahme von 7000 abgebracht werden konnten. Sie wollten ja weder auf eine totale Vernichtung der Juden verzichten, noch ihre arabischen «Freunde» verärgern, die keine jüdischen Siedlern in Palästina wollten. Bis an welche Grenze durfte der Vizekonsul das gewagte Spiel treiben, ohne zur *persona non grata* zu werden?

Somit begann Lutz einen weiteren risikoreichen Versuch, tausende von zusätzlichen Juden aus den tödlichen Fängen der Nationalsozialisten zu retten, indem er die latenten Spannungen zwischen Deutschen und Ungarn geschickt ausnutzte. Schon im Mai setzte er die Behauptung in die Welt, die Zahl der 7 000 «Einheiten» bedeute nicht Einzelpersonen sondern Familien, die aus insgesamt 40 000 Einzelpersonen beständen. Diesen jüdischen Auswanderern würden die Briten die lebensnotwendigen Einwanderungszertifikate sicherlich problemlos aushändigen. Dass Lutz auch unter Einschluss der im Büro von Krausz liegengebliebenen Palästina-Zertifikate noch keine britische Einreisegarantie für alle 40 000 besass, verschwieg er wohlweislich.

Das war natürlich ein waghalsiges Vorgehen, denn bisher war in keinen Gesprächen von Familien die Rede gewesen. Die Beamten des ungarischen Aussenministeriums wurden jedoch mit Lutz ohne Schwierigkeiten handelseinig. Selbst Ministerpräsident Sztójay liess sich offenbar überreden, denn am 26. Mai notierte er selber die Zahl von 40 000 in einer internen Gesprächsnotiz. Die Beschränkung auf 7000 sei ein Schreibfehler gewesen, sagte er, als er deswegen von Veesenmayer zur Rede gestellt wurde.

Der erste, der sich begreiflicherweise nicht düpieren liess, war eben Veesenmayer. In einem Telegramm nach Berlin bezog er sich auf Sztójays angeblichen Schreibfehler. Irritiert meldete er am 24. Juli: «Schweizerische Gesandtschaft hat heute über ungarisches Aussenministerium mitgeteilt, dass sie auf Grund einer nochmaligen Zusage der ungarischen Regierung, dass in der ihr mitgeteilten grundsätzlich zustimmenden Haltung Ungarns und Deutschlands zu der geplanten Aktion des Abtransports ungarischer Juden ein Wandel nicht eingetreten sei, nunmehr begonnen habe, diese Aktion vorzubereiten.» Im Klartext hiess dies, dass die ungarische Regierung und die schweizerische Gesandtschaft die Abreise der 40000 miteinander schon jetzt technisch vorbereiteten, sozusagen als ein gemeinsam gegen das Deutsche Reich gerichtetes Komplott. Veesenmayer kabelte weiter, dass er und Eichmann mit diesem Affront keineswegs einverstanden seien und dass sie sich gegen die Auswanderung zur Wehr setzten, um so mehr als Lutz selber zugeben musste, dass seine Regierung «grundsätzlich nicht in der Lage sei, die in Betracht kommenden Juden in der Schweiz aufzunehmen, und dass ihr bisher keine Nachricht darüber vorliege, dass die USA diese Juden aufnehmen wollen». Gegenmassnahmen seien in Vorbereitung: «Im übrigen ist mit Eichmann vereinbart worden, dass, soweit weiteren Judenevakuierungen aus Budapest zugestimmt wird, versucht werden soll, diese möglichst schlagartig und so beschleunigt durchzuführen, dass die für die Auswanderung in Betracht kommenden Juden bereits vor Erledigung der Formalitäten abtransportiert sind». Auf diese Weise wäre nicht nur die «Beleidigung» des Deutschen Reiches durch Horthy wiedergutgemacht, sondern auch die lästigen bisherigen Konzessionen an Lutz erledigt. Zynisch beendete Veesenmayer seinen Bericht nach Berlin: «Eichmann erwägt über diesen Plan bei Zulassung Auswanderung in Westländer, Transporte etwa auf französischem Gebiet durch geeignete Massnahmen an Fortsetzung Reise verhindern.»[39] Die 7 000 «konzedierten» Juden würden also irgendwo in Frankreich in einer abgelegenen Gegend umgebracht werden, auch wenn die Schweiz als Zielland in Frage käme ...

Der ungarischen Regierung verbot Veesenmayer kurzerhand ein weiteres Eingehen auf Lutz' Vorschlag, 40 000 Juden auswandern zu lassen, wie er am 28. Juli nach Berlin kabelte: «Das ungarische Aussenministerium ist darauf hingewiesen worden, dass die deutsche Entscheidung sich selbstverständlich nur auf die festgelegte Ziffer von 7 000 bezogen hat.»[40]

Als Veesenmayer dieses Telegramm nach Berlin schickte, wusste natürlich auch er vom Fehlschlag der Mission des Joel Brand, nachdem die BBC am 20. Juli die Ablehnung des «Umtausches» von Juden gegen Lastwagen oder Geld bekanntgegeben hatte. Der tödliche Angriff auf die Budapester Juden konnte nur noch eine Frage von wenigen Tagen sein.

Von den 40 000 Auswanderern war keine Rede mehr, und am 3. August kabelte Lutz nach Bern: «Auswanderung 8 000 Juden im Prinzip genehmigt stop Vorgesehene Route Bukarest – Konstanza – Haifa stop Abreise kann erfolgen sobald deutsche Genehmigung vorliegt.»[41]

Das EPD schien nicht einmal hierüber erbaut zu sein. Die Abteilung für Fremde Interessen in Bern gab vor, sich über diese Nachricht zu freuen, nörgelte aber sofort: «*Nous nous étonnons seulement qu'ayez établi vous-même passeport collectif pour environs 2 000 Juifs stop Veuillez nous donner indications détaillées au sujet de ce passeport collectif et en particulier nous faire savoir s'il s'agit d'un passeport collectif suisse.*»[42] Offenbar wusste die Abteilung für Fremde Interessen nicht mehr, dass es gerade das britische Foreign Office selber gewesen war, das die Möglichkeit von schweizerischen Schutzdokumenten schon 1942 vorgeschlagen hatte angesichts der Tatsache, dass die ausreisebereiten Juden ohnehin die ungarische Nationalität verloren hatten und sie zu ihrem Schutz irgendein Dokument benötigten, das sie vor der Deportation schützte. Das EPD hatte diesen Vorschlag selber kommentarlos nach Budapest weitergeleitet. Lutz kabelte eine Antwort zurück, die die Abteilung für Fremde Interessen dennoch kaum zufriedenstellen konnte: «Kollektivpass ist nicht Schutzpass, sondern eingebundene Liste enthaltend Namen Geburtsjahr und Photographie der auswandernden ersten 2000 Personen stop Dokument dieser Art von ungarischen Behörden gewünscht stop Deutsche Ausreisegenehmigung für diese Gruppe noch nicht erteilt stop Ungarische Ausreise und rumänische Durchreise genehmigt.» [43]

Die Abteilung für Fremde Interessen in Bern sträubte sich nun plötzlich, Lutz sich für die ungarischen Juden formell engagieren zu lassen. Sie schrieb an die britische Gesandtschaft in Bern, dass die Schweiz «normalerweise» nicht als Schutzmacht für die Juden eintreten könne, «*... par contre, en ce qui concerne la Hongrie, à la suite de conversations qui ont eu lieu entre la Suisse et ce pays, le Gouvernement hongrois a autorisé la Légation de Suisse à Budapest à s'occuper du transport en Palestine des Juifs autorisés à se rendre dans ce pays.*»[44]

Diese Vergesslichkeit des EPD und die damit verbundene Nörgelei muss Lutz sehr verärgert haben, um so mehr als er sich mitten in schwierigen Verhandlungen mit den Deutschen befand, wobei es um das Überleben von Menschen ging und er seine Vorgesetzten über alle Vorgänge und Probleme stets unterrichtet hatte. Erst jetzt, schien es, wurde sich das EPD bewusst, dass unerwartete Verpflichtungen auf die Schweiz zukommen könnten. Genau dies war der springende Punkt, dass durch die versuchte Rettungsaktion ihres Vizekonsuls in Budapest die offizielle Schweiz plötzlich mit direkten und vielleicht massiven Konsequenzen des ungarischen Holocaust konfrontiert werden könnte, deren Politik es immer gewesen war, hinter dem Schild der Neutralität den Krieg ungeschoren zu überstehen. «*Nous dépasserions de beaucoup les limites que nous nous sommes fixés jusqu'à maintenant en matière d'intervention en faveur des Juifs qui n'ont pas, en principe, droit à notre protection*», alarmierte Jacques de Saussure, ein Chefbeamter des EPD, Bundesrat Pilet-Golaz, denn das wäre «*un précédant pouvant nous amener des demandes semblables des autres Etats qui s'intéressent également au sort des Juifs; l'affaire risque alors de prendre de grandes proportions.*»[45]

Die Reaktion de Saussures wird aus dem weiteren Zusammenhang verständlich, wenn die kurz zuvor umherschwirrenden Gerüchte über eine mögliche Massenauswanderung der ungarischen Juden in Erinnerung gerufen werden. Auch die Vereinigten Staaten standen unter Druck, ungarische Juden aufzunehmen. Gegen diesen Druck wehrten sich die Briten, denn sie wollten keine Massenauswanderung, weder nach Grossbritannien und noch weniger nach Palästina.

Das EPD begann jedoch unter dem Einfluss der Ereignisse einzusehen, dass das bisherige Abschotten vom «Judenproblem» keine schöpferische Politik sein konnte. Trotz aller Befürchtungen erklärte die Schweiz ihre Bereitschaft, 13 000 Juden zeitweise aufzunehmen. Schweden bot Platz für 10 000 Kinder an, und die Amerikaner garantierten Visen für 5 000 Kinder.[46]

Klein wie diese «Ausbeute» angesichts der immer noch überlebenden, mehr als 200 000 Juden Budapests war, nicht einmal sie kam zustande, denn die Deutschen waren nach wie vor nicht bereit, den Juden irgendwelche Durchreiseerlaubnis zu geben. Lutz mochte zu Veesenmayer gehen, so oft er wollte.

Am 22. August riss ihm die Geduld, und er bat Bern telegrafisch, bei der deutschen Reichsregierung direkt zu intervenieren.[47] Zwei Tage später ging ein entsprechendes Kabel aus Bern an die schweizerische Gesandtschaft in Berlin ab. Aber das Reichsaussenministerium war überhaupt nicht geneigt, Veesenmayer und Eichmann zu desavouieren. Um eine Antwort zu verzögern, verlangte es genaue Personenlisten. Auch die wurden aus Bern umgehend nachgeschickt, wobei das EPD einen Vorschlag von Lutz aufgriff, die 2 000 Juden könnten gegen 2 000 in Palästina inhaftierte Deutsche ausgetauscht werden. Auch dieser Vorschlag liess die Deutschen kalt. Sie konnten sich kaum der Blamage aussetzen zu prüfen, wie viele Palästinadeutsche zu jenem Augenblick geneigt waren, in ein Deutschland zurückzukehren, das unter dem Bombenhagel der Alliierten stand, oder sich als Soldaten für einen längst verlorenen Krieg aufbieten zu lassen. Als letzte Möglichkeit schlug der findige Lutz noch am 1. September vor, es gebe trotz gewisser Gefahren willige Donauschiffer, die Juden nach Konstanza zu fahren bereit waren.[48]

Um das Mass vollzumachen, liess das Reichsaussenministerium die schweizerische Gesandtschaft in Berlin am 12. September wissen, dass die Donau als Transportweg für sie nicht in Frage komme.[49] Dies zu einem Zeitpunkt, da die Deutschen die Donau unterhalb Ungarns militärisch ohnehin nicht mehr kontrollierten.

Nun hatte auch die Abteilung für Fremde Interessen in Bern genug, vom fanatisierten Reichsaussenministerium an der Nase herumgeführt zu werden. Um so mehr, als es je länger desto absurder schien, Juden, die ja ungarische Staatsangehörige waren, gegen «verbündete» Deutsche auszutauschen.[50]

Wohl schrieb Lutz in seinem Bericht vom 23. August, die ungarischen Behörden hätten die schweizerische Gesandtschaft ersucht, wenigstens für 2 195 reisefertige Juden, die infolge ihres Auswanderungsantrags der ungarischen Staatsbürgerschaft verlustig gegangen waren, einen Kollektivpass auszustellen, auf dem Namen, Geburtsdaten und Fotos enthalten seien. Jeder einzelne der eingeschriebenen Auswanderer hätte zudem einen Schutzbrief erhalten, um ihn vor Verhaftung, Internierung oder sonstigen Übergriffen zu schützen. Alles sei in Ordnung, die ungarischen Ausreisebewilligungen und die Durchreisevisen durch Rumänien, doch, obgleich die Auswanderung «einer beschränkten Zahl von Juden» prinzipiell genehmigt worden war, hätten sich bei der Beschaffung der deutschen Ausreisebewilligungen «gewisse Schwierigkeiten» ergeben.[51]

Es muss eine bittere Lektion für Lutz gewesen sein, nachdem er noch vor kurzem hochgemut die Ausreise von 40 000 Juden gefordert hatte, dass er nicht einmal wusste, ob er Sicherheit und Ausreise von «nur» 2 000 Menschen garantieren konnte. Aber so sollte es während der ganzen übrigen Zeit bleiben, solange es in Ungarn noch Juden gab, die auf Kollektivpässen aufnotiert waren und Schutzbriefe erhielten und anschliessend zu einem langen unsicheren Warten verurteilt waren. Solange Ungarn dem «Wunsch des Führers» nicht nachkam, die «vereinbarten» Deportationen wiederaufzunehmen, würde es auch für die Schweiz und die übrigen neutralen Vertretungen keine Ausnahmen geben.

Es sollte drei Monate dauern, bis der schweizerische Gesandte in Berlin, Hans Frölicher, vom Ergebnis seiner «Intervention» bei der Reichsregierung in Berlin zugunsten der ausreisebereiten ungarischen Juden nach Bern berichtete. Er schrieb im November 1944, «dass die ungarische Regierung im Mai dieses Jahres sich verpflichtete, über 200 000 Juden aus Budapest nach dem Reich zu verschicken gegen die Verpflichtung der Reichsregierung, 8 000 Juden mit Palästina-Zertifikaten frei ausreisen zu lassen. Nach den Interventionen des Königs von Schweden, des Internationalen Komitees und anderer Stellen, verfügte der Reichsverweser, dass keine Juden mehr nach Deutschland verschickt werden sollen, worauf die Reichsregierung ihrerseits die Ausreise der 8 000 Juden nicht gestattete... Zusammenfassend kann gesagt werden, dass die deutschen Behörden sich an ihre früheren Zusagen, Teile der Judenschaft Budapests ausreisen zu lassen, nicht mehr gebunden fühlen, weil die für dieses ‹Entgegenkommen› seitens der ungarischen Regierung und seitens gewisser jüdischer Organisationen und Finanzgruppen in Aussicht gestellten Gegenleistungen entweder nachträglich abgelehnt oder noch nicht bindend zugesagt wurden. Alle ungarischen Juden haben somit keinen Anspruch auf Ausreise».[52] Dieses Ergebnis der «Intervention» und die unkritische Sicht des schweizerischen Gesandten in Berlin bedürfen keiner Kommentare.

In diesem gefährlichen Sommer 1944 wurden die Vorgesetzten des Vizekonsuls in Bern mit der britischen Gesandtschaft in eine Korrespondenz verwickelt, die teilweise belanglos – weil sie zu spät kam – und zugleich wichtig war, weil sie Lutz bestätigte, dass er in bezug auf Kollektivpässe und Schutzbriefe auf dem richtigen Weg war. Merkwürdigerweise waren es die Briten, die, wohl unter dem Eindruck der Meldungen über die Deportationen der Juden, dem EPD die Ausfertigung von schweizerischen Schutzbriefen vorschlugen, was sie im Grunde schon seit 1942 selber befürwortet hatten, als ihnen aufgegangen war, dass die Palästina-Zertifikate Schutz vor Deportationen und Aufgeboten in den Arbeitsdienst bieten könnten. Abgesehen von dieser Vergesslichkeit zeigten die «neuen» britischen Vorschläge auf, dass auch das Foreign Office in bezug auf die «Judenfrage» widersprüchliche Signale von sich gab, weil es unsicher war, wie es auf die öffentliche britische Meinung reagieren sollte. Die Korrepondenz ist vor allem deswegen interessant, weil Lutz nach Kriegsende vorgeworfen wurde, er habe diese Dokumente ohne irgendwelche Autorisation von höherer Stelle herausgegeben.

Der erste Hinweis war offenbar in einem Telegramm enthalten, das der schweizerische Gesandte in Ankara, Minister Lardy, am 27. Mai 1944 nach Bern schickte: «*Pour votre information Gouvernement Britannique vous demandera prochainement faire établir par Légation de Suisse à Budapest à l'intention Juifs hongrois ayant déjà reçu autorisation entrée Palestine certificats attestant cette admission et susceptible diminuer risque déportation stop Ambassade Grande-Bretagne Ankara possédant listes des intéressés les enverra par poste ordinaire à Légation Grande-Bretagne à Berne et par précaution me confiera un exemplaire que je vous transmettrai par prochain courrier.*»[53]

Lardy fügte seinem Bestätigungsbrief nicht weniger als 16 Kopien von Listen bei, die am 26. Juni in Bern eintrafen. Die britische Diplomatie war schneller, denn sie übergab die Originale dem EPD bereits am 16. Juni. 225 Kinder und 400 erwachsene Zionisten waren auf diesen Listen aufgezeichnet. Des weiteren wurde erstmals versucht, noch andere 2000 Juden zu retten, «*for whom Palestinian immigration certificates have been issued*» (= «für die palästinensische Einwanderungszertifikate herausgegeben worden sind»), wie die britische Gesandtschaft in Bern schrieb. Es handelte sich hierbei wahrscheinlich um dieselben 2000, für deren Ausreise sich Lutz vergebens einsetzen würde und über das EPD die «Intervention» Minister Fröhlichers in Berlin erbat.[54]

Die britische Gesandtschaft in Bern schrieb weiter, alle aufgelisteten Personen sollten, wenn dies den schweizerischen Behörden genehm sei, Ausweise erhalten, um beweisen zu können, dass ihre Aufnahme in Palästina gebilligt worden sei. Im kaum nachahmbaren englischen diplomatischen

Stil lautete diese für die überlebenden ungarischen Juden so lebenswichtige Frage: «*His Majesty's Government enquire whether the Swiss authorities would be good enough to issue certificates to such persons to the effect that their admission into Palestine has been approved. The certificates should be of such a kind that the Jews can carry them about them.*»[55] Des weiteren sollte auf dem Dokument nicht nur stehen, dass der Inhaber zur Einwanderung in Palästina berechtigt sei, sondern dass er nach zwei Jahren das palästinensische Bürgerrecht erwerben dürfe. Ferner wurde die Abteilung für Fremde Interessen in Bern darauf aufmerksam gemacht, dass nach Berichten des türkischen Gesandten in Budapest der Zugang zu seiner Gesandtschaft von der Gestapo streng bewacht werde, um dadurch die Juden durch Einschüchterung vom Erlangen eines Durchreisevisums abzuhalten. Die Jewish Agency for Palestine empfehle deshalb der schweizerischen Gesandtschaft in Budapest, ihr Personal solle die Durchreisegenehmigungen für die ausreiseberechtigten Juden abholen. Als dringender Grund für diese plötzliche Grosszügigkeit bemerkte die britische Gesandtschaft in ihrem Schreiben, dass laut in London eingetroffenenen Berichten eine grosse Anzahl ungarischer Juden nach Polen deportiert werden würden. Was die britische Gesandtschaft jedoch verschwieg bzw. selber noch nicht wusste, war, dass bis zum Briefdatum des 16. Juni 1944 beinahe die Hälfte aller ungarischen Juden in Auschwitz bereits vergast und verbrannt worden war.

Die Tragödie dieser diplomatischen Korrespondenz unter den sich rasch verändernden kriegerischen Umständen war, dass sie den Ereignissen fast immer um mindestens drei Monate nachhinkte.

Dass diese britische Anfrage im EPD dennoch grosse Aufregung verursachte, geht aus der Tatsache hervor, dass der Brief oben und unten, links und rechts von Randnotizen vollgekritzelt ist. Dieses Mal war es wiederum die bürokratische Schweiz, die reagierte. Denn es handelte sich für das EPD nicht mehr einfach darum, im Stile eines Briefträgers britische Anfragen mehr oder weniger verbindlich an Lutz weiterzuschicken, etwa mit der Bitte, Kinder oder Zionisten zu identifizieren, wenn möglich begleitet von der Mahnung, der Vizekonsul solle sich über die sauber definierten Grenzen seiner Interessenvertretung nicht allzu eifrig für die Betroffenen einsetzen, sondern um die mehrtausendfache Erstellung einer *schweizerischen Schutzgarantie* für bedrohte Menschen. Die möglicherweise in Frage kommende Zahl würde unter Umständen gleich hoch sein wie die Anzahl der Juden, die in der Schweiz bereits Zuflucht gefunden hatten. Was würden Bundesrat von Steiger und dessen Chef der Polizeiabteilung, Dr. Rothmund, sagen, wenn sie vernähmen, es könnte etwa den Deutschen oder den Ungarn gefallen, diese vielen «geschützten» Juden – und vielleicht noch viele andere mehr – in die Schweiz abzuschieben?

Bei einer genaueren Prüfung der Bleistiftnotizen fällt auf, dass die Frage der in der Schweiz traditionellen Verbindung zwischen humanitärem Handeln und Neutralität überhaupt nicht aufgeworfen wurde, sondern dass sich die Chefbeamten in erster Linie um die *termes* und *formes* der von den Briten gewünschten Ausweise Sorge machten. Jemand notierte weiter, er habe die britische Gesandtschaft gebeten, die Anfrage in diesem Sinn noch weiter zu präzisieren, und diese habe versprochen, sich beim Foreign Office in London nochmals zu erkundigen.

Mit dieser bürokratischen Rückfrage verursachte das EPD eine weitere quälende Verspätung gerade in dem Augenblick, da die ungarischen Deportationen ihren Höhepunkt erreichten und Lutz verzweifelt um die Anerkennung der «Ausnahme» von wenigstens 7 bis 8000 «Schutzjuden» rang.

Gemächlicher konnte es denn auch auf der britischen Seite kaum zu- und hergehen. Denn nachdem die britische Gesandtschaft in Bern mit dem Foreign Office in London und dieses wiederum mit der Mandatsbehörde in Palästina Rücksprache genommen hatte, verflossen weitere kostbare Wochen. In der Zwischenzeit, am 9. Juli, befahl Horthy den Stopp der Deportationen. Dann geschah die Tragödie von Kistarcsa, der «Führer» wurde ungeduldig, und Veesenmayer und Eichmann schmiedeten ihr Komplott zum schlagartigen Überfall auf die Juden Budapests, um die unterbrochenen ungarischen Deportationen zu vollenden. Endlich, sechs Wochen später, am 28. Juli, lieferte die britische Gesandtschaft dem EPD in einem als «dringend» eingestuften Schreiben die gewünschte Information in der Gestalt eines Textvorschlags für einen durch die Schweiz zu garantierenden Schutzbrief.

Der britische Text schien die zögernde Zustimmung des EPD zu finden. Wenige Tage später, am 5. August, durfte das EPD endlich einen inzwischen nochmals überarbeiteten Schutzbrieftext an Lutz telegrafieren: «*The bearer of this certificate (insert name) will be admitted as an immigrant to Palestine at any time at which he (she) may reach that country and thereafter, on the completion of two years residence will obtain Palestinian citizenship in accordance with the Palestinian citizenship order of 1925-1941 consolidated.*»[56]

Gleichzeitig wurde Lutz informiert, es stünden ihm 5000 Palästina-Zertifikate für Einzelpersonen zu diesem Zweck zur Verfügung. Offenbar hatten die Briten von Lutz' Versuch Wind bekommen, die Gesamtzahl der jüdischen Auswanderer von 7000 auf 40000 zu erhöhen, ein Versuch, der inzwischen ja von Veesenmayer bereits torpediert worden war. Nur gingen die Briten sogar noch *unter* die Zahl der von der Reichsregierung konzedierten

7 000 «Schutzjuden» hinunter. In schönster Harmonie stimmte trotz Krieg die britische und die deutsche Palästinapolitik überein, sehr zu Lasten der bedrohten ungarischen Juden. Die Araber durften unter keinen Umständen durch eine massive jüdische Einwanderung vor den Kopf gestossen werden. Und das EPD hakte nach, indem es den entsprechenden britischen «Wunsch» wie folgt nach Budapest durchtelegrafierte: «*Gouvernement britannique voudrait que vous demandiez nouvelles instructions sitôt qu'aurez établi certificats pour 5 000 répète 5 000 personnes.*»[57] Und wie um ganz sicher zu sein, dass der Vertreter ihrer Interessen in Budapest die Instruktionen auch wirklich verstünde, doppelte die britische Gesandtschaft in Bern am 10. August in einem Schreiben an das EPD schulmeisterlich nochmals nach, «*that 5 000 persons means individuals, not head of families*», Einzelpersonen und nicht Familien.[58] Diese intolerante Haltung der britischen Regierung war nicht nur das Ergebnis von Nachrichten über Lutz' (gescheiterten) Versuch, die schweizerische Quote von 7 000 auf 40 000 «Schutzjuden» zu erhöhen, sondern auch von Geheimdienstberichten, dass der Jewish Council of Palestine 30 000 «ungedeckte», bzw. gefälschte Palästina-Zertifikate nach Budapest eingeschleust habe.[59] Die Briten sperrten sich ungeniert gegen die Erfüllung der in ihrem eigenen Weissbuch von 1939 versprochenen Zahl von 75 000 Palästina-Einwanderern.

Und dennoch sollte der verspätete britische Schutzbrieftext sich als eine kostbare Hilfe herausstellen, denn in wenigen Wochen würden die Schutzbriefe noch wichtiger als bisher werden.

Ohne sich zunächst auf weitere Spekulationen über eine mögliche Ausweitung der Zahl der bewilligten Auswanderer einzulassen, beschloss Lutz, sich vorerst den mit Palästina-Zertifikaten versehenen potentiellen Auswanderern als seiner dringendsten Aufgabe zuzuwenden. Ohne weitere Instruktionen aus Bern einzuholen, beschloss er, weitere Kollektivpässe auszustellen und zusätzlichen geschützten Personen Schutzbriefe als Bestätigung in die Hand zu drücken, die jetzt dem von den Briten gelieferten Text angepasst wurden. Bei der genauen Zahl der Geschützten drückte er ein Auge zu. Lutz war jedoch vorsichtig genug, sich auch jetzt bei den ungarischen Behörden abzusichern. Diese hatten glücklicherweise weder gegen die Kollektivpässe noch die neuen Schutzbrieftexte Einwände.[60]

Der erste Kollektivpass wurde – wie erwähnt mit Verspätung – am 29. Juli mit 1 967 Namen erstellt und von Lutz persönlich unterzeichnet. Mit dieser Unterschrift verloren diese potentiellen Auswanderer die ungarische Staatsbürgerschaft automatisch und konnten als papierlose «Ausländer» verhaftet und ausgewiesen werden – natürlich an die Deutschen. Auf Lutz dringende

Intervention hin gab das Zentralamt des Innenministeriums für Ausländerkontrolle (KEOKH = *Külföldieket Ellenörzö Országos Központi Hatósag*) diesen Auswanderern eine mehrwöchige Sonderaufenthaltsbewilligung bis zum 25. August. Von diesem Datum an würden alle Bescheinigungen, vor allem die Schutzbriefe, ihre Gültigkeit verlieren. Trotzdem befahl Lutz seinem Auswanderungsbüro, unverzüglich eine zweite Sammelliste, diesmal mit 1 233 Namen, vorzubereiten, die vom KEOKH ebenfalls anstandslos gegengezeichnet wurde, mit denselben Konsequenzen für die potentiellen Auswanderer.[61] Diese Menschen durften nicht mehr zum «Arbeitseinsatz» gezwungen werden und mussten, falls eingezogen, entlassen werden. Das war eine prinzipielle Vereinbarung, die Lutz den Ungarn schon 1942 abgerungen hatte, als er Juden erstmals zur Ausreise nach Palästina verholfen hatte. Auch Veesenmayer und Eichmann waren ausserstande, diese Vereinbarung umzustürzen, denn hier kam Lutz die Fiktion zugute, dass Ungarn als souveräner Staat durch seine Unterschrift an internationale Übereinkünfte gebunden sei.

Viel zynische Geisteshaltung war hinter den genannten Fristen versteckt. Die Ungarn konnten so viele Ausreisegenehmigungen erteilen wie sie wollten, auch wenn sie dadurch den Deutschen gegenüber ihre Bockbeinigkeit unter Beweis zu stellen hofften. Solange aber die Deutschen keine Durchreisebewilligungen durch die von ihnen besetzten Gebiete gestatteten – und alle Gebiete rund um Ungarn waren zunächst noch von den Deutschen besetzt –, waren die ungarischen Ausreisegenehmigungen wertlos. Auch wenn die Deutschen die notwendigen Durchreisevisen problemlos erteilt hätten, war es für die Auswanderungsabteilung der schweizerischen Gesandtschaft technisch nur unter den allergrössten Anstrengungen möglich, gleich für mehrere tausend Auswanderer die Durchreisebewilligungen durch Rumänien bzw. Bulgarien zu bekommen und gleichzeitig die notwendigen Eisenbahnzüge oder Donauschiffe bereitzustellen. In Konstanza, Varna oder Istanbul mussten ferner die Überseeschiffe nach Palästina rechtzeitig anlegen. All dies zu Kriegszeiten mit ungewissen Kommunikationen und Verbindungslinien.

Die absurde zeitliche Beschränkung der Ausreise auf weniger als vier Wochen stellte somit eine De-facto-Sabotage von unterzeichneten Vereinbarungen dar. Um das Mass vollzumachen, erteilte Veesenmayer die deutsche Durchreisebewilligung für die Gruppe des ersten Kollektivpasses vom 29. Juli erst am 13. November 1944, als die ungarischen Bewilligungen schon längst verfallen waren, und dies mit einer Gültigkeitsdauer bis zum 31. Januar 1945.[62] Um die Novembermitte war die deutsche Bewilligung ohnehin – gewollte – Makulatur, denn die sowjetische Armee war bis auf wenige Kilometer an den Stadtrand von Budapest herangerückt, und am Weihnachtstag schloss sich der Ring gänzlich. Wer konnte nach jenem Augenblick noch eine Ausreise über den Stadtrand von Budapest hinaus oder gar bis nach Palästina unternehmen?

Auch wenn die von der KEOKH willkürlich eingesetzten kurzen Ausreisefristen nicht eingehalten werden konnten und ständig neue Verlängerungen beantragt werden mussten, entwickelte Lutz in diesem steten und ungleichen Ringen um Menschenleben neue Arbeitsmethoden. Formaljuristische Elemente traten in den Hintergrund, d. h. sie wurden nur noch eingesetzt, um Zeit zum Überleben bis zum Ende des Krieges zu gewinnen. Alles andere war zweitrangig, Quoten, Ausreisefristen, Reisevorbereitungen. Lutz, die Chalutzim, die Judenräte, Horthy, ja, ganz Ungarn warteten ohnehin auf was zuerst kommen würde, die von Hitler angedrohte «politische Lösung», oder die Besetzung durch die Rote Armee. Es wurde ebenso jeden Tag klarer, dass die unabwendbar gewordene Niederlage die Repräsentanten des langsam untergehenden Dritten Reiches keineswegs milder stimmte. Im Gegenteil, sie hofften, genau wie ihr «Führer», dass alle, Freund und Feind, in der kommenden Götterdämmerung zusammen untergingen.

Unmerklich löste sich Lutz von der Fixierung auf die mit den Palästina-Zertifikaten verbundenen Einwandererquoten, beliefen sich diese nun auf 5 000, 7 000, 8 000 oder gar 40 000. Die *termes* und *formes* der Schutzbriefe, mit denen sich das britische Foreign Office und das EPD so eingehend beschäftigt hatten, fochten ihn immer weniger an. Die juristische Begründung seiner Rettungsaktion wurde dadurch von Tag zu Tag brüchiger. Was zählte, war die nackte Notwendigkeit des Überlebens.

Wie um das Mass der Konfusion, Enttäuschungen und falschen Hoffnungen voll zu machen, übermittelte die britische Gesandtschaft in Bern dem EPD am 18. August die Kopie einer neuen, gemeinsamen Erklärung der beiden angelsächsischen Mächte, die sie an das IKRK in Genf gerichtet hatten, als Antwort auf das von Vizekonsul Lutz am 14. Juli durchgegebene Angebot der ungarischen Regierung, allen Juden die Ausreise zu gestatten, dass sie «*have accepted the offer of the Hungarian Government for the release of Jews leaving Hungary who reach neutral or United Nations Territory and also that they will find temporary havens of refuge where such people may live in safety*».[63]

Es war zu erwarten, dass diese verspätete Erklärung, die nach der negativen Reaktion auf die Mission Brand vom 20. Juli kaum mehr überzeugend wirkte, keinerlei praktische Folgen zeitigte. Wenn die Deutschen nicht einmal zu kleinen Konzessionen in der Judenfrage bereit waren, wie sollten sie es den über 200 000 Juden in Budapest erlauben, ihren Fängen zu entschlüpfen? Auch die offizielle Schweiz hat, nach den vorhandenen Unterlagen zu beurteilen, nichts getan, sich etwa in Berlin mit Überzeugung für die Umsetzung dieses Angebots einzusetzen. Sie wäre ja vom geografischen Blickpunkt aus das einzige Land gewesen, wo diese geretteten Juden hätten Zuflucht finden können. Es war durchaus möglich, dass die Schweiz die 200 000 ungarischen Juden nie mehr los sein würde. Zweifellos war das EPD – und mit ihm das EJPD des Bundesrats von Steiger – froh, dass die Deutschen keine Durchreiseerlaubnisse gewährten ...

Wohl nie zuvor in der Geschichte wurde ein neutrales diplomatisches Corps so zusammengeschweisst wie jenes in Budapest 1944. Die wenigen Gesandten, Geschäftsträger und Konsule waren allesamt geschult im Stil altmodischer und bedächtiger internationaler Begegnungen auf höchster Ebene, wie diese sich in Europa seit dem Wiener Kongress von 1815 bis 1939 entwickelt hatten. Der Krieg machte ihre Aufgabe in Ungarn besonders schwierig, denn die meisten dieser kleinen Gesandtschaften mussten neben ihrer normalen Arbeit nicht nur die Interessen von Feindstaaten vertreten (Kriegsgefangene, gestrandete «Feindbürger», Doppelbürger, «Feindbesitz», usw.), sondern sie waren gezwungen, mit einem Staat zu verhandeln, der fast gänzlich in der Gewalt einer fremden Grossmacht war. Es gab ja kaum einen Entscheid der Ungarn, der nicht zuerst dem deutschen Gesandten unterbreitet werden musste, der meist erst handelte, nachdem er seinerseits aus Berlin Instruktionen eingeholt hatte.

Nach Horthys Versuch, am 8. Juli durch den Deportationsstopp ein Stück ungarischer Souveränität zurückzubekommen, wurde die Lage der neutralen Diplomaten noch schwieriger. Denn da waren nicht nur jene ungarischen Behördenvertreter, die so wie Horthy dachten und «mit denen man reden konnte». Es gab jene anderen – Ungarn auch sie – die den Deutschen völlig ergeben waren und die alle Anordnungen des Reichsverwesers zu blockieren versuchten. Der Zeitaufwand, herauszufinden, mit wem ein neutraler Diplomat am besten verhandeln sollte und mit wem nicht, um ans Ziel zu kommen, war an sich schon eine riesige zeitliche und nervliche Investition. Die Sorge, ob einmal getroffene Vereinbarungen auch eingehalten und durchgeführt wurden, stellte sich je länger desto mehr als eine psychische Belastung heraus. Ausserdem konnten mit dem Fortschreiten des unheilvollen Krieges selber die mächtigen Deutschen ihre internen Spannungen nicht mehr verbergen. Veesenmayer, obgleich auch er der SS angehörte, vermochte den verbissenen Eichmann immer weniger zu kontrollieren, und beide lebten in Spannung mit dem derselben SS angehörenden Becher, der das Ohr Himmlers hatte und der es sich dadurch leisten konnte, mit Kasztner die sonderbaren Geheimverhandlungen auch dann noch fortzuführen, als die Mission des Joel Brand schon längst gescheitert war. Dass Himmler seine Stellung als oberster Chef der deutschen Sicherheitskräfte, diese unabdingbare Stütze des nationalsozialistischen Terrorregimes, benutzte, um sich vom «Führer» langsam vorsichtig abzusetzen, ahnten nur die wenigsten. Das Attentat auf Hitler vom 20. Juli 1944 hatte die ersten Risse aufgezeigt.

Die neutralen Diplomaten wussten ohne Zweifel von diesen komplizierten Spannungen, konnten sie aber in ihrer Tiefe und Breite kaum ausloten. Jeglicher Versuch, dies zu tun, wäre lebensgefährlich gewesen. Für die Begegnung mit dem schlechthin *Bösen* waren sie weder geschult noch sonstwie vorbereitet. Denn wo in der diplomatischen Fachliteratur gab es Verhaltenshinweise, wie man sich angesichts einer Machtstruktur zu verhalten hatte, die bewusst den Tod einer halben Million Landeskinder vorbereitete und durchführte? Unter den in Budapest akkreditierten Diplomaten gab es 1944 nur noch ein Gesprächsthema: Wie dieses unerhörten Verbrechen gestoppt werden konnte.

Es war ein Glücksfall für Vizekonsul Lutz und die übrigen neutralen Vertreter in Budapest, dass zum Nachfolger Jean de Baviers als IKRK-Vertreter ein anderer Schweizer, der 41jährige Friedrich Born, ernannt worden war. Langsam, wenn auch viel zu spät, war sich die übervorsichtige Genfer IKRK-Führung ihrer Verantwortung für die verfolgten Juden bewusst geworden. Als Direktor der Schweizerisch-Ungarischen Handelskammer besass Born eine mehrjährige Ungarnerfahrung und war auch des Ungarischen mächtig. Ohne lange auf Instruktionen aus Genf zu warten, stellte er Kontakte mit dem Aussenministerium und anderen Stellen her. Er liess sich ausserdem von Grell in der deutschen Gesandtschaft nichts vormalen, der behauptete, die Juden würden lediglich zum Arbeitseinsatz nach Deutschland gebracht, und wenn sie von irgendjemandem schlecht behandelt würden, dann von den Ungarn. Als Born angesichts dieser harmlosen Darstellung die Besichtigung der «Arbeitslager» durch IKRK-Delegierte verlangte, stellte sich Grell quer. Ihre Standorte seien militärisches Geheimnis.

Born beschloss, sich vor allem auf den Schutz jüdischer Kinder zu konzentrieren, deren Eltern deportiert worden waren oder sonst nicht aufgefunden werden konnten. Mit Lutz und der spanischen Gesandtschaft plante er die Auswanderung von je 500 Kindern nach der Schweiz und nach Spanien (Tangier). Da nicht einmal diese Kinder von den Deutschen eine Durchreisegenehmigung erhielten, stellte sie Born kurzerhand unter den formellen Schutz des IKRK. Ähnlich wie die schweizerischen (und später auch schwedischen) Schutzhäuser an der Pozsonyi ut setzte Born bei der ungarischen Regierung die Anerkennung des extraterritorialen Status der verschiedenen jüdischen Kinderheime und und anderen Sozialwerke durch. Er benannte diesen Arbeitsbereich, der über das IKRK Genf vom American Joint Jewish Distribution Committee finanziert wurde, Abteilung A. Zu ihrem Leiter wurde der Zionistenführer Otto Komoly bestimmt. Die Zahl der geretteten Kinder belief sich auf 5–6 000, die von 500 jüdischen Angestellten betreut wurden. Abteilung B war für Kinderschutzarbeit ausserhalb der vom IKRK geschützten Liegenschaften verantwortlich, eine ausserordentlich risikoreiche Aufgabe. Sie arbeitete eng mit der katholischen Heiligkreuzgesellschaft zusammen, die vom päpstlichen Nuntius Rotta gefördert wurde, und mit dem protestantischen Komitee des Guten Hirten (*A Jo Pásztor Bizottság*). Unter der Leitung der evangelischen Pfarrer Jozsef Elias (reformiert) und Gábor Sztehlo (lutherisch) wurden 1 500 Kinder in 32 Heimen vor dem Untergang gerettet.[64] Selbstverständlich bestand zwischen der katholischen Heiligkreuzgesellschaft und dem protestanischen Komitee des Guten Hirten eine enge und freundschaftliche Verbindung, die sich wohltuend von der kühlen gegenseitigen Distanzierung der Kirchenführer abhob. Eine dritte Gruppe, die ebenfalls der Verantwortung des IKRK-Delegierten unterstand, war die Abteilung T (Transportgruppe). Sie wurde von Dr. György Wilhelm, dem Sohn von Dr. Károly Wilhelm, Mitglied des Judenrates geleitet (dem von Lutz im ehemaligen amerikanischen Gesandtschaftsgebäude Unterkunft gewährt worden war) und bestand aus 25–35 jungen Chalutzim. Mit ihren Fahrzeugen – wenn nötig auch zu Fuss –, besorgten sie die Verpflegung, einschliesslich Kleidung und Heizmaterial, und den Kurierdienst zwischen den verschiedenen Stellen und Heimen. Diese jungen Leute standen in enger Verbindung mit den 500 Chalutzim, die in der schweizerischen Gesandtschaft ihre Operationsbasis hatten.[65]

In diesem Zusammenhang muss nochmals auf den reformierten Pfarrer Albert Bereczky hingewiesen werden. Als Gemeindepfarrer an der Pozsonyi utca in einem von vielen Juden bewohnten Quartier, gewann er besonderen Einblick in die Nöte seiner jüdischen Landsleute. Infolge der juristischen Unsicherheiten in bezug auf getaufte Juden, erhielt sein Taufzeugnis gewissermassen die Funktion eines Schutzbriefes, wodurch mehr als ein Gendarmeriebeamter oder SS-Funktionär verunsichert wurde. Das Beispiel Bereczkys ermutigte viele Christen, in ihren Wohnungen Juden Schutz zu gewähren, auch wenn dies lebensgefährlich war. Ferner gab es mehrere Pfarrer, die ihre Personalausweise Juden übergaben, um sie auf diese Weise zu retten. Bei allfälligen Kontrollen behaupteten die Pfarrer, sie hätten ihre Papiere verloren oder sie seien ihnen gestohlen worden. Eine grosse Zahl der unter der Leitung von Vizekonsul Lutz ausgestellten Schutzbriefe wurden im Umkreis Bereczkys verteilt. Sein Beispiel zeigt auf, welche Möglichkeiten passiven Widerstandes zugunsten der Juden in Ungarn bestanden hätten, wenn sie frühzeitig und koordiniert an die Hand genommen wären.

Aus den Erinnerungen Bereczkys, die durch das Tagebuch von Otto Komoly bestätigt werden, geht hervor, dass sich im Sommer und Herbst 1944 eine ungarische Widerstandsbewegung entwickelte, die die Rettung des übriggebliebenen Judentums und einen Waffenstillstand mit der Sowjetunion zum Ziele hatte. Bereczky, Komoly, Zoltán Tildy – der Präsident der Partei der Kleinen Landwirte – und andere mehr standen im Zentrum dieser Bewegung. Ausserdem waren Bereczky und Komoly in ständigem Kontakt mit dem Reichsverweser und dessen Sohn. Bereczky drängte den Reichsverweser, gleichzeitig mit der Ankündigung eines Waffenstillstandes mit der Sowjetunion eine Umkrempelung der Regierung vorzunehmen und ein Amt für jüdische Angelegenheiten zu schaffen. Komoly sollte dessen Leitung übernehmen. Der Pfeilkreuzlerputsch vom 15. Oktober 1944 bereitete diesen Plänen ein Ende.

Ein Grossteil der Verbindungslinien zum ungarischen Widerstand lief damals über die Auswanderungsabteilung der schweizerischen Gesandtschaft an der Vadász utca, weil ein Teil der führenden Oppositionspolitiker dort Zuflucht gefunden hatte. Das von den jüdischen Chalutzim aufgebaute Kommunikationsnetz, das vom Glashaus aus fungierte, wurde vom ungarischen Widerstand «mitbenützt.» Lutz selber war über diese Aktivitäten der unter seiner Aufsicht stehenden Auswanderungsabteilung nicht nur im klaren. Aus Komolys Tagebuch geht hervor, dass er die Oppositionspolitiker und die jüdische Führung über seine Gespräche mit Veesenmayer und der ungarischen Regierung auf dem Laufenden hielt. Er gab sich zweifellos keinen Illusionen hin, dass seine Vorgesetzten in Bern über den vom ihm dem ungarischen Widerstand gewährten Schutz einverstanden gewesen wären. Auch in seinen späteren Berichten schwieg er sich darüber aus.[66]

Neben den diplomatischen Vertretungen der Schweiz und des Heiligen Stuhls hatte sich bis Mitte 1944 die schwedische Gesandtschaft wenig hervorgetan, obgleich sich Schweden 1943 bei der einzigartigen Rettung der 8 000 dänischen Juden aktiv beteiligt und ihnen Asyl gewährt hatte. Der in Budapest stationierte schwedische Diplomat, Per Anger, berichtet jedoch, die Gesandtschaft habe bald nach der deutschen Besetzung vom 19. März damit begonnen, einigen Juden, die geschäftliche und verwandtschaftliche Beziehungen nach Schweden besassen, Ausweise auszustellen, um sie vor der Deportation zu schützen. Hierauf wurden für diese Leute Gesuche an die schwedische Regierung zur raschen Gewährung des Bürgerrechts weitergeleitet.[67] Auf Antrag des schwedischen Gesandten Danielsson gab der ungarische Kronrat vom 26. Juni dem Schwedischen Roten Kreuz zudem das Recht, dem Ungarischen Roten Kreuz bei seinen Kinderhilfsaktionen beizustehen, sowie auch den Opfern von Luftangriffen zu helfen. Ferner war der Kronrat mit dem Wunsch des schwedischen Königs einverstanden, schwedische Schutzpässe an 300 bis 400 Juden zu verteilen und ihnen zur Ausreise nach Schweden zu verhelfen, eine Aktion, die den Schweden vom WRB vorgeschlagen worden war. Dr. Waldemar Langlet, ein Stabsmitglied der schwedischen Gesandtschaft und Dozent an der Universität Budapest für schwedische Sprache, wurde zum Delegierten ernannt.

Am 9. Juli, einen Tag nach Horthys Deportationsstopp, tauchte der 32jährige Raoul Wallenberg in Budapest auf, um der schwedischen Hilfsaktion neue Impulse zu geben. Wallenberg entstammte einer sehr vermögenden und politisch einflussreichen Familie. Wie Carl Lutz hatte auch er mehrere Jahre in Amerika und in Palästina verbracht und besass zudem Geschäftskontakte mit Ungarn. Er hatte das Land zuvor zweimal besucht, im Februar 1942 und im Herbst 1943. Als der in Schweden residierende Amerikaner Ivor C. Olsen, der lokale Vertreter des WRB, seine Entsendung nach Ungarn vorschlug, war Wallenberg sofort einverstanden, um so mehr als das WRB seine finanzielle Unterstützung zusagte. In Budapest wurde er von Danielsson zum dritten Gesandtschaftssekretär ernannt, installierte sich aber bei Professor Langlet im Amtssitz des Schwedischen Roten Kreuzes.

Nachdem sich Wallenberg beim Judenrat an der Sip utca über die erschütternde Lage der ungarischen Juden am Ende der grossen Deportationen unterrichtet hatte, suchte er Vizekonsul Lutz auf, um zu begreifen, was überhaupt noch unternommen werden konnte und was andere Gesandtschaften bereits getan hatten. Der junge Schwede war sich bald klar geworden, dass seine aus Stockholm mitgebrachten Lagebeurteilungen und Instruktionen keinen grossen Nutzen besassen. Lutz teilte Wallenberg seine eigenen Befürchtungen über die Zukunft der ungarischen Juden mit und informierte ihn über seine bisherigen Aktionen: Transporte von Kindern und Chalutzim nach Palästina seit 1942, Schutzmassnahmen für die seit dem 19. März zur Ausreise Eingeschriebenen, seine Absicht, die Ausreise nicht nur von 7 000, sondern 40 000 Juden zu fördern. Ferner erklärte er ihm die schweizerischen Kollektivpässe und Schutzbriefe, wobei er Wallenberg bereitwilligst Exemplare dieser Dokumente übergab, weil dieser eine ähnliche Aktion starten wollte.[68]

Lutz hat Wallenberg seine Bedenken gegen die vom WRB vorgeschlagene Idee der Ausgabe zeitlich beschränkter schwedischer Pässe (oder Schutzpässe) an Staatsbürger des Gastlandes vorgetragen, weil das gegen die völkerrechtliche Theorie und Praxis verstosse. Da Wallenberg in seinem Enthusiasmus für die ihm gestellte Aufgabe diesem Rat nicht gefolgt ist, kam es in der Folge zu gewissen Spannungen zwischen den beiden.[69] Abgesehen davon hat Lutz die Gegenwart Wallenbergs als grosse Hilfe für seine eigene Arbeit empfunden, und sie haben ihr Werk nach Möglichkeit miteinander koordiniert und sind vor den ungarischen Behörden mehr als einmal gemeinsam aufgetreten.

Innerhalb weniger Wochen erhöhte Wallenberg die Zahl der von ihm betreuten und mit Schutzpässen ausgestatteten Juden von 300 bis 400 auf 650 und dann auf 4 500, um schliesslich eine Gesamtzahl von 10 000 zu erreichen. Später kam eine grosse Zahl von Schutzbriefen hinzu. Ein Grossteil dieser Personen fanden in 32 «schwedischen» Schutzhäusern Unterkunft, die sich an die 72 «schweizerischen» Schutzhäuser an der Pozsonyi ut anschlossen.[70]

Im August 1944 kam unter den Juden Budapests die Angst wieder hoch, dass Horthys Befehl des Deportationsstopps doch nur ein kurzer Aufschub sein könnte. Die «politische Frage» war ja keineswegs gelöst, und der Gesandte und «Reichsbevollmächtigte» Veesenmayer sprach beinahe jeden Tag im Aussenministerium und auf der königlichen Burg vor, wo er über den «Wunsch des Führers» dozierte. Zum Glück wussten die Juden nicht, dass Veesenmayer bereits von konkreten Daten der Wiederaufnahme der Deportationen sprach und dass der Reichsverweser schwankend wurde, denn der Gesandte drohte mit deutscher «Hilfe» für Szálasi und seine Pfeilkreuzler, die hinter den Kulissen nur noch auf ein Zeichen warteten, um die Macht in Ungarn zu übernehmen, falls Horthy nicht klein beigebe. Auch wenn die Juden nicht hinter die Kulissen schauen konnten, so ahnten sie, dass etwas nicht stimmte.

Ein «Kompromiss» schien sich abzuzeichnen, denn am 10. August berichtete Aussenminister Arnothy-Jungerth dem Ministerrat, dass von den 164 000 Juden, die in den Gelbsternhäusern konzentriert waren, 50–60 000 der noch übriggebliebenen unerwünschten «galizischen Juden» den Deutschen als «Arbeitskräfte» angeboten werden könnten. Weitere 45 000 der im Arbeitsdienst befindlichen Juden und deren Familien würden aufs offene Land hinaus deportiert werden, wo ihnen recht angenehme Arbeits- und Aufenthaltsbedingungen geboten würden, ähnlich wie deutschen Juden in Theresienstadt. Rund 20 000 zum Christentum übergetretene Juden und 10 000 Juden, für welche die neutralen Gesandtschaften und das IKRK Ausreiseanträge gestellt hätten, sollten das Land ungehindert verlassen dürfen. Andererseits sollten Verhandlungen mit Privatpersonen (gemeint war Kasztner) nicht mehr gestattet werden. Ferner dürfe der Reichsverweser eine Anzahl Juden höchstpersönlich «auswählen», die nicht deportiert würden. Zuzüglich zu diesem «grosszügigen» Angebot verpflichteten sich die Deutschen, das Sonderkommando Eichmann nach Deutschland zurückzunehmen und keine Überraschungen wie Kistarcsa und Sárvár mehr zu inszenieren. Auch das den Juden abgenommene Gut sollte an Ungarn zurückgegeben werden und – *last but not least* – die deportierten Juden sollten am Leben bleiben dürfen.[71]

Nach mehreren Verhandlungen wurde das definitive Deportationsdatum der Budapester Juden auf den 25. August 1944 festgesetzt. Auch Horthy setzte sich nicht zur Wehr.

Problematisch war nur, ob das Sonderkommando Eichmann und seine ungarischen Komplizen diesen «Kompromiss» überhaupt einhalten und nicht zu einem letzten gewalttätigen Akt schreiten würden. Die Stimmung im Sonderkommando war rachegeschwängert, denn nie zuvor war ihm eine so grosse Beute im letzten Augenblick entwunden worden. Die «Mühlen von Auschwitz» mahlten immer noch, und bisher hatten die Alliierten die Zufahrtswege nicht bombardiert.

Dem Judenrat wurden die Gespräche innerhalb des Sonderkommandos zugetragen. Voller Sorge eilten seine Mitglieder zu Freunden innerhalb der ungarischen Regierung und zu den neutralen Gesandtschaften. Unverzüglich und ohne ihre Regierungen zu konsultieren setzten die Missionschefs einen scharfen Protest auf und unterbreiteten ihn dem Aussenminister *in corpore*:

«*Les soussignés Représentantants des Puissances Neutres accrédités à Budapest ont appris avec un sentiment de douloureuse surprise que bientôt vont recommencer les déportations des Juifs de la Hongrie. Ils sont aussi renseignés – de sources absolument sûres – de ce que signifie la déportation dans la plupart des cas, même si elle est déguisée sous le nom de travail à l'étranger.*

En faisant abstraction du fait regrettable que de nouvelles déportations seraient (considérées) dans leurs Pays comme le coup de grâce à la bonne renommée de la Hongrie si sérieusement atteinte par les déportations déjà accomplies, les Représentants des Puissances Neutres, par un sentiment de solidarité humaine et de charité chrétienne, se sentent obligés d'élever une énergique protestation contre de tels procédés, injustes dans leur motif – car il est absolument inadmissible que des hommes soient persécutés et mis à mort par le simple fait de leur origine raciale – et brutaux dans leur exécution. Et ils demandent au Gouvernement Royal de Hongrie de bien vouloir mettre définitivement fin à ces procédés qui pour l'honneur de l'Humanité n'auraient dû jamais commencer. Ils manifestent leur espoir que, reprenant ses anciennes traditions, la Hongrie voudra bien revenir aux principes et métho-

des chevaleresques et pleines d'esprit chrétien qui Lui ont valu une haute place parmi les peuples civilisés.»

Diese Demarche wurde von den folgenden Diplomaten unterschrieben: Angelo Rotta, apostolischer Nuntius; Carl Ivar Danielsson, schwedischer Gesandter; Carlos de Liz-Teixeira Branquinho, Geschäftsträger Portugals; Miguel Sanz-Briz, Geschäftsträger Spaniens; und Anton J. Kilchmann, Geschäftsträger der Schweiz (in Vertretung von Minister Maximilian Jaeger, der sich auf Heimaturlaub befand).[72]

Im letzten Augenblick vereitelte eine politisch-militärische Katastrophe der Deutschen die Durchführung der geplanten Deportation der Juden Budapests. Am 23. August, zwei Tage vor dem fatalen Stichtag, kapitulierte Ungarns Nachbar Rumänien vor der Roten Armee und vollzog einen unerwarteten Frontwechsel. Die deutsche Wehrmacht verlor innerhalb weniger Tage nicht weniger als 22 Divisionen. Die sowjetische Armee brach in Siebenbürgen ein und stand bereits an den alten Grenzen von Trianon-Ungarn. Horthy erholte sich von seinem Schwächeanfall und gewann wieder Mut. Gegen den Willen Veesenmayers entliess er den ihm von Berlin aufgezwungenen Ministerpräsidenten Sztójay und ernannte den ihm ergebenen General Géza Lakatos zu dessen Nachfolger. Er übergab Lakatos eine einzige zentrale Aufgabe: den Waffenstillstand mit der bisher vom Reichsverweser verfemten Sowjetunion in die Wege zu leiten.

Der geglückte Absprung Rumäniens gab nun auch der ungarischen Regierung neuen Auftrieb, und starke Worte waren zu hören. Legationssekretär Kilchmann berichtete nach Bern, er sei zusammen mit dem türkischen und dem schwedischen Gesandten ins Aussenministerium berufen worden, um die Protestnote gegen die Wiederaufnahme der Deportationen zu unterbreiten. Dort wurde ihnen gesagt, Ungarn würde nicht nur das «Judenproblem» autonom lösen. Der Reichsverweser zeige jetzt nach innen und aussen, namentlich gegenüber Deutschland, eine «starke Hand» und übernehme praktisch die Führung der Regierung. Welche Illusionen und Widersprüche vor den Diplomaten ausgebreitet wurden, enthüllt der letzte Satz von Kilchmanns telegrafischem Bericht: «Ungarn sei entschlossen, Transsylvanien (Siebenbürgen) gegen rumänische Angriffe unbedingt *mit* Deutschland zu verteidigen und russischem Einmarsch zu widerstehen in geheimer Hoffnung, dass im letzten Entscheidungsmoment irgendwelche Schicksalswendung durch alliierte Besetzung des Landes über Italien oder Türkei eintrete.»[73] Der anwesende türkische Gesandte wird sich über diese Aussicht gefreut haben.

Aus allen Ecken und Enden des unruhigen Landes berichteten deutsche Spione, dass «Verrat» im Gange war. Seit dem 2. September verhandelten ungarische Emissäre in Moskau. Die Deutschen wussten, dass, wenn Ungarn aus dem ungeliebten Bündnis ausbrach, ihre gesamte, ohnehin geschwächte Südostflanke zusammenbrechen könnte und die Rote Armee binnen weniger Tage vor Wien stände.

Wiederum war es Veesenmayer, der nach alter Gewohnheit im Auftrag der Reichsregierung die Maschinerie des Umsturzes in Szene setzte. Jetzt, da Horthy sich kaum mehr als das willenlose Werkzeug des untergehenden Dritten Reiches missbrauchen lassen wollte, sollte er durch die rechtsradikalen ungarischen Nationalsozialisten, die Pfeilkreuzler (*Nyilas*), ersetzt werden. Nur so konnte die unerledigte «politische Aufgabe» endlich gelöst werden. Schon am 7. September reiste Veesenmayer nach Keszthely zu deren Führer, Ferenc Szálasi, und vereinbarte mit ihm, dass er in Bälde mit deutscher Hilfe die Macht in Ungarn übernehmen solle. Wenige Tage später kam Szálasi nach Budapest, um weitere Vorbereitungen zur Machtübernahme zu treffen. Auch der berüchtigte Emil Kovarcz kehrte nach Budapest zurück, dessen Aufgabe es war, nach deutschem Muster den «bewaffneten Parteidienst» zu organisieren. Kovarcz hatte schon 1939 ein Attentat auf Horthy versucht. Er wurde zu 15 Jahren Haft verurteil, entwich jedoch nach Deutschland und kehrte jetzt in deutscher Uniform in seine Heimat zurück. Der von ihm zu organisierende «bewaffnete Parteidienst» sollte aus rund 4 000 jugendlichen Banditen und Dreinschlägern bestehen, die später die ganze Millionenstadt Budapest terrorisieren und Hetzjagden auf Juden organisieren würden. Ohne diese Banden hätten weder Veesenmayer noch Szálasi ihren Putsch bewerkstelligen können.

Der alte Horthy schien jedoch aus seinen bisherigen unangenehmen Erfahrungen mit dem Dritten Reich nichts gelernt zu haben. Er traf weder administrative noch militärische Gegenvorbereitungen, um den kommenden Schlag aufzufangen. Im Gegenteil, der Reichsverweser glaubte, die Deutschen zu einer «friedlichen» Räumung des Landes überreden zu können. Ende September überreichte Ministerpräsident Lakatos Veesenmayer eine Liste ungarischer «Forderungen»: Übergabe aller politischen Gefangenen in deutschem Gewahrsam an die ungarischen Behörden und Vorausinformation über geplante militärische Operationen, die nur mit der Zustimmung Ungarns durchgeführt werden «durften».

Zwei Wochen lang manövrierten die beiden ungleichen Partner in einer Art Katz-und-Maus-Spiel, währenddem drei SS-Divisionen die Stadt einkreisten, obgleich zur selben Zeit in der Nähe von Debrecen eine Panzerschlacht tobte. Horthys Emissäre verhandelten in Moskau und nervten die sowjetischen Gesprächspartner mit illusorischen Forderungen, wie etwa jene, dass die sowjetischen Besatzungstruppen nach Kriegsende durch westalliierte Besatzungstruppen ersetzt werden sollten.[74] Somit war es unmöglich, die Waffenstillstandsverhandlungen zu einem schnellen Abschluss zu bringen und die Deutschen überraschend auszumanövrieren, wie dies in Rumänien geschehen war.

Die Reichsregierung handelte immer bedrohlicher. Geheime Waffendepots wurden für die Pfeilkreuzler in ganz Budapest errichtet. Veesenmayer «half» Szálasi, eine Ministerliste zu erstellen, und ungarische Generäle, in die Horthy sein Vertrauen gesetzt hatte, wurden durch eine Kombination von Bestechung und Drohungen auf die deutsche Seite gezogen.

Am 13. Oktober war die Sowjetunion zu einem Waffenstillstand bereit. Am selben Tag erfuhr der Reichsverweser, dass Szálasi mit Veesenmayers Hilfe die Ministerliste für eine Pfeilkreuzlerregierung aufgestellt habe.

Am 15. Oktober 1944 beschloss Horthy zu handeln.

Fünfzehnter Oktober 1944: Die Pfeilkreuzler

Ein lichtdurchtränkter Himmel wölbte sich über Budapest am Sonntag, dem 15. Oktober, den der Reichsverweser zum Herumwerfen des Steuers seines Staates bestimmt hatte. Erwartungen und Gerüchte kursierten durch die ungarische Hauptstadt. Seit dem Umschwung in Rumänien waren mehrere Wochen vergangen, und die sowjetische Armee unter Marschall Malinowski war tief in ungarisches Gebiet eingedrungen. Von Debrecen war sie in Richtung Südwesten vorgestossen und hatte bei Mohacs die Donau erreicht und bereitete sich jetzt auf die Überquerung des grossen Stromes vor. Wenn der Feind das Tempo aufrechterhielt, würde er Budapest binnen weniger Tage erreichen und vielleicht sogar einkreisen. Die Deutschen und was von der ungarischen Honvéd noch übriggeblieben war, hätten in diesem Fall keine andere Wahl, als sich schleunigst nach Westen abzusetzen, bevor die Falle zuschnappte.

Alexander Grossman erzählt, er habe sich an jenem Sonntagmorgen mit Friedl Rafi und anderen Leitern der Hechalutz-Bewegung getroffen, um Pläne für einen bewaffneten Aufstand zu schmieden. Dies sollte nicht nur den Vormarsch der Roten Armee beschleunigen helfen, sondern vor allem ein letztes Wüten der deutschen SS und ihrer ungarischen Gesinnungsgenossen gegen die Juden verhindern.

Am frühen Nachmittag von der Geheimbesprechung zurückkehrend, fiel Grossman und Rafi auf, dass die vorübergehenden Spaziergänger «freudig erregt» zu sein schienen. Sie konnten nicht umhin, als jemanden nach dem Grund dieser Freude zu fragen: «Wissen Sie denn noch nicht?» war die Gegenfrage. «Der Reichsverweser Horthy hat in einer Radioansprache angekündigt, dass Ungarn um Frieden nachsucht, mit den Deutschen bricht und dass die Juden ihre Menschenrechte zurückerhalten.»[1] Das war eine erstaunliche Nachricht. Grossman und Rafi rätselten weiter. Zweifellos hatte der Reichsverweser dieses Mal die notwendigen militärischen Vorkehrungen getroffen, um nicht vom relativ kleinen deutschen Besatzungsheer überrumpelt zu werden. Und zweifellos würde Marschall Malinowski diese Gelegenheit nicht ungenutzt verstreichen lassen und mit neuem Elan sofort auf die ungarische Hauptstadt losmarschieren.

Im Lauf des späteren Nachmittags verschlechterte sich das Wetter. Die Sonne verbarg sich hinter grauen Wolken. Auch die Stimmung auf der Strasse wurde irgendwie anders; die aufgeräumten Spaziergänger verschwanden. An ihrer Stelle beobachteten Grossman und Rafi, wie SS-Leute und «verdächtig aussehende Burschen» auftauchten, wie sie Leute mit «einigermassen jüdischem Aussehen» zusammenfingen und in einer langen Reihe aufstellten. Irgendetwas schien schiefgegangen zu sein.[2]

Aus einer anderen Perspektive erfuhr Friedrich Born, der IKRK-Delegierte, vom Zusammenbruch des Horthy-Regimes. An jenem Sonntag war er zusammen mit einem aus Berlin angereisten Kollegen, Dr. Robert Schirmer, und Direktor Wehner, einem seiner Mitarbeiter aus Budapest, von Erzabt Chrysostomos Kelemen zu einem sonntäglichen Mittagessen im Grosskloster Pannonhalma bei Györ eingeladen worden. Ein Priester unterbrach das Essen und flüsterte dem Erzabt etwas ins Ohr. Erst nach der Mahlzeit, als die Rotkreuzgäste zu den Privatgemächern des Gastgebers geleitet wurden, berichtete dieser seinen erstaunten Gästen von Horthys Radioansprache: «Ich entschloss mich, sofort nach Budapest zurückzufahren», schrieb Born, «das wir in weniger als drei Stunden mit meinem Auto erreichen konnten. Wir glaubten, auf der Rückfahrt in strassenversperrende Autokolonnen hineinzugeraten, aber nichts von alledem – und es mutete uns fast unheimlich an, überhaupt keinem aus Budapest kommenden Auto zu begegnen. Wir gelangten ohne Störung in die Vororte der Hauptstadt. Aber plötzlich hiess es halt! Bewaffnete Mitglieder der ungarischen Pfeilkreuzler-Partei bildeten den ersten Kontrollkordon um die Stadt. Nachdem unser Auto als Rotkreuzwagen erkannt worden war, stellte sich ein Bewaffneter auf das Trittbrett und begleitete uns zum nächsten Offiziersposten. Nach kurzen Worten gab uns ein Offizier die Einfahrt in die Stadt frei. Erst ein paar Tage später habe ich erfahren, dass in jener Nacht überhaupt kein Auto in die Stadt einfahren durfte und dass sogar der päpstliche Nuntius an der Stadtgrenze den Morgen abwarten musste, bevor er in seine Residenz zurückkehren konnte. Es war schwer für uns, in der gänzlich verdunkelten Stadt vorwärts zu kommen. Im Zentrum bemerkten wir grosse Tigertanks mit Front nach dem königlichen Schloss!»[3]

Von Gerüchten und Gegengerüchten verwirrt, wollte sich Harald Feller, der zweite Legationssekretär der schweizerischen Gesandtschaft, über die Vorgänge in der Stadt im Lauf des Abends ein eigenes Bild machen. Er bestieg seinen Wagen und wurde schon nach wenigen Augenblicken von einer Pfeilkreuzlerbande aufgehalten, obgleich das Auto als Wagen der Gesandtschaft gekennzeichnet war. Während die wachhabenden jungen Burschen seine Papiere auf dem nahen Posten unter die Lupe nahmen, richteten sich Fellers Blicke unwillkürlich auf eine eindrucksvolle Gestalt im Habitus eines Priesters, dem die Pfeilkreuzler grossen Respekt erwiesen. Der Priester trug eine schwarze Mütze, das Gewand wurde von einem Gürtel zusammengehalten, und am Revolveretui baumelte ein silbernes Kreuz. Erst später erfuhr Feller, dass es sich bei diesem Priester um Pater András Kun, einen der schlimmsten Anführer der Pfeilkreuzler, handelte, der Menschen eigenhändig folterte und umbrachte. In diesem Augenblick war Kun auf einer Runde der soeben errichteten Pfeilkreuzlerstützpunkte begriffen. Er «ermunterte» seine Untergebenen und rief ihnen zu: «Im Namen Christi, tötet die Juden!»[4]

Der 15. Oktober 1944 ist zweifellos als einer der dunkelsten Tage in die ungarische Geschichte eingegangen. Da der «Führer» nicht mehr gewillt war, den alten Reichsverweser ein drittes Mal auf Schloss Klessheim zu einem «Gespräch» für eine neue «Vereinbarung» vorzuladen, war er gezwungen, ihn zu stürzen. Der Putsch war auf den 4. Oktober vorgesehen, aber Teile der ungarischen Armee mussten zuvor auf die deutsche Seite gezogen und die Pfeilkreuzlerbanden in Hochform gebracht werden. Am Schluss ging es noch darum, wer das Rennen gewinnen würde, Veesenmayer mit seinen Putschvorbereitungen oder Horthy, der von seinen Emissären stündlich Nachricht über den Abschluss der Waffenstillstandsverhandlungen in Moskau erwartete. Die ungarischen Emissäre hatten den sowjetischen Bedingungen schon am 12. März zugestimmt, aber infolge schlechter telegrafischer Verbindungen traf die Nachricht erst am Sonntagnachmittag, dem 15. Oktober, in Budapest ein. Zu spät, wie sich für den unglücklichen Horthy herausstellen sollte.

Am Stichtag des 15. Oktober folgte Schlag auf Schlag. Am Vormittag hatte Horthy einen Kronrat festgesetzt, der die Zustimmung zum Waffenstillstand erteilen sollte, Veesenmayer war für 12 Uhr mittags auf die königliche Burg bestellt worden, um vom ungarischen Beschluss der Waffenruhe in Kenntnis gesetzt zu werden. Dann folgte die Radiorede des Reichsverwesers, und gleichzeitig sollten die Heereskommandanten den telegrafischen Befehl zur Feuereinstellung erhalten. General Károly Lázár, der Kommandant der Leibwache, wurde beauftragt, falls nötig die Burg zu verteidigen, und andere loyale Kommandanten sollten bei den Donauübergängen und im übrigen Stadtgebiet Aufstellung nehmen.

Aber die Deutschen, über alle ungarischen Vorbereitungen orientiert, durchkreuzten Horthys Pläne mit längst eingeübter Zerrüttungstaktik.

Am Samstagabend, dem 14. Oktober, liessen sie als erstes die Pfeilkreuzlerbanden einen Grossaufmarsch mit Fahnen, Fahrzeugen, umgehängten Waffen und viel Gebrüll durch die nachtdunklen Strassen veranstalten.

Sprechchöre forderten die Machtübernahme durch Szálasi. Der verunsicherte Reichsverweser liess weder die Polizei noch die in der Stadt bereitgestellten Armeeeinheiten gegen die jugendlichen Randalierer auftreten.

Der zweite Schlag erfolgte am Sonntagmorgen, den 15. Oktober. Wie von Hitler angedroht, galt er dieses Mal dem Reichsverweser persönlich. Kurz nach 9 Uhr wurde Miklós Horthy Junior von SS-Agenten unter dem Kommando eines Hauptsturmführers namens Otto Klages, dem Chef der deutschen Sicherheitsorgane von Budapest, überfallen und entführt. Er war in eine Falle gelockt worden, als Unbekannte ihn zu einer angeblichen Begegnung mit Geheimvertretern des jugoslawischen Partisanenführers Tito aufforderten. Der junge Horthy und seine zwei Leibwächter verteidigten sich mit Pistolen und verletzten dabei Klages tödlich. Horthy wurde jedoch überwunden, in einen Teppich gewickelt und auf einen Lastwagen geworfen, der sogleich wegfuhr. Er landete im Konzentrationslager Mauthausen und überlebte das Ende des Krieges dort.

Der Reichsverweser war ein gebrochener Mann, als er kurz nach dem Vorfall von der Entführung seines Sohnes hörte, die mit einer Morddrohung verbunden war. Er hatte 1942 bereits seinen älteren Sohn, István, verloren, den er zu seinem Nachfolger als Reichsverweser bestimmt hatte. Istváan diente als Kriegspilot an der sowjetischen Front und starb unter ungeklärten Umständen beim Absturz seines Flugzeuges.

Der verstörte Horthy war trotzdem imstande, um 11 Uhr den Kronrat von der Notwendigkeit eines Waffenstillstandes mit der Sowjetunion zu überzeugen, um so mehr, als auch die anwesenden Militärs von der Hoffnungslosigkeit der Lage überzeugt waren. Die Rote Armee könne, wenn sie wolle, sagten sie, innerhalb von zwei Tagen vor den Toren Budapests aufmarschieren.[5]

Um 12 Uhr empfing Horthy Veesenmayer wie verabredet. Zunächst liess er seinem Zorn über die Entführung seines Sohnes freien Lauf, indem er den deutschen Gesandten anklagte, die Sache inszeniert zu haben. Er drohte Veesenmayer, dass er ihn als Geisel auf der königlichen Burg einsperren werde, bis Miklós lebend zurückkehre. Trotzig erklärte er, binnen kurzem werde seine Rede an das ungarische Volk und der Tagesbefehl an die Honvéd zur Niederlegung der Waffen über das Radio verbreitet werden. Der Drohung folgte keine Tat, und er liess den Gesandten und «Reichsbevollmächtigten» ungehindert zu seiner Gesandtschaft zurückkehren.

In der Gesandtschaft angekommen, entsandte Veesenmayer Winkelmann, den Kommandanten der SS in Ungarn, zu Szálasi – der auf Verabredung mit dem deutschen Gesandten nach Budapest gekommen war und sich in der Stadt verborgen hielt – und liess ihn wissen, dass seine Stunde gekommen sei. Eine Stunde später begannen die Pfeilkreuzler einen neuen Grossaufmarsch und verbreiteten sich auf den wichtigsten Strassen der Hauptstadt. Sie besetzten das Hauptpostamt und verhinderten dadurch die Durchgabe von Horthys Befehlen an die Truppenkommandanten zur Waffenniederlegung. Um 16.30 Uhr übernahmen sie den Radiosender und verlasen einen gefälschten Gegenbefehl des Generalstabs, in welchem die Truppen zum Weiterkämpfen aufgefordert wurden. Horthytreue Offiziere wurden verhaftet und andere gingen – wie zumeist bereits geplant – zu den Deutschen über.[6]

Schon um 19 Uhr abends erhielt Ferenc Szálasi die Macht direkt aus Veesenmayers Hand, nachdem sich Horthy geweigert hatte, ihn zum Ministerpräsidenten zu ernennen. Kurz darauf wurde seine erste Proklamation «an die ungarische Nation» über dasselbe Radio verlesen, wo nur Stunden zuvor der Reichsverweser den Waffenstillstand angekündigt hatte. Szálasi sprach in dramatischen Worten vom «kritischen Höhepunkt» in Ungarns tausendjähriger Geschichte. Er verurteilte den «Verrat» der Interessenclique, die sich um den bisherigen Staatschef und Reichsverweser herum breitgemacht hätte, deren Absicht es gewesen sei, dem im «Kampf um Leben und Tod» verwickelten deutschen Waffengefährten in den Rücken zu fallen: «Der äussere Feind steht auf dem Boden unseres Vaterlandes und droht uns mit Vernichtung. Der innere Feind hat sich mit ihm verbündet, um gemeinsam einen tödlichen Schlag gegen das Leben unserer Nation zu führen.» Das ungarische Volk würde dies jedoch nicht zulassen, denn es hätte «Gerechtigkeit und Leben» gewählt. Dem «Führer des deutschen Volkes,» dem «Genius Adolf Hitler» dankte Szálasi innigst, dass er dem ungarischen Volk «als treuer Kamerad in den entscheidenden Schicksalstagen unseres Volkes» zu Hilfe kam: «Ich erbitte Gottes Segen für die grosse Entscheidung unserer Nation und für den ihr bevorstehenden grossen Kampf. Durchhalten!»[7]

Wie ein schlechter Witz tönte das Ergebenheitstelegramm Szálasis an Hitler, worin er dem «Führer» offiziell den gelungenen Putsch verkündete: «Ich melde mich an der Spitze der Staatsführung ... bei Eurer Exzellenz als dem obersten Führer der sich entwickelnden Europagemeinschaft. Ich melde, dass sich Ungarn im weltanschaulichen Rahmen des Dreimächte- und Antikominternpakts bedingunglos und total eingereiht hat und dass die ungarische Armee an der Seite des grossen deutschen Waffenbruders restlos und entschlossen im Kampf steht.»[8]

Im Augenblick bereiteten sich lediglich die bewaffneten Nyilas oder Pfeilkreuzler, 14- bis 18jährige mit Maschinenpistolen bewaffnete Jünglinge auf den «grossen Kampf» vor, die Armbinde ihrer Partei am Arm. Ihnen zur Seite stand die schon seit jeher rechtsextremistische Gendarmerie. Zusammen nahmen sie die Millionenstadt in ihren Würgegriff. Sie zogen nicht etwa der Roten Armee und der Gefahr an der Front entgegen, sondern suchten die Strassen Budapests nach unbewaffneten Juden ab, darunter viele wehrlose Frauen, Kinder oder alte Leute. Auf diese Weise wollten sie vielleicht den geängstigten Menschen die Bedeutung von Szálasis «Gerechtigkeit und Leben» klarmachen.

Noch war aber die Auseinandersetzung um den alten Reichsverweser nicht beendet.

Eugen Szatmári, ein ungarischer Journalist, der die schweizerische Gesandtschaft über politische Entwicklungen zu informieren pflegte, berichtete über die weitere Entwicklung: «Die Stadt war eigentlich schon am Abend in der Hand der Nazis, aber die Aktion gegen die Burg begann erst in der Nacht. Horthy war tief enttäuscht über das feige und treulose Verhalten seiner Offiziere, über die Feigheit der Mannschaften und über die Passivität der Bevölkerung. Nirgends in der Stadt wurde auch nur ein Schuss gegen die Deutschen abgegeben. Auch die Arbeiterschaft verhielt sich passiv. Die Aktion gegen die Burg begann um zehn Uhr abends, als die 24. deutsche Panzerdivision, die in Richtung Szolnok unterwegs war, aber nach der Proklamation des Regenten durch Winkelmann zurückbeordert wurde, in Budapest eintraf. Die zur Burg führenden Strassen waren aber vermint, und die Deutschen kamen nicht weiter. Der deutsche Generalleutnant Basch richtete ein Ultimatum an General Lázár und forderte die Entfernung der Minen. Lázár gehorchte nicht, aber Ministerpräsident Lakatos gab ihm Befehl, einen Teil der Burg zu räumen. Die ungarischen Truppen zogen sich bis zur Krönungskirche zurück. Eine Stunde später gab Horthy aus unerklärlichen Gründen Befehl, die Minen auszunehmen, nachdem der deutsche Gesandte versprochen hatte, dass die deutschen Panzer die Burg nicht angreifen würden. Vielleicht hatte Horthy, der um diese Zeit längst wusste, dass die Stadt schon in den Händen der Deutschen war und ihn seine Truppen schmählich verraten hatten, Angst um seine Frau und sein Enkelkind.»[9]

Um vier Uhr in der Frühe am Montag begab sich Ministerpräsident Lakatos zu Veesenmayer und verhandelte über die Kapitulation des Reichsverwesers. Dieser erschien eine Stunde später auf der deutschen Gesandtschaft und begab sich in Gefangenschaft. Die Familie fand zeitweise Zuflucht auf der päpstlichen Nuntiatur. Am Tag darauf wurde Horthy, diesmal in Begleitung seiner Familie, nach Schloss Hirschberg bei Waldheim in Bayern verbracht, wo er bis zu seiner Befreiung durch die Amerikaner im Mai 1945 Gefangener der Deutschen war. Anschliessend wurde ihm in Portugal Asyl gewährt, wo er 1957 starb. Er sollte Ungarn nie wiedersehen.

Trotz Kapitulation und Gefangennahme Horthys wollte der Kommandant seiner Leibwache, Lázár, das Feld nicht kampflos räumen. Er liess eine deutsche Aufforderung zur Übergabe unbeachtet, worauf die SS die königliche Burg mit Panzern und Infanterie angriff. Der ungleiche Kampf dauerte drei Stunden und verursachte unter den Verteidigern 17 Tote und bei den Angreifern wahrscheinlich mehr. Dann waren die Deutschen Herren auch der Burg.

Der Erfüllung des «Wunsches des Führers» bezüglich der Juden stand nun nichts mehr im Wege.

Friedrich Born nannte den Pfeilkreuzlerputsch vom 15. Oktober 1944 mit Recht die «Revolution des Sinnlosen». Bisher habe Ungarn gegen die Sowjetunion einen Kampf ohne Kriegsziel geführt. Szálasi habe zudem die Parteiorganisation fünf Jahre lang auf die erhofften Posten eingeübt und einem Schwarm von Anhängern Posten, Titel und Funktionen versprochen. Was bereits nach der deutschen Besetzung vom 19. März erfolgt war, wiederholte sich jetzt, ein halbes Jahr später, vielfach überhöht: «Mit diesem eingeübten Schema wickelte sich nun der nächste Akt des ungarischen Dramas ab. Eine Verhaftungswelle überflutete die Hauptstadt und das ganze Land. Aufgrund längst vorbereiteter Listen wurden alle politischen und wirtschaftlichen Persönlichkeiten eingekerkert und nach Deutschland überführt, die sich den Parteiaspirationen früher widersetzt oder sonst einmal bei den neuen Machthabern unbeliebt gemacht hatten. Ausser der ungarischen Staatspolizei, der Parteiorganisation und der Militärgendarmerie teilte sich auch die deutsche Gestapo in die Aufgabe, 3000 wichtigere Persönlichkeiten in möglichst kurzer Zeit einzufangen und sicherzustellen. Es war offensichtlich, dass der grössere Teil davon als Geiseln für irgendwelche spätere Gelegenheiten Verwendung finden sollten. Abgesehen von den Deportationen nach Deutschland waren die Budapester- und auch die Provinzgefängnisse überfüllt, wobei die deutsche Gestapo streng getrennte Gefängnisse unterhielt. Es bedeutete ein grosses Entgegenkommen, wenn die Gefängnisverwaltung von Zeit zu Zeit für einzelne Gefangene Wäsche oder Nahrungsmittel zur Ergänzung der kargen Gefängniskost entgegennahm. Der allgemeine Zustand in den Gefängnissen war der gleiche, wie er sich in den deutschen Gestapo-Gefängnissen während des Krieges herausgebildet hatte. Jedes Mittel zur Brechung des seelischen Widerstandes war gut genug, und jedes geringste Vergehen gegen die Gefängnisordnung wurde mit schweren körperlichen Züchtigungen bestraft.»[10]

Gegenüber den Juden fielen jetzt alle Hemmungen. Während derselben Morgenstunden zum Beispiel, da das Gefecht um die königliche Burg im

Gange war, verursachte eine andere «militärische» Auseinandersetzung weit grössere Verluste. Ein Jude, so wurde berichtet, habe aus einem Gelbsternhaus an der Maria Valéria utca gegenüber dem Hotel Dunapalota eine Handgranate auf deutsche Soldaten geworfen, ohne dass es Verletzte und Tote gab. Auf eine militärgerichtliche Untersuchung über die Wahrheit der Anschuldigung wurde verzichtet. Der mutmassliche Täter wurde weder gesucht noch verhaftet noch abgeurteilt. Dafür wurden alle 200 Bewohner des Gebäudes von den Soldaten auf der Stelle erschossen.[11]

Die schlimmsten Befürchtungen schienen sich nun zu bewahrheiten. Schon zwei Tage nach dem Putsch kündigte der neue Innenminister, Gábor Vajna, an, die Judenfrage würde «so oder so» gelöst werden. Die Behandlung der Juden würde vom Ausmass der alliierten Luftangriffe gegen Ungarn abhängig gemacht werden. Als ob die Juden bereits Angehörige der alliierten Feindstaaten wären. Vajna erklärte: «Es soll kein Jude glauben, dass er sich hinter einer ausländischen Regierung verstecken kann. Alle in Ungarn lebenden Juden unterstehen der Kontrolle des ungarischen Staates und darin werden wir weder eine in- noch ausländische Einmischung dulden.»[12] Diese Warnung sollte in erster Linie die neutralen Gesandtschaften einschüchtern.

Die Pfeilkreuzler waren jedoch ausserstande, ein homogenes Regierungsteam auf die Beine zu stellen, obgleich sie jahrelang von der Machtübernahme geträumt und von Szálasi mit Veesenmayers «Hilfe» ausgewählt worden waren. Szatmáris Gewährsleute kolportierten «Kopflosigkeit» auf höchster Ebene: «Die Regierung ist auch in den innenpolitischen Fragen nicht einig. Im Gegenteil, es folgt Krach auf Krach. Die wildesten Männer in der Regierung sind wiederum Vajna, Kovarcz und Szöllösy, aber in innenpolitischen Fragen gesellt sich ihnen auch Industrieminister Szakváry zu. Innenminister Vajna verlangt absolute Abrechnung mit allen Juden, auch mit den Ausländern. Dagegen stemmt sich der Aussenminister, Baron Keményi...»[13]

Für Lutz und die Vertreter der übrigen neutralen Gesandtschaften sollte der Aussenminister der Pfeilkreuzler, Gábor Keményi, der fast einzige mögliche Zugang zum neuen Regime sein. Obgleich der junge Aussenminister – er war erst 34 – dieser extremistischen Partei angehörte, entstammte er einem alten, allerdings verarmten ungarischen Adelsgeschlecht. Nachdem er Jurisprudenz studiert hatte, trat Keményi in eine ziemlich links stehende Zeitung, *Pesti Hirlap*, ein. Nach zwei Jahren wurde er entlassen, weil er zu begeistert über den Faschismus schrieb. Keményi wurde Regierungsbeamter in der Provinz und gewann eine gute Kenntnis der unter der Landbevölkerung grassierenden Armut. Er fand die Lösung dieses Problems aber nicht im Sozialismus, sondern bei der Pfeilkreuzlerpartei Szálasis. Nun war Keményis Weg vorgezeichnet. Er wurde wieder Journalist und schrieb jetzt für rechtsstehende Blätter. Da er die zunächst noch vorsichtige Deutschlandpolitik Horthys angriff, wurde er zu einer mehrmonatigen Gefängnisstrafe verurteilt. In der Aussenpolitik war Keményi ein unbeschriebenes Blatt, aber die diplomatischen Vertreter betrachteten ihn als einen der wenigen tolerant eingestellten Pfeilkreuzler. Dies sollte das Volksgericht 1946 jedoch nicht daran hindern, den Baron zum Tode zu verurteilen.

Unter dieser Regierung begann der zweite Teil der Tragödie der ungarischen Juden, wenn auch die Vernichtungsmaschinerie von Auschwitz in diesem Augenblick kurz vor ihrem Ende stand. Sobald die Pfeilkreuzler noch am Umsturzabend des 15. Oktober die Radiostation in ihre Gewalt bekamen, wurde Horthy als «Söldling der Juden» bezeichnet und das Volk zur Gewalttätigkeit gegen die Juden aufgerufen. In ganz Budapest und in der Provinz drangen die bewaffneten Nyilas-Banden in mit dem gelben Stern bezeichnete Häuser ein oder griffen jüdische Arbeitskompanien an. Mehrere hundert Juden wurden während der Nacht vom 15. auf den 16. Oktober umgebracht. So ergriffen die Pfeilkreuzler jüdische Arbeitsdienstler im nördlichen Vorort Obuda und trieben sie in Richtung Donau. Dort wurden sie an den Rand der Margarethenbrücke hinbefohlen und erschossen. Die Leichen fielen in den Fluss und wurden weggeschwemmt.[14] Auch von den Gesandtschaften geschützte Judenhäuser und sogar Gesandtschaftsgebäude wurden von den wildgewordenen jugendlichen Banden geplündert, die es vor allem auf Autos abgesehen hatten.

Dieser gänzliche Zusammenbruch der öffentlichen Ordnung wurde sogar dem notorisch antisemitischen Innenminister Gábor Vajna zuviel. In einer am 18. Oktober veröffentlichten Erklärung befahl er den Nyilas-Banden, mit den Plünderungen aufzuhören, denn die «Judenfrage» müsse in einer «geordneten» und vom Staat beaufsichtigten Weise gelöst werden. Zugleich aber erklärte er die von den neutralen Gesandtschaften herausgegebenen Schutzpässe für ausländische Juden und die Schutzbriefe für ungarische Juden für null und nichtig. Das Tragen des gelben Sterns sei für *alle* Juden obligatorisch. Niemand, verkündete er im Blick auf die ausländischen Vertreter, seien es Ungarn oder Ausländer, dürfe die «legalen Massnahmen» des ungarischen Staates unterwandern. [15] Jeden Tag gab die Pfeilkreuzlerregierung neue Verordnungen heraus, die den Rest des ungarischen Judentums zerstören sollten.

Die sprunghafte Pfeilkreuzlerregierung stand wieder unter dem Druck Adolf Eichmanns, der sein unvollendetes Werk endlich zum Abschluss bringen wollte. Auf Befehl Himmlers war er zur Zeit der Lakatos-Regierung einige Wochen lang aus Budapest verschwunden, weil er den geheimen Plänen des «Reichsführers» der SS im Wege stand. Am 17. Oktober kehrte er zurück und rief dem verdutzten Kasztner ins Gesicht: «Na, sehen Sie, ich bin wieder da! Sie haben schon sicher geglaubt, dass sich die Geschichte Rumäniens und Bulgariens auch hier wiederholen wird? Sie haben scheinbar vergessen, dass Ungarn noch immer im Trümmerschatten des Reiches liegt! Unsere Hände sind lang genug, auch noch die Budapester Juden zu erreichen!» [16]

Eichmann verlor keine Zeit, denn schon am folgenden Tag, am 18. Oktober, erzielte er eine Übereinkunft mit Innenminister Vajna, wonach 50 000 jüdische «Arbeitskräfte» dem Dritten Reich zur Verfügung gestellt würden. Später wollte Eichmann weitere 50 000 anfordern. Hier handelte es sich um eine Forderung der deutschen «Verbündeten», die in Wirklichkeit auf den 19. März zurückging, als Hitler von Horthy die gänzliche wirtschaftliche Unterwerfung Ungarns gefordert hatte. Neben der Vernichtung der ungarischen Juden sollten weitere 100 000 Arbeitskräfte nach Deutschland verschickt werden, ohne dass zwischen Juden und Nichtjuden klar unterschieden wurde. Nachdem das Altreich, d. h. das Deutschland in seinen Vorkriegsgrenzen zusammen mit Österreich, «judenrein» geworden war, hatte es sein Reservoir an jüdischen Arbeitskräften mutwillig zerstört, das ihm nun fehlte. Aber inzwischen war auch der Grossteil aller ungarischen Juden vernichtet worden. Im Sommer 1944 hatte der durch diesen akuten Mangel an Arbeitskräften in die Enge getriebene Industrieminister Albert Speer mit Entsetzen vernommen, dass zwischen Mai und Juli 450 000 ungarische Juden auf Befehl Himmlers und mit Hitlers uneingeschränktem Plazet in Auschwitz vergast worden waren. Ein unschätzbar grosses wirtschaftliches Potential war dadurch dem Dritten Reich verlorengegangen. Aus diesen 450 000 hätte er, Speer, ohne weiteres etwa die für den Bau der VE-Grossbunker benötigten Kräfte auswählen wollen, um dadurch die vom «Führer» höchstpersönlich befohlene Aufgabe erfüllen zu können.[17]

Das zahlenmässig weitgehend zerstörte ungarische Judentum, von seinen frevelhaft vernichteten handwerklichen und intellektuellen Fähigkeiten abgesehen, stellte somit keine unerschöpfliche Quelle von «Menschenmaterial» mehr dar, auf die man unbedacht zurückgreifen konnte.

Dennoch forderte Veesenmayer, in Übereinstimmung mit Eichmann, die erste Tranche der 50 000 Arbeiter von der Pfeilkreuzler-Regierung, wobei unklar zu sein schien, wozu sie gebraucht werden sollten. Als die sowjetische Armee den äussern Rand von Budapest erreichte, änderte Hitler seine Meinung und befahl die Errichtung eines «Ostwalls», jetzt da die Donau als natürliche Verteidigungslinie ausgefallen war. Er sollte in der Slowakei sich

Der zehnjährige Carl Lutz und seine Familie, vorne, zwischen der Mutter und seinem jüngeren Bruder Walter, 1905. (Archiv D. Niederer)

Carl Lutz in Washington, 1923 (Bundesarchiv, Bern)

Jonas Kuebler (Bundesarchiv, Bern)

E. Carl Lutz heiratet Gertrud Fankhauser (ETH/Archiv für Zeitgeschichte)

Nikolaus (Miklós) von Horthy, Ungarischer Reichsverweser (Ung. Museum für Zeitg.)

Ministerpräsident Döme Sztójay (Ungarisches Museum für Zeitgeschichte)

Edmund Veesenmayer (Ungarisches Museum für Zeitgeschichte)

Adolf Eichmann (Ungarisches Museum für Zeitgeschichte)

Amtssitz von Carl Lutz am Freiheitsplatz in Budapest, frühere amerikanische Gesandtschaft. (ETH/Archiv für Zeitgeschichte)

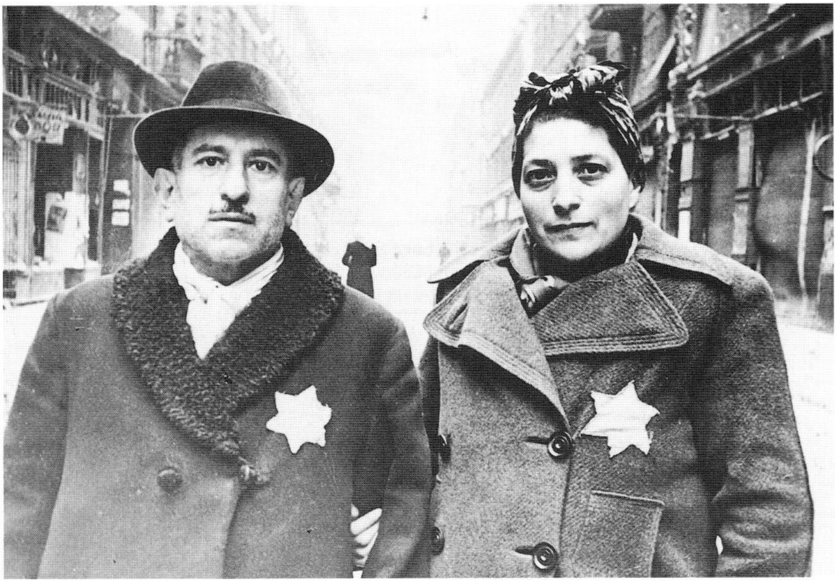

Jüdisches Ehepaar mit dem gelben Stern. (Ungarisches Museum für Zeitgeschichte)

Juden marschieren zu den Deportationszügen (Ungarisches Museum für Zeitgeschichte)

Unsägliche Strapazen erwarten die Deportierten in diesen Güterwagen auf der Fahrt in die Vernichtungslager (Ungarisches Museum für Zeitgeschichte)

Jusztinián Kardinal Serédi (Ungarisches Museum für Zeitgeschichte)

Angelo Rotta (Ungarisches Museum für Zeitgeschichte)

Bischof László Ravasz (Archiv der Reformierten Kirche Ungarns)

Albert Bereczky (Archiv Piroska Victor Bereczky)

Jean de Bavier (Archiv IKRK, Genf)

Friedrich Born (Archiv IKRK, Genf)

Gerhart Feine (Archiv des Auswärtigen Amtes, Bonn, Inventar-Nr. 3233)

F. Rudolf (Reszö) Kasztner
(Archiv A. Grossman)

Anfertigen von Schutzbriefen (Ungarisches Museum für Zeitgeschichte)

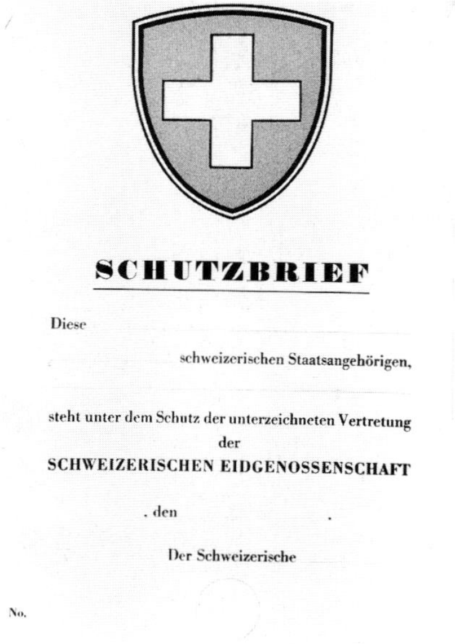

SCHUTZBRIEF

Diese

schweizerischen Staatsangehörigen,

steht unter dem Schutz der unterzeichneten Vertretung
der
SCHWEIZERISCHEN EIDGENOSSENSCHAFT

, den

Der Schweizerische

No.

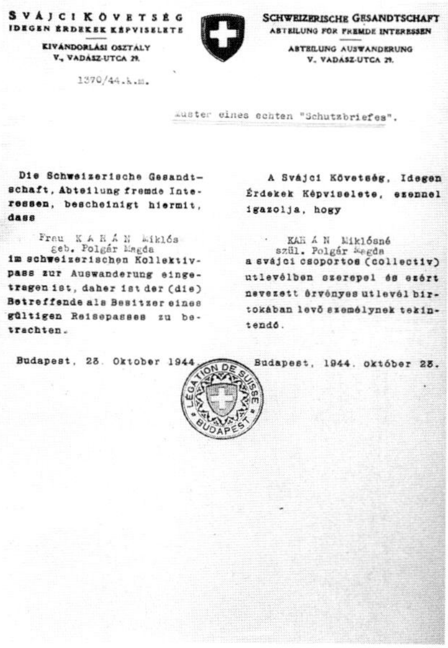

SVÁJCI KÖVETSÉG
IDEGEN ÉRDEKEK KÉPVISELETE
KIVÁNDORLÁSI OSZTÁLY
V., VADÁSZ-UTCA 29.

SCHWEIZERISCHE GESANDTSCHAFT
ABTEILUNG FÜR FREMDE INTERESSEN
ABTEILUNG AUSWANDERUNG
V., VADÁSZ-UTCA 29.

1370/44.k.m.

Muster eines echten "Schutzbriefes".

Die Schweizerische Gesandtschaft, Abteilung fremde Interessen, bescheinigt hiermit, dass

Frau K A H Á N Miklós
geb. Polgár Magda
im schweizerischen Kollektivpass zur Auswanderung eingetragen ist, daher ist der (die) Betreffende als Besitzer eines gültigen Reisepasses zu betrachten.

Budapest, 23. Oktober 1944.

A Svájci Követség, Idegen Érdekek Képviselete, ezennel igazolja, hogy

KAH Á N Miklósné
szül. Polgár Magda
a svájci csoportos (collectiv) utlevélben szerepel és ezért nevezett érvényes utlevél birtokában levő személynek tekintendő.

Budapest, 1944. október 23.

LÉGATION DE SUISSE BUDAPEST

Exemplare von Schutzbriefen
(Bundesarchiv, Bern)

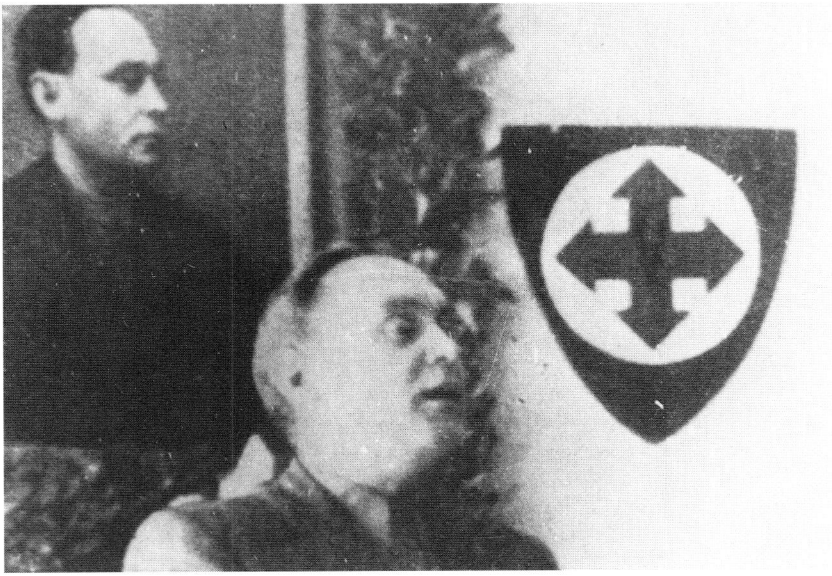

A. Ferenc Szálasi (Ungarisches Archiv für Zeitgeschichte)

András Kun (Ungarisches Archiv für Zeitgeschichte)

Schutzheischende Juden vor dem «Glashaus» an der Vadasz Utca.
(ETH/Archiv für Zeitgeschichte)

Otto Kómoly (Archiv T. Majsay)

Harald Feller (Bundesarchiv Bern)

Raoul Wallenberg (Archiv G. von Dardel)

Carl Ingvar Danielsson (Ungarisches Archiv für Zeitgeschichte)

Peter Zürcher (Bundesarchiv, Bern)

Alexander (Sándor) Grossman
(Archiv A. Grossman)

Carl Lutz in seinem zerstörten Badezimmer (ETH/Archiv für Zeitgeschichte)

Entdeckung der Leichen bei der Grossen Synagoge im Januar 1945. (Ungarisches Archiv für Zeitgeschichte)

Zerstörte ehemalige britische Gesandtschaft an der Verböcsy utca
(ETH/Archiv für Zeitgeschichte)

Carl Lutz in den Ruinen seiner Residenz (ETH/Archiv für Zeitgeschichte)

Symbol der Hoffnung: gerettete jüdische Kinder ein Jahr nach Kriegsende
(Archiv A. Grossman)

im Wag-Tal hinziehen, und hierauf entlang der deutsch-ungarischen Grenze bis nach Süden in die Steiermark hinein errichtet werden. [18]

Da es an Wagenmaterial fehlte und die Eisenbahnlinien teilweise durch Luftbombardierungen zerstört worden waren, sollten die Juden die 200 km weit entfernte deutsche Grenze zu Fuss erreichen. Das Sonderkommando Eichmann würde die marschierenden Juden begleiten und die ungarischen Wachmannschaften «beratend» unterstützen. Es war zudem klar, dass der lange Fussmarsch «christlichen» Arbeitskräften nicht zugemutet werden durfte.[19]

Szálasi, der trotz seiner verworrenen Unterwürfigkeit keineswegs nur Befehlsempfänger sein wollte, reduzierte die Zahl auf 25 000, weil die übrigen Arbeitskräfte bereits mit der Errichtung von Befestigungsanlagen bei Budapest beschäftigt seien. Sie sollten in vier grossen Lagern rund um die Hauptstadt herum konzentriert und Kinder, Alte, Kranke innerhalb der Stadt in eigenen Ghettos untergebracht werden. Er machte sogar die Zustimmung der Verwendung von Juden beim Bau des «Ostwalls» von der Bedingung abhängig, dass diese Schanzenarbeiter lediglich auf jenem Teil eingesetzt werden dürften, der auf ungarischem Boden gebaut werden sollte.[20] Natürlich war Veesenmayer mit dieser Antwort nicht zufrieden und, von Berlin gedrängt, verlangte er wiederum die «vereinbarte» Gesamtzahl von 100 000.

Aber weder die Deutschen noch die Pfeilkreuzler-Regierung hatten die Absicht, die jüdischen Zwangsarbeiter, die entweder für die Verteidigung von Budapest oder für den Bau des «Ostwalls» vorgesehen waren, überleben zu lassen. Es war ihre Erwartung, dass diese Menschen durch die übermässig strenge Arbeit zu Tode geschunden würden. Dabei stellte es sich heraus, dass die im Umkreis von Budapest eingesetzten Juden die bessere Überlebenschance hatten als jene, die sich an die deutsche Reichsgrenze begeben mussten.

Den Juden konnte es egal sein, ob ihre Peiniger nun deutsche Nationalsozialisten oder ungarische Pfeilkreuzler waren. Sie machten sich auch keinerlei Illusionen, dass das Endergebnis der Tortur der Tod sein würde, auch wenn Auschwitz vielleicht nicht mehr in Frage kam.

Um das Mass vollzumachen, veröffentlichte die Regierung am Morgen des 19. Oktober eine neue Verordnung, dass alle Juden, die bisher bei christlichen Familien Unterkunft gefunden hatten, bis abends 20 Uhr in Häuser mit dem gelben Stern umziehen mussten. Schwere Strafen wurden jenen angedroht, die diese Verordnung nicht befolgten, die «schuldigen» Christen eingeschlossen. Auch ausländische Juden und jene, die mit Ariern oder Arierinnen verheiratet waren, müssten diesen Befehl befolgen.

Nun galt es für die neutralen Vertreter, zu reagieren.

Lutz, von Minister Jaeger begleitet, der schwedische Gesandte Danielsson und Angelo Rotta, der Nuntius, protestierten umgehend und gemeinsam bei Aussenminister Keményi. Sie drohten mit dem Rückzug der Anerkennung, falls diese Verordnungen nicht zurückgezogen würden. Sie verletzten bereits abgeschlossene internationale Vereinbarungen. Keményi war sich bewusst, dass dadurch der geringe Rest der Legitimität des neuen Regimes dahinschwinden würde.

Einen ganzen Tag lang kämpften die Vertreter der neutralen Staaten mit Aussenminister Keményi um die Bestätigung der bisher gewährten «Konzessionen». Schritt um Schritt wich der Aussenminister zurück, wobei er bei jeder «Konzession» gleichzeitig die Zustimmung nicht nur Vajnas, sondern auch Veesenmayers erhandeln musste. Es war ein zähes Feilschen um Menschenleben, das in der Geschichte der Diplomatie wohl einzig dasteht. Die offiziellen Höflichkeiten wurden gewahrt, und am Ende des Gesprächs durfte Ungarn von den Neutralen weiterhin als «unabhängiger» Staat anerkannt bleiben.

Wenige Tage später beauftragte Veesenmayer seinen «Judenexperten» Theodor Horst Grell, die Gesprächsergebnisse nach Berlin durchzutelegrafieren. Grell resümierte die bisherige Geschichte des «Arbeitseinsatzes» der ungarischen Juden seit dem 19. März und die seither gewährten «Ausnahmen». Er räumte den ausländischen Presseberichten und neutralen «Einmischungen» viel Platz ein, was darauf hinweist, dass die Deutschen irritiert und verunsichert waren.

Laut Grell hatte Ungarn mit den Neutralen in bezug auf die «konzedierten» Juden folgende Übereinkunft getroffen:

«1. Die Ermöglichung der Ausreise nach Schweden durch Erteilung ungarischer Ausreise- und deutscher Durchreisesichtvermerke an etwa 400 ungarische Juden, die nach dem 19. März – nach Angabe der schwedischen Gesandtschaft in Budapest auf Grund persönlicher oder wirtschaftlicher Beziehungen zu Schweden – die schwedische Staatsangehörigkeit in Form der Erteilung sogenannter provisorischer oder Schutzpässe erhalten hatten;

«2. Die Ermöglichung der Auswanderung für etwa 7 000 ungarische Juden, die durch Vermittlung der Schweizer Gesandtschaft in Budapest Einwanderungszertifikate nach Palästina erhalten haben;

«3. Die Ermöglichung der Ausreise nach Portugal für 9 ungarische Juden, die durch die portugiesische Gesandtschaft in Budapest portugiesische provisorische Pässe bzw. Einreisegenehmigungen nach Portugal erhalten haben;

«4. Die Ermöglichung der Ausreise nach Spanien an eine dreiköpfige

Familie ungarischer Juden, für die die spanische Regierung aus besonderem Interesse an ihrer Person die Einreise nach Spanien genehmigt hatte;

«5. Ebenfalls vorgesehen, jedoch aus dem Stadium vorbereitender Besprechungen bisher noch nicht weiterentwickelt, waren der beabsichtigte Transport von 1 000 minderjährigen jüdischen Kindern nach Palästina oder den Feindstaaten sowie die Ermöglichung der Sendung von Liebesgabenpaketen durch ausländische Organisationen an im Arbeitseinsatz im Reichsgebiet befindliche ungarische Juden.»[21]

Grell erwähnte zudem eine Schutzpassaktion, in die Wallenberg neuerdings zugunsten von 4 000 Juden verwickelt war – wohl unter geheimer Zustimmung Keményis. Diesen Leuten sollte die Durchreise durch deutsches Gebiet nicht gestattet werden, kabelte er nach Berlin, doch könnte hierüber verhandelt werden.[22]

Dilatorisch sollten weiterhin die 7000 Juden behandelt werden, die durch die Vermittlung der schweizerischen Gesandtschaft nach Palästina ausreisen sollten. Sie sollten Durchreisevisen bekommen, aber «als vorläufiges Zielland kann hierzu nur die Schweiz in Betracht kommen. Einer weiteren Auswanderung ungarischer Juden nach Palästina vermag die Reichsregierung aus grundsätzlichen Erwägungen nicht zuzustimmen». Auch über die Ausreise der erwähnten 1000 Kinder sollte weiterverhandelt werden.[23]

Aber auch diese «Konzession» von insgesamt 8 412 bzw. 12 412 Juden an die Neutralen – in der Hauptsache eine Neuauflage früherer «Konzessionen» – konnte auch jetzt nur gewährt werden, wenn dem so oft ausgedrückten, aber bisher nicht erfüllten «Wunsch des Führers» endlich nachgekommen werde, alle Juden zu deportieren. Auch Grell liess hierüber keinen Zweifel entstehen: «Die Repatriierung oder Auswanderung einer bestimmten begrenzten Anzahl ausländischer oder ungarischer Juden sowie einige weitere sogenannte ‹humanitäre› Aktionen zu Gunsten des ungarischen Judentums sollten unter der Voraussetzung – und erst zu dem Zeitpunkt – zugelassen bzw. ermöglicht werden, dass entsprechend der ungarischerseits bereits abgegebenen Zusicherung die in Budapest noch vorhandenen Juden aus Sicherheitsgründen endgültig evakuiert werden.»[24] Auch jetzt gebrauchte Grell die euphemistische nationalsozialistische Worthülse von «evakuieren» anstelle von Deportation und Vernichtung.

Innenminister Vajna, über die Verhandlungen zwischen Keményi und den neutralen Vertretern verärgert, beabsichtigte kaum, die erreichten Ergebnisse zu respektieren. Eichmanns Handschrift war im nächsten Judenerlass Vajnas sichtbar, denn noch am Abend desselben 19. Oktober veröffentlichte er eine Verordnung, dass *alle* jüdischen Männer zwischen 16 und 60 Jahren schon am folgenden Morgen, dem 20. Oktober, um 8 Uhr zum Arbeitsdienst aufgeboten werden sollten. Die soeben ausgehandelten Ausnahmen wurden überhaupt nicht erwähnt. Ausgenommen waren lediglich – auch sie unter grossen Schwierigkeiten – Inhaber ausländischer Pässe oder Schutzpässe, die sie als *Bona-Fide*-Ausländer legitimierten. Schon in aller Frühe riegelten die Pfeilkreuzler und die SS am folgenden Morgen alle mit dem gelben Stern markierten Häuser ab.

40 000 Männer wurden an jenem Morgen fortgeschleppt. Sie wurden nach verschiedenen Sammelorten gebracht und teilweise unter freiem Himmel einquartiert, bis sie schliesslich zu den vier Konzentrationslagern ausserhalb der Stadt in Marsch gesetzt wurden. Das Deportationsschema vom vergangenen Mai und Juni schien sich zu wiederholen: Erst konzentrieren, dann deportieren. Angeblich sollten diese Männer zu Schanzarbeiten am Stadtrand eingesetzt werden, um dadurch einen Beitrag zur Verteidigung der Hauptstadt zu leisten. Doch die Pfeilkreuzler und die SS trieben die Gefangenen mit Schlägen und Gewehrkolben durch die Strassen. Drei Tage lang bekamen sie nichts zu essen. Erst dann gab es einen Teller dünner Suppe pro Tag. Wie derart misshandelte Menschen noch zu schweren Schanzarbeiten fähig sein sollten, wurde von ihren wildgewordenen Peinigern wohl kaum bedacht. Jene, die gegen diese Behandlung protestierten oder die bereits am Zusammenbrechen waren, wurden auf der Stelle erschossen und ihre Leichen liegengelassen.[25]

Systematisch wurde die ganze Stadt nach weiteren Juden durchkämmt. Christen wurden «besucht», die Juden verborgen hielten und von ihren Nachbarn denunziert worden waren. Zu Hunderten wurden die Bedrohten aus Krankenhäusern und Sanatorien geholt, Patienten, Ärzte, Krankenpfleger und -pflegerinnen. Unter ihnen gab es viele Schutzbefohlene der schweizerischen Gesandtschaft mit gültigen Schutzbriefen. Immer wieder entsandte Lutz Beamte seiner Abteilung, sobald Notrufe ihn erreichten, oder er fuhr selber hin, um verschleppte Menschen zurückzuholen. Die Ansammlungen vor den Gesandtschaftsgebäuden am Freiheitsplatz und an der Vadász- und Wekerle utca wurden jeden Tag grösser. Zuweilen mögen es vier- bis fünftausend Menschen gewesen sein. Lutz hat diese eindrücklichen Ansammlungen furchtgetriebener Menschen in seinen späteren Erinnerungen mehrmals erwähnt. Gelegentlich hat er sie sogar selber fotografiert.

Am Samstag, dem 21. Oktober, glaubten die Juden, eine kleine Besserung ihrer Lage sei eingetreten, weil die übriggebliebenen Bewohner der Gelbsternhäuser, jetzt fast nur noch Frauen, Kinder und Alte, die Erlaubnis erhielten, jeden Tag wenigstens zwei Stunden auszugehen, um ihre dringendsten Einkäufe zu tätigen und sich um das Schicksal von Verwandten und Bekannten zu kümmern. Das war wenig. Es war vielleicht besser als gar nichts.

Aber bereits am folgenden Morgen – es war Sonntag, der 22. Oktober, eine Woche erst seit dem Sturz Horthys und der Machtübernahme durch die Pfeilkreuzler – erschienen neue Plakate an den Wänden, die nicht nur die Aushebung aller jüdischen Männer zwischen 16 und 60 bestätigten, sondern auch alle Frauen zwischen 16 und 60 aufforderten, am Montagmorgen um 8 Uhr zum militärischen Arbeitsdienst einzurücken. Kleidung, starke Schuhe und Lebensmittel für drei Tage seien mitzubringen. Der Pfeilkreuzlerregierung war es egal, dass am Sonntag die Läden geschlossen waren und niemand die für drei Tage befohlenen Lebensmittel einkaufen konnte.

Am Montagmorgen begaben sich 100 000 verzweifelte Menschen zu ihren Sammelplätzen. Auch der «kühle» Berichterstatter der schweizerischen Gesandtschaft, Eugen Szatmári, konnte seine Bewegung nicht unterdrücken, als er diese niedergeschlagenen Menschenzüge durch die Strassen der ungarischen Hauptstadt ziehen sah: «Stimmungsmacherei ist nicht der Zweck dieses Berichts», schrieb er, «aber der Exodus hat etwas furchtbar Erschütterndes. Nur Kinder und Greise bleiben zuhause, hilflos, da alle, die sie unterstützen könnten, einrücken mussten. Viele Tausende tun es nicht und verbergen sich. Die Sammelstellen sind streng abgeriegelt, kein Mensch darf mit den Leuten sprechen, fliegende Kommissionen untersuchen sie. Dabei zeigen die Offiziere oft viel Menschlichkeit, schicken besonders viele Frauen nach Hause, vor allem solche, die mit Säuglingen am Arm erschienen sind. Unterkunftsmöglichkeiten gibt es für solche Massen nicht, sie kampieren daher im Freien. Dann werden sie nach verschiedenen Lagern gebracht, im Fussmarsch natürlich. Wie man später hört, brachte man diese Leute in die um Budapest gelegenen Orte, um dort Schanzen zu bauen.»[26]

Die wenigen Privilegierten unter diesen «Aufgebotenen», die einen ausländischen Pass vorweisen konnten, durften nach Hause zurückkehren. Jene aber, die «nur» auf einem Kollektivpass aufgelistet waren und einen Schutzbrief bei sich trugen, mussten weitermarschieren, in Verletzung der Übereinkunft zwischen den Neutralen und Kemény i.

Wiederum erschienen die Vertreter der neutralen Gesandtschaften bei Aussenminister Kemény i, auch jetzt wieder unter der Leitung von Vizekonsul Lutz, um die Anerkennung der Kollektivpässe und Schutzbriefe durchzusetzen, damit die mit Schutzbriefen versehenen Juden nach Hause zurückkehren durften. Es ging nicht an, dass der Aussenminister den Ausnahmen zustimmte und sein Kollege, der Innenminister, diese überhaupt nicht beachtete. Schon hatten Pfeilkreuzlerbanden sich erfrecht, legitim ausgestellte Schutzbriefe zu zerreissen und wegzuwerfen. Die geschützten

Juden waren somit ausserstande, ihren Status als Auswanderungsberechtigte zu beweisen. Ein solches Verhalten der Behörden war schlicht unannehmbar. Wie konnte die neue Regierung unter solchen Umständen als zuverlässige und international anerkannte Vertragspartnerin gelten?[27]

Wiederum beugte sich der junge Baron Keményi und versprach Abhilfe zu schaffen, denn schliesslich ging es auch um seinen eigenen Status und seine Ehre im Kabinett. Aber dieses Mal waren die neutralen Vertreter mit solchen unverbindlichen und öffentlich kaum zugänglichen Versprechen nicht zufrieden. Lutz zwang Keményi – inzwischen war es Ende Oktober geworden –, die am 19. Oktober gemachte Vereinbarung über das Radio und in der Presse allen Ohren und Augen zugänglich zu machen. Die Dokumente aller neutralen Staaten sollten anerkannt und respektiert werden, einschliesslich jener Schwedens, Spaniens und Portugals. Und da inzwischen auch die Nuntiatur des Heiligen Stuhls und das IKRK begonnen hatten, eigene Schutzbriefe herauszugeben, sollten auch sie gleich miterwähnt werden. Die «Ausbeute» der Geretteten würde auch so sehr klein bleiben, 12–15 000 Menschen allerhöchstens, etwa 6–8 Prozent aller noch überlebenden ungarischen Juden. Das war das Mindeste, was von der ungarischen Regierung verlangt werden durfte.

Die vereinbarte Botschaft wurde am 30. Oktober tatsächlich über das Radio verlesen und in der Presse veröffentlicht. Es würde für die Behörden schwierig sein, hinter diese öffentlich bestätigte Zusage der Anerkennung ausländischer Schutzbriefe zurückzugehen. Der Wortlaut des mehrmals verlesenen und in den Zeitungen gedruckten Textes war trocken formuliert, aber er würde die verängstigten Juden gespannt aufhorchen lassen: «Anerkennung ausländischer Schutzbriefe durch die ungarische Regierung. Die ungarische Regierung macht die militärischen und zivilen Behörden und die nationalsozialistische Partei aufmerksam, dass sämtliche ausländischen Pässe, Schutzbriefe, Gebäude der ausländischen Gesandtschaften sowie die unter dem Schutz des Internationalen Roten Kreuzes stehenden Institutionen und Gebäude von allen Bestimmungen, die bisher erlassen wurden, frei sind und ihre Extraterritorialität anerkannt wird. Personen, die solche Schutzbriefe besitzen, sind arbeitsdienstfrei und, falls sie bereits eingezogen wurden, sofort zu entlassen.»[28] Lutz konnte mit diesem Ergebnis zufrieden sein, auch wenn die vom Arbeitsdienst befreiten 7–8 000 «Schweizer Juden» kaum an jene 40 000 heranreichten, für die er noch im Sommer gekämpft hatte. Vor allem war es wichtig, dass die von den Deutschen immer neu wiederholte Bedingung, ihre Zustimmung zu diesen «Ausnahmen» hänge von der Wiederaufnahme der Deportationen ab, in diesem veröffentlichten Dokument überhaupt nicht erwähnt wurde.

Aber aufgehoben war die Bedingung, der «Wunsch des Führers», überhaupt nicht. Es war ein grausames Dilemma, die Rettung der wenigen mit dem Tod der vielen zu erkaufen. Nur die Eroberung Budapests durch die Rote Armee würde die Juden aus ihrer schrecklichen Zwangslage befreien.

Bis dahin galt es also Zeit zu gewinnen.

Der Vizekonsul hatte aber wenig Zeit, über diese Zwangslage nachzudenken. Denn kaum hörten die Juden Budapests die Radioankündigung vom 30. Oktober, so sammelten sich die Menschentrauben wieder vor dem ehemaligen amerikanischen Gesandtschaftsgebäude am Freiheitsplatz und in der engen Vadász utca an. Schon am Abend des 15. Oktober und am darauffolgenden Tag hatten sich am Freiheitsplatz Menschenmassen angesammelt. Lutz hatte beobachtet, wie sich eine Pfeilkreuzlerbande näherte und anfing, auf die Wartenden einzuschlagen und sie abzuführen. Unverzüglich ging er auf die Strasse hinaus und beschimpfte die jungen «Rotznasen», wie die Tunichtgute im Volk genannt wurden. Sie sollten die unschuldigen Menschen in Ruhe lassen und sich vom Gesandtschaftsgebäude entfernen. Als sich die Pfeilkreuzler einfach jenseits des Platzes aufstellten, um offenbar einen neuen günstigen Augenblick abzuwarten, öffnete Lutz kurzerhand die Tore des Gesandtschaftsgebäudes und liess die Wartenden eintreten. Sie durften über Nacht hinter den schützenden Mauern bleiben. Es musste sich um an die 200 Menschen gehandelt haben.[29]

Die Geschichte sprach sich natürlich herum, und wenn sich die Bittsteller jeweils gegen Abend kaum mehr auf die Strasse hinauswagten, versuchten sie um jeden Preis, im Gesandtschaftsgebäude zu bleiben. Die Lage wurde unhaltbar, besonders da Lutz wusste, dass er unter den ungarischen Regierungsbeamten und bei den Deutschen genügend Feinde hatte, die jeglichen Vorwand benutzen würden, ihn zur *persona non grata* zu erklären und ausser Landes zu schicken: «Die Ordnung vor den zwei Gebäuden kann nur durch starken polizeilichen Schutz, bisweilen mit berittener Polizei, aufrechterhalten werden», schrieb er nach Bern. «Leider kommt es trotz aller Warnung immer wieder vor, dass Leute aus Furcht vor Abschleppung sich weigern, die Büros der Schutzmachtabteilung zu verlassen. So ereignete es sich in den Tagen um den 19. März und den 15. Oktober, dass sich über 100 Leute, meistens Juden jugoslawischer und ungarischer Nationalität, in den Möbellagern, Waschräumen und Stiegenhäusern der Interessenabteilung verbargen. Da sie unserer Aufforderung, das Gebäude zu verlassen, nicht nachkamen, sah ich mich leider gezwungen, die Leute mit polizeilicher Hilfe entfernen zu lassen.»[30]

Noch unhaltbarer wurde die Lage nach der Radioankündigung vom 30. Oktober im Auswanderungsbüro an der Vadász utca. Denn während der Zeit, da die Personalien aufgenommen und die Formulare ausgefüllt wurden, fühlten sich die Antragsteller sicher. Auch hier geschah es, dass sie das Haus nach Erledigung ihrer Anliegen nicht mehr verlassen wollten. Krausz stellte deshalb die an sich nicht unvernünftige Regel auf, dass nicht mehr als 150 Angestellte und Antragsteller zur selben Zeit im Gebäude weilen sollten. Diese Regel wurde bald durchbrochen, und binnen kurzem standen, sassen oder lagen um die 2000 Personen dichtgedrängt in den Büros, Korridoren und den Treppenhäusern herum, alle vom einen Gedanken besessen, nur nicht mehr auf die todbringende Strasse hinausgehen zu müssen.

An diesem Dilemma entzündete sich denn auch die latente Auseinandersetzung zwischen den Chalutzim und Krausz zur Weissglut, insbesonders als Grossman am 15. Oktober turnusgemäss den Vorsitz des zur Auswanderungsabteilung umbenannten Palästina-Amtes übernommen hatte und somit der Vorgesetzte von Krausz wurde. Er erzählt, Krausz habe sich auch jetzt noch als leitender Sekretär in seinem Büro abgeschlossen und ruhig weitergewerkelt, während die übrigen Angestellten sich der Menschenmassen kaum zu erwehren wussten und Schutzbriefe fast bis zur Bewusstlosigkeit anfertigten. Irritiert über die «Unordnung», schlug Krausz im Hauptbüro am Freiheitsplatz Alarm, worauf Karl Hofer, ein Schweizer Beamter der Abteilung für Fremde Interessen, herbeieilte, um dem Befehl von Krausz Nachdruck zu verleihen, alle Personen, ausgenommen 150, hätten das Gebäude innerhalb von 24 Stunden zu verlassen. Er selber würde am folgenden Morgen wiederkommen, um die Ausführung seines Befehls zu überprüfen. Dabei dachte Hofer zweifellos an den Polizeieinsatz, den der Vizekonsul am Freiheitsplatz selber angeordnet hatte. Wie konnte sonst der «Gesandtschaftscharakter» des Gebäudes gewahrt bleiben, den Lutz unter so grossen Mühen mit der früheren ungarischen Regierung ausgehandelt und von der neuen Regierung bestätigt bekommen hatte?

Hofer war sicher kein brutaler oder gleichgültiger Mensch, und was er sagte, tönte vernünftig. Nur war er kein ungarischer Jude ...

Grossman, der wenige Monate zuvor seine nach Auschwitz deportierte Frau und seinen kleinen Sohn sowie den Grossteil seiner übrigen Verwandtschaft verloren und selber in Gestapohaft gesessen hatte, war entsetzt. Er nahm umgehend die Verbindung mit anderen Mitgliedern des Palästinakomitees auf, betrat das Büro von Krausz und befahl ihm, den Vizekonsul am Freiheitsplatz am folgenden Morgen in aller Frühe zusammen mit ihm aufzusuchen, noch bevor Hofer seine Drohung in die Tat umsetzen konnte. Lutz, als der Verantwortliche für die gesamte Operation, werde entscheiden, ob die

Anweisung seines Untergebenen Hofer richtig sei oder nicht, denn für die Asylsuchenden gehe es wirklich um Leben oder Tod. Am nächsten Tag «... um 8 Uhr früh sagte uns Frau Krausz, dass ihr Mann Migräne habe, und im übrigen sei es ohnehin nicht möglich, mit Lutz zu sprechen. Dieses Verhalten empörte mich derart, dass ich die Türe zuschmetterte und gemeinsam mit Salomon – einem Mitglied des Palästinakomitees – ohne jede Voranmeldung zu Lutz in sein Büro ging. Dieser empfing uns herzlich und sagte, als er unsere Erregung bemerkte: ‹Beruhigen Sie sich doch, ich hoffe, das Haus brennt nicht?› Wir berichteten ihm von den Anordnungen Hofers. Er rief Hofer in unserer Anwesenheit an und zog ihn wegen seiner unberechtigten Einmischung zur Verantwortung. Ausserdem verbot er ihm, das Gesandtschaftsgebäude in der Vadász utca künftig zu betreten.»[31]

Im Gegensatz zu seiner restriktiven Haltung in den ersten Tagen nach dem Putsch scheint der Vizekonsul nach dem Abschluss der neuen Vereinbarung Ende Oktober neuen Mut gefasst zu haben. Der alte Vabanquespieler kam wieder in ihm hoch. Er und die übrigen neutralen Vertreter hatten jetzt die «legale» Grundlage für die Rettung von 8 421 bzw. 12 412 Juden geschaffen oder neu bestätigt bekommen. Jetzt aber galt es, diese Grundlage als Sprungbrett für die Rettung wenn möglich aller noch verbleibenden Juden einzusetzen.

Der Augenzeuge Szatmári berichtet über den Umschwung: «Der unleugbare grosse Erfolg (der Vereinbarung mit Keményi) ist darauf zurückzuführen, dass Szálasi sein Kabinett durch die Neutralen anerkennen lassen will. Es ist klar, dass die neutralen Regierungen das nicht tun werden, aber der Erfolg ist nun einmal da und muss ausgenützt werden. Er wird auch ausgenützt. Nach einer Besprechung mit Krausz erteilt ihm Lutz die Erlaubnis, so viele Auswandererzertifikate auszustellen, wie vorhanden waren. Die Büros in der Vadász utca werden gestürmt. Die Leute stehen zu Tausenden an, um das wundertätige Papier zu holen. Und in der Tat – das Papier ist wundertätig, denn seine Inhaber werden aus den meisten Arbeitslagern und Arbeitskompanien entlassen. Es ereignen sich Fälle, wo Agenten sich dafür bezahlen lassen, die Zertifikate zu verschaffen, aber die Zahl dieser Fälle ist sehr gering. Wichtig ist, dass das Zertifikat die Möglichkeit bietet, aus den Arbeitslagern zu entkommen und sich in Budapest verstecken zu können. Die Auswanderungsabteilung arbeitet mit Hochdruck. Jedes Papier bedeutet einen geretteten Menschen – das ist die Losung.»[32] Sobald die Zahl der zu den Schanzarbeiten um Budapest oder nach Deutschland Aufgebotenen 100 000 erreichte, gab Lutz die Parole aus, eine gleich hohe Zahl Schutzpapiere anzufertigen, um für die grösstmögliche Masse von Bittstellern bereit zu sein.

Einige der Mitarbeiter der Auswanderungsabteilung griffen sich an den Kopf und meinten, ein solch forsches Vorgehen sei ein zu hohes Risiko und könnte das bisher Erreichte in Frage stellen. Das Problem bestand ja darin, dass Aussenminister Keményi formell keine Einwilligung zur Erhöhung der bisherigen (schweizerischen) Gesamtzahl von 7 000 bzw. 8 000 etwa auf 40 000, geschweige denn 100 000 gegeben hatte. Wenn er das getan hätte, wäre er bei der Regierung, vor allem bei Innenminister Vajna, nicht durchgekommen. Grossman berichtet, das Problem sei dadurch umgangen worden, indem die Nummern zwischen 1 und 8 000 auf den Schutzbriefen mehrmals wiederholt wurden, denn kein Schutzbrief durfte eine Nummer höher als 8 000 vorweisen, bis die im Geheimen gewünschte Gesamtzahl erreicht worden war. Diese List sei schwer nachzuprüfen gewesen, da die ungarischen Behörden die auf der Gesandtschaft aufbewahrten schweizerischen Kollektivpässe nie zu Gesicht bekommen hätten.[33]

Gezwungenermassen mussten die Schutzbriefe in diesem Augenblick der Not von den «legitimen» Palästina-Zertifikaten abgekoppelt werden. Da Schutzbriefformulare für eine derart grosse Rettungsaktion fehlten, wurden sie insgeheim gedruckt. Schon am 23. Oktober, berichtet Grossman, also zu einem Zeitpunkt, da die Verhandlungen zwischen Lutz und Keményi noch in vollem Gange waren, wurden bei der Druckerei *Budapest* über Vertrauensleute die ersten 20 000 Schutzbriefformulare bestellt. Die Druckarbeiter lieferten die ersten 5 000 Formulare nach erfolgter Nachtarbeit bereits am nächsten Morgen. Bis Anfang November – so Grossman – seien insgesamt 120 000 solcher Schutzbriefformulare gedruckt worden.[34]

Dadurch hatte sich der Vizekonsul einer dreifachen Kompetenzüberschreitung «schuldig» gemacht. *Erstens* überstieg die Menge der herausgegebenen Schutzbriefformulare die mit Keményi verabredete und von den Deutschen abgesegnete Gesamtziffer um ein Mehrfaches. Dadurch wurde der «Wunsch des Führers» zur Vernichtung des ungarischen Restjudentums klar durchkreuzt, was äusserst gefährlich sein konnte. *Zweitens* waren diese Schutzbriefe durch die von der britischen Regierung sorgfältig kontrollierten Palästina-Zertifikate nicht mehr gedeckt. Diese war nicht einmal gewillt gewesen, den 40 000 jüdischen Einwanderern die Einreise nach Palästina zu gestatten, die im Rahmen der Bestimmungen des Weissbuches von 1939 hierzu durchaus das Recht gehabt hätten. Dem Foreign Office in London wären die Haare zu Berge gestanden, hätte es von der Herausgabe der 120 000 Schutzbriefe gewusst. Die Nachricht von so vielen potentiellen Palästina-Einwanderern könnte im Nahen Osten unter den Arabern einen Aufstand verursachen, falls diese von solchen Zahlen hörten. Und *drittens* informierte Lutz das EPD in Bern überhaupt nicht, denn dieses hätte es kaum gewagt, gegen die Deutschen und die Briten *gleichzeitig* zugunsten der Juden aufzutreten. Eine solche Aktion hatte mit Interessenvertretung überhaupt nichts mehr zu tun.

«Von Bern Hilfe zu erwarten, schien aussichtslos», sinnierte Lutz Jahre später, «nachdem gleich am Anfang ein Telegramm uns in Erinnerung rief, dass in den Gesandtschaftsgebäuden auf keinen Fall Asyl gewährt werden dürfe. Inzwischen waren aber bereits einige hundert Juden in die Gebäude der Schutzmacht eingedrungen, die auch mit Gewalt nicht mehr auf die Strasse zu bringen waren, weil dort alle sterntragenden Juden von Pfeilkreuzlern abgefangen und zur Hinrichtung an die Donau geführt wurden.»[35] Lutz zeigte dieses Telegramm Minister Jaeger, der es kopfschüttelnd zur Kenntnis nahm und seinem Vizekonsul stillschweigend das *plein pouvoir* bestätigte.

Diese Kompetenzüberschreitung, die Lutz aus einem inneren Engagement heraus wagte und die sich immerhin auf die humanitäre Tradition seines Landes begründete, sollte ihm nie vergeben werden, auch lange nachdem das Dritte Reich untergegangen war und der Staat Israel der jüdischen Diaspora die Tore weit geöffnet hatte.

Sehr lebhaft beschreibt Grossman die Abwicklung der Schutzbriefaktion, in deren Zentrum er stand. In den ersten Tagen nach dem 23. Oktober, als die erste Hauptphase begann, setzte sich das Präsidium des Palästina-Amtes jeden Tag zur Evaluation der Bewerber zusammen, um aufgrund der von den verschiedenen Mitarbeitern gelieferten Unterlagen die Berechtigung eines Bittstellers für einen Schutzbrief festzustellen. Dann folgte die Registrierung der Daten und die Errichtung der Namenslisten für die Kollektivpässe. Die Namenslisten wurden jeden Tag zur ehemaligen amerikanischen Gesandtschaft am Freiheitsplatz gebracht, wo die eigentlichen gültigen Kollektivpässe zusammengestellt und von Lutz persönlich verwahrt wurden.[36]

Als das Gedränge nach der Ankündigung vom 30. Oktober weiter anwuchs und Tausende vor dem Glashaus in der Vadász utca anstanden, wurde das Prozedere vereinfacht und beschleunigt. Alle Juden waren bedroht, und Prioritäten konnten nicht mehr ausgemacht werden. Grossman ging deshalb mit Mitarbeitern der Auswanderungsabteilung mit Schutzbriefformularen und Schreibmaschinen auf die Gasse vor dem Glashaus hinaus. Die Bewerber mussten in mehreren Schlangen anstehen. Ihre Daten wurden gleich in die Schreibmaschinen eingetippt und die Schutzbriefe umgehend ausgehändigt.

Obgleich tagelang Hunderte und Tausende von Menschen herbeiströmten, handelte es sich nur um einen Bruchteil der auf über 200 000 geschätzten Juden in Budapest. Viele unter ihnen wagten es nicht, sich (mit dem gelben Stern) auf die Strasse zu begeben und noch weniger in die Strassenbahn oder in die Omnibusse. Denn das Ausgehverbot existierte noch, wenn es auch lässig gehandhabt wurde. Am meisten gefürchtet waren Belästigungen durch Pfeilkreuzlerbanden oder auch durch gewöhnliche Passanten. Solche «Begegnungen» konnten direkt zum Tode führen.

Ein rasch und präzis funktionierendes Frauenteam wurde aufgestellt, das vom Glashaus aus operierte, um die von Bittstellern oder über die Post gelieferten Namen und Adressen zu verifizieren und auf den Listen einzutragen. Grossman nennt einige dieser Mitarbeiterinnen: Bene Illofsky, Irma und Rozie Welkovic, Nomi Braun, Magda Schnabel usw. Mit viel Vorsicht und Fingerspitzengefühl galt es, jene zu ermitteln, die untergetaucht waren, vor allem solche, die bei christlichen Familien Aufnahme gefunden hatten. Die lebensmutigen Kuriere der Chalutzim durchstreiften die Stadt jeden Tag, um den Bewerbern die fertigen Schutzbriefe in die Hand zu drücken.

Eine weitere wichtige Aufgabe war die Erfassung aller Bewohner der unter dem Schutz der schweizerischen Gesandtschaft stehenden Gelbsternhäuser. Denn wenn schon schutzsuchende Menschen die sicheren Mauern der Gesandtschaftsgebäude verlassen mussten, wurde ihnen Platz in einem der 72 «Schweizer» Häuser an der Pozsonyi ut angeboten, auch wenn mit der Regierung vereinbart worden war, dass dort nicht mehr als 8 000 Juden untergebracht werden durften.[37] Als die Nachricht verbreitet wurde, dass die Pfeilkreuzler die Schutzbriefe wegen der fehlenden Unterschrift nicht anerkennen wollten, kopierten geschickte Mitarbeiter der Auswanderungsabteilung mit dem Einverständnis des Vizekonsuls die Unterschrift «C. Lutz» auf so vollkommene Weise, dass selbst Lutz Mühe hatte, solche gefälschten Unterschriften nicht als die seinen zu erkennen.[38]

Draussen auf der Puszta hatte die Rote Armee nach der grossen Panzerschlacht bei Debrecen, noch als der Szálasiputsch im Gange war, das Städtchen Szolnok nur 80 km östlich von Budapest besetzt. Jetzt manövrierten die ukrainischen Divisionen des Marschalls Malinowski in einem grossen Bogen östlich und südlich der Hauptstadt. Es war klar, was die Sowjets beabsichtigten: «Die Eroberung Budapests mit seiner Schlüsselstellung an der Donau musste sich nicht nur in militärisch-strategischer Hinsicht für die weitere deutsche Kriegführung stark auswirken, sondern auch die Haltung des ungarischen Verbündeten erschüttern. In der Situation des Herbstes 1944 stellte Budapest nicht nur das Zentrum der ungarischen Industrie (in Budapest befand sich 2/3 der gesamten ungarischen Industrie), den Eisenbahn- und Strassenknotenpunkt (das ungarische Eisenbahn- und Strassennetz – insgesamt 26 Linien – läuft strahlenförmig in Budapest zusammen; die Stadt hat mehrere Bahnhöfe und 7 Brücken, darunter 2 Eisenbahnbrücken, welche die Stadtteile über die Donau verbinden), den Kopf der Militär- und Zivilverwaltung des Landes dar, sondern die Donau-Stadt verkörperte darüber hinaus den nationalen Inbegriff für alle Ungarn. Die Konzentration des Nationalgefühls auf das Symbol der Landeshauptstadt ist ein in der europäischen Neuzeit verbreitetes Phänomen, das besonders stark für die Magyaren gilt. Wenn auch der deutschen Führung das aus der Türkenzeit stammende altungarische Sprichwort, *Áll Buda, él a magyar még*! (= «Steht Ofen/Buda – lebt der Magyar noch!»), unbekannt gewesen sein dürfte, so erkannten sie doch ohne Zweifel die psychologisch-politische Bedeutung Budapests. Es war klar, dass die Widerstandskraft der noch kampfwilligen ungarischen Verbände mit dem Fall der Hauptstadt erlahmen würde. Daher waren alle Befehle Hitlers darauf gerichtet, die Stadt zu halten.»[39]

Dass ihre Herrschaft nicht lange dauern könnte, schien die 4 000 jungen fanatisierten Pfeilkreuzler nicht daran zu hindern, die von aussen bedrohte Millionenstadt von innen her zu terrorisieren. Tag um Tag, Nacht für Nacht durchstreiften sie die Strassen und jagten Juden und ungarische Kritiker der Staatsmacht nahezu unkontrolliert. Sie wurden von Eichmann in ihrem Vernichtungswerk angefeuert, der an seiner Zerstörungspolitik stur festhielt, obgleich das Ende absehbar geworden war und sein oberster Vorgesetzter, Himmler, mit der Vernichtungsaktion aufhören wollte. Eichmann wusste genau, dass er sich auf den «Führer» höchstpersönlich berufen konnte, der an der Zerstörung aller Juden bedingungslos festhielt.

Lutz konnte nicht umhin, die Mitarbeiter seiner Auswanderungsabteilung zu ermutigen, mit der Herausgabe der Schutzbriefe fortzufahren. «Es meldeten sich aber Tag für Tag neue Tausende», berichtete der jüdische Schriftsteller Jenö Levai. «In der engen Vadász-Gasse – vor dem Glashaus Nr. 29 – spielten sich Tag für Tag furchtbare Massenszenen ab. Einmal verjagten Polizisten zu Fuss oder beritten mit dem blanken Säbel die Menschen, die um ihr Leben kämpften. Ein andermal holten sich die Pfeilkreuzler ihre Opfer aus der wartenden Menge … Nachdem die offiziell zugestandene Zahl der Schutzbriefe erschöpft war, wurden nun ‹legale› Schutzbriefe auch weiterhin ausgestellt auf den Formularen, welche die Gesandtschaft drucken liess, mit dem offiziellen Stempel versehen. Vizekonsul Lutz wurde dauernd um die Bewilligung neuer Schutzbriefe gebeten, und, von menschlichen Gefühlen geleitet, drückte er angesichts dieses ‹Missbrauchs› stets ein Auge zu.»[40]

Die äussere und innere Lage Budapests war derart verworren und beängstigend – und zugleich klappte die Kommunikation zwischen der Abteilung für Fremde Interessen der schweizerischen Gesandtschaft in Budapest und dem EPD in Bern sehr schlecht, obgleich die Kuriere nach wie vor fleissig hin- und herpendelten –, dass Lutz sich zu Beginn November entschied, auf einen kurzen Sprung in die Schweiz zu fahren, um seine Lage dem EPD «ein- für allemal» genauestens zu erklären. Im Lauf von nur zwei Jahren hatte es in Bern so viele Personalveränderungen gegeben, dass dort niemand mehr sich ein zusammenhängendes Bild über die Geschehnisse in Ungarn machen konnte. Wäre es nicht wenigstens angebracht, fragte Lutz seine Vorgesetzten, ihn wenigstens zum Rang eines Berufskonsuls aufsteigen zu lassen? Von allen neutralen diplomatischen Vertretern in Budapest trug er mit seiner Abteilung für Fremde Interessen eine grössere Verantwortung als alle andern *zusammen*, obgleich er nur als Vizekonsul vor den rangbewussten ungarischen Behörden auftreten musste und oft auch als der Wortführer aller neutralen Gesandtschaften.

Zwei kurze Tage lang lief er im Bundeshaus von Büro zu Büro und versuchte, den Beamten im EPD klarzumachen, was in Budapest vor sich ging. Die Berichte wurden wohl gelesen, fand er, aber dann verschwanden sie in der Schublade, und ihr Inhalt wurde vergessen. Lutz begegnete, wie er sagte, einer «unverzeihlichen Interesselosigkeit». Die Beamten schienen die militärische Lage nicht genau abschätzen zu können. Sie waren erstaunt über die grosse Zahl der geschützten Juden und wussten wenig über die Bedrohungen, denen die Abteilung für Fremde Interessen in Budapest ausgesetzt war. Auch in den oberen Chargen amtierten «höhere Funktionäre, die mit der Materie nicht vertraut waren und sich daher über die gefährliche Zuspitzung der Lage mit Gleichgültigkeit hinwegsetzten. Es war der Zentralbehörde nicht einmal bekannt, welche Funktionen die Gesandtschaft ausübte und welchen schier unüberwindlichen Schwierigkeiten sie angesichts der überstürzenden Ereignisse und der heranrollenden Front gegenüberstand».[41] Man werde sich die Sache mit der Beförderung durch den Kopf gehen lassen, sagten die Chefbeamten und liessen den Vizekonsul unverrichteter Dinge wieder ziehen. Oberrichter Kehrli, der nach Kriegsende im Auftrag des EPD die Vorgänge an der schweizerischen Gesandtschaft in Budapest gerichtlich untersuchte, rügte das unbegreifliche Verhalten des EPD, indem er ihm euphemistisch eine «zu optimistische» Lagebeurteilung ankreidete. Es sei offenbar der Meinung gewesen, Ungarn würde wie Rumänien und Bulgarien rasch aufgegeben werden.[42]

Am 2. November 1944 wurden die letzten Juden in Auschwitz-Birkenau vergast. Dann wurden die Gaskammern abgebaut und die Bestandteile nach anderen Konzentrationslagern verbracht. Alle Spuren des Vernichtungslagers sollten verwischt werden. Am 26. November wurden die letzten 204 Angehörigen der (jüdischen) Sonderkommandos getötet, denn auch die einzigen noch überlebenden Zeugen des Grauens sollten der Nachwelt nicht mehr über den millionenfachen Tod berichten dürfen.[43] Es ist eine bittere Ironie der Geschichte, dass die Westalliierten, deren Aufklärer das Vernichtungslager bereits im Mai zweifelsfrei identifiziert und seither mehrmals überflogen und fotografiert hatten, die Zufahrtslinien und Installationen erst dann bombardierten, als diese bereits abmontiert oder gesprengt worden waren. Die Rote Armee erreichte Auschwitz erst am 27. Januar 1945. Die sowjetischen Soldaten begriffen sofort, worum es sich handelte, trotz der deutschen Bemühungen, den Tatort und das Ausmass des Verbrechens unkenntlich zu machen. Die Soldaten entdeckten 648 unverbrannte Leichen und 7 600 bis aufs Skelett abgemagerte Überlebende. Seit der Errichtung des Todeslagers 2 1/2 Jahre zuvor, des grössten aller solcher Einrichtungen, waren zwei Millionen Juden, zwei Millionen sowjetische Kriegsgefangene, polnische politische Häftlinge, Zigeuner und andere Nichtjuden aus ganz Europa nach Auschwitz gebracht worden.[44] Bis in die Gegenwart hinein sollte dieser Name als Symbol der menschgemachten Hölle schlechthin gelten.

«Wir kamen uns vor wie Richter, die ein Todesurteil zu sprechen haben»

Ende Oktober und Anfang November 1944 war die Lage in Ungarn verworrener denn je. Das Land versank in Anarchie und Chaos. Die politische Flurbereinigung, die sich Veesenmayer und seine Auftraggeber in Berlin vom Szálasi-Putsch zur Stärkung der wackelig gewordenen deutschen Südostflanke erhofft hatten, zeitigte die erwarteten Ergebnisse nicht. Die Ereignisse beschleunigten sich. Desaster häufte sich auf Desaster. Das ungarische Volk, das trotz der zahlreichen politischen Irrtümer seiner führenden Schicht gehofft hatte, den Krieg irgendwie ungeschoren überleben zu können, wurde jetzt gnadenlos in die Katastrophe hineingezogen. Wiederum hatten die Juden die bitterste Last der Tragödie zu tragen.

Das Drama spielte sich gleichzeitig auf verschiedenen Ebenen ab.

Da war zunächst der stete Fortschritt der Roten Armee. Schon längst konnte nicht mehr, wie noch zu Horthys Zeiten vor wenigen Wochen, vom Halten der Karpathenstellung gesprochen werden. Denn der Frontwechsel Rumäniens hatte es den sowjetischen Truppen unter Marschall Malinowki ermöglicht, zwischen der Moldau und Siebenbürgen gewaltige Etappen ohne ernsthaften Widerstand zu überwinden und die alte Grenze von Trianon-Ungarn zu überschreiten. Horthys Alptraum, die Sowjets könnten Ungarn vor der Ankunft der Westalliierten besetzen, wurde Wirklichkeit. Die Deutschen hatten sich dem Feind erst während einer grossen Panzerschlacht in der Puszta bei Debrecen entgegengeworfen und wurden auch jetzt wieder gründlich geschlagen. Die Spitzen der Roten Armee stiessen auf Budapest zu.

Am 29. Oktober durchbrach ein überraschender sowjetischer Angriff die Front der 3. Ungarischen Armee. Am 1. November fiel die Stadt Kecskemét, 85 km südöstlich von Budapest. Mechanisierte sowjetische Verbände stiessen hierauf 60 km weiter vor und erreichten am 6. November den äusseren Verteidigungsgürtel der Hauptstadt. In Moskau wurde bereits mit dem Fall Budapests am 7. November gerechnet, dem Jahrestag der Oktoberrevolution. Der Überraschungsangriff Malinowskis gelang jedoch nicht, weil die Deutschen im Raume Cegléd-Szolnok zu einem Gegenangriff auf die

Flanke der vorrückenden sowjetischen Einheiten antraten. Malinowski musste seine Strategie ändern. Anstatt das Risiko eines schnellen Einnahmeversuchs mit vielleicht ungenügenden Kräften einzugehen, liess er seine Truppen nördlich und südlich der Hauptstadt auf die Donau vorgehen, um von den Flussübergängen aus in Westungarn einzufallen und die Stadt von Westen her zu umfassen.[1]

Das war ein schicksalsschwerer Entscheid. Der Verzicht auf eine sofortige Einnahme Budapests zog eine überaus lange Belagerung und die Zerstörung der ungarischen Hauptstadt nach sich, von den menschlichen Opfern gar nicht zu reden. Das Leiden der bereits schwergeprüften jüdischen Bevölkerung würde ebenfalls kein Ende nehmen.

Die Budapester vernahmen den Geschützdonner der sich nähernden sowjetischen Armee erstmals am 31. Oktober um neun Uhr abends. Der Krieg, der über drei Jahre vorher leichten Herzens und unter dem Applaus des Parlaments erklärt worden war, kehrte somit aus den Wäldern Zentralrusslands und den Ebenen der Ukraine an seinen Ursprungsort zurück. Auf die Nachricht, dass die Sowjets die südöstlichen Vororte Budapests erreicht hätten, strömten am folgenden Tage Tausende und Abertausende von Menschen der Innenstadt und den rettenden Donaubrücken zu. Sie kamen zu Fuss oder mit Pferdewagen, auf denen Haushaltsgeräte und Mehlsäcke aufgestaut waren.[2] Weg von der Front, weg von den «kommunistischen Feinden», gegen die dem Volke jahrzehntelang der Hass eingeimpft worden war. Auch die Pfeilkreuzler-Regierung bekam es mit der Angst zu tun und dachte an Flucht. Sie beschloss von einem Augenblick zum andern, die Regierungsämter aus Budapest nach Sopron/Ödenburg hart an die deutsche Grenze zu verlegen. Die Deutschen wurden ebenfalls beunruhigt und wollten gar die gesamte Bevölkerung der Millionenstadt nach Westen evakuieren, denn Budapest liesse sich auf diese Weise leichter verteidigen. Doch die Arbeiterschaft widersetzte sich, und manche Regierungsämter zeigten sich sperrig.[3]

Die noch vor wenigen Tagen zu Schanzarbeiten beorderten Juden erlitten den Rückzug auf ihre Weise. Als die Vorhut der sowjetischen Armee am 2. November Gyal-Puszta 13 km vor der Stadtgrenze erreichte, wurden die Juden in die Stadt zurückgenommen, denn die Regierung fürchtete sich vor nichts mehr als vor dem «jüdischen Verrat». Dieser Befehl führte zu einem allgemeinen Durcheinander. Das Wetter war schlecht, und es regnete in Strömen. Die schwere Lasten tragenden Juden wurden von den ebenfalls auf dem Rückzug befindlichen deutschen und ungarischen Soldaten von der Strasse abgedrängt, und die Feldgendarmerie und Pfeilkreuzler trieben sie die Strassengräben und auf unwegsamen Feldwegen entlang. Zurückbleibende oder zusammenbrechende Juden wurden von den Pfeilkreuzlern erschossen. Ihre Leichen lagen in den überschwemmten Strassengräben von Gyal-Puszta über Kispest bis nach Budapest hinein.[4]

Um das Mass vollzumachen, wurden am 3. November durch Plakate alle jüdischen Frauen zwischen 16 und 40 neuerdings aufgefordert, sich zum Arbeitsdienst zu melden, und unter Androhung der Todesstrafe wurden alle diejenigen einberufen, die bisher «aus verschiedenen Gründen» vom Arbeitsdienst befreit worden waren, als ob die am 30. Oktober vereinbarte Abmachung zwischen den neutralen Vertretern und Aussenminister Keményi überhaupt nicht stattgefunden hätte.[5]

Es wurde klar, dass die Pfeilkreuzler unter der Anführung Eichmanns zu ihrem grossen Coup gegen die Budapester Juden ausholen würden, noch bevor der sowjetische Vormarsch ihrem bösen Werk ein Ende setzte.

Eine der ersten Aktionen richtete sich gegen Arbeitsdienstkompanien, die bereits zum Bau des über ungarisches Territorium laufenden «Ostwalls» entsandt worden waren. Auf Protest der neutralen Gesandtschaften hin, die die Rückkehr der mit Schutzbriefen versehenen Arbeitsdienstler verlangten, wurden diese Leute zu Sonderkompanien zusammengezogen und unter den besonderen Schutz der Gesandtschaften gestellt. Sie wurden nach Budapest zurückgebracht und durften zumeist am Leben bleiben, wobei sich Wallenberg sehr für sie einsetzte. Hingegen wurden mehrere hundert der zurückgebliebenen Arbeitsdienstler durch einen plötzlich organisierten Blutrausch der Pfeilkreuzler und der SS ums Leben gebracht, obgleich sie mit Schanzarbeiten beauftragt waren.[6]

Aber der eigentlichen Zerstörung des Gros der Budapester Juden stand die Schutzbriefaktion entgegen, in deren Zentrum die schweizerische Gesandtschaft stand. Es ist kaum auszumachen, wie viele dieser Schutzbriefe damals tatsächlich in Umlauf gewesen sind. Es werden in der Tat zwischen 50 000 und 100 000 gewesen sein. Jedenfalls verursachte der bei der Gendarmerie für Judenfragen zuständige Oberstleutant László Ferenczy – er entstammte einer deutsch-ungarischen Familie und hatte seinen Namen magyarisiert – am 7. November einen Eclat. Von Veesenmayer und Eichmann aufgestachelt, protestierte er bei Innenminister Gábor Vajna, er könne nicht verstehen, dass die Regierung der Schutzbriefinflation tatenlos zuschaue, nur weil sie die Anerkennung durch die Neutralen um jeden Preis erreichen wolle. Die in diesem Augenblick allen Neutralen zugestandenen, vom «Arbeitsdienst» befreiten Juden zählten nicht über 14 500. Die übrigen hätten kein Recht auf irgendwelchen Schutz.

Auf diese Weise «entstand» die Idee eines «internationalen Ghettos». Es handelte sich einfach um die Ausweitung der bereits an der Pozsonyi ut bestehenden Gruppe von 72 geschützten «Schweizerhäusern», denen die 32 «Schwedenhäuser» hinzugefügt wurden. Dieses Ghetto wurde jetzt dem Szent-István Körut (St. Stefans-Ring) entlang bis zur Tatra utca erweitert. Es durften keinesfalls mehr als 7 800 «schweizerische» und 4 000 «schwedische» Schutzjuden dort wohnen, auch wenn Tausende von weiteren Juden in diesen Gebäuden Zuflucht finden wollten. Die christlichen Einwohner wurden in die bisherigen, über die Stadt verstreuten Gelbsternhäuser umgesiedelt, was den Juden und den neutralen Gesandtschaften gegenüber viel böses Blut verursachte, und die «ausländischen» Juden mussten aus ganz Budapest in das neue Ghetto umziehen. Die übrige «ungeschützte» Menschenmasse sollte von diesen «authentischen» Schutzbriefinhabern abgetrennt und abgeführt werden. Neu war eine andere Anordnung, im Herzen von Pest ein «grosses» Ghetto für «überzählige» Juden zu errichten. Eine dritte Gruppe, aus «arbeitsfähigen» Menschen bestehend, sollte in der Ziegelei Obuda für den Abmarsch in Richtung deutscher Grenze zum Bau des «Ostwalls» zusammengezogen werden.[7]

Ferenczy telefonierte diese Anweisungen dem schockierten Judenrat am 7. November. Das Aussenministerium bestätigte die neue Anordnung der schweizerischen Gesandtschaft gegenüber und fügte hinzu, für den «Umzug» ständen anderthalb Tage bis zum 9. November mittags zur Verfügung. Der Judenrat sei beauftragt worden, die übrigen Gesandtschaften entsprechend zu benachrichtigen. Das Schreiben des Aussenministeriums schloss mit dem ominösen Satz: «Vom 15. November mittags um 12 Uhr ab werden Razzien abgehalten, und diejenigen mit Schutzpass, provisorischem Pass, usw. versehenen Juden, die sich ausserhalb der in Frage stehenden Häuser befinden, werden in Arbeitslager interniert.»[8]

Alarmstufe Nummer Eins war erreicht.

Noch am selben Abend des 7. November berief Lutz die Mitglieder des Judenrats und mehrere seiner Mitarbeiter zur Beratung im Souterrain des ehemaligen amerikanischen Gesandtschaftsgebäudes zusammen. Dr. Károly Wilhelm, der Präsident des Judenrates, hatte im Gesandtschaftsgebäude Asyl gefunden und wagte es nicht mehr, auf die Strasse hinauszugehen. Es ging bei diesem Gespräch nicht in erster Linie um die unmöglich kurze Umzugsfrist, sondern vor allem um das Schicksal der mit «zusätzlichen» oder gar «illegalen» Schutzbriefen ausgestatteten Menschen, die zu diesem Zeitpunkt auf rund 75 000 geschätzt wurden.[9] Die allgemeine Ratlosigkeit wurde zunächst durch den Beschluss gelöst, auf die neue Forderung Ferenczys und des Aussenministeriums nicht zu reagieren.

Dieser Sabotageversuch nützte jedoch nichts, denn schon am folgenden Morgen erschien Ferenczys Polizei im «internationalen Ghetto» an der Pozsonyi ut und am Szent-István-Park zur «Überprüfung» der Schutzbriefe und zum Abtransport der Überzähligen.

Die Ereignisse überstürzten sich inmitten von Kopflosigkeit und Angst, wobei gleichzeitig der Fall von Budapest von einem Augenblick zum andern erwartet wurde. Noch am selben Morgen des 8. November, da die Polizei, die unersättlichen Pfeilkreuzler und die SS begannen, die Juden wiederum auf die Strasse zu treiben, unternahm Eichmann – mit Hilfe von Innenminister Vajna – die letzte grosse Deportation seines Lebens. Sie benutzten die in Szene gesetzte Konfusion des «Umzugs» und brachten auf einen Anhieb 5 000 Juden zur Ziegelei von Obuda, darunter Kinder und Greise. Stunde um Stunde wurden aber weitere Menschen aus der Stadt herbeigeschleppt.

Es war eine der ominösen Konzentrationen, wie sie Monate zuvor in der ungarischen Provinz stattgefunden hatten, als Auftakt zur Deportation nach Auschwitz. Empört meldete Szatmári der schweizerischen Gesandtschaft: «Die Lage der Juden verschlimmert sich in rasendem Tempo. Regierung, Polizei, Armee kümmern sich kaum mehr um sie, man überlässt sie vollkommen den Nyilas. In der Nacht hat eine Razzia stattgefunden. Aus allen Häusern wurden die jüdischen Männer zwischen 16 und 50 und die Frauen zwischen 16 und 40 weggeschleppt, man brachte aber auch Kinder und alte Leute fort. In strömendem Regen führte man die unglücklichen Leute zu Fuss nach der Ziegelfabrik in Obuda, wo bald 30 000 Menschen versammelt waren, ohne Dach, ohne Essen, ohne Wasser. Vor den WCs standen Hunderte an, um dran kommen zu können. Von Verpflegung war keine Rede. Dabei kümmerten sich die bewaffneten Rotznasen nicht im geringsten um Papiere. Hunderte von Leuten mit Schutzpapieren werden ebenfalls verschleppt. Man hätte in Tausenden von Fällen intervenieren müssen.»[10]

Es handelte sich bei dieser Konzentration in Obuda, von wo aus die Unglücklichen auf die Wiener Landstrasse nach dem Grenzort Hegyeshalom (185 km) getrieben wurden, um einen regelrechten Vernichtungsversuch. Da Auschwitz zu jenem Zeitpunkt als Todeslager ausgefallen war, Eisenbahnlinien nicht mehr richtig funktionierten und Wagenmaterial kaum mehr zur Verfügung stand, kam für Eichmann und seine ungarischen Komplizen nur noch ein Fussmarsch in Frage.

Friedrich Born, der sich sofort nach Erhalt der Nachrichten über die Deportation aus Obuda zu Innenminister Vajna begab, wurde von diesem mit der kaltschnäuzigen Erklärung abgefertigt, diese ungarischen Juden würden dem Deutschen Reich lediglich zum Arbeitseinsatz «ausgeliehen». Es handle sich deshalb keineswegs um eine Deportation. Zynisch fügte der

Innenminister hinzu, die ungarische Regierung habe eine Kommission von fünf Personen ernannt, um sich um das Wohlbefinden dieser Juden in Deutschland zu kümmern. Das IKRK sei eingeladen, auch ein Mitglied dieser Kommission zu ernennen. Natürlich kam diese Kommission nie zustande, und somit konnte die «Beaufsichtigung» auch dieser Deportation durch das IKRK nie verwirklicht werden.[11]

Am 9. November, also am Tag nach Beginn der Ghettoisierung, fand im Innenministerium unter dem Vorsitz Vajnas eine Konferenz statt, um die letzten Details dieser grossen Deportation zu Fuss auszuarbeiten. Die Teilnehmer auf der Seite der «beratenden» Deutschen waren Eichmann, Hunsche und Dannecker. Die Ungarn waren von den pfeilkreuzlerischen Polizeichefs János Solymossy, Léo Lullay und Ferenczy vertreten. Offenbar hatte Eichmann neue Instruktionen aus Berlin erhalten, dass nur arbeitstüchtige Juden zum Bau des «Ostwalls» erwünscht seien. Denn zur allgemeinen Überraschung erklärte er, er sei nicht bereit, «Kinder, Greise und kranke Juden» zu übernehmen. «Was soll ich denn mit ihnen anfangen?» fragte er Ferenczy. «Was denken Sie eigentlich, ist denn das Deutsche Reich ein Kinderheim oder ein Altersasyl?»[12]

Durch den Judenrat alarmiert, verlangten die neutralen Gesandtschaften eine sofortige Unterredung mit Aussenminister Keményi, die ebenfalls auf den 9. November anberaumt wurde und an der die Delegierten des IKRK (Born) und des Schwedischen Roten Kreuzes teilnahmen. Die Stimmung war schlecht, denn der Aussenminister liess nicht mit sich reden. Er handle lediglich im Auftrag der Gesamtregierung, wo Vajna natürlich den Ton angab. Wieder einmal «bestätigte» Keményi Lutz gegenüber das «Recht» von 7 800 durch die Schweiz geschützten Juden, nach Palästina auswandern zu dürfen, wobei er bemerkte, die Deutschen seien bereit, Durchreisesichtvermerke für nur 7 000 zu gewähren. In bezug auf die Differenz von 800 müsse sich Lutz eben an Veesenmayer wenden.[13]

Born liess es sich nicht nehmen, das temporäre Konzentrationslager in der Ziegelei Obuda persönlich anzuschauen. Er sah Männer und Frauen jeglichen Alters, 10-jährige Kinder und 80-jährige Greise unter der angesammelten, dichtgedrängten Menschenmenge. Decken und warme Kleidungsstücke, die man ihnen zur Mitnahme befohlen hatte, waren ihnen oft auf der Strasse oder in den Parteilokalen, wohin sie zur «Einvernahme» geführt worden waren, oder spätestens nach Ankunft in Obuda von den Pfeilkreuzlerbanden abgenommen worden: «Ob die einzelnen Personen marschfähig seien, wurde nur oberflächlich durch Vertrauensleute der Partei festgestellt. Als untauglich wurden nur offensichtliche Krüppel oder Gelähmte anerkannt, auch solche, die schon bei der Ankunft in der Ziegelei am Ende ihrer Kräfte waren. Nach 1–3 Tagen Wartezeit formten sich die Züge zum Marsch nach Westen. Während dieser Wartezeit erhielten die Betroffenen keine Verpflegung, ausgenommen die Spenden der Delegation vom Internationalen Roten Kreuz.»[14]

Sofort protestierten Lutz und die übrigen neutralen Vertreter bei Kemény nicht nur wegen der unmenschlichen Konzentration der Juden in Obuda, sondern auch wegen der Vorbereitungen für die Deportation zu Fuss. Der Aussenminister hielt Lutz das Übermass an Schutzbriefen und die Fälschungen entgegen, die der Polizei in den letzten Tagen zuhauf in die Hände gefallen seien. Es war ein unangenehmes Gespräch, denn Lutz hielt dem Aussenminister seinerseits wieder vor, dieser Notstand sei nur durch die untragbare Absicht der ungarischen Regierung entstanden, den Rest von Ungarns Judentum gänzlich zu zerstören. Deshalb seien die bedrohten Menschen gezwungen, Schutzbriefe zu fälschen. Aus Lutz' späteren Aufzeichnungen geht hervor, dass er in diesem Gespräch wiederum auf seinen früheren Vorschlag zurückgekommen ist, ein Schutzbrief gelte für eine ganze Familie und nicht nur für eine Einzelperson. Jetzt aber scheint er nicht nur von 40 000, sondern von 50 000 Menschen gesprochen zu haben. Dies sei auch von den Deutschen «offiziell» anerkannt worden, schrieb er, was natürlich nicht stimmte. Veesenmayer war nie über die Zahl von 7 000 hinausgegangen, mit der Möglichkeit von zusätzlichen 1 000 Kindern, über die noch «verhandelt» werden musste.[15] Möglicherweise hat Aussenminister Kemény sich jedoch diese Auffassung der 40 000 bzw. 50 000 auswanderungsfähigen Juden zu eigen gemacht, aber wohl nur mündlich und vertraulich, denn offiziell hätte er es kaum gewagt, offen gegen Vajna, noch weniger gegen Veesenmayer und am allerwenigsten gegen Eichmann aufzutreten. Und dennoch gab diese geheime Unterstützung durch den schwachen Kemény Lutz eine gewisse Courage, vor den ungarischen Organen, besonders vor den Pfeilkreuzlern, in diesem nebelhaften Schattenboxen mit beeindruckender Entschiedenheit aufzutreten.

Aber trotz schlechter Erfahrungen mit den Pfeilkreuzlern, die die Schutzbriefe so oft missachteten, drängten immer noch Tausende zu den Toren der Gesandtschaftsgebäude und baten um die lebensrettenden Zertifikate, die sie anstandslos erhielten. Oder die Chalutzim überbrachten ihnen die lebensrettenden Scheine, wenn die Juden sich nicht auf die Strasse hinauswagten. Die Auswanderungsabteilung musste ebenfalls von den Pfeilkreuzlern entwendete oder zerrissene Scheine immer wieder ersetzen. Lutz schrieb jedoch in seinen Aufzeichnungen, dass er das fluktuierende «Kontingent unmöglich überschreiten konnte, ohne den Zorn der Behörden heraufzubeschwören und die ganze Aktion zu gefährden».[16] Aber immer wieder durchbrach der mitfühlende Mensch Lutz die Regeln, an die er sich hätte halten sollen.

In diesem Augenblick musste Vizekonsul Lutz jedoch für seinen grosszügigen Einsatz und seine tolerante Haltung gegenüber den Chalutzim in der Auswanderungsabteilung geradestehen. Nicht nur dass diese die «legitimen» Schutzbriefe in riesigen Zahlen reproduzierten, sondern dass teilweise in der Eile der drohenden Umstände wegen unsorgfältig gearbeitet wurde. Daneben gab es Randgruppen, die aus der Not ein schnelles Geschäft machen wollten, Dokumente fälschten und gar verkauften. Jedenfalls konnte Veesenmayer hämisch nach Berlin berichten: «Bei erster Kontrolle Schweizer Schutzpässe (Visumszusagen für Auswanderer nach Palästina durch die Schweiz) im Sonderghetto sind unter Beteiligung hiesiger Schweizer Gesandtschaft, Abteilung für Fremde Interessen, mindestens 30 vom Hundert – in einem Arbeitsdienstlager sogar 1 100 von 1 500 Fällen – Fälschungen und Verfälschungen festgestellt worden, die die Schweizer Gesandtschaft mit katastrophalen Zuständen in ihren von jüdischen Angestellten geführten Auswanderungsbüros entschuldigt.»[17] Veesenmayer scheint kaum gemerkt zu haben, dass Lutz' «Entschuldigung» nicht mehr als ein taktisches Ausweichmanöver gewesen ist.

Auch Eichmann, der in diesem Augenblick neben den 30 000 in Obuda konzentrierten Juden noch weitere 20 000 zu Schanzarbeiten am «Ostwall» anforderte, beschwerte sich bei Kasztner, mit dem er auch jetzt noch über die Auslösung von Juden gelegentlich verhandelte, über den Missbrauch von Schutzbriefen, der ihn an der Erfüllung seiner Aufgabe hindere. Er werde Lutz und Wallenberg «wegen dieser Schweinereien» zur Verantwortung ziehen, schimpfte der SS-Mann, worauf Kasztner die beiden verteidigte: «Ich bezog mich auf Eichmanns Klage über die ‹Schutzpass-Inflation› und wies darauf hin, dass Lutz berechtigt sei, aufgrund von 30 000 Zertifikaten eben 30 000 Schutzbriefe auszufolgen. Es sei nicht die Schuld der schweizerischen Gesandtschaft, wenn die deutschen und ungarischen Behörden sich weigerten, mehr als 7-8 000 dieser Schutzbriefe anzuerkennen.»[18]

Trotz seiner «Entschuldigung» wurde Lutz vom Innenministerium aufgefordert, bei der Sichtung der guten und schlechten Schutzbriefe persönlich mitzuhelfen. Als er gegen dieses Ansinnen protestierte, drohten die Behörden, in dem Fall würden sie alle von ihm geschützten Juden verhaften und fortschleppen. Diese Scheidung zwischen «echten» und «gefälschten» Dokumenten war «eine herzergreifende Aufgabe», wie er selber schrieb, «kam doch die Nichtanerkennung eines solchen Scheines für die Inhaber einem Todesurteil gleich, weil ihr Leben dann verwirkt war».[19]

Die Sichtung musste zunächst an der Pozsonyi ut und anschliessend in der Ziegelei Obuda vorgenommen werden: «Sämtliche Häuser mussten mit Hilfe eines starken Polizeikordons durchgekämmt werden. Schliesslich befahl man alle Einwohner auf die Strasse oder in den (Szent-István-) Park und nahm die Sichtung bzw. Prüfung vor. Hunderte von Inhabern der sogenannten Schutzbriefe waren aber bereits in die Lager bzw. in eine Ziegelei verbracht worden. So mussten auch dort Tausende von Briefen überprüft werden. Das war für uns wohl die schmerzlichste Aufgabe. Ich bin mit meiner Frau einmal vier Stunden in Schnee und Eis in der berüchtigt gewordenen Ziegelei in Obuda gestanden und habe diese traurige Arbeit der Ausscheidung der Schutzbriefe vorgenommen. Herzzerreissende Szenen spielten sich ab. Fünftausend dieser unglücklichen Menschen standen in Reih und Glied, frierend, zitternd, hungernd, mit armseligen Bündeln beladen und streckten mir ihre Briefe entgegen. Nie werde ich diese verängstigten Gesichter vergessen. Immer wieder musste die Polizei eingreifen, weil mir die Leute die Kleider beinahe vom Leibe rissen, indem sie ihre Bitten vortrugen. Es war das letzte Aufflackern des Lebenswillens vor der Resignation, die so oft im Tode endete. Für uns war es eine seelische Tortur, diese Aussonderung vornehmen zu müssen. Es war bei solchen Anlässen, wo Menschen mit Hundepeitschen geschlagen wurden und dann mit blutenden Gesichtern auf dem Boden lagen und wir mit der blanken Waffe bedroht wurden, wenn wir versuchten zu intervenieren. Wie oft bin ich mit meinem Wagen an der Seite der nach der Ziegelei marschierenden Menschen gefahren, um ihnen zu zeigen, dass noch nicht alles verloren sei, bis dann die stark bewaffnete Begleitmannschaft mir den Weg versperrte».[20] Auch Jahre später konnte Lutz die Erinnerung an diese Szenen nicht vergessen, «ganz besonders auch, wo die Betrogenen, die oft wirklich glaubten, ein ‹echtes› Papier entstanden zu haben, sich vor einem plötzlichen Abmarsch ins Ungewisse sahen».[21]

Es gab mindestens zwei Arten von Fälschungen. Da waren Schutzbriefe, bei denen nicht einmal der Name der schweizerischen Gesandtschaft richtig buchstabiert war. Anstelle von «Légation de Suisse» hiess es plump «Légation de *Susse*». Ein andermal liess eine der illegalen Druckereien das das weisse Kreuz umgebende rote Feld im Schweizerwappen schwarz drucken. Dann aber gab es raffiniertere Fälschungen, die nur das geübte Auge von Lutz als solche erkannte, nicht aber der ihn überwachende Pfeilkreuzler oder SS-Mann. Solche gefälschten Schutzbriefe wurden vom Vizekonsul auf der Stelle für echt erklärt.[22]

Auch Gertrud Lutz erinnerte sich, dass ihr Gatte im Lauf der grauen und regnerischen Novembertage 1944 oft nach der Ziegelei Obuda hinausfahren musste, oftmals mitten in der Nacht. Vielfach wollte sie es nicht unterlassen, ihn zu begleiten, ihm bei der schrecklichen Aufgabe der Ausscheidung der falschen Schutzpapiere zur Seite zu stehen und ihn zu ermutigen: «Wir kamen uns vor wie Richter, die ein Todesurteil zu sprechen haben. Bei einigen dieser Aktionen bin ich dabei gewesen, zum Beispiel, wenn wir morgens um vier, um fünf in die Ziegeleien hinaus mussten, um zu sehen, wen man noch freibekommen könnte. Und das war etwas vom Furchtbarsten, ich möchte sagen, das Furchtbarste, was ich je gemacht habe, was ich je machen musste. Doch auf der andern Seite, wenn wir es nicht gemacht hätten, dann wären auch die nicht gerettet worden, die wir haben retten können. Nun, es kam auch vor, dass wir Familien nicht auseinanderreissen mussten. Ich sagte zum Beispiel einmal zu einem Deutschen: ‹Ich mache Ihnen gar nichts vor. Sie wissen mittlerweile selbst, welche Schutzbriefe gut sind und welche nicht, da brauchen Sie uns nicht mehr dazu, aber diese Mutter trenne ich nicht von ihrem Kind.› Da war eine ältere Frau, und nur die Jungen hatten gültige Pässe, die Frau nicht. Das eine oder andere Mal kam es vor, dass die Deutschen so jemanden passieren liessen, aber manchmal auch nicht, manchmal auch nicht ...»[23]

Am 10. November 1944 steigerte sich das Grauen unter den Juden in kaum fassbarem Masse. An jenem Tag wurden die ersten Fussmarschkolonnen aus der Ziegelei Obuda auf die Wiener Landstrasse getrieben. Während die einen weggingen, brachten die wildgewordenen und kaum mehr kontrollierbaren Pfeilkreuzlerbanden weitere Juden aus der Stadt nach Obuda. Es war ihnen egal, ob der ungarische Staat diese Mitbürger als «Leihjuden» an Deutschland verschachert hatte oder ob sie auf andere Weise der Zerstörung anheimfallen würden. Hauptsache war ihre Vernichtung.

Wie die Eisenbahnlinien aus Ungarn nach Auschwitz, so ist die Wiener Landstrasse zwischen Budapest und dem Grenzort Hegyeshalom als *der* Leidensweg des ungarischen Judentums in die Geschichte eingegangen. Entsetzt berichtete der IKRK-Delegierte, Born: «Als einer der schändlichsten Verträge, die wohl je zustande kamen, muss jene Vereinbarung zwischen Deutschland und Ungarn bezeichnet werden, wonach 50 000 ungarische Juden an Deutschland ausgeliehen wurden zum Arbeitseinsatz im Reich für die gemeinsamen Kriegsanstrengungen. In Tausender-Kolonnen schleppten sich trostlos unglückliche Menschen, todmüde und ausgehungert, auf der alten Wiener Landstrasse gen Westen. Alte Leute, Männer und Frauen. Burschen und Mädchen, aber auch Kinder, getrieben von pervertierten Pfeilkreuzlerwachen, wankten langsamen Schrittes am Strassenrand der sinkenden Sonne entgegen. Das leichteste Gepäck wurde schon am Anfang der Strecke von mehr als 200 km zu schwer und einfach liegengelassen. Am

Strassenrand zusammengekauert, ohne Decken, ohne Essen, verzweifelt und ungewiss, wohin das Ziel dieser Reise führen sollte, verbrachten diese Unglücklichen die frostigen Herbstnächte, um am andern Morgen weitergetrieben zu werden. Oft knallten Schüsse, wenn Übermüdete einfach nicht mehr weiterkonnten. Die alte Wiener Landstrasse wurde zur Strasse des Grauens und wird in der Erinnerung wohl ewig die Strasse des Hasses bleiben. Vierzig Tausenderkolonnen mussten den Todesmarsch nach Deutschland antreten.»[24]

Auch Szatmári, der Berichterstatter der schweizerischen Gesandtschaft, schilderte die Vorgänge auf der zum Inferno gewordenen Wiener Landstrasse in ähnlichen Farben. In endlosen Zügen schleppten sich die schlecht gekleideten Juden im eisigen Wind dahin, jeden Tag 30 bis 35 km. Unter diesen an Deutschland ausgeliehenen «Arbeitskräften» befanden sich alte Menschen über 60 und Kinder unter 16. Auch Szatmári bestätigt, dass Zusammenbrechende von den Pfeilkreuzlern sofort erschossen wurden. Kuriere, die mit dem Wagen aus Wien kamen, berichteten angewidert, was sie gesehen hatten. Hunderte von Leichen lägen auf der Strasse und endlos zögen die Kolonnen den Autos entgegen. Es habe Fälle gegeben, da sich sogar deutsche Offiziere empört gegen die «bestialische Brutalität» der Pfeilkreuzler eingesetzt hätten. Auch Bauern hätten Mitleid mit den ausgemergelten Marschierern und gäben ihnen zu essen, wenn gerade kein Pfeilkreuzler zugegen sei, und des Nachts verhälfen sie den Juden nach Möglichkeit zur Flucht.[25] Als Beispiel sei die Zusammenarbeit des jungen lutherischen Pfarrvikars von Györ, Gyula Nagy, mit seinen katholischen und reformierten Amtskollegen erwähnt. Mit Trauer und Empörung betrachteten sie die tagelang auf der Wiener Landstrasse vorbeiziehenden Menschen. Wenn sie nicht beobachtet wurden, gaben sie den entkräfteten Juden Lebensmittel und frisches Wasser. Kräftigeren jungen Leuten zeigten sie Fluchtwege. All dies unter akuter Lebensgefahr, denn die SS-Soldaten und die Pfeilkreuzler hätten bei Entdeckung sofort auf die Pfarrer geschossen.[26]

Als die überlebenden Deportierten in Hegyeshalom ankamen, befanden sie sich begreiflicherweise in einem bedauerlichen Zustand. «Die Strapazen der unendlichen Fussmärsche, das fast vollkommene Fehlen an Ernährung, gesteigert durch die ständige Furcht, in Deutschland in die Gaskammern gebracht zu werden, riefen bei diesen unglücklichen Deportierten einen Zustand hervor, der sie kaum noch wie Menschen aussehen liess. Ihre Verfassung ist mit keinem Zustand seelischer Not oder körperlicher Leiden zu vergleichen. Sie waren aller elementarster Menschenrechte beraubt und dem sie brutal behandelnden Wachpersonal vollkommen ausgeliefert – was praktisch Anspucken, Schläge, Ohrfeigen und alle Misshandlungen bis zum Erschiessen bedeutete.»[27] Weil die Rechtssicherheit fehlte, ging auch die Menschenwürde verloren, so dass selbst wohlwollende Leute, die helfen wollten, von Abscheu und Widerwillen erfasst wurden. Alle Errungenschaften der Zivilisation gingen verloren. Männer und Frauen verrichteten ihre körperlichen Bedürfnisse voreinander und vor Fremden, da jegliches Schamgefühl verlorengegangen war. Es war kaum erstaunlich, dass viele der Deportierten Selbstmord begingen, um ihrer schrecklichen Lage zu entgehen. Bei Gönu sprangen sie in die eisigen Fluten der Donau, oder sie glitten infolge von Müdigkeit und Gleichgültigkeit von einem Steg ins Wasser hinunter, weil sie sich nicht mehr halten konnten.

Der Kampf um die Erhaltung der überlebenden Juden wurde in diesen Novembertagen von allen neutralen Gesandtschaften aufs Bitterste geführt, wobei die Respektierung der Schutzbriefe nur ein Vorwand war, sich «einmischen» zu können. Mehr denn je galt es für die Vertreter der neutralen Staaten, nicht nur auf der ineffektiv gewordenen diplomatischen Ebene zu intervenieren, sondern persönlich und allen gegenüber sichtbar dort aufzutreten, wo Gefahren lauern mochten. Dabei kam ihnen gelegentlich zugute, dass in der Bevölkerung ein Missmut gegen die Pfeilkreuzlerbanden hochstieg – obgleich niemand offen gegen sie aufzutreten vermochte – und versteckte Hinweise auf bedrohliche Situationen bei den Gesandtschaften einliefen. Grossman erzählt von einem Polizeioffizier, der nicht nur gewillt war, im geheimen zu denunzieren, sondern sein Leben für die Verfolgten einzusetzen wagte. Durch ihn erhielten die neutralen Vertreter genaue Informationen über den andauernden Todesmarsch: «Im November 1944 meldete sich der ungarische Polizeioffizier Dr. Nándor Batizfalvy sowohl bei Lutz als auch dem Schweden Wallenberg und bot seine Hilfe bei der humanistischen Tätigkeit der Gesandtschaft an. Am 22. November 1944 kam es im Gebäude der schwedischen Gesandtschaft in der Üllöi-Strasse 4 zu einer vertraulichen Besprechung.[28] Batizfalvy berichtete über den Todesmarsch der Deportierten in Richtung deutscher Grenze. Er schilderte die furchtbaren Zustände auf dem Weg von der Ziegelfabrik in Obuda und die Lage bei der offiziellen Übergabe seitens der Ungarn an die Deutschen an der Grenzstation Hegyeshalom. Nach Batizfalvy kamen bereits unterwegs zehntausend Menschen um – erschossen, erschlagen, verhungert oder durch Selbstmord. Am Tag nach diesem Gespräch fuhren die Delegierten der schweizerischen, portugiesischen, schwedischen Gesandtschaften, der päpstlichen Nuntiatur und des Internationalen Roten Kreuzes unter Leitung von Batizfalvy zur Grenze, um jene Deportierten zurückzuholen, die über einen Schutzbrief verfügten. Die schweizerische Gesandtschaft entsandte Dr. Arje Breszlauer und László Kluger... Diese verfolgten, gehetzten Menschen, die – von 12jährigen Kindern bis zu 80-jährigen Greisen – zu Fuss durch das Land getrieben wurden, boten einen unvorstellbaren Anblick. Es gelang der Delegation, einige hundert Menschen nach Budapest zurückbringen zu lassen. Für die andern stand am Ende ihres Marsches der Untergang und der Tod.»[29]

Schliesslich wurden auch den Deutschen die Untaten ihrer gelehrigen Schüler, der Pfeilkreuzler, unheimlich. Sie wurden sich dessen bewusst, dass es die Umtriebe der «Rotznasen» und nicht – wie stets behauptet – die Juden waren, die die öffentliche Ordnung hinter der Frontlinie gefährdeten und dadurch eine militärische Bedrohung darstellten. Geschäftsträger Kilchmann berichtete Ende November 1944 nach Bern, dass sogar Veesenmayer, der das Szálasi-Regime immerhin eigenhändig eingesetzt hatte, sich über das «Bandentum» der Pfeilkreuzler beschwert habe. Veesenmayer, der einst jubilierende Zahlen über die Auschwitzzüge nach Berlin gekabelt hatte, beklagte sich, dass das Vorgehen gegen die Juden «zu brutal» sei. Als Antwort auf diese Beschwerde des Verbündeten hätten die Ungarn die Erschiessung einiger Bandenchefs der Pfeilkreuzler angeordnet.[30] Veesenmayer hat vielleicht, wohl kaum unabsichtlich, den neutralen Vertretern gegenüber von ethischen Skrupeln über die brutale Behandlung der Juden gesprochen. In Audienzen bei Szálasi redete er eine andere Sprache, so dass er nach Berlin berichten konnte: «Trotz technischer Schwierigkeiten ist er (Szálasi) willens, die Entfernung der Budapester Juden energisch voranzutreiben.»[31]

Es war unausweichlich, dass die Entwicklung der Lage in Ungarn politische Konsequenzen nach sich zog. Der Schweiz wurde es peinlich, in jenem Land eine diplomatische Vertretung unterhalten zu müssen, das die Menschenrechte auf derart flagrante Weise missachtete. Es war eine selektive Peinlichkeit, denn unter dem Horthyregime waren bereits fast eine halbe Million Menschen willentlich zu Tode gekommen, ohne dass die Schweiz dessen Anerkennung in Frage gestellt hätte. Und das Dritte Reich, der eigentliche Verursacher der europaweiten millionenfachen Judentötungen, wurde bis zu seinem Ende als legitimer Staat anerkannt. Nur war die Lage in Ungarn nach der Machtübernahme durch die Pfeilkreuzler derart ausser Kontrolle geraten, nicht nur wegen der vor aller Welt sichtbaren Judenverfolgung, sondern auch weil zum einen das Satellitenverhältnis zum Dritten Reich groteske Ausmasse angenommen hatte und zum andern Ungarn bereits die Kontrolle über die Hälfte seines Territoriums verloren hatte. Welche Anerkennung brauchte ein solcher Staat?

Der Fall von Budapest stand zudem ohnehin zweifellos bevor, urteilte das EPD in Bern.

Am 31. Oktober wies das EPD die Gesandtschaft in Budapest telegrafisch an, sie solle den «faktischen Kontakt mit (den) Ministerien und Ämtern aufrechterhalten, soweit dies geschehen kann ohne (die) Frage einer Anerkennung zu präjudizieren».[32] Minister Jaeger solle die Einstellung des Apostolischen Nuntius und des schwedischen Gesandten erkunden und das EPD auf dem laufenden halten. Gegebenenfalls könne Jaeger zur Berichterstattung nach Bern kommen.

Das Problem der Anerkennung wurde jedoch plötzlich äusserst akut. Vom sowjetischen Vormarsch alarmiert, wurde das Pfeilkreuzlerregime von einer plötzlichen Panik ergriffen. Obgleich die Bevölkerung von der Evakuierung der Stadt nichts wissen wollte, «lud» die Regierung die neutralen Gesandtschaften am 7. November «ein», ihr zum neuen Amtssitz in Sopron zu folgen. Ein Umzug nach der neuen «Hauptstadt» hätte jedoch automatisch die volle Anerkennung des Putschregimes mit sich gebracht. Der schwedische Gesandte Danielsson erklärte, dass er nicht nach Sopron umziehen werde, und der vorsichtigere schweizerische Gesandte, Jaeger, depeschierte um Anweisungen nach Bern, die umgehend eintrafen: «*Voyons guère possibilité que Légation Suisse suive Gouvernement Szalasy. Vous prions laisser Kilchmann et personnel à Budapest pour défense intérêts colonie et venir vous-même avec le Major Fontana faire rapport à Berne.*»[33]

Auf diese Weise umschiffte das EPD die Klippe der Anerkennung elegant. Der Gesandte würde zur «Berichterstattung» zurückberufen werden und bliebe in Bern. Von nun an wäre die Gesandtschaft gewissermassen auf eine Art Konsulat zurückgestuft, womit die Umzugsfrage stillschweigend ausgeklammert wäre. Erstaunlich war jedoch bei dieser Instruktion, dass die von Lutz geleitete Abteilung für Fremde Interessen, umfangmässig immerhin der grösste Bereich der Gesandtschaft, mit keiner Silbe erwähnt wurde. Wie konnte diese Abteilung ihre Extraterritorialität bewahren, wenn die Gesandtschaft als solche nicht mehr «richtig» funktionierte und ihr diplomatischer Status von den Ungarn in Frage gestellt werden konnte? Von der Beantwortung dieser Frage hing nicht nur das Schicksal der mehreren Tausend Menschen ab, die in den verschiedenen, unter extraterritorialem Schutz stehenden Gesandtschaftsgebäude und ihren Zweigstellen sowie in den Schutzhäusern Zuflucht gefunden hatten, sondern die weiteren Tausende und Abertausende, denen Schutzbriefe gewährt worden waren.

Dass die Tragödie eines Angriffs der Pfeilkreuzler auf die Gebäude Abteilung für Fremde Interessen und die «geschützten» Häuser (von Ausnahmen abgesehen) nicht geschah, ist weitgehend der Persönlichkeit von Vizekonsul Lutz und seiner Mitarbeiter zuzuschreiben. In ständigem, aufreibendem Kampf vermochten sie Extraterritorialität der Gesandtschaftsgebäude und der Schutzhäuser zu bewahren, so oft diese auch in Frage gestellt werden mochten.

In Ermangelung von Instruktionen überliess es Minister Jaeger dem Vizekonsul in einem letzten Gespräch, selber zu entscheiden, ob er zusammen mit ihm nach Hause zurückkehren oder weiterhin an diesem sehr gefährlich gewordenen Posten ausharren wolle. Wir wissen nicht, was in diesem vertraulichen Gespräch zwischen den beiden Männern alles gesagt wurde. Zweifellos hat Lutz in erster Linie der Gedanke an die vielen tausend Verfolgten bewegt, die unter seinem Schutz standen. Und noch mehr wird er an jene Zehntausende gedacht haben, die einen – wenn auch ständig angefochtenen – Schutzbrief besassen, mit oder ohne sein Wissen erstellt oder gar gefälscht. Vielleicht hat der Vizekonsul in diesem Augenblick an seine Mutter gedacht, die gestrenge und doch tiefgläubige, die ihm vor seiner Abreise nach Palästina einen handgeschriebenen Zettel mit auf den Weg gegeben hatte: «Sei ein Hüter meines Hauses Israel!» Was damals vielleicht ein angemessener und schöner Bibelspruch gewesen war, für jemanden, der nach dem Heiligen Land ausreiste, war in diesem Augenblick nicht nur ein Trost, sondern eine Entscheidungsgrundlage. Die Mutter, die im Leben durch viele Engpässe hindurchgegangen war, hätte es ihm kaum gestattet, einem Volk, das es zu schützen galt, den Rücken zu kehren.

Und doch scheint Lutz einen Augenblick lang geschwankt zu haben. Aus einem nach Kriegsende abgefassten Bericht geht hervor, dass er eigentlich froh gewesen wäre, wenn das EPD die gesamte Gesandtschaft «einschliesslich die Schutzmachtabteilung» «unverzüglich» abberufen hätte. Da die Schweiz das Pfeilkreuzlerregime nicht hatte anerkennen wollen und auch zur Sowjetunion noch keine diplomatischen Beziehungen besass, sei das Personal ohne jeglichen Schutz geblieben. Das ist natürlich richtig. Aber als Lutz diese Reklamation verfasste, ging es ihm darum, das EPD zu rügen. In seinem Rückruf von Minister Jaeger hatte es seiner Abteilung und ihm persönlich überhaupt keine Aufmerksamkeit geschenkt, obgleich es sich Rechenschaft darüber abgegeben haben musste, dass die unter dem Schutz des Vizekonsuls stehenden Juden ohne dessen Gegenwart der sicheren Vernichtung anheimfallen würden. Dies wurde Lutz von seinen engsten jüdischen Mitarbeitern bestätigt. Seine Abreise, sagten sie, wäre das Ende der Judenrettungsaktion. Indem das EPD die Abteilung für Fremde Interessen und die in Ungarn verbliebenen übrigen Gesandtschaftsangehörigen nicht zurückrief – was auch die Gründe gewesen sein mögen –, bewahrte es jedenfalls Lutz vor der allzu menschlichen Versuchung, sich selbst auf Kosten seiner Schutzbefohlenen in Sicherheit zu bringen.

Am Schluss des Abschiedsgesprächs sagte Minister Jaeger zum Vizekonsul: «Lassen Sie Ihr Gewissen urteilen!» [34]

Minister Jaeger verliess Ungarn am 10. November 1944, nachdem er die Eidgenossenschaft in jenem Land während zwanzig Jahren vertreten hatte, davon 14 Jahre mit Amtssitz in Wien und 6 Jahre in Budapest. Er kehrte nicht mehr zurück.

Obgleich der Rückruf Jaegers «zur Berichterstattung» die heikle Frage der Anerkennung des Pfeilkreuzlerregimes und die Verlegung der Gesandtschaft nach Sopron umging, wurde er von der Schweizer Kolonie in Ungarn «nicht durchwegs verstanden», wie Oberrichter Kehrli in seiner Untersuchung 1945 feststellte.[35] Auch in der Heimat wurde gefragt, warum der Minister in Bern denn tatenlos herumsitze, jetzt wo die Schlacht um Budapest in vollem Umfang tobe, auch wenn die gegenwärtige ungarische Regierung nicht anerkannt werden könne. Die sozialdemokratische Zeitung *Volksrecht* kommentierte: «Ist er nicht die starke Persönlichkeit, um den Widrigkeiten der Nichtanerkennung fertig zu werden, so ist er trotzdem unersetzlich. Einmal als erfahrener Ratgeber seiner Mitarbeiter, falls diese die nötigen Demarchen machen sollen. Dann aber auch als Haupt der Kolonie. Denken wir an die Beherbergung und Verköstigung Ausgebombter in der Gesandtschaft selbst, an die Bewachung der Gesandtschaft und der Lebensmittelsendungen auf den Bahnhöfen, ferner den kollegialen Verkehr mit den andern Gesandtschaften, dem Doyen des diplomatischen Korps, kollektiven Schritten und anderes mehr.»[36]

Mit der Interimsleitung der Gesandtschaft wurde der nächsthöchste Beamte, Anton Josef Kilchmann, ein im Kanton Luzern heimatberechtigter Jurist, ernannt. Er war 42 Jahre alt und hatte, wie Lutz, spät geheiratet. Er war im Dezember 1940 nach Budapest gekommen, zuerst als Handelsattaché; dann wurde er zum Legationssekretär I. Klasse ernannt. Vor der Ankunft von Lutz hatte Kilchmann die damals noch kleine Abteilung für Fremde Interessen geleitet.

Minister Jaeger war zu Beginn seiner Tätigkeit mit Kilchmann zufrieden gewesen, doch gab es mit der Zeit infolge einiger unglücklicher Umstände Spannungen zwischen den beiden, so dass Kilchmann – vergeblich – um Versetzung auf einen anderen Posten nachsuchte. Ein Jahr nach seiner Ankunft in Budapest erlitt er einen Autounfall, der ihm beinahe das Leben gekostet hatte. Kilchmann konnte die Arbeit erst nach langem Kuraufenthalt wiederaufnehmen. Als die Westalliierten am 2. April 1944 ihre schweren Luftangriffe gegen Budapest begannen, fürchtete der nervös veranlagte Kilchmann derart um das Leben seiner erkrankten jungen Gattin und ihrer beiden Kleinkinder, dass er sie nach der Schweiz zurückschickte und allein zurückblieb. Ende Oktober 1944 unterbreitete Kilchmann dem EPD nochmals ein Gesuch um Versetzung, da die Vorgänge in Budapest ihn psychisch belasteten und er seine Familie wieder sehen wollte. Diesem Gesuch wäre wahrscheinlich entsprochen worden, wenn das EPD nicht ausgerechnet wenige Tage später Minister Jaeger zu «Konsultationen» zurückberufen hätte.

Die Lage der vielgestaltigen Schweizer Gesandtschaft im innerlich zerrissenen und von aussen her kriegsumtobten Budapest war durch diesen Rückruf, wie vorauszusehen war, sehr viel schwieriger geworden. Der Gesandte, der den gewichtigsten diplomatischen Status hatte, war weg. Jetzt wurde auch Lutz von den ungarischen Behörden direkt unter Druck gesetzt, er müsse mit seiner Abteilung nach Sopron umziehen, ansonst er seine diplomatischen Rechte verlieren würde. Eines Morgens unterrichtete ihn «ein Funktionär von der bevorstehenden Abreise der deutschen Gesandtschaft ... Meine grosse Sorge waren meine Schutzbefohlenen. Ein deutscher Diplomat hingegen eröffnete mir, dass die Pfeilkreuzler die Anweisung erhalten hätten, die Schutzhäuser nicht zu attackieren, solange ich in Budapest bliebe. Es war die Gegenleistung der deutschen Gesandtschaft dafür, dass ich die deutschen Interessen in Palästina wahrgenommen hatte.»[37] Bei dem deutschen Diplomaten handelte es sich wahrscheinlich um Legationssekretär Feine, der Lutz schon vorher mit Insiderinformationen aus dem Hause Veesenmayer beliefert und der wahrscheinlich mancher geplanten Attacke gegen Lutz die Spitze abgebrochen hatte. Ohne Feine und das Wissen um Lutz' Einsatz für die deutschen Interessen in Palästina 1939 ist nicht auszudenken, was mit ihm in diesem kritischen Augenblick in Budapest geschehen wäre. Jedenfalls stärkte diese Information den Mut des Vizekonsuls, in Budapest auszuharren. Sein einst vom EPD kritisiertes «übereifriges» Engagement für die deutsche Interessen in Palästina schien sich in Budapest auch jetzt noch auszuzahlen.

Der deutsche Gesandte und «Reichsbevollmächtigte», Dr. Edmund Veesenmayer, meldete trotzdem am 13. November triumphierend nach Berlin, bisher seien 27 000 Personen «beiden Geschlechts» unter dem «Leihjudenprogramm» nach der deutschen Grenze in Marsch gesetzt worden und er rechne noch mit einem Restkontingent von 40 000 arbeitsfähigen Juden. Die verbleibenden 120 000 Budapester Juden würden in einem Ghetto zusammengefasst werden, wobei der Entscheid über die «endgültige Bestimmung» dieser Juden von der Bereitstellung von Transportmitteln abhängig sei.[38] Die Implikationen der «endgültigen Bestimmung» waren klar.

Das Drama um die Zahl der Juden, die von den neutralen Gesandtschaften geschützt werden «durften», und die «Überzähligen», die diese Chance verpassst hatten, ging weiter. Neben Lutz legten sich nun auch die anderen Gesandtschaften bei den ungarischen Behörden ins Zeug, so dass sich die Gesamtziffer der Schutzjuden um einige tausend erhöhte, sehr zum Missvergnügen Veesenmayers und Eichmanns. So gelang es Wallenberg, die Zahl der Schweden zustehenden Juden von 4000 auf 4 500 zu erhöhen. Die Nuntiatur erkämpfte sich eine Quote von 2 500, zumeist getaufte Juden, Spanien 100 und Portugal rund 700. Die «Quote» der Schweiz verblieb bei 7 800. Die Gesamtzahl belief sich somit offiziell auf 15 600. Am 10. November – es war der Tag, an dem Minister Jaeger Budapest den Rücken kehrte – teilte Aussenminister Keményi mit, diese Juden müssten bis zum 15. des Monats in das «internationale Ghetto» rund um die Pozsonyi ut und den Szent-István-Park umziehen, wo sich bisher die «geschützten» schweizerischen und schwedischen Gelbsternhäuser befunden hatten. Es war klar, dass die von Eichmann ferngesteuerten Pfeilkreuzler sich alle Optionen offenhalten wollten, die im «internationalen Ghetto» konzentrierten Juden je nach Umständen leben zu lassen oder auf einen Schlag umzubringen.

Von einem Augenblick zum andern stellten die neutralen Gesandtschaften ein gemeinsames Wohnungsamt auf die Beine. Das Auswanderungsbüro der schweizerischen Gesandtschaft an der Vadász utca übernahm das Ausmessen der Wohnungen und die Zuweisungen an jene, die einziehen mussten. Das war keine leichte Aufgabe, denn bisher hatten weniger als 4 000 Menschen in diesen Wohnungen gelebt, und jetzt musste für 15 600 Platz geschaffen werden, so dass jetzt viermal mehr Menschen in denselben Raum hineingepfercht werden mussten als bisher. Ausserdem wurden nicht nur Christen zum Verlassen ihrer angestammten Wohnung gezwungen, sondern auch solche Juden, die keine Schutzbriefe besassen. Sie wurden von den draussen wartenden Pfeilkreuzlern nach Obuda oder nach dem beinahe zur selben Zeit geschaffenen «grossen Ghetto» in der Innenstadt von Pest abgeführt.[39] Die Zustellung der Wohnungszuweisungen wurde von einer ausgewählten Schar von 15 Chalutzim durchgeführt, eine gefährliche Aufgabe angesichts der vielen Pfeilkreuzlerbanden, die auch solchen Juden aufwarteten, die in offizieller Funktion unterwegs waren. Gleichzeitig beauftragte die Auswanderungsabteilung der Gesandtschaft je zwei Hauskommandanten mit der Überwachung der von der Schweiz geschützten 72 Häuser. Sie wurden beauftragt, der Gesandtschaft jeden Tag Geschehnisse und Probleme zu melden, falls es für Vizekonsul Lutz notwendig sein sollte, unverzüglich bei den Behörden zu intervenieren.[40]

Die Eile, mit der das Innenministerium und die Polizei die Überführung der über die ganze Stadt verstreuten Juden befahl (natürlich mit Ausnahme der von der Ziegelei Obuda auf die Wiener Landstrasse getriebenen Menschen), war wiederum kein Zeichen eines geordneten Regierungswesens, sondern eines chaotischen und bösartigen Wunsches, die Menschen zu quälen. Bald wurde klar, dass die Überführung der aus allen Quartieren herbeigetriebenen Juden bis zum 15. November nicht vollzogen werden konnte. Um so weniger als die Pfeilkreuzlerbanden wie «Wölfe oder Schakale» sich auf die mit ihren wenigen Habseligkeiten vorbeiwandernden Juden stürzten, um ihnen noch das Letzte zu stehlen. Sie meinten, dass die von den neutralen Staaten geschützten Juden besonders gute Beziehungen besässen und vermögender als die anderen seien. Levai berichtet, die oft nur 14- bis 15-jährigen «Bengels» hätten ganze Wagenladungen von Raubgut nach dem Parteihaus an der Andrassy ut Nr. 60 gebracht, wo die Beute unter den Pfeilkreuzlern verteilt wurde. Oder dann wurden Schutzbriefinhaber einfach nach Obuda oder zur Wiener Landstrasse geschleppt und in die Deportationskolonnen eingereiht. Als Wallenberg erfuhr, dass mehrere hundert Inhaber schwedischer Schutzbriefe verschleppt wurden, fuhr er ihnen mit einigen seiner Bevollmächtigten nach, entriss sie den Peinigern und brachte sie nach Budapest zurück.[41]

Mitten in diesem Umsiedlungsprozess nach dem «internationalen Ghetto», vor allem angesichts der unmenschlichen Zeitspannen und Behinderungen, riss Vizekonsul Lutz die Geduld, und er protestierte am 13. November in aller Form. Er bezichtigte die Regierung praktisch der Lüge. Inhalt und Stil waren derart «undiplomatisch», dass Lutz in normalen Zeitläufen zur *persona non grata* erklärt worden wäre. Wahrscheinlich hätten aber sonst die Pfeilkreuzler eine mit den üblichen Höflichkeitsfloskeln abgefasste Botschaft gar nicht begriffen. Keményi wohl auch nicht, von dessen Scharfsinn die in Budapest akkreditierten Diplomaten keine grossen Stücke hielten. Lutz schrieb:

«Die Abteilung für Fremde Interessen dieser Gesandtschaft hat sich bemüht, die Auswanderung von vorläufig 7000 Juden in die Wege zu leiten. Bekanntlich hätten die genannten Auswanderer bis zum 15. November in für sie reservierte Häuser an der Pozsonyi ut konzentriert werden sollen. Die Gesandtschaft beehrt sich nun, auf nachstehende chaotische Zustände hinzuweisen:

1. Ein grosser Teil der zur Auswanderung bestimmten Juden, deren Namen bereits in den Kollektivpass aufgenommen sind, wurden durch Pfeilkreuzler abgeführt, die Passbescheinigungen der Betreffenden zerrissen und die Inhaber derselben an Orte auf dem freien Felde konzentriert. Bei den darauffolgenden Dauermärschen fallen eine beträchtliche Anzahl durch Krankheit und Erschöpfung aus, wie dies von Vertretern dieser Gesandtschaft festgestellt worden ist.

2. Die in den Sammellagern mit der Wache beauftragten Pfeilkreuzler und Polizisten verweigern die Freilassung der mit Passbescheinigungen versehenen Personen, indem sie erklären, dass sie von der Regierung keine Befehle entgegennehmen, sondern nur von der Partei.

3. Die Gesandtschaft hat bis heute vergeblich auf eine Mitteilung gewartet, welche Häuser an der Pozsonyi ut ihr für die Konzentrierung der Auswanderer zur Verfügung gestellt werden. Die mit der Ausführung betrauten offiziellen Instanzen haben sich mit der Gesandtschaft immer noch nicht in Verbindung gesetzt, obschon die Umsiedlung bis zum 15. November abgeschlossen werden sollte.

4. Nachdem bereits alle in Frage kommenden Passbescheinigungen an die Inhaber verteilt worden sind, vernimmt die Gesandtschaft plötzlich durch die Tagespresse, dass diese Passbescheinigungen nur Gültigkeit haben, wenn sie mit Lichtbild und Unterschrift versehen sind. Ein Muster der ursprünglichen Bescheinigungen wurde seinerzeit bekanntlich dem Königlich-Ungarischen Ministerium des Äussern vorgelegt und genehmigt.

Es ergibt sich aus vorgehenden Ausführungen folgendes:

1. Die mit der Gesandtschaft vereinbarte Auswanderungsaktion kann nur durchgeführt werden, wenn die Königlich-Ungarische Regierung in der Lage ist, Disziplin in das Lager der ausführenden Organe zu bringen.

2. Der festgesetzte Termin (15. November) ist für die Durchführung der notwendigen Massnahmen ganz unzulänglich. Es muss um eine Fristverlängerung bis zum 30. November gebeten werden, um die Herausholung aus den Lagern, die Konzentrierung in Häusern und die Bereitstellung von Transportzügen durchführen zu können.

3. Die Zusammenarbeit und der gute Wille der subalternen Beamten, insbesondere diejenigen der Partei und aller behördlichen Organe ist unumgänglich, wenn die Auswanderung zum Erfolg führen soll.

Die Schweizerische Gesandtschaft wäre der Königlich-Ungarischen Regierung daher zu Dank verpflichtet, wenn sie die hierin bezeichneten notwendigen Massnahmen sofort treffen würde und ihr davon Kenntnis geben wollte.»[42]

Die wenige Tage später überreichte Antwort war höflich, aber nichtssagend. Wenn es «chaotische Zustände» gebe, schrieb Keményi, so seien sie auf der schweizerischen Seite zu suchen, wo «gewisse Organe» die vereinbarten zahlenmässigen Beschränkungen überhaupt nicht beachteten. Ausserdem warte die ungarische Regierung immer noch auf die Liste der 7000 auswanderungswilligen Juden. Die 8000 oder mehr ebenfalls «vereinbarten» Auswanderer wurden vom Aussenminister nicht mehr erwähnt.[43] Das offizielle Gespräch war auf einem toten Punkt angelangt.

In der Zwischenzeit, am Vorabend des 15. November, hatte das Wohnnachweisbüro der neutralen Gesandtschaften bis in die späten Nachtstunden hinein gearbeitet, um mit den Zuteilungen der Zimmer bis zum Stichtag fertig zu werden. Sie hatten es nicht geschafft, und die Chalutzim waren verzweifelt, denn Schutzbriefinhaber ohne Wohnnachweis würden von den Pfeilkreuzlern gnadenlos in Arbeitslager oder nach Obuda deportiert.

Ohne sich anzumelden, fuhr Lutz am Vormittag des 15. zum Aussenministerium. Aber Baron Keményi war nicht zu sprechen, und der Vizekonsul musste sich mit dem hünenhaften Kabinettschef Zoltán Bagossy begnügen, dessen bisherige diplomatische Erfahrung darin bestand, dass er Leibgardist des Negus von Abessinien und Pfeilkreuzler-Bandenchef gewesen war. In bewegten Worten bat Lutz Bagossy um eine Fristverlängerung. Es sei unmöglich, soviele Menschen fristgerecht in neuen Wohnungen unterzubringen. Lutz hätte eher einen Stein als den zum hohen Beamten emporgeschnellten Leibgardisten und Bandenchef erweichen können. Bagossy lehnte jegliche Fristverlängerung ab.[44] Auch am Nachmittag hatte das Wohnnachweisbüro die Pendenzen trotz aller Bemühungen noch nicht aufgearbeitet und die Betreffenden entsprechend informiert. Lutz fuhr ein zweites Mal zum Aussenministerium, und wiederum war der Baron anderweitig beschäftigt. Der Vizekonsul plädierte und drohte vor Bagossy und blieb solange, bis dieser die «Umzugsfrist» um 24 Stunden bis zum 16. November verlängerte. Dadurch gelang es endlich, den Wohnraum in den insgesamt knapp über 100 neutralen Schutzhäusern zu «verteilen». «Selbst die Badezimmer sind voll», schrieb Szatmári, «selbst auf den Treppen und im Dachgeschoss muss man Leute unterbringen. Wie man sie verpflegen wird, ist noch ein Rätsel. Dabei sind die geschützten Juden streng auch untereinander getrennt. Solche mit schwedischen Papieren dürfen nicht in einem schweizerisch geschützten Hause wohnen und umgekehrt.»[45]

Während diese Umquartierung ins «internationale Ghetto» im Gange war, wurde zwischen der Schweiz und dem Dritten Reich neuerdings wiederum um das Leben der 7000 bzw. 8000 Juden auf höchster diplomatischer Ebene gerungen. Noch hatte das EPD über die schweizerische Gesandtschaft in Berlin keine Antwort vom Reichsaussenministerium in bezug auf die Durchreisesichtvermerke erhalten. Die Schweiz hatte sich seit einiger Zeit bereit erklärt, diese Menschen wenigstens auf Zeit aufzunehmen. Aber das Dritte Reich beabsichtigte nicht, auf dieses Angebot einzugehen, bevor die gesamte ungarische Judenfrage «gelöst» war. Gelangweilt «erkundigte» sich das Reichsaussenministerium bei Veesenmayer am 14. November, warum die Schweiz stets von 8000 Juden rede, während die Reichsregierung lediglich von 7000 gesprochen habe. Veesenmayer antwortete noch am selben Tage, dass es sich um die extra tausend Kinder handele, über die zur Zeit noch «verhandelt» werde.[46] Dann ging es um die Verfügbarkeit von Rollmaterial, welcher Staat denn hierfür verantwortlich sei. Das Reichsaussenministerium zeigte sich auch in diesem Belang gleichgültig, denn es war auch ihm hinlänglich klargeworden, dass weder die Schweiz noch die übrigen neutralen Staaten das mit deutscher Hilfe aus der Taufe gehobene Pfeilkreuzlerregime jemals anerkennen würden.[47] Zynisch wartete das Reichsaussenministerium beinahe zwei Wochen lang, bevor es Veesenmayer am 25. November instruierte, die Frage der Durchreisevisen «dilatorisch» zu behandeln.[48]

Lutz wusste wahrscheinlich wenig oder nichts von diesen Instruktionen Berlins an Veesenmayer, denn er versuchte, den Transport der 8000 von ihm geschützten Juden nach der Schweiz über das EPD in die Wege zu leiten, offenbar in der Annahme, dass sich das Problem der deutschen Durchreisesichtvermerke irgendwie lösen werde. Er bat seine Berner Vorgesetzten, Rollmaterial der Schweizerischen Bundesbahnen nach Budapest zu schicken. Ein andermal informierte er das EPD, die Ungarischen Staatsbahnen seien bereit, den Transport zu übernehmen, weil diese ihr Rollmaterial bis nach Kriegsende in der Schweiz in Sicherheit bringen wollten. Als der Transport nicht zustande kam, war Lutz überzeugt, dass die Gleichgültigkeit des EPD und des Bundesrates an diesem Fehlschlag schuld sei, was jedoch kaum zutrifft, wie die genannten Kabel zwischen dem Reichsaussenministerium und Veesenmayer aufzeigen. In diesem Augenblick wurde die negative Haltung der Naziführung ohnehin durch die fehlenden konkreten Ergebnisse der andauernden Dreiecksverhandlungen zwischen Kasztner, der SS und neuerdings Saly Mayer, dem schweizerischen Vertreter des American Joint Jewish Distribution Committee, beeinflusst. Lutz war hingegen vor allem besorgt, dass die 8000 Juden, das Minimum, für das er sich seit Monaten mit allen Fasern seines Wesens eingesetzt hatte, immer noch nicht in Sicherheit waren.

Nun hatten alle neutralen Gesandtschaften vom schwächlichen Kemények genug, der sich gegen den rabiaten Vajna, den Innenminister, nicht durchsetzen konnte. Am 16. November, einen Tag nach der Umsiedlung der geschützten Juden in das «internationale Ghetto», als die Schandtaten der Pfeilkreuzler einen neuen Höhepunkt erreicht hatten, baten Lutz und Wallenberg den päpstlichen Nuntius Rotta, für den Staatschef Szálasi eine deutliche gemeinsame Forderung aufzusetzen, mit den Judenverfolgungen endlich aufzuhören. Das Memorandum wurde dem nebulösen «Führer der Nation» am 17. November vom Nuntius und vom schwedischen Gesandten Danielsson persönlich übergeben. Es ist ein engagiertes Dokument, das der ungarischen Regierung, insoweit sie menschlichen Regungen überhaupt noch zugänglich war, klarmachen sollte, dass sie in den Augen der übrigen Welt zu einer Verbrecherorganisation herabgesunken war:

«Die Vertreter der in Budapest akkreditierten neutralen Mächte wenden sich ergebenst mit folgendem Memorandum an die Königl. Ungar. Regierung:

«Als im Monat August[49] fast eine halbe Million Juden aus Ungarn ins Ausland deportiert wurden – die Regierungen der neutralen Mächte haben konkrete Informationen darüber, was die Deportation in Wirklichkeit bedeutet –, unternahmen die Vertreter der erwähnten Mächte gemeinsame diplomatische Schritte und wandten sich an die Königl. Ungar. Regierung, um eine Wiederaufnahme der Deportationen zu verhindern. Die diplomatischen Schritte wurden seinerzeit günstig aufgenommen und trugen somit zur Rettung einiger 100000 Menschen bei.

«Am Tage nach dem 15. Oktober erklärten die neue Regierung und Seine Exzellenz Szálasi persönlich, dass es weder Deportationen geben sollte, noch die Vernichtung der Juden vorgesehen sei. Im Gegensatz dazu brachten die Vertreter der neutralen Staaten aus absolut sicheren Quellen in Erfahrung, dass von neuem die Deportation aller Juden beschlossen wurde. Die Vorbereitungen werden mit einer unbarmherzigen Strenge durchgeführt, dass alle Welt Zeuge der Unmenschlichkeit ist, von der die Durchführung begleitet wird: Kleinkinder werden ihren Müttern entrissen, Alte und Kranke müssen selbst im Regen unter dem unzulänglichen Dach einer Ziegelei liegen, Männer und Frauen bleiben tagelang ohne die geringste Nahrung, Zehntausende werden in eine einzige Ziegelei zusammengedrängt, Frauen vergewaltigt, wegen Nichtigkeiten werden Menschen erschossen …

«Dabei wird wie seinerzeit, im Laufe des Sommers, behauptet, dass nicht von einer Deportation die Rede sei, sondern nur von einem ausländischen Arbeitsdienst. Die Vertreter der neutralen Mächte kennen aber die schreckliche Wirklichkeit, die sich hinter diesem Namen für die meisten dieser Unglücklichen verbirgt. Im übrigen genügt es ja, zu wissen, dass Kleinkinder, Greise und Kranke verschleppt werden. Man kann also davon überzeugt sein, dass es sich hier nicht um Arbeit handelt. Dagegen machen die Grausamkeiten, unter denen der Abtransport durchgeführt wurde, klar, was das Ende dieses tragischen Auszugs sein wird.

«Angesichts dieses Schreckens können sich die Vertreter der neutralen Mächte, geleitet von Menschlichkeit und Christenliebe, ihrer Pflicht nicht enthalten, der Königl. Ungar. Regierung gegenüber ihrem erbittertsten Schmerz Ausdruck zu verleihen und um folgendes zu bitten:

1. Man möge den Beschluss zur Deportation der Juden zurückziehen, die

ergriffenen Massnahmen einstellen und die Unglücklichen, die man von ihrem Heim abtransportierte, in kürzester Zeit zurückkehren lassen.

2. Man möge denjenigen, die unter dem Namen Arbeitsdienstler gezwungen sind, in Konzentrationslagern zu leben, eine entsprechende menschliche Behandlung zuteil werden lassen (genügende Lebensmittel und entsprechende Unterkunft, gesundheitliche und religiöse Betreuung, Respektieren ihres Lebens usw.).

3. Man möge eine vollkommene und loyale Durchführung der Verfügungen, die die Königl. Ungar. Regierung im Interesse der Juden, die unter dem Schutz der in Budapest akkreditierten Gesandtschaften stehen, traf, garantieren. Sehr überraschend ist die Nichtachtung, die die untergeordneten Amtspersonen den Verordnungen der obigen Behörden gegenüber an den Tag legen.»[50]

Es war sinnlos, an diesen konfusen und bösartigen Staatschef zu appellieren, wie die als «Denkschrift» bezeichnete Verbalnote aufzeigt, die Szálasi noch am selben Tag, dem 17. November, wohl als Antwort über die schweizerische Gesandtschaft an die neutralen Vertreter richtete. Das Hauptanliegen, mit den Deportationen endlich aufzuhören, wurde – es war kaum anders zu erwarten – überhaupt nicht beantwortet. Dafür wurde das ungarische Restjudentum in sechs Kategorien aufgeteilt, eine Regelung, die nichts Neues brachte, sondern höchstens den Kirchen in bezug auf konvertierte Juden entgegenkam und einige noch unter Horthy stillschweigend gewährte Ausnahmen bestätigte: (1) Juden mit ausländischem Schutzpass; (2) die an die deutsche Regierung «ausgeliehenen» Juden und in Ungarn für den Arbeitsdienst eingesetzte Juden; (3) in Ungarn «vorläufig» zurückbleibende Juden, Arbeitsdienstler, vom IKRK Geschützte oder in einem Ghetto Untergebrachte; (4) mit Immunitätszeugnis versehene Juden, z. B. verdiente Kriegsveteranen oder anerkannte Persönlichkeiten; (5) gewisse konvertierte Juden in kirchlicher Stellung, wie etwa Geistliche oder Nonnen; (6) Juden mit ausländischer Staatsangehörigkeit.[51] Die zahlenmässig grösste Kategorie, die mit Schutzbriefen versehenen Juden, wurde von Szálasi gar nicht erwähnt.

Wie wenig Bedeutung diese Kategorien denn auch mit der Wirklichkeit zu tun hatten, sei an zwei Beispielen aufgezeigt. Noch am Abend desselben 17. November, da der Nuntius und der schwedische Gesandte den Protest der Neutralen dem Staatschef höchstpersönlich unterbreitet hatten und dieser postwendend mit seiner «Denkschrift» antwortete, mussten Lutz und Wallenberg, in Begleitung zahlreicher Chalutzim ein weiteres Mal auf die Wiener Landstrasse hinauseilen, um rund 1 000 Inhaber von neutralen Schutzbriefen zu befreien und nach Budapest zurückzubringen. Darunter befanden sich 400 Juden mit schweizerischen Schutzbriefen, die nach einem unter Lutz' Schutz stehenden Gelbsternhaus an der Abonyi utca gebracht wurden. Aber während der Nacht drangen die erbosten Pfeilkreuzler, denen diese Beute entgangen war, in das Haus ein und zwangen alle Leute, auch die Frauen, sich nackt auszuziehen, und jagten sie hierauf auf die eiskalte Strasse hinaus. Zum Hohn durften sie nichts als ihren Schutzbrief mitnehmen. Der dadurch verursachte Lärm weckte die Nachbarn auf. Sie – die Christen – gaben den Verfolgten Kleidungsstücke und verbrachten sie in die grosse Synagoge an der Dohány utca. Dort suchten sie Lutz und seine Gattin am frühen Morgen auf und veranlassten, dass sie nach den geschützten Häusern am Szent- István-Park gebracht wurden.[52]

Das zweite Beispiel zeigt auf, wie wenig Veesenmayer von den durch ihn seinerzeit selber gewährten zusätzlichen Sondergenehmigungen der Ungarn an die neutralen Staaten hielt (8 800 «schweizerische», 4 500 «schwedische», 300 «spanische», 700 «portugiesische» und 2 500 «vatikanische» Schutzjuden). Ungerührt teilte er der ungarischen Regierung mit, über die schon früher «gewährten» Kontingente dürfe keinesfalls hinausgegangen werden: 7 000 für die Schweiz, 400 für Schweden, 3 für Spanien und 9 für Portugal. Die Ungarn hätten sich ja damit schon früher damit einverstanden gezeigt und die Sache «als abgeschlossen erklärt».[53] Diese Anweisungen Veesenmayers, von Eichmann bestätigt, wurden über János Solymossy, den stellvertretenden Polizeikommandanten von Budapest, am 18. November an den Judenrat weitergegeben. Weder die Schutzbriefe des Schwedischen Roten Kreuzes noch jene der Apostolischen Nuntiatur würden anerkannt werden. Solymossy hatte bisher das Durchgangslager Obuda kommandiert und war dort wegen seines besonders groben Wesens aufgefallen. Jetzt hatte ihn Innenminister Vajna zum Beauftragten für Judenfragen in ganz Budapest bestimmt. Wohl die absurdeste Forderung war die, dass die 7 412 Juden, die «legitim» ausreisen durften, das Land bis zum 1. Dezember 1944 zu verlassen hätten, ohne Rücksicht darauf, dass die Deutschen gar nicht daran dachten, auch dieser reduzierten Zahl überhaupt Durchreisevisen zu geben.[54]

Das erneute Seilziehen – wenn es eines war – zwischen den Deutschen und den Ungarn um die Anzahl der «konzedierten» Juden war lediglich die Fortsetzung des bisherigen Machtkampfs zwischen dem Dritten Reich und seinem ungarischen Satelliten, bei dem die Juden als Symbol und Opfer herhalten mussten. Jetzt ging es allerdings nicht mehr, wie zu Horthys Zeiten, um den Abbruch der Deportationen, sondern nur noch um einige hundert oder tausend extra Schutzjuden.

In diesem Seilziehen spielte Lutz wiederum eine zentrale Rolle. Durch seinen Schutz der Juden, der Chalutzim und der ungarischen Opposition half er die Kontrolle des Dritten Reiches über Ungarn auszuhöhlen. Wie sehr die Deutschen über den Vizekonsul – und zweifellos über alle neutralen Vertreter – irritiert waren, geht aus einem Lagebericht des Wehrmachthauptquartiers in Budapest an Himmler hervor, in welchem die Fussdeportation von Obuda nach Hegyeshalom beschrieben wurde: «(Die) Schweizer Gesandtschaft stellt sich nach wie vor durch Erteilung von Schutzpässen (gemeint waren waren Schutzbriefe, T. T.) *störend* vor die ganze Judenaktion. Es wird um Unterrichtung über die dortigen Absichten gebeten.»[55] Himmler gab keine Instruktionen. Er wusste, dass eine Aktion gegen den schweizerischen Vizekonsul nicht in seinem persönlichen Interesse lag. Genau so wenig wie die Beseitigung Kasztners, der auch zu diesem späten Zeitpunkt mit Abgesandten Himmlers weiter «verhandelte».

Natürlich wäre Vizekonsul Lutz nicht nur aus Gründen der Sicherheit für die Bedrohten froh gewesen, wenn der Transport der 7000 oder 8000 Juden nach der Schweiz endlich zustande gekommen wäre, sondern auch weil die Lage in den schweizerischen Schutzhäusern im überfüllten «internationalen Ghetto» unhaltbar zu werden drohte. Jeden Tag drängten neue Ankömmlinge herein, von denen viele im Besitz von Schutzbriefen waren. Das Ausmass des Problems lässt sich aus einem anschaulichen Bericht erahnen, den der Vizekonsul Ende November 1944 nach Bern geschickt hat. Er ist wahrscheinlich auf seine Veranlassung von Eugen Szatmári verfasst worden:

«Die in der St.-Stefansstadt befindlichen geschützten Häuser sind alle überfüllt, so dass ein Teil der dort untergebrachten Menschen in den Hausfluren, in Treppenhäusern und in Kellern haust. Im Falle eines Fliegeralarms ist der bereits überfüllte Luftschutzkeller natürlich von den Hausbewohnern nicht mehr zu benützen. Aus dem Hause Pozsonyistrasse 54 wird am 24. November gemeldet, dass die Zahl der dort Wohnenden 1 800 beträgt. Auf den Treppen kann man nicht gehen, weil auch dort Menschen sitzen und schlafen. Fünf Tage gab es keine Verköstigung, nachher nur sehr wenig. Da Juden auf der Strasse nicht verkehren dürfen, ist es unmöglich, diese Häuser mit Lebensmitteln zu versehen. Es kam vor, dass durch Juden hingeführte Lebensmittel von den Pfeilkreuzlern beschlagnahmt und die Juden verhaftet wurden. In dem sechsstöckigen Haus Pozsonyistrasse 54 ist man bestrebt, den Einwohnern Essen zukommen zu lassen, aber die hereingebrachten Lebensmittel reichen knapp für die Einwohner der ersten drei Stockwerke aus, so dass die Bewohner des vierten, fünften und sechsten Stockes nichts mehr bekommen. Im Hause befinden sich etwa 1 200 Notdürftige. Sehr viele darunter sind krank, besonders nervenkrank. Der Luftschutzkeller ist derart überfüllt, dass man sich buchstäblich nicht bewegen kann. Dasselbe gilt für die Zimmer, Vorzimmer, Badezimmer.

«Das Haus Tátrastrasse 14–16 ist auch derart voll, dass das Kochen mit Gas unmöglich ist. Man wollte den elektrischen Strom in Anspruch nehmen, aber die Leitung ist infolge der Überlastung verdorben. Laut einem Protokoll vom 24. November erschien im Hause Tátrastrasse 26 ein Polizist von der Polizeiwache des V. Bezirkes, dessen Nummer nicht festgestellt werden konnte, welcher die Schutzbriefe für ungültig erklärte, und den Eigentümern damit drohte, dass, falls sie ihm nicht sofort 1 200 Pengö zahlten, er sie mitnehme. Die Einwohner zahlten ihm 950 Pengö aus, worauf der Polizist erklärte, dass er sich den Rest noch holen werde. In andern Häusern haben Pfeilkreuzler die Schutzbriefe abgenommen und an andere verkauft.

«Laut einem Protokoll vom 26. November kam im Hause Tátrastrasse 38 eine Ruhrerkrankung vor. Der Kranke wurde abtransportiert, aber im Hause befinden sich zwei weitere verdächtige Kranke. In der ganzen Strasse wohnt ein einziger Arzt, der nicht imstande ist, während der erlaubten Zeit alle Kranken zu besuchen. An mehreren Plätzen gibt es auch viele Lungenkranke und sogar auch Verlauste. Es ist zu befürchten, dass gefährliche Epidemien ausbrechen. Im Hause Katona-Jozsef-Strasse 32 sind selbst fünf gemeingefährliche Geisteskranke unter den Bewohnern.

«Aus obigem Protokoll geht hervor, dass das Leben in den geschützten Häusern wegen der Überfülltheit unmöglich ist. Infolge der beschränkten und unregelmässig erteilten Ausgangsbewilligungen sind die bereits ausgeraubten Menschen, die nur mit einem kleinen Bündel in die geschützten Häuser übersiedeln konnten, nicht imstande, sich selbst zu verköstigen. Die von jüdischen sozialen Institutionen zur Verfügung gestellten Lebensmittel sind ungenügend, und die Zuteilung derselben ist fast unmöglich. In den Häusern kann auch den geringsten hygienischen Erfordernissen nicht Genüge geleistet werden. Zum Waschen oder zur Verrichtung der Notdurft können die Einwohner nur durch die grössten Schwierigkeiten gelangen, vom Heizen kann gar keine Rede sein, besonders nicht für diejenigen, die in den Treppenhäusern, Kellern und Dachböden hausen.

«Die Schweizer Gesandtschaft hat die Überbesetztheit der geschützten Häuser zur Sprache gebracht, worauf auf Grund eines Berichtes vom 26. November die Antwort erteilt wurde, dass die Überfülltheit der Häuser aufhören wird, weil die Regierung nur den Schutz von 7 800 schweizerischen Schutzbriefinhabern anerkennt. Die Schutzbriefe werden von Kommissionen überprüft. Die Kommissionen gehen nicht einheitlich vor. Im Laufe der Razzien wird von vielen Schutzbriefen einfach erklärt, sie seien Fälschungen, auch wenn sie einwandfrei sind. Auf diese Weise wird versucht, die Zahl der Bewohner in den einzelnen Häusern zu vermindern. Diejenigen, deren Schutzbriefe die Kommissionen als nicht gültig finden, werden verschleppt.

«Das Schicksal der Budapester Juden – der noch in Ungarn verbliebenen 250 000 Juden – ist besiegelt. Ein grosser Teil der jüngeren Menschen wurde bereits über die Grenze geschleppt oder muss unter grauenhaften Umständen gruppenweise auf den Landstrassen westwärts marschieren. Die Schützlinge sind in der unmenschlichsten Weise in den als ‹geschützt› deklarierten Häusern zusammengepfercht. Die leergebliebenen Wohnungen wurden ausgeraubt. Das Schicksal der in den jüdischen Häusern Zurückgebliebenen ist ganz ungewiss. Allem Anschein nach wird auch diesen Menschen kein anderes Schicksal bevorstehen als die Verschleppung.»[56]

Natürlich versuchte Lutz für diese unhaltbaren Zustände eine Lösung zu finden, denn im Verlauf der düsteren Novembertage wurde die Zahl der von der Regierung offiziell «erlaubten» geschützten Juden von 7 000 bzw. 8 000 um ein Mehrfaches überschritten. Trotz der prekären Sicherung im «internationalen Ghetto» war diese relative Geborgenheit dem gänzlichen Ausgeliefertsein draussen auf der Strasse oder im Versteck vorzuziehen, denn nicht nur Pfeilkreuzlerbanden, sondern ihre Zulieferer, die Denunzianten, lauerten allüberall. Bald stieg die Gesamtzahl der Beherbergten auf 25–35 000 und näherte sich somit den von Lutz schon seit Monaten anvisierten 40 000 Geretteten. Aber die Zustände im «internationalen Ghetto» wurden immer untragbarer.

Keményi mochte vielleicht gegen diese Erhöhung persönlich keine Einwände erheben, aber er konnte sich, wie bereits mehrmals erwiesen, gegen seine rabiaten Kabinettskollegen nicht durchsetzen. Lutz vermochte lediglich eine Erhöhung der Schutzhäuser von 72 auf 76 zu erreichen, und auch dies erst nach äusserst verbissenen Verhandlungen. Dann war die oberste Grenze wirklich erreicht.

Im Gegenzug bot die ungarische Regierung ihre eigene Lösung an, das «grosse Ghetto».

Während der bedrückende Todesmarsch von Obuda nach Hegyeshalom jeden Tag seine Opfer forderte und die Umsiedlung der «geschützten» Juden in das Quartier rund um die Poszonyi ut noch im Gange war, holte das Pfeilkreuzler-Regime zu einem dritten Schlag gegen das Budapester Judentum aus. Als der stellvertretende Polizeikommandant Solymossy dem Judenrat am 18. November die einschränkenden Massnahmen vor allem gegen die vom Schwedischen Roten Kreuz und vom Vatikan mit Schutzbriefen versehenen Juden ankündigte, hatte er auch erklärt, dass die Regierung alle nicht zum «Arbeitsdienst» verpflichteten und die übrigen «ungeschützten» Juden an einer einzigen Stelle konzentrieren wolle. Alle Juden, die seit der ersten Umsiedlung im Juni bisher in den über die Stadt verstreuten Gelbsternhäusern gelebt hatten, müssten in dieses neue Ghetto umziehen. Das galt auch für jene überzähligen Juden, die sich «illegitim» im «internationalen Ghetto» versteckten, ob sie nun Schutzbriefe besassen oder nicht.

Zum «grossen Ghetto», wie es benannt wurde, wurden einige Strassenzüge in der Pester Altstadt bestimmt, die schon früher teilweise traditionelles jüdisches Wohngebiet gewesen waren, eingegrenzt durch die Dohány utca, den Karoly Körut, die Király utca und die Nagyatadi Szabo utca. Am südwestlichen Ende, bei der Dohány utca, befand sich die grosse Synagoge. Das Gebiet wurde von etwas unter 20 000 Menschen bewohnt, darunter 8 000 Juden. Die 12 000 Christen sollten in die bisherigen Gelbsternhäuser transferiert werden. Der Raum, den sie bisher besetzt gehalten hatten, sollte zunächst mit 33 000 Juden angefüllt werden. Bis Ende November waren es jedoch bereits 55 000, und zum Zeitpunkt der Eroberung von Pest im Januar 1945 lebten im «grossen Ghetto» insgesamt 69–70 000 Menschen in einem Dauernotzustand, der die schlechten Bedingungen des «internationalen Ghettos» wahrscheinlich noch übertraf.[57]

Die Umsiedlung wurde bis Ende November vollzogen. Auf Kosten der Juden und unter Inanspruchnahme jüdischer Arbeitskräfte wurden die Strassen, wie seinerzeit im Warschauer Ghetto, mit Brettern abgeriegelt und mit lediglich vier Toren versehen, die von der Polizei und Pfeilkreuzlern bewacht wurden. Nach dem Befehl Eichmanns sollten die Juden durch diese vier Tore hineingebracht werden, aber kein einziger durfte das Ghetto je lebend verlassen.[58] Jedenfalls wurden die Juden, die von den ungeschützten Gelbsternhäusern zum «grossen Ghetto» umgesiedelt wurden, unterwegs wiederum bestohlen und viele von ihnen ermordet. Die Überlebenden kamen oft mit nichts mehr als den Kleidern auf dem Leibe an.

Diese Todesabsicht Eichmanns und seiner ungarischen Kohorten kannten natürlich auch Vizekonsul Lutz und die übrigen neutralen Vertreter. Als die Regierung ihnen befahl, die «nicht bewilligten» Juden, die über die der Schweiz 8 000 «erlaubten» hinausgingen, vom «internationalen» ins neue «grosse Ghetto» umzusiedeln, zögerten sie begreiflicherweise. Wie wenige Tage zuvor vor dem Abmarsch auf der Wiener Landstrasse müsste der Vizekonsul wiederum die Ausscheidung zu treffen haben, welche Juden zu den 8 000 gehörten und welche nicht.

Aber das Pfeilkreuzler-Regime liess Lutz wenig Zeit zum Überlegen. Während die Polizei und die «Rotznasen» bisher nur sporadisch in die Schutzhäuser am Szent-Istvan Körut eingedrungen waren, setzten sie jetzt zu einem regelrechten Angriff an, um den Vizekonsul auf die Knie zu zwingen. Alle «Überzähligen» sollten ausgezählt und fortgeschleppt werden, wobei nicht einmal sicher war, dass sie wirklich zum «grossen Ghetto» gebracht würden. Stundenlang waren der Vizekonsul und seine Frau bei diesen neuen «Auszählungen» anwesend, beinahe hilflos, um hie und da wenigstens eingreifen zu können. Sie wurden sogar mit der Waffe bedroht: «Sie können aber nicht immer dort sein», schrieb der Berichterstatter Szatmári, «und die Polizei beginnt unbarmherzig alle Juden mit schweizerischen Papieren, aber über die zugestandene Zahl von 8 000, fortzuschleppen. Tag für Tag spielen sich furchtbare Szenen ab. Die Herren Hofer, Hürlimann und Greiner (schweizerische Angestellte der Abteilung für Fremde Interessen, T. T.) kontrollieren die Razzien, wenn Herr Konsul Lutz nicht dort ist, aber es nützt nicht mehr viel. Die Nyilas verüben unglaubliche Brutalitäten. Sie sind brutaler als die Deutschen.»[59] Lutz selber berichtete nach Bern, dass es ihm dennoch gelinge – wahrscheinlich mit der Hilfe des ihm wohlgesinnten Polizeioffiziers Batizfalvy –, zuverlässige Polizisten zu bekommen, die die schweizerischen Schutzhäuser gegen die Angriffe der Pfeilkreuzlerbanden und der radikalisierten Polizisten verteidigten. Trotzdem aber gelinge es Pfeilkreuzlern immer wieder, in diese Gebäude einzudringen, die den Leuten ihre Schutzbriefe abnähmen und zerrissen, um sie anschliessend zu misshandeln und wegzuführen. Ständig seien auch die Angestellten seiner Abteilung Provokationen ausgesetzt.[60]

Der weitaus schlimmste Vorfall geschah eines Nachts, als Lutz vom Besitzer eines der von der schweizerischen Gesandtschaft geschützten Gelbsternhäuser dringend benachrichtigt wurde, eine Pfeilkreuzlerbande sei eingedrungen und habe zwei der Zimmer so dicht abgeschlossen, dass die 300 darin eingepferchten Menschen dem Erstickungstod nahe seien: «Ich begab mich sofort zum Kabinettschef Bagossy – der sich, je länger der Krieg einen ungünstigen Verlauf nahm, desto hilfsbereiter erwies –, der mit Maschinenpistolen bewaffnet und mit drei Leibwachen mich sofort zum betreffenden Haus begleitete. Wir fanden denn auch die 300 Personen in zwei Zimmern zusammengedrängt, ohne Luft und Nahrung. Einige ältere Personen waren bereits bewusstlos. Ich konnte deren Unterbringung in eine grössere Wohnung veranlassen. Als wir am nächsten Morgen, wie mit Herrn Kabinettschef Bagossy verabredet, mit Beamten der Gesandtschaft erschienen, um die Prüfung der Papiere vorzunehmen, war die ganze Gruppe bereits von den Pfeilkreuzlern weggeführt worden.»[61] Lutz berichtet nicht, ob er und Bagossy Recherchen über den Verbleib der 300 Verschwundenen veranlassten, was anzunehmen ist. Wie dem auch sei, dieser gravierende Vorfall war ein schwerer Schlag gegen die Glaubwürdigkeit der von der Gesandtschaft verliehenen Schutzbriefe und der – eben sehr relativen – Sicherheit der schweizerischen «Schutzhäuser».

Ein Dutzend Jahre später versuchte eine jüdische Frau, die in einem der schweizerischen Schutzhäuser untergebracht gewesen war, Lutz wegen der Auswirkungen des in ihren Augen fehlenden Schutzes gerichtlich zu belangen. Sie war nach dem Krieg nach Deutschland umgezogen und erhob Klage beim Landgericht Stuttgart. Sie erklärte, sie habe ab Juni 1944 in verschiedenen Judenhäusern gewohnt: «Ich lebte monatelang im Keller des früheren jüdischen Gymnasiums in der Abonyi-Gasse Nr. 7. In diesem Haus waren 2 000 Menschen untergebracht. Es war kaum möglich, sich dort überhaupt zu bewegen. Ich war im Kellerraum zusammengepfercht mit noch 80 Menschen. Wir schliefen am Boden ohne Decken. Anfangs gab es eine sogenannte Gemeinschaftsküche. Später war überhaupt nichts mehr zu essen. Trotzdem das Haus ein sog. ‹geschütztes Haus› war, wurden einmal 150 Menschen weggenommen, und den übrigen Menschen wurde dasselbe Schicksal angedroht. Sooft ich draussen Schritte hörte, glaubte ich, dass auch meine Stunde gekommen sei, und ich erstarrte vor Schreck, mein Herzschlag setzte aus, um dann noch wilder zu klopfen. Meine Mutter konnte es eines Tages nicht mehr aushalten. Sie ging hinaus und kehrte nicht mehr zurück. Sie wurde erschossen. Ich bekam einen schweren Schock und hatte zwei Wochen lang die Sprache verloren. Seither glaube ich immer, wenn ich einen Schuss höre, dass soeben meine Mutter getroffen werde und ich verfalle in Schwermut.»[62] Ohne direkte Kenntnis des Schicksals der beiden Frauen, erinnerte sich Lutz an dieses Schutzhaus. Seine Aufsichtsperson, ein gewisser Herr Moskovic, sei auf offener Strasse erschossen worden. Deshalb sei das Haus einen Augenblick lang schutzlos den Razzien der Pfeilkreuzler ausgesetzt gewesen.[63]

Schliesslich gelang es dem Vizekonsul im Lauf von unablässigen und zähen Verhandlungen, die zumeist gemeinsam mit den übrigen neutralen Vertretern durchgeführt wurden, die Zahl der im «internationalen Ghetto» verbleibenden «Schweizer» Juden auf 17 000 zu erhöhen. Das war weniger als die Hälfte aller jener, die dort ursprünglich Zuflucht gefunden hatten. Der Hauptteil, 25 000, musste ins «internationale Ghetto» umgesiedelt werden, doch liess sich die Gesandtschaft das Recht ausbedingen, diese Leute jederzeit zu besuchen und sie mit Lebensmitteln und Medikamenten zu beliefern. Schweden musste 5 500 der von ihm geschützten Juden (2 500 unter dem Schutz der Gesandtschaft, d. h. Wallenbergs, und 3 000 unter dem Schutz des vom Ehepaar Langlet geleiteten Schwedischen Roten Kreuzes stehend) in das «grosse Ghetto» übersiedeln lassen. Vom IKRK kamen 3 000 Kinder, von der portugiesischen Gesandtschaft 800 und von der Nuntiatur 2 500. Schliesslich wurden kurz vor der Befreiung von Pest weitere 32 500 «ungeschützte» Juden eingesammelt und im «grossen Ghetto» konzentriert.

Seine Gesamteinwohnerzahl belief sich zu jenem Zeitpunkt, wie gesagt, auf beinahe 70000.[64]

Ein besonders schmachvolles Kapitel in der Geschichte des «grossen Ghettos», das nicht unerwähnt bleiben darf, ist der brutale Transfer von insgesamt 6 000 jüdischen Kindern, die ursprünglich von ihren Eltern dem Schutz des IKRK anvertraut worden waren. Sie wurden in Heimen untergebracht und von Otto Komoly mit Hilfe der beiden evangelischen Pfarrer Albert Bereczky und Gábor Sztéhlo betreut. Trotz energischer Proteste durch Friedrich Born, den IKRK-Delegierten, unterstützt von Lutz und Wallenberg, musste rund die Hälfte der Kinder, also 3 000, in das ohnehin überfüllte und verschmutzte «grosse Ghetto» überführt werden, und der Rest wurde noch kurz vor der Befreiung hineingepfercht, wobei sie vom bisherigen Pflegepersonal getrennt oder verlassen wurden. Auch die heroischen Bemühungen Borns und seiner Gehilfen vermochten die teilweise sehr kleinen Kinder nicht vor Verwahrlosung, Kälte und Hunger zu schützen. Viele von ihnen starben an deren Folgen *nach* der Auflösung des Ghettos im Januar 1945.[65]

Immer näher schob sich die von Osten und Süden her angreifende Rote Armee Ende November 1944 gegen die ungarische Hauptstadt vor. Am 22. des Monats pirschte sie über Pécel und Isaszég an die Stadtgrenze heran. Zwei Tage später setzte sie auf die grosse Donauinsel Csepel über, auf der Ungarns schwere Industrie konzentriert war. Und nach wiederum zwei Tagen stiessen die feindlichen Truppen auf jener Insel so weit vor, dass sie mit ihrer schweren Artillerie das gesamte riesige Stadtgebiet direkt bestreichen konnten.

Von nun an dauerte die Beschiessung Tag und Nacht, von Luftbombardements unterstützt. Da draussen, wurde in Budapest herumgeflüstert, stand eine Riesenarmee von 500 000 Mann, die sich von einem Augenblick zum andern auf die zermürbte Stadt werfen konnte, die lediglich von 180 000 Deutschen und Ungarn verteidigt wurde. Die Kampfmoral der ungarischen Truppen sank auf Null. Massenweise desertierten die Soldaten, deren Familienangehörige vom Tode bedroht wurden, wenn sie Deserteure versteckten. Strassen wurden aufgerissen, Barrikaden errichtet und Panzerfallen gebaut. Am 29. November eröffneten die Sowjets eine grosse Offensive in Südungarn. Sie setzten bei Mohács – wo die Ungarn 1526 die Entscheidungsschlacht gegen die Türken verloren hatten – über die Donau und drangen gegen Pécs vor. Nun wurde allen klar, dass die Rote Armee Budapest zuerst einkreisen wollte, um es nachher in aller Ruhe und ohne allzugrosse Verluste einzunehmen. Sie wollte das Gros ihrer Kräfte für die grosse und letzte Schlacht gegen das Dritte Reich selber schonen.

Die Pfeilkreuzlerbanden schienen jedoch vom drohenden Untergang nicht beeindruckt zu sein. Anstatt ihre Kraft an der Front mit einem überlegenen Gegner zu messen und die Reihen der Verteidiger aufzufüllen, bedrängten die «Rotznasen» weiterhin die unbewaffneten Juden. Sie bedrohten auch deren Beschützer, die Gesandtschaften und das IKRK. So kabelte am 28. November ein alarmierter Kilchmann, der schweizerische Geschäftsträger, nach Bern, das ungarische Aussenministerium habe die in Budapest verbleibenden Gesandtschaften bereits am 22. unterichtet, dass «jede Garantie und Verantwortung» abgelehnt werde, sobald die Regierung die Hauptstadt verlassen habe und die Diplomaten nicht nach Sopron nachfolgten. Er sei «ausserordentlich besorgt für Schicksal Gesandtschaftspersonal und Kolonie». Kilchmann bat seine Vorgesetzten in Bern um dringende telegrafische Instruktionen betreffend allfällige Sicherheits- und Evakuationsmassnahmen.[66]

Wie gefährlich die weitere Existenz für Vizekonsul Lutz und seine Frau in Budapest geworden war, zeigte sich auf Schritt und Tritt. Obgleich die Behörden nach der Umsiedlung des Grossteils des «internationalen» ins «grosse Ghetto» den Gesandtschaften versprochen hatten, die Razzien der Pfeilkreuzler wenigstens einige Tage lang ruhen zu lassen, tauchten die Banden schon am 30. November in aller Frühe zusammen mit einigen Polizisten am Szent-István-Park bei den schweizerischen Schutzhäusern auf und begannen, die verängstigten Juden fortzuschleppen.

Das Ehepaar Lutz, das von den Hauskommandanten über diesen gefährlichen Angriff benachrichtigt worden war, fuhr sofort in Begleitung des Konsularbeamten Greiner hin. Allein und unbewaffnet riefen die drei der Pfeilkreuzlerbande zu, von ihrem Tun abzulassen. Die Nyilas benahmen sich brutal. Frau Lutz lief sofort zu den Juden, um sie zu beruhigen und auf die Polizisten einzureden. Plötzlich bemerkte sie einen Pfeilkreuzlerburschen, der eine Frau bei den Haaren am Boden schleifte und mit einer Hundepeitsche auf sie einschlug. Sie machte ihren Gatten auf die Szene aufmerksam, der sofort seine Kamera zückte und fotografieren wollte. Dann ging sie auf den Pfeilkreuzler zu und machte ihn höflich darauf aufmerksam, dass dies keine Art sei, andere Menschen, vor allem wehrlose Frauen, zu behandeln. Bevor der verdutzte Junge antworten konnte, sagte sie weiter, er dürfe eine Schokolade bei ihr abholen, aber nur, wenn er ihr verspreche, sich in der Zwischenzeit gut aufzuführen. Er liess die misshandelte Jüdin fahren und lief verlegen weg. Gertrud Lutz hielt Wort. Als der Pfeilkreuzler am folgenden Tag am Tor der ehemaligen britischen Gesandtschaft in Buda auftauchte, übergab sie ihm die Schokolade. Gerne hätte sie gewusst, ob sich der Junge von weiteren Verbrechen abhalten liess.

Noch bevor der Vizekonsul seine Kamera einstellen und das Bild des dreinschlagenden Pfeilkreuzlers fotografieren konnte, trat plötzlich ein Polizeioffizier an ihn heran und machte ihn barsch darauf aufmerksam, dass Fotografieren nicht gestattet sei. Lutz erklärte ruhig, er sei der Schweizer Konsul und wolle das sonderbare Benehmen des jungen Mannes festhalten. Wütend riss ihm der Polizeioffizier die Kamera aus den Händen, setzte ihm einen Revolver auf die Brust und befahl ihm, sich zu entfernen. Der Vizekonsul protestierte, er sei in amtlicher Eigenschaft anwesend und werde bei den Behörden offizielle Klage erheben. Der Polizeioffizier richtete nun seine Pistole auch gegen Gertrud Lutz und schrie sie an, auch sie solle weggehen.

Schliesslich gelang es dem Ehepaar Lutz, den aufgeregten Polzeioffizier unbehelligt loszuwerden, obgleich die Pfeilkreuzler die Juden weiterhin belästigten. Gertrud Lutz und der Konsularbeamte Greiner entfernten sich, und der Vizekonsul fuhr mit dem Wagen umgehend zum Aussenministerium und verlangte nach Kabinettschef Bagossy. Dieser befand sich in einer Konferenz, aber Lutz bestand darauf, ihn zu sehen. Als der ehemalige Leibgardist des Negus aus dem Konferenzzimmer trat, erzählte ihm Lutz vom Vorfall. Sofort begleitete der Kabinettschef den Vizekonsul zum Szent-István-Park. Sie hatten Glück. Die Pfeilkreuzlerbande und die Polizisten hatten die Juden noch nicht abgeführt und waren noch da. Bagossy liess sich den Mann zeigen, der Lutz und seine Frau mit der Waffe bedroht hatte. Er stellte ihn zur Rede, aber der Polizeioffizier wurde ausfällig. Bagossy schickte einen seiner Untergebenen mit dem Wagen zur lokalen Parteiorganisation des V. Bezirks, um den dortigen Befehlshaber holen zu lassen. Wenige Minuten später traf dieser in Begleitung von zwei bewaffneten Nyilas ein und forderte Bagossy unbeeindruckt auf, sich auszuweisen: «Bagossy tat dies, aber im nächsten Augenblick haben ihn die Nyilas umringt. Einer richtete seine Maschinenpistole gegen seine Brust, die zwei andern gegen seine Schultern, während der Mann, der dem Herrn Konsul vorhin gedroht hatte, seine Pistole gegen den Rücken Bagossys richtete. Die Situation war mehr als gefährlich. Aber jetzt riss auch Bagossy seinen Revolver hervor, riss sich los und machte Anstalten, sich gegen die wütenden Nyilas zu verteidigen. Er hob die Hand und rief die Polizei zur Hilfe. Aber die Polizeioffiziere wagten es nicht, gegen die Nyilas vorzugehen. Die Lage war immer gefährlicher geworden. Bagossy hielt die drei Nyilas in Schach.»[67]

Nun war es wieder an Lutz zu handeln. Er stieg in sein Auto und fuhr nochmals zum Aussenministerium, um Hilfe zu holen. Aussenminister Keményi befinde sich mitten in einer wichtigen Konferenz mit dem deutschen Gesandten Veesenmayer und könne absolut nicht gestört werden, hiess es im Vorzimmer. Lutz insistierte, dass er den Aussenminister sofort sehen wolle, denn es gehe um Leben und Tod seines eigenen Kabinettschefs Bagossy. Keményi kam heraus und überlegte. Dann sagte er, er wolle das Gespräch mit Veesenmayer beenden und komme in fünf Minuten zurück. Was er wirklich tat. Aber in dem Augenblick, da sich Lutz zusammen mit dem Aussenminister zum Szent-István-Park begeben wollte, kam Bagossy bereits wieder zum Aussenministerium zurück, zusammen mit dem Polizeioffizier, der sie alle zusammen bedroht hatte, als Gefangenem. Der hünenhafte Kabinettschef hatte ihn ohne fremde Hilfe dingfest gemacht und gleich mitgenommen. Er und die übrigen Angehörigen der Pfeilkreuzlerbande, sagte Bagossy, würden einem Militärgericht überantwortet werden.

Doch das Wüten der Pfeilkreuzler ging unvermindert weiter. Am 5. Dezember überfielen sie das im Schutz des IKRK stehende Lager an der Columbus utca und verschleppten 3 000 Menschen. Sie wurden nie wieder gesehen.

Tags darauf besetzte die Rote Armee das Städtchen Ercsi, 30 km südwestlich von Budapest, sowie den wichtigen Eisenbahnknotenpunkt Székesféhervar/Stuhlweissenburg in der Nähe des Plattensees. Die einzig verbliebende Verbindung nach aussen blieb der ständig sich verengende Korridor mit einer einzigen Eisenbahnlinie und jener Landstrasse, die nach Hegyeshalom und Wien führte.

In der Millionenstadt Budapest fragten sich die Menschen, welche Schrecken noch auf sie zukommen würden.

«Der Baum erstrahlte in schönstem Lichterglanze»

Anfang Dezember 1944 war die Rote Armee im Begriff, Budapest zu umzingeln. Gleichzeitig dauerte der Terror der Pfeilkreuzler im Stadtinnern an, von der SS und den deutschen Geheimdiensten angeleitet. Von ihrer Heimatbasis beinahe abgeschnitten, denn die Kuriere kamen nur noch unregelmässig durch, war die schweizerische Gesandtschaft in steigenden Masse auf sich selber zurückgeworfen. Wenn die leitenden Beamten der Abteilung für Fremde Interessen in diesem nervenzerrüttenden Augenblick dem Druck nachgegeben hätten, nach Sopron umgezogen oder gar in die Schweiz zurückgeflohen wären, wäre die grosse Rettungsaktion für die Juden zusammengefallen. Auch die Rettungsaktionen der übrigen Gesandtschaften wären dadurch mit in den Strudel des Untergangs hineingezogen worden. Ausserdem wären die unentwegt tapferen Chalutzim und die übrigen Mitarbeiter der Abteilung sowie die mehr als 4 000 Flüchtlinge in den vollgepropften Gesandtschaftsgebäuden am Freiheitsplatz, an der Vadász utca und an der Wekerle utca dem Untergang geweiht gewesen, von den vielen tausend «Schutzjuden» im «internationalen» und im «grossen Ghetto» gar nicht zu reden. Die stets ungewisse Gratwanderung zwischen Leben und Vernichtung hätte für die letzten Juden Ungarns mit einem Absturz in das grosse Feuer der Schoah geendet.

Man muss sich die Lage der von Lutz geleiteten Abteilung für Fremde Interessen durch den Kopf gehen lassen, um zu begreifen, wie viele Menschenschicksale von der inneren Standhaftigkeit und vom äusseren Durchsetzungsvermögen des Vizekonsuls abhingen, ohne die Verdienste seiner Mitarbeiter, der überlebenden leitenden jüdischen Persönlichkeiten und der übrigen diplomatischen Vertreter in irgendeiner Weise schmälern zu wollen. Es war wichtig, dass das Netz der gesamten Rettungsaktion nicht ausgerechnet an seinem neuralgischen Punkt aufgerissen wurde.

Das Gefühl des Alleingelassenseins, worauf Lutz in seinen späteren Erinnerungen immer wieder zurückkehren sollte, ging nicht nur auf die unterbrochenen Verbindungen mit der Heimat und das hilflose Ausgesetztsein angesichts mannigfacher Gefahren zurück, sondern war geprägt von der ungewissen Erkenntnis, dass seine Berner Vorgesetzten mit seinem Rettungswerk eigentlich nicht einverstanden waren. Wie oft hatte er, zumindest seit der kurzlebigen deutschen Interessenvertretung in Palästina, die Mahnung vernommen, sich doch nicht so «übereifrig» für Menschen einzusetzen, die ihn offiziell nichts angingen. Schliesslich sei doch eine diplomatische Vertretung weder ein Hilfswerk noch ein Rotes Kreuz. Wenn er sich damals in Palästina 1939 mit der deutschen Interessenvertretung so arg in die Nesseln gesetzt hatte, wieviel mehr war das der Fall jetzt im terrorisierten und kriegsumtobten Budapest? Die Chefbeamten des EPD hatten natürlich verwaltungstechnisch recht, aber sie mussten weder den von der Vernichtung bedrohten Menschen in die Augen schauen noch mit Menschenverächtern und Mördern «verhandeln».

Mit der beginnenden Belagerung tauchte eine neue Sorge auf. Was würde mit der Gesandtschaft und ihrem Personal geschehen, wenn die Soldaten der Roten Armee auftauchten? Seit der Revolution von 1917 hatte man sich auch in der Schweiz vor dem «Gespenst des Kommunismus» gefürchtet, und Bundesrat und Armeeführung meinten im Generalstreik vom November 1918 die Hand Moskaus am Werk zu sehen, woraufhin sie die sowjetische Gesandtschaft aus der Schweiz auswiesen. Die Wiederaufnahme der diplomatischen Beziehungen wurde immer wieder debattiert, von den Linksparteien befürwortet, aber von der bürgerlichen Mehrheit abgelehnt. Da die Sowjetunion auch zu Stalins Zeiten die Weltrevolution und dadurch die Umkrempelung der bestehenden Ordnung zu fördern suchte, wurde sie von der schweizerischen *classe politique* mit einem extremen Widerwillen betrachtet; die aufkommende faschistische und nationalsozialistische Gefahr vermochte ihn in nur geringem Masse zu mindern. Als die Kommunistische Partei 1933 nach der Machtergreifung Hitlers vom Bundesrat die Erneuerung der diplomatischen Beziehungen mit der Sowjetunion verlangte, wies Bundesrat Motta das Ansinnen zurück: «*A l'heure actuelle la Suisse a moins que jamais de raisons de renouveler des relations avec un gouvernement qui veut établir le communisme dans le monde entier.*»[1] Den Wunsch der Sowjetunion, in den Völkerbund aufgenommen zu werden, half Bundesrat Motta 1934 mit einer starken Rede im Politischen Ausschuss jener internationalen Organisation zu vereiteln.[2] Weitere entsprechende parlamentarische Vorschläge wurden vom Bundesrat 1937 und 1939 wiederum abgewiesen. Gewiss, die Sowjetunion Stalins war alles andere als ein demokratischer, liberaler Staat, und die Meldungen über die Moskauer Schauprozesse jener Jahre waren dem Ruf der Sowjetunion sowieso kaum förderlich. Gleichzeitig hatte aber der Bundesrat niemals Probleme mit der Anerkennung des faschistischen Italiens, des nationalsozialistischen Deutschlands und des

Spaniens Francos – auch sie keine demokratischen, liberalen Staaten. Aufgrund dieser wiederholten feindseligen Entscheidungen stufte die Regierung der Sowjetunion, die ja wenig internationale Erfahrung besass, die Schweiz als «pro-faschistischen», «klassenfeindlichen» Staat ein.

Erst im Frühjahr 1944, nachdem die Rote Armee die deutsche Wehrmacht in riesigen Schlachten geschlagen und zum Rückzug gezwungen hatte, raffte sich der Bundesrat auf, den schweizerischen Gesandten in London zu bitten, neue Kontakte mit der dortigen sowjetischen Vertretung aufzunehmen. Schliesslich kam, Monate später, ein offizielles Angebot in der Gestalt eines Memorandums zustande, das der schweizerische Gesandte in London im Herbst 1944 dem dortigen sowjetischen Amtskollegen auf Weisung des Bundesrates unterbreitete. Unglücklicherweise wurde das Dokument in einer allzu dürftigen, trockenen Sprache abgefasst und drückte in erster Linie ein Interesse an der Wiederaufnahme von regulären Handelsbeziehungen aus. Kein Wort des Bedauerns über frühere «Missverständnisse» oder der Anerkennung der riesigen Opfer, die der grosse Vielvölkerstaat in der Abwehr des Überfalls durch das Dritte Reich geleistet hatte und noch leistete.[3]

Der Bundesrat hatte sich offenbar kaum die Mühe genommen, die Geschichte der früheren negativen Beziehungen sorgfältig zu bedenken und auf den mit schwerwiegenden Kriegsprioritäten belasteten Adressaten einzugehen. Er wurde deshalb am 2. November 1944 von der jegliches Interesse an Beziehungen abschneidenden sarkastischen sowjetischen Antwort aufs Höchste überrascht. Die Sowjets hatten die die ihren Augen ungerechtfertigten Anschuldigungen von 1918 und 1934 keineswegs verkraftet. Mit harten Worten fragte sie, wieso ein Staat mit demokratischen Traditionen so lange und so intensiv habe mit dem «faschistischen» Deutschland kollaborieren können.[4] Das Antwortschreiben trug zweifellos Stalins persönliche Unterschrift, denn Winston Churchill berichtete in einem Memorandum an Aussenminister Eden vom 3. Dezember 1944 von des Diktators heftigen Ausfällen gegen die Schweizer, die dieser «Schweine» genannt hatte. Das seien ungerechtfertigte Attacken, meinte der britische Premier, gegen die Grossbritannien die Schweiz unbedingt in Schutz nehmen müsse.[5] Die negative sowjetische Reaktion zwang Bundesrat Pilet-Golaz zum Rücktritt auf Jahresende 1944. Dieser Mann der einsamen Entscheidungen hatte im Volk ohnehin den Ruf eines «Anpassers» gehabt, und sein Abtritt wurde nicht bedauert. Ob zu Recht oder zu Unrecht sei dahingestellt. Pilet-Golaz wurde durch Max Petitpierre ersetzt.

Das waren keine erfreulichen Voraussetzungen für die kommende Begegnung der schweizerischen diplomatischen Vertretung in Budapest mit der Roten Armee.

Die Lage der Gesandtschaft hatte sich nach der Abreise von Minister Jaeger verschlechtert. Das bekam nicht nur Lutz, sondern vor allem der neue Postenchef, Geschäftsträger Kilchmann, zu spüren. Seit Jaegers Weggang waren nur zwei Wochen vergangen, als der Erste Legationssekretär in einem mehrseitigen Bericht an das EPD in Bern die verzweifelte Lage der Gesandtschaft schilderte: «Die Telefonapparaturen funktionieren tagelang nicht mehr oder nur ungenügend. Die Briefe benötigen oft bis 8 Tage, um innerhalb Budapests den Adressaten zu erreichen. Telegramme werden häufig zurückgehalten oder durch ungeschultes Ersatzpersonal falsch verteilt. Der Autobusverkehr ist aus Treibstoffersparnisgründen vollständig eingestellt. Die Untergrundbahn, eines der Hauptverbindungsmittel zwischen dem Stadtzentrum und dem Gesandtschaftsgebäude an der Stefania utca, ist seit dem Bombardement vom 2. Juli vollständig ausser Betrieb. Der Strassenbahnverkehr, der zudem bei der kleinsten Luftwarnung aussetzt, vermag den Verkehr nicht mehr zu bewältigen und entfällt wegen Überfüllung der Wagen.»[6] Die Gesandschaft sei in der Hauptsache auf Botenverkehr zwischen den einzelnen Gesandtschaftsgebäuden und mit dem Aussenministerium und den übrigen Gesandtschaften reduziert, ein schwieriges Unternehmen angesichts der grossen Ausdehnung der Stadt. Ausserdem werde die baldige Sprengung der Donaubrücken erwartet. Die Rote Armee werde wahrscheinlich von Osten her nach Pest einfallen, um etwas später die Hügel von Buda von Süden und Westen her zu stürmen versuchen, so dass die Frontlinie eine Zeitlang mitten durch die Stadt entlang der Donau verlaufen könnte.

Kilchmann bezog sich des weiteren auf eine Art «Palastrevolution» des Personals an der Stefania ut, nachdem einige der Häuser in der Nähe des Gesandtschaftsgebäudes von Volltreffern zerstört worden seien. Der Luftschutzkeller im Gesandtschaftsgebäude sei ungenügend stark, ein Notausgang fehle und die Zugangskorridore seien von Heisswasser- und Gasröhren durchzogen, protestierten die Mitarbeiter und Mitarbeiterinnen. Kilchmann informierte das EPD, er habe deshalb beschlossen, die zentrale Kanzlei auf Einladung des Fürsten Paul von Eszterházy in dessen Palais an der Tarnok utca Nr. 13 auf den Burghügel von Buda zu verlegen. Dort gebe es einen «ausgezeichneten Luftschutzkeller», 15 Meter tief in den Boden gesprengt. Die neue Gesandtschaftskanzlei sei nun dort eingerichtet worden. Der Fürst meinte offenbar, sein Palais werde von Zerstörung eher bewahrt bleiben, wenn eine neutrale ausländische Gesandtschaft ihr Domizil dahin verlege.

Der Geschäftsträger fürchtete auch, dass die Nähe der sowjetischen Front die ungarischen Arbeiter zu einem revolutionären Aufstand verleiten könnte, wobei das bisherige Gesandtschaftsgebäude ganz besonders visiert wäre: «Es kann auch nicht darüber hinweggegangen werden, dass die an der Peripherie der Stadt sich hinziehende Stefania ut in unmittelbarer Nähe der Arbeiterviertel Matyasföld und Ujpest liegt. Sie war einer der ersten Strassenzüge, die anlässlich der 1919er Revolution zum Schauplatz von Verwüstungen und Plünderungen sowie Angriffen auf Menschenleben wurde.»[7] Bei der kürzlichen Eroberung von Debrecen hätten während eines Intervalls von 24 Stunden zwischen dem Abzug der deutsch-ungarischen Truppen und dem Einmarsch der Roten Armee allerlei Banden die schutzlose Zivilbevölkerung belästigt und geplündert.

Die Angst vor den Russen und der Revolution schien dem unruhigen Kilchmann stark zuzusetzen, jetzt da er den Geschützdonner vom östlichen Stadtrand her immer lauter hörte. Vom Fenster der Gesandtschaft an der Stefania ut blickte er auf angsterfüllte Menschen hinunter, die mit ihren wenigen Habseligkeiten in Richtung Stadtmitte und Donaubrücken vorbeieilten. Dieses Mal handelte es sich nicht mehr um Juden. Ungarn war in Auflösung begriffen, und die Ostfront «gegen den Bolschewismus» würde nicht mehr lange halten. Und des Nachts, nachdem Kilchmann in den Eszterházy-Palais auf dem Burghügel umgezogen war, sah er die Mündungen der sowjetischen Kanonen jenseits Pests aufblitzen, gefolgt vom Krachen der Einschläge.

Kilchmanns wachsende Nervosität verursachte einen Druck auf die Herzgegend.

Das EPD in Bern hatte jedoch das Gesuch Kilchmanns vom Oktober um Versetzung nicht vergessen, und plötzlich war zu seiner Überraschung eine Antwort am 1. Dezember da: «*Vous autorisons volontiers à remettre à Feller gérance poste et à rentrer en Suisse.*»[8]

Es ist wichtig, diese Ermächtigung verbatim zu zitieren, denn später wurde Kilchmann ungerechtfertigterweise vorgehalten, er sei aus Budapest ohne Einwilligung seiner Vorgesetzten in Bern «geflohen». Ausserdem hat er nicht von einem Tag auf den anderen die Koffer gepackt. Er wartete zu, ohne dass er es wagte, seinen Mitarbeitern oder den ungarischen Behörden von möglichen Abreiseprojekten zu berichten. Denn viel stand auf dem Spiel. Nachdem das Aussenministerium den Rückruf von Minister Jaeger «zur Berichterstattung» übel vermerkt hatte, würde es auf die Abreise des nächsthöchsten Gesandtschaftsbeamten äusserst gereizt reagieren. Es war jedenfalls denkbar, dass die Pfeilkreuzler auf das geringste Signal hin die von den obersten Diplomaten verwaisten Gesandtschaftsgebäude und vor allem die Schutzhäuser stürmen und ein Blutbad anrichten könnten. Beispiele von solchem Handeln gab es mehr als genug.

Fünf Tage lang blieb Kilchmann stumm, bis er inmitten einer Hochzeitsfeier für Hans Steiner und dessen junge Frau eine vage Andeutung machte, er könnte sich in Bälde wie Minister Jaeger auf den Heimweg begeben. Es war derselbe 6. Dezember, an dem die Pfeilkreuzler eine ihrer ruchlosesten Untaten vollbrachten und 3 000 Juden aus dem Rotkreuzlager an der Columbus utca verschleppten. Diese böse Nachricht überschattete begreiflicherweise die Hochzeitsfeier, und düstere Mutmassungen über das Schicksal der unter dem Schutz der Gesandtschaft stehenden Menschen wurden angestellt.

Eugen Szatmári, der politische Berichterstatter, war angesichts der Nachricht von der Columbus utca über die Andeutung Kilchmanns und deren mögliche schwerwiegende Konsequenzen entsetzt. Als Ungar, der sich im Lauf der Jahre Zugang zu den verschwiegendsten Geheimnisträgern seines Landes verschafft hatte, wusste er, wie bösartig die verunsicherte und deshalb reizbare Pfeilkreuzlerregierung reagieren könnte. Denn jegliche Abwertung einer diplomatischen Vertretung war in ihren Augen eine Abwertung des Regimes.

Auch Lutz war beunruhigt, denn bei jedem Gespräch mit Regierungsvertretern hatte er den Ungarn erklären müssen, Minister Jaeger befinde sich lediglich auf Heimaturlaub und werde binnen kurzer Frist an seinen Posten zurückkehren. Wenn nun der auf niederer Stufe stehende Geschäftsträger Budapest ebenfalls den Rücken kehrte, bedeutete dies in seinen Augen nichts anderes, als würde der Abteilung für Fremde Interessen die diplomatische Decke weggezogen. Lutz stellte zweifellos Vergleiche mit den übrigen neutralen Vertretungen an. Soviel er wusste, dachten weder der schwedische Gesandte Danielsson daran, abzureisen, den tapfer kämpfenden Wallenberg seinem Schicksal überlassend, noch plante der unerschrockene päpstliche Nuntius Rotta Ungarn den Rücken zu kehren, obgleich er mit seinen 75 Jahren den Ruhestand schon längst verdient hatte.

Der junge, 31jährige Harald Feller, nach Kilchmann der ranghöchste Beamte, der die Leitung des unsicheren Gesandtschaftsschiffes übernehmen sollte, meinte andererseits, Kilchmann solle ruhig heimfahren, falls seine Gesundheit angeschlagen sei. Dies sei vielleicht sogar der letzte Zeitpunkt, da es noch Reisemöglichkeiten gebe. Die kommenden Tage und Wochen würden zweifellos noch viel schwieriger werden, und Feller glaubte nicht, dass der nervöse Kilchmann die Strapazen durchstehen konnte.

Die Teilnehmer an dieser ungewöhnlichen vorweihnachtlichen Hochzeitsfeier gingen jedenfalls mit sorgenvollen Mienen wieder auf die verdunkelten Gassen hinaus, eine Dunkelheit, die nur vom Aufblitzen der Geschützmündungen der nahen Front erhellt wurde, gefolgt vom Donnerrollen des Krieges.

Es blieb jedoch unklar, ob Kilchmann an diesem Abend einigen weniger der Mitarbeiter mehr als eine vage Andeutung über seine Rückkehrabsichten gemacht hat. Er selber sagte im Jahr darauf aus, dass «irgendein Angestellter der Gesandtschaft, vielleicht der Chiffreur», etwas davon ausgeplaudert habe. Er selber habe ja keinen Grund gehabt, den bewilligten, kurzen Heimaturlaub zu vertuschen.[9]

Doch dann wurde nicht mehr von einer Rückkehr Kilchmanns gesprochen. Und das war gut so. Denn schon am folgenden Morgen wurde Lutz zum Kabinettschef des Aussenministeriums, Bagossy, gebeten – jener, der Lutz einige Tage zuvor im Szent-István-Park in seiner Auseinandersetzung mit einer Pfeilkreuzlerbande und den Polizisten beigestanden hatte –, der ihm (wiederum) mitteilte, Ungarn sei mit der Ausreise der 8 000 von der Schweiz geschützten Juden einverstanden; auch werde die Regierung in Zukunft gegen randalierende Pfeilkreuzler schärfstens vorgehen. Der Regierung Szálasi sei es ein Anliegen, die guten Beziehungen zur Schweiz zu bewahren und weiterzuentwickeln.

Es war in diesem Gespräch keine Rede davon, ob die Deutschen die Durchreisevisen, die sie schon seit Monaten vorenthalten hatten, überhaupt noch gewähren würden. Oder ob das Rollmaterial für die 8 000 Auswanderer zur Verfügung stehen würde, in einem Augenblick da nicht einmal das Militär die für seine Operationen notwendigen Eisenbahnwagen bekam und die Bahnstrecken von den Bomben der alliierten Luftstreitkräfte gezielt unterbrochen wurden. Das weitgehend illusorische Gespräch wurde noch abwegiger, als Bagossy Lutz eine anbiedernde Einladung zu einer Grosswildjagd am 20. Dezember bei Visegrad nordöstlich von Budapest anbot. Der Vizekonsul verabscheute Jagden aller Art, aber er musste die Einladung *contre coeur* akzeptieren. Aber bis zum 20. Dezember war sie hinfällig geworden, denn an jenem Tag befand sich Visegrad bereits in den Händen der Roten Armee.[10] Das einzige möglicherweise Wertvolle des Gesprächs mit Bagossy war das Versprechen der Regierung, die Pfeilkreuzler in Zukunft unter Kontrolle zu halten. Lutz wusste aber zu genau, dass Bagossy ein Alibi für die Zukunft haben wollte. Während des nie stattfindenden Jagdausfluges bei Visegrad hatte der mit allen Wassern gewaschene ehemalige Leibgardist des Negus mit Lutz wahrscheinlich einen entsprechenden Deal einfädeln wollen. Zoltán Bagossy ist bei Kriegsende untergetaucht und verschwunden.

Bagossy hatte allen Grund, sich in dieser Vorweihnachtszeit zu fürchten, denn am 7. Dezember begannen die sowjetischen Geschütze auch von Westen her gegen die ungarische Hauptstadt zu feuern. Das 30 km westlich von Budapest gelegene Städtchen Bicske fiel, wo die schweizerische Gesandtschaft mehrere Wochen zuvor ein Ausweichquartier geschaffen hatte. Auch das schwer umkämpfte Székesféhervar wurde von den Sowjets genommen. Wenige Tage später unternahmen die Deutschen allerdings einen Gegenangriff und eroberten die beiden Ortschaften für kurze Zeit zurück.

Wenn bisher die Juden von Deutschen und Ungarn bis aufs Blut geplagt worden waren, reflektierte Szatmári, so litt jetzt die ganze Nation am Krieg: «Jetzt wird die Schlinge nicht nur um den Hals der Juden enger gezogen, sondern auch um den Hals der Nichtjuden. Man jagt nicht nur auf Juden, sondern auch auf Deserteure oder Leute, die dem Evakuierungsbefehl nicht Folge geleistet haben. Die Christen sind ebenso unsicher wie die Juden, auch sie verstecken sich, können sie doch ebenso die Wiener Chaussee entlang westwärts wandern, wie es bisher die Juden taten, mit dem Rucksack auf dem Rücken. Die ‹freiwillige› Evakuierung ist in vollem Gange. Das geht so, dass die Leute einen militärischen Stellungsbefehl bekommen und dann unter miltärischer Bedeckung abtransportiert werden.»[11]

Die Goldbestände der Nationalbank wurden nach Salzburg abtransportiert. Fabrikmaschinen, Bilder, Kunstwerke, Universitätsprofessoren, Studenten, Künstler, das Personal des Nationaltheaters und der Oper, alle wurden fortgeschleppt, auf Wien zu, ohne zu wissen, wohin der Weg von dort aus gehen sollte: «Zehntausende von Kindern werden den Eltern entrissen und nach Deutschland gebracht. Es ist soweit gekommen, dass aus dem Leidensweg der Juden ein Leidensweg der ganzen Nation geworden ist. Und niemand hat den Mut aufzutreten, wie es am 24. November mit der Offiziersgruppe des Generalleutnants Kiss geschah.»[12] Szatmári bezog sich auf eine Verschwörergruppe innerhalb der Honvéd, die die ungarischen Verbände dem Oberbefehl der deutschen Wehrmacht entziehen und gegen den bisherigen Verbündeten Front machen wollte. Sie wurde verraten, in einem Schnellverfahren des Hochverrats angeklagt und hingerichtet.

Am 8. Dezember fuhr Szálasi, zusammen mit Keményi und Veesenmayer ins Führerhauptquartier, um letzte Instruktionen entgegenzunehmen. Viel gab es nicht zu berichten, denn der Pfeilkreuzlerputsch weniger als zwei Monate vorher hatte in Ungarn weder militärisch noch politisch in eine günstigere Lage gebracht. Viele Juden waren in der Tat getötet worden, aber über 100 000 lebten immer noch. Der «Wunsch des Führers» war unerfüllt geblieben. Hitler, mit flackernden Augen, Zuckungen im Gesicht und fahrigen Gesten, war nur noch ein Schatten seiner selbst. Er war dermassen zornig auf die drei Besucher, dass es für eine summarische Exekution nicht viel gefehlt hätte. Er befahl das unerbittliche Halten der ungarischen Hauptstadt. Sie müsse Strasse um Strasse, Haus um Haus bis zum letzten Soldaten verteidigt werden, auch wenn die Stadt dabei in Schutt und Asche fallen sollte.[13]

Nach diesem Besuch bei Hitler, der für alle der letzte sein sollte, kehrte Szálasi, der «Führer der Nation», nicht mehr nach Budapest zurück. Er wollte nicht der letzte Soldat sein. Szálasi begab sich direkt nach seiner Residenz in Szombathely an der westungarischen Grenze, wo er die ihm verbleibende Zeit bis zu seiner Gefangennahme mit der Niederschrift seiner Ideen für eine «hungaristische Revolution» verbrachte.

Auch Veesenmayer liess sich in der Hauptstadt nicht mehr sehen, da die deutsche Gesandtschaft nach Sopron verlegt worden war. Er blieb dort bis zum 29. März 1945 und verliess Ungarn zusammen mit den abziehenden Truppen. Dann irrte er einige Wochen in Deutschland umher und stellte sich den Amerikanern am 14. Mai, eine Woche nach der Kapitulation. Beim Kriegsverbrecherprozess in Nürnberg sagte der Staatsanwalt in seinem Schlussplädoyer gegen Veesenmayer aus: «*On December 8, 1944 Veesenmayer was compelled to leave Budapest. After having caused the annihilation of about 500 000 Hungarian and Slovakian Jews, he did not succeed in the murder of the remainder, who were liberated by the Allied armies.*»[14]

Zu seiner Verteidigung stellte sich der «überzeugte Nationalsozialist» als unschuldiges Opfer ungarischer Machenschaften und als reiner Befehlsempfänger Ribbentrops dar, als strammen Antikommunisten, der nichts anderes tat, als Westeuropa in Ungarn vor dem Einbruch der roten Horden zu schützen, «die Ostfront zu halten», wie er sagte. Keine Spur von besserer Einsicht oder gar Reue. Seine Argumente verfehlten ihre Wirkungen auf den patriotischen amerikanischen Richter Maguire nicht, denn mittlerweile hatte der Kalte Krieg begonnen. Die neuen Weltmächte, die Vereinigten Staaten und die Sowjetunion, errichteten die NATO und den Warschauer Pakt. Europa und die übrige Welt wurden in zwei feindliche ideologische und militärische Blöcke aufgespalten. Dadurch verschoben sich die Perspektiven überraschend schnell. Am 2. April 1949 verurteilte das Internationale Militärtribunal in Nürnberg Veesenmayer nicht etwa zum Tode, sondern zu zwanzig Jahren Haft. Auf Intervention von John McCloy, dem amerikanischen Hochkommissar für Deutschland, wurde er zudem bereits im Dezember 1951 – es war mitten im Koreakrieg – aus seinem Gefängnis in Landsberg (Bayern) entlassen. Er verwandelte sich in einen erfolgreichen und allseits geachteten Geschäftsmann, der, unbelastet von seiner Vergangenheit, bis 1977 lebte.

Der einzige der drei, der aus dem Führerhauptquartier nach Budapest zurückkehrte, war Baron Keményi. Aber auch er nur für wenige Tage.

An jenem Tag, dem 8. Dezember, da Szálasi, Veesenmayer und Keményi Budapest verliessen, um dem «Führer» ihre letzte Aufwartung zu machen, und die meisten Ministerien der ungarischen Regierung im Begriff waren, nach Sopron umzusiedeln, stieg die Gefahr für die in die beiden Ghettos hineingepferchten Juden auf einen neuen Höhepunkt. Wie ein Lauffeuer verbreitete sich das Gerücht, dass der von Eichmann aufgereizte pfeilkreuzlerische Minister Kovarcz die Bewohner der Ghettos in einem letzten Kraftakt vernichten wolle. Sobald diese Nachricht die Ohren von Vizekonsul Lutz erreichte, berief dieser schnell eine Konferenz der neutralen Gesandtschaften, des Judenrates und der Waadah in sein Büro am Freiheitsplatz ein, um nach Massnahmen zu suchen, diese Mordtat an über 100 000 Menschen abzuwenden. In aller Eile wurde Andreas (András) Biss, der mit Kasztner eng zusammenarbeitete, zu SS Standartenführer Kurt Becher gesandt mit der Bitte um eine dringende Intervention bei Himmler. Dieser sollte veranlasst werden, Eichmann und den Pfeilkreuzlern zu befehlen, von den Juden abzulassen. Die Lage hatte sich wirklich grundlegend verändert, wenn ausgerechnet jener, der den grössten systematischen Massenmord der Geschichte organisiert hatte, um Hilfe zur Menschenrettung gebeten werden sollte.

Die Antwort des «Reichsführers» der SS traf nach einigen Tagen bangen Wartens ein. Er verbot nicht nur den in Ungarn stationierten SS-Einheiten, die Juden anzugreifen, sondern befahl ihnen sogar, sie gegen die Pfeilkreuzler zu *schützen*. Die ungarische Polizei wurde angewiesen, der SS bei diesem Vorhaben beizustehen. Gegenüber dem misstrauischen Hitler rechtfertigte Himmler diesen Beschluss damit, dass er diese Juden als Industriearbeiter für die deutsche Wirtschaft unbedingt benötige. In Wirklichkeit versuchte Himmler sich in den nach wie vor andauernden Dreiecksverhandlungen zwischen Kastzner, Becher und Saly Mayer als glaubwürdiger deutscher Gesprächspartner für kommende Friedensverhandlungen zu profilieren.[15]

Wenn der gefürchtete Himmler ein solch ungewöhnliches Machtwort ausgesprochen hatte, war anzunehmen, dass der verbissene Kampf um den Schutz des ungarischen Restjudentums endgültig gewonnen war. Diese Hoffnung sollte sich als Trugbild herausstellen.

Aussenminister Keményi war kaum vom Führerhauptquartier zurückgekehrt, als er am 9. Dezember die neutralen Vertreter zu sich berief. Ein sonderbares und doppelbödiges Gespräch fand statt. Es begann manierlich und formell, wie wenn die Anwesenden noch auf Jahre hinaus diplomatische Höflichkeiten miteinander austauschen würden. Wiederum – denn es war ja kaum das erstemal – rief der Aussenminister den Diplomaten in Erinnerung, dass die Regierung ihren Amtssitz «der Umstände halber» nach Sopron verlege. Die deutsche Gesandtschaft habe ihrerseits bereits einen Teil des Mobiliars und der Archive in die neue Hauptstadt gebracht. Er, Keményi, erwarte nun, dass die neutralen Gesandtschaften diesem Beispiel ohne weiteres Zögern folgten.

Der Baron wollte nun von jedem einzelnen Gesandten oder Geschäftsträger wissen, ob und wann er der Aufforderung zur Amtssitzverlegung nachkommen werde. Er stellte die Frage derart direkt, dass kein Ausweichen mehr möglich war. Die Geschäftsträger Spaniens und Portugals sagten bereitwillig zu; sie seien bereit, ihre Vertretungen an die Westgrenze übersiedeln zu lassen. Was sie nicht sagten, war, dass ihr Personal schon Tage zuvor in die Heimat zurückgekehrt war. Die beiden Diplomaten fuhren in der Tat nach Sopron und machten ihre Ankunft allerorten sichtbar, reisten aber nach wenigen Stunden ebenfalls in ihre Länder zurück. Der türkische Gesandte versprach, umgehend einen Legationssekretär nach Sopron folgen zu lassen. Er selber müsse noch einige Dinge in Budapest ordnen und komme dann auch nach. Auch er verschwand aus Ungarn binnen kurzem. Der schwedische Gesandte Danielsson machte ein ähnliches Versprechen, konnte aber noch kein genaues Datum angeben. Angelo Rotta, der päpstliche Nuntius, wich aus, indem er sagte, er besässe noch keine entsprechenden Instruktionen vom Vatikan, ausserdem sei seine Gegenwart in Budapest vorderhand noch wegen der lebenswichtigen Verbindung mit der katholischen Hierarchie notwendig. Er sei ja nicht nur bei der Regierung akkreditiert, sondern stelle die Verbindungslinie zwischen der nationalen katholischen Kirche und dem Heiligen Vater dar. Er sei jedoch nicht abgeneigt, fuhr Rotta höflich fort, die Frage des Herrn Aussenministers nochmals bei seinem Vorgesetzten, dem Staatssekretär in Rom, vorzutragen.

Noch gewundener als Rotta sprach Legationssekretär Kilchmann von der schweizerischen Gesandtschaft. Natürlich verlor der Geschäftsträger kein Wort über die Erlaubnis seiner Regierung zur Rückkehr, die bereits bei seinen Akten lag. Minister Jaeger, antwortete Kilchmann, sei ja nur zur Berichterstattung nach Bern gereist und werde jeden Augenblick wieder in Budapest erwartet. Sobald er seine Funktion frisch aufgenommen habe, würde er den Herrn Aussenminister bestimmt sofort wieder besuchen. Das besondere Problem, mit dem sich die Gesandtschaft zu beschäftigen habe, sei ein doppeltes. Erstens müsse sie sich mit einer ziemlich umfangreichen Schweizer Kolonie von mehreren hundert Personen befassen, die vor allem in der Hauptstadt konzentriert sei. Eine solche Betreuung wäre von Sopron aus nur sehr schwer zu bewerkstelligen. Und zweitens vertrete die Schweiz in Ungarn die Interessen von nicht weniger als vierzehn Staaten, darunter in erster Linie Grossbritannien und die Vereinigten Staaten. Und damit verbunden sei die ausserordentlich grosse Verpflichtung, die sich aus dieser Interessenvertretung ergeben habe, nämlich die Auswanderung von mehreren tausend Personen nach Palästina in die Wege zu leiten. Auch diese Menschen seien in erster Linie in der Stadt Budapest konzentriert. Obgleich in den Akten über diesen «Gedankenaustausch» zwischen Keményi und den neutralen Vertretern das wenige Tage zuvor abgehaltene Gespräch zwischen Lutz und Bagossy nicht erwähnt wird, scheint es, dass Kilchmann die Gelegenheit wahrgenommen hat, die Zustimmung der ungarischen Regierung zur Auswanderung der 8 000 Juden «mit grosser Genugtuung» zu vermerken.

Der Aussenminister war alles andere als erfreut über Kilchmanns gewundene Erklärung, dass die Gesandtschaft Budapest nicht verlassen wolle, Genugtuung hin oder her, Keményi war nicht mehr höflich. Er drohte, er werde «Nationsführer» Szálasi Vorschläge für Massnahmen gegen die schweizerische Gesandtschaft unterbreiten, besonders in bezug auf deren Abteilung für Fremde Interessen, die der ungarischen Regierung nichts als Schwierigkeiten bereitet habe. Die Auswanderung der 8 000 sei *nicht* gestattet, da die Schweiz Ungarn nicht als vollwertig anerkenne und eine betont unfreundliche und illoyale Haltung an den Tag lege.[16]

Die Zusage des opportunistischen Bagossy galt also nicht mehr, und vielleicht war sie mit Keményi gar nie abgesprochen gewesen. Wenn der sonst so nachgiebige Keményi das Gespräch mit den neutralen Diplomaten, besonders mit Kilchmann, derart unfreundlich ausmünden liess, dann musste das als Gefahrzeichen gewertet werden.

Kilchmann verliess das Aussenministerium höchst alarmiert und besprach sich umgehend mit Lutz und anderen Kollegen. Am nächstfolgenden Abend gelang es ihm, bei Keményi ein zweites Mal vorzusprechen, diesmal ohne die übrigen neutralen Vertreter. Nur der schlitzohrige Bagossy war anwesend sowie der den Neutralen gegenüber günstig eingestellte Legationsrat Csopey, der das Gespräch protokollierte. Ein Kompromiss kam zustande. Die schweizerische Gesandtschaft würde einen Vertreter nach Sopron entsenden, und die Pfeilkreuzlerregierung würde jegliche Aktion gegen die Gesandtschaft und deren Judenrettungsaktion zurückstellen. Der Aussenminister versprach, seine bereits gemachten Anträge an Ministerpräsident Szálasi entsprechend zu modifizieren.[17]

Beim Verlassen der Amtsräume nahm Kilchmann Legationsrat Csopey kurz zur Seite, um ihn am folgenden Vormittag – es würde ein Samstag sein – zu einer Tasse Kaffee in die Gesandtschaft im Eszterházy-Palais einzuladen. Dénes Csopey war der Leiter der Politischen Abteilung des Aussenministeriums und hatte als Karrierediplomat schon unter mehreren Aussenministern gedient. Eine seiner Aufgaben bestand darin, diplomatischen Noten und anderen offiziellen Dokumenten den letzten Schliff zu geben. Die von Keményi erwähnte Revision des Antrages an den Ministerpräsidenten lag in diesem Augenblick in seinen Händen. Über der Tasse Kaffee befragte Kilchmann Csopey weiterhin über die wirklichen Intentionen der Regierung in bezug auf seine Gesandtschaft und die Formulierung der Vorschläge an Szálasi. Das seien nebensächliche Probleme, antwortete Csopey bedrückt, denn die militärische Lage sei derart katastrophal, dass die Eroberung Budapests durch die Rote Armee nur noch eine Frage von Tagen sei. Wenn die Artillerieeinschläge und die Luftbombardierungen der Innenstadt derart zusetzten, wie konnten denn die verhältnismässig wenigen Verteidiger an der Peripherie noch auf die Länge widerstehen? Csopey redete Kilchmann zu, zum Schutz der Gesandtschaft und der von ihr betreuten Juden doch «irgendeine Persönlichkeit der Regierung folgen zu lassen.»[18]

Es folgten weitere Gespräche zwischen Kilchmann und verschiedenen Beamten des Aussenministeriums, denn der Geschäftsträger wollte sich soweit wie möglich vergewissern, wie weit er nach Meinung von vertrauenswürdigen, altgedienten Staatsdienern gegenüber dem Aussenminister in seinem Widerstand und seinen Kompromissen gehen durfte, ohne die Gesandtschaft noch mehr in Gefahr zu bringen.

An diesen beiden Tagen, da Kilchmann seine nervenzerreissenden Gespräche mit Keményi und anderen Vertretern des Aussenministeriums führen musste, intensivierte sich die Beschiessung der Stadt. Das Donnern der Geschütze und die Explosionen der Einschläge war tägliche und nächtliche Begleitmusik geworden. Das Gesandtschaftspersonal verbrachte die Nächte zumeist im grossen Luftschutzkeller des Eszterházy-Palais, und gelegentlich blieb es dort oft auch tagsüber. Das Umherfahren auf den Strassen war lebensgefährlich geworden, und es brauchte Mut, sich zum Aussenministerium zu begeben und dann wieder zurückzukommen. Am meisten exponiert waren die Donaubrücken, die es dabei zu überqueren galt, die von der sowjetischen Artillerie mit Vorliebe bestrichen und gelegentlich blitzschnell aus der Luft angegriffen wurden.

Freitag und Samstag, 10. und 11. Dezember 1944, gehörten zu den schlimmsten Tagen im bisherigen Kriegsverlauf. Mit der Abreise beinahe aller Behörden brach die bisher schon prekäre Regierungsgewalt fast gänzlich zusammen. Ein Teil der Pfeilkreuzler wurde allerdings nach Deutschland «zur weiteren militärischen Ausbildung» abgeschoben. Die Übriggebliebenen aber konnten ihre Mordtaten um so ungehinderter vollbringen: «Der letzte Aufzug beginnt», schrieb Szatmári. «Alles, was kann, verlässt die Stadt, die andauernd beschossen wird. Es hagelt Granaten und Luftbomben. Der russische Angriff wird immer stärker. Die Jagd auf die Juden nimmt eine neue Form an. Wo Juden gefunden werden, führt man sie in irgendein Nyilasquartier, dann zum Donauufer, wo sie sich entkleiden müssen. Man bindet ihnen die Hände zusammen, eröffnet Schnellfeuer aus Maschinenpistolen und wirft sie in die eisige Donau. Das wiederholt sich jede Nacht ein paarmal.»[19] Die Josefstadt, das eigentliche Kerngebiet von Pest, erlitt mehrere Artillerieeinschläge. Der Sachschaden war gering, aber es gab mehrere Tote und viele Verletzte. Um das Mass vollzumachen, wurde auch das Gebäude des Judenrats an der Sip utca getroffen. Kein Mitglied des Judenrats verlor das Leben, aber unter den vielen Schutzsuchenden, die sich dort vor den Pfeilkreuzlern versteckt hielten, gab es fünf Tote und dreizehn Verletzte.[20] Das war das Ende des schlecht und recht funktionierenden Judenrates.

Am 11. Dezember, bald nach dem Kaffeegespräch mit Csopey und einigen anderen Beamten des Aussenministeriums, redigierte der übermüdete Kilchmann ein Telegramm nach Bern, in welchem er seine Vorgesetzten im EPD informierte, die ungarische Hauptstadt stehe seit dem Vortag unter starkem sowjetischem Artilleriebeschuss, doch seien die verschiedenen Gesandtschaftsgebäude und die Mitglieder der Schweizer Kolonie unversehrt. Angesichts dieser Lage sei es für ihn nicht opportun, nach Hause zurückzukehren, nicht einmal für einen Heimaturlaub.[21] Anschliessend beruhigte er das aufgeregte und um seine Sicherheit besorgte Gesandtschaftspersonal. Sie alle hätten kaum eine andere Wahl, sagte er, als auf ihren Posten auszuharren, bis die Sache ausgestanden sei. Das Wohl zu vieler Menschen hänge von ihnen ab.[22] Kilchmann war trotz der wachsenden Kriegsgefahren guten Muts, denn er war davon überzeugt, durch seine kompromisslose Haltung sei wenigstens die Gefahr eines Pfeilkreuzlerangriffs auf die Gesandtschaft stark reduziert worden. Man darf ihm deshalb ohne weiteres Glauben schenken, wenn er ein halbes Jahr später Oberrichter Kehrli berichtete, an jenem Samstagnachmittag, dem 11. Dezember, «hatte ich mich bestimmt dahin entschieden, von meinem Recht, einen kurzen Heimaturlaub anzutreten, keinen Gebrauch zu machen».[23]

Doch am Abend jenes angespannten Samstags stundenlangen Sondierens und Verhandelns und des Beruhigens seines Personals fiel für Kilchmann die Welt zusammen: «Auf nachmittags 6 Uhr wäre ich bei Herrn Professor Kunze bestellt gewesen. Da ich sehr müde und überarbeitet war, bat ich ihn, mich in meiner Wohnung aufzusuchen. Er entsprach diesem Wunsche und brachte das von meiner Herztätigkeit erstellte Kardiogramm mit. Bei dieser Gelegenheit teilte er mir mit, er wolle mir keine Angst einjagen, aber er müsse mir bekanntgeben, dass ich auf Grund des Kardiogramms herzkrank sei. In diesem Zusammenhang gebe es für mich nichts anderes, als die Arbeit sofort auszusetzen, das heisst, mich entweder in ein Spital zu begeben oder, was noch besser wäre, nach der Schweiz zurückzukehren. Ich machte Herrn Professor Kunze auf die schwierige Lage der Gesandtschaft aufmerksam. Ich sagte ihm auch, dass ich eben heute morgen meiner Regierung mitgeteilt habe, dass jetzt eine Heimkehr nicht in Frage komme. Er erklärte mir, er müsse mir den Entscheid anheimstellen. Auf jeden Fall müsse er vom ärztlichen Standpunkt auf seiner Ansicht beharren.»[24]

Um gänzlich sicher zu gehen, dass kein ärztlicher Irrtum vorlag, konsultierte Kilchmann einen weiteren Arzt, einen Dr. Charmant. Dieser bestätigte den Befund von Professor Kunze und empfahl Kilchmann, seinem Rat unbedingt zu befolgen. Nachdem er Dr. Charmant entlassen hatte, berief Kilchmann die Herren Lutz und Feller zu sich: «Herr Feller war sofort der Auffassung, dass ich den Weisungen der Ärzte zu folgen habe. Herr Lutz hatte eher Bedenken in bezug auf die künftige Leitung der Gesandtschaft. Im übrigen war er ebenfalls überzeugt, dass mein Gesundheitszustand eine Abreise rechtfertige.»[25]

Schon am folgenden Morgen in aller Frühe – es war Sonntag, der 12. Dezember – fuhr der herzkranke und gestresste Kilchmann mit dem Auto von Budapest weg. Es war höchste Zeit. Die sowjetische Artillerie hatte sich auf der Donauinsel Csepel bis auf 10 km an die Innenstadt herangeschoben und feuerte aus allen Rohren. Es muss eine aufregende Fahrt gewesen sein, die Wiener Landstrasse entlang, wo noch bis vor kurzem die hungrigen und erschöpften Kolonnen jüdischer Deportierter westwärts getrieben worden waren. Jetzt fuhren endlose Kolonnen von Lastern und Pferdewagen, die ein buntes Durcheinander von Fabrikeinrichtungen, Kunstgegenständen, fliehenden Zivilpersonen und Pfeilkreuzlern zur Reichsgrenze hin und nach Wien trugen. Ausserdem war die Rote Armee in einem grossen Umfassungsmanöver nördlich der Donau durch die Slowakei begriffen, und ihre Geschütze erreichten bereits die Wiener Landstrasse. Trotzdem gelangte Kilchmann noch am selben Tag nach Wien. Von dort aus legte er die letzte Wegstrecke nach Hause mit der Bahn zurück, wo er am Dienstag, den 14. Dezember ankam. Erstaunlicherweise forderte ihn das EPD überhaupt nicht auf, irgendwelchen mündlichen oder schriftlichen Bericht zu erstatten. [26] Niemand in Bern schien sich für das Schicksal der Gesandtschaft in Budapest zu interessieren.

Die intensive Artilleriebeschiessung, die am 10. Dezember begann, führte trotz aller Erwartungen nicht zum Sturm auf Budapest, obgleich die Millionenstadt von keinerlei neuzeitlichen Befestigungsanlagen umgeben war.

Dem am 5. Dezember eingesetzten deutschen Festungskommandanten, General der Waffen-SS Karl Pfeffer-von Wildenbruch, standen nur noch 70 000 Mann zur Verfügung, je zur Hälfte deutsche und ungarische Soldaten von sehr unterschiedlicher Ausbildung und Ausrüstung. Die ungarischen Bestände waren z. B. aus regulären Honvéd-Truppen, Hilfsverbänden und Polizisten zusammengesetzt.[27] Anstatt, wie Hitler gehofft hatte, die Rote Armee durch einem endlosen Strassenkampf aufreiben zu können, konnte diese nicht in die Falle gelockt werden. Sie beabsichtigte im Gegenteil, das Heer des SS-Generals auszuhungern, um es anschliessend in einer grossen Kesselschlacht zu vernichten, falls es nicht schon vorher kapitulierte. Schon manövrierten grosse Verbände der Sowjets an Budapest vorbei und brachten sich zum Angriff auf Wien in Stellung. Sie wollten den Deutschen zum Ausbau ihrer dortigen Verteidigungsanlagen keine Zeit lassen.

Es folgte eine wintergraue und nerventötende Vorweihnachtszeit. Wenn auch ein Teil der Pfeilkreuzlerbanden abgezogen worden war, blieben ihrer genügend in Budapest, um die Juden und die sie schützenden neutralen Gesandtschaften zu bedrängen. Dass ein General der Waffen-SS Festungskommandant geworden war, gab wenig Trost, trotz Himmlers kürzlichem *volte face*. Ausserdem hatte das listenreiche SS-Sonderkommando Eichmann die Stadt immer noch nicht verlassen. Es blieb ständig die Gefahr, dass dieses Sonderkommando, die Polizei und die jetzt grossenteils aus deutschstämmigen Ungarn zusammengesetzten SS-Einheiten die beiden Ghettos und die Gesandtschaften in einer letzten wilden Blutorgie vernichten konnten. Allzulange war diesen ungereiften jungen Menschen der Hass eingetrichtert worden, so dass das Schlimmste nach wie vor geschehen konnte, jetzt da die Kommandostrukturen sich auflösten.

Dass diese Gefahr keine Einbildung war, zeigte die Ermordnung von 24 Juden in der Nacht vom 14. auf den 15. Dezember auf, die unter dem Schutz der schweizerischen Gesandtschaft standen und deshalb Schutzbriefe besassen. Sie wurden von den Pfeilkreuzlern erschossen und in die Donau geworfen. Eine Frau mit dem Namen Vera Mikes wurde lediglich am Bein angeschossen. Es gelang ihr, trotz grosser Schmerzen und eiskaltem Wasser schwimmend zu entkommen, wobei sie ihre schwer verletzte Mutter mitzog. Es gelang den beiden, das Ufer wieder zu erreichen und im Dunkel eines Torbogens auf den Abzug der Pfeilkreuzler zu warten. Dann schleppten sie sich in den frühen Morgenstunden unter letzter Anstrengung zur schweizerischen Gesandtschaft am Freiheitsplatz. Dort verband Frau Mikes Gatte, der Arzt war, die Wunden der beiden Frauen.[28] Als der Morgen graute, wurden am Freiheitsplatz vor dem Börsengebäude fünf Leichen gefunden. Unter ihnen befand sich auch ein Pfeilkreuzler. Niemand stellte

Fragen, aber erstmals wussten die Pfeilkreuzler, dass von nun an jemand auch sie im Visier hatte.[29] Gleichzeitig aber umkreisten die Pfeilkreuzler den Amtssitz von Vizekonsul Lutz immer wieder.

Noch weniger Glück hatten die Schweden mit den Pfeilkreuzlern. In derselben Nacht vom 14. auf den 15. Dezember holten die «Rotznasen» zum Schlag aus, wobei sie vor allem das Rettungswerk Raoul Wallenbergs vernichten wollten. Konsul Yngve Ekmark, dem zuhanden der Gesandtschaft die Kontrolle des Schwedischen Roten Kreuzes oblag, wurde mitten in der Nacht informiert, dass die Aktivitäten dieser Stelle ab sofort verboten seien. Harald Feller, der neue Geschäftsträger der schweizerischen Gesandtschaft, informierte das EPD umgehend: «Schon um drei Uhr morgens des 15. Dezembers – etwa im selben Augenblick, da die 24 schweizerischen ‹Schutzjuden› entführt und erschossen wurden – erschienen Polizeiorgane in den Büros des Schwedischen Roten Kreuzes, beschlagnahmten die Einrichtungen, Vorräte und Autos und verhafteten die Angestellten, auch die Nichtjuden ... Dem Schwedischen Roten Kreuz ... warf die Regierung vor, dass sie Autos und Villen zu Hunderten unter ihren Schutz genommen und auch an arische Einzelpersonen Schutzbriefe ausgestellt und dadurch ihren Aufgabenkreis überschritten und Deserteure begünstigt habe. Die schwedische Gesandtschaft protestierte sofort in einer sehr energischen Note. Sie gab zu, dass gewisse Missstände wirklich vorhanden gewesen sein mögen, verlangte aber, dass die ungarische Regierung ihre Vorwürfe konkretisieren und deren Abstellung der Gesandtschaft überlassen solle. Sie drang des weitern auf sofortige Wiederherstellung der Tätigkeit des Schwedischen Roten Kreuzes, vor allem auf die Freilassung der Angestellten. Für den Fall, dass dies nicht bewilligt werde, drohte sie mit der Abreise. Bis zum heutigen Tag ist der Zwischenfall nicht erledigt und die Spannung dauert an.»[30]

Es gibt verschiedene Gründe, warum die Schweden den besonderen Zorn der Pfeilkreuzler auf sich gezogen haben mochten. Da war zunächst das abrupte Nein Minister Danielssons auf die Aufforderung des Pfeilkreuzlerregimes, nach Sopron umzuziehen. Viel gravierender aber war in den Augen der Pfeilkreuzlerbanden und der Sicherheitskräfte die Führung einer sorgfältig dokumentierten Liste von Übergriffen, die die Gesandtschaft seit dem 15. Oktober laufend *à jour* gebracht und dem Aussenministerium in regelmässigen Abständen mit entsprechenden Protesten unterbreitet hatte. Es irritierte das Innenministerium unter Vajna und die Pfeilkreuzler ungemein, wenn sie von der Regierung aus Gründen, die ihnen entweder unbekannt oder gleichgültig waren, zur Zurückhaltung aufgefordert wurden. Die rechtslastigen Funktionäre wurden zudem durch einen ihrer rabiaten Parteigenossen namens Vöcsköndy weiter angeheizt, der dem moderat ausgerichteten Keményi seit kurzem als «Wachhund» beigegeben worden war. Dieser wollte sich für seine Ausweisung aus Schweden rächen, wo er als ungarischer Militärattaché und durchdrungener Pfeilkreuzler diplomatische Gepflogenheiten verletzt hatte.[31]

Die schweizerische Gesandtschaft schien hierauf das nächste Ziel der grausamen Roulette zu werden, das die Pfeilkreuzler so kurz vor Torschluss mit den Neutralen spielen wollten. Am 20. Dezember, also fünf Tage, nachdem die 24 Juden verschleppt und erschossen worden waren und die fünf Toten auf dem Freiheitsplatz vor dem Börsengebäude lagen, stieg die Spannung merklich an. Noch bevor der Tag graute, erschienen die gefährlichen jungen Burschen wiederum in der Nähe des Gesandtschaftsgebäudes, um den Tod ihres «Mitstreiters» zu rächen, als ob sie einen Vorwand zum Anstiften von Unheil brauchten: «Heute früh um etwa halb sechs Uhr», berichtete der unentwegte Szatmári, «schleppte ein Trupp von Nyilas sechs Männer, die bereits halbtot waren, nach dem Szabadság-tér (Freiheitsplatz). Vor dem Börsengebäude angekommen, machten sie sich daran, die Schwerverletzten zu henken. Sie hängten sie mit dem Hals an den Büschen auf und zerrten ihre Beine so lange, bis ihnen das Genick gebrochen war. Einem gelang es zu fliehen. Die Nyilas schickten ihm einige Schüsse nach, trafen ihn aber nicht. Neben den Toten fanden die Polizisten am Morgen einen Zettel mit der Aufschrift: ‹Für einen Bruder sechs Kommunisten!›»[32]

Wenige Stunden später erschienen zwei mit Maschinenpistolen bewaffnete Pfeilkreuzler wiederum am Freiheitsplatz und gingen direkt auf das ehemalige amerikanische Gesandtschaftsgebäude zu. Dort warteten, wie üblich, mehrere Juden, die auf Schutzbriefe oder andere Papiere hofften. Einige davon waren jugoslawische Staatsbürger, die als Ausländer Anrecht auf einen Schutzpass hatten. Die zwei Pfeilkreuzler befahlen den Wartenden unverzüglich mitzukommen. Drinnen, im Gesandtschaftsgebäude, wurde sofort Alarm gegeben, und die Herren Steiner – der kaum drei Wochen zuvor seine Hochzeit gefeiert hatte –, Zürcher und Vonrufs, zwei neue schweizerische Gesandtschaftsangestellte der Abteilung für Fremde Interessen, eilten den Pfeilkreuzlern nach und holten sie auf der Perczel Mór utca ein, um sie zur Rede zu stellen. Einer der Pfeilkreuzler setzte Steiner die Maschinenpistole auf die Brust und drohte zu schiessen, falls sie nicht sofort abliessen. Inzwischen waren Lutz und seine Frau Gertrud alarmiert worden. Auch sie versuchten, die Pfeilkreuzler und die Verschleppten einzuholen, aber diese waren nicht mehr zu sehen.

Sofort eilte Lutz zum Aussenministerium und hinterlegte dort einen Protest. Als er von diesem «Besuch» frustriert zurückkehrte, fand er die verschleppten Jugoslawen wiederum auf der Gesandtschaft vor, zusammen mit den drei Gesandtschaftsangestellten, die ihnen nachgeeilt waren. Die Jugoslawen erzählten, die beiden Pfeilkreuzler hätten sie zu einer Polizeistation in der Vadász utca gebracht, in nächster Nähe des Glashauses. Nach ein paar Ohrfeigen seien sie wieder freigelassen worden. Die ungarischen Juden aber blieben verschollen.[33]

Lutz und die Belegschaft am Freiheitsplatz waren durch diese Wegnahme von schutzsuchenden Menschen ausgerechnet vor dem Eingangstor ihrer Zentrale erregt und besorgt. Wie lange würden sie noch imstande sein, die ihnen anvertrauten Menschen und sich selber zu schützen?

In aussergewöhnlichen Zeiten, etwa bei Revolutionen und Kriegen, kommt es oft vor, dass junge Leute unerwartet grosse Verantwortung übernehmen müssen. Ältere verschwinden oder kommen mit den rasch hereinstürzenden Ereignissen nicht mehr zurecht. Harald Feller, Jahrgang 1913 und in das Berner Bürgertum hineingeboren – sein Vater war Ordinarius für Schweizer Geschichte – war 31 Jahre alt, als er vom plötzlich heimgereisten Kilchmann die Leitung der schweizerischen Gesandtschaft in Budapest übernehmen musste. So wie die Lage Mitte Dezember 1944 aussah, war jedoch kaum damit zu rechnen, dass Feller sein neues Amt mehr als ein paar Tage oder Wochen bis zum endgültigen Zusammenbruch des Pfeilkreuzlerregimes ausüben würde. Aber in dieser gerafften Zeitspanne lagen mehr Geschehnisse, als den meisten Menschen ein ganzes Leben lang widerfahren.

Feller wäre eigentlich lieber Theater- oder Filmregisseur geworden, aber der Professor-Vater hielt nichts von einer solchen materiell ungesicherten Laufbahn und schickte den Sohn an die Hochschule zum Studium der Jurisprudenz, das er mit der Rechtsanwaltsprüfung abschloss. Er begann eine diplomatische Karriere und kam 1943 als unverheirateter Legationssekretär an die schweizerische Gesandtschaft in Budapest, ein Jahr nach Lutz. Doch die schöpferische Seite seines Wesens liess sich in dem auf administrative Effizienz und politisch-kommerziellen Kalkül angelegten diplomatischen Dienst nicht unterdrücken, zumal die Ereignisse auch solche Menschen aufwühlten, die sich sonst vorzugsweise hinter der Staatsräson verbargen.

Der junge Mann war ein genau so generöser und offener Mensch wie Lutz, und unaufhörlich kreisten auch seine Gedanken darum, wie nicht nur die weit verzweigte Gesandtschaft zu schützen sei, sondern wie dem Blutrausch der Pfeilkreuzler und dem Elend der Belagerung ein Ende gesetzt werden könnte. Seine Bemühungen gingen oft über das im verhältnismässig engen diplomatischen Raum «gestattete» Mass hinaus, aber die Zeitläufe waren ebenso ungewöhnlich. Mehrmals setzte Feller sein Leben höchster Gefahr aus. Ein schauspielerisches Talent half ihm, sich wenn nötig in Szene zu setzen, um ein Ziel zu erreichen, oder den Kopf rechtzeitig aus der Schlinge zu ziehen, wenn die Sache zu riskant wurde.

Ein Dr. Paul Vigh, gebürtiger Ungar und Russischdolmetscher der Gesandtschaft, den Minister Jaeger im Herbst 1944 in Erwartung der sowjetischen Besetzung Budapests angestellt hatte, meinte noch Anfang 1946, Feller hätte beabsichtigt, zwischen den beiden Kriegsparteien vermitteln zu wollen: «Ich erinnere mich daran, dass Feller die *Schweizer Illustrierte Zeitung* oder die *Sie und Er* sehr eingehend studiert hat, die eine Reportage über die Vermittlungstätigkeit des Herrn Ministers Stucki in Vichy brachte. Daraus und aus andern Umständen schliesse ich, dass er versuchte, mit den Russen als erster Diplomat in Kontakt zu kommen. Mit mir selber hat Herr Feller die Möglichkeit, als neutraler Parlamentarier zu intervenieren, besprochen. Er hatte im Sinn, sich sowohl der ungarischen Regierung als auch den deutschen Besetzungsbehörden als Vermittler zur Verfügung zu stellen und mit den Russen in Kontakt zu treten, alles mit dem Zwecke einer rascheren Übergabe der Stadt. Ich weiss, dass Herr Feller mit Csiky, Svasta und Mezey darüber gesprochen hat. Es stellte sich dann aber heraus, dass die massgebenden deutschen Militärs nicht damit einverstanden waren. So ist der ganze Plan von vorneherein ins Wasser gefallen. Ich glaube nicht, dass die Russen etwas von dieser Absicht Fellers vernommen haben. Ich glaube auch nicht, dass dieser Schritt Fellers irgend jemandem geschadet hätte. Im Gegenteil, für die Russen wäre es ja vorteilhafter gewesen, wenn ein solcher Schritt unternommen und von Erfolg begleitet gewesen wäre.»[34] Diese Idee geriet nicht über das Stadium eines Wunsches hinaus, da ihre Umsetzung kaum zu bewerkstelligen gewesen wäre.[35]

Angesichts der akuten Gefahr durch die die Stadt durchstreifenden Pfeilkreuzlerbanden war es nur logisch, dass Feller an einem persönlichen Beziehungsnetz zu den Regierungsbeamten sorgfältig spann. Zunächst galt es, dem empfindlichen Aussenminister Keményi, der Minister Jaegers Abreise noch nicht verwunden hatte, auch noch den plötzlichen Weggang Kilchmanns zu erklären. Entgegen allen diplomatischen Gepflogenheiten hatte sich Kilchmann zudem im Aussenministerium nicht verabschiedet, sondern die formelle Erlaubnis zur Ausreise lediglich per Kurier abholen lassen. Keményi hatte dies natürlich erfahren, und schon am Sonntagvormittag, dem 12. Dezember, kurz nachdem Kilchmann mit seinem Auto weggefahren war, bat der Aussenminister den neuen schweizerischen Geschäftsträger zu sich. Keményi war über das Benehmen der Eidgenossenschaft wiederum höchst ungehalten. Innerhalb eines Monats waren der Gesandte, Jaeger, und nun auch sein Ersatz, Kilchmann, nach Hause gefahren, und dies soeben, nachdem die Schweiz sich zahllose Ausreden ausgedacht hatte, um der

Regierung nicht nach Sopron folgen zu müssen. Feller, soviel war klar, war als 2. Legationssekretär für einen Aussenminister dritte Garnitur.

Nun musste sich der neue Geschäftsträger bewähren, um in dieser gefährlichen Situation nicht gleich in den Abgrund zu stürzen. Aus verschiedenen Quellen lässt sich seine Argumentation vor dem Aussenminister rekonstruieren. Minister Jaeger, sagte er fantasievoll, sei «in die Schweiz gefahren, weil er die Absicht hatte, in Bern eine Aufnahme der diplomatischen Beziehungen zwischen der Pfeilkreuzler-Regierung und der Schweizer Regierung zu befürworten».[36] Kilchmann, der ihn, Feller, gebeten hatte, dem Aussenminister seine Grüsse zu hinterlassen, habe aus ernsthaften Gesundheitsgründen sofort abreisen müssen. Er habe ihn beauftragt, dem Aussenminister seine Entschuldigung zu überbringen, dass er sich von ihm nicht habe persönlich verabschieden können. Feller betonte, die Schweiz sei der gegenwärtigen Regierung Ungarns doch entgegengekommen, indem sie den neuen, von der Pfeilkreuzlerregierung ernannten Postenchef László Szilágyi akzeptiert habe (der frühere Gesandte war zurückgetreten und hatte die Schweiz um Asyl gebeten). Das deute doch nicht auf einen beabsichtigten Abbruch der Beziehungen hin. Auch der Umzug der Gesandtschaft nach Westungarn kam zur Sprache. Feller bestand, wie Kilchmann einige Tage zuvor, auf einer starken Gesandtschaftspräsenz in Budapest zum Schutz der dortigen Schweizer Kolonie, aber auch um den vielen tausend Juden Beistand zu gewähren, für die die Schweiz in offiziellem Einvernehmen mit der ungarischen Regierung eine Schutzverpflichtung bis zu ihrer Ausreise übernommen habe. Optimistisch kabelte Feller das Ergebnis dieses schwierigen ersten Gesprächs mit Keményi nach Bern. Er mahnte das EPD: «Deutlicher Eindruck, dass ... trotz unmittelbar bevorstehender russischer Besetzung im letzten Moment wohl keine nachteiligen Massnahmen gegen uns ergriffen werden, sofern schweizerischerseits Entgegenkommen gezeigt wird.»[37]

Natürlich war Feller nach diesem Gespräch mit dem Aussenminister seiner dennoch nicht sicher. Durch Zufall hatte er am selben Abend des ereignisreichen ersten Tages in seinem neuen Amt als Postenchef den unvermeidlichen Bagossy zu einem Nachtessen in seine Privatwohnung an der Tábor utca eingeladen, an dem auch Vizekonsul Lutz und dessen Gattin Gertrud sowie das frischvermählte Ehepaar Steiner teilnahmen. Da die Pfeilkreuzler die Extraterritorialität der Gesandtschaften missachteten, galt es, den fehlenden Schutz durch die Entwicklung und Pflege persönlicher Beziehungen zu den neuen Machthabern zu «ersetzen». Der Inhalt des Gesprächs war an sich belanglos, aber Feller wollte die von Lutz bereits angeknüpfte Beziehung weiter «vertiefen», um sich die Pfeilkreuzler vom Halse zu halten. An einem anderen Abend war der gefürchtete junge fanatische Bandenchef Erik

Csiky sein Gast, der nicht gewahr wurde, dass Feller in einem anderen Zimmer Juden versteckt hielt. Auch mit Theodor Horst Grell, dem Verbindungsmann der deutschen Gesandtschaft zum Sonderkommando Eichmann, suchte Feller gut zu stehen. Das Haus an der Tábor utca befand sich am westlichen Abhang des Burghügels. Vor dem Haus lag ein grosser Garten, der gegen die Strasse zu von einer hohen Mauer umgrenzt war, so dass niemand von draussen hereinblicken konnte.[38]

Einige andere Beamte der Gesandtschaft, die nicht begriffen, um welch hohen Einsatz Feller spielen musste, legten später seine Kontakte als Kollaboration mit den Pfeilkreuzlern aus. Jeden Tag, berichteten diese Kritiker, sei Feller zum Aussenministerium gefahren und habe neue Gründe vorgebracht, warum die volle Anerkennung der Regierung noch verschoben werden müsse. Er habe sich «ausserordentlich mit führenden Persönlichkeiten der pfeilkreuzlerischen Partei» befreundet. Diese Leute habe er immer wieder zum Eszterházy-Palais eingeladen, wobei durchaus nicht verstanden wurde, dass Feller seinen einfältigen, aber gefährlichen Gästen nicht nur Wasser vorsetzen konnte. Solche Reaktionen waren begreiflich, denn die meisten Gesandtschaftsangestellten hatten die Greueltaten der Pfeilkreuzler oft mit eigenen Augen ansehen müssen, um nicht von einem grossen Widerwillen gegen sie beseelt zu sein. Der kluge Szatmári erkannte jedoch Fellers Absicht: «Herr Feller, der die Leitung der Gesandtschaft übernommen hat, sucht mit den Pfeilkreuzlern erträgliche Beziehungen anzuknüpfen, da er jedenfalls bis zum Eintreffen der russischen Truppen aushalten will. Er will die Verbindung der Schweiz zur Sowjetunion herstellen und sieht alles von diesem Gesichtspunkt aus. Er hat einige Nazis eingeladen, und es gelang ihm auch, einen *modus vivendi* zu finden.»[39] Die Bemühungen des forschen neuen Geschäftsträgers waren zweifellos von Erfolg gekrönt. Es gelang ihm jedenfalls weitgehend, die Spannungen mit dem Pfeilkreuzlerregime zu entschärfen. Nach der Abreise von Legationssekretär Kilchmann zog auch Feller in das Eszterházy-Palais um. Seine ständige Sorge galt jedoch der Sicherheit jener Juden, die in seiner ungeschützten Privatwohnung an der Tábor utca Unterschlupf gefunden hatten.

Mit der Zeit vertieften sich jedoch die Auflösungserscheinungen unter den Pfeilkreuzlerbanden und der SS. Die einzelnen Gruppen schienen je länger desto unabhängiger voneinander und ausserhalb jeglicher Kommandostruktur zu operieren. Wenn Passanten früh morgens auf einzelne erschossene Pfeilkreuzler stiessen, war es gut möglich, dass diese von rivalisierenden Kameraden getötet worden waren. Sie versuchten andauernd, in geschützte Häuser einzudringen. Lutz und Feller waren stets mit Protesten unterwegs, aber bald wussten sie nicht mehr, ob es für ihre Anliegen überhaupt noch zuständige Beamte gab.

Somit hatte die Abteilung für Fremde Interessen keine andere Wahl, als eine eigene Selbstschutztruppe aufzustellen. Es war ein Detachement, das eigentlich aus Deserteuren bestand und im Gebäude der Postsparkasse untergebracht war. Ihr «Kommandant» war ein Leutnant Pál (Paul) Fabry, ein anti-deutscher Offizier, der mit dem ungarischen Untergrund und mit militanten Chalutzim in Verbindung stand. Die Angehörigen dieses paramilitärischen Detachements trugen gefälschte Identitätspapiere bei sich. Ihre Aufgabe bestand darin, in erster Linie die unter dem direkten extraterritorialen Schutz stehenden Gesandtschaftsgebäude gegen umherziehende Banden zu schützen. Im Augenblick waren dies 2 500 Menschen im Glashaus an der Vadász utca Nr. 29, 1 000 im Haus nebenan, Vadász utca Nr. 31, 500 an der unweit davon gelegenen Wekerle utca Nr. 17 und 130 im früheren amerikanischen Gesandtschaftsgebäude am Freiheitsplatz, wo Lutz sein Büro hatte. Falls nötig, rückte die Truppe aus, um auch in den unter schweizerischem Schutz stehenden 76 Gebäuden im «internationalen Ghetto» zum Rechten zu sehen.[40]

Eine weitere Schutztruppe wurde durch Feller beim Eszterházy-Palais an der Tarnok utca auf dem Burghügel gebildet. Eines Tages erschienen 30 Polizisten vor der Gesandtschaftskanzlei, die Schutz suchten. Sie hatten bisher notgedrungen im Dienst der Pfeilkreuzler gestanden, waren aber von diesen angewidert. Als ein Teil der Pfeilkreuzler in Richtung Wien geflohen war, kamen die Polizisten in eine Zwangslage, denn sie sollten die Stadt auch verlassen. Ohne viel Überlegens gewährte Feller ihnen den gewünschten Schutz und beauftragte sie zugleich mit der Verteidigung der Gesandtschaftskanzlei gegen Übergriffe der Pfeilkreuzler, ihrer einstigen Auftraggeber.[41]

Überraschend schnell vollzog die Rote Armee zuletzt die Umzingelung der ungarischen Hauptstadt. Nachdem die Deutschen mehrere Tage lang erbitterten Widerstand geleistet hatten, durchstiessen die sowjetischen Truppen am 24. Dezember bei Székesféhervar die «Margarethen-Stellung zwischen dem Plattensee und Budapest. Einheiten der Roten Armee besetzten den Schwabenberg in unmittelbarer Nähe der Stadt, wo Eichmann Ende März sein Hauptquartier aufgeschlagen hatte, und stiessen westlich Budapests nach Norden gegen die Donau vor. Die Deutschen gaben die alte Bischofsstadt Esztergom, die Residenz Kardinal Serédis, auf und zogen sich nach Westen zurück. Sie verloren dadurch die Kontrolle über die berüchtigte Wiener Landstrasse. Als sich die Dunkelheit des Heiligen Abends herabsenkte, war die ungarische Hauptstadt von allen Seiten her vom Belagerungsring der Roten Armee umgeben.

Noch am Tag zuvor war SS-Standartenführer Kurt Becher geflohen, der den grossen jüdischen Manfred-Weisz-Konzern dem SS-Wirtschaftsimperium einverleibt und der durch einen Geheimauftrag Himmlers die Alliierten durch das Angebot von einer Million Juden gegen 10000 Lastwagen und horrende Geldsummen zu erpressen versucht hatte. Seine letzte – und vielleicht einzige – gute Tat, die Intervention bei Himmler zugunsten der Bewohner der beiden Ghettos, hat ihm wahrscheinlich nach dem Krieg das Leben gerettet.

Um ein halb vier Uhr am Nachmittag des 24. Dezember, im buchstäblich letzten Augenblick, floh auch Adolf Eichmann zusammen mit seinem Sonderkommando. Er bedauerte, dass sein höchster Vorgesetzter, der «Reichsführer» der SS, Heinrich Himmler, ihm die Ermordung der Insassen der beiden Ghettos nicht mehr erlaubt hatte. In seiner langen Karriere als Judenausrotter war dies sein einziger grosser Fehlschlag gewesen. Vor der Abreise hatte er jedoch den zurückbleibenden SS-Mannschaften und Pfeilkreuzlern eingeschärft, die Vernichtung der Überlebenden zu einem günstigen Zeitpunkt doch noch nachzuholen. Noch sei nicht alles verloren, denn der «Führer» habe immer noch eine erstaunliche Waffe in Reserve, um das Kriegsglück zu wenden. Fast alle Augenzeugen bestätigen, dass ein fanatischer Glaube an Hitlers Wunderwaffe unter den in Budapest eingeschlossenen Pfeilkreuzlern bis zum Tag der Einnahme lebendig geblieben ist.

Wie um die Flucht ihres Mentors zu rächen, holten die Pfeilkreuzler an jenem Vorweihnachtstag zu einem weiteren Schlag aus, den die neutralen Gesandtschaften schon längst gefürchtet hatten. Um sechs Uhr in der Frühe griff eine grosse Schar Banditen die unverteidigte schwedische Gesandtschaft und mehrere ihrer Zweigstellen an. Minister Danielsson konnte im letzten Augenblick entkommen und floh zur päpstlichen Nuntiatur. Wallenberg war unauffindbar. Er hatte sich bereits seit dem Angriff auf das Schwedische Rote Kreuz unsichtbar gemacht und schlief nie mehr als einmal unter demselben Dach. Hingegen verschleppten die Pfeilkreuzler zwei Männer, Gesandtschaftsattaché Lars Berg und Konsul Ekmark, und zwei Frauen, Asta Nielsson und Margareth Bauer. Der vorgegebene Grund: Die schwedische Gesandtschaft habe den Befehl zur Evakuierung nach Westungarn nicht befolgt. Natürlich waren alle neutralen Gesandtschaften durch diesen Angriff auf die Schweden mit ins Visier genommen. Aber hier rächte sich vielleicht ein weiteres Mal das etwas unbedacht und allzu offen vorgetragene Nein des schwedischen Gesandten. Ausserdem hatte er es unterlassen, wie es Feller bis zur Selbstverleugnung geschickt handhabte, den in Budapest zurückgelassenen Chefs der Pfeilkreuzlerbanden durch Essen und Trinken bis in alle Nacht hinein «gut zuzusprechen».

Lutz erwähnte später gegenüber Oberrichter Kehrli einen weiteren Grund. Das Schwedische Rote Kreuz habe neben dem IKRK schon frühzeitig eine «sehr lebhafte» Tätigkeit zugunsten der jüdischen Bevölkerung unternommen, ohne sich politisch richtig abzusichern. Danielsson sei zum Beispiel von seinem Heimatstaat ermächtigt worden, zeitlich beschränkte Bürgerrechtsbriefe und Schutzpässe an ungarische Staatsangehörige zu verteilen, was klar gegen das Völkerrecht verstosse. Die schweizerische Gesandtschaft habe jedoch solche Schutzpässe lediglich für 3–400 britische und amerikanische Bürger ausgestellt, deren (reguläre) Pässe ausgelaufen seien. Später seien noch einige hundert jugoslawische Bürger hinzugekommen, deren Staat während der deutschen Besetzung aufgelöst worden war. Diese schwedischen Schutzpässe, die dem schweizerischen Text nachgeahmt worden seien, seien unter bedeutend leichteren Voraussetzungen erteilt worden als die der schweizerischen Gesandtschaft: «Dieses Vorgehen Schwedens hat den Wert unserer Schutzpässe sehr stark diskreditiert, umso mehr als dann subalterne Beamte sich einschalteten und sehr oft gegen Geld solche Schutzpässe vermittelten. Man sagt, Herr Minister Danielsson habe diese schwedischen Schutzpässe meistens eigenhändig unterzeichnet. Es müssen gegen 1 000 solcher Schutzpässe ausgegeben worden sein. Daneben zirkulierten hochgeschätzt zwischen 30 und 40 000 (schwedische) Schutzbriefe.»[42]

Problematisch war des weiteren, so Lutz, dass diese schwedischen Schutzbriefe nicht von einem Palästina-Zertifikat legitimiert gewesen seien, wie dies bei den schweizerischen Schutzbriefen der Fall war, obgleich auch diese Legitimation bald nach dem Pfeilkreuzlerputsch arg strapaziert worden war, weil die grosse Zahl der Schutzbriefe die der von den Briten nur beschränkt herausgegebenen Palästina-Zertifikate am Ende weit überstieg. Diese britischen Einreisedokumente blieben jedoch die unabdingbare juristische Grundlage der schweizerischen Aktion. Unabhängig von den Schutzaktivitäten der schwedischen Gesandtschaft habe auch das Schwedische Rote Kreuz Schutzbriefe «in grosser Zahl» ausgestellt: «Herr Bagossy, der Kabinettschef, bemerkte zu mir eines Tages ziemlich entrüstet», berichtete der Vizekonsul weiter, «er hätte festgestellt, dass ca. 2 000 Personen behaupteten, sie seien im Dienst des Schwedischen Roten Kreuzes. Durch diesen weitgehenden Schutz Schwedens gegenüber den ungarischen Juden entwickelte sich eine grosse Misstimmung bei der Pfeilkreuzlerregierung.»[43] Doch auch Lutz gab zu, dass neben einem anderen Arbeitsstil und unglücklichen Umständen die Irrationalität der Pfeilkreuzler das Hauptproblem war, die zu ihren Belästigungen und Angriffen auf die Schweden geführt habe. Das sperrige Verhalten der schweizerischen Gesandtschaft und das grosse Ausmass ihrer Rettungsaktivitäten hätten den Pfeilkreuzlern eine ebenso grosse Angriffsfläche bieten können.

Wenn es auch unmöglich war, festzustellen, ob die Pfeilkreuzler einen Angriff auch auf die schweizerische Gesandtschaft unternehmen wollten, erschien jedenfalls im Lauf desselben Tages, dem 24. Dezember, eine ihrer Banden am Eingang des Eszterházy-Palais und verlangte nach Minister Jaeger. Als sie hörten, dass er nicht da war, liessen sie ab, nicht aber ohne Drohungen gegen die Gesandtschaft auszustossen.[44]

Da die päpstliche Nuntiatur zu klein war, Danielsson effektiven Schutz zu bieten, brachte ihn Feller mit seinem offiziellen Auto am Weihnachtsabend zur schweizerischen Kanzlei im Eszterházy-Palais. Dort liess er die Polizeiwache verstärken, falls die Pfeilkreuzler auch auf seine Gesandtschaft einen Angriff unternehmen sollten. Von nun an wohnte er selber im Eszterházy-Palais, behielt aber seine Privatwohnung an der Tábor utca, um den dort versteckten Juden den Schutz nicht wegzunehmen. Sofort machten er und seine ungarische Sekretärin, die Baronin Perényi – die er später heiraten sollte –, sich auf den Weg, um die vier verschleppten Schweden zu suchen. Sie machten die Runde der ihnen bekannten Pfeilkreuzlerkasernen und suchten die Gefangenen, naiv umherfragend. Es gelang ihnen bald, die beiden Männer, Berg und Ekmark, zu befreien. Erst nachdem Feller auch Born vom IKRK auf die Suche schickte, fand dieser die beiden Frauen, Asta Nielsson, die Leiterin der Kinderhilfeorgansiation, und ihre Sekretärin, Frau Bauer. Sie befanden sich in einer Kaserne, wo offenbar viele Exekutionen stattgefunden hatten, denn überall lagen Leichen umher.[45] Feller informierte das EPD in Bern von den Ereignissen und bat um Bestätigung des Asyls des schwedischen Ministers in seiner Gesandtschaft. Es war dies die letzte Kommunikation nach aussen. Eine Bestätigung aus Bern war nicht mehr möglich. Von diesem ereignisreichen Heiligen Abend an war die Gesandtschaft gänzlich auf sich selbst gestellt.

Weihnachtsabend 1944. In den Erinnerungen von Carl und Gertrud Lutz war er der eine helle Ruhepunkt inmitten von Barbarei und Schlachtengetümmel. Die unerschrockene Gertrud liess es sich nicht nehmen, ein «richtiges» Weihnachtsfest für die Kinder des Personals, der im einstigen britischen Gesandtschaftsgebäude aufgenommenen verfolgten Juden und der Ausgebombten vorzubereiten. Es gab im belagerten Budapest allerdings fast nichts mehr einzukaufen, und viele Menschen hungerten.

Als sie am 21. Dezember hörte, dass die Rote Armee aus Bicske, wo die Gesandtschaft ein Landhaus als Ausweichquartier gemietet hatte, wenigstens in diesem Augenblick verdrängt worden sei, liess sie es sich nicht nehmen, mit einem Mitarbeiter der Gesandtschaft hinauszufahren, um bei den Bauern irgend etwas aufzutreiben. Vielleicht bekam sie Eier, einen Sack Mehl, wenn nicht gar ein ganzes Schwein. Das Zufluchtshaus stand noch, trotz Kriegshandlungen (es wurde wenige Tage später bis auf den Grund zerstört, als die Rote Armee Bicske ein zweites Mal einnahm): «Zur Anlegung von Lebensmittelreserven wurde im wahrsten Sinne gehamstert», erinnerte sich Gertrud Lutz über diese «Einkaufsreise»: «Wer über Autos verfügte, fuhr so oft wie möglich aufs Land hinaus, um ganze Säcke von Kartoffeln, Mehl, Fett und Fleisch hereinzubringen. Diese Lebensmittel waren in Budapest selbst, infolge Mangels an Transportmitteln, nur schwer aufzutreiben. Mit Rationierungskarten war in der Stadt überhaupt nichts mehr zu kaufen, während in ländlichen Gegenden des mit landwirtschaftlichen Gütern gesegneten Ungarn viele Produkte noch reichlich vorhanden waren, ja teils sogar keinen Absatz fanden.»[46] Die Fahrt war ausserordentlich schwierig, denn die Strasse war mit marschierenden Soldaten vollgestopft. Sie alle liefen in westlicher Richtung, weg von Budapest. «Kurz nach der Abfahrt von Bicske kamen wir in einen russischen Tieffliegerangriff und einige Kilometer weiter sind wir im Halbdunkel beinahe in einen Panzerkeil der russischen Armee hineingeraten.»[47]

Gertrud Lutz wollte die Fahrt am folgenden Tag trotzdem nochmals wiederholen, denn sie hatte mit einem Bauern verabredet, dass dieser drei Schweine für sie schlachten würde, und das ganze Haus freute sich auf einen anständigen Braten nach langer Entbehrung: «Es erwies sich jedoch, dass Bicske bereits an *dem* Tage (also am 22. Dezember) Kampffeld geworden war, sodass wir auf halbem Wege leider unverrichteter Dinge umkehren mussten. So dürften russische Soldaten den ausgiebigen Weihnachtsbraten genossen haben! Nichtsdestoweniger schien unser Vorrat zufriedenstellend, und ich rechnete damit, dass er für mindestens 4–6 Wochen ausreichen sollte.»[48]

Im grossen Salon der ehemaligen britischen Gesandtschaft auf dem Burghügel von Buda war es Heiliger Abend geworden. Vizekonsul Lutz begann an diesem Abend ein neues Tagebuch anzulegen, denn er wusste, dass er Ereignisse von grosser Tragweite erleben würde. Die wollte er jeweils aufzeichnen, wenn sie noch frisch in seiner Erinnerung waren, sozusagen ein geschriebenes Fotoalbum. Der erste Eintrag enthält, trotz Krieg und Grauen, einen Schuss Romantik, der für Lutz' Privatberichte stets charakteristisch gewesen ist: «Der Baum erstrahlte in schönstem Lichterglanze. Im grossen Salon waren mit uns das Hauspersonal mit Familien, etwa 13 Personen, versammelt. Die Fenster waren dicht verdunkelt, denn die Front war schon gefährlich nahe an Budapest herangerückt. Am Horizont flackerten

Blitze und Signale auf, während der Kanonendonner unsere Fenster klirren machte. Alles übertönte aber die sanfte erhebende Melodie von *Stille Nacht, heilige Nacht* von dem Harmonium im Nebenzimmer.»[49] Gertrud Lutz erinnert sich, wie halbwegs durch dieses mit ungewöhnlicher Inbrunst gesungene Weihnachtslied eine Granate in unmittelbarer Nähe des Hauses einschlug. Um der Kinder willen wurde die kleine Feier «mit gehaltenem Daumen und Selbstbeherrschung» zu Ende gebracht: «Inbrünstig beteten wir alle um Verschonung und dass es endlich *Friede auf Erden* werden möge!»[50]

Im selben Augenblick schloss die Rote Armee Budapest endgültig ein.

«Bis zum Einrücken der Roten Armee Zeit gewinnen»

Unweit vom Prunksaal der ehemaligen britischen Gesandtschaft, wo Vizekonsul Lutz und seine Hausgenossen unter dem Lichterbaum Weihnachtslieder sangen, sass in seinem Hauptquartier in einem tief in den Boden gesprengten Felsenunterstand unter dem Burghügel von Buda Karl Pfeffer-von Wildenbruch, General der Waffen-SS und Festungskommandant von Budapest. Er war nicht in Stimmung, Weihnachten zu feiern, denn alle Abschnittskommandanten bestätigten, dass die Lage hoffnungslos geworden sei. Gegen Abend war auch die Wiener Landstrasse, die einzige noch verbleibende Ausfallstrasse nach Westen, vom Feind unterbrochen und besetzt worden. Ausserdem mussten die Verteidiger sich von den östlich und südlich gelegenen Vororten von Pest zurückziehen, um überhaupt noch eine zusammenhängende Front bilden zu können. Unaufhörlich beschossen und bombardierten Jäger und Bomber das noch unter seiner Kontrolle stehende kleingewordene Stadtgebiet. Die Rote Armee konnte, wenn sie wollte, das flache Pest von einem Augenblick zum andern bis zum Donauufer überfluten und an sich reissen. An einen ernsthaften Widerstand war jedenfalls in Pest nicht mehr zu denken. Dann wäre aber auch der Hügelzug, auf dem sich die Altstadt von Buda mit seinen Schlössern, Palais, Kirchen und altertümlichen Festungsanlagen befand, kaum mehr zu halten. Ausserdem häuften sich Berichte, wonach demoralisierte ungarische Truppenteile beim geringsten Gefecht zum Feind überliefen und dadurch Löcher in der Front verursachten.

Der General informierte das Führerhauptquartier per Radio, dass er einen Ausbruchsversuch wagen werde, um das Gros seiner Truppen aus der Umklammerung zu retten. Er bat um Weisung.

Während der beiden nächstfolgenden Tage requirierte Pfeffer-von Wildenbruch alle Motorfahrzeuge in der Stadt, um in der Nacht vom 26. auf den 27. Dezember nach Westen ausbrechen zu können.

Kurz vor Beginn der Aktion erreichte ihn jedoch des «Führers» Antwort. Das Panzerkorps Gille sei zum Entsatz aus dem Raume Warschau unterwegs, denn Budapest müsse um jeden Preis gehalten werden. Falls der Ausbruchsversuch entgegen diesem Befehl dennoch unternommen werden sollte, würden sämtliche Offiziere und Soldaten beim Errreichen der deutschen Linien wegen Feigheit vor dem Feind vor ein Militärstandgericht gestellt werden.[1] Das war eine Wiederholung des Befehls Hitlers an Szálasi, Veesenmayer und Kemény, als diese ihn am 8. Dezember besucht hatten. Budapest müsse Schritt um Schritt «bis zum letzten Soldaten» verteidigt werden, hatte er geschrien. Dies war eine von vielen Aushalteparolen Hitlers, wodurch Hunderttausende in militärisch sinnlosen Aktionen den Tod fanden und Europas unersetzbare Kulturgüter zerstört wurden.

Es war deshalb angesichts dieses strengen Führerbefehls zwecklos, dass der Apostolische Nuntius in Begleitung von Feller und Danielsson den Kommandanten der ungarischen Resttruppen, General Iván Hindy, ausgerechnet zu diesem Zeitpunkt, dem 27. Dezember, zu einem Waffenstillstand zu bewegen versuchte. Angesichts von Hitlers fanatischen Durchhalteparolen war niemand mehr für vernünftige Worte zugänglich.

Die beiden sowjetischen Kommandanten, die Marschälle Malinowski und Tolbuchin, die von verschiedenen Richtungen her vorstossend bei Budapest konvergiert hatten, wussten um die aussichtslose Lage der deutsch-ungarischen Garnison Pfeffer-von Wildenbruchs. Gleichzeitig wollten sie den Marsch auf Wien beschleunigen. Am 29. Dezember, drei Tage nach Hitlers Durchhaltebefehl, entsandten sie deshalb zwei Emissäre, die die Front an verschiedenen Stellen überqueren und dem Festungskommandanten eine «ehrenvolle» Kampfeinstellung und Übergabe anbieten sollten. Trotz Feuereinstellung und Lautsprecherankündigung durch die sowjetische Seite geriet der eine Emissär mit seiner weisser Fahne vor der Front ins deutsche Sperrfeuer und starb. Der andere übergab die Botschaft dem Frontkommandanten, General der Waffen-SS Zehender, der sie zurückwies, ohne sie gelesen zu haben. Auf dem Rückweg wurde das Gefährt dieses Emissärs von einer ungarischen Batterie unter Feuer genommen. Auch er kam um.[2] Diese sinnlose Tragödie verstärkte zweifellos die Härte des sowjetischen Angriffs und hat möglicherweise das Verhalten der Soldaten nach der Einnahme der Stadt mit beeinflusst.

Am Weihnachtstag, den 25. Dezember, luden der Vizekonsul und seine Gattin alle schweizerischen Beamten der Gesandtschaft sowie einige weitere Landsleute aus Budapest zu einer weiteren Weihnachtsfeier in ihrer Residenz ein. Auch die widrigen Umstände sollten sie nicht davon abhalten, ein möglichst normales Leben zu führen. «Doch das Grüppchen war klein», bedauerte Gertrud, «denn nur diejenigen, die in der Nähe wohnten, konnten erscheinen. Von Pest über die Donau zu uns nach Buda kam nur ein einziger Tapferer, der es wagte, der bereits begonnenen Schlacht zu trotzen und noch über die längst schwer minierten Brücken zu kommen.»[3]

Von nun an war klar, dass der Vizekonsul nicht mehr wie üblich Tag um Tag von Buda über die Donau nach Pest an den Freiheitsplatz fahren konnte, um dort in der ehemaligen amerikanischen Gesandtschaft seine Abteilung für Fremde Interessen zu leiten. Bei dem nun gnadenlos einsetzenden Artilleriebombardement, das von der sowjetischen Luftwaffe in pausenlosem Einsatz unterstützt wurde, hätte Lutz sein Leben ohne Not dem sicheren Tode ausgesetzt, zumal die Jagdflugzeuge mit Vorliebe fahrende Fahrzeuge beschossen. Zu Fuss war die Distanz zwischen Wohnung und Büro zu gross. Zudem waren die Strassen immer noch von marodierenden Pfeilkreuzlern verunsichert.

Lutz hatte sich auf diesen Augenblick vorbereitet. Schon Wochen zuvor hatte er die Möglichkeit ins Auge gefasst, dass er eines Tages über Nacht in Buda von Pest abgeschnitten sein könnte. Falls dies geschah, hatte er einen seiner fähigen Beamten, Dr. Peter Zürcher, bestimmt, ihn zu vertreten und vor den Behörden – wer diese auch sein mochten – den Schutz der ihm anvertrauten Juden zu übernehmen. Zürcher, ein 30jähriger Jurist aus Zürich, war 1940 nach Ungarn gekommen und hatte als Direktor eine Textilfabrik geleitet, bevor er von Lutz wenige Monate zuvor zur Mitarbeit in seiner Abteilung gewonnen werden konnte. Er sollte von einem andern jungen Mann, Ernst Vonrufs, einem bisher in Ungarn tätigen Textiltechniker, sekundiert werden.

Diese beiden neuen Mitarbeiter stellten sich für Lutz als ein ausserordentlicher Glücksfall heraus. Als der Vizekonsul damals, als er die Notstandsmassnahme einer Teilung der Abteilung für Fremde Interessen ins Auge fasste – auch Kilchmann hatte seinerzeit die Verlegung der Gesandtschaftskanzlei nach Buda angeordnet, jedoch einige Funktionäre an der Stefania ut belassen – rechnete er kaum damit, dass seine Trennung von den Mitarbeitern am Freiheitsplatz und von den übrigen unter seiner Verantwortung stehenden Zweigstellen mehr als einige Tage dauern würde. Nach dem Einmarsch der Roten Armee würde er wieder zur Stelle sein und mit den neuen Herrschern Budapests verhandeln.

Freilich konnte Vizekonsul Lutz zur Weihnachtszeit 1944 weder vom unsinnigen Hitlerbefehl, die Stadt «bis zum letzten Soldaten» zu halten, noch vom Kadavergehorsam des Generals der Waffen-SS, Pfeffer-von Wildenbruch, wissen. Seine Abwesenheit vom Amtssitz sollte nicht wenige Tage, sondern beinahe drei Monate dauern.

Im Nachhinein gesehen war Lutz' Entscheid, wegen der akuten Lebensgefahr von Buda nicht mehr zu seinem Amtssitz in Pest zu fahren und auch nicht seine Wohnung an den Freiheitsplatz zu verlegen, zweifellos ein Fehler. Denn der Vizekonsul musste dadurch die Leitung der Abteilung für Fremde Interessen in die Hände seiner Arbeitskollegen, vor allem aber von Zürcher und Vonrufs legen und ihnen eine unerhörte Verantwortung aufbürden. Denn im Gegensatz zur Gesandtschaft verblieb ja seine Kanzlei aus administrativen Gründen am Freiheitsplatz. Sie musste in Tuchfühlung mit der Auswanderungsabteilung in der Vadász utca und in der Wekerle utca bleiben und irgendwie die Verbindung mit den Schutzhäusern im «internationalen Ghetto» und mit den Bewohnern des «grossen Ghetto» aufrechterhalten. Sie alle waren in Pest. Dadurch dass Lutz seine Residenz in Buda nicht mehr verliess, konnte er seine persönliche Schutzfunktion über die Tausende ihm anvertrauten Juden in den kommenden turbulenten Tagen während des Untergangs des Pfeilkreuzlerregimes nicht mehr direkt ausüben.

Weihnachten war noch nicht vorüber, als Lutz am 26. Dezember in seinem Tagebuch notierte: «Der Krieg hat auch unser Haus erreicht. Mit einer gewaltigen Detonation unweit unseres Hauses gingen die 500 Fenster der britischen Gesandtschaft in Scherben. Jetzt beginnt für uns die schwarze Zeit. Ich muss das Regime ergreifen. Zuerst dirigiere ich die männlichen Einwohner zuzupacken, um die vielen Scherben aus dem Treppenhaus zu beseitigen, indem ich mit meinem Chauffeur Charles selbst zugreife. Kiloweise füllen wir einen Eimer nach dem andern mit Scherben, die überall wie Eisplatten herumliegen und das Betreten der Treppe fast unmöglich machen. In der Umgebung gibt es weitere Explosionen ... Ich befehle den Frauen und Kindern, in den Keller zu gehen. Die fünf Polizisten müssen Couches, Teppiche und Polstermöbel in den Keller schleppen, wie auch einen Metallschrank mit Lebensmitteln. Auf der andern Seite ist ein zweiter Keller, mit unserem durch einen langen Gang verbunden... Auch ein WC mit Kübeln muss notdürftig eingerichtet werden, wie auch ein Waschtisch. In unserem Keller, der früher der Lagerung von Wein diente und mit einer 35 cm dicken Zementdecke verstärkt ist, müssen etwa 10 Personen Platz finden können.»[4]

Unter demselben Datum, dem 26. Dezember, stellte sich Lutz die Frage, ob die Gruppe in der ehemaligen britischen Gesandtschaft die intensive Beschiessung und die Bombardierung überhaupt überleben würde, wen die Geschosse etwa treffen würden. Wie in früheren Jahren zu Zeiten der Ungewissheit gewannen «düstere Gedanken» über die nächste Zukunft die Oberhand. Waren sie den Pfeilkreuzlern und der SS nur entronnen, um von sowjetischen Geschossen zermalmt zu werden?

Am schlimmsten zu ertragen war die Gefahr des gänzlichen Abgeschnittenwerdens. Kurz vor Weihnachten hatten am Stadtrand wohnende Bekannte angerufen, sowjetische Soldaten seien an ihrer Strasse aufgetaucht. Die Schlacht würde somit nicht lange dauern, das sei wenigstens ein Trost. Am Weihnachtstag gab es noch eine weitere Überraschung. Das Telefon klingelte. Am andern Ende des Drahtes erkundigte sich der Schweizer Generalkonsul in Wien, Walter Rüfenacht, nach dem Befinden. Es war gut zu wissen, dass sich jemand in der Ferne um ihr Schicksal Sorgen machte. Dann gab es keine Anrufe mehr. Die Geschosse hatten Telefonzentralen und Leitungsnetz gründlich zerstört. Als letzte Verbindung zur Aussenwelt blieb ein schwaches Batterieradio, aus dem dünne Stimmen «wie aus dem Jenseits» vernehmbar waren. Einmal pro Tag hörten die tief im Keller Versammelten Radio Wien, gelegentlich sogar BBC aus London. Radio Schweiz war gänzlich verstummt.[5]

Kurz nach Weihnachten sah auch Friedrich Born, der IKRK-Delegierte, ein, dass an die Aufrechterhaltung seines bisherigen Amtssitzes in Pest nicht mehr zu denken war. Mit zwei Mitarbeitern verlegte er seine Tätigkeit in seine Wohnung – ebenfalls in Pest –, weil sie über einen guten Luftschutzkeller verfügte. Als sich aber am Neujahrstag die Kanonade verstärkte, war auch dieser Notbehelf nicht mehr gut genug. Sehr anschaulich beschreibt Born den Schrecken der Beschiessung: «Gegen 11 Uhr vormittags setzte plötzlich, wie ein Blitz aus heiterem Himmel, ein furchtbares Trommelfeuer ein. Mit ein paar, wohl sehr grossen Sprüngen rettete ich mich in den Luftschutzkeller. Der Notausgang war durch eine Mine aufgesprengt worden, und jeder Einschlag im Hause oder im Garten jagte eine Staub- und Steinwolke durch diese Öffnung in den Keller hinein. Durch die Wucht der Einschläge entstand ein ständiges Zittern und Beben, und angstvoll drückten sich die 16 Kellerinsassen in einer Ecke zusammen. Fast eine Stunde hat dieser Feuerorkan gedauert. Die Besichtigung des Hauses ergab ein trostloses Bild: alle Wohnungen hatten Treffer erhalten. Von meiner Wohnung war ein Zimmer weggerissen, Treppenhaus und Wohnungseingang waren schwer beschädigt. Die Nachbarhäuser, überhaupt das ganze Quartier, boten einen schrecklichen Anblick. Ich musste mich entschliessen, auszuziehen; denn von diesem Quartier aus war es unmöglich, Kontakt zu behalten und den Aufgaben nachzukommen. Ich beschloss, mein vorbereitetes Quartier im Felsenspital auf der Burg zu beziehen. Dort war ich in der Nähe der Ministerien und des deutschen und ungarischen Oberkommandos... Der Weg war lang, selten ein Mensch auf der Strasse, die von durch Luftdruck heruntergeschleuderten Dachziegeln und heruntergerissenen Drähten übersät war. Brennende, eingestürzte Häuser markierten die Marschroute hinauf in die alte Burg von Buda, wo im königlichen Schloss, tief unter der Erde, in absolut bombensichern Gewölben das Oberkommando der Verteidiger von Budapest waltete, und wo in den tiefen Kellern der Ministerien der letzte Rest der revolutionären Pfeilkreuzler-Partei das bald vollendete Werk ihrer Staatsführung betrachten konnte.»[6]

Glücklicherweise war die neue schweizerische Gesandtschaftskanzlei im Eszterházy-Palais nur 300 Meter von der ehemaligen britischen Gesandtschaft entfernt, bei der jetzt alle Fensterscheiben zerbrochen waren. Zunächst war es möglich, einander zu besuchen und Nachrichten über den Kriegsverlauf zu erhalten, in der steten Hoffnung, dass der böse Spuk schlagartig zu Ende gehe. Aber auch diese kurze Wegstrecke war lebensgefährlich, wie sich Gertrud Lutz erinnert. Schon am Weihnachtstag entging sie knapp einem unheilvollen «Regen von Schutt und Ziegelsteinen», als sie einige ihrer Gäste vom Weihnachtsfest zurückbegleiten wollte: «Dies war ein deutlicher Fingerzeig, dass ein weiterer Aufenthalt über der Erde, ausser für ganz dringende Fälle, nicht angezeigt war.»[7]

Das Abwarten der Geschehnisse war jedoch nicht Sache von Legationssekretär Feller, eine Ungeduld, die Lutz bei dem um beinahe zwanzig Jahre jüngeren Mann als Unvorsicht verurteilte. Sie hätte Feller in der Tat beinahe das Leben gekostet. Am 29. Dezember machte er sich in Gesellschaft von Baronin Perényi auf, um nachzusehen, wie es mit dem Gebäude und den Angestellten der schweizerischen Gesandtschaft an der Stefania ut bestellt war. Es war abends um sechs Uhr. Die sowjetischen Jagdflugzeuge waren vom Himmel verschwunden, nur die Artillerie feuerte. In nachtdunkler Fahrt steuerten Feller und die Baronin vom Burghügel hinunter zur Donau und von dort über die Brücken, den langgestreckten Hauptstrassen Pests zu, in Richtung Gesandtschaft. Plötzlich wurde die Fahrt unterbrochen, denn vor ihnen, auf der Rakoczy ut, gerieten sie in eine Strassensperre der Pfeilkreuzler. Obgleich Feller sich sogleich legitimitierte, wurden er und die Baronin gezwungen, zur berüchtigten Hauptzentrale der Pfeilkreuzler an der Andrássy ut Nr. 60 zu fahren.

Feller protestierte vergeblich. Denn obgleich er in vergangenen Tagen die Bandenchefs reichlich bewirtet hatte, um sie freundlich zu stimmen, schien ihn niemand zu kennen. Der unheimliche András Kun, der noch junge Pfeilkreuzler-Priester, den Feller am Abend des Putschtages vom 15. Oktober kurz beobachtet hatte, empfing die Beiden.

Sechs Stunden lang wurde der schweizerische Geschäftsträger von Kun und dessen Genossen verhört. Er wurde ausgezogen, weil sie verifizieren wollten, ob er Jude war. Die Aktentasche, Schriften und 110 Napoleons d'or, die Feller im Tresor der Gesandtschaft zuhanden eines Schweizers aufbewahren wollte, wurden ihm abgenommen. Er wurde geschlagen, mit Erschiessen bedroht – wie auch Baronin Perényi – weil er die Verstecke Danielssons und anderer Diplomaten nicht preisgab. Inmitten dieses «Verhörs» kam die Nachricht, eine Ladung Stiefel, für die deutschen SS-Kameraden bestimmt, sei im Pfeilkreuzler-Hauptquartier eingetroffen. Kun und die schlimmsten Rädelsführer der Bande hasteten aus dem Zimmer hinaus, um sich die besten Stiefelpaare selber anzueignen. Gleichzeitig bluffte Feller, falls er und die Baronin ums Leben kämen, verwirke auch der Pfeilkreuzlerdiplomat Szilágyi in Bern das Leben. Einer der Pfeilkreuzler liess nun erkennen, dass er mit Szilágyi verwandt sei. Nun begann sich der Rest der von Kun Zurückgelassenen zu fürchten und sich zu fragen, was mit ihnen nach einer Niederlage geschehen würde. Nach einigem Hin und Her befahlen sie Feller und Baronin Perényi, das Gebäude raschestens zu verlassen, bevor der Bandenführer zurückkehrte und sie umbrachte. Kühl und ohne Hast verlangte Feller eine Quittung für die gestohlenen 110 Goldstücke. Dann erst gingen er und die Baronin zum furchterregenden Hauptquartier der Pfeilkreuzler hinaus.[8]

Zwei Tage später entschuldigte sich General Hindy, bei dem Feller einen Protest hinterlegt hatte, bei der Gesandtschaft. Der Geschäftsträger bekam die Napoleons d'or zurück.[9]

Aber es sollte noch schlimmer kommen. Es war zu erwarten, dass die unter dem kaum mehr existierenden schwedischen Schutz stehenden Gelbsternhäuser des «internationalen Ghettos» das Ziel der pfeilkreuzlerischen Mordlust sein würden. Die Banden entführten 290 Juden von dort, brachten sie zum Donauufer, wo sie erschossen und in den Fluss geworfen wurden.

Dann, am Sylvestertag, dem 31. Dezember, überfielen nicht weniger als 40–50 Pfeilkreuzler das Glashaus an der Vadász utca Nr. 29. Vielleicht mehr als irgendein anderer Ort in Budapest war den jungen «Rotznasen» das unter schweizerischem Schutz stehende Gebäude an der engen Gasse ein Dorn im Auge. Ständig hing doch eine Menschentraube vor dem Eingang und bat um Schutzbriefe, auch wenn sie immer wieder von Pfeilkreuzlerbanden belästigt und gar vertrieben wurde. Und hinter den grossen Glasfenstern sahen sie die Gesichter Dutzender, wenn nicht Hunderter von Juden, die für sie hinter der unsichtbaren Mauer der Extraterritorialität nicht greifbar waren. Von hier aus, das wussten die Pfeilkreuzler, verkehrten die mit schweizerischen Papieren ausgestatteten Chalutzim ungestraft mit allen Juden in der Stadt, und machten die Verbote der Behörden gegen jeglichen Briefverkehr unter Juden lächerlich. In den Augen der unbedarften Pfeilkreuzler handelte es sich beim Glashaus um ein Spionagezentrum ersten

Ranges. Hatten nicht die Regierung, schon unter Horthy, der deutsche Gesandte Veesenmayer, Eichmann, Szálasi und alle sonstigen Pfeilkreuzlerchefs stets gewarnt, die Juden seien eine Gefahr für Ungarns Sicherheit? Beweis war, dass kurz zuvor bei einer Pfeilkreuzlerversammlung im Stadttheater eine Bombe explodiert war. Wer konnte das getan haben? Doch niemand anders als die Juden. Die Feldgendarmerie der Pfeilkreuzler ordnete hierauf eine Untersuchung an und wollte das Glashaus an der Vadász utca als Erstes mit einem «offenen Befehl» untersuchen.[10]

Nachdem die grosse Pfeilkreuzlerbande den Eingang mittels einer Handgranate forciert hatte, schossen sie mit Maschinenpistolen in das Gebäude hinein. Drei Juden wurden getötet, unter ihnen die Frau von Rabbi Lajos Schreiber. Es gab acht Verletzte. Sie verlangten zunächst Lebensmittel und Geld, wovon sie das Gebäude angefüllt zu sein glaubten, und dann erst nach «Spionen». Es war ein Wunder, dass nicht mehr Leute zu Schaden kamen. Denn in dem von Menschen angefüllten Haus hätte eine Handgranate leicht Dutzende von Opfern fordern können. 800 angsterfüllte Personen wurden auf die Strasse hinausgetrieben, wo sie eine Stunde in grosser Kälte verharren mussten. Es war vorauszusehen, dass die Pfeilkreuzler ihnen dasselbe Schicksal wie den aus den schwedischen Schutzhäusern Vertriebenen bereiten würden.

Mosche Krausz gelang es, Lutzens Vertreter in Pest, Zürcher und Vonrufs, zu alarmieren. In der Zwischenzeit vermochte Arthur Weisz, der Besitzer des Glashauses, die Pfeilkreuzler mit dilatorischem Gespräch hinzuhalten, bis Zürcher und Vonrufs zur Stelle waren. Bald kamen zwei Polizeistreifen und ein Militärcamion mit bewaffneten Soldaten unter dem Kommando von Oberleutnant Fabry, dem Schutzdetachement der Abteilung für Fremde Interessen. Die wilde Bande konnte unter ihren Verwünschungen und Racheschwüren vertrieben werden.[11]

Ziemlich schutzlos hingegen waren 25 amerikanische Staatsbürger, die am 30. und 31. Dezember aus ihrem Interniertenlager an der Festetich utca trotz gültiger Schutzpässe in das «grosse Ghetto» überführt wurden. Es handelte sich zumeist um Juden. Wenn ausländische Staatsbürger nicht mehr geschützt werden konnten, war dann Hilfe für bedrohte ungarische Landsleute überhaupt noch möglich?

Um ein Haar wäre somit an diesem letzten Tag des Jahres ohne die Geistesgegenwart des Leitungsteams die Judenrettungsaktion der Abteilung für Fremde Interessen zugrunde gegangen. Für Zürcher und Vonrufs war klar geworden, dass die Pfeilkreuzlerbehörden, auch wenn sie nicht mehr lange an der Macht bleiben würden, systematisch bearbeitet werden mussten – wie es Feller erfolgreich vordemonstriert hatte – wenn die ihnen anvertrauten Juden nicht doch noch im allerletzten Augenblick untergehen sollten. Unverzüglich musste mit den Banditen auch jetzt «offiziell verhandelt» werden. Zürcher hat von diesen Begegnungen präzise und nüchterne Gesprächsprotokolle hinterlassen. Sie sind unvergleichliche historische Dokumente über das Ende einer kurzlebigen, aber zerstörerischen Bewegung inmitten einer belagerten Stadt, wo die Frontlinien oft nur wenige hundert Meter von den Gesprächsorten entfernt verliefen.

Tagelang diskutierte Zürcher im Beisein von Vonrufs mit den Pfeilkreuzlern, höflich, unverdrossen, als ob seine Gesprächspartner nach wie vor die volle Macht über ein souveränes Land besässen. In der Hauptsache ging es darum, den erworbenen «Besitzstand» zu wahren, das heisst, die extraterritoriale Unantastbarkeit der von der Schweiz verwalteten Gesandtschaftsgebäude auch bei diesen unbedarften, brutalen Menschen durchzusetzen. Zuweilen ging es auch um die Gesandtschaftsgebäude und Schutzhäuser Schwedens, wo keine funktionierende diplomatische Präsenz mehr vorhanden war und Wallenberg nur noch von Zeit zu Zeit aufzutauchen wagte. Die verschiedenen Gebäude durften nicht angegriffen und die darin befindlichen Juden nicht verschleppt werden, wiederholten Zürcher und Vonrufs ohne Unterlass. Es war ein ständiger, täglicher, ja stündlicher Kampf um das Überleben des ungarischen Restjudentums.[12]

Als sich die zwei Vertreter der Abteilung für Fremde Interessen am 31. Dezember gleich nach dem fehlgeschlagenen Angriff der Pfeilkreuzlerbanden auf das Glashaus an der Vadász utca zum Einlegen eines Protests zu Sédey, dem Oberstadthauptmann der Pfeilkreuzler, im Keller des Zentralstadthauses begaben – dieser war jetzt *de facto* Bürgermeister von Budapest –, stiessen sie im Vorzimmer unerwarteterweise auf ein eher sympathisches Ohr. Pál (Paul) Szalay, der administrative Beirat des Oberstadthauptmanns, war einer der wenigen Pfeilkreuzler, die sich in letzter Zeit über das barbarische Verhalten ihrer Parteigenossen Gedanken gemacht hatten und sich auf die kommende Niederlage einzustellen begannen.

Szalay war bereits über den Vorfall an der Vadász utca orientiert und versprach, Abhilfe zu schaffen, «soweit die Macht der Polizei und der ihr unterstehenden Organe der Pfeilkreuzlerpartei reichen.» Er gab allerdings zu, dass dies ein ziemlich hoffnungsloses Unterfangen sei. Die Lage sei unklar und die Polizeikräfte ungenügend. Sogar die interne Struktur der Partei sei am Auseinanderfallen und die Polizei, die eigentlich von der Partei unabhängig sein sollte, fürchte sich, etwas gegen die randalierenden Pfeilkreuzlerbanden zu unternehmen: «Die Macht der Partei, nachdem die eigentliche Führung sich nicht mehr in Budapest aufhalte,» resümierte Zürcher die Antwort Szalays, «sei in die Hände verschiedener Unterführer übergegangen, die wiederum ihre Parteimitglieder nur ungenügend in den Händen hätten. Auch sei seit längerer Zeit durch die Pfeilkreuzlerpartei die Parole ausgegeben worden, die Gesandtschaften müssten von Juden und jüdischem Eigentum gesäubert werden. Es sei deshalb mit Ereignissen dieser Art jeden Moment wieder zu rechnen. Die Partei stehe über der Polizei, musste Szalay schliesslich zugeben, und die Polizeiorgane könnten nur einen mildernden Einfluss auf solche Aktionen ausüben.»[13]

Szalay gab den beiden Gesandtschaftsbeamten denselben Rat, den er kurz zuvor Wallenberg gegeben hatte, als dieser gegen die Ermordung der 290 aus den schwedischen Schutzhäusern verschleppten Juden Protest einlegte. Das wäre nicht geschehen, wenn Wallenberg «seine» Juden rechtzeitig in das «internationale Ghetto» überführt hätte, wie dies Innenminister Vajna angeordnet hatte. Denn dort gebe es eine entsprechende Wache, bestehend aus Polizei, Gendarmerie und einem kleinen SS-Detachement, die das Leben der dortigen Juden beschützten. Nur zehn Pfeilkreuzler täten an den Eingängen des «internationalen Ghettos» Dienst.

Das war ein schöner Trost, wenn man daran dachte, mit welchem Eifer die Polizei und die Gendarmerie noch kurz zuvor auf Befehl des Sonderkommandos Eichmann eine halbe Million Juden nach Auschwitz einwaggoniert oder auf der grauenvollen Wiener Landstrasse entlanggetrieben hatten. Von der SS gar nicht zu reden. Zu den *non-dits* der Gesprächsaufzeichnung Zürchers, die noch am selben Sylvesterabend erstellt wurde, gehörte das beunruhigende und seit dem Verschwinden Eichmanns am Heiligen Abend immer neu wiederholte Gerücht, dass die Aufforderung zur Konzentration aller noch verbleibenden Juden an einem einzigen Ort den allerletzten Massenmord an Ungarns verbliebenen Juden erleichtern würde.

Zürcher wich der Aufforderung zur Konzentration aus, indem er die Sprache auf die extraterritoriale Unverletzlichkeit der Gesandtschaftsgebäude brachte. Was geschähe mit den jüdischen Angestellten, fragte er, falls sie von dort fortgeschleppt würden? Szalay antwortete, sie würden wie andere Juden ohne besondere Vorrechte interniert werden. Christliche Angestellte würden unbehelligt gelassen, insofern sie sich entsprechend ausweisen konnten.

Endlich öffnete sich die Türe des Arbeitszimmers des Allgewaltigen. Oberstadthauptmann Sédey trat heraus und begrüsste die Besucher. Ohne Umschweife wollte Zürcher wissen, wie er, Sédey, es mit der Extraterritorialität halte. Der Oberstadthauptmann wich aus. Die Gesandtschafts*gebäude* seien geschützt, nicht aber die darin befindlichen Juden. Worauf Zürcher antwortete, zwischen christlichen und jüdischen Gesandtschaftsangestellten mache er keine Unterschiede. Das Gespräch war kurz und ergebnislos.[14]

Mit diesem sonderbaren, aber in seinen Implikationen gefährlichen Gespräch ging das schreckensvolle Jahr 1944 zu Ende. Zürcher und Vonrufs wussten, dass noch nichts gewonnen war.

Wie unheilvoll die Lage immer noch war, zeigte sich bereits am folgenden Neujahrsmorgen, als eine neue Pfeilkreuzlerbande – diesmal waren es nur wenige – an der Vadász utca erschien und nach Arthur Weisz fragte. Durch seine dilatorischen Verhandlungen am Vortag hatte er ihren besonderen Zorn auf sich geladen und dazu beigetragen, die bereits auf der Strasse harrenden 800 Juden ihren Fängen zu entreissen. Weisz war zudem einer der Juden gewesen, die geglaubt hatten, das Vertrauen der Pfeilkreuzler durch kleine Geschenke, wie etwa Nahrungsmittel oder Getränke, zu gewinnen. Ähnlich wie es Harald Feller vorgemacht hatte, mit teilweisem Erfolg. Oder wie etwa Rudolf Kasztner auf oberster Ebene mit den deutschen SS-Chefs unter hohen Einsätzen spielte. Grossman berichtet, er habe Weisz auf die Gefahren einer zu grossen Vertraulichkeit mit den Pfeilkreuzlern aufmerksam gemacht. Die einzig sichere Garantie sei die Extraterritorialität des Gebäudes an der Vadász utca.

Die Pfeilkreuzlerbande wurde mit Zustimmung von Weisz – er war immerhin der Besitzer – in das Glashaus hineingelassen und erbat von ihm eine kleine Lebensmittelhilfe. Grossman schreibt: «Sie luden Arthur Weisz im Namen ihres Kommandanten ein, mit ihnen zu kommen, um eine Vereinbarung zu treffen, wonach sie von der Gesandtschaft Lebensmittel bekämen und dafür gewisse Gegenleistungen erbrächten. Trotz aller Warnungen fiel Weisz auf diesen Trick herein und ging mit ihnen – er kam nie mehr zurück. Offensichtlich wagten es die Pfeilkreuzler nicht, die durch Konsul Lutz gesicherte Extraterritorialität zu verletzen, aber sie entführten eines der Präsidiumsmitglieder.»[15]

Am selben Neujahrstag 1945 forderte die nicht nachlassende Vernichtungswut der Pfeilkreuzler auch das Leben von Otto Komoly, jener hervorragenden Gestalt des ungarischen Judentums. Der 1892 geborene diplomierte Bauingenieur war der Sohn eines begeisterten Zionisten, der 1897 an der Gründungsversammlung des Zionistischen Weltkongresses in Basel teilgenommen hatte. In jungen Jahren übersetzte Otto Komoly den Roman *Alt-Neuland* des ebenfalls aus Budapest stammenden Theodor Herzl ins Ungarische. Im Jahre 1939, als die Lage für die Juden bereits schwierig geworden war, übernahm er den Vorsitz des ungarischen Zionistenverbandes, was ihn u. a. in enge Verbindung mit Rudolf Kasztner brachte. 1943 war Komoly einer der Mitbegründer des Hilfs- und Befreiungskomitees (Wa'adat Ezra w'Hazalah) zugunsten jüdischer Flüchtlinge aus Polen, das in der Folge das eigentliche tragende Element des Palästina-Amtes und dadurch der von Lutz geschaffenen Auswanderungsabteilung wurde. Im darauffolgenden Jahr, 1944, wurde Komoly von Friedrich Born zum Leiter der Abteilung A der IKRK-Delegation ernannt, die sich mit der Rettung von Kindern befasste. In den letzten Monaten des Jahres verwaltete er – in Zusammenarbeit mit den ebenfalls couragierten Pfarrern Albert Bereczky und Gábor Sztehlo – ein Rettungswerk von 35 Gebäuden für 5–6 000 Kinder und 550 Angestellte, in denen ausserdem rund 1 000 erwachsene Juden verschiedener Nationalitäten Schutz fanden. Born hatte sich von den Behörden für diese Gebäude die Anerkennung der Extraterritorialität ertrotzt.[16]

Um der grösseren Sicherheit willen war Komoly am 28. Dezember von seiner Wohnung ins Hotel Ritz umgezogen, wo Hans Weyermann, der vor kurzem nach Budapest gekommene Adjutant Borns, ebenfalls Wohnung genommen und einen Arbeitsplatz eingerichtet hatte. Dieser Umzug Komolys blieb den Pfeilkreuzlern nicht verborgen. Am Neujahrstag erschienen zwei Polizeioffiziere in seinem (extraterritorialen) Büro und luden ihn mit auserwählter Höflichkeit «zu wichtigen Besprechungen» ein. Komoly war grundsätzlich gegen Verhandlungen ausserhalb seines Büros, aber er liess sich diesmal erweichen, obgleich ihn seine Frau davor warnte, das Büro zu verlassen. Auch der gerade anwesende Weyermann war von der Lauterkeit der Polizeioffiziere beeindruckt. Komoly kehrte von diesen «wichtigen Besprechungen» nicht mehr zurück.[17]

Während sich die Rote Armee Schritt um Schritt in den östlichen Vororten von Pest festsetzte, versuchten die Deutschen nach Neujahr 1945 mehrmals, den sowjetischen Belagerungsring von aussen her aufzusprengen. Drei verzweifelte Angriffe wurden unternommen, zuerst von Nordwesten her, dann aus Richtung Westen über das in der Zwischenzeit gänzlich zusammengeschossene Städtchen Bicske und schliesslich vom Plattensee her über Székesféhervar. Den Deutschen gelangen überraschend tiefe Einbrüche in die sowjetische Front, und zweimal waren sie nur 20 km von Budapest entfernt, wobei die sowjetischen Truppen zuweilen auf ein Territorium von nur 10 km Breite zwischen den am westlichen Stadtrand von Buda kämpfenden Einheiten unter Pfeffer-von Wildenbruch und der von aussen her angreifenden Wehrmacht, vor allem den aus Polen herbeigeeilten Panzerregimentern des Generals Gille, eingekeilt waren. Die Entsetzung Budapests wäre wahrscheinlich gelungen, wenn die erfolgreich vorstossenden Truppen nicht durch einen Führerbefehl zum Anhalten und Umkehren gezwungen worden wären, weil Hitler eine Einkesselung in der Grössenordnung von Stalingrad befürchtete. Wohl zu Recht, denn die Rote Armee stiess im selben Zeitpunkt rasch durch die Slowakei und Südungarn vor. Eine Einkesselung der gesamten Südostarmee bei Budapest hätte das sofortige Ende des Krieges bedeutet, denn der «Führer» besass keine anderen Reserven mehr. Die Wehrmacht musste die eingeschlossenen Verteidiger Budapests ihrem Schicksal überlassen, um sich vor Wien neu zu formieren.

Die beinahe gelungene Entsetzung der ungarischen Hauptstadt ermutigte die simplen Pfeilkreuzler in der belagerten Stadt, von neuem an den «Endsieg» Hitlers zu glauben. Die übrige Bevölkerung lebte andererseits in Angst und Schrecken und hoffte auf ein baldiges Ende des Grauens. Die nervenzerrüttende Beschiessung dauerte ohne Unterlass. Das elektrische Licht fiel aus, die Zentralheizungen ebenfalls. Die Fensterscheiben waren zerschlagen, und die meisten Menschen lebten zusammengepfercht in Kellern, wo es ein bisschen wärmer und vor allem sicherer war.

Zürcher und Vonrufs hatten die gefährlichen Implikationen des Gesprächs mit Szalay und Sédey vom Sylvesterabend nicht vergessen, um so weniger als der Tod von Arthur Weisz und Otto Komoly am darauffolgenden Neujahrstag eine neue Warnung darstellte, dass noch nichts gewonnen war. Am selben Neujahrstag vernahmen sie zudem, dass ein Dr. Ernö Vajna, der Bruder von Innenminister Gábor Vajna, mit einem Sonderflugzeug nach Budapest eingeflogen war. Er sollte die nach Sopron geflohene Regierung in der verlassenen Hauptstadt vertreten. Ernö Vajna übertraf vielleicht noch den durch seinen extremen Judenhass berüchtigten Innenminister. Zusammen mit dem jungen Csiky verstärkte er das Terrorregime in der Stadt, von keiner übergeordneten politischen Behörde kontrolliert. Csiky tat sich sogar schwer, die Autorität Vajnas anzuerkennen. Er hatte sich in den Räumlichkeiten des Aussenministeriums eingerichtet und führte sich als der alleinige Diktator Budapests auf.

Mehr als je zuvor wussten Zürcher und Vonrufs, dass unter diesen Umständen nicht nur das Leben der Juden in den beiden Ghettos an einem Faden hing, sondern auch das der jüdischen Angestellten in den verschiedenen Gesandtschaftsgebäuden. Vielleicht auch ihr eigenes.

In ihrer Not beschlossen die zwei Vertreter des Vizekonsuls, sich am 2. Januar an den deutschen Stadtkommandanten Remlinger zu wenden, der Pfeffer-von Wildenbruch direkt unterstand. Der SS-General erschien mit einem Major Schuster. Die Verhandlungen in der Eingangshalle des Hotels Astoria, wo Remlinger sein Hauptquartier aufgeschlagen hatte, dauerten nur kurz, denn das Gebäude hatte infolge von Einschlägen und Brandbomben Feuer gefangen und konnte jeden Augenblick einstürzen. Zürcher erklärte, dass die Extraterritorialität der schweizerischen Gesandtschaftsgebäude wegen der Drohungen der Pfeilkreuzler nicht mehr garantiert werden könne und dass der bisher gewährte Polizeischutz zu schwach und ungewiss sei. Er sei, sagte Zürcher, besonders um das Schicksal des Hauptsitzes der Abteilung für Fremde Interessen am Freiheitsplatz besorgt, deren jüdisches Personal von einem Augenblick zum andern verschleppt und ermordet werden könnte, wie es Oberstadthauptmann Sédey angedroht hatte.

Zürcher und Vonrufs waren erleichtert, als die beiden SS-Offiziere Verständnis für ihr Anliegen bezeugten. Die deutschen Militärs, antwortete Remlinger, stünden ihnen zur Verfügung, «solange sie es noch können», falls die ungarischen Behörden nicht mehr in der Lage seien, die Extraterritorialität der Gesandtschaft zu schützen. Die beiden Schweizer Herren sollen ungeniert mit einer Abteilung der Wehrmacht, die am Freiheitsplatz stationiert sei und Artillerie bediene, in Verbindung treten. Bevor Zürcher und Vonrufs das brennende Hotel Astoria verliessen, fragte Zürcher General Remlinger mit gedämpfter Stimme, wie lange er glaube, überhaupt noch Widerstand leisten zu können. Als Antwort machte der General «eine pessimistische Geste auf die obern Stockwerke des Hotels und auf die Strasse, wo alles brannte». Mehr brauchte er nicht zu sagen.

Die beiden Schweizer machten sich alsbald auf den Weg durch die gefährlichen Strassen zurück zur früheren amerikanischen Gesandtschaft. Als sie den Freiheitsplatz erreichten, entdeckten sie zu ihrer Verblüffung, dass die Abteilung deutscher Militärs, von der Remlinger gesprochen hatte, aus kaum mehr als einer Patrouille der Wehrmacht bestand, von einem Oberfeldwebel kommandiert. Die Gruppe würde sogleich über den Platz heranstürmen, versicherte der Unteroffizier, sobald jemand aus einem Fenster der Gesandtschaft riefe: «Schweizerische Gesandtschaft in Gefahr!», oder, falls nötig, drei Revolverschüsse abfeuerte. Die praktische Seite einer möglichen Intervention bedenkend, bemerkte der Oberfeldwebel am Schluss des Gesprächs, es sollte sich zu einem solchen Zeitpunkt kein Gesandtschaftspersonal vor dem Gebäude befinden, denn seine Truppe würde sofort auf die Eindringlinge zu schiessen beginnen. Von einer ständigen Wache direkt vor dem Gesandtschaftsgebäude wurde abgesehen, denn die Rechte der Extraterritorialität sollten in sich selber bestehen und nicht unter dem bewaffneten Schutz der deutschen Wehrmacht und noch weniger unter dem der SS stehen. Auch nicht unter dem der ungarischen Militärs.

Zürcher schreibt über die weitere Entwicklung: «Ein Eingreifen des deutschen Militärs war nicht mehr notwendig, da wir dafür sorgten, dass die Bereitschaft der oben erwähnten deutschen Formationen bekannt wurde, sodass die Pfeilkreuzler sich nicht mehr in die Nähe der Gesandtschaft wagten. Ausserdem waren die Verhältnisse auf dem Szabadsag-tér (Freiheitsplatz) zufolge der immer intensiveren militärischen Operationen bereits soweit gediehen, dass diese Banden es vorzogen, im Keller zu bleiben und auch nach dem am 14. Januar 1945 erfolgten Abzuge der deutschen Sturmgeschütze von diesem Platze sich nicht mehr zeigten. Es sei in diesem Zusammenhang auf den deutschen Oberfeldwebel hingewiesen, welcher auch die Sprengung des Munitionslagers im Gebäude der Börse gegenüber der Gesandtschaft durch SS-Truppen verhinderte, indem er die notwendigen Anleitungen gab, wie und wo die bereits vorbereiteten Sprengkabel unschädlich gemacht werden konnten und damit eine Katastrophe verhinderte. Der Oberfeldwebel ist Mitte Januar 1945 einer Granatsplitterverletzung erlegen.»[18]

Auch General der Waffen-SS Remlinger hat den Krieg nicht lange überlebt. Nach der Einnahme von Pest wurde er von den sowjetischen Truppen gefangengenommen, im darauffolgenden Jahr als Kriegsverbrecher angeklagt und in Leningrad gehängt.[19] Seine vielleicht letzte «gute Tat» zum Schutze der schweizerischen Gesandtschaft und der Juden Budapests hat seine offenbar anderswo begangenen Frevel nicht aufgewogen.

Weil es für die Pfeilkreuzler schwierig geworden war, in die Gesandtschaftsgebäude einzudringen, versuchten sie es mit den kaum bewachten schweizerischen Gelbsternhäusern im «internationalen Ghetto». Am frühen Morgen des 6. Januar wurde Zürcher von Mosche Krausz und Dr. Károly Wilhelm benachrichtigt, eine Pfeilkreuzlerbande sei dort eingedrungen, um 4–5 000 Juden – so behaupteten die «Rotznasen» – in ihrem eigenen Interesse in das «grosse Ghetto» zu überführen. Die Aktion werde von einem gewissen Hidassy geplant und ausgeführt. Dieser war ein Bandenchef, den die Ereignisse einen kurzen Augenblick lang nach oben gespült hatten. Eine ähnliche Aktion war gleichzeitig auch gegen schwedische Schutzhäuser unternommen worden. Wallenberg war prompt davon unterrichtet worden und fuhr sogleich in das Hauptquartier Hidassys an der Városház ut 24 und, seinen Zorn verbergend, vermochte er den jungen Mann mit netten Worten und Ehrenbezeugungen zu bewegen, die Aktion um 24 Stunden auszusetzen. Dies sollte ihm die Zeit geben, mit Ernö Vajna zu verhandeln. Möglicherweise hoffte aber Wallenberg, dass die Rote Armee bis dahin Pest besetzen würde.

Sogleich machten sich Zürcher und Vonrufs ebenfalls nach der Városház ut 24 auf den Weg. Hidassy war nicht da, denn er war sofort nach dem Gespräch mit Wallenberg weggegangen und wurde erst im Verlauf des Nachmittags zurückerwartet. Da die Sache keinen Aufschub erlaubte, fuhren die beiden weiter zum Zentralstadthaus, um Oberstadthauptmann Sédey zu sprechen. Im Vorzimmer Sédeys erzählte ihnen dessen Berater, Szalay die Stimmung sei sehr schlecht, denn seit vor einigen Stunden die Vereinbarung mit Wallenberg getroffen worden sei, habe jemand von einem unter schwedischem Schutz stehenden Gelbsternhaus an der Katona Jozsef utca mit Maschinenpistolen auf eine Pfeilkreuzlerpatrouille geschossen. Es sei deshalb beschlossen worden, den von Wallenberg bewirkten Aufschub aufzuheben, die schwedischen Schutzhäuser zu schliessen und alle Insassen sofort ins «grosse Ghetto» zu überführen. Warum aber sollten alle diese Tausende von Juden bestraft werden, fragte sich Szalay im Anschluss an seine Information wie im Selbstgespräch, wenn man doch nur den einen schuldigen Täter zu suchen brauche?

Sédey, der Oberstadthauptmann, zu dem Zürcher und Vonrufs nun zugelassen wurden, war offenbar nicht der Allgewaltige, als den er sich wenige Tage zuvor ausgegeben hatte. Er fürchtete sich eindeutig, den Abtransport der Juden zu verzögern, weil er meinte, Hidassy habe die Aktion zweifellos mit Vajna abgesprochen. Er hatte allerdings keine Einwände, dass Szalay am folgenden Tag, dem 7. Januar mit Dr. Vajna für die beiden Schweizer Herren einen Termin verabredete.

Als Zürcher und Vonrufs nervös und erschöpft zum Gesandtschaftsgebäude am Freiheitsplatz zurückkehrten, teilten ihnen Krausz und Wilhelm mit, die Überführungen aus den von der Schweiz geschützten Gelbsternhäusern hätten aufgehört. Das war wenigstens ein kleiner Lichtblick in einem als aussichtlos erscheinenden täglichen Kampf.

Doch am 7. Januar erhoben sich neue Schwierigkeiten. Als Zürcher und Vonrufs im Zentralstadtgebäude zum vereinbarten Termin mit Ernö Vajna erschienen, erfuhren sie, dass dieser sie gar nicht empfangen wolle. In seiner faktischen Sprache protokollierte Zürcher den Ablauf dieses Besuchs: «Die Vertreter der Gesandtschaft wurden zunächst von Herrn Szalay empfangen, welcher mitteilte, es sei ihm bis zur Stunde nicht gelungen, Herrn Dr. Ernö Vajna in seiner Stellungnahme gegenüber den Juden, die sich in den geschützten Häusern aufhielten, zu beeinflussen. Herr Dr. Ernö Vajna stehe momentan stark unter dem Einfluss des radikalen Parteimitgliedes Csiky, dem jetzigen Vertreter der ungarischen Regierung im Aussenministerium. Die Lage für die interessierten Gesandtschaften sei schlecht, da die Partei folgenden Standpunkt einnehme: 1) Eine radikale Lösung der Judenfrage. 2) Irgendwelche Erleichterungen können nicht mehr gewährt werden nach dem angeblichen Attentats-Zwischenfall von der Katona Jozsef utca. Es müssten deshalb alle Juden aus den geschützten Häusern ins Ghetto gebracht werden. 3) Die Extraterritorialität der gesandtschaftlichen Gebäude könne nicht mehr garantiert werden, nachdem die akkreditierten Gesandtschaften schon lange aufgefordert worden seien, dem jetzigen Sitz der ungarischen Regierung zu folgen. Zu Punkt 3) äusserte sich Herr Szalay ergänzend dahin, dass mit Terroraktionen gegenüber den Mitgliedern der

Gesandtschaft und mit Hausdurchsuchungen gerechnet werden müsse. Schon am heutigen Tag sei mit dem Beginn solcher Aktionen zu rechnen. Weiter teilte Herr Szalay mit, dass Dr. Ernö Vajna die Vertreter der schweizerischen Gesandtschaft, Abteilung Fremde Interessen, im Aussenministerium erwarte, wo er mit dem Parteimitglied Csiky verhandle. Herr Szalay gab indessen den Rat, sich auf keinen Fall dorthin zu begeben, da infolge der Einquartierung von Terroristen im Gebäude des Aussenministeriums für die persönliche Sicherheit nicht mehr garantiert werden könne. Denselben Rat habe er auch Herrn Wallenberg gegeben, welcher am besten für die nächste Zeit verschwinden solle. Herr Szalay bestätigte in der Folge neuerdings, dass die eigentliche Parteileitung sich nicht mehr in Budapest befinde und deshalb die Gewalt in die Hände einer Menge Unterführer übergegangen sei. Dr. Ernö Vajna versuche neuerdings, wieder Ordnung zu schaffen, der Erfolg dieses Versuches sei jedoch unter den heutigen Umständen ungewiss. Einzig die deutsche Wehrmacht sei in der Lage, die Extraterritorialitätsrechte der Gesandtschaften erfolgreich zu schützen, und Herr Szalay empfahl, diesbezüglich Schritte einzuleiten. Dass dies bereits geschehen war, wurde Herrn Szalay nicht mitgeteilt.»[20]

Es war klar, dass Zürcher und Vonrufs den Rat Szalays befolgten und trotz aller Ungewissheit für die ihnen anvertrauten Juden nicht versuchten, Vajna in dem zur Terroristenfalle gewordenen Aussenministerium aufzusuchen. Ein weiterer Termin mit Vajna wurde jedoch für den Nachmittag des Montags, des 8. Januar, vereinbart.

Nach ihrer Rückkehr zum Freiheitsplatz vernahmen die beiden Beamten zu ihrer Erleichterung, dass der von ihnen verlangte Aufschub des Abtransports «ihrer» Juden ins «grosse Ghetto» von den Pfeilkreuzlern auch noch an diesem Tag respektiert worden war. Inmitten von Boshaftigkeit und unzähligen Gaunereien geschahen zuweilen kleine Wunder.

Und dennoch war der Kleinkrieg der schweizerischen Gesandtschaft mit den Pfeilkreuzlern noch nicht gewonnen, obgleich die Rote Armee sich jeden Tag von den Aussenquartieren Pests weiter auf das Stadtzentrum zu voranarbeitete. Am Dienstag in der Frühe – es war der 9. Januar – schien die Lage wieder hoffnungslos. Krausz und Wilhelm hatten inzwischen beunruhigende Nachrichten von den geschützten Häusern im «internationalen Ghetto» bekommen, dass sich auffallend viele Pfeilkreuzler in der Nähe befänden und die Juden Angst hätten. Irgend etwas sei geplant, vielleicht der geplante Abtransport ins «grosse Ghetto», oder noch Schlimmeres. Für Zürcher und Vonrufs gab es keine andere Wahl, als den widerlichen Vajna wiederum aufzusuchen und sich auf den gefährlichen Weg zum Zentralstadthaus zu begeben.

Als sie in die Nähe jenes Gebäudes gelangten, bot sich ihnen ein merkwürdiges Bild. Neben der «Regierung» der Pfeilkreuzler hatte sich nun auch die SS dort eingenistet, da sie infolge des Rückzuges aus den Aussenquartieren ihre bisherigen Standorte hatte aufgeben müssen. Auffallenderweise standen viele der jungen Pfeilkreuzler umher, einige mit Fahnen. Offenbar war ein grosser Aufmarsch zur Hebung ihrer Moral geplant. Die Nachricht lief umher, dass der «Führer der Nation», Szálasi, mit einem Fieseler Storch (einer Art Vorläufer des Helikopters) nach Budapest einfliegen würde, um die Ankunft des Entsatzheeres vorzubereiten, das Hitlers Wunderwaffe mitbringen würde.[21] Angesichts des beinahe gelungenen Durchbruchs durch die sowjetische Front in jenen Tagen war die Vorstellung eines herbeieilenden Entsatzheeres in der Tat gar nicht so absurd. Bald aber setzte heftiges sowjetisches Artilleriefeuer ein, und der grosse Pfeilkreuzleraufmarsch kam gar nicht richtig zustande. Erstmals stellte sich unter den «Rotznasen» eine gewisse Ernüchterung ein.

Vajna, der die ihm verbleibenden Quartiere der ungarischen Hauptstadt von seinem betonierten Keller des Zentralstadthauses «regierte», gab sich deshalb ein bisschen weniger arrogant, als die beiden Schweizer nach langem Warten bei ihm vorsprechen durften. Zürcher ging sofort zum Angriff über und sagte dem Regierungsvertreter, dass es unangebracht sei, mit Gesandtschaften, die die Interessen der wichtigsten Feindstaaten Ungarns verträten, in derart respektloser Weise umzugehen, wie dies die Pfeilkreuzler bisher getan hätten. Wie könne Ungarn nach dem Krieg von den ehemaligen Feindstaaten als verhandlungsfähig betrachtet werden, wenn es fortwährend die allgemein anerkannten völkerrechtlichen Vereinbarungen über den Haufen werfe?

Gleich zwei Forderungen stellte Zürcher dem verdutzten Vajna, der es kaum gewohnt war, auf diese Weise abgekanzelt zu werden: *Erstens* mussten die 25 amerikanischen Staatsbürger, die kurz vor Jahresende gegen alles Völkerrecht aus ihrem Interniertenlager in das «grosse Ghetto» transferiert worden waren, zurückgeführt werden. Schliesslich lebten zahlreiche ungarische Staatsbürger in den Vereinigten Staaten in voller Freiheit. Ein Nichtvollzug dieser internationalen Verpflichtung könnte für diese Leute recht unangenehme Folgen haben, bluffte er.

Der gedankenlose Vajna, der bisher über das Völkerrecht und seine Implikationen kaum nachgedacht hatte, war sofort einverstanden, diese 25 amerikanischen Staatsbürger in die schweizerischen Gelbsternhäuser transferieren zu lassen. Vajna vergass sogar zu fragen, ob es dabei um Juden handle oder nicht.

Mit der *zweiten* Forderung stach Zürcher direkt in die Eiterbeule der

Judenverfolgung durch die Pfeilkreuzler. Die schweizerische Gesandtschaft habe mit der Regierung Szálasi – dieselbe, die Vajna in Budapest vertrete – ein Auswanderungskontingent von 7 800 vereinbart und diese Leute in den von der Schweiz geschützten Gelbsternhäusern untergebracht. Dort warteten sie auf die Auswanderung nach Palästina. In den vergangenen Tagen seien jedoch, ohne dass die Gesandtschaft darüber informiert gewesen sei oder ihr Einverständnis gegeben habe, von den Polizeiorganen 5 000 Bewohner dieser Schutzhäuser in das «grosse Ghetto» getrieben worden. Die Gesandtschaft fordere eine «sofortige und endgültige» Lösung dieser Frage. Klugerweise vermied Zürcher, die Rückführung dieser 5 000 in die schweizerischen Schutzhäuser zu verlangen, weil er fürchtete, die Pfeilkreuzler entdeckten die Präsenz einer viel grösseren Zahl von Schutzjuden, als der schweizerischen Gesandtschaft offiziell zugestanden worden war. Dies könnte unnötig neues Unheil hervorrufen. Deshalb sprach er, ohne anzuhalten, von Szálasis «Denkschrift» vom 17. November 1944, in der dieser das Auswanderungskontingent von 7 800 bestätigt hatte.

Vajna wusste nichts von einer solchen Denkschrift und fragte Szalay, worum es sich denn handle. Nachdem dieser die Auskunft erteilt hatte, wich Vajna aus, indem er die alte, seit Monaten, wenn nicht seit Jahren gebrauchte Formel wiederholte, dass die Juden durch ihr Verbleiben im «internationalen Ghetto» leicht eine Bedrohung der kämpfenden Truppe werden könnten. Er wiederholte dabei die Mär vom «Angriff» schwedischer Schutzjuden auf die Pfeilkreuzler.

Die Zeit drängte, und Zürcher musste schnelle Überlegungen anstellen: «Da jederzeit mit dem Abtransport der verbleibenden 7 800 Personen aus den geschützten Häusern gerechnet werden musste, waren die Vertreter der schweizerischen Gesandtschaft, Abteilung Fremde Interessen, gezwungen, zu einer sofortigen Einigung mit Herrn Dr. Ernö Vajna zu kommen. Diese Einigung musste sich unter den obwaltenden Umständen auch auf die noch in den Häusern verbliebenen Juden beschränken. An einen Rücktransport der bereits ins Ghetto gebrachten Juden war nicht zu denken, da vor allem damit gerechnet werden musste, dass in den geschützten Häusern schliesslich nicht 7 800 Personen, sondern bei einer genauen Nachzählung ca. 12 000 Personen hätten gefunden werden.»[22]

Vajna führte das Gespräch nochmals auf die angebliche Schiesserei von einem schwedischen Schutzhaus auf die Pfeilkreuzler zurück. So etwas dürfe natürlich nicht mehr vorkommen. Er verlangte deshalb nicht nur eine genaue Namensliste aller Bewohner, sondern bestand auf einer Durchsuchung nach «Waffen und Spionen» auch in den von der Schweiz geschützten Häusern. Falls solche gefunden würden, müssten alle Bewohner des Hauses dafür büssen, erklärte er. Zürcher entgegnete, eine solche Massnahme sei nicht gerecht, denn nach allgemein geltendem Recht dürften nur die direkt Schuldigen für eine Straftat gebüsst werden. Spione und waffentragende Krieger könne er, Vajna, ohnehin vergessen. Männer jüngeren und mittleren Alters, die für so etwas in Frage kommen könnten, seien ohnehin bereits abtransportiert worden. Übriggeblieben seien lediglich Kinder und alte Menschen.

Zürcher hatte jedoch keine andere Wahl, als der Herausgabe einer Namensliste zuzustimmen, um die getroffene Vereinbarung nicht wieder in Frage zu stellen. Überdies könne er für die Echtheit aller Namen nicht unbedingt garantieren, weil, wie Herr Dr. Vajna selber wisse, die Pfeilkreuzlerbanden mehrmals in die geschützten Häuser eingedrungen seien und Tausende von Schutzbriefen weggenommen und zerrissen hätten.[23]

Ein neues Gespräch wurde für den 10. Januar vereinbart. Zürcher hoffte auf Zeitgewinn, denn er wollte dem unangenehmen Pfeilkreuzlerchef nicht mehr gegenübertreten.

Noch am selben Abend, da der Mitarbeiterstab der Auswanderungsabteilung die Liste für Vajna vorbereitete, setzte Zürcher sein Leben von neuem aufs Spiel, indem er eine der Donaubrücken überquerte und zuerst Legationssekretär Feller im Eszterházy-Palais und anschliessend, zusammen mit dem letzteren, Vizekonsul Lutz im Keller der einstigen britischen Gesandtschaft besuchte und den beiden über die Verhandlungen mit den ungarischen «Behörden» Bericht erstattete. Dies war sein letzter Besuch in Buda, da die Wachen die Tragfähigkeit der unter ständigem Beschuss liegenden Brücken nicht mehr garantieren wollten.[24]

Ernö Vajna schien nicht mehr bei der Sache zu sein, als er die Liste von Zürcher am nächsten Tag entgegennahm. Zerstreut fragte er nach der Bedeutung von Schutzpässen und Schutzbriefen, worüber ihn der Schweizer Beamte bereits ausführlich informiert hatte. Mindestens 40 Prozent dieser Dokumente seien von den Pfeilkreuzlern abgenommen und zumeist zerrissen worden, sagte Zürcher. Er wolle sie nicht mehr ersetzen, sonst bestünde die Gefahr von Duplikationen und illegalem Handel. Er könne jedoch ein anderes, gleichwertiges Papier für diese Leute erstellen. Vajna war damit einverstanden und fügte gelangweilt hinzu, er möchte bis zum folgenden Tag einen weiteren Brief von der Gesandtschaft erhalten, dass alle Bewohner der von der Schweiz geschützten Gelbsternhäuser ein Schutzdokument besässen. Die Sache schien gewonnen.

Natürlich verfasste Zürcher diesen Brief. Aber am folgenden Tag – es war der 11. Januar – konnte er Vajna im Zentralstadthaus nicht finden, und niemand wusste, wo er sich aufhielt. Fluchtvorbereitungen waren wichtiger als Schutzdokumente für Juden geworden.

Peter Zürcher schrieb über jene gefährlichsten zwei Wochen seines Lebens: «Bis zum Einmarsch der Roten Armee war uns die Aufgabe gestellt, die Sicherheit des Gesandtschaftsgebäudes der früheren amerikanischen Gesandtschaft zu gewährleisten. In diesem Gebäude waren die Büros der Abteilung für Fremde Interessen untergebracht, wie sich dort auch erhebliche Werte der früheren diplomatischen Vertreter der Vereinigten Staaten befanden. Desgleichen war während diesen letzten Tagen des alten Regimes das Leben der unter diesem Schutze stehenden Staatsbürger, wie auch dasjenige der Angestellten der Abteilung zu sichern. Schliesslich mussten von den sogenannten ‹geschützten Häusern›, in welchen die mit schweizerischen Schutzbriefen versehenen Juden untergebracht waren, die Angriffe der damaligen ungarischen nationalsozialistischen militanten Gruppen abgewehrt werden … Nachdem man uns die Juden vor der Gesandtschaft an die Bäume hängte, oder dieselben vor unseren Augen erschoss und in die Donau warf, gab es unsererseits nicht viel zu überlegen. Die Verknüpfung der Schutzaktion mit der Palästina-Auswanderung und damit mit den von uns vertretenen britischen Interessen war auch nur ein Vorwand, welcher bei den damaligen ungarischen Behörden vorgebracht werden konnte. Der materielle Inhalt unserer Verhandlungen wurde auch immer von geringerer Bedeutung, da es sich nur darum handelte, bis zum Einrücken der Roten Armee Zeit zu gewinnen, um die letzten befürchteten Atrozitäten gegen die Gesandtschaft, deren Mitglieder und gegen die unter ihrem Schutz stehenden Personen zu verhüten. Sämtliche Juden, welche auf Grund dieser Verhandlungen in den ‹geschützten Häusern› verbleiben konnten, erlebten den Einmarsch der Roten Armee.»[25]

Diese hervorragende Pflichterfüllung inmitten der doppelten Gefahr der Pfeilkreuzler und der Belagerung durch die Rote Armee ging weit über das im üblichen diplomatischen Dienst Benötigte hinaus.

Seit dem Augenblick, da jemand angeblich aus einem der schwedischen Schutzhäuser auf eine Pfeilkreuzlerbande geschossen hatte, war der Hass des 26jährigen Csiky, des im Augenblick mächtigsten Bandenführers, gegen die Vertreter der neutralen Gesandtschaften auf Weissgluthitze angestiegen. Dank dem Geheimtip Szalays hatten Zürcher und Vonrufs es vermieden, sich ins Gebäude des Aussenministeriums zu begeben. Dadurch hatte er ihnen wahrscheinlich das Leben gerettet. Der schwedische Minister Danielsson, den die Pfeilkreuzler seit dem Sturm auf dessen Gesandtschaft ruhelos suchten, war wie vom Erdboden verschwunden, denn offenbar war Csiky nie hinter das Geheimnis gekommen, dass sich der Schwede im Eszterházy-Palais an der Tarnok utca versteckte. Oder sie wagten es nicht, die Polizeiwache anzugreifen, die das Palais des Fürsten Eszterházy, des Oberhaupts der immerhin mächtigsten Adelsfamilie Ungarns umstellte.

Blieb Raoul Wallenberg. Seit dem zweifachen Überfall auf das Schwedische Rote Kreuz und die schwedische Gesandtschaft war er schutzlos und vogelfrei geworden. Kaum wagte er es, im selben Bett zweimal zu schlafen, auch nachdem es ihm gelungen war, sein Büro im verwüsteten Schwedischen Roten Kreuz wieder einigermassen in den Griff zu bekommen. Laut einer Information des Biografen Wallenbergs, Gilbert Joseph, berief Danielsson Wallenberg am 10. oder 11. Januar in Fellers Kanzlei an der Tarnok utca, wo ihm bestätigt wurde, Feller habe durch einen seiner vielfältigen Kontakte unter den Pfeilkreuzlern erfahren, Csiky wolle Wallenberg ins Aussenministerium zum Gespräch einladen, um ihn daselbst zu töten.[26] Wahrscheinlich hatte auch Zürcher diese Nachricht am Vortag Feller und Lutz gegenüber bestätigt.

Obgleich er hochgefährdet war, beabsichtigte Wallenberg keineswegs, in der Sicherheit der schweizerischen Gesandtschaft unterzutauchen, sondern er beschloss, nach Pest zurückzukehren, um den Einzug der sowjetischen Truppen abzuwarten. Es war ohnehin kaum mehr möglich, bei den mörderischen Pfeilkreuzlern für die Juden einzutreten. Als offiziell akkreditierter Diplomat gerade jener Schutzmacht, die bisher die Interessen der Sowjetunion in Ungarn vertreten hatte, sah sich Wallenberg zweifellos als *der* geeignete Mann, der Roten Armee entgegenzugehen und die Kommandanten der Roten Armee zu veranlassen, zur Sicherung der gefährdeten Schutzhäuser und des «grossen Ghettos» so rasch wie möglich vorzurücken. Es war dieselbe Idee, die auch Feller vor einiger Zeit beschäftigt hatte. Jetzt aber stand Pest vor dem Fall.

Nachdem Wallenberg das Esterházy-Palais verlassen und in die Nacht hinausgeschritten war, haben ihn weder Danielsson noch Feller jemals wiedergesehen. Am 13. Januar, nur zwei Tage nach diesem Gespräch, nahm er offenbar durch die Frontlinien hindurch erste Kontakte mit den Sowjets auf. Und am 17. Januar, als die Rote Armee ganz Pest bis zur Donau besetzt hatte, verabredete er sich mit sowjetischen Offizieren, das Hauptquartier der Roten Armee in Debrecen zu besuchen. An jenem Tag verloren sich seine Spuren …

Schritt um Schritt rückten die sowjetischen Streitkräfte weiter gegen das Stadtinnere von Pest vor. Am 11. Januar war der Krieg für die schweizerische Gesandtschaft an der Stefania ut, wo Minister Jaeger einst seine Kanzlei gehabt hatte, vorbei. Der Mitarbeiterstab war auf ganze drei Personen zusammengeschrumpft, seit die Kanzlei unter der Leitung Kilchmanns auf dem Hügel von Buda im Eszterházy-Palais neu errichtet worden war. Neben dem Visabeamten Max Meier hielten zwei Sekretärinnen, Gita Walterskirchen und zunächst noch Bettina Scharplaz, nebst einem Angestellten, Max Ember, das Haus besetzt. Frau Scharplaz hatte sich jedoch schon um die Weihnachtszeit nach der Kanzlei im Eszterházy-Palais versetzen lassen. Seit vielen Tagen harrten die Verbliebenen im Luftschutzkeller aus, während Geschosse und Kugeln im Haus einschlugen. Am 4. Januar hatte Feller das Haus auf einer seiner waghalsigen Fahrten besucht, und am selben Abend kamen Zürcher und Vonrufs vorbei, zu Fuss vom Freiheitsplatz her, von Nische zu Nische duckend. Am 10. Januar, noch am Vortag des erstmaligen Erscheinens der sowjetischen Armee, erschien Feller wieder, inmitten des Feuers, weil er sich um das Schicksal der drei Mitarbeiter Sorge gemacht hatte. Selbstverständlich fuhr er des Abends die riskante Strecke nach Buda wieder zurück.

Am Vormittag des 11. Januar geriet das Gesandtschaftsgebäude in die Frontlinie. Ein deutscher Panzerspähwagen walzte das Eisengitter nieder, um im Garten Stellung zu nehmen. Trotz der Gefahr begaben sich Meier und Ember zum Gefährt hinaus und machten der Besatzung klar, dass sie sich auf extraterritorialem Boden befand. Zu ihrer Erleichterung fuhr der Panzerspähwagen weg. Drastisch beschrieb Ember, wie er die Ankunft der Rotarmisten erlebt hat: «Draussen pfeifen die Gewehrkugeln herum und wir sitzen beim friedlichen Jass, als um 18 Uhr Abends mächtiges Gepolter und unverständliche Worte unseren Frieden stören. Wir laufen hinaus bis zur Kellertüre. Es ist ganz dunkel. Nur die Worte verraten, dass es sich um russische Soldaten handelt. Die Türe war versperrt. Immer wieder brüllt es draussen, ‹Ruski, Ruski› und noch vieles andere, das uns unverständlich ist. Den Schlüssel finden wir in der grossen Eile nicht sofort; auf das hin wollen die Soldaten die Türe einrennen; endlich geht die Türe auf. Ein gutes Dutzend Soldaten dringen in den Kellergang ein und schreien permanent: ‹Nemetski, Magyarski Soldati› (Deutsche, ungarische Soldaten)? Anscheinend fragen sie, ob hier deutsche oder ungarische Soldaten versteckt sind. Keiner spricht weder deutsch noch ungarisch. Die Verständigung ist also unmöglich. Gewehre, Maschinenpistolen und Pistolenläufe, alle selbstverständlich voll und dick geladen, fuchteln einem ums Gesicht herum. Hin und wieder, inmitten eines argen Gebrülls fallen Schüsse in die Kellerräume. Jeden Moment wartet man auf sein Ende. Mein Kollege (Meier) und ich rennen in unseren Keller und holen unsere Gesandtschaftstafeln in russischer Sprache geschrieben. Sämtliche Taschenlampen werden hervorgeholt und die Tafeln stark beleuchtet. Ich renne mit einer grossen Tafel zu einem, anscheinend der Anführer dieser Stosstruppe; schäumende Mundecken und andauerndes Schreien verraten sein wildes Draufgängertum. Die Tafel stecke ich ihm vor die Nase, draufhin schlägt er sie mir mit der geladenen Pistole aus der Hand und schreit wieder: ‹Nemetski, Magyarski Soldati?› Neue Russen dringen in den Keller ein. Unten beginnen sie sich bereits zu verteilen und patrouillenmässig wird der Keller abgeklopft. Alles, was ich hier niederschreibe, dauerte kaum drei Minuten.»[27]

Mit Schrecken blickten die Bewohner und Verteidiger des Budaer Burghügels in jenen Tagen und Nächten über die Donau nach dem flachgelegenen Pest hinüber, in das sich der Krieg immer mehr hineinfrass. Der Augenzeuge Szatmári, der das Inferno beobachtete, schrieb: «Die Russen trugen ihren Angriff immer tiefer nach Pest hinein ... Es war ein schauerlicher Anblick, abends in Buda auf der Bastei zu stehen und herunterzuschauen auf die brennende Stadt. Es gab Nächte, in denen Pest an 15 bis 20 Stellen brannte. Die Deutschen kümmerten sich nicht mehr um die Juden, sie hatten ihre eigenen Sorgen. sie mussten ihre Kranken und Verletzten nach Buda schaffen. Sie bereiteten die Räumung vor, da sie sehr gut wussten, dass sie Pest nicht halten konnten. Die Deutschen versuchten, Munition und Benzin mit Flugzeugen und Fallschirmen nach Budapest zu schaffen, aber sehr viele Fallschirme wurden durch die Russen abgeschossen oder landeten in der Donau. Auch die Bevölkerung war gegen sie. Man sabotierte die Ablieferung bzw. Anmeldung der Fallschirme. Die Munition wurde vergraben und das rote Tuch der Fallschirme für spätere Zwecke aufgehoben.»[28]

Die Kampflust der Pfeilkreuzler blieb gering, trotz der Notlage der Ihren. Sie verteidigten ihr Land an einer leichteren Front. Am 11. Januar wagten sie sich aus ihren Schlupflöchern nochmals auf die offene Strasse hinaus, um unter der Führung des pervertierten Minoritenpaters András Kun – der später für seine Missetaten gehängt wurde –, ihre fast letzte scheussliche Tat zu verüben. In einem Sanatorium an der Maros utca in Buda ermordeten sie weitere 92 schutzlose Menschen, Kranke, Alte, Kinder, natürlich alles Juden, einschliesslich Ärzte und Pflegepersonal.[29]

Je aussichtloser die Lage der Verteidiger Budapests war, desto verbissener versuchten die mörderischen jungen Leute die Juden in ihren eigenen Untergang mit hineinzuziehen. Raub und Totschlag blieben an der Tagesordnung. Eine der schrecklichsten Untaten richtete sich gegen das jüdische Spital an der Városmajor utca, ebenfalls in Buda, das unter dem Schutz des IKRK stand und das Friedrich Born im Lauf des Dezember zweimal durch persönliche Interventionen gegen Pfeilkreuzlerangriffe hatte verteidigen müssen. Jetzt, da Telefon- und Verkehrsverbindungen durch Kriegseinwirkung unterbrochen waren, war das Spital auf sich selbst angewiesen. Am 14. Januar um die Mittagsstunde umstellte eine Pfeilkreuzlerbande das Spital. Der Grossteil der Kranken und Angestellten war bereits um den Mittagstisch versammelt. Schwerere Kranke lagen in ihren Betten. Die Pfeilkreuzler trieben die um den Mittagstisch versammelten Personen in Gruppen von je 5 bis 10 in den Innenhof und erschossen sie mit Maschinenpistolen. Jene in den Betten wurden gleich auf ihren Zimmern umgebracht. Insgesamt töteten sie 154 Menschen, wovon 130 Kranke. Die übrigen waren Ärzte, Krankenschwestern und Spitalangestellte.[30] Nach Kriegsende machten die neuen Behörden die Mitglieder dieser Pfeilkreuzlerbande, zu der auch eine junge Frau gehörte, ausfindig und verhafteten sie. Sie mussten zur Strafe die Toten eigenhändig wieder ausgraben. Nach einem Kriegsverbrecherprozess wurden die meisten dieser Bande zum Tode verurteilt und hingerichtet.

Am 19. Januar griff eine andere Pfeilkreuzlerbande das Altersheim der orthodoxen Juden an der Alma utca an. 90 Menschen wurden nach der Varosmajor utca verschleppt und dort erschossen.[31]

Der deutsche Widerstand in Pest konnte nun kaum mehr lange dauern, und dann würde die Bedrohung der Juden endlich aufhören: «Eine Front im eigentlichen Sinne des Wortes existierte nicht mehr», erzählt Gosztonyi die Geschehnisse anschaulich. «Sie lag auf den Strassen, in den Häusern und vielfach in den Wohnungen oder in Kellerlöchern, von wo aus kleine Gruppen auf sich selbst gestellt kämpften. Im gegnerischen Feuer hielten nur noch Melder die Verbindungen zwischen den verschiedenen Stäben aufrecht. Die rauchende Stadt, in deren Strassen sich allmählich die Trümmer häuften, lag wie ausgestorben da. Die Bevölkerung zog sich in die Tiefe der Keller zurück, wo sie ohne Strom, Gas und an den meisten Orten ohne Wasser ihr Dasein fristete. Die Verluste der Eingeschlossenen wuchsen Tag für Tag. Es war unmöglich, noch einen Brand zu löschen oder Tote zu begraben. Verwundete verbluteten dort, wo sie getroffen wurden, weil niemand da war, der ihnen helfen konnte. Unter dem Artilleriefeuer, das tagelang auf die Stadt einhämmerte, flogen Munitionslager in die Luft, Hunderte von Zivilisten mit in den Tod reissend. Sowjetische Lautsprecher, die überall bis tief in die Stadt hinein vorgeschoben waren, kündigten das nächste Trommelfeuer an, meldeten die Ziele der Bombenangriffe und forderten die Soldaten auf, mit Kochgeschirr zu ihnen herüberzukommen, um Essen zu empfangen.»[32]

Das Massaker von Patienten und Pflegepersonal des unter dem Schutz des IKRK stehenden jüdischen Spitals zeigte auf, dass die Juden trotz nahenden Zusammenbruchs der Front immer noch höchst gefährdet waren. Vor allem hatten die Pfeilkreuzler die Aufforderung ihres früheren Mentors, Adolf Eichmann, nicht vergessen, noch alle Juden umzubringen, obgleich die Spitzen der sowjetischen Armee sich bis auf wenige hundert Meter auf das Zentrum von Pest vorgearbeitet hatten. Das wichtigste Ziel eines solchen

Anschlages war natürlich das «grosse Ghetto» mit seinen beinahe 70 000 Bewohnern, und die Bluttat ist fast gelungen.

Es waren Zürcher und Vonrufs, die Szalay im Zentralstadthaus am 15. Januar benachrichtigten, dass offenbar Vorbereitungen zu einem Angriff auf das «grosse Ghetto» unternommen würden. Szalay hatte kurz zuvor dieselbe Nachricht auch von einem Polizeioffizier bekommen, der ihm berichtet hatte, im Hotel Royal seien 500 deutsche Soldaten, darunter viele SS, 200 Polizisten und eine Menge Pfeilkreuzler versammelt. Maschinengewehre und Handgranaten würden verteilt. Sie wollten nicht etwa an die nahe Front gehen, sondern noch an demselben Abend ein Attentat auf das «grosse Ghetto» unternehmen.

Szalay unterrichtete Ernö Vajna umgehend, der von den Plänen bereits wusste, sie aber befürwortete und nichts gegen ihre Verwirklichung unternehmen wollte. Über alle Massen empört, sprach Szalay hierauf mit dem Kommandanten der SS-Division *Feldherrnhalle*, General Schmidthuber, der sich in diesem Augenblick ebenfalls im Keller der Zentralstadthalle aufhielt. Er sagte zu ihm, er habe vernommen, seine eigenen Offiziere komplottierten im Hotel Royal zusammen mit andern Rädelsführern die Zerstörung des «grossen Ghettos», obgleich der übergeordnete Festungskommandant, Pfeffer-von Wildenbruch, die SS mit dessen Schutz betraut habe. Wenn er – nach Szalays eigenen Worten – nichts gegen das geplante Verbrechen unternehme, werde er nicht als Soldat, sondern als Verbrecher zur Rechenschaft gezogen werden.

Wenn der SS-General schlecht gelaunt gewesen wäre, hätte er den protestierenden Szalay auf der Stelle erschiessen lassen können. Er behielt jedoch einen kühlen Kopf, den er nicht in einer Schlinge sehen wollte, und befahl der im Hotel Royal versammelten blutdurstigen Schar, sich zu zerstreuen und ihren Mut an der Front gegen die anrückenden Sowjets unter Beweis zu stellen. Er stellte verstärkte und zuverlässige SS- und Polizeiwachen vor die vier Tore des Ghettos, um die Pfeilkreuzler und andere Attentäter fernzuhalten.[33]

Aufschlussreich sind hierüber die Mitteilungen über ein eigentliches Zusammenwirken von SS und Juden, die Pfeffer-von Wildenbruch über ein Jahrzehnt später in einem Brief an Lutz machte: «Als kurz vor Weihnachten 1944 der Befehl eingetroffen war, dass Budapest verteidigt werden sollte, habe ich mir durch den Führer der Gestapo-Gruppe, die in Budapest verbleiben und nach der Einschliessung ebenfalls unter meinen Befehl treten sollte, über die Judenfrage in Budapest einen Vortrag halten lassen und ihm darauf den strikten Befehl gegeben, dafür zu sorgen, dass den Juden nichts geschehen dürfe. Er hat daraufhin das sogenannte Ghetto in Pest mit seinen

Leuten und ihm von mir zugeteilten Verstärkungsmannschaften bewacht und durch Posten und Patrouillen verhindert, dass Pfeilkreuzler oder sonstige radikale Elemente in das Ghetto eindringen und dort Unheil anrichten konnten. Die letzten Bewachungsmannschaften sind in der Nacht vom 15. zum 16. Januar 1945 beim Vordringen der Russen bis an die Donau und der damit verbundenen Räumung von Pest durch unsere Truppen von den Juden selbst auf Schleichwegen in Sicherheit gebracht worden.»[34]

Im selben Schreiben zitierte der ehemalige General der Waffen-SS aus einem Brief, den seine Frau Ende 1947 von Dr. Wolf v. Gersdorff aus Stuttgart erhalten hatte. Gersdorff, ein ehemaliger Reichswehroffizier, der zum Widerstandskreis des Grafen Stauffenberg gehört hatte und beinahe selber hingerichtet worden war, verbrachte zwischen Juli und September 1945 mehrere Wochen in Budapest, wo er folgendes hörte: «Ich traf mehrere meiner jüdischen Bekannten in Budapest wieder, welche die Belagerungszeit gut überstanden hatten. Auf meine Frage, wie dies möglich gewesen sei, berichteten sie mir, dass sie von den deutschen SS-Verbänden geschützt worden seien. Kurz vor Beginn der Belagerung von Budapest sei in jüdischen Kreisen bekannt geworden, dass die SS sich bereit erklärt habe, mehrere Häuserblocks den Juden zur Verfügung zu stellen. Diejenigen Juden, welche sich dorthin zurückzögen, würden unter dem Schutz der SS stehen. Viele hätten dem Angebot nicht getraut, sondern gemeint, dass dies nur eine Falle sei, um die Juden zusammenzuholen und dann völlig auszurotten. Diejenigen, die misstrauisch waren, seien also fern geblieben, später jedoch von den Pfeilkreuzlern herausgeholt und umgebracht worden. Diejenigen Juden jedoch, welche dem Angebot der deutschen SS-Truppen gefolgt seien, hätten sich während der ganzen Belagerungszeit unter dem bewaffneten Schutz der SS befunden und seien von niemandem angetastet worden. Mir wurde berichtet, dass es sich hierbei um ein Abkommen gehandelt habe, das zwischen dem Kommandeur der SS und der jüdischen Gemeinde getroffen worden sei. Ich glaube mich zu entsinnen, dass der General Pfeffer-Wildenbruch als derjenige bezeichnet wurde, der von deutscher Seite dieses Abkommen geschlossen habe.»[35]

Die Legendenbildung um den Schutz der Juden des «grossen Ghettos» durch die SS hat offenbar schon frühzeitig eingesetzt. Tatsache ist ja, dass das «grosse Ghetto» ursprünglich von den Pfeilkreuzlern auf Grund einer Anweisung Eichmanns als Sammellager errichtet worden war, um das ungarische Restjudentum um so leichter deportieren zu können. Der Schutz durch die SS kam erst im allerletzten Augenblick zustande, als Pfeffer-von Wildenbruch und seine ranghöchsten Offiziere über ihre persönliche Zukunft nach Kriegsende nachzudenken begannen, denn auch er hatte zunächst an eine Liquidation des Ghettos gedacht.[36] Auch dann konnte der General der Zuverlässigkeit seiner eigenen SS-Einheiten nicht mehr sicher sein ...

Lediglich Stunden, nachdem Schmidthuber bzw. Pfeffer-von Wildenbruch der SS und den Pfeilkreuzlern den letztmöglichen Anschlag auf das «grosse Ghetto» verboten hatte, flohen die «Rotznasen» – natürlich noch vor den Fronttruppen – von Pest über die Donau auf die Anhöhe von Buda. Sie legten die kurze Strecke nicht etwa zu Fuss, sondern in langen Kolonnen gestohlener Autos zurück, in denen ihr geraubtes Gut verstaut war: Teppiche, Silber, Wertsachen, Pelze und Kleider. In Buda vertrieben sie die Bewohner aus ihren Kellern und machten sich selber breit.

Im Lauf der drei nächsten Tage, vom 16. bis zum 18. Januar 1945, nahm die Rote Armee ganz Pest ein.

Als die Sowjets am 16. Januar im Norden gegen die Margaretheninsel vorstiessen, befreiten sie die Schutzhäuser der neutralen Gesandtschaften, das bisherige «internationale Ghetto» an der Pozsonyi ut und am Szent-István Körut. Wie durch ein Wunder hatten die rund 25 000 Bewohner die Beschiessung und die Bombardierungen heil überlebt, unter ihnen 17 500 in den schweizerischen Schutzhäusern.

Am Vormittag, dem 17. Januar, fiel der Roten Armee der Westbahnhof in die Hände und damit das eigentliche Geschäftszentrum von Pest. Um sechs Uhr abends zogen sich die letzten Deutschen – abgesehen von versprengten, kleineren Einheiten – über die Donaubrücken zurück, und vorsichtig bezog die nachrückende Rote Armee Stellung entlang jener Flussufer, wo die Pfeilkreuzler während ihrer kurzen Herrschaft viele Juden erschossen und ins dahinfliessende Wasser geworfen hatten. Wären die sowjetischen Truppen sogleich ohne Zögern über die Brücken nachgestossen, hätten sie sich noch in derselben Nacht an den Abhängen des Burghügels festsetzen und das umgehende Ende der gesamten Belagerung einleiten können. Sie taten es nicht, weil die sowjetischen Kommandanten die Zahl der Verteidiger weit überschätzten. Um drei Uhr morgens flogen die Brücken in die Luft.

Am 18. Januar befasste sich die siegreiche Rote Armee mit der vollständigen Besetzung Pests und dessen «Säuberung» von versprengten Gruppen, die sich nicht mehr über die Brücken hatten retten können.

Im Lauf jenes Tages befreiten sie endlich das «grosse Ghetto» in der Elisabethstadt. Einige Schüsse, nicht mehr, wurden zwischen den anrückenden Soldaten und den wenigen zurückgelassenen SS-Soldaten und Pfeilkreuzlern gewechselt, die die Eingänge zum Ghetto noch bewachten. Die Rotarmisten rissen die Holzpalissaden nieder und marschierten langsam und vorsichtig die Ghettostrassen entlang. Ebenso wachsam öffneten sich die Türen der überfüllten Ghettohäuser, aus denen ausgemergelte Gestalten den erschreckten Soldaten entgegenkamen. Sie entstiegen den Kellern, den Ruinen. Etliche trugen den gelben Stern. Greise humpelten heraus. Sie hielten unterernährte, grossäugige Kinder an der Hand, die oft kaum noch gehen konnten. Sie, die Überlebenden des einst blühenden und lebensfrohen ungarischen Judentums von beinahe 750 000 Menschen, das nicht an die kommende Katastrophe hatte glauben wollen. Einige der Rotarmisten, die im langen Krieg selber viel Schreckliches miterlebt hatten, wurden von diesem Anblick dermassen übermannt, dass sie den Juden impulsiv den gelben Stern von den Kleidern rissen und ihnen weinend zuriefen: «Ihr seid jetzt frei!» Welchen Sinn aber hatte die Freiheit für diese nicht nur körperlich, sondern auch psychisch so schwer geschädigten Menschen?

Eine schaurige Szene bot sich den jammervollen, aus allen Häusern herausströmenden Gestalten beim Ausgang des Ghettos in der Nähe der halbzerstörten Hauptsynagoge an der Dohány utca. Dort, im kleinen Garten des Gotteshauses lagen kreuz und quer durcheinander die in Eis und Schnee erstarrten Leichen von 2 000 unbestatteten Menschen, für die in den letzten Wochen und Tagen keine Ruhestätte mehr gefunden werden konnte. Die Kriegshandlungen hatten die Überführung der Gestorbenen auf die Friedhöfe unterbunden. Ausserdem waren die jüdischen Leichenbestatter schon vor dem Pfeilkreuzlerputsch vom 15. Oktober nach Auschwitz deportiert worden. Hunderte von Leichen wurden ausserdem im früheren jüdischen Dampfbad an der Kazincka utca gefunden, oder aufgeschichtet in den Innenhöfen und Lagerschuppen einstiger Handelshäuser oder entlang einiger Strassen. Als die sowjetischen Truppen Pest besetzten, überdeckte eine dünne Schneeschicht die ausgemergelten Toten wie ein weisses Leichentuch. Erstaunlich viele Kinder lagen darunter. Die sowjetischen Truppen veranlassten die Bestattung der bei der der Synagoge liegenden Menschen. Über diesem Massengrab wurde später eine Gedenkstätte errichtet. Die übrigen wurden auf die Friedhöfe überführt.

Schrecklich waren in der Tat die Verluste des einst so vitalen ungarischen Judentums, dessen Beitrag zur geistigen und wirtschaftlichen Entwicklung ihrer Heimat bahnbrechend gewesen war. Im Jahre 1941 hatten 725 000 Juden im erweiterten Ungarn gelebt, 401 000 innerhalb der Grenzen von Trianon-Ungarn und 324 000 in den durch die «Wiener Schiedssprüche» Ungarn auf deutsches Diktat «zurückgegebenen» Gebiete, die rund 60 000 zum Christentum konvertierten «Rassenjuden» eingeschlossen. Bis zum 19. März 1944, dem Tag der deutschen Besetzung, war ihre Zahl von 725 000 auf 762 000 angestiegen, weil mehrere Tausend Juden aus Polen, der Slowakei oder Jugoslawien nach Ungarn geflohen waren. Hingegen waren in der Zwischenzeit 63 000 zum Arbeitsdienst eingezogene Juden bei Massakern in der Ukraine und in der Batschka vernichtet worden. Wegen der Gebietsveränderungen, Massenhinrichtungen und andauernden Bevölkerungsverschiebungen sind genaue Berechnungen nicht leicht anzustellen.

Von diesen 762 000 wurden 440 000 nach Auschwitz deportiert und dort bis auf einige wenige Überlebende vergast. 61 000 wurden in der Hauptsache von den Pfeilkreuzlern getötet, vor allem in Budapest, aber auch auf der Wiener Landstrasse nach Hegyeshalom. Eine kleinere Zahl verlor ihr Leben in deutschen Konzentrationslagern. Der Gesamtverlust betrug somit 501 000, davon rund 100 000 Kinder. Nach jüdischen Berechnungen überlebten 219 000 ungarische Juden den Holocaust.[37]

Der Jüdische Weltkongress, von Braham zitiert, dokumentiert hingegen, dass nach Kriegsende 1945 255 500 überlebende Juden in Ungarn gezählt worden seien, darunter 190 000 in den Grenzen von Trianon-Ungarn und 65 000 in den 1945 neuerdings wieder an die Nachbarstaaten zurückgegebenen Territorien. Hiervon lebten 144 000 in Budapest, 119 000 im Augenblick der Befreiung und rund 25 000 spätere Rückkehrer aus deutschen Konzentrationslagern. Hinzu kamen 56 000 Juden, die in den Provinzstädten und auf dem Lande von Trianon-Ungarn in kleinen, zersplitterten Gruppen überlebt hatten. Das offene ungarische Land war dadurch nach Jahrhunderten des Zusammenlebens praktisch «judenfrei» geworden.[38]

Aufgrund von weiteren Berechnungen, die gleich nach der Befreiung von Professor Dr. Imre Heller und Professor Dr. Jozsef Waldapfel durchgeführt wurden – sie hatten sich in den schweizerischen Gesandtschaftsgebäuden versteckt gehalten –, gibt Grossman eine Gesamtzahl von 124 000 an, die sich im Augenblick der Befreiung in Budapest befanden. Von diesen hätten sich 69 000 im «grossen Ghetto» befunden und 55 000 anderswo. Der Unterschied von 5 000 zwischen den Zahlen Brahams und jenen Grossmans für Budapest geht wahrscheinlich auf die grosse Zahl von Todesfällen zurück, die den Nachwirkungen von Unterernährung und erlittenen Strapazen zuzuschreiben sind, vor allem unter den verlassenen Kindern.

Die 69–70 000 Bewohner des «grossen Ghettos» hätten sich – wiederum nach Grossman – wie folgt zusammengesetzt: 25 000 wurden zwangsweise aus den durch die Schweiz geschützten Häusern eingewiesen, 2 500 aus den Schutzhäusern der schwedischen Gesandtschaft, 3 000 mussten vom schwedischen Roten Kreuz ins «grosse Ghetto» überführt werden, 3 000 kamen aus Kinderheimen des IKRK, 800 waren von Portugal und 3 000 von der Nuntiatur des Heiligen Stuhls geschützt gewesen, insgesamt also 34 300 Personen. Die übrigen 34 700 waren ungeschützte Juden, die von den Pfeilkreuzlern oder der Polizei aufgegriffen worden waren oder die sich «freiwillig» gestellt hatten.

Die übrigen 55 000 ausserhalb des «grossen Ghettos» befreiten Juden setzten sich aus den folgenden Gruppen zusammen: 20 000 waren von den Chalutzim mit gefälschten «arischen» Papieren ausgestattete Juden, die offen oder versteckt lebten. Weitere 1 000 wurden von den Kirchen oder von Einzelpersonen geschützt. 21 500 waren in den schweizerischen Gesandtschaftsgebäuden (4 000) oder in den schweizerischen Schutzhäusern des «internationalen Ghettos» (17 500) aufgehoben. Nachdem die 25 000 aus den schweizerischen Gelbsternhäusern ins «grosse Ghetto» überführt worden waren, wurden sie gleich durch neue Tausende ersetzt, die dort Schutz suchten. Schweden schützte in seinen Gesandtschaftsgebäuden und Gelbsternhäusern 2 500 Personen. In den Büros und Kinderheimen des IKRK verbargen sich 8 000 Juden und in den spanischen Schutzhäusern 2 000.[39]

Die genannten Zahlen bestätigen wiederum die zentrale Rolle, die Vizekonsul Lutz und seine Mitarbeiter in der von ihm geleiteten Abteilung auch quantitativ – wenn man dies so sagen kann – gespielt haben. Von den 124 000 geretteten Juden von Budapest dürfen 46 500 ihr Überleben der Aktion Lutz direkt verdankt haben. Diese Zahl könnte erhöht werden, wenn man die 20 000 von den Chalutzim mit «arischen» Papieren versehenen Juden hinzufügt, denn diese besondere Einzelaktion war nur möglich, weil Lutz die jüdischen Pioniere schützte und ihnen «extraterritorialen» Wohn- und Arbeitsraum überliess, ohne darauf viel persönlichen Einfluss nehmen zu wollen.

Diese Schätzungen wurden von Michael Salomon, dem Präsidenten der ungarischen Zionistenorganisation, in einem Dankesbrief vom 24. Dezember 1949 an Lutz bestätigt. Salomon schrieb: «In den schweizerischerseits geschützten Häusern befanden sich nach der Belagerung: ca. 17 000 Personen. In den drei Konsulatsgebäuden (gemeint sind die von der Gesandtschaft geschützten Gebäude, T. T.) wurden gerettet: ca. 4 000 Personen. Ins (grosse) Ghetto von Oktober 1944 bis Januar 1945 überführte schweizerische Schützlinge: ca. 26 000 Personen. Personen die verschiedene Schutzbriefe besassen und durch schweizerische Schutzbriefe gerettet wurden: ca. 5 000 Personen. Gesamtzahl der Geretteten: ca. 62 000 Personen».[40] Zu diesen 62 000 könnten die 10 000 Kinder und Chalutzim hinzugefügt werden, denen Vizekonsul Lutz zwischen 1942 und dem 19. März 1944 in Zusammenarbeit mit dem Palästina-Amt zur Ausreise nach Palästina verholfen hatte. Das wäre eine Gesamtzahl von 72 000.

Gleichzeitig muss festgehalten werden, dass die im letzten Augenblick stattfindende Rettung der 69–70 000 Juden im «grossen Ghetto» das Werk von Zürcher und Vonrufs gewesen ist, die ihrerseits auf die Kollaboration des renegenten Pfeilkreuzlers Szalay und der SS-Generäle Schmidthuber und vor allem von Pfeffer-von Wildenbruch zählen durften. Ein Teil der Bewohner des «grossen Ghettos» war somit mehr als einmal gerettet worden. Des weiteren sind die vielen gemeinsamen Verhandlungen der neutralen Gesandtschaften und die Interventionen des IKRK-Delegierten Born in Erinnerung zu rufen, die den politischen Rahmen abstecken halfen, sowie die energischen Interventionen Angelo Rottas, Raoul Wallenbergs, Anton Kilchmanns und Harald Fellers, deren Ergebnisse sich kaum in Zahlen ausdrücken lassen. Nicht zu vergessen ist die beherzte Rettungsaktion des Italieners Giorgio Perlasca, der 2000 Verfolgten das Leben rettete. Er übernahm das verwaiste Gesandtschaftsgebäude Spaniens, änderte seinen Namen kurzentschlossen auf Jorge und händigte den Juden spanische Schutzpässe aus, ohne die Regierung in Madrid von diesem diplomatischen Handstreich überhaupt zu unterrichten. Diese «spanischen Schutzjuden» überlebten das Grauen zunächst in «internationalen Ghetto». Sie wurden auf Jahresende 1944 in das «grosse Ghetto» überführt und überlebten dort. Hinzu kamen die zahlreichen jüdischen Unternehmen, wie etwa die verbissenen Verhandlungen von Rudolf Kasztner mit der SS, die von den unermüdlichen Chalutzim organisierte Flucht (Tijul) nach Rumänien oder von zahllosen Schutzmassnahmen von Einzelchristen, Gemeinden und Klöstern gar nicht zu reden. Sogar der alte Horthy hat durch seinen späten Deportationsstopp dem Restjudentum eine Überlebenschance geschenkt, auch wenn seine Gesamtrolle bei der ungarischen Schoah kläglich gewesen ist. Das beweist, dass die Rettung der Juden von Budapest das Gemeinschaftswerk von vielen gewesen ist, auch wenn Einzelne hervorragende Rollen gespielt haben.

Die übrigen ersten Kontakte mit der Roten Armee verliefen begreiflicherweise unter grossen Spannungen. Nicht nur, weil Ungarn für die sowjetischen Armeeangehörigen Feindesland war und dass jeder Ausländer, der sich auf dem Boden dieses Landes befand, ebenfalls zum Feind abgestempelt wurde. Auch die Vertreter der neutralen Staaten waren für sie keine Freunde. Hatten diese nicht – eingefleischte «Kapitalisten», die sie waren – mit dem Dritten Reich profitable Geschäfte gemacht, während die Völker der gebeutelten Sowjetunion im mörderischen Kampf verbluteten? Dass die vom Feind gänzlich umschlossenen Schweizer und Schweden, obgleich wirtschaftlich und militärisch erpressbar, ihre Unabhängigkeit dem gnadenlosen Gegner gegenüber mit allen Mitteln zu bewahren versucht hatten, machte keinen grossen Eindruck auf die Sowjets.

Am 18. Januar in der Frühe schritten sowjetische Soldaten vorsichtig die enge Vadász utca entlang, Maschinenpistolen im Anschlag. Das Schild mit dem weissen Kreuz im roten Feld, dem eine mehrsprachige Erklärung angefügt war, dass sich das Glashaus auf extraterritorialem Boden befand, wurde kaum beachtet. Die Rotarmisten betraten das Gebäude und waren über die dichtgedrängte Menschenmenge nicht wenig erstaunt. Sie durchsuchten alle Räume und entdeckten die im Keller untergebrachte ungarische Schutzmannschaft, die vom Abzug der Deutschen nicht informiert gewesen war. Sie wurde aufgegriffen und in mangelhafter Bekleidung auf die Strasse hinausgetrieben und weggeführt. Fahrzeuge der ehemaligen rumänischen Gesandtschaft, die unter schweizerischem Schutz standen, wurden aus der Garage herausgeholt, ob sie nun fahrtüchtig waren oder nicht. Rumänische Truppenteile kämpften auch in den Reihen der Roten Armee, erklärte ein sowjetischer Major, als er die Autos abschleppen liess. An einen Widerstand war natürlich nicht zu denken. Das Gesandtschaftspersonal berief sich zwar bei jeder Gelegenheit darauf, dass die Wagen diplomatische Fahrzeuge waren. Die Offiziere lehnten sogar die Übergabe einer Bestätigung ab. Es kam auch vor, dass zwei verschiedene Mannschaften über die einzelnen Fahrzeuge in Streit gerieten. Auch die verbliebenen Warenlager wurden von den täglich eindringenden Streiftrupps geplündert.

Etwas besser ging es, wenigstens anfänglich, der Abteilung für Fremde Interessen am Freiheitsplatz. Die ersten sowjetischen Soldaten betraten das Gebäude laut Zürcher erst am 19. Januar. Sie seien auf der Suche nach versprengten deutschen Truppen, erklärten sie, denen es nicht mehr gelungen sei, die Donaubrücken vor der Zerstörung zu überqueren. Die Rotarmisten bewunderten die schweizerischen und amerikanischen Fahnen und verlangten Getränke. Zürcher stellte zwei Russischdolmetscher an den Eingang des Gebäudes, die den Soldaten seine Extraterritorialität zu erklären suchten. Diese waren offenbar damit zufrieden und versuchten nicht, weiter einzudringen. Als Zürcher sie jedoch nach ihrem kommandierenden Offizier fragen liess, gaben sie keine Antwort.

Mehrere Tage lang passierte nichts, bis endlich am 25. Januar ein freundlicher junger Offizier erschien, der Zürcher und Vonrufs zu einem Mittagessen bei einem Major der politischen Frontpolizei einlud. Sie wurden, von zwei militärischen Wachen begleitet, nach einer langen Wanderung zum Vorort Ujpest zu einem kleinen schmutzigen Häuschen geführt, wo das Kommando dieser sowjetischen Einheit installiert war. Dort mussten Zürcher und Vonrufs bis zum Abend bei grimmiger Kälte und ohne Mittagessen ausharren: «Bei der Vernehmung erklärte uns der betreffende Major, wir seien verhaftet. Es gebe keine fremden Interessen, es gebe nur *ein* Interesse, das der Roten Armee. Ich fragte, ob es sich hier um eine Meinungsäusserung des Moskauer Aussenkommissariats handle. Der Major antwortete ausweichend. Der Dolmetscher, ein Ungar jüdischer Abstammung, der die Arbeiten der Abteilung im Interesse der ungarischen Juden gut kannte, erklärte ihm nun eingehend unsere Tätigkeit, ohne jedoch den Major von unserer Ungefährlichkeit überzeugen zu können. Schliesslich wurde uns mitgeteilt, wir seien zwar verhaftet, aber könnten nach Hause gehen, man werde uns ja, wenn immer notwendig, erreichen, falls man uns einsperren wolle.»[41]

Zum Schluss befahl der Major, die Abteilung für Fremde Interessen müsse umgehend geschlossen werden. Obgleich Zürcher keine Folge leistete, hörte er nichts mehr von diesem Frontkommando. Was möglicherweise purer sowjetischer Schlendrian war, legte Zürcher eher als das Gegenteil aus: «Die nächsten Tage vergingen mit der vergeblichen Suche nach einem Stadtkommando. Wir trafen zwar an verschiedenen Stellen einige höhere Offiziere, aber keiner erklärte sich kompetent zur Behandlung unserer Angelegenheiten. Diese Situation war typisch für die russischen Organisationsmethoden. Alles wurde von einer unsichtbaren Stelle aus dirigiert, und trotz aller Unordnung in der Ruinenstadt sah man das Werk einer mit unglaublicher Präzision arbeitenden Organisation, ohne dass es jedoch möglich gewesen wäre, eine verantwortliche Stelle zu finden.»[42]

Nachdem sich die Deutschen auf dem Burghügel und auf dem Gellértberg verschanzt und ihre Artillerie von der Luft aus unangreifbar in den ausgedehnten unterirdischen Felshöhlen verbarrikadiert hatten, fiel nach dem Sprengen der Donaubrücken noch während der Nacht eine «Totenstille» über beide Stadtteile, die sich wohltuend vom Kriegslärm der vergangenen Wochen abhob.[43] Vorsichtig blickten die abgekämpften Rotarmisten von den Ruinen entlang der Donau zum sagenhaften Festungsberg hinüber mit seiner halbzerstörten Königsburg, den schwer beschädigten Kirchen und den Palais der Adelsfamilien, den Basteien und alten Ringmauerresten. Wieviele Opfer müssten sie noch erleiden, bis sie auch diese letzte Hügelkette im sinnlos gewordenen Kampf um die ungarische Hauptstadt erstürmt hatten, sie, die von der Wolga her kommend in einem fort marschierend und kämpfend den Feind aus den weiten Ebenen Zentralrusslands und der Ukraine vertrieben und aus den Karpathenstellungen hinausgeworfen hatten und dabei Hunderte, wenn nicht Tausende zur Rechten und zur Linken hatten sterben sehen? Und wie viele Dörfer, Städte, Bauerngehöfte, Industrieanlagen, Eisenbahngleise und Strassen hatte der Feind auf dem Rückzug systematisch zerstört, wie viele Menschen mutwillig umgebracht? Die Soldaten wussten, dass, falls und wann sie mit heilen Gliedern in die Heimat zurückkehrten, Jahre entbehrungsreichen Wiederaufbaus und Mangels sie erwarteten.

Die Waffenruhe dauerte zwei Tage und zwei Nächte. Am 18. und 19. Januar, herrschte Stille an der neuen Front. Die von Pfeffer-von Wildenbruch kommandierte Garnison von Buda belief sich noch auf 30 000 Mann, davon 18 000 Deutsche und 12 000 Ungarn. Zu Beginn der Belagerung waren es noch 180 000 gewesen. Ringsherum lagerte die halbe Million Sowjetsoldaten der Marschälle Malinowski und Tolbuchin.

Während all dieser Zeit befanden sich Vizekonsul Lutz und seine Gattin in einer wenig komfortablen Situation auf dem Burghügel, nun durch eine Frontlinie von seinem Amtssitz in Pest abgeschnitten. Diese Abwesenheit war ja höchstens als Notbehelf für die Dauer von wenigen Tagen konzipiert gewesen. Nun aber sass Lutz schon seit drei Wochen tatenlos im Luftschutzkeller der ehemaligen britischen Gesandtschaft, während die Hauptverantwortung für die äusserst kritische Übergangszeit von Zürcher und Vonrufs getragen werden musste, und noch war kein Ende abzusehen. In seinen späteren Erinnerungen beschrieb Lutz wiederholt die insgesamt sieben Wochen des Eingeschlossenseins und des endlosen Wartens inmitten von Ungewissheit und Kriegslärm, als das kleine Heer Pfeffer-von Wildenbruchs aufgrund von Hitlers unsinnigen Befehlen die Stadt fast buchstäblich «bis zum letzten Mann» verteidigte, als den entsetzlichsten Augenblick seines Lebens. Im angstvollen Wissen darum, dass seine Mitarbeiter noch viel mehr als er Tag um Tag dem Kriegsgeschehen ausgesetzt waren, um die Judenrettungsaktion zum Abschluss zu bringen.

Viel sicherer als die Kollegen in Pest war Lutz jedoch kaum, besonders nachdem sich das Kriegsgeschehen ausschliesslich auf den Hügel von Buda konzentrierte: «Man musste befürchten», berichtete er kurz nach seiner Rückkehr in die Schweiz, «dass unser Haus (d. h. die ehemalige britische Gesandtschaft) zufolge seiner erhöhten und darum exponierten Lage einmal in den Mittelpunkt der Schlacht um Buda gerückt würde, auch darum, weil einige Häuser rechts von uns sich das Hauptquartier des Chefs der Waffen-SS befand und links von uns eine Schule, in der deutsche Truppen einquartiert waren. Leider traf unsere Vermutung zu. Unsere nächste Umgebung wurde von allen Seiten beschossen, da deutsche Abwehrgeschütze neben unserem Gebäude aufgestellt wurden. Besonders zahlreich waren die russischen Tieffliegerangriffe. Am 21. Januar fing das Gebäude während eines Luftangriffs Feuer und brannte bald lichterloh und zwar während zweier Tage und Nächte, während welcher Zeit wir uns unter dem Hause befanden. Ein Löschen war zufolge Wassermangels nicht möglich. Wir versuchten, mit Handgranaten den Brand einzudämmen, doch umsonst. So mussten wir zusehen, wie fast das ganze Gebäude in Flammen aufging, mit Ausnahme einiger Zimmer im Parterre. Es sei noch vermerkt, dass im Hof 3 000 Liter

Benzin in einem Tank ca. 1,50 Meter unter der Erde gelagert waren. Diese und zwei Blindgänger, die ebenfalls im Hof lagen, machten uns während des Brandes nicht geringe Sorgen. Kaum hatte das Gebäude Feuer gefangen, so drangen an die 20 bewaffnete Pfeilkreuzler in den Hof und trugen unter dem Vorwand einer Rettungsaktion alles hinaus, was nicht niet- und nagelfest war, als da sind: Kisten, Haushaltgegenstände, Handkoffer, Kleider, Küchengeräte, Gemälde, Bettdecken, sowie kleinere Möbelstücke. Nur wenige Gegenstände konnten wir später zurückbekommen, so besonders die drei Autos nebst Zubehör, auf deren Rückerstattung wir bestanden ... Fast während der ganzen Zeit fanden über unserem Haus Tieffliegerangriffe statt. Diese, nebst den zahlreichen Granaten und Minen verwandelten die ganze Umgegend in kurzer Zeit in ein Trümmerfeld.»[44]

Der grosse Brand des ehemaligen britischen Gesandtschaftsgebäudes wurde von Zürcher und Vonrufs und anderen Angestellten der Abteilung für Fremde Interessen von Pest aus beobachtet. Niemand, glaubten sie, konnte ein solches Feuer überleben.

Während dieser Kriegshandlungen befand sich die Zivilbevölkerung der durch die Kriegsereignisse geteilten ungarischen Hauptstadt in grösster Aufregung. Wenn der Krieg doch schon längst verloren war, warum wurde dieser restliche Stadtteil, der Burghügel von Buda, dieses Juwel Ungarns, nicht kampflos aufgegeben? Eine Entsetzung war doch schon längst unmöglich geworden. Solche Fragen durfte sich der auf Gehorsam gegenüber dem «Führer» gedrillte Karl Pfeffer-von Wildenbruch, General der Waffen-SS, nicht leisten. Führerbefehl war Führerbefehl. Denn Buda, das letzte Bollwerk vor Wien, musste auch jetzt noch um jeden Preis gehalten werden, obgleich es durch sowjetische Granaten buchstäblich zerfetzt wurde. Fliegerangriff folgte auf Fliegerangriff, planlos, hier eine Bombe, dort eine andere.

Viel verheerender war jedoch das Minenfeuer, das von allen Seiten her auf das eingekesselte Buda herniederprasselte. Born, der die Schlacht im Felsenspital tief unter der Oberfläche miterlebte, schreibt: «Diese furchtbare russische Spezialwaffe (Minen), bei der 20 bis 40 und mehr Rohre zusammen verbunden sind, schleuderte ihre zerstörenden Geschosse mit unheimlicher Genauigkeit in die Stadt. Auch hier war in den ersten Tagen nicht zu bemerken, dass bestimmte Stellen planmässig unter Feuer genommen wurden. Die Minen fielen wie von ungefähr, hier eine Hauswand durchschlagend, dort ein Stück Mauer niederreissend. Doch nach zwei Wochen der Belagerung lagen ganze Häuserreihen in Schutt, und ganze Strassenzüge wiesen kein bewohnbares Haus mehr auf. Und während immer mehr Häuser zusammenstürzten, duckten sich in den überfüllten Kellern und Kasematten die Menschen ängstlich zusammen. Allein auf der Burg und in ihrer näheren

Umgebung warteten bei winterlicher Kälte, übermässig in Kleider und Mäntel gehüllt, bei täglich kleineren Essrationen, fast ohne Wasser und ganz primitiven Kochgelegenheiten 50 000 Kinder, Frauen und Männer und 10 000, später 20 000 verwundete Soldaten auf das Ende des Kampfes und die Übergabe der Stadt, auf den Abzug der Deutschen, auf die Befreiung durch die Sowjetrussen. Der Kampf ging weiter, Schreckensnachrichten, wahre und unwahre, peinigten die verängstigten Menschen in ihren dunklen Kellern. Die Flieger bombardierten im Tiefflug und beschossen einzelne Personen, die sich auf die Strasse wagten, um Wasser zu holen oder etwas zum Essen zu suchen. Das Elend wuchs von Stunde zu Stunde.»[45]

Je länger die mit der Zeit von zwölf auf dreissig Personen angewachsene Gruppe von Menschen im Kellerdunkel der britischen Gesandtschaft ausharren musste, desto ungewisser wurde ihre Versorgung mit Lebensmitteln und Wasser. Das Quantum Wasser pro Person wurde auf den Inhalt einer einzigen Tasse beschränkt. Obgleich die Donau lediglich ein Kilometer weit entfernt dahinfloss, wagte es wegen des ständigen Kugelhagels niemand, sein Leben als Wasserträger zu riskieren. Die unnatürliche Lebensweise und die durch Granat- und Bombeneinschläge hervorgerufene Todesangst verursachte zudem Darmstörungen, aber infolge von skrupellos eingehaltenen Sauberkeitsvorschriften gab es weder Typhus noch andere ernsthaften Krankheiten, wie sie sich anderswo in den Budapester Kellerlöchern ausbreiteten.

In seinen Tagebuchnotizen schrieb Lutz, dass er am 2. Februar während einer Feuerpause in seine ausgebrannte Wohnung hinaufgestiegen sei, um nach noch unversehrten Gegenständen zu suchen. Sein Auge sei dabei auf ein rotes Liederbüchlein gefallen, das er während eines Heimaturlaubs zwei Jahre zuvor in die Hände bekommen hatte. Er blätterte in den Seiten herum, und sein Auge fiel auf ein Lied, das ihn damals schon stark beeindruckt hatte: «Der alte Gott, der lebet noch; vergiss, mein Herz, die Sorgen. Je finsterer die Mitternacht, je heller wird der Morgen!» Diese Worte schienen Lutz jedoch kaum Trost zu spenden, denn er fügte hinzu: «Noch immer warten wir auf den Morgen – noch immer suchen wir nach einem Lichtschimmer am rabenschwarzen Himmel.»[46]

Die Lage schien in der Tat aussichtslos zu sein, denn zwei Tage später machte Lutz folgenden Eintrag: «Schon um sieben Uhr morgens wecken uns die Flieger, die im Tieffluge die Strassen mit Kugeln besäen. Es scheint, dass die Einkesselung immer enger wird. Das Gebiet, das noch in deutschen Händen ist, ist etwa drei Quadratkilometer gross. In der Mitte steht die Burg und wir einen halben Kilometer daneben. Heute beginnt die 7. Woche der Belagerung. Wir vernehmen, dass die Verwundeten in den unterirdischen Gängen der Burg dem Hungertode nahe sind, ohne genügende Pflege oder sanitäre Einrichtungen. Der Zivilbevölkerung rund um uns herum gehen allmählich die Lebensmittel aus, denn niemand hat mit einer siebenwöchigen Belagerung gerechnet. Pest ist seit zwei Wochen in russischen Händen, während wir noch um das Schlimmste bangen. Gestern waren zum erstenmal die Glocken einer Kirche vernehmbar. Wir hingegen befinden uns mitten in einem Schlachtfeld. Die Strassen sind zerschossen und voller Trümmer. Unser Haus ist eine rauchende Ruine.»[47]

Am 10. Februar – es war ein Samstag – wagten es Feller und die Baronin Perényi, die 300 Meter vom Eszterházy-Palais zur britischen Gesandtschaft zu durchlaufen. Lutz berichtete: «Man sprach von Serum (gegen Typhus), von Linsen, von Talglicht und von der allgemeinen Lage, die sich wenig verändert hat. Hätten wir nicht unser Batterieradio, so wären wir von der Aussenwelt gänzlich abgeschnitten. Obwohl die Batterie sehr schwach ist, so vermittelt es uns doch täglich einige Nachrichten über die allgemeine Kriegslage. Ein Radiofachmann aus dem Nachbarkeller offerierte uns das Radio in Ordnung zu bringen, leider aber ohne Erfolg. Von Freundesseite konnten wir heute eine kleine Kiste Spaghetti und Linsen bekommen, worüber wir sehr erfreut sind.»[48]

Am selben Tag, da sich der Vizekonsul und die mit ihm im Keller der britischen Gesandtschaft Ausharrenden sich der Kiste Spaghetti und der Linsen erfreuten, wurde dem deutschen Festungskommandanten Pfeffer-von Wildenbruch klar, dass von den deutschen Entsatzheeren nichts mehr zu erwarten war. Das von ihm kommandierte Restgebiet erstreckte sich nur noch auf den Burghügel und den sich südlich daran anschliessenden Gellértberg. Der Durchbruch der Sowjets zwischen den beiden Anhöhen war von einem Augenblick zum andern zu erwarten. Kaum eines der Geschütze war mehr feuerbereit, denn es fehlte allenthalben an Munition, von Verpflegung gar nicht zu reden. In den unterirdischen Feldlazaretten starben auch leicht verwundete Soldaten massenweise dahin, weil es an Verbandstoffen und Medikamenten fehlte und die Reinlichkeit aus Wassermangel nicht mehr aufrechterhalten werden konnte. Am Vormittag des 11. Februar überwand der General endlich seine Gehorsamsskrupel und befahl den Offizieren, dass auch ohne Genehmigung des «Führers» an jenem Abend um 20 Uhr der Ausbruch von Buda nach Westen zu den deutschen Linien versucht werden sollte.

Zweifellos hatte jemand, trotz strikter Geheimhaltebefehle, den Ausbruchsplan den Sowjets verraten. Dr. Hübner, ein Feldarzt, notierte in seinen Erinnerungen: «Pünktlich auf die Sekunde um 20 Uhr begann der Russe die Burg und ihre Umgebung mit einem unwahrscheinlichen Trommelfeuer zu belegen. Gleichzeitig quollen aus allen Toren und Türen der Burg die zum Durchbruch Befohlenen. Granaten, Bomben und Geschosse der berüchtigten Stalinorgel prasselten zwischen die Menschenmassen nieder, welche sich in den engen Strassen stauten. Es war schliesslich unmöglich, überhaupt noch aus den Toren zu kommen, weil sich vor diesen die Leichen und Fahrzeugreste auftürmten und die Ausgänge verschlossen...»[49]

Auch Vizekonsul Lutz und seine Frau erlebten diesen letzten furchterregenden Augenblick der Belagerung von Buda. «Mit gewaltigem Knall» explodierte eine Mine, die von der Donauseite her abgefeuert worden war, in Lutz' ehemaligem Schreibzimmer im 2. Stock, einem der letzten, noch intakt gebliebenen Räume der ehemaligen britischen Gesandtschaft: «Während wir rannten, kam eine Wolke von Schutt und Staub zum Treppenhaus herunter. Wir rannten, was wir konnten in unseren Keller, der mit dem als Küche umfunktionierten Kohlenkeller mit einem ca. 12 Meter langen unterirdischen Gang verbunden ist.»[50]

Nur 785 Mann der «Armee» Pfeffer-von Wildenbruchs erreichten die deutschen Linien im Raum Zsambék. 4 000 Mann wurden ausserhalb des Burgareals «aufgerieben», wie es der genannte Feldarzt beschrieben hatte, und die übrigen gerieten in Gefangenschaft. Die Besatzung war auf wenige tausend zusammengeschrumpft, auf viel weniger, als die überraschte Rote Armee vor sich geglaubt hatte. Die sowjetischen Verluste bei der Einnahme von Budapest waren jedoch offenbar derart hoch gewesen, dass die Zahlen vom sowjetischen Oberkommando nie bekanntgegeben wurden.

Grimmig begrüsste deshalb Marschall Malinowski den Ankömmling, als der gefangene Pfeffer-von Wildenbruch ihm vorgeführt wurde: «Am liebsten wäre mir, wenn ich Sie jetzt in der Ofener Burg aufhängen könnte!» Der General der Waffen-SS war über Kispest geflohen, aber in Budakeszi gefangengenommen worden, von zwei Schüssen leicht verletzt. Er blieb zwei Jahre in einem Moskauer Gefängnis und verbrachte anschliessend zwei weitere Jahre im Generalslager von Iwanowo. Nach seiner Verurteilung beim Rigaer Kriegsverbrecherprozess musste er weitere sechs Jahre abbüssen.[51]

Die «Befreiung»

Von einem Tag zum andern war die grosse Belastung für die im Keller der ehemaligen britischen Gesandtschaft Ausharrenden gewichen. Von nun an würde kein Geschoss mehr eindringen, um sie in Sekundenschnelle auszulöschen oder sie durch auslaufendes Benzin elendiglich verbrennen zu lassen. Ihre späteren Erinnerungen geben beredte Kunde, wie sie alle diese Wochen in der Dunkelheit vom Alptraum der Vernichtung verfolgt gewesen sind.

Die plötzliche Kampfesstille liess jedoch kein richtiges Gefühl der Befreiung aufkommen, obgleich dies in den kommenden vier Jahrzehnten der Realsozialismus die einzig geduldete Bezeichnung der Einnahme Budapests durch die Rote Armee sein würde. Die Marschälle Malinowski und Tolbuchin hatten ihren Truppen bei der Belagerung der ungarischen Hauptstadt nicht nur riesige Strapazen und Opfer zugemutet. Sie wussten auch, dass beinahe jeder Soldat Erinnerungen an die von den Invasoren angewandte «verbrannte Erde» in ihrer Heimat und an blutige Hinrichtungen von engen Verwandten und Freunden mit sich schleppte. Denn Hitler hatte nicht einfach einen Krieg lanciert, sondern – in seinen eigenen Worten – einen «Vernichtungsfeldzug» im Osten unternommen, der in der bisherigen europäischen Geschichte in dieser Intensität und in diesem Ausmass einmalig dastand. Die beiden Sowjetmarschälle haben Budapest der einrückenden Soldateska tagelang unbarmherzig ausgeliefert und dadurch neues Leid an meist unschuldigen Menschen verursacht.

Die einst so schöne Stadt, das «Paris des Ostens», der Stolz Ungarns, lag nach 50 Tagen der Belagerung in Ruinen. Beinahe 20 000 Menschen aus der Zivilbevölkerung hatten durch Kriegseinwirkungen ihr Leben verloren. 33 000 Häuser waren zerstört. Die Gas-, Wasser- und Stromnetze waren ausser Betrieb. Kalten Herzens hatte Pfeffer-von Wildenbruch die weltberühmten Donaubrücken gegen den Willen der ungarischen Kommandanten in die Luft sprengen lassen, nur um die Einnahme Budas einige Wochen zu verzögern. Nach der Kapitulation zündeten Soldaten der Roten Armee die königliche Burg willkürlich an.[1] Es würde Jahre dauern, bis das ausgepowerte Ungarn, das hinter dem Eisernen Vorhang versank und nicht wie die Westeuropäer am amerikanischen Marshallplan teilhaben durfte, den Wiederaufbau aus eigener Kraft vollziehen konnte. Bei diesem gigantischen Unternehmen fehlte ihm jedoch erstmals in der Geschichte die grosse Wirtschafts- und Organisationskraft seiner ermordeten jüdischen Mitbürger sowie die sprichwörtliche Tüchtigkeit der Donauschwaben, die nach Kriegsende vertrieben worden waren. Es war ein Desaster ohnegleichen.

Carl Lutz hat über das Erscheinen der ersten sowjetischen Soldaten einen plastischen Bericht hinterlassen. Am 12. Februar 1945 um sieben Uhr morgens erschien ein ungarischer Offizier mit 28 Soldaten am Eingang der ehemaligen britischen Gesandtschaft und bat um Asyl. Er erzählte, die Deutschen hätten die Burg in der Nacht verlassen, aber in den Kellergewölben 800 Verwundete «in bedauernswertem Zustand» hinterlassen. Auf der Burg selber und auf angrenzenden Gebäuden wehte deshalb die Rotkreuzfahne: «Gegen 12 Uhr erschienen die ersten russischen Soldaten in den Strassen. Kurz danach meldete ein Polizist, dass russische Soldaten nun auch an der Verböcsy utca, also an unserer Strasse, erschienen seien. Ich ging sofort hinauf und konnte durchs Tor in hundert Metern Entfernung drei russische Soldaten sehen. Die ganze Strasse sah furchtbar aus, einfach nicht mehr erkennbar gegen früher. Schutt und Trümmer überall. Die Häuser waren zertrümmert. Zerschossene Autos überall. Bald kamen weitere russische Soldaten mit Gewehren und Maschinenpistolen bewaffnet. Ich gab Auftrag, die russische Tafel und die Schweizerflagge am Gebäude anzubringen. Der englische Lehrer Tier, der bei uns wohnt und mit seiner Gemahlin etwas Russisch kann, sprach mit einem russischen Offizier und teilte ihm mit, dass dieses die schweizerische Gesandtschaft, Abteilung amerikanische und englische Interessen sei. Der interessierte sich jedoch nicht stark und teilte mit, dass in ein bis zwei Tagen der Kommandant eintreffen und wahrscheinlich im Burgdistrikt sein Hauptquartier haben werde.»[2]

Zusammen mit der schweizerischen Fahne wurde auch die britische Flagge hochgezogen. Das nützte jedoch wenig, und eine Woche lang drangen sowjetische Soldaten mehrmals einzeln oder in Gruppen ungehindert ein und eigneten sich an, was die Pfeilkreuzler kurz vorher nicht schon weggetragen hatten: «Unsere beiden Flaggen zogen so viele Plünderer an, dass wir sie wieder herunternehmen mussten. Von einer Respektierung der Extraterritorialrechte seitens der Offiziere und Soldaten war keine Rede. Als erstes verlangten Offiziere drei Automobile, von denen zwei englisches Eigentum waren und das dritte dem Unterzeichneten (Lutz) gehörte. Die darüber angebrachten englischen Flaggen wurden heruntergerissen und die Aushändigung der Wagen gefordert. Da in einem der Autos ein kleiner Motorbestandteil fehlte, den übrigens die Pfeilkreuzler aus Rache entfernt hatten, war der Wagen nicht startbereit. Dies erregte dermassen den Zorn des Offiziers, dass er mir durch einen Dolmetscher mit Erschiessen drohte, falls ich nicht innerhalb von fünf Minuten den fehlenden Bestandteil herbeischaffe.»[3] Lutz rannte daraufhin vom Hof zum Luftschutzkeller hinunter und von dort durch den Notausgang ins Freie, um an der Tarnok utca, wo er wusste, dass sich ein Armeekommissar installiert hatte, Hilfe zu holen. Auch das Ehepaar Tier wurde vom Offizier mit Erschiessen bedroht und tätlich angegriffen.

Die Angelegenheit hätte vielleicht ein dramatisches Ende gefunden, wenn es dem Vizekonsul nicht gelungen wäre, den Kommissar aufzustöbern und mit ihm wiederum zum Gesandtschaftsgebäude zurückzukehren. Als sie dort ankamen, war das ganze Gebäude leer: «Sämtliche Einwohner hatten sich geflüchtet, ausser meiner Frau, die sich allein mit dem rabiaten Offizier auseinandergesetzt hatte und der in dem schwach beleuchteten Luftschutzkeller herumgeschossen hatte und dann erklärte, er werde aus Rache wegen meiner Flucht in fünf Minuten zurückkehren, um den Keller zu sprengen. Und als wir eben noch im Hofe mit dem russischen Kommissar sprachen, kamen die Soldaten mit Handgranaten anmarschiert, um den Befehl des Offiziers auszuführen. Der Kommissar wies sie jedoch mit barscher Stimme hinaus. Damit war die schlimmste Situation für das eine Mal gerettet. Wir waren vor allem über die feindliche Einstellung des russischen Offiziers den Engländern gegenüber konsterniert.»[4]

Diese Szene ist der damals erst siebenjährigen Agnes Hirschi, der späteren Stieftochter von Carl Lutz, nach eigenen Angaben lebhaft in Erinnerung geblieben. Sie hatte sich auf Anweisung ihrer Mutter unter einem der Betten im Keller versteckt, bevor der Offizier den Keller betrat um dort herumzuschiessen. Eine der Kugeln ging hart neben ihrem Kopf in den Boden nieder. Agnes blieb jedoch unverletzt.[5]

Der Kommissar versprach Wachen, um solche Übergriffe in Zukunft zu verhindern helfen. Einige Soldaten erschienen denn auch und stellten sich vor dem Gesandtschaftsgebäude auf. Sie blieben aber nur kurze Zeit, da sie an die Front geschickt wurden. In den Augen der Roten Armee hatte der Schutz der neutralen Gesandtschaften offenbar keine grosse Priorität, auch wenn es sich in diesem Fall um den Besitz der britischen Bundesgenossen handelte. Die Plünderungen dauerten mehrere Tage an.

Nach und nach wurden einzelne Vorgänge anlässlich der Einnahme von Budapest bekannt. Gertrud Lutz hörte von der erstaunlich hohen Zahl von verwundeten Soldaten, die von der Kapitulation in ihren Felslöchern überrascht worden waren: «An die 10 000 müssen verwundet gewesen sein. Es fehlte an allem, um sie zu pflegen, an Medikamenten, Wasser, Nahrung. Die sanitären Verhältnisse waren entsetzlich. Viele der Deutschen haben sich vor dem Einziehen der Russen erschossen. Die Russen selbst gingen dann im allgemeinen mit wenig Pardon mit den deutschen Gefangenen um. Im Gegenteil, mir ist von der Präsidentin des Ungarischen Roten Kreuzes erzählt worden, in einem Spital seien die Russen von Bett zu Bett gegangen und hätten die Insassen erschossen, sofern es sich um Deutsche gehandelt habe. Es ist mir auch bekannt, dass die Russen auf der Königlichen Burg mit Flammenwerfern gegen die deutschen Verwundeten vorgegangen sind ... Ich lege Wert darauf, auch hervorzuheben, dass ich später selber Augenzeuge war, wie die Russen verwundete Deutsche und Ungarn auf Pferdewagen luden, um sie irgendwo unterzubringen.»[6]

Der Delegierte des IKRK, Born, stellte andererseits fest, dass die sowjetischen Soldaten, die das in den Felsengewölben unter der Budaer Burg eingerichtete deutsche Militärlazarett, das Felsenspital, besetzten, sich durchaus korrekt benommen hätten. Am Vormittag des Kapitulationstages sei zunächst ein einzelner Soldat erschienen. Er durchschritt es langsam und wortlos, seine Maschinenpistole im Anschlag und verliess das Lazarett durch einen andern Ausgang. Bald darauf erschienen mehrere Gruppen, von Offizieren und Unteroffizieren begleitet, und liessen sich durch Dolmetscher über den Zustand des Spitals informieren. Das Lazarett blieb in der Folge unbehelligt.»[7]

Ein düsteres Kapitel bei der Einnahme von Budapest war die massenhafte Vergewaltigung von Frauen durch sowjetische Soldaten. In jedem Krieg fallen mühsam aufgebaute zivilisatorische und religiöse Hemmnisse, sobald sich Mord und männliches Protzen ungehemmt und auf längere Zeit hindurch entfalten dürfen. Manch eine erniedrigte Frau anvertraute sich Gertrud Lutz, die auch in jenen Tagen des Wirrwarrs eine stete innere Sicherheit ausstrahlte. Eine englische Sprachlehrerin erzählte ihr, ein Soldat habe sie in ihrer Wohnung in einem Aussenquartier vergewaltigt, obgleich sie ihm verständlich zu machen versuchte, ihr Land sei mit der Sowjetunion in diesem Krieg verbündet. Eine ungarische Mutter von zwei 14- und 16jährigen Töchtern musste diese mehrmals gegen den Zugriff sowjetischer Soldaten verteidigen. Es sei ihr schliesslich nichts übriggeblieben, als sich selber hinzugeben. Dann sei ihr, Gertrud Lutz, erzählt worden, in einem Spital des Ungarischen Roten Kreuzes seien 50–60 Rotkreuzschwestern vergewaltigt worden. Einige mussten sich hierauf in Spitalpflege begeben, wo mehrere gestorben seien. Dann bat schliesslich einer der ungarischen Polizisten, der das ehemalige britische Gesandtschaftsgebäude bewachte, um Schutz für seine Braut, ein 22jähriges Mädchen. Sie sei schon zum dritten Mal von demselben Russen vergewaltigt worden. Gertrud Lutz selber erlebte folgendes: «Einmal ist ein russischer Major etwas zudringlich geworden. Ich konnte mich aber desselben erwehren, indem ich mich sofort aus dem Luftschutzkeller in den Hof entfernte. Er folgte mir. Ich hatte aber den Eindruck, er schäme sich, denn er lächelte verlegen. Dieser Major sprach etwas Französisch. Er verliess daraufhin die Gesandtschaft, sagte aber, er werde wiederkommen, denn er habe mir etwas Wichtiges mitzuteilen. Er kam dann tatsächlich am Nachmittag zurück. Er schenkte mir eine Flasche Cognac, weigerte sich aber, selber davon zu trinken. Bald darauf erschienen fünf andere russische Offiziere, die sich sofort über die angebrochene Cognacflasche hermachten, dann leider auch bald teils sehr betrunken waren. Der Major erhob sich schliesslich, um wegzugehen. Zwei seiner betrunkenen Kameraden führte er am Arme weg und die andern folgten ihm.»[8]

Dass das Urteil über die sowjetischen Soldaten nicht durchwegs negativ war, wurde von einer Schweizerin bestätigt, die jahrelang als Erzieherin in Ungarn tätig gewesen war und nach dem Krieg in die Schweiz zurückkehrte: «Ich habe unter den Soldaten solche gesehen, die nie etwas angerührt oder getan haben, auch solche, die Frauen beschützten und vor allem einen grossen Teil von Herzensgüte zu alten Frauen und ihre Kinderliebe zeigten. Kein Russe tut einem Kind etwas zu Leide, im Gegenteil, er teilt gerne seine Brotration mit ihm oder verzichtet gar und bringt sie den Kindern.» Aber auch sie gab zu, dass die Offiziere der Roten Armee, die sie verhörten, sehr schlecht auf die Schweiz zu sprechen waren und deren Bewohner kurzerhand als *germanski* einstuften.[9]

Noch schlimmer als mit den Schweizern wurde auch jetzt wieder mit der schwedischen Gesandtschaft verfahren. Mehrere Einschüsse hatten das Gebäude schwer beschädigt, vor allem weil sich die deutschen Verteidiger in den umstehenden Häusern bis zuletzt verschanzt hatten. Ohne auf die diplomatische Immunität zu achten, raubten die sowjetischen Soldaten die Gesandtschaft mehrmals aus, wobei sie sogar Schmuck und Geld wegtrugen, die die Gesandtschaft zuhanden der Sowjetunion aufbewahrt hatte. Als eine der Suchpartien auf die mehrere hundert zählende grosse Ansammlung von Minister Danielssons Wein- und Likörflaschen stiess, wurde sie sogleich betrunken und vergewaltigte das Dienstmädchen.

Die Vertreter der neutralen Staaten, das waren nebst der Nuntiatur praktisch nur noch Schweden und die Schweiz, bekamen die sonderbare feindselige Gleichgültigkeit der sowjetischen Militärs fortwährend zu spüren. Internationale Gepflogenheiten, die sogar das Dritte Reich und das pfeilkreuzlerische Ungarn wenigstens formell noch beachtet hatten, galten wie nichts. Die rauhen Gepflogenheiten waren schliesslich nur der Abglanz eines Staates, der mit seinen eigenen Menschen seit jeher willkürlich umgegangen ist und dessen Armee nach einem schrecklichen Krieg in ein feindliches Land vorgestossen war. Für die meisten sowjetischen Offiziere, von der Mannschaft gar nicht zu reden, war Budapest zudem die erste ausländische Grossstadt, die sie nach Jahrzehnten leninistischer und stalinistischer Abschottung betreten hatten. Ruppige Sprache und gewalttätiges Benehmen waren vielleicht ein Mittel, die eigene Unsicherheit gegenüber dem «gefährlichen» Ausland zu verdecken.

Unglücklicherweise waren weder die schweizerische noch die schwedische Gesandtschaft von ihren Aussenministerien über die eigenartige politische Kontrolle der Roten Armee durch die Sicherheitsorgane NKWD (früher GPU genannt) und SMERSH aufgeklärt worden. Trotz der blutigen «Säuberungen» des sowjetischen Offizierkorps war Stalin von einer panischen Angst einer Generalsrevolte besessen. Um sich auch gegen die Geheimdienste besser abzusichern, hatte er gleich zwei solcher Organe aufgebaut, die einander konkurrenzieren sollten. Das NKWD konzentrierte sich in erster Linie auf die innere Sicherheit und die SMERSH auf die Gegenspionage, wobei Stalin – wie Hitler – die Kompetenzen ungenau umschrieb und sich dadurch bequem gegenseitiger Gerangel zwischen den beiden Stellen und zwischen diesen und der Roten Armee versicherte.

Diese Sicherheitsdienste wurden unter anderem damit beauftragt, in den besetzten Gebieten bestehende oder mögliche «Subversion» gleich von allem Anbeginn an zu bekämpfen und gleichzeitig die Sicherheitsdienste der neu zu organisierenden Staaten auf die Beine zu stellen. Genau wie in der Heimat schreckten sie nicht vor Festnahmen, Verhören, Verschwindenlassen, Deportationen und gelegentlich auch Mord zurück, wenn sie meinten, es diene ihrer Sache. Es handelte sich jedoch kaum um den sinnlosen, brutalen Terror der Nationalsozialisten und Pfeilkreuzler. Und die besetzten Gebiete wurden, wenigstens zur Anfangszeit, keinem ausserordentlich starken politischen Druck ausgesetzt. Dieser entwickelte sich erst nach und nach, als sich die neuen Demarkationslinien zwischen West- und Osteuropa festigten. Das konfuse Nebeneinander und Übereinander verschiedener Befehlshierarchien, das die neutralen Gesandtschaften derart nervte, geht zum grossen Teil auf die Einflussnahme auf und die sicherheitspolitische Durchdringung der Roten Armee durch die besagten Geheimdienste zurück. Auf diesen, für sie neuartigen Druck waren die neutralen Vertreter trotz ihrer bisherigen Erfahrungen mit den Nationalsozialisten nicht vorbereitet. Aber auch jetzt haben sie sich mit ausserordentlichem Mut und grosser Intelligenz mit den auf sie einstürmenden Problemen auseinandergesetzt.

Zu den besonders rauhen Sitten der Sowjetunion gehörte das Verschwindenlassen von Personen, ein in allen Diktaturen gefürchtetes Mittel, sich potentieller Gegner oder sonstwie Störender zu entledigen. Bei der enormen geografischen Ausdehnung der Sowjetunion und der Verschwiegenheit des Staatsapparates bildeten die Wegnahme und die Deportation ein raffiniert gehandhabtes Instrument der Politik. Der sozialistische Staat hatte dieses Werkzeug nicht nur von der zaristischen Machtstruktur übernommen, sondern das Gefängnis- und Lagersystem «verbessert» und ausgeweitet. Es war nicht nur schwierig, sondern geradezu gefährlich, sich nach dem Verbleib eines Verschwundenen erkundigen zu wollen.

Es war deshalb kaum überraschend, dass die Rote Armee und die sie begleitenden Sicherheitsorgane auf das probate Mittel der Wegnahme zurückgriffen, um die von ihnen wenig geliebten neutralen Gesandtschaften in Ungarn zu «bestrafen».

Der erste Mitarbeiter der schweizerischen Gesandtschaft, der dieses Schicksal nach der Eroberung von Pest erfahren musste, war der 31jährige Visabeamte Max Meier. Der aus Uster in der Zürcher Landschaft stammende Meier war ursprünglich Postbeamter gewesen, der 1939 als Aushilfe zur Gesandtschaft in Budapest gekommen war. Er sei «ein fleissiger, tüchtiger Beamter», lobte ihn Minister Jaeger und anvertraute ihm bald die Visaabteilung. Durch sein zuweilen abruptes Wesen hatte sich Meier nicht immer Freunde geschaffen, besonders bei solchen, denen er mitteilen musste, dass ihr Visumsgesuch abgelehnt worden war.

Nachdem Kilchmann die Kanzlei ins Eszterházy-Palais in Buda verlegt hatte, war Meier an der Stefania ut als Leiter des kleingewordenen Teams zum Schutz des Gebäudes verblieben. Als die Gesandtschaft nach der Ankunft der Roten Armee pausenlos von plündernden Soldaten heimgesucht wurde, ging Meier zu einem lokalen Kommandoposten und verlangte eine Wache. Diese wurde ihm überraschenderweise sofort zugebilligt. Ein Hauptmann der Geheimpolizei besuchte die Gesandtschaft hierauf mehrmals. Er fiel durch sein korrektes Wesen auf. Der Wachposten erschien tatsächlich, blieb jedoch nur kurze Zeit, verzog sich, und prompt erschienen die Plünderer wieder. Meier protestierte ein zweites Mal. Er erhielt eine Entschuldigung, die Soldaten würden eben an der Front gebraucht. Die Gesandtschaft würde eine neue Wache erhalten.

Am 11. Februar 1945, einen Monat, nachdem die ersten sowjetischen Soldaten bei der ehemaligen Kanzlei der schweizerischen Gesandtschaft an der Stefania ut aufgetaucht waren, wurde Meier erstmals von den Sowjets verhört. Kurz vor Einbruch der Dunkelheit erschien der «korrekte» Hauptmann nochmals. Er bat Meier, doch gleich mit ihm zu kommen, denn der neue Stadtkommandant von Pest, der im Hotel Britannia residiere, wünsche ihn zu sprechen. Er wolle wissen, wie den ausländischen Gesandtschaften mehr Sicherheit gewährt werden könne. Ausserdem halte es der Stadtkommandant für wichtig, dass den in der Stadt lebenden Schweizern Eigentum und Lebensmittelzufuhr gewährleistet würden. Meier war ausserordentlich erfreut zu wissen, dass sich der Stadtkommandant, dessen Aufmerksamkeit und Zeit zweifellos von wichtigeren Prioritäten besetzt war, mit den Problemen der Gesandtschaft und der Schweizer Kolonie abgeben wollte. Das Gespräch werde kaum von langer Dauer sein, versicherte ihm der Hauptmann. Nach spätestens dreiviertel Stunden sei er wieder zurück.

Max Meier kam wohl zum Hotel Britannia, aber nicht zum Stadtkommandanten. Er wurde sogleich nach Ankunft festgehalten und einem Verhör durch NKWD-Offiziere unterzogen. Stundenlang fragten sie den überraschten Visabeamten über seine politische Haltung. Ob sich die Schweiz, falls angegriffen, gegen eine deutsche Invasion verteidigt hätte, wollten sie wissen. War das Szálasi-Regime von ihr anerkannt worden? Warum die Gesandtschaft geteilt worden sei? Wollten Kilchmann, Feller und Lutz von Buda aus mit den Deutschen zurückgehen? Wie hiessen sämtliche Mitarbeiter? Wo waren die schweizerischen Schutzhäuser? Wie hätten die Schutzbriefe und Schutzpässe ausgesehen? Welche Pfeilkreuzler von Meier Visen erhalten hätten, um nach der Schweiz zu flüchten? Es waren immer dieselben Fragen, von immer neuen Sicherheitsbeamten gestellt. Sie hatten eine erstaunlich detaillierte Kenntnis von Vorgängen in der Gesandtschaft und von Namen, aber die Fragestellung war tendenziös, denn sie wollten ihr eigenes Vorurteil bestätigt wissen, dass die Schweiz ein Satellit des Dritten Reiches gewesen sei. Fast einen Monat lang musste Meier diese zermürbende Taktik, dieselben Fragen, in immer einer anderen Form und von immer neuen Geheimdienstagenten gestellt, über sich ergehen lassen und durfte nicht mehr zur Gesandtschaft zurückkehren. Jemand, so merkte Meier sofort, hatte die sowjetischen Militärs, die die Stadt schon vor ihrer Einnahme durch Spione ausgekundschaftet hatten, mit absichtlich entstellten Informationen beliefert.

Beunruhigt wartete der Gesandtschaftsangestellte Max Ember auf die Rückkehr des Visabeamten. Der Abend verstrich, die ganze Nacht, und Meier war immer noch nicht zurückgekehrt.

Am frühen Nachmittag des 12. Februar begab sich Ember ins Hotel Britannia, zusammen mit einem Dolmetscher. Sie wurden an einen Hauptmann gewiesen, der an einem Tisch sass und eine lange Reihe von wartenden Menschen abfertigte. Als Ember an die Reihe kam und sein Anliegen vortrug, antwortete der Hauptmann, es sei kein Herr Meier von der schweizerischen Gesandtschaft dagewesen. Unbekannt. Eine andere Adresse wurde angegeben. Auch dort wusste niemand etwas von einem Meier. Ember solle es an der Elemér utca, einer anderen sowjetischen Zentrale, versuchen. Dort musste er sich wiederum durch eine Reihe von Wachsoldaten, Unteroffizieren und Zivilisten zu einem Hauptmann hindurchfragen. Als er dabei einen kurzen Blick aus dem Fenster warf, sah er im Hof Meiers Auto stehen. Auch die Autonummer war dieselbe. Nein, antwortete der Hauptmann, Meier sei gänzlich unbekannt, und das Auto da draussen stehe schon seit drei Tagen dort, weil es nicht mehr funktioniere.

Tags darauf – es war der 13. Februar, als auch Buda kapitulierte – suchte Ember einen Grafen Tolstoi auf. Das war ein russischer Emigrant, der die Gesandtschaft früher gelegentlich besucht hatte und der jetzt behauptete, der Kommandant, General Tschernisow, habe ihn ernannt, die Beziehungen der Roten Armee zu allen Ausländern zu regeln. Tolstoi, ein Enkel des berühmten russischen Dichters, war 1917 vor der Revolution zuerst nach Belgien geflohen und hatte sich dann in Ungarn niedergelassen. Mittellos geworden, arbeitete er eine Zeitlang auf der schwedischen Gesandtschaft und war auch in der schweizerischen Gesandtschaft kein Unbekannter. Nachdem die sowjetische Armee in Budapest einmarschiert war, befand sich Tolstoi überraschenderweise im Umkreis der sowjetischen Befehlshaber. Für Ember schien Tolstoi eine gute Kontaktperson zu sein. Der Graf versprach dem jungen Mann, das Verschwinden Meiers dem Kommandanten zu melden. Er sei sicher, dass dieser binnen zwei oder drei Tagen wieder retour sein werde.

Am 15. Februar, nachdem Ember Dr. Zürcher über seine erfolglosen Recherchen ins Bild gesetzt hatte, meldete sich dieser direkt beim Kommandanten, um sich über das Schicksal des Visabeamten zu erkundigen. Zürcher hatte mit dem Sprechen kaum begonnen, als sich die Türe öffnete und ein Admiral mit ordenübersäter Brust eintrat, dem Tschernisow seine gänzliche Aufmerksamkeit zuwandte, während er Zürcher mit einem Handzeichen befahl, zu verschwinden. Nichts schien zu gelingen.

Am 19. Februar – über eine Woche war seit Meiers Verschwinden verflossen – meldete sich Ember wiederum bei Tolstoi. Dieser wusste immer noch nichts über den Visabeamten Meier. Nicht nur dies. Er habe gehört, dass auch Feller drüben in Buda vor drei Tagen weggeführt worden sei, dass aber Lutz noch frei sei. Überdies würden noch drei schwedische Gesandtschaftsbeamte verhört. Darunter befanden sich offenbar Danielsson und Wallenberg. Von letzterem hatte jedoch schon lange niemand mehr etwas gehört.[10]

Das waren überraschende Nachrichten. Bisher hatte das in Buda verbliebene Gesandtschaftspersonal nicht einmal gewusst, ob Feller und Lutz den Artillerieorkan und die grosse Feuersbrunst überhaupt überlebt hatten. Für die gewöhnlichen Bewohner der ungarischen Hauptstadt, die neutralen Gesandtschaften eingeschlossen, blieben die Verbindungen zwischen den beiden Stadtteilen Buda und Pest nach wie vor unterbrochen. Jeder Teil der Gesandtschaft existierte fast wie auf anderen Planeten und musste getrennt voneinander mit den sowjetischen Kommandanten verhandeln.

Nun gilt es, die Uhr einige Tage zurückzudrehen, um den Faden der Ereignisse in Buda wiederaufzunehmen. Sobald es die Umstände nach der Kapitulation Pfeffer-von Wildenbruchs vom 13. Februar erlaubten, versuchten die Diplomaten in Buda, den Kontakt mit dem neuen Stadtkommandanten, General Tschernisow, aufzunehmen. Es ging ja nicht nur darum, die Angriffe auf die Gesandtschaften einzudämmen, sondern mit der Person offiziellen Kontakt aufzunehmen, die jetzt die neue Regierungsgewalt repräsentierte. Die Begegnung sollte am 16. Februar, also drei Tage nach der Kapitulation von Buda, stattfinden.

Am Vorabend dieses wichtigen Gesprächs erschien ein überraschend schüchtern aussehender junger Geheimdienstoffizier (seine Funktion war an der Uniform zu erkennen) bei der Kanzlei der schweizerischen Gesandtschaft im Eszterházy-Palais an der Tarnok utca. Vizekonsul Lutz befand sich zufälligerweise am Eingang und fragte ihn, ob er ihm helfen könne. Der Offizier erklärte, er sei vom sowjetischen Hauptquartier beauftragt worden, die Verbindung mit der Gesandtschaft aufzunehmen, um irgendwelche Schwierigkeiten beseitigen zu helfen. Der junge Offizier wollte den Kommandanten im voraus wissen lassen, so schien es, welche Wünsche die Herren Diplomaten am morgigen Tag an ihn heranzutragen gedachten.

Lutz war über dieses Angebot hocherfreut und lud den jungen Mann zusammen mit seinem russischen Dolmetscher jüdischer Herkunft spontan zum Nachtessen in der ehemaligen britischen Gesandtschaft ein, wozu er sogleich auch Feller, das Ehepaar Tier und den Pressereferenten der Gesandtschaft, Szatmári, einlud.

Das Gespräch begann unverfänglich genug, denn die grossen Erfolge der Roten Armee und die sich abzeichnende Kapitulation Deutschlands boten Gesprächsstoff genug. Eine Nebensächlichkeit fiel Vizekonsul Lutz jedoch auf, deren Bedeutung er erst im Nachhinein auszuloten vermochte. Der Gast schien derart nervös, dass er ausser der Suppe nichts zu sich nahm. Vom Hauptgericht, einem konservierten Huhn, eine der wenigen Köstlichkeiten, die Gertrud Lutz über die Belagerung hinaus hatte retten können, rührte er nichts an. Erst im Lauf des Abends, nachdem die Gastgeber dem Russen mit einem Nachtisch, begleitet von einem Gläschen Wodka und etwas Wein, über die Nervosität hinweggeholfen hatten, wurde dieser gesprächiger. Anschliessend nahm der Offizier Lutz in Begleitung seines Dolmetschers beiseite und bat ihn, etwas über die Probleme der Schutzmachtabteilung zu erzählen. Lutz schilderte kurz die Zudringlichkeit der Soldaten nach der Einnahme von Buda und erwähnte die andauernde Trennung von seinem Amtssitz in der ehemaligen amerikanischen Gesandtschaft am Freiheitsplatz und von den Zweigstellen und sagte, dass er sobald wie möglich wieder nach Pest hinübergehen möchte. Der junge Mann hörte zu und nickte verständnisvoll und bat Lutz schliesslich um Listen der von ihm betreuten Amerikaner und Engländer.

Als sie wieder zu den übrigen Anwesenden zurückkehrten und der Geheimdienstenoffizier Anstalten machte, aufzubrechen, sagte er, wenn die Herren nichts dagegen hätten, würde er sie am morgigen Tag gerne zum Kommandanten begleiten: «Ungefähr um zehn Uhr nachts» – erinnerte sich Lutz später in seinem Bericht an Oberrichter Kehrli – «verliessen Herr Feller, Herr Szatmári, der GPU-Offizier und sein Dolmetscher unser Haus, um an die Tarnok utca zurückzukehren. Wie ich dann erfuhr, haben sich der GPU-Offizier und sein Dolmetscher an der Tarnok utca nicht zur Ruhe gelegt, sondern die ganze Nacht die Ausgänge bewacht. Dieser Umstand kam zur Kenntnis des Herrn Feller, der deshalb Verdacht schöpfte. Herr Feller wusste wahrscheinlich noch nichts von der Wegnahme des Herrn Meier. Ich selber wusste jedenfalls nichts davon.»[11]

Jedenfalls machten sich Feller, Lutz, der schwedische Gesandte Danielsson, Rotta und Born vom IKRK, begleitet vom nicht mehr so schüchtern sich zeigenden NKWD-Offizier, am folgenden Morgen zu General Tschernisow auf, der sein Hauptquartier in einem unbeschädigten Teil der königlichen Burg aufgeschlagen hatte. Nach Gilbert Joseph nahmen an dieser Begegnung Monsignore Gennaro Verolino, der *uditore* (Kanzler) des Nuntius, sowie Erwin Ritter, der Vertreter von General de Gaulle in Ungarn, teil. [12] «Der Weg dorthin führte über Morast, Trümmer, Pferdeleichen, Bombenkrater und umgelegte Baumstämme», schrieb Lutz über den Weg zu dieser wichtigen Begegnung mit dem Vertreter der siegreichen neuen Macht. «Es war nicht leicht, die richtige Kommandostelle zu finden, so dass wir an drei verschiedenen Orten vorsprachen, worunter auch im früheren deutschen Militärhauptquartier, 50 Meter im Berginnern.»[13]

Zur Überraschung der diplomatischen Delegation befand sich General Tschernisow in ziemlich mürrischer Stimmung, und, falls er vom jungen NKWD-Offizier über die «Wünsche» der Gesandtschaften im voraus informiert worden war, schienen ihn diese wenig zu kümmern. Als Danielsson das Gespräch mit den Worten eröffnete, sein Land sei in Ungarn die Schutzmacht für die Sowjetunion gewesen, wurde er vom General «in schroffem und sarkastischem Ton» gefragt, in welcher Weise er sich denn der sowjetischen Interessen in Ungarn angenommen habe. Verunsichert antwortete Danielsson, er habe Gefangenenlager besucht und die Wirtschaftsinteressen wahrgenommen. Unter dem bösen Blick des Generals aus dem Konzept gebracht, hielt der schwedische Minister inne, worauf dieser ihn barsch zurechtwies, von nun an schaue die Sowjetunion selber nach ihren Interessen in Ungarn. Niemand brauche sie zu verteidigen.[14]

Das einzige konkrete Ergebnis des Gesprächs war, «dass wir uns je zwei Wachen aus einer Gruppe von ca. 30 Russen, Kirgisen, Ukrainern und Mongolen auswählen konnten. Am vertrauenswürdigsten waren stets die Ukrainer».[15] Auch diese Verordnung des Kommandanten war nicht von langer Dauer, denn nach zwei Tagen wurden die Wachen wieder abgezogen, um – wie es hiess – zusammen mit der übrigen Roten Armee vor Wien Stellung zu beziehen. Die Kette der Plünderungen setzte sich fort. Bevor zum Beispiel die Wache von der päpstlichen Nuntiatur abzog, riss sie Angelo Rotta das goldene Kruzifix von der Brust. Daraufhin erschienen 200 Soldaten und schleppten 40 Kisten Medizin weg. Es war klar, dass keine neutrale Gesandtschaft, nicht nur die Schwedens, bei den Sowjets in Gnade stand.

Der junge Geheimdienstoffizier hatte während dieses Gesprächs der Gesandtschaftsvertreter mit Tschernisow im Vorzimmer gewartet und geleitete die Besucher anschliessend auf die Strasse hinaus. Inzwischen hatte sich noch ein weiterer Geheimdienstoffizier hinzugesellt. Lutz und Feller blieben etwas mit dem jungen Mann zurück und liessen die übrigen Diplomaten vorausgehen. Der Vizekonsul sagte zu ihm, da nun das Gespräch mit General Tschernisow stattgefunden habe, möchte er nach Pest zu seinem Amtssitz hinüberfahren, um seine Abteilung am Freiheitsplatz wieder leiten zu können. Der junge Russe antwortete, das sei ohne weiteres möglich, und Lutz und Feller könnten gleich mit ihm fahren.

Feller wurde plötzlich nervös und sagte laut, er selber möchte in Buda bleiben und nicht mitkommen, denn er habe noch viel zu erledigen. Er danke für das Angebot. Jetzt merkte Lutz, dass etwas nicht stimmte, denn wahrscheinlich hatte ihn der Geschäftsträger über die sonderbaren Geschehnisse während der Nacht vor dem Eszterházy-Palais kurz informieren können: «Mir wurde bewusst, dass sich die Sache jetzt zuspitzte und zwar nicht im günstigen Sinne für Herrn Feller. Der GPU-Offizier liess dann Herrn Feller mitteilen: ‹Herr Feller, Sie haben keine andere Wahl, Sie *müssen* mitkommen.› Mit diesen Worten fasste ihn einer der zwei Geheimdienstoffiziere am linken und einer am rechten Arm. Ich verabschiedete mich von den drei Herren. Herr Feller schaute noch verängstigt zurück und rief mir zu: ‹Herr Lutz, Herr Lutz!›, worauf sie sich donauwärts entfernten. Die übrigen Herren waren bereits ausser Sicht ... Kaum waren die drei weg, wurde ich von einem Russen angehalten und nach Wertgegenständen untersucht. Beizufügen ist, dass der Dolmetscher zu Herrn Feller gesagt hatte: ‹Herr Feller, Sie brauchen doch keine Angst zu haben, Sie werden heute oder morgen wieder zurück begleitet werden!›» Lutz beobachtete noch, wie die vier in ein wartendes Auto einstiegen und wegfuhren. Dann eilte er raschen Schrittes der ehemaligen britischen Gesandtschaft zu.[16]

Lutz hatte bisher von der sowjetischen Kommandantur keine ausdrückliche Genehmigung zum Aufsuchen seiner Arbeitsstelle am Freiheitsplatz erhalten, geschweige denn die Leitung der Abteilung für Fremde Interessen wieder zu übernehmen. Der Staat, bei dem er akkreditiert gewesen war, existierte nicht mehr, und die diplomatischen Vertreter Grossbritanniens und der Vereinigten Staaten, die das sowjetische Hauptquartier in Debrecen erreicht hatten, waren bisher noch nicht nach Budapest gekommen. Lutz wusste nicht einmal, ob die Juden, die er in den Gesandtschaftsgebäuden und in den schweizerischen Gelbsternhäusern unter seinen Schutz genommen hatte, noch lebten. Und was war mit den Bewohnern des «grossen Ghettos»?

Der Vizekonsul befand sich in einer unhaltbaren Lage, denn er war ganz auf sich allein gestellt. Drei Tage nach dem Fall von Buda konnte er noch mit niemandem die Verbindung aufnehmen. Er konnte nirgendwohin fahren, denn er hatte kein Auto mehr, und seine Bewegungen wurden zweifellos scharf kontrolliert. Es war ihm nicht einmal möglich, dem EPD in Bern von ihrem Überleben und vom Verschwinden des Postenchefs in Budapest Meldung zu erstatten. Und Minister Danielsson, der die Interessen der Sowjetunion in Ungarn bisher vertreten hatte, war bei den neuen Machthabern offenbar derart diskreditiert, dass er nichts mehr zu unternehmen wagte. Auch wusste er nichts vom Verschwinden Wallenbergs.

Am Tag nach dem Kidnapping Fellers ging Lutz zur Gesandtschaftskanzlei im Eszterházy-Palais. Denn jetzt war er laut hierarchischer Reihenfolge in der Abwesenheit Fellers für die Gesamtleitung verantwortlich. Unterwegs begegnete er dem Dolmetscher des NKWD-Offiziers, den er wohl allzu impulsiv zum Nachtessen eingeladen hatte: «Ich erklärte ihm, ich fühle mich verpflichtet, Auskunft von ihm zu verlangen, denn es sei keine leichte Sache, dass der Leiter einer Gesandtschaft weggeführt werde und nicht zurückkehre. Er erwiderte: ‹Ich sage Ihnen gerne, Herr Konsul, was ich weiss, aber mehr kann ich nicht. Wir Übersetzer sind auch in einer Zwangslage, denn wir müssen einmal hier, einmal dort Dienst tun, wohin man uns immer beordert. Wir können einen bestimmten Fall nicht weiterverfolgen.

Tatsache ist jedoch, dass wir drei auf der andern Seite der Donau ausstiegen, der GPU-Offizier mich dann nach rechts verwies und er und Herr Feller links gingen.› Aus dieser Äusserung des Dolmetschers schloss ich, dass Herr Feller nach dem Britannia Hotel verbracht worden war, wo sich eines der GPU-Quartiere befand.»[17]

Diese Auskunft schien nicht sehr verheissungsvoll, und es war sinnlos, weiter auf den Dolmetscher einzudringen. Lutz konnte sich jedoch eine Frage nicht verkneifen, warum denn der Geheimdienstoffizier, als er am Abend seines ersten Auftauchens zum Nachtessen eingeladen worden war, so nervös gewesen sei. Der Dolmetscher meinte, er habe wahrscheinlich Angst gehabt, Feller könne Verdacht schöpfen und versuchen zu entweichen. Eine solche Blamage hätte sich für den jungen NKWD-Mann verhängnisvoll auswirken können. Lutz wusste nun, dass das kleine Seitengespräch über die von ihm betreuten Amerikaner und Engländer einfach ein Ablenkungsmanöver gewesen war. Die ganze Geschichte, dass General Tschernisow den Gesandtschaften helfen wolle, war ein Ablenkungsmanöver gewesen, um den Gesandtschaftsvertretern Sand in die Augen zu streuen, vor allem Feller, dessen Wegnahme schon im voraus beschlossen gewesen war. Ein kleiner Trost bestand für Lutz darin, dass einige Ungarn, die vom sowjetischen Geheimdienst ebenfalls gefangengesetzt und verhört worden waren, ihm erzählten, dass sie nach 2–3 Wochen entlassen worden seien. Sie waren scharfen Verhören unterzogen, aber nicht gefoltert worden.

In seinem, ein Jahr später verfassten Bericht, bestätigte Harald Feller den von Lutz beschriebenen Vorgang seiner Verhaftung. Er sei allerdings zu Fuss und nicht im Auto zur Donau hinuntergeführt worden und überquerte den Strom auf einem Ruderboot. Erst auf der Pester Seite bestieg er ein Auto und wurde zum NKWD-Hauptquartier gefahren, dass sich zu jenem Zeitpunkt im Verwaltungsgebäude der Budapester Gaswerke am Isza Kálmán-Tér befand. Er wurde mehrmals und immer wieder von verschiedenen NKWD-Offizieren verhört, wobei er beobachtete, dass keiner der Verhörenden den gesamten Untersuchungsvorgang von Anfang bis Ende begleitete. Wenige Tage später wurde Feller nach Jaszkisér, einem Dorf 90 km östlich von Budapest gebracht. Dort stiess er auf Max Meier. Zu Beginn des Monats März 1945 wurden die beiden, zusammen mit anderen Gefangenen, unter ihnen der bisherige Festungskommandanten von Budapest, General der Waffen-SS Pfeffer-von Wildenbruch und der ungarische General Hindy, nach Moskau verbracht. [18]

Feller und Meier mussten sich, voneinander getrennt, noch lange unausgesetzt jener Art Fragen unterziehen, mit denen Meier bereits Bekanntschaft gemacht hatte. Es ging dabei relativ höflich und ohne Folter zu. Später durften sie ihre Gefangenschaft in derselben Zelle miteinander verbringen. Sie wurden in Haft gehalten, bis sich die Schweiz beinahe ein Jahr später bereit erklärte, sowjetische Internierte, die während des Krieges aus deutschen Gefangenenlagern über die Grenze geflohen waren, der Sowjetunion – zum Teil gegen ihren Willen – zurückzugeben. Die Erzwingung der Rückkehr dieser Internierten war wahrscheinlich von allem Anbeginn an das wirkliche Ziel der Geiselhaft Meiers und Fellers gewesen. Nachdem dieses Problem «gelöst» war, stand auch einer gegenseitigen diplomatischen Anerkennung nichts mehr im Wege. Überrascht war Feller, dass er seine Habe, die er in der Privatwohnung an der Tábor utca in Budapest hatte zurücklassen müssen, in Bern wieder vorfand. *Nichts* fehlte ...

Meier wurde nach seiner Rückkehr in die Schweiz 1946 Kanzleisekretär bei Lutz, als dieser mit der deutschen Interessenvertretung für die Ostschweiz in Zürich beauftragt wurde. Dann stieg er die Karriereleiter des Konsulardienstes empor, als Vizekonsul, Konsul 2. Klasse, Konsul 1. Klasse und schliesslich als Generalkonsul in Santiago/Chile und Berlin, bis er 1978 in den Ruhestand trat. Feller hingegen verliess das EPD, trat in den bernischen Staatsdienst ein und wurde Staatsanwalt des Kantons Bern für die Region Mittelland. In der Freizeit aber widmete er sich den Theaterkünsten und wurde ein grosser Förderer des Laienschauspiels. Treffend hat Oberrichter Kehrli am Ende seiner Untersuchung über die Vorgänge an der schweizerischen Gesandtschaft in Budapest den jungen Postenchef charakterisiert: «Rückblickend kann gesagt werden, dass Harald Feller zwar sehr waghalsige Dinge unternommen, aber die Gesandtschaft schliesslich doch heil über die Belagerungszeit durchgebracht hat.»[19]

Am wenigsten Chance hatte Raoul Wallenberg, der schon einen Monat vor Meier und Feller «weggenommen» worden war. Die wichtige wirtschaftliche und politische Rolle, die seine Verwandschaft in der Innen- und Aussenpolitik Schwedens spielte, seine früheren Beziehungen zu Ungarn sowie seine Kontakte zu Ivor C. Olsen, der in Schweden nicht nur Vertreter des WRB, sondern zugleich Vertreter des mit Spionage betrauten amerikanischen Office of Strategic Services war, werden den jungen Mann in den Augen des überaus misstrauischen sowjetischen Sicherheitsapparates von vornherein suspekt gemacht haben. Auch wenn dieser ihm kaum nachrichtendienstliche Tätigkeit nachweisen konnte. Angesichts des krankhaften sowjetischen Argwohns zählte Wallenbergs mitmenschliches Engagement zur Rettung der Juden nichts. Wahrscheinlich war die Sowjetunion zudem ausserstande, diese prominente Geisel durch irgendeinen Austausch «gewinnbringend» gegen Schweden einzusetzen. Über Wallenbergs weiteres

Schicksal und seinen (wahrscheinlichen) Tod gibt es bisher keine zuverlässigen Informationen.

In den Untersuchungen, mit denen das EPD nach Kriegsende den Berner Oberrichter Kehrli beauftragte, schälte sich nach und nach die erwähnte, nicht immer durchschaubare Gestalt des Grafen Tolstoi heraus. Dieser Tolstoi war von Minister Danielsson nach Kriegsausbruch mit der Betreuung der sowjetischen Kriegsgefangenen beauftragt worden. Das war zweifellos keine arbeitsintensive Aufgabe, denn die wenigen sowjetischen Kriegsgefangenen Ungarns wurden – wenn die Behauptung Tolstois zutrifft – zumeist den Deutschen ausgeliefert, wo sie ein ungewisses Schicksal erwartete. Infolge seiner Bildung und seines Flüchtlingslebens war Tolstoi sprachbegabt. Die Ankunft der Roten Armee versetzte ihn in Angst und Schrecken, aber sein Einreiseantrag nach Schweden wurde nicht bewilligt.

Peter Zürcher will später in Erfahrung gebracht haben, dass diese Vorgeschichte der Grund für die betont unfreundliche Behandlung der schwedischen Gesandtschaft durch Tschernisow gewesen sein soll. Es sei Tolstoi gewesen, der dem General die Geschichte von den sowjetischen Kriegsgefangenen hinterbracht habe. Inwieweit dieses Gerücht den Tatsachen entsprach, konnte Zürcher aber nicht eruieren. Jedenfalls war der Graf wegen der Zurückweisung seines Visumsantrags über die schwedische Gesandtschaft sehr erbost.

Aus dem Bericht von Vizekonsul Lutz, den Kehrli eingehend befragte, geht des weiteren hervor, dass Tolstoi sich beim Visabeamten Meier mehrere Wochen vor dem Einrücken der Roten Armee ebenfalls um ein Visum für die Schweiz bemüht hatte. Dieser wies ihn jedoch ebenfalls ab, zweifellos auf Instruktionen von Bern hin, das in diesem Augenblick unter Rücksichtnahme auf die schwierigen Anerkennungsverhandlungen mit der Sowjetunion keine Flüchtlinge aus Zarenzeiten aufnehmen wollte.

In seiner durchaus verständlichen Bedrängnis war Tolstoi offenbar noch vor dem Einmarsch der Roten Armee mit den sowjetischen Geheimdiensten in Verbindung getreten, wobei er die beiden von ihm ungeliebten Gesandtschaften in ein negatives Licht stellte und die sowjetische Aufmerksamkeit schon im voraus auf gewisse Personen lenkte, die dann unverzüglich verhaftet werden konnten: «Sprachgewandt wie er war», schreibt Lutz, «verstand er es, bei den Russen geltend zu machen, er sei es gewesen und nicht der schwedische Gesandte, der sich für die russischen Interessen eingesetzt habe. Daraus geht hervor, dass er es eigentlich war, der über den schwedischen Gesandten bei den Russen ungünstig gesprochen hat. Wie mir Dr. Zürcher später erzählte, soll ein russischer Kommandant dem schwedischen Gesandten vorgehalten haben, nicht er, Minister Danielsson, habe die

Interessen Russlands in Ungarn gewahrt, sondern Graf Tolstoi. Es gelang Graf Tolstoi dann, Verbindungsmann zwischen General Tschernisow und den diplomatischen Vertretungen zu werden ... Von diesem Zeitpunkt an konnte nur noch mit ihm verhandelt werden. Graf Tolstoi fiel aber auf einmal in Ungnade ... Der Engländer Tier hat mir später erzählt, er sei ebenfalls mit dem Grafen Tolstoi zusammengekommen und dieser hätte sich dahin geäussert, er werde schon dafür sorgen, dass auch die Schweizer Gesandtschaft Ungarn verlassen müsse. Aus allen diesen Gründen komme ich nicht darum herum, den Grafen Tolstoi in Verdacht zu haben, er habe sowohl Herrn Meier wie auch Herrn Feller bei den russischen Behörden denunziert.»[20]

Max Meier erzählte Oberrichter Kehrli 1946 andererseits, zwischen ihm und Tolstoi habe es keine Spannungen gegeben. Der Graf habe einst Minister Jaeger um Erlaubnis gebeten, in das von der Schweiz verwaltete belgische Gesandtschaftsgebäude umziehen zu dürfen. Jaeger habe den Gesuchssteller abgewiesen. Aus diesem Grunde sei Tolstoi auf die schweizerische Gesandtschaft nicht gut zu sprechen gewesen. Meier begegnete Tolstoi zweimal, am 8. und am 10. Februar 1945, als dieser kurzfristig Verbindungsmann zwischen General Tschernisow und den neutralen Gesandtschaften geworden war: «Ich hätte nie das Gefühl gehabt, dass Tolstoi mir gegenüber irgendwelches Ressentiment gehabt hätte, und ich halte es für absolut ausgeschlossen, dass die Russen mich auf einfache Denunziation des Grafen Tolstoi abgeholt hätten, denn im Grunde waren sie Tolstoi gegenüber sicher sehr skeptisch, denn es muss ihnen ja nicht unbekannt gewesen sein, dass er Weissrusse war.»[21] Sie hätten einfach jene Leute zur Geiselnahme ausgesucht, die nach ihrer Meinung *die* leitende Stellung in der Gesandtschaft innehatten, um die Schweiz dadurch zu erpressen.

Wie dem auch sei, verschwanden Meier und Feller ein Jahr lang in sowjetischen Gefängnissen.

Diese Intrigengeschichte stellte zweifellos nur einen kleinen Ausschnitt aus der Gesamtheit der Machenschaften und Ränkespiele dar, die jeder politische Umsturz mit sich bringt.

Dass die Interessenvertretung fremder Staaten nicht nur eine diplomatische oder wirtschaftliche Angelegenheit auf Regierungsebene ist, hatte Vizekonsul Lutz seit Beginn seiner Tätigkeit in Ungarn – wie schon vorher in Palästina – erfahren. Es war kein Wunder, wenn diese Menschen, die die Kriegshandlungen vielleicht nur durch ein Wunder überlebt hatten und zum Teil nichts mehr als die Kleider auf dem Leibe besassen, sich bei der ehemaligen amerikanischen Gesandtschaft am Freiheitsplatz oder bei der früheren britischen Gesandtschaft auf dem Burghügel meldeten, ob sie nun Juden waren oder nicht, und dem Vizekonsul, seiner Frau Gertrud oder einem der Angestellten ihr Leid klagten und um Hilfe baten.

Wie immer fiel ein grosser Teil der Verantwortung auf Gertrud Lutz, auch wenn sie keine offizielle Konsularfunktion ausübte. Über die Tage, die der Kapitulation von Buda folgten, erinnert sie sich: «Unmittelbar nach der ‹Befreiung› mehrte sich dann die Zahl der häufig an unsere Pforte klopfenden Schutzbefohlenen – Erwachsene und Kinder. In erster Linie waren es alleinstehende Engländerinnen, die oft halbverhungert um Nahrung baten. Dann kamen auch unzählige andere: Amerikaner, Belgier, Jugoslawen, Rumänen, usw., sodass wir weiter täglich an die 50 Personen zu verköstigen hatten. Wie waren wir da froh und dankbar, von in Aussenbezirken wohnenden Bekannten Kartoffeln, getrocknetes Gemüse und Konserven erhalten zu können.»[22] Im Garten versteckte Kartoffeln wurden wieder ausgegraben. Da waren noch die 3 000 Liter Benzin, deren Existenz die im Keller während der Beschiessung Ausharrenden in Angst und Schrecken versetzt hatten. Sie nützten nichts mehr, da die sowjetischen Soldaten alle drei Autos weggenommen hatten, von denen eines dem Ehepaar Lutz gehört hatte. «Mit der Zeit gelang es uns, einen alten Pferdewagen aufzutreiben – natürlich ohne Pferde –, denn diese waren während der Schlacht um Budapest alle umgekommen, von der hungernden Bevölkerung verzehrt worden oder lagen noch als Kadaver herum. Mit einem ‹Sechsergespann› – denn der Wagen war schwer – zogen wir dann an die Peripherie der Stadt, auf der Suche nach weiteren Lebensmitteln. Glücklicherweise waren uns für kurze Zeit zwei ältere, liebenswürdige russische Soldaten zugeteilt worden, die dafür sorgten, dass wir ungehindert unseres Weges ziehen konnten … Viele Hintertüren taten sich da auf, da die meisten Spender in der Folge von den britischen und amerikanischen Militärmissionen entsprechende Vorteile zu ergattern suchten. Zudem verlangten sie für ihre Ware ‹gutes Schweizergeld›».[23]

Von den fünfzig Zimmern im ehemaligen britischen Gesandtschaftsgebäude waren nur noch sieben bewohnbar. Diese wurden ausgeräumt und mit den noch vorhandenen Möbelstücken neu ausgestattet: «Nun kam uns auch die leerstehende grosse Garage im Innenhof sehr zustatten. Sie wurde zum Mehrzweckraum, d. h. Küche, Esszimmer und Aufenthaltsraum. In einer Ecke der Garage wurde der Kochherd montiert, in einer andern befand sich die ‹Waschküche›, in einer dritten Ecke das ‹Esszimmer›. Ein Teppich und ein paar Wandbehänge halfen mit, das Ganze den Verhältnissen entsprechend doch recht wohnlich zu gestalten. Dort empfingen wir denn auch die sechs Wochen nach dem Einmarsch der siegreichen Armee endlich in Budapest eintreffenden ersten Mitglieder der anglo-amerikanischen Militärmission zum Mittagessen. Dort fand auch die Übergabe des zum Trümmerhaufen gewordenen britischen Gesandtschaftsgebäudes statt.»[24]

Fast zwei Wochen nach der Einnahme Budas erhielt Vizekonsul Lutz am 27. Februar endlich die Bewilligung, sein Büro am Freiheitsplatz wieder aufzusuchen. Bis dahin war jeder nichtmilitärische Verkehr über die Donau verboten gewesen. Die Erlaubnis war vom Stadtkommandanten übellaunig und mürrisch erteilt worden. Niemals zuvor, auch nicht seitens der Deutschen oder der Pfeilkreuzlerregierung, die weiss Gott von seinen Rettungsaktionen schwerlich begeistert gewesen waren, hatte Lutz eine derart unfreundliche Behandlung erfahren müssen.

Wie schwierig es war, den langen Weg vom Burgviertel über die Donau nach Pest zurückzulegen – für die Lutz früher mit dem Auto nur 15 Minuten benötigt hatte –, beschrieb Max Ember, dem der Vizekonsul von der «Reise» erzählt hatte. Sie seien zur Donau hinuntergegangen, irgendwo zwischen der Kettenbrücke und der Margarethenbrücke, die beide infolge der Sprengungen im Wasser lagen: «Weit und breit war kein Boot zu sehen. Privatboote sollen das Übersetzen von Zivilpersonen bewerkstelligen, und die Besitzer wissen angeblich nicht mehr, was sie für eine Überfahrt verlangen sollen. Nachdem die kleine Schweizerkompanie (es handelte sich um sechs Personen) ca. 4–5 km donauaufwärts spaziert hatte, bekam sie wenigstens die leise Hoffnung, in einem Rudel von ca. 400 Personen auf eines der zwei Boote zu gelangen, welche hier natürlich mit Hilfe eines Russen, der auch am Geschäft beteiligt war, eventuell noch am heutigen Tage ans jenseitige Ufer zu gelangen. Nach Anwendung der verschiedensten Listen gelang es ihnen bei Abgabe von ca. 5000 Pengö (6 Personen!), einer Tafel Schokolade und einiger Zigaretten nach vielen Stunden Wartezeit mit einem willigen Ruderer und leckem Boot, das Pester Ufer unter Ujpest zu erreichen. Die Überfahrt selbst soll in Anbetracht der Überlastung des Bootes höchst aufregend gewesen sein. Eine Pontonbrücke via Margaretheninsel soll in den nächsten Tagen passierbar sein. Dann werden wahrscheinlich die Fantasiepreise dieser Wucherer um ein Beträchtliches sinken.»[25]

Mit der Beschreibung dieser schwierigen Donauüberfahrt hört der Bericht Embers über Lutz' Rückkehr an seinen Posten am Freiheitsplatz sonderbarerweise auf. Auch Vizekonsul Lutz, der von den Problemen bei der Belagerung und den ersten Kontakten mit der sowjetischen Besatzungsarmee immerhin mit vielen Detailangaben berichtet hat, scheint keine Aufzeichnungen über das Wiedersehen mit dem Personal seines Amtssitzes am Freiheitsplatz hinterlassen zu haben. Es ist anzunehmen, dass er über die Rettung der Juden in den Gesandtschaftsgebäuden, vor allem im Glashaus an der Vadász utca und an der Wekerle utca, alles wissen wollte, auch von den schweizerischen Schutzhäusern im Szent-István-Quartier. Zweifellos wurde er von Peter Zürcher und Ernst Vonrufs über die letzten Verhandlungen mit den Pfeilkreuzlerchefs und den Deutschen sowie über die ersten Kontakte mit den Sowjets ins Bild gesetzt.

Es ist jedoch kaum anzunehmen, dass der Vizekonsul viel Zeit gehabt hat, über die vergangenen Schrecken lange zu reminiszieren. Inmitten des allgemeinen Wirrwarrs harrten Dutzende von dringenden Problemen der Lösung. In erster Linie galt es, dem Verbleib der beiden Verschwundenen, Meier und Feller, nachzuforschen und die Verbindung mit dem EPD in Bern aufzunehmen. Obgleich Lutz und seine Mitarbeiter fast Tag für Tag Vorstösse unternahmen, erhielten sie von den sowjetischen Militärbehörden im besten Fall nichtssagende Antworten, meistens aber erlitten sie grobe Abfuhren. Erst am 14. März – so Ember – besuchten Lutz und Zürcher das schweizerische Gesandtschaftsgebäude an der Stefania ut, dessen Zustand sie «mit Entsetzen» feststellten. Kurz nachdem sie weggegangen waren, wurde die Gesandtschaft Ziel eines regelrechten Raubüberfalls durch sowjetische Offiziere und Soldaten. Ember wurde verhört und spitalreif geschlagen.[26]

Das EPD war jedoch schon am 28. Februar benachrichtigt worden, dass das Budapester Gesandtschaftspersonal die Belagerung überlebt hatte. Noch vor Ende Februar erreichte Hans Weyermann, der zweite IKRK-Delegierte, Bukarest, so dass der dortige schweizerische Gesandte René de Weck nach Bern kabeln konnte, Lutz, Feller und Meier befänden sich bei guter Gesundheit.[27]

Am 13. März musste Minister de Weck diese Information dahingehend korrigieren, dass Feller und Meier von den sowjetischen Behörden an einem unbekannten Ort festgehalten würden. Ein junger Schweizer namens Emanuel Meyer, der seit Jahresbeginn bei der Abteilung für Fremde Interessen angestellt gewesen war, habe diese Nachricht nach Bukarest gebracht. Auch er sei von den sowjetischen Behörden aufgegriffen worden, die ihn nach der Sowjetunion verschleppen wollten. Unterwegs, nach einer Reise von acht Tagen, sei Meyer irgendwo in Rumänien vom Zug gesprungen und habe sich zur Gesandtschaft in Bukarest durchgeschlagen. Aufgrund des Berichts von Emanuel Meyer fasste Minister de Weck die schwierige Lage von Vizekonsul Lutz zu jenem Zeitpunkt wie folgt zusammen: «*M. Lutz, chef de la Division spéciale chargée, entre autres, des intérêts britanniques et américains, se plaignait d'être complètement à la merci des Russes qui ne lui reconnaissaient aucune prérogative diplomatique. Il exprimait le désir de recevoir, le plus tôt possible, la visite d'un membre britannique de la mission interal-*

liée qui se trouve à Debrecen.»[28] Minister de Weck schrieb des weiteren, er habe die britsche Gesandtschaft in Bukarest gebeten, das Foreign Office in London umgehend um Hilfe zu bitten.

Kein Wunder, dass Lutz diese unangenehmen Wochen nach der «Befreiung» Budapests in seinen späteren Aufzeichnungen einfach überging. Auch das Tagebuch, das er zu Weihnachten begonnen hatte, wurde nicht mehr weitergeführt. Die durch die gewaltigen Auseinandersetzungen mit den Deutschen und den Pfeilkreuzlern verursachten Spannungen waren vorüber. So war die Sorge um das Überleben inmitten der Belagerung. Er, der jetzt kurz vor seinem 50. Geburtstag stand, war gesundheitlich erschöpft und geistig mürbe. Die vergangenen zwölf Monate seit der deutschen Besetzung Ungarns am 19. März 1944 waren die schrecklichsten seines Lebens gewesen. Er durfte dankbar sein, dass er sie überlebt hatte.

Carl Lutz wusste, dass diese ungeheuerlichen zwölf Monate gleichzeitig *seine* «grosse Zeit» gewesen waren. Sein unreifer jugendlicher Traum, einmal «etwas Grosses» tun zu dürfen, war anders aber mehr als erhofft in Erfüllung gegangen. Denn wem war es schon vergönnt, 20 000, 30 000, vielleicht gar 60 000 Menschen vor der Vernichtung zu retten oder wenigstens einen zentralen Anteil an ihrer Rettung zu haben? Im Augenblick war es noch zu früh, solche Berechnungen anzustellen. Weit mehr aber als er einst wohl geahnt hatte, war er der biblischen Mahnung nachgekommen, die ihm die Mutter einst mit auf den Weg nach Palästina gegeben hatte: «... er sei ein Vater derer, die zu Jerusalem wohnen und des Hauses Juda.»

Ziemlich rasch übernahm das IKRK die Verantwortung für die erste Nothilfe an die überlebenden ungarischen Juden, in Zusammenarbeit mit dem American Joint Jewish Distribution Committee, nachdem die neutralen Gesandtschaften noch am 6. März um dringende Hilfe für Nahrungsmittel und Medikamente gebeten hatten. Vollbeladene Lastwagen erreichten Budapest aus Rumänien bereits eine Woche später.[29] Das war der letzte Einsatz der neutralen Gesandtschaften zugunsten der ungarischen Juden.

Zum selben Zeitpunkt, da diese Lastwagen ankamen, setzte die provisorische ungarische Regierung am 17. März 1945 mit Dekret XXV alle antijüdischen Gesetze der Horthy- und Pfeilkreuzlerregierungen ausser Kraft.[30]

Aber die dem ungarischen Judentum zugefügten Wunden konnten durch keine noch so vollkommene Gesetze geheilt werden. Eichmanns «Mühlen von Auschwitz», die von ihm verordneten Fussmärsche nach Hegyeshalom und die Pfeilkreuzler-Morde hatten den Grossteil seiner unersetzbaren Substanz zerstört. Aber auch die Bevölkerungsstruktur der Überlebenden war nicht mehr im Lot. Die Kinder und die jungen Menschen bis zwanzig lebten grösstenteils nicht mehr. Ihre Grosseltern auch nicht. Am besten überlebt hatten Frauen im Alter von zwanzig bis fünfzig. Ein Grossteil der Männer hatten die Entbehrungen und Strapazen der Zwangsarbeit, denen die Arbeitskompanien in besonderem Masse ausgesetzt waren, mit dem Tode bezahlen müssen. Auf fünf Frauen kamen jetzt nur noch drei Männer. Es würde Jahrzehnte dauern, bis ein Ausgleich wiederhergestellt sein würde.

Nicht nur in Ungarn verlor das Judentum den Hauptteil seines Bestandes. In ganz Europa wurden von 9 1/2 Millionen Juden 6 Millionen getötet. 3 1/2 Millionen überlebten. Jacob Lestchinsky, der dem polnischen Holocaust entronnen war, versuchte seinen amerikanischen Glaubensgenossen nach Kriegsende die Lage des europäischen Judentums darzustellen: «*For the overwhelming majority of the surviving three and a half million Europe has become a vast, terror-haunted cemetery. Almost without exception those who remain in countries formerly dominated by the Axis witnessed the torture and slaughter of their people, were themselves looted and herded like cattle from concentration camp to concentration camp and knew the never-ending nightmare of imminent death. They know there is hardly a people in Europe which fell under Hitler's yoke whose hands are not stained with Jewish blood. What is too frequently overlooked is that not only the Germans committed mass murder but also Poles, Ukrainians, Byelo-Russians, Lithuanians, Latvians, Romanians, Slovaks, Croatians – a whole parade of people lent a hand to the crimes. In France, Belgium, Holland and Norway the local population took practially no part in mass murders. It is significant that Hitler transported hundreds of thousands of Jews to Poland and other countries in the East for extermination. But this does not mean that in Western Europe there were no elements ready to help the Germans to deport Jews to the gas chambers and crematoriums. Here, too, there were collaborators aplenty, who betrayed their Jewish countrymen without compunction.*»[31]

Wie die Schweiz in dieser Aufstellung abgeschnitten hätte, lässt sich nur erahnen. Da sie von den Achsenmächten nie besetzt wurde, blieb ihr die Prüfung erspart. Weil sie aber asylsuchende Juden entweder gleich an der Grenze abwies oder sie über die Grenze zurücktransportierte, hat auch sie sich – auf ihre Weise – am grossen europäischen Holocaust beteiligt. Zuverlässige Schätzungen gibt es im Augenblick noch keine. Laut neuesten Untersuchungen sollen es 30 000 gewesen sein, vielleicht gar mehr. Und jeder der Zurückgewiesenen wird anderen Glaubensgenossen über seine Erfahrungen an der Schweizer Grenze erzählt haben, so dass auch diese gar nicht erst versuchten, das Alpenland zu erreichen, sondern sich resigniert dem Schicksal überliessen. Die schlussendlichen dramatischen Auswirkungen dieses negativen Multiplikatoreneffekts können zahlenmässig und menschlich kaum errechnet werden.[32]

Der Widerspruch zwischen der Einstellung der offiziellen Schweiz und der Rettungsaktion eines Carl Lutz ist unübersehbar.

Viele der überlebenden ungarischen Juden verfielen in Depressionen, sobald sie sich Rechenschaft darüber abgaben, dass ihre gesamte Familie umgebracht worden war und sie in Zukunft einsam leben mussten. Oder sie waren körperlich derart entkräftet, dass sie in den Wochen und Monaten nach Kriegsende zu Hunderten dahinstarben. Besonders in den Kleinstädten und auf dem Lande waren die wenigen zurückgekehrten Juden vereinsamt. Ihre Verwandten waren ja zwischen Mai und Juli 1944 allesamt in die Viehwagen getrieben und in Auschwitz vergast worden. Einige, die in ihre Häuser zurückkehren wollten, fanden sie von anderen Menschen bewohnt, die vielleicht ebenso arm waren wie sie. Unter Verwünschungen und wüsten antisemitischen Tiraden wurden sie oft weggetrieben. Es war, als hätten viele «christliche» Ungarn aus der Katastrophe nichts gelernt. Diese Juden verliessen ihre alte Heimat definitiv und gingen entweder nach Budapest oder ins Ausland, vor allem nach Israel oder in die Vereinigten Staaten. Eine der sonderbarsten Auswanderungsbewegungen waren die orthodoxen Szatmár-Juden aus dem ungarisch-rumänischen Grenzgebiet, die unter der Leitung des Rabbiners Joel Teitelbaum in Brooklyn ein streng von der Aussenwelt abgeschottetes Ghetto gründeten, das heute 40000 Mitglieder zählt.[33]

Die im Lande überlebenden Juden versuchten, das Gemeindeleben so rasch wie möglich neu zu beleben, wobei dies den Budapester Synagogen am besten gelang. Die grosse Synagoge an der Dohány utca und das im selben Gebäude untergebrachte jüdische Museum konnte mit Hilfe von Spenden aus dem Ausland restauriert werden. Bis Ende 1946 bildeten sich wiederum 258 Gemeinden – 1939 waren es noch 704 gewesen – von denen aber viele die Mindestzahl von zehn für einen *minyan* (Gebetsgruppe) auf die Dauer nicht halten konnten. Die Erneuerung des Gemeindelebens würde in Zukunft vor allem durch Zuzügler aus Rumänien und der Sowjetunion geschehen. Von grosser Bedeutung war die neuerrichtete theologische Schule, die bis zum Ende des Realsozialismus die einzige in ganz Osteuropa war.[34]

Wenn aber einige Jahre später Juden etwa in der Partei hochstiegen und Regierungsverantwortung übernahmen, wurde mit den Fingern auf sie gezeigt, wenn die sozialistische Planwirtschaft schlecht lief und die Blockbindung an die Sowjetunion das Nationalgefühl verletzte. Dann kam die alte Gleichung «Judentum = Kommunismus» wieder hoch, die dem Volk schon zu Zeiten des alten Reichsverwesers eingetrichtert worden war. Dazu gesellte sich eine offizielle antisemitische Propaganda neuer Art. Die Vernichtung des ungarischen Judentums wurde entweder totgeschwiegen, oder wenn sie erwähnt wurde, den Deutschen in die Schuhe geschoben. Wenn die gleichgeschalteten Zeitungen antisemitische Parolen ausgaben, denn das würden sie in den kommenden Jahrzehnten oft tun, griffen sie natürlich nicht «die Juden» an, denn Dekret XXV musste, wenigstens formell, respektiert werden, sondern sie gebrauchten Deckwörter wie «Zionisten» oder «Kosmopoliten», und jedermann wusste, wer damit gemeint war.[35]

Für Vizekonsul Lutz blieb nichts anderes übrig, als die Abteilung für Fremde Interessen der schweizerischen Gesandtschaft in Ungarn zu schliessen und die verschiedenen Gesandtschaftsgebäude den alten Besitzern zurückzugeben. Den ganzen März 1945 über befand er sich in einem undefinierbaren Zwischenstadium. Einerseits war er formell immer noch mit der Wahrnehmung fremder Interessen in Ungarn beauftragt, aber die neue ungarische Regierung hatte ihre Hauptstadt noch nicht erreicht, und sie blieb den ganzen Monat über in Debrecen im Schatten des sowjetischen Hauptquartiers. Sie wurde von den Besatzungsbehörden an der kurzen Leine gehalten, unter dem Vorwand, Ungarn sei noch nicht ganz vom Feinde befreit und Budapest befinde sich noch in der Nähe der Kampfzone. Auch dann noch, als die Deutschen kaum noch auf ungarischem Boden standen. Lutz wusste nicht ein noch aus.

Ausserdem musste er sich von seinen ungarischen Mitarbeitern trennen, vor allem von den opferbereiten Chalutzim, von denen so viele im Dienst ihrer Glaubensgenossen das Leben verloren hatten. Neue Aufgaben erwarteten sie. Die aus den Schutzhäusern und den Ghettos Entlassenen mussten ernährt und gepflegt und Familienangehörige gesucht werden. Für viele begann der grosse Exodus, denn was wollten sie noch in diesem Land, das sie nach einem Jahrtausend christlich-jüdischer «Symbiose» so schmählich verraten hatte? Andere wollten bleiben und trotz schlechter Auguren noch einmal versuchen, in dieser Erde Wurzeln zu schlagen. Diese neuen Aufgaben konnte der Vizekonsul den Chalutzim nicht abnehmen.

Das übliche Tauziehen mit den Sowjets wurde fortgesetzt. Erst am 22. März, fast einen Monat, nachdem Vizekonsul Lutz in Pest wieder Fuss gefasst hatte, gelang es ihm, begleitet vom unermüdlichen Zürcher, wenigstens vom stellvertretenden sowjetischen Stadtkommandanten empfangen zu werden. Inzwischen hatte General Tschernisow Budapest verlassen, um an der Front zu kämpfen, und das Faktotum Tolstoi durfte den sowjetischen Offizieren nur noch Sprachkurse geben. Also musste Lutz sein ganzes Anliegen vor dem neuen Mann von Anfang bis Ende wiederholen.

Prompt erklärte sich der stellvertretende Stadtkommandant unzuständig und verwies die beiden Schweizer an den soeben aus Moskau eingetroffenen Legationssekretär Ossokin, einen Fachmann des sowjetischen Aussenministeriums. Unverzüglich meldeten sie sich bei ihm, aber sie mussten sich einen Tag gedulden, bevor Ossokin Zeit fand, sie zu empfangen. Auch der Fachmann aus Moskau war kurz angebunden. Alle ausländischen Gesandtschaften, sagte er, die mit dem bisherigen Pfeilkreuzlerregime auf irgendwelche Weise zusammengearbeitet hätten, sowie das IKRK, müssten das Land verlassen. Auf die Einwände von Lutz, dass in der Regel keine diplomatischen Beziehungen ohne Not abgebrochen werden sollten, ging Ossokin nicht ein. Er erklärte, sobald eine neue ungarische Regierung eingesetzt sei, könne diese über die ihr genehmen diplomatischen Beziehungen selber entscheiden.

Auch die befreiten Juden konnten sich zuweilen mit den neuen sowjetischen Machthabern nicht zurechtfinden. Zürcher berichtet, dass jene, die einst im Besitz eines Schutzbriefes gewesen waren, den Funktionären der Roten Armee gegenüber immer wieder erklärten, sie seien amerikanische, britische, schwedische oder schweizerische Staatsbürger: «Ein höherer Offizier fragte mich deshalb einmal, wo eigentlich die Ungarn seien, die so sehnsüchtig auf die Befreiung gewartet hätten. Der Grund dieses Verhaltens der Juden lag in dem Bestreben, nicht zu den allgemein obligatorischen Aufräumungsarbeiten herangezogen zu werden. Dies war übrigens nicht nur ein jüdisches, sondern ein allgemeines Bestreben der ungarischen Einwohnerschaft. Viele kamen nun zu uns, um Schutz gegen die Rote Armee zu verlangen. Einige gingen sogar soweit, aufgrund der in den Schutzbriefen enthaltenen Fiktion nun wirklich die sofortige Einreise in die Schweiz zu begehren. Unsere Antwort war natürlich immer, dass nach der Befreiung von Budapest ein weiterer Schutz überflüssig sei. Der Standpunkt der russischen Funktionäre war übrigens klar. Es wurde kein Unterschied mehr gemacht zwischen den verschiedenen Rassen, und jeder ungarische Staatsbürger musste sich an den Aufräumungsarbeiten beteiligen. Es wurden zunächst sogar alliierte Staatsbürger herangezogen, was jedoch aufgrund unserer späteren Intervention aufhörte.»[36]

Die sowjetische Besatzungsmacht beharrte unverrückt auf ihrem Standpunkt. Sie wollte mit den bisherigen diplomatischen Vertretungen *tabula rasa* machen. Wenige Tage nach dem Gespräch von Lutz und Zürcher mit Ossokin erhielten denn auch «die schweizerische Gesandtschaft, Konsulate und alle andern Vertretungen in Ungarn» (d. h. auch die IKRK-Delegation) ein in deutscher Sprache abgefasstes Schreiben, das das Personal dieser Stellen anwies, «eventuell» am 28. März für die Abreise bereit zu sein. Eine

Ausnahme war für «die Herren Dr. Zürcher, Dr. Lutz und Dr. Steiner» vorgesehen, die bis auf weiteres im Amt bleiben dürften.[37]

Kaum erhalten, wurde auch diese Anweisung bereits wieder über den Haufen geworfen. Nur Dr. Zürcher sollte es gestattet sein, weiterhin in Budapest zu bleiben. Das Reisedatum wurde mehrmals verschoben, und schliesslich wurden zwei Gruppen gebildet, die an verschiedenen Tagen abreisen sollten.

Da Lutz auf einer formellen und ordnungsgemässen Übergabe der verschiedenen, unter seinem Schutz stehenden Gesandtschaftsgebäude bestand und Ossokin bat, die Abreise bis nach diesem Zeitpunkt zu verschieben, antwortete der Delegierte des sowjetischen Aussenministeriums, er nehme gerne ein entsprechendes schriftliches Gesuch entgegen. Auch er musste sich offenbar seinen Oberen gegenüber ausweisen können und auf deren Befehle warten. Über eine Woche lang rangen Lutz und Ossokin miteinander um das Abreisedatum, wobei weder dieser noch irgend sonst jemand auf der sowjetischen Kommandantur die geringste Angabe machen konnte, wie diese Reise vonstatten gehen sollte und wohin. Sie hätte ebenso direkt nach dem westlichen Ausland als wie nach Sibirien gehen können. Schliesslich gelang es Lutz, auf Umwegen mit den amerikanischen und britischen Missionen in Debrecen die Verbindung aufzunehmen, die nun ihrerseits mit Ossokin das Gerangel anfingen.

Endlich setzte der Fachmann aus Moskau ein Abreisedatum fest, widerrief es aber umgehend. Ein Kompromiss wurde schliesslich erwirkt, der endgültig zu sein schien. Die erste Gruppe sollte am 1. April (sie fuhr am 31. März) per Bahn in Richtung Bukarest abfahren und die zweite Gruppe am 6. April. Das Ehepaar Lutz und der Apostolische Nuntius, Rotta, wurden der zweiten Gruppe zugewiesen.

Den Vertretern der westalliierten Missionen wurde vom sowjetischen Oberkommando gestattet, für kurze Zeit nach Budapest zu kommen. Am 4. und 5. April machte Lutz mit den britischen und amerikanischen Abgesandten je eine Bestandesaufnahme der Gesandtschaftsgebäude mit anschliessend kurzer Zeremonie. Die Gefühle und Emotionen, die das Ehepaar Lutz in jenem Augenblick bewegt haben, der ein neuer und tiefer Einschnitt in ihrem Leben war, können aus den nachstehenden Zeilen erahnt werden: «In zwei Tagen musste gepackt sein, und so liess man einiges ganz einfach zurück für die ungarischen Angestellten, die ja auch den Grossteil ihrer Habe verloren hatten. Was uns übrig blieb, wurde in Kisten und Koffer verpackt und diese mit einem russischen Lastwagen zur Bahn befördert. Unsere Fahrt zum Bahnhof machten wir im ersten amerikanischen ‹Jeep›, der Budapest erreicht hatte. Frohen und bangen Herzens zugleich verliessen wir die einst als ‹Königin der Donau› bezeichnete Stadt, war uns doch das Reiseziel unbekannt.»[38]

Die Ausreise des Ehepaars Lutz aus Budapest und das Ende der Pfeilkreuzlerregierung von Hitlers Gnaden geschahen fast zur selben Zeit. Am 2. April bekamen die letzten Reste der ungarischen «Regierung» in Sopron an der Westgrenze deutschen Befehl, ihr zerstörtes Land endgültig zu verlassen, um der Verhaftung durch die anrückende Rote Armee zu entgehen. Einige weitere Wochen war ihr «Amtssitz» das Hotel *Österreichischer Hof* in Salzburg. Dort wurde der letzte Kronrat abgehalten, wo ein Minister seinen übriggebliebenen Kollegen erklärte: «Die königlich-ungarische Regierung ist endgültig aufgelöst!» Die neue Regierung, die mittlerweile in Budapest angelangt war, verlangte von den amerikanischen Besatzungsbehörden die Auslieferung des geflohenen Pfeilkreuzlerkabinetts, dessen Grossteil in Budapest von einem Volksgerichtshof zum Tode verurteilt wurde. Der Henker hatte Lampenfieber, als er die Schlinge um den Hals Szálasis legte. Er setzte die Schlinge zuweit vorne an, am Kinn des einstigen «Führers der Nation». Dieser wandte sich um und befahl dem Henker: «Etwas tiefer, bitte!» Das waren seine letzten Worte. Szálasi war 48 Jahre alt.[39]

Friedrich Born, der Delegierte des IKRK, gehörte zur ersten Reisegruppe, die Budapest am 31. März verlassen musste. Er hatte den definitiven Ausreisebefehl erst wenige Stunden vor der Abreise erhalten. Um 13 Uhr sollte er sich am Freiheitsplatz vor der ehemaligen amerikanischen Gesandtschaft einfinden. Born antwortete, er sei kein Angestellter der Gesandtschaft. Wenn schon, dann sollten ihn die sowjetischen Behörden am Sitz der IKRK-Delegation abholen: «Der Abschied war hart. Mit traurigen Blicken entliessen mich meine ungarischen Mitarbeiter, die mir alle in einer Zeitspanne treue Helfer gewesen waren, in der wir mit einer grossangelegten Organisation Tausenden von Menschen in ihrer bittersten Not Hilfe bringen konnten und mit denen ich Seite an Seite in den schweren Tagen und Nächten der Belagerung Not, Elend und Lebensgefahren überstanden hatte.»[40] Er reiste über Bukarest nach Ankara weiter. Von dort aus gelangte Born über Kairo, Athen, Neapel und Marseille nach Genf, wo er am 1. Mai ankam, einige Tage vor dem Ehepaar Lutz. Born nahm die vom IKRK seinen Delegierten auferlegte Schweigepflicht derart ernst, dass er bis zu seinem 1963 erfolgten Tode, niemandem, nicht einmal den eigenen Kindern, von seinem Werk in Budapest erzählte. Gross war ihre Überraschung, als sie 1988 aufgefordert wurden, an der Gedenkstätte Yad Vashem in Jerusalem einen Baum zur Erinnerung an ihren Vater, diesen «Gerechten unter den Völkern», zu pflanzen.

Auch wenn Lutz über diesen Augenblick des Abschiednehmens von seinen Getreuen am Freiheitsplatz, an der Vadász und Wekerle utca keinen Bericht wie Born hinterlassen hat, ist anzunehmen, dass ihm dieser Weggang schwergefallen ist. Auch sie, seine Mitarbeiter und Mitarbeiterinnen, sind zweifellos zum Bahnhof geeilt und haben sich vor dem Drittklasswagen aufgestellt, um letzte Worte auszutauschen, bis sich der Zug in Bewegung setzte und in der Ferne entschwand.

Zusammen mit dem Ehepaar Lutz und dem Nuntius reisten auch Angehörige der Schweizer Kolonie von Budapest, zusammen mit einigen Holländern, Italienern und Schweden. Die Reise führte in Richtung Osten, nicht etwa nach Süden, denn in Italien wurde noch gekämpft.

In der zweiten Nacht – der Zug befand sich im rumänischen Hügelgebiet – schossen die sowjetischen Begleitmannschaften plötzlich dreimal in die Nacht hinaus, und der langsam dahindampfende Zug hielt mit einem Ruck an. Das war das in Budapest zwischen den rauhen Soldaten und dem Lokomotivführer vor der Abfahrt vereinbarte Signal gewesen. Denn eine hochschwangere junge ungarische Frau, die mit einem Holländer verheiratet war, war in den Zug eingestiegen. Die Geburt konnte jeden Augenblick stattfinden. Die Rotarmisten bezeugten der werdenden Mutter die grösste Ehrerbietung und ermunterten sie, ihr Kind in aller Ruhe zur Welt zu bringen. Der eine Arzt, der auf dem Zug mitreiste, ein älterer Italiener, musste «glücklicherweise» nicht zu Rat gezogen werden, wie Gertrud Lutz dankbar feststellte. Er war der Leibarzt des 75jährigen apostolischen Nuntius. «Welch ein Glück, dass die Geburt ohne Komplikationen verlief und insbesonders auch, dass sich unter den Passagieren eine Krankenschwester befand. Wo aber heisses Wasser hernehmen? Nun, Wasser hatten wir ja in Flaschen mitgenommen und unser Meta-Kocher war schnell zur Hand, um dieses zu erwärmen. Eine Cuvette war nicht aufzutreiben und so diente unsere Proviantbüchse einem ihr wohl nie zugedachten Zweck. Auch unserer letzten, für Notfälle gesparten Kerze war ein freudiges Los beschieden, war sie doch die einzige Beleuchtung, um dem werdenden Kindlein zu helfen, das Licht der Welt zu erblicken. Benötigte Wäsche war in den mitgeführten Handkoffern vorhanden. Nicht zuletzt bestand sogar die Möglichkeit, die Wöchnerin etwas weicher zu betten, was diese sehr zu schätzen wusste. Wir hatten nämlich aus dem von der schweizerischen Regierung den Beamten in Budapest ‹für alle Fälle› zur Verfügung gestellten PTT-Autobus, der aber durch die Kriegsereignisse durchlöchert und unbrauchbar geworden war, zwei noch fast unbeschädigte Sitze herausgeschraubt und auf die Reise mitgenommen, um den harten Holzbänken der Drittklasswagen etwas nachzuhelfen. Hatte der Autobus als solcher seinen Zweck total verfehlt, kamen nun wenigstens diese beiden nebeneinander gelegten Sitze der Wöchnerin zugute!»[41] Die sowjetischen Soldaten liessen sich über den Verlauf der Geburt ständig informieren und wollten stets wissen, ob sie noch irgend etwas für die junge Frau tun könnten. Drei Stunden später durften sie dem Lokomotivführer das Signal zur Weiterreise melden.

Nach dreitägiger Fahrt erreichte der sonderbare Zug Bukarest. Die übermüdete Reisegesellschaft durfte jedoch nicht wie erwartet aussteigen, denn die sowjetischen Geheimdienstoffiziere erklärten, sie müssten über das Reiseziel neue Instruktionen aus Moskau einholen. Nach geraumer Zeit und angstvoller Unsicherheit wurde die Fahrt fortgesetzt. Erst als die Passagiere die Donau unter sich hinziehen sahen, wussten sie, dass sie sich auf bulgarischem Boden befanden und das Reiseziel Istanbul war: «In Svilengrad an der türkischen Grenze angekommen», berichtet Lutz, «weigerten sich die türkischen Behörden, den Zug zu übernehmen, weil keine Einreisebewilligung vorlag. Ich setzte mich sofort mit dem schweizerischen Konsulat in Istanbul (Herrn Konsul Martig) telefonisch in Verbindung, woraufhin die notwendigen Schritte zur Weiterreise von Herrn Minister Lardy in Ankara unternommen wurden. Nach einem Aufenthalt von 1 1/2 Tagen konnten wir die Fahrt nach Istanbul fortsetzen.»[42]

Der schweizerische Gesandte in der Türkei, Minister Lardy, eilte eigens von Ankara nach Istanbul herüber, um die «Reisegesellschaft» zusammen mit Mitgliedern der lokalen Schweizer Kolonie in Empfang zu nehmen. Dann wurden sie in ein «gutes Hotel» gebracht – wie Gertrud Lutz notierte –, wo sie endlich in ein Bad steigen und lang entbehrte Milch, Früchte und Gemüse geniessen konnten.

Sie litten unter Vitaminmangel und waren nach Früchten buchstäblich ausgehungert. Zum Frühstück leisteten sie sich den Luxus eines Glases Orangensaft, wie es schon damals in der früchtereichen Türkei gang und gäbe war. Gertrud Lutz erzählt vom kleinen Nachspiel, das ihnen ein rechtschaffener Berner Bundesbeamter wegen dieses Orangensafts bescherte: «Einige Wochen nach unserer Rückkehr in die Heimat waren wir aber nicht wenig erstaunt, als wir aufgefordert wurden, uns dafür zu rechtfertigen. Beim Kontrollieren der von den offiziellen Vertretern beglichenen Hotelrechnung für unsern Aufenthalt in Istanbul stach einem Beamten des Finanzdepartements ausgerechnet unser Orangensaft in die Augen und veranlasste ihn, dem EPD zu schreiben: ‹Wir haben festgestellt, dass Herr und Frau Konsul Lutz sich in Istanbul zum Frühstück haben Orangensaft servieren lassen – auf Kosten des Bundes!› ... In Anbetracht des uns von andern Beamten entgegengebrachten Verständnisses, möchte ich aber doch annehmen, dass es sich bei dem Betreffenden um einen Ausnahmefall gehandelt hat. Nicht zuletzt dürfte es jemand gewesen sein, der meiner eigenen

Generation angehört, in dem Sinne, dass es in meiner Kindheit Orangen nur zum ‹Samichlaus› und während der Weihnachtszeit gab. Jedoch Orangensaft schon zum Frühstück? Welch' ein Luxus!»[43]

Für die zehntägige Fahrt durch das blaue, aber verminte Mittelmeer hatte das EPD den betagten schwedischen Dampfer *Drottningholm* gechartert. Dieser hatte vor kurzem türkische Diplomaten nach Istanbul gebracht und sollte nun deren deutsche Berufskollegen aus der Türkei in ihre Heimat bringen. Die Türkei hatte noch am 23. Februar 1945 dem Dritten Reich vor Torschluss den Krieg erklärt, weil sie nicht das Recht verlieren wollte, zur Gründungsversammlung der Vereinten Nationen eingeladen zu werden.

Ständig trugen die Passagiere Rettungsringe an sich. Aber endlich fanden sie Zeit zum Nachdenken, die aufgestauten Erlebnisse zu verarbeiten, erste Berichte zu schreiben und die Augen über die blauen Wasserflächen schweifen zu lassen. Die Gedanken flogen wohl weiter zurück. Wenig mehr als zehn Jahre waren verflossen, seitdem das frischvermählte Ehepaar Lutz auf dem Dampfer *Gerusalemme* die umgekehrte Richtung von Venedig nach Jaffa gesegelt war. Seither schienen Jahrhunderte verflossen zu sein.

Endlich durfte die Reisegruppe, die jetzt noch 20 Personen umfasste, in Lissabon an Land gehen, um von dort aus die Heimat auf dem langen Landweg zu erreichen. Sie legte die erste Teilstrecke von Lissabon bis Barcelona mit der Bahn zurück. Dort erwartete sie ein vom EPD entsandter Autocar, der die Reisenden bis zur Schweizer Grenze führte. Unterwegs wurde das Ehepaar Lutz und seine Begleiter und Begleiterinnen entlang der Reiseroute von schweizerischen Diplomaten, Konsulen und Landsleuten begrüsst, die von ihrer Ankunft im voraus gehört hatten und sie sehen wollten. Die ersten Nachrichten von ihrer Rettungsaktion für die Juden und ihrem Ausharren im belagerten Budapest waren bereits in aller Munde. Überall empfingen sie «Blumen, Schokolade und andere langentbehrte Leckerbissen», erinnerte sich Gertrud Lutz.

Am Samstag vor Pfingsten, dem 5. Mai 1945, erreichte die übermüdete Reisegruppe die Calvinstadt.

Drei Tage später, am 8 Mai, kapitulierte das Dritte Reich.

«Ein Mensch inmitten von Unmenschlickeit»

Nach seiner Rückkehr drängte es Lutz, seinen Vorgesetzten im EPD von den unerhörten Erlebnissen in Budapest Bericht zu erstatten, sich vor ihnen sozusagen auszuleeren. Er wollte sie einbeziehen in ein Geschehen, das nicht nur alle bisherigen diplomatischen Erfahrungen und Gepflogenheiten sprengte, denn es beinhaltete nichts weniger als den Versuch, sich gegen das Auslöschen eines ganzen Volkes zur Wehr zu setzen. Er wollte ihnen veranschaulichen, dass er an einem Abgrund gestanden hatte, wie Menschen des Nachts in Viehwagen wegfuhren, hin zu Gaskammern und Verbrennungsöfen, von Pfeilkreuzlerbanden, die Menschen wie Tiere jagten, von Schutzhäusern, von Ghettos, von der endlosen Belagerung und von der Besetzung. Das EPD sollte wissen, wie er und andere mit Mördern verhandeln mussten, nur um immer wieder einigen Menschen das Leben zu retten. Und wie er selber und die Seinen inmitten der Gefahr fast durch ein Wunder am Leben geblieben waren. Er musste dem EPD zudem noch erzählen, wie und warum die Wegnahme Fellers und Meiers geschehen war. Und wie er die Verantwortung für die Interessenvertretung, die er am 1. Januar 1942 formell übernommen hatte, wieder in die Hände der betreffenden Regierungen übergeben hatte.

Er war bereit über all dies und vieles mehr Bericht zu erstatten.

Nach Lutz' eigener Aussage musste er «die bitterste Enttäuschung unserer Beamtenlaufbahn erleben, indem wir nach unserer Rückkehr weder zu einer Berichterstattung vorgeladen wurden, noch sprach man uns einen Dank aus. Statt dessen beauftragte man einen Oberrichter mit der gründlichen Untersuchung unseres Benehmens der russischen Soldateska gegenüber».[1]

Kein Wunder, dass dieses Desinteresse der EPD-Beamten bis hinauf zu deren oberstem Chef, dem Departementsvorsteher, bei Lutz nicht nur Unverständnis, sondern eine Wunde hinterlassen hat.

In der Tat galt die momentane Hauptsorge des EPD vor allem der Wahrung seines eigenen Image. Als Lutz Bern nach seiner Odyssee über Istanbul und das Mittelmeer erreichte, war das EPD mit der Abwehr von Verdächtigungen beschäftigt, die ein Zeitungsschreiber namens Veit Wyler im Stil von Boulevardnachrichten in die Welt gesetzt hatte. Lauthals berichtete dieser über «gewisse Vorgänge» an der schweizerischen Gesandtschaft in Budapest, über angebliche Fehler bei der Amtsführung Kilchmanns, Fellers und Meiers. Sie seien pronazistisch und pro-pfeilkreuzlerisch eingestellt gewesen. Das sei der wirkliche Grund, warum die beiden letzteren «spurlos verschwunden» seien.

Diese reisserisch aufgemachten «Nachrichten», die das Ziel hatten, dem EPD während der vergangenen Kriegszeit einen deutschfreundlichen Kurs vorzuhalten, wurden von ausländischen Zeitungen aufgegriffen, auch in den Vereinigten Staaten. Dies ausgerechnet zu dem Zeitpunkt, da die Siegermächte in San Francisco seit dem 25. April 1945 die Charta der Vereinten Nationen vorbereiteten, die den Völkerbund der Zwischenkriegszeit ersetzen sollten.[2] Nicht nur in der Sowjetunion Stalins, sondern auch in angelsächsischen Ländern wurde durch diese Artikelreihe der Eindruck «bestätigt», die offizielle Schweiz habe dem Dritten Reich gegenüber eine Politik opportunistischer Anpassung verfolgt. Wylers Polemik brachte die EPD-Führung in Verlegenheit. Es war wichtig, dass sie das Gegenteil beweisen konnte, um die Schweiz international wieder salonfähig zu machen.

Das EPD beauftragte den bernischen Oberrichter Dr. J. O. Kehrli, eine Administrativuntersuchung über die Vorgänge an der Gesandtschaft in Budapest vor, während und nach der Belagerung vorzunehmen. Über ein Jahr lang wurden die Beamten und zurückkehrende Mitglieder der Schweizerkolonie «abgehört», oft mehrmals. Der am 3. Juni 1946 abgelieferte Schlussbericht Kehrlis von 320 Seiten ist fair und ausgeglichen und stellt eine hochwertige Quelle historischer Information dar.[3] Die Aussagen der Zeugen wurden wie vor Gericht zu Protokoll genommen, wenngleich die abgegebene Information EPD-intern und vertraulich behandelt wurde.

Erstaunlich ist jedoch der beschränkte Fragebereich, den der Oberrichter klären sollte: «Herr Oberrichter Dr. Kehrli hat den Auftrag (1) die Gründe zu erfahren, die dazu geführt haben, dass Legationssekretär Feller und Kanzleibeamter Max Meier von den Russen abgeführt worden sind, (und) (2) einwandfreie Feststellungen über das Verhalten der Russen zu den Mitgliedern der Schweizerkolonie, insbesonders in bezug auf Plünderungen, Misshandlungen oder Angriffe gegen die Frauenehre zu machen.»[4]

Zur juristischen Abwehr der von Veit Wyler ausgelösten Presseangriffe war diese Fragestellung vielleicht wichtig, aber politisch ungenügend. Denn wenn das EPD der Welt, vor allem den angelsächsischen Siegerstaaten, den Widerstand der Schweiz gegen den Nationalsozialismus beweisen wollte, hätte es z. B. die führende Stellung von Vizekonsul Lutz zur Rettung des

Restbestandes des ungarischen Judentums vorzeigen können, sozusagen als Schulbeispiel einer schweizerischen humanitären Aktion im Geiste Henri Dunants. Eine entsprechende Darstellung hätte bei den angelsächsischen Siegerstaaten im Nu grosse Sympathien für die Schweiz erweckt.

Gerade dies hat das EPD unbegreiflicherweise nicht getan. Es hat sich selber den Weg verbaut, indem es die Details von Lutz' Judenrettungsaktion nicht einmal als normalen Arbeitsbericht entgegennehmen wollte und sie auch den Siegermächten gegenüber verschwieg. Parallel hierzu, liess auch das IKRK kein Wort über die von Friedrich Born geleitete Judenrettungsaktion verlauten.

Das ängstliche Vorenthalten der schweizerischen Budapester Judenrettungsaktion – was auch immer die unerfindlichen Gründe dafür gewesen sein mögen – ist zweifellos der Hauptgrund, warum die Leistungen von Carl Lutz und seinen Mitarbeitern (und von Friedrich Born) jahrelang im Dunkeln geblieben sind.

Oberrichter Kehrli selbst schien das Manko in der Fragestellung des EPD zu bemerken, denn er erkundigte sich bei Lutz ausführlich und mit Interesse über die von ihm geleitete Rettungsaktion. Aber auch jetzt fehlte in den vom EPD während und nach Beendigung der Untersuchung herausgegebenen Pressemeldungen jeglicher Hinweis auf die Rettungsaktion.

Erbost über die Umtriebe Wylers und die Nichtbeachtung ihres Gatten durch das EPD schrieb Gertrud Lutz direkt an den neuen Aussenminister, Bundesrat Petitpierre, sie sei enttäuscht über «die Art und Weise, in welcher sich die Presse frei über die Ehre der Gesandtschaftsmitglieder hermachen kann, ohne dass ihr Einhalt geboten wird. Ist denn Pressefreiheit gleichbedeutend mit erlogenen Sensationen? ... Schade ist nur, dass man diesen Zeitungshetzern nicht Gelegenheit bieten kann, das durchzumachen – und besser zu machen – was die meisten von uns durchmachen mussten.» Sogar das 25. Dienstjubiläum ihres Mannes sei vom EPD übersehen worden. Sicherlich hätte er sich über «ein paar Worte des Dankes und der Anerkennung» gefreut, um so mehr als er in jahrelanger treuer Pflichterfüllung seine ganze Kraft opferte».[5] Im Bundesarchiv scheint keine Antwort von Bundesrat Petitpierre oder eines Beamten des EPD an Gertrud Lutz vorhanden zu sein.

Möglicherweise aber trug das Protestschreiben von Gertrud Lutz dennoch seine Früchte, denn wenige Wochen später, am 1. Oktober 1945, wurde Lutz vom Bundesrat zum Berufskonsul befördert, was eine Gehaltsaufbesserung mit sich brachte. Endlich besass er jenen Titel, den er vor über Jahresfrist benötigt hätte, um seinen Verhandlungen mit Veesenmayer und den ungarischen Behörden mehr Nachdruck zu verleihen. Das EPD drückte sich in seiner Begründung der Beförderung ausserordentlich lobend über den neuen Konsul aus. Er habe die Leitung der Abteilung für Fremde Interessen in Budapest «*avec beaucoup de compétence*» geführt: «*Son activité a toujours été des plus appréciées et il importerait maintenant de reconnaître ses mérites en le promouvant au rang de consul de carrière, auquel il peut légitimement aspirer et pour lequel il a les qualifications requises.*»[6]

Am 25. Februar 1946, nachdem er ein Angebot des EPD zur Leitung des schweizerischen Konsulats in Bagdad abgelehnt hatte, übernahm Carl Lutz die deutschen Interessen für die Ostschweiz mit Sitz in Zürich. Er hielt dieses Amt bis 1950 inne, nachdem die Bundesrepublik Deutschland und die Deutsche Demokratische Republik gegründet worden waren. Auch diese Verantwortung übte er, wie bisher, «*avec beaucoup de compétence*» aus.

Die traumatischen Erlebnisse in Ungarn liessen den Konsul jedoch nicht zur Ruhe kommen. Nachdem er nach Zürich umgezogen war, dachte Lutz daran, seine Ungarnerlebnisse in einem Buch niederzulegen. Es sollte den Titel, *Am Rande des Abgrunds*, tragen.[7] Er ist nicht dazugekommen. Mehr als Berichte und Erinnerungen von wenigen Seiten Länge, die sich zum Teil überschneiden, hat er nicht hinterlassen. Ein Teil der offiziellen Dokumente wurde statutengemäss im Bundesarchiv bis in die achtziger Jahre unter Verschluss gehalten, mit Ausnahme des von Lutz der Gedenkstätte Yad Vashem in Jerusalem ohne Erlaubnis des EPD übermachten Nachlasses.

Ende 1946 wurde die kinderlos gebliebene Ehe von Carl und Gertrud Lutz geschieden.

Es war nicht die Art von Gertrud Lutz, über zerbrochenes Geschirr zu klagen, und sie suchte sich unverzüglich einen eigenen Arbeitsbereich. Ihre ausserordentlich intensiven Erfahrungen in Palästina und dann in Ungarn kamen ihr jetzt zugut. Diese Ereignisse hatten ihr aufgezeigt, dass Krieg und soziale Gärung am grausamsten mit Kindern und Müttern umgingen. Das gab ihr den notwendigen Fingerzeig für die Gestaltung ihres künftigen Lebens. Gertrud Lutz meldete sich zunächst bei der *Schweizer Spende*, einer Hilfsorganisation, die es sich zur Aufgabe gemacht hatte, Kindern in Europas kriegsversehrten Gebieten zu helfen. Schon im Januar 1946 begleitete sie eine Ärztemission nach Bosnien/Jugoslawien. Ein Jahr später befand sie sich im schwer kriegsversehrten Finnland, um aus Karelien geflüchtete Kinder in anderen Landesteilen unterzubringen. Eine ähnliche Aufgabe, diesmal in weit grösserem Rahmen, stellte sich ihr 1948 in Polen. Dort wurde aus ehemaligen Militärbaracken ein Dorf für 600 Kinder errichtet. In jenem Jahr aber kam die Schweizer Spende zu Ende, und Gertrud Lutz wurde vom neugeschaffenen Kinderhilfswerk der Vereinten Nationen, UNICEF, «übernommen», das ihr die Gesamtleitung der internationalen Kinderhilfe in Polen anvertraute: «Wir hatten auch von der UNICEF aus Notstandsprogramme, zum Beispiel eine Schulspeisungsaktion für über eine Million Kinder, medizinische Schulungskurse und Hilfe beim Aufbau einer ersten Milchpulverfabrik in Polen, denn Polen hatte im Krieg 75 Prozent seines Viehbestandes eingebüsst.»[8] Nach Abschluss dieser Aufgabe in Polen wurde Gertrud Lutz von der UNICEF 1951 mit der Leitung ihres Werkes in Brasilien betraut, wo sie beinahe 14 Jahre verbrachte und sich vor allem für den Aufbau von Mütterclubs und einem besseren Schulwesen vor allem in den städtischen Elendsquartieren und auf dem Lande, einsetzte. Nach einem kürzeren Aufenthalt in der Türkei wurde Gertrud Lutz eine leitende Stellung im Europabüro der UNICEF in Paris anvertraut. Zu Beginn der siebziger Jahre trat sie in den Ruhestand und zog in das Haus ihrer verstorbenen Eltern im Berner Vorort Zollikofen um, wo sie prompt als erste Frau in den Gemeinderat gewählt wurde.

Im Gegensatz zur lebensfrohen Ruhe seiner früheren Gattin erfüllte Carl Lutz sein Arbeitspensum – nach wie vor sehr zufriedenstellend für seinen Arbeitgeber, das EPD –, aber ohne innere Genugtuung. Seine unerhörten politischen und administrativen Erfahrungen hätten ihn vielleicht in einen Kaderposten in einer der nach dem Krieg aufgebauten internationalen Organisationen hineinkatapultieren lassen, wo neue Herausforderungen einer Person mit seiner Suggestiv- und Durchsetzungskraft eine inhaltsreiche neue Lebensaufgabe gegeben hätten. Er blieb aber beim EPD.

Dort vertiefte sich zwischen diesem weltoffenen und freigebigen Menschen und dem EPD das Malaise, das Lutz jetzt, wo ihm der beruhigende Zuspruch Gertruds fehlte, zusehends Mühe machte. Eine Zeitlang ging es um die Rückvergütung von in Budapest erlittenen Verlusten, wobei das EPD, beziehungsweise das Eidgenössische Finanzdepartement, nur einen Teil der vom Konsul verlangten Geldbeträge zurückerstatten wollte. Jahre vergingen mit Einsprachen und neuen Verhandlungen, bis eine Einigung erzielt wurde.

Dann gab es anderes irritierendes Gebaren seitens der Bundesverwaltung. Die Spitze offizieller Gleichgültigkeit, ja Unkenntnis, war eine Rüge, die das EPD Lutz in einem Schreiben vom 5. Februar 1949 erteilte. Lutz hatte die Verwaltungsabteilung des EPD gebeten, ihm zwei Kollektivpässe, die er nach seiner Rückkehr aus Budapest dem EPD als Muster seiner Budapester Aktion für dessen Archive übergeben hatte, für einige Zeit zur Verfügung zu stellen. Aus der Antwort des EPD geht hervor, dass es zur Beantwortung dieser einfachen Frage die Polizeiabteilung des Eidgenössischen Justiz- und Polizeidepartements bemüht hat. In schönstem Amtsdeutsch machte nun ein Chefbeamter des EPD den Konsul darauf aufmerksam, die Polizeiabteilung sei zu dem Schluss gekommen, «dass die Bezeichnung der betreffenden Ausweispapiere als schweizerische Kollektivpässe nicht statthaft war, denn die Abteilung für Fremde Interessen sei wohl ermächtigt gewesen, den ihrem Schutz unterstellten Ausländern Papiere abzugeben, habe diese aber nicht als Schweizerpässe bezeichnen dürfen. Die Polizeiabteilung gelangt deshalb zum Ergebnis, dass eine Kompetenzüberschreitung Ihrerseits vorgelegen habe ... Ihrem Gesuch um Aushändigung dieser Aktenstücke können wir keine Folge leisten».[9] Offenbar hatten weder die Beamten des EPD noch die Polizeiabteilung sich die Mühe genommen, die frühere Korrespondenz und die sorgfältig erstellten Akten des vom EPD selber beauftragten Oberrichters Kehrli einzusehen, falls diese überhaupt gelesen worden waren. Dort hatte ja Lutz nachdrücklich darauf hingewiesen, dass die Kollektivpässe lediglich die Namenslisten der mit Schutzbriefen versehenen Juden darstellten und dass diese Praxis, die ihren Ursprung in den Palästina-Zertifikaten hatte, sowohl von den Briten als auch vom EPD selber abgesegnet worden war. Wiederum zeigte sich an diesem Beispiel die auffallende Inkonsistenz und Unkenntnis wichtiger Vorgänge in Bern, die im Zusammenhang mit den Geschehnissen in Ungarn schon vorher beobachtet werden konnten.

Vielleicht sollte diesem eklatanten Beispiel von Amtsschimmel-Gehabe keine allzugrosse Bedeutung beigemessen werden. Für Lutz musste jedoch eine derart arrogant und verletzend vorgetragene Unkenntnis und das Nichtaushändigen der beiden Kollektivpässe weniger als fünf Jahre nach den aufwühlenden Ereignissen einem Desavouieren seiner Judenrettungsaktion gleichkommen. Zumal sich die für diesen Lapsus verantwortlichen Beamten kaum entschuldigt haben werden.[10]

Es ist kein Wunder, dass Lutz nach diesem Affront ernstlich erkrankte. Er litt an allgemeiner Erschöpfung, Kopfschmerzen, niedrigem Blutdruck und an Funktionsstörungen, was einen längeren Aufenthalt in einer Zürcher Privatklinik bedingte.

Ein Lichtblick war hingegen die im selben Jahr 1949 in Budapest stattfindende Verheiratung von Carl Lutz mit Magda, geb. Csányi, die er in Ungarn kennengelernt hatte. Er hing sehr an ihrer Tochter, Agnes, und baute ein neues gemeinsames Familienleben auf, das bis zum Tode Magdas 1966 dauerte. Als Agnes heiratete, war Lutz bis zu seinem eigenen Ende eng mit ihren beiden Söhnen verbunden.

Ein weiteres Mal schenkte das Schicksal dem Konsul eine gütige Wende. Als sein Mandat in Zürich als Vertreter der deutschen Interessen in der Ostschweiz im Sommer 1950 zu Ende kam, erhielt er vom Generalsekretär des

Lutherischen Weltbundes (LWB) in Genf, Dr. Michelfelder, eine Bitte um Übernahme von Verhandlungen mit Israel.[11] Der jüdische Staat hatte die durch die Kriegsereignisse und die Gründungswirren verwaisten, ursprünglich meist deutschen Missionswerke, konfisziert. Die europäischen Heimatkirchen baten den LWB, die Situation dieser Werke mit Israel abzuklären.

Lutz nahm diese Anfrage mit grösster Freude entgegen, hoffte er doch insgeheim auf ein neues Tätigkeitsfeld. Er erhielt vom EPD einen auf ein Jahr beschränkten Urlaub und wandte sich in Hochstimmung der neuen Aufgabe zu. Im Nu verschwanden Migränen und Nervosität. Kannte er doch die meisten dieser Anstalten aus den dreissiger Jahren seiner Palästinazeit: das Syrische Waisenhaus, die Werke des Berliner Jerusalemvereins, das Kaiserswerther Diakonissenhaus mit seiner Talitha-Kumi-Schule und die berühmte Kaiserin Auguste-Viktoria-Stiftung. Ausserdem wollte er das in Israel umgewandelte Palästina wieder mit eigenen Augen sehen.

Mehrmals flog Lutz im Auftrag des LWB von Genf nach Tel Aviv, wobei er sich der Zeiten erinnerte, da er mit Gertrud sich auf langsamer, mehrtägiger Seereise dem Heiligen Lande genähert hatte. Er besuchte die meist aufgegebenen Werke: eine Kirche, wo das Kreuz dem siebenarmigen Leuchter gewichen war, den *Schneller-Wald* bei Jerusalem, der sich in einen zoologischen Garten verwandelt hatte, landwirtschaftliche Siedlungen in der Küstenebene, die zu israelischen Kibbutzim umgestaltet oder von der neuen Grosstadt Tel Aviv aufgesogen worden waren. Nach der Bestandsaufnahme erfolgten längere Verhandlungen mit den israelischen Behörden. Es ist anzunehmen, dass die Israelis ihren Gesprächspartner, über dessen Einsatz in Budapest sie nur allzu gut unterrichtet waren, mit grossem Respekt behandelten. Sie waren jedoch nicht bereit, dem LWB grössere Abfindungen auszuzahlen, nicht nur weil ihr junger Staat ohnehin bis über die Ohren verschuldet war, sondern auch weil sie die Übernahme dieses kirchlichen Besitzes als Teil der Wiedergutmachung für das von den Deutschen begangene Unrecht betrachteten. Zweifellos muss Lutz mit einem sonderbaren Gefühl verhandelt haben, dass ausgerechnet er gewissermassen das Lager gewechselt hatte, um sich gegenüber den Israelis für die Anliegen der «Deutschen» einzusetzen.

Nach langen Verhandlungen erreichte Lutz zuhanden des LWB eine Übereinkunft mit Israel. Der jüdische Staat verpflichtete sich, den Missionsgesellschaften eine kleinere Geldsumme zu überweisen. Es handelte sich nicht darum, den europäischen Kirchen «verlorenes» Geld zurückzuerstatten, sondern kriegsgeschädigten arabischen Flüchtlingskindern eine Ausbildung zu ermöglichen. Die am 29. August 1951 unterzeichnete Übereinkunft zwischen dem LWB und Israel war auch jetzt wiederum von Lutzens sorgfältiger Arbeitsweise geprägt.[12]

Zur Vereinbarung gehörte auch die Umbettung von 200 Gräbern von einem christlichen Friedhof in Tel Aviv nach Jerusalem und die Abmontierung der drei Glocken vom Turm des Syrischen Waisenhauses. Letztere waren derart schwer, dass Lutz die Hilfe des israelischen Amtes für öffentliche Arbeiten in Anspruch nehmen musste: «Nach acht Tagen waren die Vorkehrungen soweit gediehen, um die Glocken herabzulassen. Ich stieg nochmals auf den Turm, auf dem der Bläserchor des Syrischen Waisenhauses so oft am Ostermorgen und andern Festtagen liebliche Weisen über die Stadt Jerusalem gesendet hatte. Da hingen sie noch, die drei Glocken, die das Geschenk von Gönnern waren und die folgenden Inschriften trugen: Gnadenglocke: *Und du wieder jung wirst, wie ein Adler.* Psalm 103,5. Jubiläumsglocke: Ebenezer 1860–1910, *Dem Herrn allein die Ehre.* Auferstehungsglocke: *Tröstet, tröstet mein Volk, redet freundlich mit Jerusalem.* Jesaja 40,1.»[13] Die drei Glocken wurden abmontiert und auf Lastwagen der Vereinten Nationen zum Ölberg gefahren, wo sie bis auf weitere Verwendung deponiert wurden.

Durch diese in gelöster Atmosphäre, aber dennoch zäh vor sich gehenden Verhandlungen hat Lutz zweifellos einen wertvollen Beitrag zur Entspannung des Verhältnisses zwischen Deutschen und Juden geleistet. Nach und nach sollte sich in den kommenden Jahren in Israel die Erkenntnis durchsetzen, dass die einstigen deutschen Missionswerke im 19. und im ersten Drittel des 20. Jahrhunderts einen nicht unbeträchtlichen Beitrag zum Wiederaufbau Palästinas in der katastrophalen Endphase der ottomanischen Besetzung geleistet und dadurch eine Einpflanzung der israelischen Kibbutzim erleichtert haben.[14] Nicht alle waren Feinde des Judentums gewesen.

Lutz bezeichnete die neun Monate, die er im Dienste des LWB verbrachte, als eine Insel in seinem späteren Leben, ja als ein Märchen, denn er habe sich dort «von Gleichgesinnten umgeben» gewusst. Doch es war ihm nicht vergönnt, in Genf zu bleiben. Die verschiedenen Reisen nach Israel hatten überdies wehmütige Erinnerungen an die Zeit im Vorkriegspalästina wachgerufen. Er ging durch die vertrauten Gassen Jaffas, «wo wir einmal gewohnt hatten; dort auf jenem Balkon pflegten wir zu frühstücken».[15]

Die letzte der vier Reisen für den LWB nach Israel unternahm Lutz mit seiner zweiten Gattin, Magda. Dann kehrte er nochmals kurz nach Genf zurück: «Der Schlussakt bildete eine kleine Feier in meinem Büro in Genf, veranstaltet von Dr. Michelfelder mit seinen engsten Mitarbeitern, wo er mir den Dank für die geleisteten Dienste aussprach und mir als ein Andenken ein Buch über Genf überreichte. Es sollte gleichzeitig auch die Abschiedsfeier von Dr. Michelfelder selbst werden, denn er verreiste kurz darauf zu einem Besuch bei seinen Kindern in Amerika, um nicht wieder zurückzukehren.»[16] Dieser von Lutz hochgeschätzte Mann starb wenige Wochen später unerwartet.

Das kurze Zwischenspiel beim LWB weist darauf hin, zu welch weiteren ungewöhnlichen Aufgaben Carl Lutz in seinen letzten Jahren fähig gewesen wäre, wenn ihm ein anderer Rahmen zur Verfügung gestanden hätte. Die Erinnerung an Budapest und das Wissen um tausende gerettete Menschenleben mussten genügen...

Die mehrfachen Aufenthalte in Israel und die Übergabe der Liegenschaften der ehemaligen christlichen Missionswerke an den neuen Staat zeigten Lutz auf, wie grundlegend sich die Welt verändert hatte. Das Jahr 1913, als er nach Amerika ausgewandert war, schien unendlich weit zurückzuliegen. In der Zwischenzeit hatten zwei grosse Kriege Europa aus den Angeln gehoben und entmachtet. Zwei grosse neue Weltmächte waren dem Chaos entstiegen. Das Judentum war zu zwei Dritteln zerstört und in Osteuropa, wo es jahrhundertelang verwurzelt und beheimatet gewesen war, eine einzigartige Kultur entwickelt und Sozialgefüge und Wirtschaft ungeheuer befruchtet hatte, ausgerottet worden. Ausgenommen in Ungarn, wo – in entscheidendem Ausmass durch ihn selbst – ein Rest überlebte.

Vorderhand vermochte die Doktrin der «nationalen Sicherheit» in westlicher und östlicher Ausformung, die den Kalten Krieg und die Aufrüstung ideologisch unterbaute, das Aufarbeiten der Erinnerung des grausigen Massenmordes weitgehend zu verhindern. Antisemitismus wurde tabu und blieb lange irgendwie ausgeklammert. Viele der Überlebenden des Holocaust waren nach Israel geflohen. Dadurch wurde die alte Auseinandersetzung zwischen Juden und Arabern wieder angeheizt und teilweise in den Kalten Krieg einbezogen – in Zusammenhang mit den noch komplizierteren Auseinandersetzungen um die Kontrolle der Ölfelder des Nahen Ostens.

An manchen zentralen Schnittstellen der Konflikte des 20. Jahrhunderts ist Carl Lutz als Augenzeuge dabeigewesen. Er hat Amerikas Aufstieg zur Weltmacht von «innen» her mitgemacht, den sich entwickelnden bitteren Streit zwischen Juden und Arabern hautnah erlebt, dem nationalsozialistischen Zerstörungswahn ins wutverzerrte Antlitz geschaut und das Herniedergehen des Eisernen Vorhangs über Europa miterlitten. Er war aber mehr als ein Augenzeuge. Er war einer, der versucht hat, der Mitmenschlichkeit Geltung zu verschaffen. Auch dann, wenn er die auf ihn zukommenden Fragen nicht vom ersten Anhieb an begriffen hat. Lutz' letztes Wirken in Israel für den LWB, kurz wie es auch gewesen sein mag, stellte die Kulmination solcher lebenslanger Bemühungen dar. Gerne hätte er mehr getan.

Im Jahre 1954 – er war nun 59 Jahre alt – wurde Lutz zum Konsul in Bregenz mit Einzugsbereich Vorarlberg ernannt. Diesen Posten hielt er bis zu seinem Ruhestand 1961 inne. Von Bregenz aus konnte er bei gutem Wetter jenseits des oberen Bodensees die grünen Hügel des Appenzellerlandes sehen, den spitzen Kirchturm seines über dem Alten Rhein thronenden Heimatdorfes Walzenhausen und sogar den von ihm geliebten Felsvorsprung der Meldegg. Immer noch zögerte das EPD, ihn zum Generalkonsul zu befördern, einen Titel, den er aufgrund seines Alters und seines Einsatzes schon längst verdient hätte. Diese Rangerhöhung wurde ihm erst kurz vor seiner Pensionierung zugestanden, aber auch jetzt noch mit der entwürdigenden Einschränkung, *à titre personnel,* als Ehrengeneralkonsul ohne entsprechende Gehaltsaufbesserung.

Während sich die offizielle Schweiz schwertat, Lutz für sein Lebenswerk eine Anerkennung auszusprechen, wurde er international um so mehr anerkannt. Dies begann noch mitten in der Verfolgungs- und Kriegszeit, als niemand wusste, was der morgige Tag bringen würde. Schon am 15. November 1944 – es war die Zeit des grossen Todesmarsches Eichmanns von Budapest bis zur österreichischen Grenze – schickte Dr. Samu Stern, der Vorsitzende des Verbandes ungarländischer Juden, einen Dankesbrief an den damaligen Vizekonsul. Dieser Brief ist zweifellos eines der ergreifendsten Zeugnisse eines Mannes, der zu jenem Zeitpunkt selber in höchster Todesgefahr stand: «Genehmigen Sie den Ausdruck unserer tief empfundenen Dankbarkeit für Ihre wertvolle Tätigkeit. Sie haben uns ständig Gehör geschenkt, haben unsere Bitten und Vorschläge mit Wohlwollen angehört, unter den schwierigsten Verhältnissen sich unserer Sache angenommen und alles getan, was überhaupt möglich war. Wir bitten Sie gleichzeitig, Ihre wertvolle Tätigkeit in der Judensache weiter zu entfalten und dem unglücklichen Judentum Budapests in diesen Schreckenstagen Ihren Schutz angedeihen zu lassen.»[17]

Ungarische Juden, die bald nach Kriegsende nach Palästina auswanderten, bezeugten ebenfalls die lebensrettende Hilfe, die sie durch Carl Lutz erfahren hatten. Dies bewog Bernard Joseph, den Leiter der Jewish Agency for Palestine, die vor der Gründung des Staates Israel sozusagen als jüdische Regierung in Palästina fungiert hatte, dazu, einen der ersten Dankesbriefe nach dem Krieg an Lutz zu richten. Joseph schrieb, fast täglich brächten Neuankömmlinge aus Ungarn Berichte über «*your courageous intervention with the authorities and your constant readiness to help in every way that was open to you*». Die Jewish Agency, die im Namen aller Juden der Welt spreche, «*would like you to know that you will always be remembered in our annals as one of the relatively few men who had the honesty and courage to stand up to our persecutors*».[18]

Auf dem 22. Zionistenkongress, dem ersten, der nach dem Zweiten Weltkrieg im Dezember 1946 in Basel stattfand, wurde auch Lutz geehrt. Inmitten der erdrückenden Erinnerungen an die soeben durchgestandene Schoah dankte der Kongress allen Nichtjuden, die einen Beitrag zum Überleben der jüdischen Glaubensgenossen geleistet hatten. «Gegenstand einer besonderen Ehrung», schrieb die *Neue Zürcher Zeitung*, war Carl Lutz, der durch die Ausstellung von schweizerischen Schutzpapieren 50 000 Juden das Leben gerettet habe. Er erhielt eine «warme Ovation», und der Jüdische Nationalfonds wurde beauftragt, seinen Namen in das *Goldene Buch* einzutragen, eine Ehre, die Nichtjuden höchst ausnahmsweise zuteil wurde. Die NZZ berichtete weiter, dass der Präsident der Zionistischen Weltorganisation, Dr. Chaim Weizmann, den Dank an Lutz auch auf die schweizerische Regierung ausgeweitet habe, die Konsul Lutz mit seinem Rettungswerk beauftragt hatte. [19]

Aber nicht nur aus jüdischer Quelle erhielt Lutz Dankesbezeugungen und Anerkennung. Zwei Jahre später wurde er mit einem Schreiben des ungarischen Ministerrates geehrt, der ihn mit ungewöhnlich bewegten Worten würdigte: «*Pendant cette époque de dévastation vous avez été le premier parmi les fonctionnaires des missions étrangères neutres à prendre en main le sort des persécutés, et, par votre dévouement, à arracher nombre de victimes à l'anéantissement le plus cruel. La protection, l'aide et le secours que vous avez portés, à vos propres risques et périls, avec un dévouement admirable, a sauvé des milliers d'êtres d'une fin barbare et indigne.*»[20]

An weiteren Ehrenbezeugungen aus dem Ausland fehlte es nicht. Im selben Jahr, 1948, wollte die amerikanische Regierung dem Konsul die *Liberty Medal*, ihre Verdienstmedaille, überreichen, als Anerkennung dafür, dass Lutz während der schlimmen Zeit in Ungarn geblieben sei und die dort verbliebenen amerikanischen Staatsbürger geschützt habe. Sie alle hätten «*the great tact, circumspection, diplomacy und personal courage*» (= «den grossen Takt, die Umsicht, das Geschick und den persönlichen Mut») gelobt, mit denen er seine Aufgabe erfüllt habe. Da die Annahme solcher Auszeichnungen schweizerischen Beamten nicht erlaubt ist, musste sich der amerikanische Gesandte in Bern damit begnügen, Lutz im Auftrag seiner Regierung eine Silberplatte zu überreichen, auf der des Empfängers Name eingeritzt war. [21]

Dann wurde es still, bis auf gelegentliche Zeitungsartikel, die, wenn man die bleistiftgeschriebenen Randnotizen unter die Lupe nimmt, in Bern nur ungern zur Kenntnis genommen wurden. Endlich kam jedoch der Augenblick, da sich auch die offizielle Schweiz zu einer verspäteten Würdigung ihres in aller Welt anerkannten Mitbürgers Carl Lutz durchzuringen vermochte. Anlass hierzu ergaben zu Beginn der fünfziger Jahre kritische Hinterfragungen der schweizerischen Flüchtlingspolitik, vor allem zur persönlichen Einstellung von Dr. Heinrich Rothmund, dem seinerzeitigen Chef der Eidgenössischen Fremdenpolizei und «Erfinder» des Judenstemps «J», und von Bundesrat Eduard von Steiger, Rothmunds Vorgesetztem und Leiter des EJPD, der 1942 im Namen des Gesamtbundesrates und der Armee die totale Grenzsperre gegen Flüchtlinge durchsetzen wollte, weil er «das Boot voll» glaubte.

Infolge dieser massiven Infragestellung seiner Flüchtlingspolitik, bei der es in Wirklichkeit um die Aufarbeitung der Geschichte des Widerstandes der Schweiz gegen das Hitler-Regime bzw. der Kollaboration mit diesem ging, beauftragte der Bundesrat den Basler Historiker Professor Dr. Carl Ludwig, zuhanden des Parlaments und der Öffentlichkeit einen Bericht auszuarbeiten. Ludwig besass politische Erfahrung, und dies in einer hart an der Landesgrenze gelegenen Stadt, wo die Probleme oft akut waren. Von 1930 bis 1946 war er Regierungsrat des Kantons Baselstadt gewesen. Von 1930 bis 1935 leitete er die Polizeidirektion und von 1935 bis 1946 die Finanz- und Militärdirektion seines Heimatkantons. Solange die Schweiz nicht selber in einen Krieg involviert sei, folgerte Ludwig am Ende seiner beachtenswerten Untersuchung, solle sie für Flüchtlinge offenbleiben, wobei Ludwig realistisch genug war, die Ernährungslage des Landes und die militärische Bereitschaft, die zwischen 1939 und 1945 eine solch zentrale Rolle gespielt hatten, bei der Beurteilung der Aufnahmemöglichkeiten durchaus in Betracht zu ziehen: «In einer Zeit erhöhter Spannung oder bei Ausbruch eines Krieges, an dem die Schweiz nicht beteiligt ist, sollen Ausländer, die wegen ernsthafter Gefahr für Leib und Leben in unserem Lande Zuflucht suchen möchten und die des Asyls würdig sind, so lange aufgenommen werden, als das nach den Umständen möglich ist.»[22]

Der historische Zufall wollte es, dass Anfang 1957, ausgerechnet in dem Augenblick da Ludwigs Bericht veröffentlicht wurde, fast auf einen Schlag 25 000 ungarische Flüchtlinge in der Schweiz aufgenommen wurden. Sie gehörten zu jenen, die nach dem gescheiterten Aufstand vom Oktober und November 1956 über die Grenzen nach Westen geflohen waren.

In diesem Zusammenhang erhielt nun auch Carl Lutz nach all den Jahren die öffentliche Anerkennung seiner eigenen Heimat. Allerdings nicht vom EPD, das sich nach wie vor in Schweigen hüllte, sondern vom weitherzigen und generösen Bundesrat Markus Feldmann, der als Nachfolger von Eduard von Steiger die Leitung des Eidgenössischen Justiz- und Polizeidepartements übernommen hatte. Als er im Ständerat den von ihm in Auftrag gegebenen Ludwig-Bericht vorstellte, fügte er seiner Einführung folgenden Nachsatz hinzu: «Und nun darf ich Ihnen noch ein anderes Dokument unterbreiten, das bisher wenig bekannt war. Herr Professor Ludwig hat mir am 14. Februar 1958 Aufzeichnungen zugestellt über die Rettungsaktion im Kriegswinter 1944 durch den schweizerischen Konsul Lutz, Chef der Schutzabteilung der schweizerischen Gesandtschaft in Budapest. Professor Ludwig schreibt mir, wenn er zur Zeit der Abfassung seines Berichtes von diesen Aufzeichnungen Kenntnis gehabt hätte, so hätte er mit Nachdruck auf diese Episode hingewiesen.»[23]

Ein Erstaunen ist aus den Worten Ludwigs und Feldmanns über dieses Verschweigen ersichtlich, denn dieser Bundesrat war zu jenem Zeitpunkt des schmerzhaften Aufarbeitens der Vergangenheit geradezu erleichtert, das negative Image der Schweiz mit einem Hinweis auf die Aktion Lutz aufhellen zu können, auch wenn die Judenrettung in Budapest keine direkte Beziehung zur Aufnahme oder zur Rückweisung der Flüchtlinge an der Grenze hatte. Sehr ausführlich zitierte Bundesrat Feldmann vor dem Ständerat aus den Berichten von Lutz und fügte hinzu, er wolle auch «diese Episode» zu den Akten geben, um das Gesamtbild zu vervollständigen. Der Ständerat nahm Feldmanns Bericht mit 35 Stimmen ohne Gegenstimmen entgegen.[24]

Auch wenn die obere Beamtenschaft in Bern auf Lutz mit mehr Interesse und Einfühlungsvermögen auf seine Erfahrungen eingegangen wäre, stimmt es andererseits, dass es kaum im nüchternen republikanischen Arbeitsstil der schweizerischen Politik liegt, auch verdienstvolle Mitbürger besonders auszuzeichnen. Mit zunehmendem Alter wurde aber die Frage des sich Nichtmehrerinnernwollens und der damit verbundenen Nichtanerkennung – trotz der Intervention Bundesrat Feldmanns – für Lutz gewissermassen zu einer persönlichen Obsession. Sie ging so weit, dass er auf den Friedensnobelpreis aspirierte und deswegen mit vielen Leuten eine breitgefächerte Korrespondenz führte. Dass eine solche Ambition auch bei ihm Wohlgesinnten nicht immer auf Anklang stiess, geht aus einem Schreiben von Bundesrat Traugott Wahlen hervor, den dieser in bezug auf das Problem der fehlenden Anerkennung von Konsul Lutz an den St. Galler Nationalrat Willy Sauser richtete. Wahlen, der zur Zeit des Zweiten Weltkrieges die Ernährung des Volkes durch die von ihm inspirierte «Anbauschlacht» gesichert hatte und somit selber eine höchstverdiente Persönlichkeit war, stellte sich gegen jegliche besondere Anerkennung: «Weder im Rahmen der Bundesverfassung noch anderer Bundesgesetze besteht eine Möglichkeit, ausserordentliche Verdienste eines Beamten mit besonderen Auszeichnungen zu würdigen, wie dies z. B. in vielen ausländischen Staaten im Wege der Zusprechung von Orden zu geschehen pflegt. Oft mag diese nüchterne Einstellung als Undank erscheinen. Sie ist aber tief in den Traditionen unseres Volkes verwurzelt. Ein Beamter, der Ausserordentliches leistet, darf zwar mit allgemeiner Billigung und Anerkennung rechnen, darüber hinaus können seine Verdienste nur in bescheidenem Rahmen vergolten werden. Die Beförderung oder die Verleihung eines Titels sind solche Möglichkeiten, wobei aber die dienstlichen Gegebenheiten notgedrungen berücksichtigt werden müssen.»[25]

Das war die republikanische Gepflogenheit des kargen Berglandes, diese Aufforderung zum Zurücktreten ins Glied nach getaner Pflichterfüllung.

Wie dem auch sei, die Welt hat die Verdienste von Lutz nicht vergessen.

Nachdem der junge Staat Israel 1958 zehn Jahre alt geworden war, wurden Lutz und seine Frau Magda vom israelischen Aussenministerium zu einem Besuch eingeladen. Bei dieser Gelegenheit wurde im Stadtteil Bat Galim in Haifa in Gegenwart des Bürgermeisters die *Carl-Lutz-Strasse* eingeweiht.

1961, nachdem Lutz in den Ruhestand getreten war und in seine Berner Wohnung zurückkehrte, gab es weitere Ehrungen. Am 1. August 1963 wurde er zum Ehrenbürger seiner Heimatgemeinde Walzenhausen ernannt. Eine 1978 – drei Jahre nach seinem Tod – beim Eingang der Kirche angebrachte Tafel erinnert die Gottesdienstbesucher an den «Retter vieler Tausender verfolgter Juden in Budapest im Jahre 1944» und spricht ihm den «Dank für seinen persönlichen und gefahrvollen Einsatz» aus.

Carl Lutz starb am 12. Februar 1975 in Bern an einem Herzinfarkt, «plötzlich und unerwartet». Etwas über einen Monat später wäre er 80 geworden. Auf der Todesanzeige standen die Worte: «Der Herr ist gütig gegen den, der auf ihn hofft, gegen die Seele, die ihn sucht.» Von 200 Trauernden wurde der Generalkonsul zu seiner letzten Ruhestätte im Berner Bremgartenfriedhof begleitet. Unter den Trauergästen befand sich der israelische Botschafter, Arye Levavi. Das EPD war durch einen diplomatischen Adjunkt und einen konsularischen Mitarbeiter vertreten. Die ungarische und die amerikanische Botschaft schickten Kränze. Vom schweizerischen Bundesrat gab es weder einen Kranz noch ein Beileidstelegramm an die Hinterlassenen.

In der Jerusalemer Gedächtnisstätte Yad Vashem wachsen heute zur Erinnerung zwei Bäume, je einer für Carl und für Gertrud Lutz, die beiden «Gerechten unter den Völkern».

1991 errichtete die Stadt Budapest in der Nähe der Grossen Synagoge ein Denkmal für Carl Lutz.

Die eigentliche Erinnerung an Carl Lutz ist jedoch mit den ungarischen Juden in die ganze Welt hinausgegangen. Auf seinen Namen angesprochen, leuchten ihre Augen auf, und die Gedanken wandern zurück nach Budapest 1944: «Ja, sein Schutzbrief hat mir das Leben gerettet!» - - -«Knietief stand ich im eiskalten Schlamm von Obuda, und er holte mich heraus!» - - - «Ich überlebte in einem Schutzhaus an der Pozsonyi ut!» - - - «Meine Eltern erzählten von ihm. Sie sagten: «Dieser Konsul war ein Mensch inmitten von Unmenschlichkeit!»

Anhang

Abkürzungen

BA	Bundesarchiv, Bern
EJPD	Eidgenössisches Justiz- und Polizei-Departement
EPD	Eidgenössisches Politisches Departement
ETH/AfZ	Eidgenössische Technische Hochschule/Archiv für Zeitgeschichte, Zürich
IKRK	Internationales Komittee vom Roten Kreuz, Genf
IMT	Internationales Militär-Tribunal, Nürnberg
LWB	Lutherischer Weltbund, Genf
NG	Nürnberg: Bezeichnung von Dokumenten durch die Anklage (IMT)
SIG	Schweizerischer Israelitischer Gemeindebund, Zürich
WRB	War Refugee Board, Washington

Anmerkungen

Reise in die Nacht

1 Paul Neff Garber, *Swiss Layman in Budapest* in *World Outlook*, New York, Oktober 1946, Nr. 418, S. 2.
2 C. Lutz, *Ein Besuch auf der Meldegg*, S. 2. ETH/AfZ: EB NL C. Lutz, TB A. Grossman.
3 Siehe oben, S. 3–4.
4 Siehe oben, S. 5–6.
5 Schreiben Jaeger an Bundesrat Motta 16.5.25. BA: E 2500 1, Bd. 25, Personaldossier Jaeger.
6 Administrative Untersuchung: Abhörung von C. Lutz durch Oberrichter Kehrli 30.5.45. BA E 2001(D)7, Schachtel 17, Dossier 33, S. 1. Nebst Grossbritannien und den USA wurden bis 1945 folgende Staaten durch die Schweiz in Ungarn vertreten: Ägypten, Jugoslawien, Haiti, Honduras, Chile, El Salvador, Paraguay, Venezuela, Nicaragua, Rumänien, Belgien, Griechenland und Uruguay.
7 Julius (Gyula) Gömbös war der erste offen faschistische ungarische Ministerpräsident, der von 1932 bis zu seinem Tod 1936 regierte. Unter seinem Einfluss wurde erstmals eine offene Verbindung mit dem Dritten Reich hergestellt und die den Nationalsozialisten nachgebildete Pfeilkreuzlerpartei Ferenc Szálasis gegründet.
8 Administrative Untersuchung: Bericht Oberrichter Kehrli an das EPD 27.5.45. BA: E 2001(D)7, Schachtel 15, S. 39–40.
9 Undatiertes Schreiben Jaeger an Bundesrat Pilet-Golaz, wahrscheinlich Frühjahr oder Sommer 1942. BA: E 2500 1, Bd. 25.3.21.1.6. Personaldossier Jaeger.
10 Nach Braham, *Politics*, Bd. 1, S. 205 hiess der verantwortliche SS-Offizier Franz Jaeckeln.
11 Siehe oben, S. 207–212; Hilberg, *Vernichtung*, S. 552.
12 Heydrich hatte den Begriff «territoriale Endlösung» bereits in einem Schreiben an Reichsaussenminister Ribbentrop vom 24.6.1940 benützt. Anstelle der «Lösung des Judenproblems» durch Auswanderung oder Deportation nach bestimmten Ostgebieten bzw. Madagaskar war damit die physische Vernichtung der Juden *innerhalb* des deutschen Machtbereichs angekündigt. United Restitution Organization, S. 46. Nach Burrin, *Hitler und die Juden*, S. 69–105, scheint Hitler den Ausrottungsbefehl erst im Herbst 1941 definitiv gefällt zu haben, möglicherweise als Ausgleich für den ausgebliebenen Sieg im Osten. Er hat jedoch den Gedanken der Vernichtung der Juden und anderer «minderwertiger» Völker schon seit der

deutschen Niederlage von 1918 in sich herumgetragen und propagandistisch vorbereitet.

13 *Wannsee-Protokoll* 20.1.42 in United Restitution Organization, S. 79.

Amerika: «Zwei Seelen wohnen ach in meiner Brust»

1 Brief C. Lutz an seine Angehörigen in Zürich-Seebach 2.10.37. Privat G. Lutz.

2 Der Gründer der methodistischen Bewegung im 18. Jahrhundert, der anglikanische Pfarrer John Wesley, war vom Puritanismus, vom deutschen Pietismus und von der spanischen Mystik beeinflusst. Eine seiner Lehren war das Streben nach Vollkommenheit im *diesseitigen* Leben, das auf den jungen Lutz stark einwirkte.

3 1. Tagebuch 1914–17, S. 8.

4 2. Tagebuch 1917–20, S. 58.

5 Siehe oben, S. 58.

6 *Encyclopaedia Britannica*, Bd. 22, S. 832. Hierbei ist allerdings zu beachten, dass 300–500 000 Einwanderer jedes Jahr nach Europa zurückkehrten. Der durch die Immigration verursachte Bevölkerungszuwachs betrug dennoch ein halbes Prozent pro Jahr. Nach dem 1. Weltkrieg wurde ein Quotensystem für Immigranten eingeführt. Einwanderer aus den britischen Inseln und den skandinavischen Ländern erhielten eine bevorzugte Behandlung, Deutschland in etwas geringerem Masse. Sehr restriktiv wurden Süd- und Osteuropäer behandelt. Asiaten und Afrikaner wurden von der Einwanderung praktisch ausgeschlossen. Es handelte sich um ein eindeutig rassistisches Gesetz.

7 Das auf dem Sockel der Freiheitsstatue eingemeisselte Gedicht von Emma Lazarus aus dem Jahre 1883 lautet: «*Give me your tired, your poor, Your huddled masses yearning to breathe free, The wretched refuse of your teeming shore. Send these, the homeless, tempest-tossed to me, I lift my lamp beside the golden door!*» Zitiert nach Gannett, *Family Book of Verse*, S. 265.

8 C. Lutz, *Meine Erlebnisse auf Ellis Island*, S. 2.

9 Siehe oben, S. 5.

10 Siehe oben, S. 11.

11 Siehe oben, S. 20.

12 *Encyclopaedia Britannica*, Bd. 10, S. 634.

13 C. Lutz, 1. Tagebuch, S. 1.

14 Siehe oben, S. 3.

15 Siehe oben, S. 2.

16 Siehe oben, S. 3.

17 Siehe oben, S. 9.

18 Siehe oben, S. 11.

19 A. Grossman, *Leben*, S. 78.

20 C. Lutz, 1. Tagebuch, S. 8.

21 Siehe oben, S. 14.

22 C. Lutz, 2. Tagebuch, S. 1.

23 Dies entspricht in Europa ungefähr dem Bereich von Phil. I.

24 C. Lutz, 2. Tagebuch, unter dem Datum des 3.11.19, S. 5. Laut einer ein Vierteljahrhundert später gemachten Aussage hatte Lutz in diesem Augenblick eine Geschäftskarriere im Sinn. Siehe Garber, *A Swiss Layman*, S. 5. Diese Aussage lässt sich aufgrund seines Tagebuches nicht belegen.
25 C. Lutz, 2. Tagebuch, S. 3.
26 Siehe oben, S. 3.
27 Siehe oben, S. 4–5.
28 Siehe oben, S. 6.
29 C. Lutz, 3. Tagebuch, Eintrag vom 18.7.20, S. 1.
30 Duplikat des Personalbogens, Abteilung für Auswärtiges, EPD, datiert vom 1.11.23. BA: E 2500 1982/120 61. Personaldossier C. Lutz.
31 C. Lutz, 3. Tagebuch, Eintrag vom 30.3.24, S. 3.
32 Auszug aus dem Bericht des schweizerischen Konsulats in Philadelphia für das Jahr 1926. BA: E 2500 1982/120 61. Personaldossier C. Lutz. Die erwähnte Weltausstellung wurde in Philadelphia 1926 zur Erinnerung an das 150. Jubiläum der amerikanischen Unabhängigkeitserklärung von 1776 durchgeführt.
33 *Amerikanische Schweizer-Zeitung*, New York, 27.12.27. BA: E 2500 1982/120 61. Personaldossier C. Lutz.
34 Schreiben C. Lutz an Konsulardienst, Bern 25.4.30. Siehe oben.
35 Ärztliches Zeugnis von Dr. Henny, Bern 8.11.34. Siehe oben.
36 Schreiben C. Lutz an Konsulardienst, Bern 1.8.33. Siehe oben.
37 Matthäus 27,25.
38 Johannes 8,44.
39 Heer, *Glaube des Adolf Hitler.*
40 Johannes 4,22.
41 Braham, *Politics*, Bd. 1, S. 8.
42 1910 besass Ungarn ein Territorium von 325 411 km^2. 1920 verblieben noch 92 963 km^2. 1910 belief sich die Bevölkerung auf 20 886 487 Menschen. 1920 waren es 7 615 117. Nach Braham, der ungarische Statistiken zitiert, *Politics*, Bd. 1, S. 26 .

Palästina: «Vergesse ich deiner, Jerusalem»

1 C. Lutz, *Curriculum vitae*, 1968.
2 Jesaja 22, 21. Nach einem Hinweis von Valdemar Törner.
3 Brief C. Lutz an die Familienangehörigen in Zürich-Seebach 25.1.35, *«auf hoher See»*, S. 1. Privat G. Lutz.
4 Siehe oben, S. 2.
5 Siehe oben, S. 3.
6 Das Saarland, ein altes Streitobjekt zwischen Deutschland und Frankreich, hatte sich am 13.1.35 nach einem gewalttätigen Abstimmungskampf für die Zugehörigkeit zu Deutschland entschieden. Die jüdische Bevölkerung hatte die unterlegene französische Partei unterstützt und musste nun auswandern. Frankreich wollte sie jedoch nicht aufnehmen.

7 Lutz hat unter diesen Auswanderern zweifellos eine Gruppe von jungen zionistischen Pionieren (Chalutzim) ausgemacht.
8 Brief an die Familienangehörigen in Zürich-Seebach 25.1.35, S. 3. Privat G. Lutz.
9 Siehe oben, S. 4.
10 Die vom britischen Aussenminister Arthur James Balfour am 2.11.17 im Namen der Regierung abgegebene Erklärung lautete: *«His Majesty's Government view with favour the establishment in Palestine of a national home for the Jewish people, and will use their best endeavours to facilitate the achievement of this object, it being clearly understood that nothing shall be done which may prejudice the civil and religious rights of existing non-Jewish communities in Palestine, or the rights and political status enjoyed by Jews in any other country.» Encyclopaedia Britannica*, Bd. 17, S. 133. Lutz übersetzte diese Erklärung wie folgt: «Seiner Majestät Regierung betrachtet die Schaffung einer nationalen Heimstätte für das jüdische Volk in Palästina mit Wohlwollen und wird die grössten Anstrengungen machen, um die Erreichung dieses Ziels zu erleichtern, wobei klar verstanden werde, dass nichts getan werden soll, was die bürgerlichen und religiösen Rechte bestehender nicht-jüdischer Gemeinschaften in Palästina oder die Rechte und die politische Stellung der Juden in irgend einem anderen Lande beeinträchtigen könnte.» Konsularbericht C. Lutz vom 20.3.37, S. 1–2. BA: E 2300 Jaffa.
11 *Encyclopaedia Britannica*, Bd. 17, S. 134.
12 P. E. Schweizer, *Wirtschaftlicher Bericht über Palästina*. BA: E 2300 Jaffa, S. 4–5.
13 Apostelgeschichte 11.
14 Vertrauliches Schreiben C. Lutz an Konsulardienst, EPD, Bern 20.2.35. BA: E 2500 1982/120 61. Personaldossier C. Lutz.
15 Schreiben C. Lutz an Konsulardienst, EPD, Bern 8.7.35. Siehe oben.
16 *Jona Kuebler von Kloten.* Nachruf in den *Allgemeinen Mitteilungen der Gemeinde Kloten,* Nr. 5/III/April 1951. BA: E 2500.1, Bd. 29. Personaldossier J. Kuebler.
17 Kuebler trat erst 1946 im Alter von 71 Jahren vom Honorarkonsulat zurück. Er begab sich mit seiner Frau 1948 in die Schweiz, wo beide 1951 starben.
18 C. Lutz, *Reiseeindrücke aus dem Heiligen Land,* April 1935, S. 1.
19 Siehe oben, S. 2.
20 Siehe oben, S. 5.
21 Siehe oben, S. 5.
22 Siehe oben, S. 14.
23 Zitiert nach Josua 24,15. Siehe oben, S. 20.
24 C. Lutz, *Ostern in Jerusalem.* S. 6.
25 Siehe oben, S. 11/12.
26 William Robert Wellesley Peel (1867–1937), Spross einer englischen Adelsfamilie, war in früheren Jahren zweimal Staatssekretär für Indien gewesen. Peel starb vor dem Abschluss seines Berichts.
27 Eine auf Besuch weilende Cousine von Gertrud Lutz.
28 Brief C. Lutz an Familienangehörige 19.4.36. Privat G. Lutz.
29 Schreiben C. Lutz an den Konsulardienst, EPD, Bern 26.4.36. BA: E 2500 1982/120 61. Personaldossier C. Lutz.

30 Schreiben C. Lutz an den Konsulardienst, EPD, Bern 17.5.36. Siehe oben.
31 Schreiben Kuebler an den Konsulardienst, EPD 5.8.36. Siehe oben.
32 Schreiben W. Lutz an den Konsulardienst, EPD, Bern 27.4.36. Privat G. Lutz.
33 Brief C. Lutz an seine Angehörige 6.5.36. Privat G. Lutz.
34 Schreiben C. Lutz an den Konsulardienst, EPD, Bern 30.5.36. BA: E 2500 1982/120 61. Personaldossier C. Lutz.
35 Schreiben C. Lutz an den Konsulardienst, EPD, Bern 1.7.36. Siehe oben.
36 C. Lutz, *Konsularbericht für Palästina* 20.7.37, S. 3–4. BA: E 2300 Jaffa.
37 Siehe oben, S. 5–6.
38 Siehe oben, S. 17.
39 C. Lutz, *Zur politischen Situation in Palästina,* Konsularbericht 15.12.38, S. 16. BA: E 2300 Jaffa.
40 Brief C. Lutz an W. Lutz 1.3.37. Privat G. Lutz.
41 C. Lutz, *Plan für Fotogeschäft und Bilderzentrale* 1.3.37. Privat G. Lutz.
42 Brief C. Lutz an W. Lutz 20.1.38. Privat G. Lutz.
43 Brief C. Lutz an seine Angehörigen 17.3.37. Privat G. Lutz.
44 Siehe oben.
45 Brief C. Lutz an seine Angehörigen 2.10.37. Privat G. Lutz.
46 Siehe oben.
47 Brief C. Lutz an seine Angehörigen 17.10.37. Privat G. Lutz.
48 Nicht zu vergessen ist, dass 1937 ausserdem der Höhepunkt der stalinistischen Prozesse gegen die Altkommunisten und die militärische Führung der Sowjetunion war. Gleichzeitig erregte der spanische Bürgerkrieg die Gemüter. Durch ihre Politik der Nichteinmischung verspielten die westlichen Demokratien ihre Glaubwürdigkeit im Vorfeld des 2. Weltkrieges auf nahezu unverantwortliche Weise.
49 Churchill, *Second World War,* Bd. 1: *The Gathering Storm.*
50 C. Lutz, *Die Illegale Einwanderung nach Palästina.* Bericht an den Konsulardienst, EPD 31.7.39, S. 4–5. BA: E 2300 Jaffa. Unter diesen Einwanderern gab es viele Juden aus arabischen Ländern. Obgleich sie unter der muslimischen Bevölkerung jahrhundertelang in verhältnismässig gutem Einvernehmen gelebt hatten, gerieten sie im Lauf der dreissiger Jahre infolge der Ereignisse in Palästina unter Druck und begannen ebenfalls dorthin oder nach anderen Ländern auszuwandern.
51 Siehe oben, S. 6–7.
52 Siehe oben, S. 7–8.
53 Siehe oben, S. 11–12.
54 Psalm 137,5.
55 C. Lutz, *Die Illegale Einwanderung nach Palästina,* S. 14.
56 Zitiert nach *Neue Berner Zeitung* 17.1.59.
57 Bibó, *Judenfrage*, S. 45.
58 Siehe die einschlägige gründliche Studie von Margit Szöllösi-Janze, *Pfeilkreuzler.*

1 C. Lutz, *Die Wahrnehmung der deutschen Interessen in Palästina im Zweiten Weltkrieg 1939*, Tel Aviv 10.12.39. BA: J.I. 186 1986/10 P 19/2. NL C. Lutz bei Yad Vashem.
2 C. Lutz, Vertraulicher Bericht an Konsulardienst, EPD, Bern 12.11.40, S. 4. BA: E 2500 1982/120 61. Personaldossier C. Lutz.
3 Siehe oben, S. 4.
4 Es handelte sich dabei um die bekannten Schneller'schen oder Syrischen Waisenhäuser. C. Lutz, *Curriculum vitae*, 1968.
5 Siehe oben, S. 4.
6 Übersetzung: «Dieser Beschluss bedeutet keine Beförderung für Sie, so dass Ihre verwaltungstechnische Lage unverändert bleibt.» Schreiben Bundesrat G. Motta an C. Lutz 7.9.39. BA: E 2500 1982/120 61. Personaldossier C. Lutz.
7 Schreiben C. Lutz an Bundesrat G. Motta 23.4.38. BA: E 2500 1982/120 61. Personaldossier C. Lutz.
8 Vertrauliches Schreiben des Konsulardienstes (Karl Stucki), EPD, Bern an Minister Carl Paravicini, London 16.5.38. BA: E 2500 1982/120 61. Personaldossier C. Lutz.
9 Übersetzung: «Wir sind in der Tat davon überzeugt, dass Herr Konsul Kuebler, wenn er auf dem Laufenden gehalten worden wäre, Sie daran gehindert hätte, einen solchen beruflichen Fehler in zu machen.» Schreiben des Chefs des Konsulardienstes (ohne Unterschrift) an C. Lutz 30.5.38. Siehe oben.
10 Schreiben des Konsulardienstes, EPD, Bern an C. Lutz 17.9.38. Siehe oben.
11 Übersetzung: «Wir glauben trotz des ärgerlichen Vorfalls, den Herr Lutz Ihnen gegenüber vor einiger Zeit verursacht hat, annehmen zu dürfen, dass Sie dieser Massnahme zustimmen werden ...» Schreiben des EPD (ohne Unterschrift) an Minister C. Paravicini, London 9.9.39. Siehe oben.
12 C. Lutz, *Wahrnehmung der deutschen Interessen in Palästina*.
13 Schreiben C. Lutz an Abteilung für Auswärtiges, EPD, Bern 15.9.39. BA: E 2001(D), 16.B.24.A.2.(5)6.
14 C. Lutz, *Sechs unvergessliche Jahre in Palästina*, S. 2.
15 G. Lutz: *Carl Lutz – ein persönlicher Rückblick.*
16 G. Lutz, zitiert nach Obermüller, *Ein Leben für die Leidtragenden*, S. 39.
17 C. Lutz, *Sechs unvergessliche Jahre in Palästina*, S. 3
18 Vertrauliches Schreiben von C. Lutz aus Zürich-Seebach an den Konsulardienst, EPD, Bern, 12.11.40, S. 4. BA: E 2500 1982/120 61. Personaldossier C. Lutz.
19 Siehe oben, S. 3.
20 C. Lutz, *Sechs unvergessliche Jahre*, S. 4.
21 Undatiertes Schreiben der deutschen Gesandtschaft in Bern an die Abteilung für Fremde Interessen, EPD, Bern (erhalten am 4.10.39). BA: E 2001(D), 16.B.24.A.2.(5)6. Deutsche Interessenvertretung Palästina.
22 Übersetzung: «Wir hätten es uns um so weniger leisten können, auf die zweite Anfrage Deutschlands einzugehen, als wir dadurch Spanien verärgert hätten.» Vertrauliches Schreiben der Abteilung für Auswärtiges, EPD, Bern (keine Unterschrift

auf Kopie) an die schweizerische Gesandtschaft, Athen 24.10.39.BA: E 2001(D), 16.B.24.A.2.(5)6. Deutsche Interessenvertretung Palästina.

23 Undatiertes Schreiben der Abteilung für Fremde Interessen, EPD, Bern, an schweizerische Gesandtschaft, London (wahrscheinlich Januar 1940). E 2001(D), 16.B.24.A.2.(5)6. Deutsche Interessenvertretung Palästina. Im britischen Mandatsgebiet lebend, war Jonas Kuebler trotz seines deutschen Ursprungs klug genug, sich von deutschen Belangen nicht vereinnahmen zu lassen. Diese einsichtige Haltung mag ihm von offizieller deutscher Seite unter der Hand zum Vorwurf gemacht worden sein. Es ist jedoch zweifelhaft, ob die im nachhinein in die Welt gesetzte Vermutung der «Nichttragbarkeit» wirklich zutreffend war. Die Quelle des Fehlentscheides, der zum unerwarteten Transfer der deutschen Interessenvertretung von der Schweiz an Spanien führte, lag eindeutig im Berliner Reichsaussenministerium.

24 Telegramm C. Lutz an schweizerische Gesandtschaft, London 13.10.39. BA: E 2001 (D), 16.B.24.A.2.(5)6. Deutsche Interessenvertretung Palästina.

25 Telegramm der schweizerischen Gesandtschaft, London an C. Lutz 16.10.39. BA: E 2001(D),16,B.24.A.2.(5)6. Deutsche Interessenvertretung Palästina. In ihrer auf englisch abgesandten Instruktion benützte die Gesandtschaft den schneidenden englischen Ausdruck «please refrain», was nicht nur «sich enthalten», sondern auch «sich zügeln» bedeutet.

26 Schreiben Kuebler an den Konsulardienst, EPD, Bern 7.11.39. BA: E 2001(D), 16.B.24.A.2(5)6.

27 Vertrauliches Schreiben C. Lutz an den Konsulardienst, EPD, Bern 12.11.40 BA: E 2500 1982/120 61. Personaldossier C. Lutz.

28 Siehe oben, S. 6.

29 Über ihre Dauer macht Lutz widersprüchliche Angaben. In seinem Brief vom 8.11.39 an den Konsulardienst schreibt er von sieben Wochen. Am 12.11.40 erwähnt er sechs Wochen und anderswo gar drei Monate. BA: E 2500 1982/120 61. Personaldossier C. Lutz. Letztere Angaben sind nicht unrichtig, denn mit Erlaubnis der Mandatsregierung leistete das Ehepaar Lutz dem überforderten spanischen Generalkonsulat zugunsten der Deutschen inoffiziell lange noch mancherlei Hilfe.

30 Vertrauliches Schreiben C. Lutz an den Konsulardienst, EPD, Bern 12.11.40. BA: E 2500 1982/120 61. Personaldossier C. Lutz.

31 Siehe oben.

32 Siehe oben.

33 Übersetzung: «Herr Kuebler befürchtet, dass die nationalsozialistischen Meinungen seines Vizekonsuls – dessen Arbeit er sehr hoch einschätzt – und seine sehr deutschfreundliche Einstellung auf lange Sicht grosse Schwierigkeiten bereiten werden ... Er befürchtet sogar, dass ihn die Engländer im Augenblick seiner Rückkehr trotz seines englischen Visums an der Grenze zurückschicken werden, was eine äusserst unangenehme Lage schaffen würde. Herr Kuebler sorgt sich vor allem deswegen, weil seine eigene Situation bei den englischen Behörden nicht sehr stark ist. Sein deutsch gebliebener Bruder ist seit Kriegsbeginn Zivilinternierter in Palästina. ... Aus allen diesen Gründen wünscht Herr Kuebler nicht, dass Herr Lutz nach Palästina zurückkehrt, sondern einen anderen Posten erhält». Vertrauliche Notiz 20.2.41. BA: E 2500 1982/120 61. Personaldossier C. Lutz.

34 G. Lutz, *Carl Lutz – ein persönlicher Rückblick.*
35 Schreiben Kuebler an den Konsulardienst, EPD, Bern 10.3.41. BA: E 2500 1982/120 61. Personaldossier C. Lutz.
36 Mitteilung von G. Lutz.
37 Vertrauliche Notiz, Konsulardienst, EPD, Bern 16.3.41. BA: E 2500 1982/120 61. Personaldossier C. Lutz. Lutz übertrieb zweifellos, wenn er behauptete, er habe mit «den Deutschen» in Palästina keine Kontakte gepflegt. Das mag in bezug auf die offiziellen deutschen Vertretungen richtig sein. In seinen persönlichen Berichten hingegen erwähnt er jedoch seine Teilnahme an deutschen evangelischen Gottesdiensten und seine Kontakte mit deutschen Missions- bzw. Sozialwerken.
38 Siehe die vertrauliche Notiz oben.
39 G. M. Gilbert, *Nürnberger Tagebuch*, S. 387.
40 Vertrauliche Notiz, Konsulardienst EPD 16.3.41. BA: E 2500 1982/120 61. Personaldossier C. Lutz.
41 Siehe oben.
42 C. Lutz, *Sechs Wochen in Berlin*, S. 1.
43 Siehe oben, S. l.
44 Siehe oben, S. 2.
45 Siehe oben, S. 4. Der schweizerische Gesandte in Berlin während der ganzen Kriegszeit war Minister Hans Frölicher, der vorher dem Konsulardienst des EPD vorgestanden hatte und den Lutz von damals her schon kannte. Die Verbindungsperson der Gesandtschaft zum Reichsaussenministerium war Dr. Alfred Martin Escher, der Lutz auf diesem Besuch begleitete.
46 Siehe oben, S. 6.
47 Siehe oben, S. 7.
48 Siehe oben, S. 8.
49 Schreiben Chef Abteilung für Auswärtiges, EPD, Bern, an schweizerische Gesandtschaft, Berlin, und Antwort von H. Frölicher, Berlin, an Abteilung für Auswärtiges, EPD, Bern 15.5.41. BA: E 2500/1982/120 61. Personaldossier C. Lutz.
50 C. Lutz, *Sechs Wochen in Berlin*, S. 9. Die Mutter, Ursula Lutz-Künzler, starb wenige Wochen später im Alter von 91 Jahren.
51 Robert Kohli (1896–1977).
52 Schreiben Kuebler an den Konsulardienst, EPD, Bern 24.10.41. BA: E 2500/1982 160 61. Personaldossier C. Lutz.
53 Mitteilung von G. Lutz.
54 Mitteilung von G. Lutz.
55 Schreiben Kuebler an den Konsulardienst, EPD, Bern 24.10.41. BA: E 2500 1982/120 61. Personaldossier C. Lutz.
56 Schreiben Kuebler an den Konsulardienst, EPD, Bern 24.10.41. Siehe oben.
57 Karl Stucki (1889–1963).
58 Die Gleichgültigkeit der Westmächte, einschliesslich der Vereinigten Staaten, wurde von David S. Wyman in *The Abandonment of the Jews* eindrücklich beschrieben.
59 Reitlinger, *Endlösung*, S. 116.

60 Braham, *Destruction*, Bd. 1, S. 155.
61 Hilberg, *Vernichtung*, S. 546.
62 Das ungarische Oberhaus war keine parlamentarische Kammer im üblichen Sinn. Seine 254 meist nichtgewählten Abgeordneten vertraten die ständischen Interessen der herrschenden Schichten, vor allem jene des landbesitzenden Adels. Unter ihnen gab es sogar eine Abordnung des habsburgischen Kaiser- bzw. Königshauses. Die drei offiziell anerkannten Kirchen entsandten ihre ranghöchsten Funktionäre. Bis 1941 waren ebenfalls die verschiedenen jüdischen Gemeindeverbände vertreten.
63 Kadar, *Church in the Storm*, S. 52. Siehe auch Pakodzdy, *Juden und Christen* in Rengstorff und Kortzfleisch, Herausg., *Kirche und Synagoge*, S. 597 und Braham, *Politics*, Bd. 2, S 124.
64 Heer, *Glaube des Adolf Hitler*, S. 474.
65 Braham, *Politics*, Bd. 1, S. 124–125.
66 1941 erreichte Ravasz eine geringfügige Gesetzesmilderung, wodurch es dem Justizminister erlaubt war, Judenchristen von antijüdischen Bestimmungen auszunehmen, falls sie vor dem siebenten Lebensjahr konvertiert hätten und nur zwei ihrer Grosseltern Juden gewesen waren.
67 Rengstorf und Kortzfleisch, Herausg., *Synagoge und Kirche*, S. 57.
68 Bibó, *Judenfrage*, S. 32.
69 Bereczky, *Hungarian Protestantism*, S. 9.
70 Bibó, *Judenfrage*, S. 33.

Budapest: Gefahr zieht herauf

1 Administrative Untersuchung: Bericht C. Lutz an Oberrichter Kehrli 27.7.45, S. 39. BA: E 2001(D)7, Schachtel 15. Sonderbarerweise sollten von Lutz vertretene kleine zentralamerikanische Staaten wie El Salvador oder Honduras auf Anregung der USA bei der Judenrettung eine gewisse Rolle spielen.
2 Schreiben C. Lutz an Abteilungschef EPD, Bern 29.10.46. BA: J. I. 186 1986/10 P 19.3. NL C. Lutz bei Yad Vashem.
3 Administrative Untersuchung: Bericht C. Lutz an Oberrichter Kehrli 27.7.45, S. 39/40. BA: E 2001(D)7, Schachtel 15.
4 Schreiben C. Lutz an Stucki 9.2.42. BA: E 2500 1982/120 61. Personaldossier C. Lutz.
5 Administrative Untersuchung: Bericht C. Lutz an Oberrichter Kehrli 30.5.45, S. 2. BA: E 2001(D)7, Schachtel 17.
6 Schreiben Jaeger an Bundesrat Marcel Pilet-Golaz, undatiert, wahrscheinlich Sommer 1942 (siehe oben). Pilet-Golaz war schweizerischer Aussenminister von 1940 bis Ende 1944.
7 Übersetzung: « … ihn einen Zwischengrad überspringen zu lassen, den eines Vizekonsuls 1. Klasse, währenddem es für uns sehr schwierig ist, viele seiner Kollegen, die zweifellos ein ebenso grosses Verdienst haben und vielleicht sogar dienstälter sind, auch nur einen einzigen Dienstgrad befördern zu lassen». Schreiben Pilet-Golaz an Jaeger 28.7.42. BA: E 2500 1982/120 61. Personaldossier C. Lutz.

8 Herl, *Budapest*, S. 52–54; *Encyclopaedia Britannica*, Bd. 4, S. 322–324.

9 Herl, *Budapest*, S. 196/7.

10 Kasztner, *Bericht*, S. 3. Der 1906 in Koloszvar/Klausenburg (rum. Cluj) in Siebenbürgen geborene Kasztner, der fliessend ungarisch, deutsch und rumänisch sprach, war als junger Mann Berichterstatter und Sekretär der jüdischen Fraktion im rumänischen Parlament in Bukarest gewesen. Seine sachliche Kompetenz führte ihn in das Amt eines Vizepräsidenten der zionistischen Landesorganisation Rumäniens. Nach der Annektierung Nordsiebenbürgens durch Ungarn versuchte er mit allen Mitteln, Juden zu retten und sie zur Auswanderung nach Palästina zu veranlassen, diesmal von Budapest aus. Obgleich auch er Ungarn hätte verlassen können, zog Kasztner es vor, zu bleiben, um anderen zur Flucht zu verhelfen. Wie durch ein Wunder überlebte er Verfolgung und Krieg, wurde aber 1957 nach einem aufsehenerregenden Verleumdungsprozess in Israel ermordet.

11 Siehe oben, S. 6.

12 Schreiben Jaeger an Pilet-Golaz 22.12.42. BA: E 2300 Budapest 1–3. Es handelte sich hier natürlich nicht um die erste Nachricht dieser Art, die beim EPD einliefen, denn Gerhart Riegner, der Genfer Vertreter des Jüdischen Weltkongresses u.a.m. hatten den Bundesrat im Sommer 1942 eingehend und zuverlässig über die Massenvernichtung von Juden informiert. Diese Berichte wurden jedoch weder ernstgenommen noch der Presse zur Verfügung gestellt. Wie wenig übrigens Ungarn willens war, seine Juden durch seinen eigenständigen Arbeitsdienst vor der Vernichtung zu schützen, geht aus Brahams gut dokumentierter Studie hervor, *The Hungarian Labor Service System 1939–1945*.

13 Übersetzung: «Es ist klar, dass wir diese Demarche nicht unternehmen können.» Schreiben Kuebler an den Konsulardienst, EPD, Bern 21.12.42. BA: E 2001(D)3, Schachtel 175.

14 Schreiben Foreign Office an die schweizerische Gesandtschaft in London 28.3.42. BA: E B.24 GBr.(9)18, 1942–43. Questions Juives.

15 Die Geschichte der überaus zögernden Haltung des IKRK ist in den Werken *Das Internationale Rote Kreuz und das Dritte Reich* von Jean-Claude Favez und *Das Rote Kreuz kam zu spät* von Arieh Ben-Tov detailliert dargestellt worden. Lange wich das IKRK nicht von seiner Überzeugung ab, sein Mandat erstrecke sich nicht auf einheimische Staatsbürger, auch wenn diese Hilfe benötigten. Unausweichlich entsteht der Eindruck, als sei das IKRK lediglich der verlängerte Arm des EPD und dessen ängstlicher «Nichteinmischungspolitik» gewesen.

16 Schreiben C. Lutz an die Abteilung für Fremde Interessen, EPD, Bern 28.8.42.BA: E B.24 GBr.(9)18, 1942–43. Questions Juives.

17 Schreiben C. Lutz an die Abteilung für Fremde Interessen, EPD, Bern 15.9.42. Siehe oben.

18 Übersetzung: «Selbstverständlich dürfen solche Schritte lediglich als humanitäre Aufgabe wahrgenommen werden, denn sie gehören nicht in den Rahmen ausländischer Interessenvertretungen. Aus diesem Grunde wünscht der Departementschef, dass Sie mit der grössten Vorsicht zu Werke gehen.» Arthur de Pury an die schweizerische Gesandtschaft, Abteilung für Fremde Interessen, Budapest 27.7.43. BA: E B.24 GBr.(9)18. 1942–43. Questions Juives.

19 Eine solche Aufstellung ist in einem Schreiben der Abteilung für Fremde Interessen, EPD, Bern, an die Schweizerische Gesandtschaft (Lutz) in Budapest enthalten, undatiert, wahrscheinlich zu Beginn 1944 verfasst. BA: E B.24.GBr.9(18). 1942–43. Questions Juives.

20 Übersetzung: «Das Departement wäre der Gesandtschaft dankbar, wenn sie die Namen auf diesen Listen der ungarischen Regierung übermitteln würde, in der Hoffnung, dass dies die Deportierung der Genannten verschieben wird, gesetzt der Fall, dass eine solche Massnahme in Aussicht genommen wird.» Schreiben Abteilung für Fremde Interessen, EPD, Bern an die Schweiz. Gesandtschaft, Budapest 2.3.44. Siehe oben.

21 Kasztner, *Bericht*, S. 8.

22 Grossman, *Gewissen*, S. 107–108.

23 Kasztner, *Bericht*, S. 81.

24 Die Memoiren Churchills über den Zweiten Weltkrieg und die Studie M. Gilberts über Auschwitz belegen Edens Einstellung hinreichend.

25 Schreiben Jacques de Saussure an die schweizerische Gesandtschaft, Ankara 7.1.43. BA: E 2001(D) 15.B.24 GBr.(9)18, 1942–43. Questions Juives.

26 Schreiben Kuebler an die Abteilung für Fremde Interessen, EPD, Bern 28.2.43. BA: E 2001(D)15, Interessenvertretung Grossbritannien. Die von der Jewish Agency erwähnte Geldsammlung bezieht sich auf das von Albert Oeri, dem Chefredaktor der *Basler Nachrichten* im Spätsommer 1942 lancierte «Plebiszit der Schweizerherzen», das mehrere Millionen Franken aufbrachte, eine für die damalige Zeit äusserst grosse Summe. Sie war Teil der Protestbewegung gegen die vom Bundesrat angeordnete verschärfte Grenzschliessung gegen einen erwarteten Zustrom fremder Flüchtlinge, vor allem Juden. Der Protest richtete wenig aus, denn am 9. Oktober 1942 wurden Militär zum Grenzkontrolldienst aufgeboten und Stacheldrahtverhaue errichtet. Rings, *Schweiz*, S. 336.

27 Schreiben Jaeger an die Abteilung für Fremde Interessen, EPD, Bern 27.10.43 BA: E 2001(D)15, Interessenvertretung Grossbritannien.

28 Favez, *Internationales Rotes Kreuz*, S. 439f., und Ben-Tov, *Rotes Kreuz*, S. 101f.

29 Ben-Tov, *Rotes Kreuz,* S. 112.

30 Siehe oben, S. 114.

31 Schreiben der schweizerischen Gesandtschaft in Sofia an die Abteilung für Fremde Interessen, EPD, Bern 15.11.43. BA: E 2001(D)15.B.24 GBr.(9)28 1942–43. Questions Juives.

32 Urner, *Schweiz*, S. 48–73.

33 Das Ausmass dieses Antisemitismus ist in den beiden folgenden Werken dokumentarisch eingehend belegt: Kamis-Müller, *Antisemitismus in der Schweiz 1900–1930* und Schmid, *Schalom! Wir werden euch töten! Texte und Dokumente zum Antisemitismus in der Schweiz 1930–1980.*

34 Ludwig, *Flüchtlingspolitik der Schweiz*, S. 55.

35 Siehe oben, S. 131ff. Dass diese Verordnung nicht unwidersprochen hingenommen wurde, beweist der Fall des sankt-gallischen Polizeikommandanten Paul Grüninger, der 1938 2–3 000 österreichischen Juden Asyl gewährte. Er wurde vom Amt suspendiert und fristete sein weiteres Leben in grosser Armut. Bis zu seinem

Lebensende hat die Regierung des Kantons St. Gallen Grüninger diesen «Ungehorsam» nicht verziehen und ihn erst Jahre nach seinem Tod widerwillig und unvollständig rehabilitiert.

36 Zitiert nach Schmid, *Schalom*, S. 167.

37 Zitiert nach Leuschner, *Der Schweizer und die Fremden*, 28.7.87. Privat I. Leuschner. Die Bundesräte Etter und Pilet-Golaz waren stark katholisch-konservativ bzw. agrarisch orientierte Politiker.

38 Ludwig, *Flüchtlingsbericht*, S. 216–217 und 318.

Neunzehnter März 1944: Der Tag der Schakale

1 Kasztner, *Bericht*, S. 18.

2 M. Gilbert, *Holocaust*, S. 662–663.

3 Grossman, *Gewissen*, S. 33–34.

4 Für eine eingehende Darstellung des Arbeitsdiensteinsatzes sei auf Braham, *Hungarian Labor Service System* und *Politics*, Bd. 1, S. 307–337 verwiesen.

5 Dieser Tatbestand wird von Hitlers einstigem Rüstungsminister Albert Speer in seiner Studie, *Sklavenstaat*, eindrücklich belegt.

6 Hilberg, *Vernichtung*, S. 553.

7 Siehe oben, S. 553.

8 Nürnberger Prozesse, IMT IV, Fall Nr. 11: Schlussplädoyer des Staatsanwalts am 8.11.48, S. 4. ETH/AfZ: EB NL B. Sagalowitz.

9 Siehe oben: Die strafrechtliche Verantwortlichkeit des Edmund Veesenmayer, 3.11.48, S. 3.

10 Siehe oben, S. 3a.

11 Siehe oben, S. 38.

12 Siehe oben, S. 3.

13 Siehe oben, S. 6.

14 Nürnberger Prozesse, IMT IV, Fall Nr. 11: Veesenmayer, *Bericht über Ungarn*, 30.4.43. Staatsarchiv Nürnberg, Dokument NG 2192. In *Dokumentensammlung* United Restitution Organization, S. 147.

15 Schmidt, *Aufzeichnungen über die Unterredung zwischen Hitler und dem ungarischen Reichsverweser Horthy* 18.4.43, in Longrich und Pohl, *Ermordung*, Nr. 150, S. 321–322.

16 Siehe oben, S. 322.

17 *Donauzeitung*, Belgrad vom 1.6.43, zitiert in Hilberg, *Vernichtung*, S. 557.

18 Nürnberger Prozesse, IMT IV, Fall Nr. 11: Veesenmayer, *Bericht über Ungarn*, 30.4.43. Staatsarchiv Nürnberg, Dokument NG 2192, in *Dokumentensammlung*, United Restitution Organization, S. 147–152.

19 Hitlers Ernennungsurkunde vom 19.3.44 bezeichnete den «Parteigenossen Dr. Veesenmayer» als «Bevollmächtigten des Grossdeutschen Reiches und Gesandten in Ungarn». NG 2947 in *Judenverfolgung in Ungarn, Dokumentensammlung* der United Restitution Organization, S. 164.

20 Born, *Bericht*, Juni 1945, S. 1.

21 Geheimbericht Jaeger an M. Pilet-Golaz 23.3.44. BA: E 2300 Budapest 4–6.
22 Braham, *Politics*, Bd. 1, S. 480.
23 Nürnberger Prozesse, IMT IV, Fall Nr. 11: Schlussplädoyer des Staatsanwalts am 8.11.48, S. 9 (Rückübersetzung aus dem Englischen). ETH/AfZ: EB NL B. Sagalowitz.
24 Braham, *Politics*, Bd. 1, S. 388, 392.
25 Hilberg, *Vernichtung*, S. 559; Braham, *Destruction*, Bd. 1, S. 396.
26 Kasztner, *Bericht*, S. 18.
27 Grossman, *Gewissen*, S. 35.
28 Kasztner, *Bericht*, S. 21–22.
29 Hausner, *Vernichtung*, S. 186.
30 Braham, *Politics*, Bd. 1, S. 418–479.
31 Hilberg, *Vernichtung*, S. 564.
32 Siehe oben, S. 565.
33 Snoek, *Grey Book*, S. 196–200.
34 Telegramm Veesenmayer an Reichsaussenminister über Wagner 3.4.44. BA: I.I. 186 1986/10 P 19. NL C. Lutz bei Yad Vashem.
35 Laut einer Mitteilung von A. Grossman hat Carl Lutz sein Leben lang aufgrund seiner Ungarn-Erfahrungen mit diesem Problem gerungen und selbst die Existenz Gottes in Frage gestellt.
36 C. Lutz, *Curriculum vitae 1968*, S. 5. In einem Schreiben nach Bern fünf Monate nach den Ereignissen schätzte Lutz die auf ihn wartende Menschenmenge allerdings auf «nur» 1 500 ein. Brief C. Lutz an Abteilung für Fremde Interessen, EPD, Bern 23.8.44. BA: E 2001(D)15. Interessenvertretung Grossbritannien.
37 Übersetzung: «...alle Massnahmen in seiner Macht zu treffen, die Opfer feindlicher Unterdrückung zu retten, die in unmittelbarer Todesgefahr sind und sonstwie solchen Opfern Unterstützung und Hilfe zu gewähren, in Übereinstimmung mit der erfolgreichen Fortführung des Krieges.» *Executive Order 9417*, Federal Register 16.1.44, 935, zitiert nach Wyman, *Abandonment*, S. 209. Dieser Executive Order war die von Churchill am 12.10.43 vorgeschlagene und von Roosevelt und Stalin mitunterzeichnete Moskauer Erklärung über die Bestrafung von Kriegsverbrechern vorausgegangen. Churchill, *Second World War*, Bd. 5, *Closing the Ring*, S. 296–297.
38 Mitteilung von A. Grossman.

«Die Mühlen von Auschwitz»

1 Schreiben Jaeger an Pilet-Golaz 26.7.43. BA: E 2001(G), Bd. 25. B. 21.1.6. Personaldossier Jaeger.
2 Brief C. Lutz an Abteilung für Fremde Interessen, EPD, Bern 23.8.44. BA: E 2001(D)15. Interessenvertretung Grossbritannien.
3 Lutz erinnerte sich 1961, in einem Gespräch mit dem Verfasser, Eichmann habe gleich bei diesem ersten Gespräch einen sehr unangenehmen Eindruck auf ihn gemacht. Siehe auch Grossman, *Gewissen*, S. 72/3.

4 Nach den Worten von Veesenmayers Verteidiger, Dr. Doetzer. Nürnberger Prozesse, IMT IV, Fall Nr. 11: Abschliessender Schriftsatz für den Angeklagten, Dr. Edmund Veesenmayer, November 1948, S. 34. ETH/AfZ, EB NL B. Sagalowitz.

5 Telegramm Veesenmayer an Reichsaussenminister über Wagner 3.4.44. BA: J.I. 186/1986 P 19, NL C. Lutz bei Yad Vashem.

6 Nürnberger Prozesse, IMT IV, Fall Nr. 9, 22.7.48, S. 13286. ETH/AfZ: EB NL B. Sagalowitz.

7 Grossman, *Gewissen*, S. 64. Wie viele andere Mitläufer hatte Feine nach dem Krieg Glück. Er wurde entnazifiziert und zum deutschen Generalkonsul in Genf ernannt. Dann wurde er Botschafter der Bundesrepublik in Kopenhagen, wo er 1959 einer Herzkrankheit erlag.

8 Grossman, *Gewissen*, S. 274.

9 Braham, *Politics*, Bd. 2, S. 998.

10 Grossman, *Gewissen*, S. 84, 277.

11 Siehe oben, S. 52.

12 Brief René J. Keller an A. Grossman 19.2.87. ETH/AfZ: EB C. Lutz, TB A. Grossman.

13 Braham, *Politics*, Bd. 2, S. 999.

14 Telegramm C. Lutz an EPD, Bern 8.4.43. BA: E 2001(D)15. B.24 GBr. (19)18, 1942–43. Interessenvertretung Grossbritannien. Questions Juives.

15 Kasztner, *Bericht*, S. 20.

16 Telegramm C. Lutz an EPD, Bern 29.3.44. BA: E 2001(D)15.B.24 GBr. 19/18, 1942–43. Interessenvertretung Grossbritannien. Questions Juives.

17 Übersetzung: «Mosche Krausz war kein Beauftragter der britischen Regierung ... Welches war sein genauer Auftrag zur Vertretung der Jewish Agency of Palestine?» Telegramm Abteilung Fremde Interessen, EPD, Bern an schweizerische Gesandtschaft, Budapest 2.4.44. BA: E 2001(D)15. B.24 GBr.19/18, 1944–45. Interessenvertretung Grossbritannien.

18 Telegramm schweizerische Gesandtschaft Budapest an Fremde Interessen, EPD, Bern 4.4.44. Siehe oben.

19 Mitteilung von A. Grossman.

20 Die Informationen über Vernichtungslager und Vernichtungsmethoden wurden auch noch 1944 als Stimmungsmache und Greuelmärchen zur Seite gelegt. Man erinnerte sich der im Ersten Weltkrieg von der angelsächsischen Boulevardpresse über die Deutschen ausgestreuten Verzerrungen, die sich nach Kriegsende als Fantasieprodukte herausgestellt hatten. Diesen Fehler wollten die Westalliierten nicht wiederholen. Die meisten Nachrichten über die Todeslager fielen in den kriegführenden als auch in den neutralen Ländern der Zensur zum Opfer.

21 M. Gilbert, *Auschwitz*, S. 194–198.

22 Vrba und Lanik, *Auschwitz-Protokolle.* Neben Auschwitz-Birkenau gab es noch weitere Todeslager in Belzec, Sobibor, Treblinka, Chelmno und Majdanek, alle in Polen. M. Gilbert, *Auschwitz*, S. 204.

23 Kasztner, *Bericht*, S. 57.

24 Braham, *Politics*, Bd. 2, S. 712.

25 Siehe oben, S. 712.
26 Wyman, *Abandonment*, S. 314; M. Gilbert, *Auschwitz*, S. 233.
27 Braham, *Politics*, Bd. 2, S. 718–724.
28 Nürnberger Prozesse: IMT IV, Fall Nr. 11, Sitzung vom 23.7.48, S. 13472. ETH/AfZ: EB NL B. Sagalowitz.
29 von Lang, Herausg., *Eichmann-Protokoll*, S. 184.
30 Braham, *Politics*, Bd. 1, S. 528.
31 Hilberg, *Vernichtung*, S. 566.
32 Braham, *Politics*, Bd. 1, S. 535.
33 Hilberg, *Vernichtung*, S. 567.
34 Hausner, *Vernichtung*, S. 190.
35 Zitiert nach Levai, *Eichmann*, S. 120.
36 Siehe oben, S. 121.
37 M. Gilbert, *Auschwitz*, S. 210.
38 Mitteilung von Suzanne Vida.
39 Nürnberger Prozesse: MIT IV, Fall Nr. 11: Telegramm Veesenmayer Nr. 1657 an Reichsaussenministerium vom 13.6.44 (Zusammenfassung), NG 5619. Schlussplädoyer 8.11.48, S. 21. ETH/AfZ: EB NL B. Sagalowitz,
40 Nürnberger Prozesse, MIT IV, Fall Nr. 11: Telegramm Veesenmayer an Ritter, Reichsaussenministerium 17.6.44 (Zusammenfassung), NG–5567. Schlussplädoyer 8.11.48, S. 28. Siehe oben.
41 Nürnberger Prozesse MIT IV, Fall Nr. 11: Telegramm Veesenmayer an Reichsaussenministerium 30.6.44, NG–2263. S. 29. Siehe oben.
42 Hilberg, *Vernichtung*, S. 577.
43 Nürnberger Prozesse, MIT IV, Fall Nr. 11: Aussage Veesenmayer am 22.6.48–M–BKr–2–Nicol. Nürnberg. Des weiteren: Aussage Veesenmayer am 22.7.48, S. 13273. ETH/AfZ: EB NL B. Sagalowitz.
44 *Oberländer Tagblatt*, Thun 19.8.44, ohne Unterschrift. Archiv des SIG.
45 Affidavit von Imre Reiner in Longrich und Pohl, *Ermordung*, S. 323–324.
46 Auszug aus den Verhandlungsprotokollen des IMT Nürnberg, zitiert nach Levai, *Eichmann*, S. 268–269.
47 Grossman, *Horváth*, S. 2. Im Juli 1944 wurde das der Familie Arthur Weisz gehörende sog. Glashaus an der Vadász utca durch Lutz unter den Schutz der schweizerischen Gesandtschaft gestellt und beherbergte die Auswanderungsabteilung, das frühere Palästina-Amt. Über 2 000 weitere Verfolgte fanden dort, dichtgedrängt, ebenfalls Schutz.
48 Siehe oben, S. 3.
49 Siehe oben, S. 3 und zusätzliche Mitteilungen von A. Grossman.
50 Schreiben A. Grossman an Yad Vashem, Jerusalem 19.6.92. Privat A. Grossman.
51 Hilberg, *Vernichtung*, S. 568.
52 Bauer, *American Jewry*, S. 403ff. Dieser Tatbestand hielt Roswell McClelland, den WRB-Vertreter in Bern, nicht davon ab, die Urheberschaft fast aller Rettungsaktionen in Ungarn für sich zu beanspruchen. Siehe sein Schlussbericht, *Report on the activities of the War Refugee Board through its Representative in Berne, Switzerland, March 1944 – July 1945. Sent by Roswell S. McClelland to Brigadier*

General William O'Dwyer, Executive Director, War Refugee Board, Washington, D. C. on August 2, 1945, S. 10–26. ETH/AfZ: EB NL C. Lutz.

53 Wyman, *Abandonment*, S. 237. Das schwedische Interesse führte im Juli – also nach Ende der Deportationen – zur Entsendung von Raoul Wallenberg nach Ungarn, bei der Ivor C. Olsen, der lokale Vertreter des WRB und gleichzeitig des amerikanischen *Office of Strategic Services (OSS)*, des Vorläufers der *Central Intelligence Agency (CIA)*, eine wichtige Rolle spielte.

54 Braham, *Politics*, Bd. 2, S. 241–250, *The Brand Mission*; Elon, *Timetable*. Weissberg, *L'histoire de Joël Brand*; M. Gilbert, *Auschwitz*, S. 212–230; usw.

55 Weissberg, *Brand*, S. 116–117. Bei der Einvernahme durch Polizeihauptmann Avner Less in Jerusalem 1960/61 behauptete Eichmann allerdings, er hätte diesen Ausdruck nie gebraucht. Von Lang, *Eichmann-Protokoll*, S. 192.

«Der Wunsch des Führers»

1 Joseph, *Mission*, S. 102–103.

2 Angelo Rotta (1872–1965) stammte aus Mailand und war Titularerzbischof von Theben. Der aus Neapel gebürtige Gennaro Verolino (geb. 1906), war bei Kriegsbeginn als *uditore* (Kanzler), nach Budapest gekommen. Laut Mitteilung von H. Feller war er die treibende Kraft des kleinen Nuntiaturteams. Verolino wurde später Titularerzbischof von Korinth und hatte eine lange Karriere in der Verwaltung des Vatikans. *Annuario Pontificio* 1944–1992.

3 Schreiben Rotta an Maglione 23.5.44, *Actes*, Nr. 207, S. 283/4. Schon am 28.4.44 hatte sich Rotta bei Kardinal Maglione über die passive Haltung Serédis und des ungarischen Episkopats beklagt: *Egli vive ad Estergom, non si fa vedere a Budapest, finora non ha detto una parola di conforto per chi è colpito: gli altri vescovi generalmente aspettano l'iniziativa del Primate nelle questioni di interesse generale. Praticamente quindi a molti può sembrare che l'autorità ecclesiastica non si occupi della questione per una prudenza eccessiva, anche se ciò non corrisponde di fatto alla realtà. Le Nonce à Budapest au Cardinal Maglione*, 28.4.44, In *Actes* Nr. 172, S. 247–248.

4 Übersetzung: «Bis jetzt ist jegliche Demarche wirkungslos geblieben; ganz im Gegenteil – so scheint es dieser Nuntiatur wenigstens – man will sogar bis zur Deportation (auch wenn die Sache verschleiert wird) von Hunderttausenden von Menschen gehen. Jedermann weiss, was die Deportation in Wirklichkeit bedeutet.» *Le Nonce à Budapest au Ministre des Affaires étrangères*, 15.4.44. In *Actes*, Nr. 207, Annexe I, S. 285–286.

5 Übersetzung: «Aber eine grosse Furcht quält mich in diesem Augenblick für seine (Ungarns) Zukunft: denn die Ungerechtigkeiten, die man sich jetzt zuschulden kommen lässt und – Gott möge es nicht zulassen – dabei rücksichtslos unschuldiges Blut vergiesst, kann keinen Segen Gottes über das Land bringen, der wie nie zuvor unerlässlich ist, in diesem Augenblick so voller Ungewissheiten und Gefahren, die nicht einmal die Mächtigsten zu bewältigen imstande sein werden.» Siehe oben, S. 286.

6 Übersetzung: «Man sagt, dass es sich nicht um Deportationen, sondern um obligatorischen Arbeitsdienst handle. Man kann über Worte streiten, aber die Wirklichkeit ist dieselbe. Wenn man Alte von über 70 oder gar über 80 wegtransportiert, alte Frauen, Kinder, Kranke, fragt man sich: welche Arbeit sollen diese menschlichen Wesen denn leisten? Man antwortet, dass man den Juden die Möglichkeit gegeben hat, ihre Familien mitzunehmen; wenn dies der Fall ist, sollte dies auf freiwilliger Grundlage geschehen. Und was sollte man von jenen Alten, Kranken usw. sagen, die ganz allein deportiert werden, oder wenn es keine Verwandten gibt, mit denen sie reisen sollten?» *Note de la Nonciature, Annexe* 5.6.44. *Actes* Nr. 227, S. 311.

7 Bereczky, *Hungarian Protestantism*, S. 14–15.

8 Bereczky, siehe oben, S. 14–15.

9 Siehe oben, S. 17.

10 Braham, *Politics*, Bd. 2, S. 1040 und 1043.

11 Snoek, *Grey Book*, S. 201/2.

12 Braham, *Politics*, Bd. 2, S. 1036–8.

13 Snoek, *Grey Book*, S. 204.

14 Bereczky, *Unser schmaler Weg*, S. 8–10.

15 *Die Tat* 5.6.44. SIG.

16 *Basler Nachrichten* 20.6.44. SIG.

17 Bericht der JUNA 28.6.44: *Betet für uns* (No. 44/4) und *Meldung an die Redaktionen* 29.6.44. Im SIG-Archiv werden folgende Zeitungen aufgelistet, die den Bericht veröffentlichten: *Arbeiter-Zeitung* 29.6.44, *Gazette de Lausanne* 29.6.44, *National-Zeitung* 30.6.44 und *Das Volk* 30.6.44.

18 Dieser Pressesturm erreichte seinen Höhepunkt allerdings erst im Juli und konnte somit nicht das Hauptmotiv zu Horthys Meinungsänderung gewesen sein.

19 Die Protestnote Roosevelts war vom EPD am 13.6.44 an die schweizerische Gesandtschaft in Budapest abgeschickt worden. BA: E 2001(D)14, Bd. 34. Amerikanische Interessenvertretung.

20 *Le pape Pie XII au régent de Hongrie Horthy* 25.6.44. In *Actes* Nr. 243, S. 328.

21 Braham, *Politics*, Bd. 2, S. 714.

22 Siehe oben, S. 712.

23 Siehe oben, S. 756.

24 Grossman, *Gewissen*, S. 115.

25 Nürnberger Prozesse IMT IV, Fall Nr. 11: 25.7.48–M–LW–4–Neidel, S. 13467 und Abschliessender Schriftsatz 3.11.48, S. 15. ETH/AfZ: EB NL B. Sagalowitz.

26 Nürnberger Prozesse IMT IV, Fall Nr. 11: Telegramm Ribbentrop an Veesenmayer 16.7.44, NG 2739. Zitiert nach Hilberg, *Vernichtung*, S. 180.

27 C. Lutz an Mandl-Mantello 20.7.44, zitiert nach Levai, *Abscheu*, S. 247/8.

28 Dieser «Führerentscheid» fiel am 10.7.44 und wurde umgehend nach Budapest weitergeleitet, wo Sztójay seinen Ministerrat zwei Tage später unterrichtete. Braham, *Politics*, Bd. 2, S. 979.

29 Kasztner, *Bericht*, S. 69.

30 Braham, *Politics*, Bd. 2, S. 1079. Die Gesamtzahl schwankt in den verschiedenen Unterlagen zwischen 7000 und 7 800, bzw. 8000.

31 Telegramm schweizerische Gesandtschaft, Budapest, an Fremde Interessen, EPD, Bern 14.7.44. BA: E 2001(D)15. Interessenvertretung Grossbritannien.

32 Abschrift der Note des ungarischen Aussenministeriums vom 18.7.44, die Bundesrat Pilet-Golaz am 2.8.44 zur Weiterleitung an die amerikanische Regierung unterbreitet wurde. BA: E 2001(D)14, Bd. 34. Amerikanische Interessenvertretung. Mit dieser Note beantworteten die Ungarn den amerikanischen Protest vom 13.6.44 gegen die Deportationen.

33 Braham, *Politics,* Bd. 2, S. 1079.

34 Nürnberger Prozesse IMT IV, Fall Nr. 11: Telegramm Ribbentrop an Veesenmayer 17.7.44, NG–2739. Zitiert nach Hilberg, *Vernichtung*, S. 580.

35 Braham, *Politics*, Bd. 2, S. 1080.

36 Grossman, *Gewissen,* S. 104.

37 Braham, *Politics*, Bd. 2, S. 848 und 982.

38 Braham, *Politics*, Bd. 2, 979–980; Grossman, *Gewissen*, S. 109, ergänzt durch Mitteilungen.

39 Nürnberger Prozesse IMT IV, Fall Nr. 11: Telegramm Veesenmayer an Reichsaussenministerium 24.7.44, NG–1806. In Braham, *Documents*, Bd. 2, S. 771–773.

40 Nürnberger Prozesse IMT, Fall Nr. 11: Telegramm Veesenmayer an Reichsaussenministerium 28.7.44, Nr. 2075. In Braham, *Documents*, Bd. 2, S. 461.

41 Telegramm schweizerische Gesandtschaft, Budapest an Fremde Interessen, EPD, Bern 3.8.44. BA: E 2001(D)15. Interessenvertretung Grossbritannien.

42 Übersetzung: «Wir sind lediglich davon überrascht, dass Sie von sich aus den Kollektivpass für ungefähr 2 000 Juden ausgestellt haben stop Bitte schicken Sie uns detaillierte Angaben über diesen Kollektivpass und lassen Sie uns vor allem wissen, ob es sich um einen schweizerischen Kollektivpass handelt.» Telegramm Fremde Interessen, EPD, Bern an schweizerische Gesandtschaft, Budapest 5.8.44. Siehe oben.

43 Telegramm schweizerische Gesandtschaft, Budapest an Fremde Interessen, EPD, Bern 12.8.44. Siehe oben.

44 Übersetzung: « ... hingegen hat in bezug auf Ungarn, nach Gesprächen zwischen der Schweiz und jenem Land, die ungarische Regierung die schweizerische Gesandtschaft in Budapest ermächtigt, sich mit dem Transport von Juden nach Palästina zu befassen, denen die Einreise dort gestattet ist, sich nach jenem Land zu begeben.» Schreiben Abteilung für Fremde Interessen, EPD, Bern an die britische Gesandtschaft, Bern 12.8.44. Siehe oben.

45 Übersetzung: «Wir würden die von uns bisher gesteckten Grenzen in bezug auf Hilfe für die Juden bei weitem überschreiten, die im Prinzip kein Recht auf unseren Schutz haben, (denn das wäre) ein Präzedenzfall, der uns ähnlichen Forderungen seitens anderer Staaten aussetzen könnte, die sich ebenfalls für das Schicksal der Juden interessieren; die Sache könnte somit grosse Ausmasse annehmen.» Notiz für den Chef des EPD, von J. de Saussure unterzeichnet 14.8.44. BA: E 2001(D)15. Interessenvertretung Grossbritannien.

46 Wyman, *Abandonment*, S. 239.

47 Telegramm schweizerische Gesandtschaft, Budapest an Fremde Interessen, EPD, Bern 22.8.44. BA: E 2001(D)15. Interessenvertretung Grossbritannien.

48 Telegramm schweizerische Gesandtschaft, Budapest an Fremde Interessen, EPD, Bern 1.9.44 und Telegramm Fremde Interessen, EPD, Bern an die schweizerische Gesandtschaft, Berlin 5.9.44. BA: Siehe oben.

49 Schreiben schweizerische Gesandtschaft, Berlin an Fremde Interessen, EPD, Bern 12.9.44. BA: Siehe oben.

50 Schreiben Fremde Interessen, EPD, Bern an die schweizerische Gesandtschaft, Berlin 27.9.44. BA: Siehe oben.

51 Schreiben C. Lutz an Fremde Interessen, EPD, Bern 23.8.44. BA: E 2001(D)15. Siehe oben.

52 Schreiben Frölicher, Berlin an Abteilung für Auswärtiges, EPD, Bern 23.11.44. BA: E 2100(D)3, Schachtel 175.

53 Übersetzung: «Zu Ihrer Information wird die britische Regierung Sie demnächst bitten, durch die schweizerische Gesandtschaft in Budapest Zertifikate für ungarische Juden herauszugeben, die bereits eine Einreiseerlaubnis nach Palästina erhalten haben, die diese Aufnahmebewilligung bezeugen, wodurch das Deportationsrisiko vermindert wird Stop Die britische Gesandtschaft in Ankara, die bereits Listen der Betreffenden besitzt, wird diese mit gewöhnlicher Post an die britische Gesandtschaft in Bern schicken und anvertraut mir vorsichtshalber ein Exemplar, das ich Ihnen demnächst mit dem nächsten Kurier übermitteln werde.» Telegramm Lardy an Fremde Interessen, EPD, Bern 27.5.44. BA: E 2001(D)15. Interessenvertretung Grossbritannien.

54 Undatiertes Schreiben der britischen Gesandtschaft, Bern, an Fremde Interessen, EPD, Bern am 16.6.44 erhalten. Siehe oben.

55 Übersetzung: «Die Regierung Seiner Majestät erkundigt sich, ob die schweizerischen Behörden bereit wären, solchen Personen Zertifikate auszustellen, aus denen hervorgeht, dass ihre Aufnahme in Palästina gebilligt worden ist. Die Zertifikate sollten derart gestaltet sein, dass die Juden sie ständig bei sich tragen können». Siehe oben.

56 Übersetzung: «Der Träger dieses Zertifikats (Name einfügen) wird als Einwanderer in Palästina zu jeglichem Zeitpunkt aufgenommen, an dem er (sie) jenes Land erreichen kann, und erhält, in Übereinstimmung mit der zusammengefassten Bürgerrechtsordnung von 1925–1941, nach zweijährigem Aufenthalt das palästinensische Bürgerrecht.» Telegramm 74 Fremde Interessen, EPD, Bern an die schweizerische Gesandtschaft, Budapest 5.8.44. siehe oben.

57 Telegramm Fremde Interessen, EPD, Bern, an die schweizerische Gesandtschaft, Budapest 29.7.44. Siehe oben.

58 Schreiben britische Gesandtschaft, Bern, an die Abteilung für Fremde Interessen, EPD, Bern 10.8.44. Siehe oben.

59 Ein Hinweis auf diese «illegale» Aktion befindet sich im Kasztner-*Bericht* auf S. 124.

60 Schreiben C. Lutz an die Abteilung für Fremde Interessen, EPD, Bern 23.8.44. BA: E 2001(D)15. Interessenvertretung Grossbritannien.

61 Grossman, *Gewissen*, S. 56.

62 Siehe oben, S. 57.

63 Übersetzung: Sie hätten «das Angebot der ungarischen Regierung für die Entlas-

sung von Juden, die Ungarn verlassen und die neutrale oder unter Kontrolle der Vereinten Nationen stehende Gebiete erreichen, angenommen und werden Zufluchtsorte finden, wo diese Menschen in Sicherheit leben können.» Note der britischen Gesandtschaft, Bern an EPD 18.8.44 (mit Kopie der Erklärung). BA: E 2001(D)15. Interessenvertretung Grossbritannien.

64 Hierzu die Erinnerungen von Sztehlo, *In the Hands of God.*

65 Braham, *Politics*, Bd. 2, S. 854, 984, 1059–1062; Favez, *Das Internationale Rote Kreuz*, S. 461–468.

66 Bereczky, *Hungarian Protestantism*, S. 33; Komoly, *Diary* in Braham, *Hungarian-Jewish Studies*, Bd. 3, S. 147–250.

67 Anger, *With Raoul Wallenberg*, S. 47.

68 C. Lutz, *Rettungswerk.*

69 Vor Oberrichter Kehrli erklärte Lutz, das freigebige Verteilen von schwedischen Schutzpässen habe den Wert der schweizerischen Schutzpässe «stark diskreditiert». Die schwedische Gesandtschaft habe insgesamt 1 000 Schutzpässe und 30–40 000 Schutzbriefe ausgestellt, nebst 2 000 Schutzbriefen des Schwedischen Roten Kreuzes. Administrative Untersuchung: Abhörung von C. Lutz am 30.5.45, S. 5. BA: E 2001(D)7, Schachtel 17.

70 Joseph, *Mission*, S. 98–102; Braham, *Politics*, Bd. 2, S. 1083–1090.

71 Braham, *Politics*, Bd. 2, S. 792–793.

72 Übersetzung: «Die in Budapest akkreditierten unterzeichneten Vertreter der neutralen Mächte haben mit einem Gefühl schmerzvoller Überraschung erfahren, dass die Judendeportationen in Ungarn bald wieder neu beginnen werden. Sie sind ebenfalls – aus absolut sicheren Quellen – im Bilde, was Deportation in den meisten Fällen bedeutet, auch wenn sie hinter der Bezeichnung von Arbeitseinsatz im Ausland versteckt wird. – Ganz abgesehen von der bedauerlichen Tatsache, dass neue Deportationen in Ihrem Land dem guten Ruf Ungarns den Gnadenstoss versetzen würde, der bereits durch die bisherigen Deportationen schwer gelitten hat, sehen sich die Vertreter der neutralen Mächte durch ein Gefühl menschlicher Solidarität und christlicher Barmherzigkeit verpflichtet, einen energischen Protest gegen ein solches Vorhaben einzureichen, das nicht nur unrecht in seinem Ansatz ist – denn es ist absolut unannehmbar, dass Menschen nur wegen ihrer Rassenzugehörigkeit verfolgt und getötet werden –, sondern auch brutal in seiner Ausführung. Sie fordern deshalb von der Königlich-Ungarischen Regierung, von diesem Vorhaben definitiv abzusehen, das um der Ehre der Menschheit willen niemals hätte beginnen dürfen. Sie bezeugen ihre Hoffnung, dass Ungarn, in Anknüpfung an seine alten Traditionen, zu den ritterlichen Grundsätzen und Methoden christlichen Geistes zurückkehren wird, die ihm einen so hervorragenden Platz unter den zivilisierten Völkern geschenkt haben.» *Démarche des représentants des puissances neutres en faveur des Juifs hongrois,* 21.8.44. In *Actes*, Nr. 308, S. 395.

73 Telegramm A. Kilchmann an EPD 27.8.44. BA: E 2300 Budapest 4–6.

74 «Vertraulicher» Bericht Jaeger an Pilet-Golaz 3.10.44. Siehe oben.

Fünfzehnter Oktober 1944: Die Pfeilkreuzler

1 Grossman, *Gewissen*, S. 105.
2 Siehe oben, S. 106.
3 Born, *Bericht*, S. 4–5.
4 Erzählt von H. Feller in Joseph, *Mission*, S. 176–177.
5 Braham, *Politics*, Bd. 2, S. 826.
6 Laut Braham, *Politics*, Bd. 2, S. 877, soll es sich vor allem um deutschstämmige («schwäbische») Offiziere gehandelt haben.
7 *Franz Szálasi an die ungarische Nation, Radioansprache am 15. Oktober 1944*, veröffentlicht in *Pester Lloyd* 17.10.44. ETH/AfZ: EB NL C. Lutz, TB A. Grossman.
8 *Völkischer Beobachter* 30.10.44, zitiert nach Gosztonyi, *Deutsch-Russischer Krieg*, S. 5.
9 Szatmári, *Aufzeichnungen*, S. 8.
10 Born, *Bericht*, S. 5.
11 Siehe oben, S. 9.
12 C. Lutz, *Bericht an Abteilung für Fremde Interessen*. Ohne Datum. BA: J. L. 186/1986/10. P 19/9. NL C. Lutz bei Yad Vashem.
13 Szatmári, *Lagebericht* 26.10.44. In einer Aufstellung Jaegers für Pilet-Golaz über die Zusammenstellung der Pfeilkreuzlerregierung, ebenfalls vom 26.10.44, zeigte der Gesandte auf, wie problemlos sich ein Teil des ungarischen Adels in die Pfeilkreuzlerbewegung integriert hatte. Die Abgrenzung zwischen alter und neuer politischer Rechter war fliessend. BA: E 2300 Budapest 4–6.
14 Braham, *Politics*, Bd. 2, S. 830.
15 Siehe oben, S. 833.
16 Kaztner, *Bericht*, S. 109.
17 Speer war eine der wenigen Nazigrössen, die sich nach 1945 nicht nur über die wirtschaftliche Sinnlosigkeit der Judenvernichtung, sondern auch über deren menschliche Dimension Gedanken machten und sogar ein gewisses Mass an Reue zeigten. Er schrieb über seine Verstrickung und Mitschuld: «Meine Motivierung war aus dem Lot geraten ... Die Optik der Ausbeutung stand im Vordergrund. Wir haben nicht getan, was wir hätten tun können und tun müssen, um die Menschen am Leben zu erhalten!» Speer, *Sklavenstaat*, S. 26–27; G. M. Gilbert, *Nürnberger Tagebuch*, S. 29–30.
18 Nürnberger Prozesse, IMT IV, Fall Nr. 11: Aussage Veesenmayer am 22.7.48. ETH/AfZ: EB NL B. Sagalowitz, S. 13290.
19 Braham, *Politics*, Bd. 2, S. 834.
20 Nürnberger Prozesse, IMT IV, Fall Nr. 11: Aussage Veesenmayer am 22.7.48. ETH/AfZ. EB NL B. Sagalowitz, S. 13292.
21 Telegramm Nr. 3091 Grell an Ribbentrop 24.10.44, zitiert nach Levai, *Eichmann*, S. 172.
22 Siehe oben, S. 173.
23 Siehe oben, S. 173.
24 Siehe oben, S. 172.
25 Szatmári, *Bericht,* S. 10–11.

26 Siehe oben, S. 11.

27 Das EPD stellte es der schweizerischen Gesandtschaft am 21. Oktober anheim, einen von Angelo Rotta vorgeschlagenen gemeinsamen Protest der neutralen Vertreter mitzuunterzeichnen, falls sie Handlungen, die mit «Grundsätzen von Recht und Menschlichkeit unvereinbar» seien, festgestellt hätten. Der Bundesrat sollte jedoch aus dem Spiel gelassen werden, um die De-facto-Beziehungen der Schweiz zu den ungarischen Machthabern nicht aufzuwerten. BA: E 2001(D)3/172.

28 Zitiert nach Born, *Bericht*, S. 31.

29 Mitteilung von A. Grossman.

30 C. Lutz, *Situationsbericht der Abteilung für Fremde Interessen, Budapest*, 8.12.44. BA: E 2300 4–6.

31 Grossman, *Gewissen*, S. 107.

32 Szatmári, *Bericht*, S. 11–12.

33 Mitteilung von A. Grossman.

34 Grossman, *Gewissen*, S. 136.

35 Schreiben C. Lutz an Bundesrat Markus Feldmann 14.3.56. BA: J. I. 186 1986/10 P 19/9. NL C. Lutz bei Yad Vashem.

36 Grossman, *Gewissen*, S. 135.

37 Siehe oben, S. 136.

38 Siehe oben, S. 137.

39 Gosztonyi, *Deutsch-Russischer Krieg*, S. 9.

40 Levai, *Historische Artikelreihe*, S. 2. Eine Gesamtübersicht über die von der schweizerischen Gesandtschaft ausgestellten Schutzbriefe und Schutzpässe wurde nach dem Krieg von Vizekonsul Lutz Oberrichter Kehrli übergeben. Administrative Untersuchung: Bericht Kehrli an das EPD vom 27.7.45, S. 48–53. BA: E 2001(D), Schachtel 15.

41 Schreiben C. Lutz an Stucki 10.2.46. ETH/AfZ: EB NL C. Lutz, TB G. Lutz, Dossier 1a, Annex VI.

42 Administrative Untersuchung: Bericht Kehrli an das EPD 27.7.45, S. 231. BA: E 2001(D), Schachtel 15.

43 M. Gilbert, *Holocaust*, S. 760.

44 Siehe oben, S. 337.

«Wir kamen uns vor wie Richter, die ein Todesurteil zu sprechen haben»

1 Gosztonyi, *Deutsch-Russicher Krieg*, S. 9

2 Szatmári, *Bericht*, S. 13.

3 Siehe oben, S. 13.

4 Levai, *Eichmann*, S. 174–175.

5 Siehe oben, S. 175.

6 Braham, *Politics*, Bd. 2, S. 843–844.

7 Szatmári, *Bericht*, S. 17. Laut Braham wurde der Beschluss zur Errichtung des «grossen Ghettos» dem Judenrat erst am 18. November mitgeteilt. Braham, *Politics*, Bd. 2, S. 850.

8 Schreiben Ungarisches Aussenministerium an schweizerische Gesandtschaft 7.11.44. BA: E 2001(D)15. Interessenvertretung Grossbritannien.
9 Szatmári, *Bericht*, S. 14.
10 Siehe oben, S. 15–16.
11 Born, *Bericht*, S. 32.
12 Kasztner, *Bericht*, S. 119.
13 Levai, *Eichmann*, S. 176.
14 Born, *Bericht*, S. 33, 36.
15 C. Lutz, *Aufzeichnungen über die Rettungsaktion von Konsul Lutz*, S. 7.
16 Siehe oben, S. 7.
17 Telegramm Veesenmayer an Auswärtiges Amt, Nr. 3353, 20.11.44, in *Dokumentensammlung*, United Restitution Organization.
18 Kasztner, *Bericht*, S. 128. Kasztner hätte richtigerweise von Schutzbriefen schreiben sollen. Lutz hat Schutzpässe lediglich an Angehörige der von ihm vertretenen Staaten verteilt, nicht aber an ungarische Bürger. Die Zahl von 30 000 Zertifikaten ist wohl eine Schätzung Eichmanns, denn Lutz hat – begreiflicherweise – Weder ihn noch Veesenmayer über die viel höhere Zahl der herausgegebenen Schutzdokumente informiert.
19 C. Lutz, *Bericht über die Geschehnisse*, Abschnitt *Palästina-Auswanderung*.
20 C. Lutz, *Rettungswerk*.
21 C. Lutz, *Bericht über die Geschehnisse*.
22 Levai, *Historische Artikelreihe*, S. 2.
23 G. Lutz, zitiert nach Klara Obermüller, *Ein Leben für die Leidtragenden*.
24 Born, *Bericht*, S. 6.
25 Szatmári, *Bericht*, S. 16–17.
26 Mitteilung von Bischof Dr. Gyula Nagy.
27 Bericht der Beauftragten der schweizerischen Gesandtschaft zur Untersuchung der Lage auf der Wiener Landstrasse, Arje Breszlauer und Laszlo Kluger, in Levai, *Eichmann*, S. 188–189.
28 Grossman, *Gewissen*, S. 179–180. Von diesem Gespräch gibt es eine Aktennotiz in Longrich und Pohl, *Ermordung der europäischen Juden*, Nr. 192, S. 418–421.
29 Grossman, *Gewissen*, S. 179–180.
30 Schreiben A. Kilchmann an Pierre Bonna, EPD, Bern 25.11.44. BA: E 2300 Budapest 4–6.
31 Nürnberger Prozesse: IMT IV, Fall Nr. 11. Telegramm Veesenmayer an Ribbentrop 23.11.44. Rückübersetzung aus dem Englischen. Anklageschrift gegen Veesenmayer, S. 17. ETH/AfZ: EB NL B. Sagalowitz.
32 Telegramm EPD an schweizerische Gesandtschaft, Budapest Nr. A. 5271 vom 31.10.44. BA: E 2300 Budapest 4–6. Was die Schweiz betrifft, war sie nach wie vor verpflichtet, die nicht unbeträchtlichen Interessen von zwei der wichtigsten kriegführenden Ländern, der Vereinigten Staaten und Grossbritanniens zu vertreten. Ferner lebten nicht weniger als 600 Schweizer Bürger/innen in Ungarn, die z. T. grosse Investititionen getätigt hatten.
33 Übersetzung: «Sehen kaum Möglichkeit, dass schweizerische Gesandtschaft der Regierung Szálasi folgt. Bitten Sie, Kilchmann und Personal zur Verteidigung

Interessen der Kolonie in Budapest zu belassen und dass Sie, zusammen mit Major Fontana, zur Berichterstattung nach Bern kommen.» Telegramm 481 EPD, Bern an schweizerische Gesandtschaft, Budapest 7.11.44. BA: E 2300 Budapest 4–6. Kilchmann war Erster Legationssekretär und Fontana Militärattaché.

34 Mitteilung von A. Grossman über diese beiden Gespräche von Vizekonsul Lutz mit seinen Mitarbeitern und mit Minister Jaeger. Lutz schrieb dem EPD nach Kriegsende, im Gespräch mit Jaeger sei ebenfalls die Frage seines Mobiliars aufgetaucht, das er angesichts der sich nähernden Front nach der Schweiz in Sicherheit bringen wollte. Doch der scheidende Gesandte habe abgewinkt. Dies könne unter der Schweizer Kolonie nur unnötige Nervosität verursachen. Als Lutz das EPD nach der Abreise Jaegers dennoch um den Entsand eines Möbelwagens bat, erhielt er wiederum einen negativen Bescheid. Einige Wochen später ging das Mobiliar während der Beschiessung von Budapest in Flammen auf. Den Rest eigneten sich einrückende sowjetische Soldaten an. Die Kosten für diese Möbel wurden Lutz erst nach langen Verhandlungen mit dem EPD und lediglich teilweise zurückerstattet. Schreiben C. Lutz an Abteilungschef Fremde Interessen, EPD, Bern 29.10.46. BA: J. I. 186 1986/10, P. 19/13. NL C. Lutz bei Yad Vashem.

35 Administrative Untersuchung: Bericht Kehrli 27.7.45, S. 231. BA: E 2001(D), Schachtel 15.

36 *Volksrecht*, Zürich 14.12.44. BA: E 2001(G)1, Band 25. Personaldossier Jaeger.

37 C. Lutz, *Rettungswerk*.

38 Nürnberger Prozesse, IMT IV, Fall Nr. 11: Telegramm Nr. 3262 Veesenmayer an Reichsaussenministerium 13.11.44, NG 5570. In Braham, *Documents*, Bd. 2, S. 527.

39 Braham, *Politics*, Bd. 2, S. 848.

40 Grossman, *Gewissen*, S. 142–144.

41 Levai, *Eichmann*, S. 177.

42 Verbalnote C. Lutz an ungarisches Aussenministerium 13.11.44. BA: J.I. 186/1986/10, P. 19. NL C. Lutz bei Yad Vashem.

43 Verbalnote 13039/Fol. 1944 des Ungarisch-Königlichen Aussenministeriums an die schweizerische Gesandtschaft, Budapest, 17.11.44. ETH/AfZ: EB NL C. Lutz, TB Ungarische Akademie der Wissenschaften (Karsai), K 63–43.

44 Szatmári, *Bericht*, S. 17.

45 Siehe oben, S. 17.

46 Nürnberger Prozesse, IMT IV, Fall Nr. 11: Telegramm Veesenmayer an Wagner 14.11.44, NG–3301. In Braham, *Destruction*, Bd. 2, S. 816.

47 Nürnberger Prozesse, IMT IV, Fall Nr. 11: Telegramm Wagner an Veesenmayer 16.11.44, NG–3023. Siehe oben, S. 817.

48 Nürnberger Prozesse, IMT IV, Fall Nr. 11: Vortragsnotiz Wagner an Ribbentrop 17.11.44, NG–3301 und Memorandum Brenner an Wagner 25.11.44. Siehe oben, S. 820 und 821.

49 Hier sollte richtigerweise stehen: «Als bis Juli ... deportiert worden waren»

50 *Memorandum der neutralen Vertreter an Szálasi* vom 16.11.44, am 17.11.44 unterbreitet. Zitiert nach Levai, *Eichmann*, S. 178–179.

51 *Denkschrift über die am 17. November gefassten Entschlüsse des Chefs der Nation*

betreffend die endgültige Regelung der ungarländischen Judenfrage, an die schweizerische Gesandtschaft gerichtet, in Grossman, *Gewissen*, S. 145–148.
52 Szatmári, *Bericht*, S. 18.
53 Nürnberger Prozesse, IMT IV, Fall Nr. 11: Telegramm Nr. 3320 von Veesenmayer an das Reichsaussenministerium vom 18.11.44. In Levai, *Eichmann*, S. 181–182.
54 Siehe oben, S. 195.
55 *Telegramm des kommandierenden Generals der Deutschen Wehrmacht in Ungarn an Reichsführer-SS und Chef der Deutschen Polizei*, Reichssicherheitshauptamt, Berlin 23.11.44. Geheime Kommandosache. Siehe oben, S. 193.
56 *Die Meldung der Schweizer Gesandtschaft an ihre Regierung*, 26.11.44, in Levai, *Eichmann*, S. 199–200.
57 Braham, *Politics*, Bd. 2, S.850–851.
58 Levai, *Eichmann*, S. 198.
59 Szatmári, *Bericht*, S. 20.
60 C. Lutz, *Situationsbericht der Abteilung für Fremde Interessen, Budapest*, 8.12.44. BA: E 2300 Budapest, 4–6.
61 Siehe oben.
62 Zitiert nach Schreiben des Landgerichts Stuttgart III, Entschädigungskammer. EGR 17686 – ES 29676 an C. Lutz, Bregenz vom 7.11.59. BA: E 2500 1982/120 61, Personaldossier C. Lutz.
63 Schreiben C. Lutz an EPD, Bern 22.12.59. Siehe oben.
64 Nach Statistiken in Grossman, *Gewissen*, S. 269–270. Ferner, laut einer Meldung der schwedischen Gesandtschaft an das Schwedische Aussenministerium wurden 23 000 Personen aus den «schweizerischen» und 7 000 aus den «schwedischen» Schutzhäusern nach dem «grossen Ghetto» umgesiedelt. In Levai, *Eichmann*, S. 202.
65 Levai, *Eichmann*, S. 205; Braham, *Politics*, Bd. 2, S. 855.
66 Telegramm Nr. 445 Schweiz. Gesandtschaft, Budapest an EPD, Bern 28.11.44. BA: E 2001(D)7, Dossier I, 14b.
67 Szatmári, *Lagebericht* 3.12.44. Privat G. Lutz.

«Der Baum erstrahlte in schönstem Lichterglanze»

1 Übersetzung: «Im gegenwärtigen Augenblick hat die Schweiz weniger als je einen Grund, die Beziehungen mit einer Regierung anzuknüpfen, die den Kommunismus in der ganzen Welt errichten will.» *Dokumente Schweiz – Russland 1813–1955*, S. 533.
2 Siehe oben, S. 533.
3 *Aide-mémoire exposant les vues du Gouvernement de la Confédération Suisse au sujet des relations entre la Suisse et l'URSS* (10.10.44), Annexe I. BA: AF E 2001(D)92. Englische Fassung vom 13.10.1944. BA E 2001(E)2/657. In *Dokumente Schweiz–Russland*, S. 551–552.
4 *Aide-mémoire russe*, am 1.11.44 von der sowjetischen Gesandtschaft in London der dortigen schweizerischen Gesandtschaft übergeben. Siehe oben, S. 553.

5 *Prime Minister to the Foreign Secretary* 3.12.44 in Churchill, *Second World War*, Bd. 6, *Triumph and Tragedy*, S. 712 (Anhang).
6 Administrative Untersuchung: Schreiben Kilchmann an EPD 27.11.44. BA: E 2001(D)7, Dossier I (B. 21.218)14b, Budapest.
7 Siehe oben.
8 Übersetzung: «Ermächtigen Sie gerne Feller Verantwortung für Verwaltung des Postens zu übergeben und nach der Schweiz zurückzukehren». Administrative Untersuchung: Telegramm 539 EPD an Kilchmann 1.12.44. BA: E 2001(D)7, Dossier I (B.21.218).
9 Administrative Untersuchung: Aussage Kilchmann vor Oberrichter Kehrli 27.8.45. BA: E 2001(D)7, Schachtel 17, Dossier 35.
10 *Basler Nachrichten* 25.9.46, S. 2. Dieser anonyme Beitrag wurde wahrscheinlich von Szatmári verfasst. Über die Hintertreibung dieses Transports durch das Reichsaussenministerium siehe die *Aktennotiz* von Felix Schnyder vom 16.10.45, S. 2. BA: E 2001(D)3, Schachtel 175.
11 Szatmári, *Bericht*, S. 22.
12 Siehe oben, S. 23.
13 Joseph, *Mission*, S. 226.
14 Übersetzung: «Am 8. Dezember wurde Veesenmayer gezwungen, Budapest zu verlassen. Nachdem er die Vernichtung von ungefähr 500 000 ungarischen und slowakischen Juden verursacht hatte, gelang ihm die Ermordung des Restes nicht, die von den alliierten Armeen befreit wurden.» Nürnberger Prozesse, IMT IV, Fall Nr. 11: Schlussplädoyer über die kriminelle Verantwortung Edmund Veesenmayers am 8.11.48, S. 17. ETH/AfZ: EB NL B. Sagalowitz.
15 Kasztner, *Bericht*, S. 145; Biss, *Stopp der Endlösung*, S. 277–278. Laut Biss versuchten auch die ungarischen Polizisten sich durch diese Schutzaktion ein Alibi zu verschaffen. Gelegentlich sollen sie von den Ghettoinsassen zudem noch Bestechungsgelder entgegengenommen haben.
16 Administrative Untersuchung: Telegramm Kilchmann an EPD Bern 9.12.44. BA: E 2001(D), 7, Dossier I, Schachtel 14b; Bericht Kilchmann an Oberrichter Kehrli 31.8.45. BA: E 2001(D)7, Schachtel 17, Dossier 35, S. 8.
17 Siehe oben: Bericht Kilchmann an Oberrichter Kehrli, S. 8.
18 Siehe oben.
19 Szatmári, *Bericht,* S. 23.
20 Szatmári, *Lagebericht* 11.12.44.
21 Administrative Untersuchung: Telegramm Kilchmann an EPD Bern 11.12.44. Administrative Untersuchung. Abhörung Kilchmann durch Oberrichter Kehrli 31.8.45. BA: E 2001(D)7, Schachtel 17, S. 9.
22 Administrative Untersuchung: Bericht Kilchmann an Oberrichter Kehrli über seine Abreise 31.12.45. BA: E 2001(D)F, Schachtel 17, Dossier 35, S.8.
23 Siehe oben, S. 9.
24 Siehe oben, S. 9.
25 Siehe oben, S. 9.
26 Siehe oben, S. 3.
27 Gosztonyi, *Deutsch-russischer Krieg*, S. 37.

28 Szatmári, *Lagebericht* 15.12.44.
29 Szatmári, *Bericht*, S. 23.
30 Feller an EPD, Bern 21.12.44. BA: E 2300, Budapest 4–6.
31 Joseph, *Mission*, S. 240.
32 Szatmári, *Lagebericht*, 20.12.44.
33 Siehe oben.
34 Administrative Untersuchung: Schreiben Kehrli 10.1.46 an EPD, S. 1. (Kehrli zitiert aus einem Abhörbericht von Dr. Vigh). BA: E 2001(D)7, Schachtel 18. Csiky, Svasta und Mezey waren extrem rechtsgerichtete Politiker und Pfeilkreuzler.
35 Mitteilung von H. Feller.
36 Administrative Untersuchung: Aktennotiz Carl Hofer an Minister René de Weck, Bukarest 17.5.45. BA: E 2001(D)7, Dossier I (B. 21–218)14b, Budapest.
37 Telegramm 472 Feller an EPD Bern 12.12.44. BA: E 2300 Budapest 4–6.
38 Mitteilungen von H. Feller.
39 Administrative Untersuchung: Aktennnotiz Hofer an de Weck, Bukarest 17.5.45. BA: E 2001(D)7, Dossier I, 14b, Budapest. Szatmári, *Bericht*, S. 23.
40 Siehe oben, S. 23; Braham, *Politics*, Bd. 2, S. 1011.
41 Administrative Untersuchung: Abhörung C. Lutz vor Oberrichter Kehrli 30.5.45. BA: E 2001(D)7, Schachtel 17, Dossier 33, S. 3.
42 Siehe oben, S. 5.
43 Siehe oben, S. 5.
44 Joseph, *Mission*, S. 241.
45 Siehe oben, S. 241, ergänzt durch Mitteilungen von H. Feller.
46 G. Lutz, *Erinnerungen einer Hausfrau*, S. 1.
47 Siehe oben, S. 1.
48 Siehe oben, S. 1–2.
49 C. Lutz, *Tagebuch* (unvollständig), S. 1.
50 G. Lutz, *Erinnerungen*, S. 2.

«Bis zum Einrücken der Roten Armee Zeit gewinnen»

1 Gosztonyi, *Deutsch-Russischer Krieg*, S. 38–39.
2 Siehe oben, S. 39.
3 G. Lutz, *Erinnerungen*, S. 2.
4 C. Lutz, *Tagebuch* (unvollständig), S. 2.
5 G. Lutz, *Erinnerungen*, S. 3.
6 Born, *Bericht*, S. 9–10.
7 G. Lutz, *Erinnerungen*, S. 3.
8 H. Feller hat diesen Vorfall ausführlich beschrieben. In Administrative Untersuchung: *Protokoll über die Abhörungen von Herrn Legationssekretär H. Feller, Nr. I–XIII, Beilage 5*. Abhörung vom 12.3.46, S. 109–128. BA: E 2001(D)7, Bd. 15. B. 21.218 Budapest Nr. 22. Mit zusätzlichen Mitteilungen.
9 Szatmári, *Bericht*, S. 24; Grossman, *Gewissen*, S. 183; Joseph, *Mission*, S. 245–249.

10 Grossman, *Gewissen*, S. 182; Braham, *Politics*, Bd. 2, S. 871.
11 Grossman, *Gewissen*, S. 182. Zürcher, *Bericht über die Tätigkeit* 31.10.46.
12 Die Zahl der geschützten Juden und der Schutzhäuser wurde von verschiedenen Personen und zu verschiedenen Zeitpunkten unterschiedlich eingeschätzt. Als er in Pest die Verantwortung über die Abteilung für Fremde Interessen übernahm, zählte Zürcher 50 Schutzhäuser mit schätzungsweise 18 000 Bewohnern. Die Gesamtzahl der noch gültigen Schutzbriefe errechnete er auf 30 000. Diese Zahlen sind, mit Ausnahme jener der Bewohner, zweifellos zu tief gegriffen.
13 Siehe oben, S. 2.
14 Siehe oben, S. 2–3.
15 Grossman, *Gewissen*, S. 183–184. Weisz gehörte zum Präsidium des Palästina-Amtes, der jetzigen Auswanderungsabteilung der schweizerischen Gesandtschaft.
16 Born, *Bericht*, S. 34; Braham, *Politics*, Bd. 2, S. 982–985.
17 Grossman, *Gewissen*, S. 271–272.
18 Zürcher, *Protokoll* 2.1.45, S. 3–4.
19 Siehe oben, S. 2.
20 Zürcher, *Protokoll* 7.1.45.
21 Zürcher, *Bericht* 31.10.45, S. 6.
22 Zürcher, *Protokoll* 8.1.45, S. 4.
23 Siehe oben, S. 4–5.
24 Zürcher, *Bericht* 31.10.46, S. 6.
25 Siehe oben, S. 1 und 7.
26 Joseph, *Mission*, S. 255.
27 Ember, *Tagebuch*, S. 11–13. Privat A. Grossman.
28 Szatmári, *Bericht,* S. 25.
29 Braham, *Politics*, Bd. 2, S. 872. Szatmári, *Bericht*, S. 26.
30 Born, *Bericht*, S. 36.
31 Braham, *Politics*, Bd. 2, S. 872.
32 Gosztonyi, *Deutsch-Russischer Krieg*, S. 62.
33 Braham, *Politics*, Bd. 2, S. 874; Joseph, *Mission*, S. 258. Szalay wurde nach Kriegsende wegen seiner Zugehörigkeit zu den Pfeilkreuzlern verhaftet, aber dann auf Intervention der schweizerischen Gesandtschaft befreit. In den fünfziger Jahren wanderte er nach den Vereinigten Staaten aus.
34 Schreiben Pfeffer-von Wildenbruch an C. Lutz 31.2.57. BA: J.I. 186 1986/10 P. 19. NL C. Lutz bei Yad Vashem.
35 Siehe oben.
36 Joseph, *Mission*, S. 258.
37 Braham, *Politics*, Bd. 2, S. 1144.
38 Siehe oben, S. 1143–1144.
39 Grossman, *Gewissen*, S. 268–269.
40 Michael Salomon an C. Lutz 24.12.48, zitiert von C. Lutz in *Schweizer Illustrierte* 28.9.49.
41 Zürcher, *Bericht* 31.10.46, S. 10.
42 Siehe oben, S. 11.
43 Szatmári, *Bericht,* S. 26.

44 C. Lutz, *Bericht über die Geschehnisse.*
45 Born, *Bericht*, S. 13.
46 C. Lutz, *Tagebuch* (unvollständig), S. 4.
47 Siehe oben, S. 6
48 Siehe oben, S. 9.
49 Dr. med Hübner, *Geschichte*, zitiert nach Gosztonyi, *Deutsch-Russischer Krieg*, S. 68.
50 C. Lutz, *Tagebuch* (unvollständig), S. 9.
51 Mitteilung Pfeffer-von Wildenbruch an P. Gosztonyi, zitiert in Gosztonyi, *Deutsch-Russischer Krieg*, S. 69; Schreiben Pfeffer-von Wildenbruch an C. Lutz 8.3.56. BA: J. I. 186 1986/10 P 19. NL C. Lutz bei Yad Vashem.

Die «Befreiung»

1 Gosztonyi, *Deutsch-Russischer Krieg*, S. 70.
2 C. Lutz, *Tagebuch* (unvollständig), S. 10.
3 C. Lutz, *Bericht über die Geschehnisse*, S. 3.
4 Siehe oben, S. 3–4.
5 Mitteilung von Agnes Hirschi.
6 Administrative Untersuchung: Aussage von G. Lutz vor Oberrichter Kehrli 29.5.45. BA 2001(D)7, Schachtel 17, Dossier 33. Der Bericht von der Ermordung der verwundeten Kriegsgefangenen wird anderswo jedoch nicht belegt.
7 Born, *Bericht*, S. 16.
8 Administrative Untersuchung: Aussage von G. Lutz vor Oberrichter Kehrli 29.5.45. BA: 2001(D)7, Schachtel 17, Dossier 33.
9 Administrative Untersuchung: Auszug aus einem Bericht von Fräulein Marie Bäriswyl an das EPD im Sommer 1945. BA: E 2001(D)7, Schachtel 18.
10 Ember, *Tagebuch*, S. 31–44.
11 Administrative Untersuchung: Abhörprotokoll C. Lutz vom 30.5.45. BA: E 2001(D)7, Schachtel 17, Dossier 33, S. 7–9.
12 Joseph, *Mission*, S. 272.
13 C. Lutz, *Bericht über die Geschehnisse*, S. 5.
14 Siehe oben, S. 4.
15 C. Lutz, *Bericht über die Geschehnisse*, S. 4.
16 Administrative Untersuchung: Abhörprotokoll C. Lutz vom 30.5.45. BA: E 2001(D)7, Dossier 33, S. 7–9.
17 Siehe oben, S. 7.
18 Administrative Untersuchung: H. Feller, *Bericht an das EPD* 11.3.46 und Abhörprotokoll H. Feller, Nr. I–XIII, Beilage 5. Abhörung vom 12.3.46. BA: E 2001(D)7, Bd. 15. B. 21.218 Budapest Nr. 22.
19 Administrative Untersuchung: Schlussbericht von Oberrichter Kehrli an das EPD 3.6.46, einleitender Brief, S. 27. BA: E 2001(D)7, Dossier III, Bd. 14a.
20 Administrative Untersuchung: Abhörprotokoll C. Lutz. BA: E 2001(D)7, Schachtel 17, Dossier 33, S. 11–12.

21 Administrative Untersuchung: Abhörung von M. Meier, 15. und 17.4.46. BA: E 2001(D)7, Schachtel 14b, Dossier I. B. 21.218 Budapest, S. 14–15 und Mitteilung von Meier.

22 G. Lutz, *Erinnerungen einer Hausfrau*, S. 7.

23 Siehe oben, S. 7: Schreiben G. Lutz an Petitpierre 28.7.45. BA: E 2001(D)7, Schachtel 19.

24 Siehe oben, S. 7–8.

25 Ember, *Bericht*, S. 51–52.

26 Siehe oben, S. 61–66.

27 Telegramm 368 schweizerische Gesandtschaft, Bukarest an EPD, Bern 28.2.45. BA: E 2001(D), Dossier I, 14b.

28 Übersetzung: «Herr Lutz, Leiter der Sonderabteilung, die sich unter anderem mit den britischen und amerikanischen Interessen befasst, beklagte sich, gänzlich von der Gnade der Russen abhängig zu sein, die seine diplomatischen Vorrechte nicht anerkannten. Er drückte den Wunsch aus, sobald wie möglich den Besuch eines britischen Mitglieds der Interalliierten Mission zu empfangen, die sich in Debrecen befindet.» Schreiben de Weck an EPD 13.3.45. BA E 2500 1990/6, Bd. 96. Personaldossier Meier.

29 Braham, *Politics*, Bd. 2, 1148.

30 Siehe oben, S. 1150. Das entsprechende Gesetz, Dekret XXV, wurde 1946 erlassen.

31 Übersetzung: «Für die grosse Mehrzahl der überlebenden 3 1/2 Millionen ist Europa ein grosser Friedhof des Terrors geworden. Fast ausnahmslos haben die in den von der Achse beherrschten Ländern Übriggebliebenen die Folter und das Abschlachten ihres Volkes mitangesehen. Auch sie wurden beraubt und wie Vieh von Konzentrationslager zu Konzentrationslager getrieben und kannten den unaufhörlichen Alptraum eines sofortigen Todes. Sie wissen, dass es kaum ein Volk gibt, welches unter Hitlers Joch fiel, das nicht mit jüdischem Blut besudelt ist. Es wird oft übersehen, dass sich nicht nur die Deutschen des Massenmordes schuldig gemacht haben, sondern auch Polen, Ukrainer, Weissrussen, Litauer, Letten, Rumänen, Slowaken, Kroaten – eine ganze Völkerparade hatte die Hand mit im Verbrechen. In Frankreich, Belgien, Holland und Norwegen nahm die lokale Bevölkerung am Massenmord praktisch nicht teil. Es ist bedeutsam, dass Hitler hunderttausende von Juden nach Polen und anderen Ländern des Ostens zur Vernichtung transportiert hat. Das heisst aber nicht, dass es in Westeuropa keine Elemente gab, die nicht bereit waren, den Deutschen zu helfen, die Juden nach den Gaskammern und Verbrennungsöfen zu deportieren. Auch dort gab es Kollaborateure, die ihre jüdischen Landsleute ohne Gewissensbisse verrieten.» Jacob Lestchinsky, *Balance Sheet of Extermination* in *Jewish Affairs*, Bd. 1, Nr. 1, New York 1.2.46.

32 Roger de Diesbach, *La Suisse a ‹perdu› le souvenir des refoulements*, in *Journal de Genève* 15.7.94, S. 13. Seit einiger Zeit versuchen Israel und Yad Vashem, Jerusalem, von der Schweiz über das Bundesarchiv eine genaue Aufstellung mit Namenslisten der von der schweizerischen Fremdenpolizei Abgewiesenen zu erhalten. Ob dies möglich sein wird, ist offen, denn die entsprechenden Fichen wurden von der Armee oder den Grenzorganen entweder nur unsystematisch oder gar nicht angelegt. Möglicherweise sind sie später auch vernichtet worden.

33 Matthias Matussek, *Bollwerk gegen Schmutz* in *Der Spiegel*, Hamburg, Nr. 14, 4.4.1994, S. 156-164.
34 Braham, *Politics*, Bd. 2, S. 1150–1151.
35 Hinzu kommt, dass selbst die Kinder der Überlebenden bis heute an den mannigfachen Nachwirkungen der Judenvernichtung leiden, was von Helen Epstein in ihrem Buch *Die Kinder des Holocaust* plastisch dargestellt wird. Als Beispiel einer literarischen Verarbeitung des Problems sei auch auf *See under: Love* von David Grossman hingewiesen.
36 Schreiben Zürcher an EPD 31.10.46, S. 9. BA: E 2500 1968/87, Bd. 52, Personaldossier Zürcher.
37 Schreiben L. Sprikett, sowjetischer Kommissar für nicht-militärische Angelegenheiten 27.3.45, zitiert nach Born, *Bericht*, S. 21.
38 G. Lutz, *Erinnerungen einer Hausfrau*, S. 8.
39 Kálmán Konkoly, *Waren Ungarns Pfeilkreuzler Nazis?* In *Politische Studien* H. 167 17.79, München, Mai/Juni 1966, S. 316.
40 Born, *Bericht*, S. 22–23.
41 G. Lutz, *Erinnerungen einer Haufrau*, S. 9.
42 C. Lutz, *Bericht über die Geschehnisse*, Abschnitt *Heimreise*, S. 2.
43 G. Lutz, *Erinnerungen einer Hausfrau*, S. 10.

«Ein Mensch inmitten von Unmenschlichkeit»

1 Schreiben C. Lutz an Feldmann 14.3.57, S. 6. BA: J. I. 186 1986/10 P 19/9. NL C. Lutz bei Yad Vashem.
2 Die Vereinten Nationen (UNO) wurden 1942 von 26 kriegführenden Staaten als gemeinsames politisches Instrument gegen die Achsenmächte ins Leben gerufen. Fünfzig Staaten unterzeichneten am 26. Juni 1945 die Charta, die vier Monate später in Kraft trat.
3 Administrative Untersuchung: Schlussbericht Dr. J. O. Kehrli 3.6.46. BA: E 2001(D)7, Dossier III, Bd. 14a.
4 Administrative Untersuchung: *Frageschema betreffend die aus Budapest zurückgekehrten Schweizer* 2.6.45. Zusammenfassung des Auftrags, unterzeichnet von Dr. J. O. Kehrli, Oberrichter des Kantons Bern. BA: E 2001(D)7, Schachtel 18.
5 Administrative Untersuchung: Schreiben G. Lutz an Petitpierre 28.7.45. BA: E 2001(D)7, Schachtel 19.
6 Übersetzung: «Seine Tätigkeit ist äusserst geschätzt worden, und es wäre jetzt wichtig, seine Verdienste anzuerkennen und ihn zum Rang eines Berufskonsuls zu befördern, der ihm zukommt und für den er die notwendigen Qualifikationen besitzt.» Auszug aus dem Protokoll der Sitzung des schweizerischen Bundesrates 23.10.45. BA: E 2500 1982/120 60/61. Personaldossier C. Lutz.
7 Brief C. Lutz an A. Zehnder, EPD, Bern 29.10.46. BA: J.I. 186 1986/10 P 19/13. NL C. Lutz bei Yad Vashem.
8 G. Lutz zitiert nach Obermüller, *Ein Leben für die Leidtragenden*, S. 43.

9 Schreiben EPD, Verwaltungsangelegenheiten, an C. Lutz 5.2.49. BA: J.I. 186 1986/10, P 19/13. NL C. Lutz bei Yad Vashem.

10 Der Verfasser des genannten EPD-Schreibens wurde später schweizerischer Gesandter in Israel, der sich darüber aufhielt, dass Lutz in Zusammenhang mit dem Kasztner-Grünwald-Prozess 1954 von der israelischen Presse als ein «bekannter Wohltäter der Juden» genannt wurde, der «tausenden von Juden» das Leben gerettet haben soll, und dabei werde «die Tätigkeit des Herrn Lutz in Budapest verschieden beurteilt». Er musste dennoch zugeben, dass Lutz «eine grosse Zahl von Menschen gerettet» und «grossen persönlichen Mut bewiesen» habe. Vertrauliches Schreiben H./Verwaltungsabteilung EPD mit Beilage 8.7.54. BA: E 250 1982/2120 60/61. Personaldossier C. Lutz.

11 Der Lutherische Weltbund (LWB) ist ein internationaler Dachverband von Kirchen evangelisch-lutherischer Konfession mit Sitz im Ökumenischen Zentrum in Genf.

12 *Text of Agreement between the Lutheran World Federation and the Government of Israel concerning Protestant Missions in Israel*, 29 August 1951. BA: J. I. 1986/186 10. P 19/13. NL C. Lutz bei Yad Vashem.

13 C. Lutz, *Meine Tätigkeit in Israel*, in *Der Bote aus Zion*, Sommer 1952, S. 22. Evangelische Vereinigung, Köln-Dellbrück. Privat G. Lutz.

14 Entsprechende historische Untersuchungen werden heute unter der Leitung von Professor Alexander Carmel an der Universität Haifa vorgenommen.

15 C. Lutz, *Im Dienste des Lutherischen Weltbundes, Genf* (April-Dezember 1951). BA: J. I. 186 1986/10, P 19/13. NL C. Lutz bei Yad Vashem.

16 Siehe oben, S. 4.

17 Schreiben Dr. Samu Stern an C. Lutz 15.11.44. Privat G. Lutz.

18 Übersetzung: «... Ihr tapferes Eintreten vor den Behörden und Ihre ständige Bereitschaft, auf jede mögliche Ihnen zur Verfügung stehende Weise zu helfen ... (Die Jewish Agency) möchte Ihnen versichern, dass wir Sie in unseren Annalen immer als einen der verhältnismässig wenigen Menschen in Erinnerung behalten werden, die die Ehrlichkeit und den Mut besassen, unseren Verfolgern entgegenzutreten.» Schreiben Bernard Joseph an C. Lutz 28.5.46. Privat G. Lutz.

19 *Der 22. Zionistenkongress* in NZZ 24.12.46. Privat G. Lutz.

20 Übersetzung: «Während jener Zeitspanne der Verwüstung waren Sie der erste Beamte der ausländischen neutralen Missionen, die das Schicksal der Verfolgten in die Hand nahmen und viele Opfer aus der schlimmsten Vernichtung herausrissen. Der von Ihnen, unter grossen persönlichen Gefahren und Risiken unter bewundernswürdigem Einsatz gewährte Schutz, Ihre Hilfe und Ihre Unterstützung haben Tausende menschlicher Wesen vor einem grausamen und unwürdigen Ende bewahrt.» Schreiben des Präsidenten des Ungarischen Ministerrates, Budapest, an C. Lutz 26.5.46. Privat G. Lutz.

21 Schreiben Seldon Chapin an C. Lutz 10.2.48; Schreiben John Carter Vincent an C. Lutz 30.7.48. Privat G. Lutz.

22 Ludwig, *Flüchtlingspolitik*, S. 407. Eine vielbeachtete engagierte Aufarbeitung der Flüchtlingsfrage 1939–45 wurde 1967 von Alfred A. Häsler, in *Das Boot ist voll* veröffentlicht, das 1992 bereits in der 9. Auflage erschienen ist.

23 Sitzungsprotkoll des Ständerates 6.3.58, S. 67. Parlamentarische Dienste, Bern.
24 Siehe oben, S. 68.
25 Schreiben Bundesrat T. Wahlen an Nationalrat Willy Sauser 15.1.62. BA: E 2500 1982/120 61. Personaldossier C. Lutz.

Bibliographie

Ungedruckte Quellen

Schweizerisches Bundesarchiv, Bern (BA)

E 2001(D)7, Schachteln 14a, 14b, 15, 16, 17, 18, 19.B. 21.218. Administrative Untersuchung der Schweizerischen Gesandtschaft in Budapest 1945–1946 (Abhörprotokolle und Bericht von Oberrichter Dr. J. O. Kehrli).

E 2001(D)3, Schachteln 172 und 175 EPD 1943–1945.

E 2001(D)14, Bd. 34. Amerikanische Interessenvertretung in Ungarn.

E 2001(D)15. Interessenvertretung Grossbritanniens in Ungarn, mit Sonderdossier *Questions juives*, B.24 GBr.(9)18.1942–1943; B.245.GBr.(9)18, Januar–August 1944; B.24 GBr.(9)18.1 und 18.2; B.24.GBr.(9)0–1 1945.

E 2001(D)16. B.24.A.2(5)6. Deutsche Interessenvertretung Palästina.

E 2001(G), Bd. 25. B.21.1.6. Personaldossier M. Jaeger, Akten 1916–1956.

E 2300 Jaffa. Konsularberichte 1935–1940.

E 2300 Archiv Nr. 3, Politische Berichte Ungarn 1940–1943.

E 2300 Archiv Nr. 4, Politische Berichte Ungarn 1944–1945.

E 2300 Budapest 1–6.

E 2500 l, Bd. 12. Personaldossier C. V. Fontana.

E 2500 Nr. 1. Personaldossier A. Kilchmann.

E 2500 1 Bd. 29. Personaldossier J. Kuebler.

E 2500 1982/120 60 und 61. Personaldossier C. Lutz.

E 2500 1990/6, Ad. 96. Personaldossier M. Meier.

E 2500 1968/87, Bd. 52. Personaldossier P. Zürcher.

J. I. 186/1986 P 19, Nachlass (NL) C. Lutz bei Yad Vashem, Jerusalem, fotokopiert für BA.

B. 34.9.51.1. Interessenvertretungen der Schweiz bei der deutschen Reichsregierung betreffend Behandlung und Rettung der Juden, Jahrg. 1942–1945, Schachtel 175.

E 2300 Q. 448. Diplomatische und konsularische Vertretungen.

Eidg. Technische Hochschule/Archiv für Zeitgeschichte, Zürich (ETH/AfZ)

Einzelbestand (EB) Nachlass (NL) Generalkonsul Carl Lutz: Berichte, Korrespondenzen, Fotos.

- Teilbestand (TB) Alexander Grossman: Berichte, Erinnerungen, Korrespondenzen, Fotos betr. Carl Lutz.
- TB Dr. László Karsai, Ungarische Akademie der Wissenschaften, Abteilung für Geschichte, Budapest: Offizielle ungarische Dokumente betr. Carl Lutz.
- TB Gertrud Lutz: Berichte, Korrespondenzen, Erinnerungen, Fotos, betr. Carl und Gertrud Lutz.

Im Lauf des Verfassens dieses Buches wurden Teile der Archive Grossman, Karsai und G. Lutz in das AfZ der ETH übergeführt. Der Vorgang ist noch nicht abgeschlossen.

EB NL Dr. Benjamin Sagalowitz: Internationales Militärtribunal (IMT) Nr. IV, Nürnberg, Fälle 1–12, 14. November 1945–14. April 1949. Übergeben vom Schweizerischen Israelitischen Gemeindebund (SIG), Zürich, 22.1.1985.

EB NL Pfarrer Paul Vogt: Protokolle, Berichte über Deportationen, Aufrufe.

EB NL Avner W. Less. Handschriftliche Unterlagen zum Eichmann–Prozess in Jerusalem 1960/61.

Weitere ungedruckte Quellen

Erster Bericht über die Lage der ungarischen Juden. Genf, 30. April 1944. Verfasst vom Jüdischen Weltkongress. ETH/AfZ. Dossier 4.1.3.2. NL P. Vogt.

Zusammenfassung und zweiter Rapport über die Lage der ungarischen Juden. Genf, 19. Mai 1944. Verfasst vom Jüdischen Weltkongress. ETH/AfZ. NL P. Vogt.

Dritter Bericht über die Lage der ungarischen Juden. Genf, 5. Juni 1944. Verfasst vom Jüdischen Weltkongress. ETH/AfZ. NL P. Vogt.

Vierter Bericht über die Lage der ungarischen Juden, 1.–15. Juni 1944. Genf, 20. Juni 1944. Verfasst vom Jüdischen Weltkongress. ETH/AfZ. NL P. Vogt.

Fünfter Bericht über die Lage der ungarischen Juden, 16.–25. Juni 1944. Genf, 30. Juni 1944. Verfasst vom Jüdischen Weltkongress. ETH/AfZ. NL P. Vogt.

Bericht über die Lage der ungarischen Juden, Genf, April–Juni 1944. Verfasst vom Jüdischen Weltkongress. ETH/AfZ. NL P. Vogt.

Alle diese Berichte sind maschinengeschrieben.

Bericht des Budapester Judenrates, Juni 1944, über die Deportationen vom 15. Mai – 10. Juni 1944, mit Ergänzungen von Miklós Krausz. Maschinengeschrieben und fotokopiert. Privat I. Leuschner.

Gedruckte Quellen

Actes et Documents du Saint-Siège relatifs à la Seconde Guerre Mondiale, Bd. 11: *Le Saint-Siège et la Guerre Mondiale*, Januar 1944 – Mai 1945. Libreria Editrice Vaticana, Vatikanstadt 1981.

Braham, Randolph L., *The Destruction of Hungarian Jewry.* A Documentary Account. Bd. 1 und 2. Pro Arte for the World Federation of Hungarian Jews, New York 1963.

Diplomatische Dokumente der Schweiz 1845–1945. Bd. 15: 8. September 1943 – 8. Mai 1945. Haupt, Bern 1994.

Dokumente Schweiz–Russland. Aufbau und Krisen der Beziehungen. Haupt, Bern 1994.

Encyclopaedia Britannica. Encyclopaedia Britannica, Chicago – London – Toronto, 1954.

Flüchtlingspolitik. Bericht des Bundesrates. Vormittagssitzung des Eidg. Ständerates vom 6. März 1958 mit Bericht von Bundesrat Markus Feldmann, S. 52–68. Parlamentarische Dienste, Bern 1958.

Kamis-Müller, Aaron, *Antisemitismus in der Schweiz 1900–1930.* Chronos, Zürich 1990.

von Lang, Jochen, *Das Eichmann-Protokoll.* Tonbandaufzeichnungen der israelischen Verhöre. Zsolnay, Wien 1991.

Levai, Jenö, *Abscheu und Grauen vor dem Genocid in aller Welt.* Diplomaten und Presse als Lebensretter. Diplomatic Press, New York – Toronto; Living Books, London – Toronto 1968.

Levai, Jenö, *Eichmann in Ungarn.* Dokumente. Pannonia, Budapest 1961.

Longrich, Peter, Herausg., *Die Ermordung der europäischen Juden.* Eine umfassende Dokumentation des Holocaust 1941–1945. Piper, München – Zürich 1989.

Schmid, Max, *Schalom! Wir werden euch töten!* Texte und Dokumente zum Antisemitismus in der Schweiz. Eco, Zürich 1979.

Schweizerischer Israelitischer Gemeindebund (SIG), Archiv, Zürich: Zeitungsausschnitte 1944.

Snoek, Johan M., *The Grey Book.* A collection of protests. Van Gorcum, Assen 1969.

United Restitution Organization (Dokumentensammlung), Frankfurt 1959.

Weidlin, Johann, Herausg., *Der ungarische Antisemitismus in Dokumenten.* Selbstverlag, Schorndorf 1962.

Tagebücher, Aufzeichnungen, Erinnerungen

Bereczky, Albert, *Unser schmaler Weg.* Maschinengeschrieben. Privat Piroska Victor Bereczky.

Biss, Andreas, *Stopp der Endlösung.* Kampf gegen Himmler und Eichmann in Budapest. Seewald, Stuttgart 1966.

Born, Friedrich, *Bericht an das Internationale Komitee vom Roten Kreuz*, Juni 1945. BA: J. I. 186/1986 P 19. NL C. Lutz bei Yad Vashem.

Ember, Max, *Tagebuch.* Erlebnisse bei der schweizerischen Gesandtschaft in Budapest im Kriegswinter 1944. Maschinengeschrieben. Privat A. Grossman.

Feller, Harald und Meier, Maximilian, *Bericht an das EPD über die Internierung in Moskau,* Februar 1945 bis Januar 1946, Bern, 11.3.46. BA: E 2001(D)7), Bd. 15. B. 21.218 Budapest Nr. 22.

Grossman, Alexander, *Nur das Gewissen.* Carl Lutz und seine Budapester Aktion. Im Waldgut, Wald (ZH) 1986. Enthält viel autobiografisches Material.

Grossman, Alexander, *Leben.* Interviewnotizen von Bernhard Frankfurter. 1987. Maschinengeschrieben. Privat A. Grossman.

Grossman, Alexander, *Hauptman Kálmán Horváth.* Wer Zeit gewinnt, gewinnt Leben. Maschinengeschrieben, undatiert. Privat A. Grossman.

Kasztner, Rezsö (Rudolf), *Der Bericht des jüdischen Rettungskomitees aus Budapest 1942–1945.* Waadat Ezra Vö-Hazalah Bö-Budapest, 1945. Originalfassung. Maschinengeschrieben, fotokopiert. Die Zitate sind dieser Fassung entnommen.

Der Kastner-Bericht über Eichmanns Menschenhandel in Ungarn. Kindler, München 1961. Mit biografischen Informationen. Gelegentliche stilistische Textverbesserungen der obengenannten Originalfassung.

Karelin, Victor, *Damals in Budapest.* Ein Mann namens Raoul Wallenberg. Herder, Freiburg/Br. 1982.

Komoly, Otto. *Diary*, 21.8.–16.9.44, in Braham, Randolph, *Hungarian-Jewish Studies*, Bd. 3, S. 147–250. World Federation of Hungarian Jews, New York 1973.

Longerich, Peter, Herausg., *Die Ermordung der europäischen Juden.* Serie Piper. Dokumentation. Piper, München–Zürich l989.

Lutz, Carl, *Meine Erlebnisse auf Ellis Island, 7.–23. August 1913.* 1913. Handgeschrieben. Privat G. Lutz.

Lutz, Carl, *Tagebuch Nr. 1, 16. Juni 1914 – 5. Juni 1917.* Handgeschrieben; maschinengeschrieben und leicht gekürzt von T. T. Privat G. Lutz.

Lutz, Carl, *Tagebuch Nr. 2, 17. Juli 1917 – 3. April 1920.* Handgeschrieben; maschinengeschrieben und leicht gekürzt von T. T. Privat G. Lutz.

Lutz, Carl, *Tagebuch Nr. 3, 18. Juli 1920 – 30. März 1924.* Handgeschrieben; maschinengeschrieben und leicht gekürzt von T. T. Privat G. Lutz.

Lutz, Carl, *Reiseeindrücke aus dem Heiligen Land.* Fotobericht. April 1935. Maschinengeschrieben. ETH/AfZ: EB C. Lutz, Teilbestand A. Grossman.

Lutz, Carl, *Ostern in Jerusalem*, 1935. Maschinengeschrieben. Privat G. Lutz.

Lutz, Carl, *Eine Reise nach dem Ostjordanland*, Oktober 1935. Maschinengeschrieben. ETH/AfZ: EB C. Lutz, TB A. Grossman.

Lutz, Carl, *Die illegale Einwanderung nach Palästina*, 31.7.39. Privat G. Lutz.

Lutz, Carl, *Wahrnehmung der deutschen Interessen in Palästina im Zweiten Weltkrieg, 1939*, Tel Aviv 10.12.39. BA: J. L. 186 1986/10 P 19/2. NL C. Lutz bei Yad Vashem.

Lutz, Carl, *Sechs unvergessliche Jahre in Palästina 1935–1940.* Maschinengeschrieben, August 1956. BA: J. I. 186 1986/10 P 19 2.3. NL C. Lutz bei Yad Vashem.

Lutz, Carl, *Sechs Wochen in Berlin in schwerer Zeit*, Mai – Juni 1941. Fotobericht. Maschinengeschrieben. ETH/AfZ: EB C. Lutz, TB A. Grossman.

Lutz, Carl, *Tagebuch* (unvollständig). Weihnachten 1944 – 12. Februar 1945. Handgeschrieben. Privat D. Niederer.

Lutz, Carl, *Bericht über die Geschehnisse bei der Schweizerischen Gesandtschaft in Budapest*, Oktober 1944 – April 1945, Juni 1945. Maschinengeschrieben. BA: J. I. 186/1986 P 19, NL C. Lutz bei Yad Vashem.

Lutz, Carl, *Aufzeichnung über die Rettungsaktion von Carl Lutz*, undatiert. Maschinengeschrieben. BA: J. I. 186/1986 P 19, NL C. Lutz bei Yad Vashem.

Lutz, Carl, *Aufzeichnungen über die Rettungsaktion von Konsul Lutz im Kriegsjahr 1944 in Budapest*, undatiert. Maschinengeschrieben. Privat A. Grossman.

Lutz, Carl, *Ich habe nicht umsonst gelebt*, in *Die Schweizer Illustrierte*, Zürich, 28. 9.49.

Lutz, Carl, *Das Rettungswerk des Schweizer Konsuls Carl Lutz im Jahre 1944 in Budapest.* Vortragsnotizen, wahrscheinlich Wien 1963. Privat A. Grossman.
Lutz, Carl, *Im Dienste des Lutherischen Weltbundes, Genf*, April – Dezember 1951. Maschinengeschrieben, fotokopiert. BA: J. I. 186 1986/10 P 19, NL C. Lutz bei Yad Vashem.
Lutz, Carl, *Meine Tätigkeit in Israel* in *Der Bote aus Zion*, Heft Nr. 2, Sommer 1952, S. 18–23. Evangelischer Verein, Köln–Dellbrück.
Lutz, Carl, *Ein Besuch auf der Meldegg.* Fotobericht, 1953. Maschinengeschrieben. ETH/AfZ, EB C. Lutz, TB A. Grossman.
Lutz, Carl, *Curriculum vitae*, 1968. Maschinengeschrieben. Privat G. Lutz.
Lutz, Carl, *Kurzer Lebenslauf*, 1971. Maschinengeschrieben. Privat G. Lutz.
Lutz, Carl, Fotoalben, ETH/AfZ, EB C. Lutz, TB A. Grossman:
1. *Grosses Album Palästina I*, dreissiger Jahre.
2. *Grosses Album Palästina II*, dreissiger Jahre.
3. *Grosses Album Budapest I: Königin der Donau*, 1943–1944.
4. *Grosses Album Budapest II: Nach dem Kriege*, 1945.
Lutz, Gertrud, *Carl Lutz – Ein persönlicher Rückblick.* Kolloquium vom 16.12.87 im AfZ der ETH. ETH/AfZ, EB C. Lutz, TB G. Lutz.
Lutz, Gertrud, *Erinnerungen einer Hausfrau an den Kampf um Budapest 1944/1945.* 1987 verfasst. Maschinengeschrieben. Privat G. Lutz.
Lutz, Gertrud, *Ein Leben für die Leidtragenden.* Interview Klara Obermüller mit Gertrud Lutz in *Femina*, Zürich, Nr. 10, 14.5.75.
Müller, Hartmut, *Die Frauen von Obernheide.* Eine Dokumentation. Donat, Bremen 1988.
Speer, Albert, *Der Sklavenstaat.* Meine Auseinandersetzungen mit der SS. Verlagsanstalt, Stuttgart 1980.
Szatmári, Jenö (Eugen), *Lageberichte* (oder *Situationsberichte*) zuhanden der Schweizerischen Gesandtschaft, Budapest vom 26., 28. Oktober, 3., 7., 9., 10., 12., 14., 16., 19., 22., 23., 25., 27., 30. November und 3., 5., 10., 11., 12., 15., 16., 22., 24., 27., 28. Dezember 1944. Maschinengeschrieben. Privat G. Lutz.
Szatmári, Jenö, *Bericht* (Zusammenfassung der obigen Lageberichte), undatiert. Maschinengeschrieben. BA: J. I. 186/1986 10 P. 19. NL C. Lutz bei Yad Vashem.
Szatmári, Jenö, *Aufzeichnungen*, Juni 1945, mit Ergänzungen von Miklós Krausz. Einführende Bemerkungen von C. Lutz, 1954. Maschinengeschrieben. Privat H. Feller.
Sztehlo, Gábor, *In the Hands of God*, The Gábor Sztehlo Foundation for the Help of Children and Adolescents, Budapest 1994 (*Isten kezében*, A Magyarorszagi evangélikus egyhaz sajtoosztalya, Budapest 1986).
Vrba, Rudolf und Lanik, Josef, *Auschwitz-Protokolle*, April 1944. Maschinengeschrieben. ETH/AfZ: EB NL P. Vogt.
Zürcher, Peter, *Protokoll über die Verhandlungen und Ereignisse vom 31. Dezember 1944.* Maschinengeschrieben, Kopie. BA: E 2500 1968/87, Bd. 52, Personaldossier P. Zürcher.
Zürcher, Peter, *Protokoll über die Unterredung zwischen der Schweizerischen Gesandtschaft, Abteilung Fremde Interessen, und dem deutschen Ortskommandanten, Gene-*

ral Remlinger und seinem Adjutanten, Major Schuster, vom 2. Januar 1945. Maschinengeschrieben, Kopie. BA: E 2500 1968/87, Bd. 52. Personaldossier P. Zürcher.

Zürcher, Peter, *Protokoll über die Verhandlungen vom 6. Januar 1945 an der Oberstadthauptmannschaft.* Maschinengeschrieben, Kopie. BA: E 2500 1968/87, Bd. 52. Personaldossier P. Zürcher.

Zürcher, Peter, *Protokoll über die Verhandlungen an der Oberstadthauptmannschaft vom Sonntag, den 7. Januar 1945.* BA: E 2500 1968/87, Bd. 52. Maschinengeschrieben, Kopie. Personaldossier P. Zürcher.

Zürcher, Peter, *Protokoll über die Unterredung mit Herrn Dr. Vajna Ernö, dem Bevollmächtigten der sich zur Zeit in Sopron befindlichen Kgl. Ung. Regierung, vom 8. Januar 1945 in der Oberstadthauptmannschaft.* Maschinengeschrieben, Kopie. BA: E 2500 1968/87, Bd. 52. Personaldossier P. Zürcher.

Zürcher, Peter, *Protokoll über die Unterredung vom 10. Januar 1945 mit Herrn Dr. Vajna Ernö an der Oberstadthauptmannschaft im Zentral–Stadthause.* Maschinengeschrieben, Kopie. BA: E 2500 1968/87, Bd. 52. Personaldossier P. Zürcher.

Zürcher, Peter, *Protokoll über die Verhandlungen zwischen der Schweizerischen Gesandtschaft, Abteilung für Fremde Interessen, und der russischen Oberkommandantur von Gross-Budapest vom 2. Februar 1945.* Maschinengeschrieben, Kopie. BA: E 2500 1968/87, Bd. 52. Personaldossier P. Zürcher.

Zürcher, Peter, *Bericht über die Tätigkeit der Abteilung für Fremde Interessen der Schweizerischen Gesandtschaft während der Zeit der Belagerung von Budapest bis zur Ankunft der Roten Armee*, 31.10.46, Maschinengeschrieben, Kopie. Hier handelt es sich um eine Zusammenfassung des Inhalts der obengenannten Protokolle. BA: E 2500 1986/87, Bd. 52. Personaldossier P. Zürcher.

Darstellungen

Anger, Per, *With Raoul Wallenberg in Budapest*, Holocaust Library, New York 1981.

Arendt, Hannah, *Eichmann in Jerusalem.* A report on the banality of evil. Viking, New York 1963.

Bacon, Josephine and Gilbert, Martin, *The Illustrated Atlas of Jewish Civilization* (S. 160–193 über Holocaust), Deutsch, London 1990.

Bauer, Yehuda, *American Jewry and the Holocaust.* Wayne State University, Detroit 1981.

Ben-Tov, Arieh, *Das Rote Kreuz kam zu spät.* Ammann, Zürich 1990.

Bereczky, Albert, *Hungarian Protestantism and the Persecution of Jews.* Sylvester, Budapest 1945. (*A magyar protestantizmus a zsidoüldözés ellen*).

Bibó, Istvan, *Zur Judenfrage.* Am Beispiel Ungarns nach 1944. Neue Kritik, Frankfurt/M. 1990 (*Zsidokérdés Magyarorszagon 1944* utan in *Valosag*, Budapest 1948).

Braham, Randolph L., *The Politics of Genocide.* The Holocaust in Hungary, Bde. 1 und 2. Columbia University, New York 1981.

Braham, Randolph L., *The Hungarian Labor Service System 1939–1945.* East European Monographs, No. XXXI. East European Quarterly, Boulder, distributed by Columbia University Press, New York 1977.

Braunschweig, Ernst, *Antisemitismus.* Umgang mit einer Herausforderung. Jordan, Zürich 1991.

Bucher, Erwin, *Zwischen Bundesrat und General.* Verlagsgemeinschaft, St. Gallen 1991.

Churchill, Winston S., *The Second World War.* Bde. 1–6, Houghton Mifflin, Boston 1948.

Conway, John S., *Der Holocaust in Ungarn* in *Vierteljahrshefte für Zeitgeschichte*, Heft 2/1984, S. 180–212. Verlagsanstalt, Stuttgart 1984.

Dokumente Schweiz-Russland, 1813–1955. Haupt, Bern 1994.

Eckert, W., Levinson, N. P. und Stöhr, M., *Antijudaismus im Neuen Testament?* Exegetische und systematische Beiträge. Kaiser, München 1967.

Elon, Amos, *Timetable.* The Story of Joel Brand. Arrow, London 1981.

Endres, Elisabeth, *Die gelbe Farbe.* Die Entwicklung der Judenfeindschaft aus dem Christentum. Pieper, München–Zürich 1989.

Eppstein, Helen, *Die Kinder des Holocaust.* Gespräche mit Söhnen und Töchtern von Überlebenden. Beck, München 1987.

Favez, Jean-Claude, *Das Internationale Rote Kreuz und das Dritte Reich.* War der Holocaust aufzuhalten? Buchverlag der NZZ, Zürich 1989.

Frankfurter, Bernhard, *Konsul Carl Lutz.* Unveröffentlichtes Exposé für einen Dokumentarfilm nach dem Buch von Alexander Grossman: *Nur das Gewissen.* Undatiert, wahrscheinlich 1989. ETH/AfZ: EB C. Lutz, TB A. Grossman und L. Karsai.

Gannett, Lewis, Herausg., *The Family Book of Verse.* Harper, New York, 1961.

Gilbert, Gustave M., *Nürnberger Tagebuch.* Gespräche der Angeklagten mit dem Gerichtspsychologen. Fischer, Frankfurt/M. 1962.

Gilbert, Martin, *Auschwitz and the Allies.* Mandarin, London 1983.

Gilbert, Martin, *The Holocaust.* The Jewish Tragedy. Fontana/Collins, London 1986.

Gosztonyi, Peter, *Der Deutsch-Russische Krieg in Ungarn 1944/45, unter besonderer Berücksichtigung der Kämpfe um Budapest.* Dissertation an der Universität Zürich 1956.

Grossman, Alexander, *Nur das Gewissen.* Carl Lutz und seine Budapester Aktion. Im Waldgut, Wald (ZH) 1986.

Grossman, David, *See under Love.* Cape, London 1990.

Haas, Gaston, *Wenn man gewusst hätte, was sich drüben im Reich abspielte …* Das Wissen der Schweiz um die Vernichtung der europäischen Juden 1941–1943. Unveröffentlichte Lizentiatsarbeit an der Universität Zürich 1988.

Handler, Andrew, *The Holocaust in Hungary.* An Anthology of Jewish Response. University of Alabama Press 1982.

Häsler, Alfred A., *Das Boot ist voll.* Die Schweiz und die Flüchtlinge 1933–1945. Pendo, Zürich 1987.

Hausner, Gideon, *Die Vernichtung der Juden.* Das grösste Verbrechen der Geschichte. Kindler, München 1979.

Heer, Friedrich, *Der Glaube des Adolf Hitler.* Anatomie einer politischen Religiosität. Bechtle, München – Esslingen 1968.

Herl, Michael, *Budapest.* Edition Erde, Nürnberg 1993.

Hilberg, Raul, *Täter, Opfer, Zuschauer.* Die Vernichtung der Juden 1933–1945. Fischer, Frankfurt/M. 1992.

Hilberg, Raul, *Die Vernichtung der europäischen Juden.* Die Gesamtgeschichte des Holocaust. Ollie & Wolter, Berlin 1982.

Joseph, Gilbert, *Mission sans retour.* L'affaire Wallenberg. Michel, Paris 1982.

Kadar, Imre, *The Church in the Storm of Time.* Bibliotheca, Budapest 1957 (*A Magyarorszagi Református Egyhaz a két vilagháboru, a forradalmak és ellenforradalmak idején*).

Konkoly, Kalman, *Waren Ungarns Pfeilkreuzler Nazis?* In *Politische Studien H. 167 17.79*, München, Mai/Juni 1966,

Karsai, László, *Notizen über Carl Lutz.* Maschinengeschrieben. Ungarische Akademie der Wissenschaften, Abteilung für Geschichte, Budapest, Januar 1992.

Krämer-Badoni, Rudolf, *Judenmord, Frauenmord, Heilige Kirche.* Fischer, Frankfurt/M. 1992.

Krupp, Michael, *Zionismus und Staat Israel.* Ein geschichtlicher Abriss. GTB Sachbuch, Gütersloh 1983.

von Lang, Jochen, *Das Eichmann-Protokoll.* Tonbandaufzeichnungen der israelischen Verhöre. Severin und Siedler, Berlin 1982.

Laqueur, Walter und Breitman, Richard, *Der Mann, der das Schweigen brach.* Wie die Welt vom Holocaust erfuhr. Ullstein, Zeitgeschichte, Berlin 1988.

Larsson, Jan, *Raoul Wallenberg* in *Schwedische Persönlichkeiten.* Schwedisches Institut, Uppsala 1988.

Leuschner, Immanuel, *Auf der Strasse von Hegyeshalom.* Konsul Carl Lutz. Seine Rettungsaktion für 50 000 Juden im Jahr 1944. Hörfolge Radio DRS (mit Begleittext DRS). Maschinengeschrieben, ohne Datum. Privat I. Leuschner.

Leuschner, Immanuel, *Carl Lutz* in Schaffner, Hans, *Sie wagten neue Wege.* Bekannte und unbekannte Frauen und Männer haben Grosses geleistet. Blaukreuz, Bern 1986.

Leuschner, Immanuel, *Konsul Carl Lutz (1895–1975).* Im Dienste der Menschlichkeit. Sein Einsatz zur Rettung von 50 000 Juden im Jahr 1944 in Budapest. In *Judaica*, Stiftung Kirche und Judentum, Basel, 41. Jahrgang, Heft 1, März 1985.

Leuschner, Immanuel, *Konsul Carl Lutz folgt dem Ruf seines Gewissens.* Maschinengeschrieben, ohne Datum. Privat I. Leuschner.

Leuschner, Immanuel, *Der Schutzpass – ein rettendes Dokument.* Ein Votum an der Feier zum 80. Geburtstag von Raoul Wallenberg am 11. August 1992 in Basel. Maschinengeschrieben. Privat I. Leuschner.

Leuschner, Immanuel, *Der Schweizer und die Fremden.* Kommentar zu Radiovortrag von Hans-Ulrich Jost, DRS 28.7.87. Privat I. Leuschner.

Levai, Jenö, *Black Book of the Martyrdom of Hungarian Jewry*, Zürich 1950.

Levai, Jenö, *Eichmann in Ungarn*, Dokumente. Pannonia, Budapest 1961.

Levai, Jenö, *Abscheu und Grauen vor dem Genocid in aller Welt.* Diplomaten und Presse als Lebensretter. Diplomatic Press, London – Toronto 1968.

Levai, Jenö, *Historische Artikelreihe.* Ausschnitt kopiert, undatiert. BA: J. I. 186 1986/10. NL C. Lutz bei Yad Vashem.

Lichtenstein, Heiner, *Raoul Wallenberg.* Retter von hunderttausend Juden, ein Opfer Himmlers und Stalins. Bund, Köln 1982.

Ludwig, Carl, *Die Flüchtlingspolitik der Schweiz in den Jahren 1933 bis 1955.* Beilage zum Bericht des Eidg. Justiz- und Polizeidepartements vom 7. März 1957. Parlamentarische Dienste, Bern 1957.

Moor, Y. Z., *The Catholic Church and the Extermination of the Jews in Hungary,* in *Quadrant*, Sydney, Mai–Juni 1966, S. 67–73.
Pakozdy, Ladislaus Martin, *Juden und Christen in Ungarn,* in *Kirche und Synagoge*, Handbuch zur Geschichte von Christen und Juden. Herausg. Rengstorff, Karl-Heinrich und von Kortzfleisch, Siegfried. Klett, Stuttgart 1970, S. 569–606.
Perrier, Jean-François, *L'état d'esprit en Suisse face au péril brun.* Le Courrier, Genf 1989.
Poliakov, Léon, *Der arische Mythos.* Zu den Quellen von Rassismus und Nationalismus. Europaverlag, Wien – München – Zürich 1971.
Purrin, Philippe, *Hitler und die Juden.* Die Entscheidung für den Völkermord. Fischer, Frankfurt/M. 1993.
Ranki, Györgi, *Unternehmen Margarethe.* Die deutsche Besetzung Ungarns. Böhlaus, Wien – Köln – Graz 1984.
Reitlinger, Gerald, *Die Endlösung.* Ausrottung der Juden Europas 1939–1945. Kindler, München 1964.
Reitlinger, Gerald, *The SS – Alibi of a Nation 1922–1945.* Viking, New York 1957.
Rings, Werner, *Schweiz im Krieg.* 1933–1945. Chronos, Zürich 1990.
Sagvari, Agnes, *A magyar holocaust.* The Jewish Agency for Israel, Budapest 1994.
Smith, Danny, *100 000 Juden gerettet.* Raoul Wallenberg und seine aussergewöhnliche Mission in Budapest. Hänssler, Neuhausen – Stuttgart 1986.
Synagoge und Kirche. Gibt es Antisemitismus in der Bibel? Ungarische Studienhefte Nr. 5. Ökumenisches Studienzentrum, Budapest 1990.
Szöllösi-Janze, Margit, *Die Pfeilkreuzlerbewegung in Ungarn.* Studien zur Zeitgeschichte, Bd. 35. Oldenbourg, München 1989.
Urner, Klaus, *Die Schweiz muss noch geschluckt werden.* Hitlers Aktionspläne gegen die Schweiz. Buchverlag NZZ, Zürich 1990.
Weissberg, Alex, *L'histoire de Joël Brand.* Seuil, Paris 1958.
Werner, Johann-Markus, *Konsul Carl Lutz (1895–1975).* Lizentiatsarbeit an der Universität Bern 1985.
Wyman, David S., *The Abandonment of the Jews.* America and the Holocaust 1941–1945. Pantheon, New York 1984.
Verschiedene Artikel in Zeitungen und Zeitschriften.

Personenregister

· Lutz will wenigstens 7-8 000 Auswanderer schützen 149
· Lutz und die Chalutzim 19-151
· Gewährung von Falschpapieren an Friedl Rafi (Ben Schalom) 151-152
· Schutz für Krausz vom Palästina-Amt 152-154
· Schutzbriefe für «getaufte» Juden 161
· Schutzbriefe für Arbeitsdienstverpflichtete (Horvath, Grossman) 165-168
· Gemeinsam mit andern neutralen Vertretern diplomatische Rettungsversuche zur Rettung der ungarischen Juden von Tod in Auschwitz (Mai-Juni 1944) 175-177
· Mit Jaeger Übergabe von Protest Roosevelts an Horthy (Juni 1944) 181

Dritte Phase (Juli-Oktober 1944) -
· Lob für Öffentlichkeitsarbeit Mandl/Mantellos und Kritik an seiner Schutzpassaktion 183-184
· Auseinandersetzung mit Veesenmayer über Beschränkung der Judenrettung auf 7-8 000 («Wunsch des Führers») 185-186
· EPD soll Alliierte um Aufnahme aller (übriggebliebenen) ungarischen Juden bitten 187
· Mit Jaeger bei Ministerpräsident Sztojay 188-189
· Palästina-Amt wird Auswanderungsabteilung der Schweizerischen Gesandtschaft (Ende Juli 1944)190
· Ärger über Krausz wegen Palästinazertifikaten 192
· Errichten der schweizerischen Schutzhäuser 191
· Ärger mit Krausz über Palästina-Zertifikate 191-192
· Lutz versucht Erhöhung der Auswanderungsquota von 7 000 auf 40000 (Mitte Juli 1944) 193
· Will Spannungen zwischen Ungarn und Deutschen ausnützen 194
· Veesenmayer gegen Erhöhung auf 40 000. Wenig Unterstützung durch EPD 195
· Kritik des EPD über Engagement zugunsten der Juden 196
· Bitte an EPD um Intervention bei deutscher Reichsregierung 197
· Das sonderbare Ergebnis der Intervention Minister Frölichers 198
· Grossbritannien hat kein Interesse an massiver jüdischen Auswanderung 201-202
· Widersprüchliche Haltung Ungarns betr. Auswanderung 203-204
· Kompromisslose deutsche Haltung 204
· Lutz bricht mit zahlenmässiger Fixierung auf «konzedierte» Auswanderer 204

Schutzbriefe im geheimen von Palästina-Zertifikaten abgekoppelt 204
· Vorbereitungen mit Born, IKRK, zu Auswanderung von 500 Kindern nach Tangier 206
· Zusammenarbeit mit jüdischem Untergrund, Bereczky und Komoly 207-208
· Wallenberg meldet sich bei Lutz, beginnt mit eigenständiger schwedischer Schutzpass und -briefaktion (Mitte Juli 1944) 209-210, 412
· Diplomatischer Protest gegen Wiederaufnahme von Deportationen (Mitte August 1944) 211-212

Vierte Phase (Oktober 1944-Februar 1945) -
· Nach Pfeilkreuzler-Putsch Aussenminister Keményi fast einziger Zugang Lutz's zu Behörden 222
· Protest gegen Judenverfolgungen bei Regierung mit Jaeger und andern neutralen Vertretern 226
· Verhandlungen mit Grell 226-227

· Neuer neutraler Protest gegen Deportationen. 228
· Erwirken der Anerkennung von neutralen Schutzdokumenten (Ende Oktober 1944) 229-230
· Invasion der Schutzsuchenden in Gesandtschaftsgebäuden 231-232
· Auseinandersetzung zwischen Chalutzim und Krausz 232-233
· Drucken Tausender von Schutzbriefen. Lutz' vielfache formelle «Kompetenzüberschreitung» 234-235
· Seine Unterschrift kopiert 237
· Weitere Schutzbriefe 237
· Blitzbesuch in Bern 238
· 50-100 000 schweizerischen Schutzbriefe in Zirkulation 243
· Krisensitzung mit Mitarbeitern und Judenrat über Deportations-und Ghettopläne der Regierung 244
· Gespräch neutraler Vertreter mit Keményi 246
· Neuer Protest 247
· Lutz wegen «gefälschter» Schutzbriefe zu Rechenschaft gezogen 249
· «Aussortieren» solcher Schutzbriefe 249-250
· Über Deportation auf Wiener Landstrasse informiert 252
· Lutz und Abberufung Minister Jaegers 254-255
· Deutsche Insiderinformationen durch Feine 257
· Geschützte Juden in offiziellen Ziffern 258
· Lutz's «undiplomatischer» Protest bei Keményi 259-261
· Erneutes Ringen um Anerkennung der Schutzbriefe 260-261
· Vergeblicher Versuch von Bahntransporten nach der Schweiz. Proteste bei Szálasi 262-264
· Mit Wallenberg auf Wiener Landstrasse 264-265
· Deutsche Irritation über Lutz' «Sabotage» 265-266
· Pfeilkreuzler-Angriff auf Schweizer Schutzhaus 265 und 270
· Unhaltbare Lage in überfüllten Schutzhäusern 266-268 und 271
· Lutz unterstützt Kinderhilfe IKRK, Bereczky und Sztéhlo 272
· Carl und Gertrud Lutz werden am Szent-Istvan-Park von Pfeilkreuzlern bedroht 273-275
· Schwierige Lage nach Abreise Jaegers 277, 282
· Einladung Bagossys zur Grosswildjagd 283
· Lutz vereitelt Anschlag auf «grosses Ghetto». Intervention bei Himmler 286
· Von Keményi über Rückzug von Bewilligung zur Ausreise der 7 bzw. 8 000 Juden informiert 288
· Gespräch mit Geschäftsträger Kilchmann über dessen Abreise 291
· Schweizerische Schutzjuden ermordet 292
· Pfeilkreuzler umkreisen Lutz' Amtssitz 293
· Lutz sucht Verschleppte zurückzubringen 294-295
· Nachtessen bei Feller mit Bagossy zur Besänftigung der Pfeilkreuzler 297
· Lutz glaubt, Schwedisches Rotes Kreuz sei politisch ungenügend abgedeckt 301
· Weihnachten 1944 304, 306
· Lutz beschliesst, in Buda zu bleiben und Vertretung in Pest Zürcher und Vonrufs anzuvertrauen 307
· Erlebnisse bei Belagerung 308-309, 340-343
· Lutz' zentrale Rolle bei der Rettung der Budapester Juden 335
· Im Widerspruch zur Haltung der offiziellen Schweiz 367

Fünfte Phase (Februar-April 1945) -
· Erscheinen sowjetischer Truppen und erste Erfahrungen mit neuer Besetzungsmacht 346-352
· Begegnung mit NKWD-Offizier, Gespräch der neutralen Vertreter mit General Tschernisow und Wegnahme von Gesandtschaftssekretär Feller 355-358
· Lutz erfährt Wegname von Kanzleisekretär Meier, Rolle des Grafen Tolstoi 359-361
· Hilfe an gestrandete Menschen, Nahrungsmittelsuche 362
· Lutz Darf Amtssitz in Pest wieder aufsuchen, Überquerung der Donau 363
· Schwierige Beziehungen zu sowjetischen Besatzungsbehörden 364-365, 368-370
· Rückgabe der amerikanischen und britischen Gesandtschaftsgebäude 370
· Heimreise über Balkan und Mittelmeer (April-Mai 1945) 370-374
– Nachkriegszeit und Lebensabend (1945-1975):
· Keine Vorladung zu Berichterstattung in Bern (Mai 1945) 375-376, 414
· Einvernahme durch Oberrichter Kehrli 376-377
· Protest von Gertrud Lutz bei Bundesrat Petitpierre 377
· Beförderung zum Berufskonsul (Oktober 1945) 377-378
· Lehnt Transfer nach Bagdad ab 378
· Deutsche Interessenvertretung in Zürich (1946-1950) 378
· Scheidung von Gertrud Lutz (Beginn 1946) 379
· Vom EPD der «Kompetenzüberschreitung» in Ungarn bezichtigt 380
· Weiterhin schwierige Beziehungen zu EPD 380
· Zweite Ehe mit Magda, geb. Csanyi in Budapest (1949) 380
· Für den Lutherischen Weltbund in Israel (1950-51) 381-382
· Lutz an den Schnittstellen der Weltgeschichte des 20. Jahrhunderts 383
· Als Konsul in Bregenz, Beförderung zum Generalkonsul. Ruhestand 1961 384
· Anerkennungen und Ehrungen 384-387
· Mit Magda in Israel (1958) 388
· Tod von Carl Lutz 1975 388
· Erinnerungen der Geretteten 389
Lutz, Emma 27, 40
Lutz-Fankhauser, Gertrud 15-18, 22, 24, 42, 51-55, 57-62, 64, 66-67, 79-80, 83-85, 92-95, 97, 141, 191, 249, 270, 273-274, 294, 297, 302-304, 306, 310, 339, 343, 347, 348-349, 354, 362, 373-374, 377-379, 388
Lutz, Johannes (Vater)16-17, 27
Lutz-Csányi, Magda 7, 380, 382, 388
Lutz-Künzler, Ursula (Mutter) 16-17, 27-29, 34-35, 39-40, 51, 92, 255
Lutz, Walter 27, 40, 51, 62, 66-68

Maguire (Richter) 148, 285
Malinowski, Rodion 215, 236, 241-242, 306, 339, 343, 345
Mandl-Mantello, Georges 157, 183-184
Maniolou, Florian 156
Maria Theresia (Kaiserin) 47
Martig (Konsul) 373
Martz, Dr. 84-85
Mayer, Jozsef 150
Mayer, Saly 113, 262, 286
McClelland, Roswell S. 157, 407
McCloy, John 285
Meier, Max 326-327, 351-353, 355, 358-359, 361, 364
Mengele, Josef 162
Meyer, Emanuel 364
Mezey, Lajos 296, 419
Michelfelder, Sylvester Clarence 381-382
Mikes, Vera 292
Moor, Oszkar 189

Karten

1. Ungarn als Teil der habsburgischen Doppelmonarchie 1867–1918

2. Die Zerstückelung Ungarns durch den Friedensvertrag von Trianon 1920

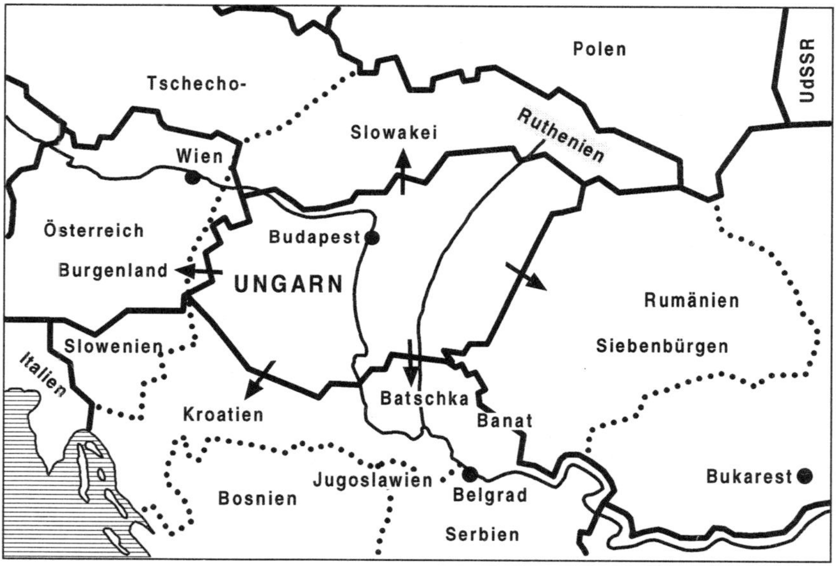

3. Ungarn erhält 1938–1941 Teile seiner verlorenen Provinzen zurück

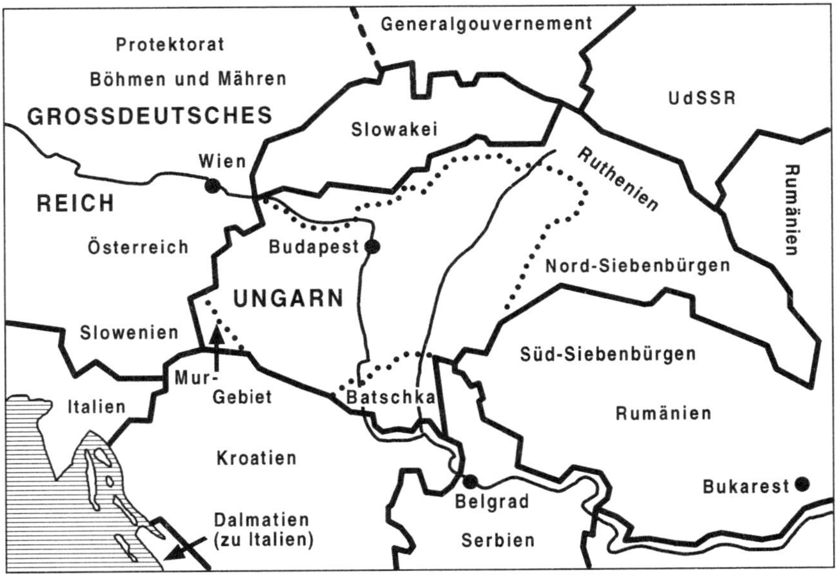

4. Schema eines Massenmordes

Nach Angaben des Jewish Council for Israel, Budapest, wurden aus den ungarischen Gendarmeriebezirken deportiert: I. 288'333; II. 50'805; III. 51'829; IV. 40'505; V. 29'556; VI. 24'128.

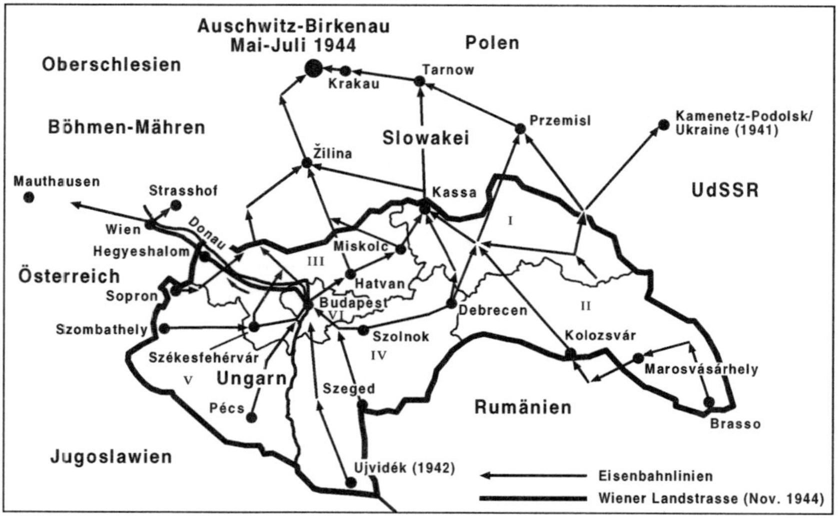

Budaer Burgviertel (Vergrösserung)

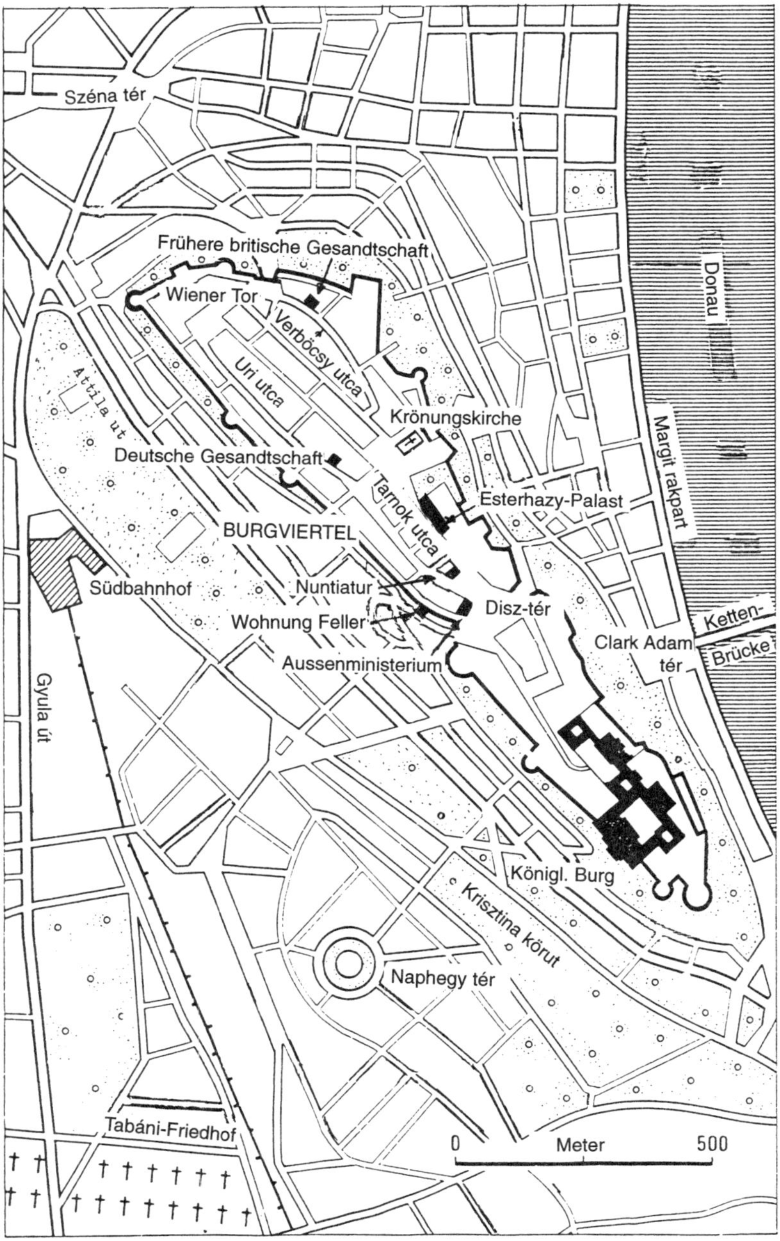

Ungarische Strassenbezeichnungen

út	Strasse
utca	Gasse, Strässchen
körút	Ringstrasse, Boulevard
rakpart	Quai
tér	Platz

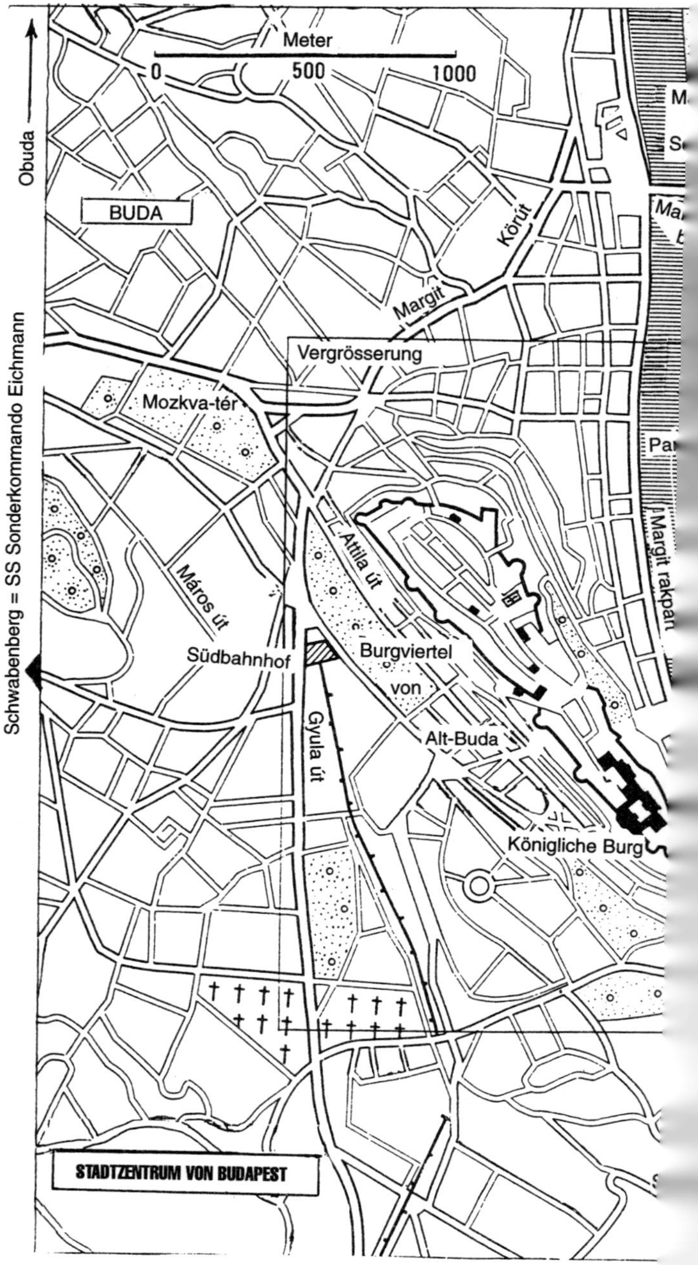

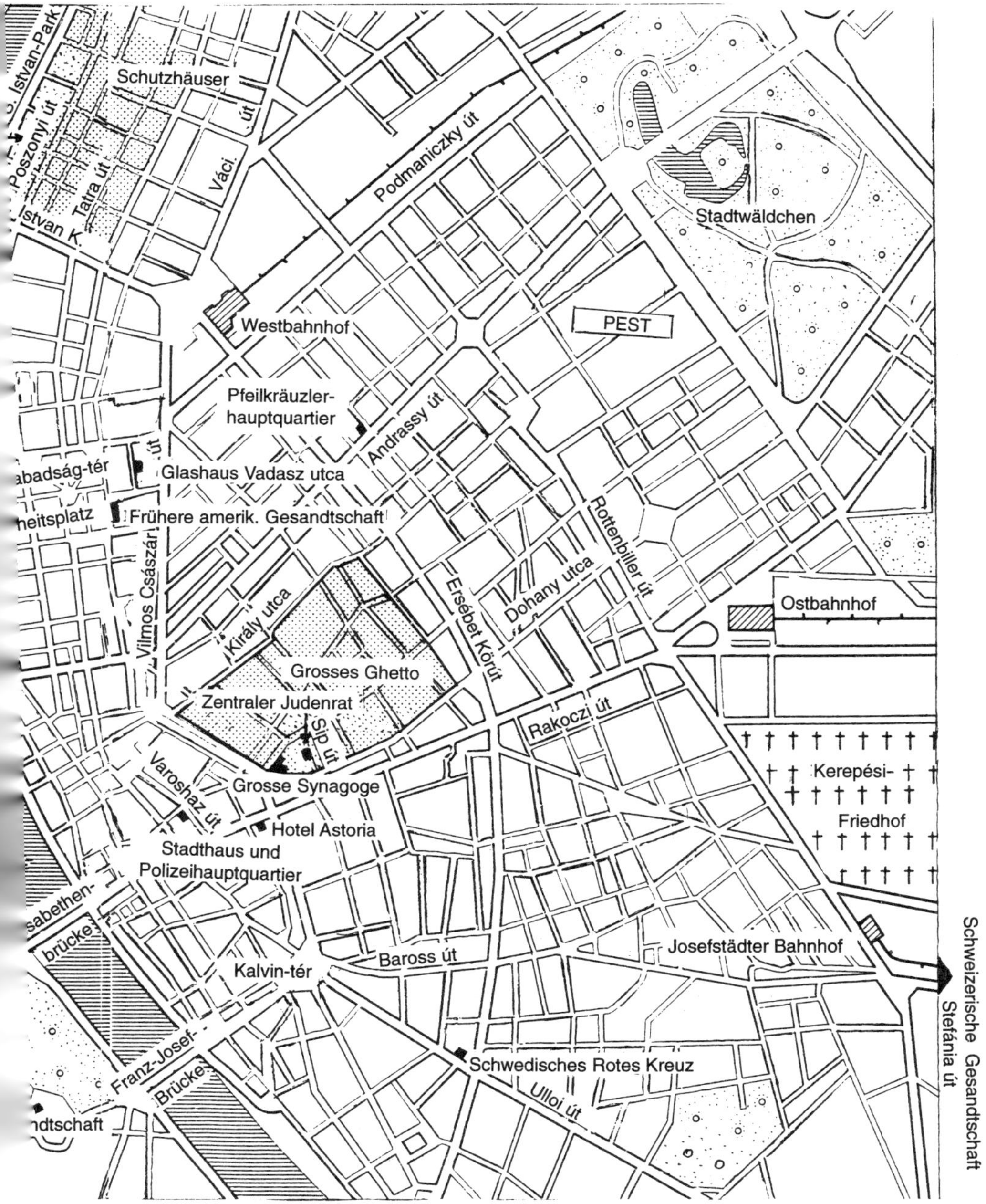
Istvan-Park
Poszonyi út
Schutzhäuser
Tatra út
Váci út
Istvan K.
Podmaniczky út
Stadtwäldchen
Westbahnhof
PEST
Pfeilkräuzler-
hauptquartier
Andrassy út
abadság-tér
Glashaus Vadasz utca
heitsplatz
Frühere amerik. Gesandtschaft
Rottenbiller út
Vilmos Császár út
Dohany utca
Király utca
Ersébet Körút
Ostbahnhof
Grosses Ghetto
Zentraler Judenrat
Sip út
Rakoczi út
Kerepési-
Friedhof
Varoshaz út
Grosse Synagoge
Hotel Astoria
Stadthaus und
Polizeihauptquartier
sabethen-
brücke
Baross út
Josefstädter Bahnhof
Kalvin-tér
Franz-Josef-
Brücke
Schwedisches Rotes Kreuz
Ulloi út
ndtschaft
Schweizerische Gesandtschaft
Stefánia út